Arthur Schopenhauer
Theorie des gesammten Vorstellens, Denkens und Erkennens

ERFAHRUNG 700

222

432 LEBENSGLÜCK/WEISHEIT
437 "OPTIMISMUS"
542 INTELLEKT/LEIDENSCHAFT
545 URTEIL
561 IRRTUM

SERIE PIPER
Band 498

Zu diesem Buch

Schopenhauers große Vorlesung von 1820 ist ein herausragendes Glanzstück seines handschriftlichen Nachlasses. Sie stellt die didaktische Fassung seines Hauptwerks »Die Welt als Wille und Vorstellung« (1819) dar und kann als Königsweg in das Zentrum seiner Philosophie gelten. Mit der durch spätere Textzusätze erweiterten »Theorie des gesammten Vorstellens, Denkens und Erkennens«, dem ersten Teil der großen Vorlesung, sowie der »Probevorlesung« (1820), der »Lobrede« (1820) und der »Dianoiologie« (1821) beschließt der Piper Verlag seine vierbändige, vollständige Neuedition des seit Jahrzehnten vergriffenen Werks, die von dem Tübinger Philosophen Volker Spierling herausgegeben und eingeleitet wird.

»Der Gang unsrer Betrachtung«, so Schopenhauer, »wird folgender seyn. Nach vorangeschickter Einleitung über das Studium der Philosophie überhaupt, werden wir ausgehn von der *Vorstellung* und die Welt bloß betrachten sofern sie unsre *Vorstellung* ist, sofern sie im Kopfe eines Jeden vorhanden ist. Wir werden dann zuvörderst zweierlei Arten von Vorstellungen unterscheiden, Anschauliche und Abstrakte, die *anschauliche* werden wir zuerst betrachten, diese Vorstellung analysiren, [...] und werden das Entstehn, das zu Stande kommen der anschaulichen Vorstellung kennen lernen: werden sehn, wie der *Verstand* operirt. Wir werden darauf das *abstrakte* Vorstellen [...] betrachten, das eigentliche *Denken:* d. h. wir werden sehn wie die *Vernunft* operirt.«

Arthur Schopenhauer, geboren 1788 in Danzig, unternahm als Jugendlicher ausgedehnte Reisen durch Europa, studierte u. a. bei J. G. Fichte, wurde von Goethe in die Probleme der Farbenlehre eingeführt, habilitierte sich 1820 unter Mitwirkung Hegels in Berlin, lebte von 1833 bis zu seinem Tod 1860 meist als unbeachteter Privatgelehrter in Frankfurt am Main. Schopenhauer, der »Kaspar Hauser der Philosophieprofessoren« (F. A. Dorguth), begründete in seinem Hauptwerk »Die Welt als Wille und Vorstellung« (Bd. 1: 1819, Bd. 2: 1844) eine »Metaphysik aus empirischen Erkenntnisquellen«. Seine weiteren Werke dienen nur noch der Ergänzung und Fundierung: »Ueber die vierfache Wurzel des Satzes vom zureichenden Grund« (1813/1847), »Ueber den Willen in der Natur« (1836), »Die beiden Grundprobleme der Ethik« (1841) und »Parerga und Paralipomena« (1851).

Arthur Schopenhauer

Theorie des gesammten Vorstellens, Denkens und Erkennens

Philosophische Vorlesungen
Teil I

Aus dem handschriftlichen Nachlaß

Herausgegeben und eingeleitet
von Volker Spierling

Piper
München Zürich

Textgrundlage: Arthur Schopenhauers handschriftlicher Nachlaß: Philosophische Vorlesungen, hrsg. von Franz Mockrauer. In: Arthur Schopenhauers sämtliche Werke, hrsg. von Dr. Paul Deussen, Bd. IX, München: R. Piper & Co. 1913, S. 1–587
Die »Lobrede« wurde von Max Friedrich neu übersetzt nach dem lateinischen Text im 32. Schopenhauer-Jahrbuch 1945–1948, S. 3–7

Von Arthur Schopenhauer liegen in der Serie Piper außerdem bereits vor:
Metaphysik der Natur (SP 362)
Metaphysik der Schönen (SP 415)
Metaphysik der Sitten (SP 463)

ISBN 3-492-00798-8
Mai 1986
© R. Piper GmbH & Co. KG, München 1986
Umschlag: Federico Luci,
unter Verwendung des Gemäldes »Kreidefelsen auf Rügen«
(nach 1818) von Caspar David Friedrich
(Stiftung Oskar Reinhart, Winterthur)
Gesamtherstellung Clausen & Bosse, Leck
Printed in Germany

Vorlesung

über

Die gesammte Philosophie

d. i.

Die Lehre vom Wesen der Welt und
von dem menschlichen Geiste.

In vier Theilen.

Erster Theil. Theorie des gesammten
Vorstellens, Denkens und Erkennens

1820

Zusammen mit:

Probevorlesung (1820)
Lobrede (1820)
Dianoiologie (1821)

Inhalt

Zur Neuausgabe 11

Volker Spierling
Erkenntnis und Erkenntnistheorie 15

Arthur Schopenhauer
Probevorlesung, über die vier verschiedenen Arten der
  Ursachen (1820) 37

Feierliche Lobrede auf die Philosophie (Declamatio in
  laudem philosophiae) (1820) 54

Vorlesung über die Grundlegung zur Philosophie oder
  Die Theorie der gesammten Erkenntniß. (In den
  Manuskripten »Dianoiologie« genannt) (1821) 61

Exordium philosophiae primae 62

Dianoiologiae Exordium 64

Exordium zur Dianoiologie 65

Dianoiologie 67

Cap. 1. Von der anschaulichen Vorstellung 71

(Cap. 2. Von Zeit und Raum: oder von der reinen
  Sinnlichkeit) 82

Vorlesung über Die gesammte Philosophie d. i. Die Lehre
  vom Wesen der Welt und von dem menschlichen Geiste.
  In vier Theilen. Erster Theil. Theorie des gesammten
  Vorstellens, Denkens und Erkennens (1820) 85

Exordium über meinen Vortrag und dessen Methode 87

Einleitung, über das Studium der Philosophie 95

Cap. 1. Vom Objekt und Subjekt 126

Cap. 2. Von der anschaulichen Vorstellung 132
   Von ihrer Form: d. i. von Raum und Zeit 132
     Von der Erkenntniß *apriori* 134
     Von analytischen und synthetischen Urtheilen 136
     Vom Raum 141
     Von der Zeit 150
     Vom *principio individuationis* 156
   Vom Gehalt der anschaulichen Vorstellung:
     oder von der Materie und zugleich von der dritten
     Form, der Kausalität oder dem Verstande 160
   Von der Kausalität ins Besondere, als der dritten *a priori* vorhandenen
     Form der anschaulichen Vorstellung 165
   Zeitverhältniß von Ursach und Wirkung. – Gegenwirkung. –
     Wechselwirkung 170
   Theorie der sinnlichen empirischen Anschauung und
     Apriorität der Erkenntniß der Kausalität 175
   Vom Schein und Irrthum 215
   Apriorität der Erkenntniß des Kausalverhältnisses 221
   Vom Verstande 222
   Ursach, Reiz, Motiv 225
   Alle Thiere haben Verstand 229
   Grundsatz der Beharrlichkeit der Substanz:
     der ein genaues Verhältniß zum Gesetz der Kausalität hat,
     gleichsam dessen Kehrseite ist 240
   Von der Erschleichung des Begriffs der immateriellen Substanz . . . 242
   Ueber den Unterschied zwischen der Welt als Vorstellung
     des Subjekts und der Vorstellungssphäre eines Individuums:
     oder: zwischen dem Dasein eines Objekts in der
     Gesammtvorstellung der Erfahrung und seiner unmittelbaren
     Gegenwart für ein Individuum 244
   Phantasmen und Träume 246

Cap. 3. Von der abstrakten Vorstellung,
   oder dem Denken: welches Capitel die Logik enthält . . . 251
   Von der Vernunft 251
   Von den Begriffen 259
   Vom Urtheil 276
     Von den Denk-Gesetzen 278

Von den möglichen Verhältnissen zwischen Begriffen und den
daraus entspringenden vier Eigenschaften der Urtheile:
Quantität, Qualität, Relation, und Modalität 286
Von der Entgegensetzung und Umkehrung der Urtheile 301
Von den Schlüssen 311
Von Schlüssen aus den Verhältnissen der Urtheile:
d. i. von hypothetischen und disjunktiven Schlüssen 349
Bemerkungen über die Logik überhaupt 374
Von der Ueberredungskunst 381
Rekapitulation über die Vernunft 385
Vom Wissen 386
Vom Gedächtniß 388
Vom Wahnsinn 390
Vom Gefühl 397
Ueber die Vortheile und Nachtheile des Erkennens *in abstracto*
im Gegensatz des anschaulichen.
Oder: über das Verhältniß der abstrakten Erkenntniß
zur anschaulichen 401
Vom Lachen 410
Ueber die praktische Vernunft 418
Ueber die Stoische Ethik 427

[Cap. 4.] Ueber den Satz vom Grunde und seine vier Gestalten 442

Ueber die Geometrie 450
Ueber die Endlichkeit und Nichtigkeit der Erscheinungen 474
Ueber Nothwendigkeit, Zufälligkeit, Möglichkeit 479
Was eigentlich Erscheinung heiße 482
Ueber den transscendenten Gebrauch des Satzes vom Grunde . . . 489
Vom Verhältniß zwischen Subjekt und Objekt: demnach über
Idealismus, Realismus, Materialismus 498

Cap. 5. Von der Wissenschaft überhaupt 518

Von der Form der Wissenschaft 518
Von der Begründung des Wissens und den Quellen der Evidenz . . . 527
Ueber die Urtheilskraft 535
Ueber den Ursprung des Irrthums 560
Ueber den Inhalt der Wissenschaften 562
Ueber die Philosophie 568

Literatur 573

Zur Neuausgabe

Die Berliner Vorlesungen Schopenhauers stellen eine didaktische Fassung des ersten Bandes seines Hauptwerkes dar, der »Welt als Wille und Vorstellung« (1819). Unsere mit diesem Band nunmehr vollständig vorliegende vierbändige Neuausgabe, die der im Piper Verlag 1913 zum ersten und zum letzten Mal erschienenen Ausgabe folgt, möchte die seit Jahrzehnten vergriffenen Vorlesungen dem interessierten Leser wieder leicht zugänglich machen. Dieses bedeutende Werk soll nicht länger unbekannt und auch in Fachdiskussionen nicht länger unberücksichtigt bleiben. Die Vorlesungen schließen die letzte Lücke der erhaltenen philosophischen Texte und Aufzeichnungen von Schopenhauers handschriftlichem Nachlaß, der von Arthur Hübscher nur unvollständig herausgegeben wurde.

Schopenhauers Vorlesungen umfassen in chronologischer Reihenfolge insgesamt: 1. die »Probevorlesung über die vier verschiedenen Arten der Ursachen« (gelesen am 23.3.1820), 2. die »Declamatio in laudem philosophiae« (gelesen im März 1820), 3. die »Vorlesung über Die gesammte Philosophie d. i. Die Lehre vom Wesen der Welt und von dem menschlichen Geiste. In vier Theilen« (gelesen im Sommer 1820; angekündigt im Winter 1820/21, Sommer 1821, Sommer 1822), 4. die »Vorlesung über die Grundlegung zur Philosophie oder die Theorie der gesammten Erkenntniß«, in den Manuskripten auch »Dianoiologie« genannt (nicht gelesen; angekündigt im Winter 1821/22 und alle Semester seit Winter 1826/27 bis einschließlich Winter 1831/32).

Der vorliegende Band umfaßt folgende Vorlesungsteile: die »Probevorlesung«, mit der Schopenhauer die *venia legendi* erhielt; die »Declamatio«, eine öffentliche, auf Latein gehaltene

Lobrede auf die Philosophie; die »Dianoiologie«, der Anfang einer späteren Vorlesung (1821), die jedoch nicht zustande kam und schließlich der erste Teil der großen »Vorlesung über Die gesammte Philosophie« mit dem Titel »Theorie des gesammten Vorstellens, Denkens und Erkennens«.

Schopenhauers Lobrede wird in einer deutschen Fassung vorgelegt, die in manchen Einzelheiten der Erstübersetzung von Arthur Hübscher verpflichtet ist, jedoch die zahlreichen, zum Teil gravierenden Fehler und Sinnentstellungen dieser Übertragung eliminiert und im ganzen eine Neuübersetzung darstellt.

Die »Dianoiologie« hat Schopenhauer weitgehend in den ersten Teil der »Vorlesung über Die gesammte Philosophie« eingearbeitet. Sie läßt sich nicht mehr mit Sicherheit aus der zweiten Fassung herauslösen. Soweit eine Trennung dennoch möglich war, ist dies im Text durch Hinweise in eckige Klammern kenntlich gemacht. Diese Einverleibung der »Dianoiologie« in die alle philosophischen Disziplinen umfassende große Vorlesung von 1820 ist ein wesentlicher Grund dafür, daß der erste Vorlesungsteil, der erkenntnistheoretische, so umfangreich ausfällt und etwa die Hälfte des Gesamttextes beansprucht. Der separate Anfang der »Dianoiologie« (1821) ist der großen Vorlesung wegen seines einführenden Charakters vorangestellt worden.

Auch nach dem neuesten Stand der Schopenhauer-Forschung bleibt gültig, was Paul Deussen in seiner Vorrede zur Erstveröffentlichung der »Philosophischen Vorlesungen« über Entstehung und Einordnung in das Gesamtwerk sagt:

»Nachdem Schopenhauer das Manuskript der ›Welt als Wille und Vorstellung‹ im Frühjahr 1818 in Druck gegeben und auf einer Reise nach Italien die gesuchte Erholung gefunden hatte, beschloß er bei seiner Rückkehr in Mailand im Juni 1819, sich als Privatdozent zu habilitieren, und entschied sich unter den drei in Frage kommenden Universitäten, Heidelberg, Göttingen und Berlin, im Dezember 1819 für Berlin, wo er am 23. März 1820 Probevorlesung und Colloquium vor der philosophischen Fakultät ablegte und im Sommersemester 1820 eine sechsstündige Vorlesung über ›Die gesammte Philosophie‹ abhielt. Diese Vorlesung hat er in ihren vier Teilen, Erkenntnistheorie, Metaphysik der Natur, des Schönen und der Sitten, wahrscheinlich noch in Dresden während des Winters 1819/1820 ausgearbeitet. Ein zweites, dreistündiges Kolleg hat er für das Wintersemester 1821/22 unter dem Titel ›Dianöologie und Logik‹ oder ›Theorie der gesammten Erkenntniß‹ in der Art vorbereitet, daß er den I. Teil seines früheren Vorlesungsmanuskripts durch eingeschobene Appendices und andre Zusätze erweiterte, die er mit dem ursprünglichen Texte organisch vereinigte, so daß eine Scheidung der beiden Elemente wohl kaum durchführbar ist, daher unsre Ausgabe, nach Voranschickung der ›Probevorlesung‹ vor der Fakultät und einiger zu verschiednen Zeiten entstandner Exordien, den I. Teil in seiner Verschmelzung mit der Dianoiologie, die drei übrigen in der ursprünglichen Form zum ersten Male vollständig mitteilt. Kann man von diesem für die Zwecke seiner Vorlesungen im wesentlichen auf Grund seines Hauptwerks entworfenen Konzept auch nicht die Glätte und Abrundung der von Schopenhauer für den Druck ausgearbeiteten Werke erwarten, so gewährt es doch einen eignen Reiz, zu sehen, wie der Meister nach Vollendung seines Hauptwerkes die in diesem enthaltenen, aber nicht unerheblich erweiterten Gedanken in einer mehr populären, für die Fassungskraft der studierenden Jugend berechneten Form darzulegen bemüht ist. Zugleich enthalten diese Vorlesungen vieles von dem, was der Philosoph für seine späteren Schriften in freier Weise verwendet hat; daher sie für den Forscher wichtiges historisches Material darbieten.« (Vgl. VN II, S. 12 ff.)

Deussen ist nur in folgenden Punkten zu ergänzen: Schopenhauer mußte seine erkenntnistheoretische Vorlesung gegenüber dem ersten Band der »Welt als Wille und Vorstellung« erheblich erweitern, da er nicht mehr wie dort seine Dissertation »Ueber die vierfache Wurzel des Satzes vom zureichenden Grunde«, das erste Kapitel seiner Studie »Ueber das Sehn und die Farben« sowie die Hauptschriften Kants als gelesen voraussetzen konnte. Aus diesem Grund stellt dieser Vorlesungsteil einen partiellen, integrativen Systementwurf dar, der die Thematiken aller *erkenntnistheoretischen* Schriften umfaßt, die Schopenhauer sonst nur relativ zusammenhangloser verfaßt und vereinzelt veröffentlicht hat. Außerdem verarbeitet er sein fortgesetztes Studium physiologischer Schriften und berücksichtigt ausführlich die formale Logik.

Die Editionsprinzipien sind bereits im zweiten Teil der Vorlesungen, der »Metaphysik der Natur«, erläutert und begründet worden (VN II, S. 11 ff.). Insgesamt gilt: Der Grundtext ist ungekürzt und mit der Ausgabe von 1913 identisch. Der etwas vereinfachte Anmerkungsapparat ist in eckigen Klammern in den Vorlesungstext eingearbeitet worden, um mühsames Blättern und störende Unterbrechungen des Gedankengangs zu vermeiden. Die originale Orthographie und Interpunktion Schopenhauers wurden beibehalten. Die Inhaltsverzeichnisse richten sich nach den (teilweise unvollständigen) Überschriften der Vorlesungstexte.

Tübingen, im Frühjahr 1986   Volker Spierling

Volker Spierling
Erkenntnis und Erkenntnistheorie

> Von irgend etwas muß man ausgehn, an etwas anknüpfen, sein Gewebe anzetteln: denn aus nichts wird nichts. Wenn ich einen Kranz flechte, steht ein Stengel heraus, bis ich herumgekommen bin.
> Schopenhauer an J. A. Becker

1. Ein einziger Gedanke

In seiner erkenntnistheoretischen Vorlesung »Theorie des gesammten Vorstellens, Denkens und Erkennens« schreibt Schopenhauer:

Nie scheinen aber die Thiere so sehr ein Analogon von Vernunft zu haben, als wenn sie Rache und Belohnung ausüben. Es wird von Elephanten besonders erzählt. Ein Schneider pflegte einem Elephanten der täglich vorbeigeführt wurde [einen] Apfel zu geben: einmal statt dessen stach er ihn mit der Nadel in den Rüssel. Tags drauf füllte der Elephant den Rüssel mit Wasser und begoß den Schneider. – Das ist *überlegte* Rache und läßt sich ohne abstraktes Denken anzunehmen nicht wohl begreifen, denn es ist prämeditirt: darum erstaunen wir so sehr darüber. Des letzten Persischen Gesandten zu Petersburg Geschichte von der Frau die [einen Elephanten] oft gefüttert, und die er einst, ihr eine Ehre zu erzeigen, zu ihrem großen Schrecken, sich auf den Kopf setzte.[1]

Auch ein Tier hat Vorstellungen von der Welt, in der es lebt. Die Welt ist im Kopf eines Pflanzenfressers, und der Kopf des Pflanzenfressers ist in der Welt, und eine Frau sitzt auf diesem Kopf – das gibt einem Philosophen zu denken.

Schopenhauer beginnt seine Philosophie – auch seine Vorlesungen – mit der Untersuchung des menschlichen Erkenntnisvermögens. Diese Untersuchung zerfällt in die *Dianoiologie* oder Verstandeslehre und in die *Logik* oder Vernunftlehre. Wer über Gegenstände der Metaphysik philosophiert – über das Wesen der Welt –, der soll erst einmal in Erfahrung bringen, was er überhaupt erkennen kann und was nicht. Zuallererst gilt es zu ermitteln, ob und inwieweit das Erkenntnisvermögen – vielleicht zunächst unbemerkt – seine eigenen Eigenschaften für die Eigenschaften der Erkenntnisgegenstände hält, die diesen aber so fremd sind wie den Dingen die Farbe eines Glases, durch das sie angeschaut werden. Bei Schopenhauer nimmt diese seiner eigentlichen Metaphysik vorangestellte Untersuchung – die »Theorie des gesammten Vorstellens, Denkens und Erkennens« – den Platz der früheren Ontologie, der Lehre von den allgemeinsten und wesentlichsten Eigenschaften der Dinge, ein. Er nennt seine Erkenntnistheorie daher *philosophia prima* und sieht in ihr die grundlegende Disziplin für jede mögliche, das heißt argumentativ begründete Metaphysik. Mit der *philosophia prima* soll dem Schein und dem Irrtum widerstanden werden, subjektive Bedingungen des Anschauens beziehungsweise des Denkens bereits für die Erkenntnis des Objekts zu halten.[2]

Schopenhauer tritt mit der Bedachtsamkeit dieser philosophischen Selbstkritik, in die er an mehreren Stellen seiner Vorlesung einführt[3], als Interpret von Kants »Kritik der reinen Vernunft« auf. Ohne seine eigenwillige Auseinandersetzung mit Kant wie auch, obgleich versteckter, mit der skeptischen Tradition von Pyrrhon bis zu seinem Göttinger Universitätslehrer G. E. Schulze, wäre Schopenhauers Philosophie für die methodisch anspruchsvollen Fragen unserer Zeit weniger bedeutungsvoll, weniger herausfordernd. *Ohne* Kant wäre Schopenhauer ein naiver Dogmatiker. Andererseits ist nicht zu verkennen, daß Schopenhauer durch seine Anleihen bei Kant, von dem er sich in ausschlaggebenden Punkten unterscheidet, sich selbst im Wege steht, zum Beispiel indem er teilweise einer Terminologie verhaftet bleibt, die in ihrer Enge der Tragweite seines Denkens letztlich nicht mehr gerecht werden kann. *Mit* Kant gelangt Schopenhauer zu keinem angemessenen Selbstverständnis.[4]

Obwohl Schopenhauer besonnene Selbstbetrachtung für sich in Anspruch nimmt, gilt es gleich zu Beginn seiner Erkenntnistheorie, ein Mißverständnis des Textverstehens zu erkennen, das sich bei der ersten Lektüre nur allzu leicht einstellen kann. Die Hinweise, die Schopenhauer vorsorglich gibt, reichen nicht aus, ja, er selbst hat sie im Laufe seiner Argumentationen wieder übersehen oder keine hinreichenden Konsequenzen aus ihnen gezogen.

Es geht um folgendes. Schopenhauer begreift seine gesamte Philosophie als ein *organisches Ganzes*, dem »ein einziger Gedanke« zugrunde liegt: »daß diese Welt, in der wir leben und sind, ihrem ganzen Wesen nach, durch und durch *Wille* und zugleich durch und durch *Vorstellung* ist«.[5] Diesen intendierten unteilbaren Gedankenorganismus reißt Schopenhauer durch eine »willkürliche Abstraktion«[6] entzwei, die sich strenggenommen bis in den letzten Satz seiner Philosophie hinein auswirkt. Schopenhauer möchte mit dieser Operation einerseits die Erkenntnistheorie mit ihrem Gegenstand der Welt als Vorstellung und andererseits die Metaphysik mit ihrem Gegenstand der Welt als Wille verständlicher darstellen – obwohl jede Vorstellung auch Wille ist wie jede Äußerung des Willens zunächst auch Vorstellung. Seine begriffliche Analyse seziert einen lebendigen Zusammenhang in isolierte Einzelteile, die nach ihren einseitigen Einzeluntersuchungen – Erkenntnistheorie, Naturphilosophie, Ästhetik, Ethik – wieder zusammengesetzt, »ergänzt«[7] werden sollen. In seiner in diesem Zusammenhang wichtigen Vorrede zur ersten Auflage der »Welt als Wille und Vorstellung« schreibt Schopenhauer:

Ein *System von Gedanken* muß allemal einen architektonischen Zusammenhang haben, d. h. einen solchen, in welchem immer ein Theil den andern trägt, nicht aber dieser auch jenen, der Grundstein endlich alle, ohne von ihnen getragen zu werden, der Gipfel getragen wird, ohne zu tragen. Hingegen *ein einziger Gedanke* muß, so umfassend er auch seyn mag, die vollkommenste Einheit bewahren. Läßt er dennoch, zum Behuf seiner Mittheilung, sich in Theile zerlegen; so muß doch wieder der Zusammenhang dieser Theile ein organischer, d. h. ein solcher seyn, wo jeder Theil eben so sehr das Ganze erhält, als er vom Ganzen gehalten wird, keiner der erste und keiner der letzte ist, der ganze Gedanke durch jeden Theil an Deutlichkeit gewinnt und auch der kleinste Theil nicht völlig verstanden werden kann, ohne daß schon das Ganze vorher verstanden sei. – Ein Buch muß inzwischen eine erste und eine letzte Zeile haben und wird insofern einem Organismus allemal sehr unähnlich bleiben, so sehr diesem ähnlich auch immer sein Inhalt seyn mag: folglich werden Form und Stoff hier im Widerspruch stehn.[8]

Schopenhauers architektonische Zerteilung eines komplexen, empfindsam reaktiven Zusammenhangs, ist ein didaktischer Kunstgriff, bei dem es schwer ist zu entscheiden, ob die Vorteile die Nachteile aufwiegen. Denn die versprochene Erleichterung bürdet dem Leser eine erhebliche Erschwernis auf, die nicht einmal Schopenhauer selbst aufheben konnte oder wollte: Im jeweils *eigenen* Textverstehen gilt es jetzt, den Organismus des Gedankens wieder *lebendig* werden zu lassen durch die Wiederherstellung des ursprünglich intendierten, aber von Schopenhauer begrifflich nicht hinreichend entfalteten Zusammenhangs, der *nunmehr* erst die »willkürliche Abstraktion« einholt und auflöst. Nicht passives, gläubiges Lesen ist gefordert, sondern aktives, ingeniöses. Schopenhauer stellt sich der Möglichkeit, bloß nacherzählt und archiviert zu werden, dadurch in den Weg, daß er wie Platon keine abschlußhaft fixierte Philosophie hinterläßt. Provokatorisch gesagt: Die eigentliche Philosophie Schopenhauers ist ungeschrieben. Der Leser ist herausgefordert – als »Selbstdenker«[9] –, Schopenhauers Philosophie weiterzuführen, das heißt den strukturell angelegten Einseitigkeiten mit den gleichfalls strukturell angelegten »Ergänzungen« komplettierend und integrativ überwindend *entgegenzudenken*. Um Schopenhauer zu verstehen, genügt es nicht, ihn verehrend als »Denker gegen den Strom« (Arthur Hübscher) zu sehen, man muß – in Schopenhauers Sinne – auch gegen den Strom seines eigenen Denkens denken.[10]

Für das Vorverständnis unserer erkenntnistheoretischen Vorlesung wie auch für die übrigen Vorlesungen sind diese Aspekte wichtig. Schopenhauer stellt sie an einer Stelle des ersten Bandes der »Welt als Wille und Vorstellung« deutlich heraus:

Da, wie gesagt, diese ganze Schrift nur die Entfaltung eines einzigen Gedankens ist; so folgt hieraus, daß alle ihre Theile die innigste Verbindung unter einander haben und nicht bloß ein jeder zum nächstvorhergehenden in nothwendiger Beziehung steht und daher zunächst nur ihn als dem Leser erinnerlich voraussetzt, wie es der Fall ist bei allen Philosophien, die bloß aus einer Reihe von Folgerungen bestehn; sondern daß jeder Theil des ganzen Werks jedem andern verwandt ist und ihn voraussetzt, weshalb verlangt wird, daß dem Leser nicht nur das zunächst Vorhergegangene, sondern auch jedes Frühere erinnerlich sei, so daß er es an das jedesmal Gegenwärtige, soviel Anderes auch dazwischen steht, zu knüpfen vermag; eine Zumuthung, die auch Plato, durch die vielverschlungenen Irrgänge seiner Dialogen, welche erst nach langen Episoden den Hauptgedanken, eben dadurch nun aufgeklärter, wiederaufnehmen, seinem Leser gemacht hat. Bei uns ist diese Zumuthung nothwendig, da die Zerlegung unsers einen und einzigen Gedankens in viele Betrachtungen, zwar zur Mittheilung das einzige

Mittel, dem Gedanken selbst aber nicht eine wesentliche, sondern nur eine künstliche Form ist. – Zur Erleichterung der Darstellung und ihrer Auffassung dient die Sonderung von vier Hauptgesichtspunkten, in vier Büchern, und die sorgfältigste Verknüpfung des Verwandten und Homogenen: dennoch läßt der Stoff eine Fortschreitung in gerader Linie, dergleichen die historische ist, durchaus nicht zu, sondern macht eine mehr verschlungene Darstellung und eben diese ein wiederholtes Studium des Buchs nothwendig, durch welches allein der Zusammenhang jedes Theils mit jedem andern deutlich wird und nun erst alle zusammen sich wechselseitig beleuchten und vollkommen hell werden.[11]

Aus all dem geht hervor, daß Schopenhauers Vorlesung über die »Theorie des gesammten Vorstellens, Denkens und Erkennens« nur behelfsmäßig getrennt gelesen werden darf von den übrigen Vorlesungen – Analoges gilt von dem erkenntnistheoretischen Teil seines Hauptwerks –, um sie schließlich von einem allseitigen Zusammenhang aus, der über die Darstellungsweise hinausgeht, als bedingt *und* bedingend zu verstehen. Schopenhauer empfiehlt daher, seine Philosophie zweimal durchzulesen, da der Anfang das Ende beinahe so sehr voraussetzt wie das Ende den Anfang[12]. Der anfängliche Abweg des Textverstehens besteht darin, die Philosophie Schopenhauers auf die Unmittelbarkeit ihrer vorliegenden Form zu reduzieren. *Schärfer*: Wer die Vorentscheidungen der »willkürlichen Abstraktion« als Abstraktion während der Rezeption *nicht* begleitend mitreflektiert, wer beispielsweise die Erkenntnistheorie aus ihrem Zusammenhang herausbricht und isoliert interpretiert, der spricht von einem anderen Philosophen, der verfehlt sein Thema. Die Folge hiervon sind gedankenlose Verabsolutierungen der einzelnen Systemteile, die zu in sich widersprüchlichen Gesamtcharakterisierungen führen.

Schopenhauer trifft sich an dieser Problemstelle des systematischen einheitsstiftenden Zusammenhangs mit seinem Antipoden Hegel, der in seiner »Wissenschaft der Logik« folgende Zeilen schreibt, die unseren Sachverhalt genau kennzeichnen:

Dies Verhältnis enthält somit die Selbständigkeit der Seiten und ebensosehr ihr Aufgehobensein und beides schlechthin in *einer* Beziehung. Das Ganze ist das Selbständige, die Teile sind nur Momente dieser Einheit; aber ebensosehr sind sie auch das Selbständige, und ihre reflektierte Einheit ist nur ein Moment; und jedes ist in seiner *Selbständigkeit* schlechthin das *Relative* eines Anderen. [...] Es ist nichts im Ganzen, was nicht in den Teilen, und nichts in den Teilen, was nicht im Ganzen ist.[13]

Das Versäumnis ist Schopenhauer vorzuwerfen, daß er bei der Ausarbeitung seiner Philosophie der erkannten Unzulänglichkeit ihrer Darstellungsweise nicht entschieden und ausdrücklich genug eingedenk *bleibt* und die organische Relativität der Aussagen *durchgängig* herausstellt. Der Tendenz nach erliegt Schopenhauer dem architektonischen Schein seiner eigenen, das Werk durchziehenden Abstraktion – was noch einmal, in oft vergröberter Form in der Geschichte seiner Rezeption bis auf den heutigen Tag sichtbar wird. Es ist meines Erachtens an der Zeit, Schopenhauers System-Korrektiv ernst zu nehmen und seine von ihm intendierte methodische Selbstkorrektur im nachhinein zur Geltung zu bringen, soweit dies möglich ist. Die Berücksichtigung der Darstellungsproblematik, der Differenz von »Form und Stoff« macht Schopenhauers Philosophie sicherlich verwickelter, aber setzt ihre Lebendigkeit frei, die auch von der des jeweils aktuellen Lesers abhängt. Die Rezeption von Schopenhauers »einzigem Gedanken« ist seine Konzeption.

2. Jedes voraussetzungslose Verfahren in der Philosophie ist Windbeutelei

Im folgenden möchte ich den Zusammenhang andeuten, in dem Schopenhauers Vorlesung über die »Theorie des gesammten Vorstellens, Denkens und Erkennens« steht. Es geht hierbei um eine erste Vororientierung, die keine lückenlose Argumentation anstrebt und die von meinen Einleitungen zu den übrigen Vorlesungen weitergeführt und vertieft wird. Zunächst soll ein längeres Zitat aus Goethes »Die Leiden des jungen Werthers« (1787) stehen, das auch atmosphärisch gut in die Philosophie Schopenhauers einführen kann:

Am 18. August
Mußte denn das so sein, daß das, was des Menschen Glückseligkeit macht, wieder die Quelle seines Elendes würde?

Das volle warme Gefühl meines Herzens an der lebendigen Natur, das mich mit so vieler Wonne überströmte, das ringsumher die Welt mir zu einem Paradiese schuf, wird mir jetzt zu einem unerträglichen Peiniger, zu einem quälenden Geist, der mich auf allen Wegen verfolgt. Wenn ich sonst vom Felsen über den Fluß bis zu jenen Hügeln das fruchtbare Tal überschaute und alles um mich her keimen und quellen sah; wenn ich jene Berge, vom Fuße bis auf zum Gipfel, mit hohen dichten Bäumen bekleidet, jene Täler in ihren mannigfaltigen Krümmungen von den lieblichsten Wäldern beschattet sah, und der sanfte Fluß zwischen den lispelnden Rohren dahin gleitete und die lieben Wolken abspiegelte, die der sanfte Abendwind am Himmel herüberwiegte; wenn ich dann die Vögel um mich den Wald beleben hörte und die Millionen Mückenschwärme im letzten roten Strahle der Sonne mutig tanzten und ihr letzter zuckender Blick den summenden Käfer aus seinem Grase befreite und das Schwirren und Weben um mich her mich auf den Boden aufmerksam machte und das Moos, das meinem harten Felsen seine Nahrung abzwingt, und das Geniste, das den dürren Sandhügel hinunter wächst, mir das innere, glühende, heilige Leben der Natur eröffnete: wie faßte ich das alles in mein warmes Herz, fühlte mich in der überfließenden Fülle wie vergöttert, und die herrlichen Gestalten der unendlichen Welt bewegten sich allbelebend in meiner Seele. Ungeheure Berge umgaben mich, Abgründe lagen vor mir, und Wetterbäche stürzten herunter, die Flüsse strömten unter mir, und Wald und Gebirg erklang; und ich sah sie wirken und schaffen ineinander in den Tiefen der Erde, alle die unergründlichen Kräfte; und nun über der Erde und unter dem Himmel wimmeln die Geschlechter der mannigfaltigen Geschöpfe. Alles, alles bevölkert mit tausendfachen Gestalten und die Menschen dann sich in Häuslein zusammen sichern und sich annisten und herrschen in ihrem Sinne über die weite Welt! Armer Tor! der du alles so gering achtest, weil du so klein bist. – Vom unzugänglichen Gebirge über die Einöde, die kein Fuß betrat, bis ans Ende des unbekannten Ozeans weht der Geist des Ewigschaffenden, und freut sich jedes Staubes, der ihn vernimmt und lebt. – Ach, damals, wie oft habe ich mich mit Fittichen eines Kranichs, der über mich hinflog, zu dem Ufer des ungemessenen Meeres gesehnt, aus dem schäumenden Becher des Unendlichen jene schwellende Lebenswonne zu trinken und nur einen Augenblick, in der eingeschränkten Kraft meines Busens, einen Tropfen der Seligkeit des Wesens zu fühlen, das alles in sich und durch sich hervorbringt.

Bruder, nur die Erinnerung jener Stunden macht mir wohl. Selbst diese Anstrengung, jene unsäglichen Gefühle zurückzurufen, wieder auszusprechen, hebt meine Seele über sich selbst, und läßt mich dann das Bange des Zustandes doppelt empfinden, der mich jetzt umgibt.

Es hat sich vor meiner Seele wie ein Vorhang weggezogen, und der Schauplatz des unendlichen Lebens verwandelt sich vor mir in den Abgrund des ewig offnen Grabs. Kannst du sagen: Das ist! da alles vorüber geht? da alles mit der Wetterschnelle vorüberrollt, so selten die ganze Kraft seines Daseins ausdauert, ach in den Strom fortgerissen, untergetaucht und an Felsen zerschmettert wird? Da ist kein Augenblick, der nicht dich verzehrte und die Deinigen um dich her, kein Augenblick, da du nicht ein Zerstörer bist, sein mußt; der harmloseste Spaziergang kostet tausend armen Würmchen das Leben, es zerrüttet ein Fußtritt die mühseligen Gebäude der Ameisen und stampft eine kleine Welt in ein schmähliches Grab. Ha! nicht die große seltne Not der Welt, diese Fluten, die eure Dörfer wegspülen, diese Erdbeben, die eure Städte verschlingen, rühren mich; mir untergräbt das Herz die verzehrende Kraft, die in dem All der Natur verborgen liegt, die nichts gebildet hat, das nicht seinen Nachbar, nicht sich selbst zerstörte. Und so taumle ich beängstigt. Himmel und Erde und ihre webenden Kräfte um mich her: ich sehe nichts als ein ewig verschlingendes, ewig wiederkäuendes Ungeheuer.[14]

Die Unterschiede zwischen Goethe und Schopenhauer sollen hier außer acht bleiben. – Ein »ewig verschlingendes, ewig wiederkäuendes Ungeheuer« kommt Schopenhauers Wesen der Welt (Ding an sich), das er vorbehaltlich »Wille« nennt, nahe. Allerdings ist dieser Vergleich hier in einem eher bildlichen, metaphorischen Sinne gemeint als Vorstellungshilfe für etwas, das letztlich gänzlich unserer Vorstellung entzogen ist und das unabsehbar weit über unsere eigene psychische Willenserfahrung hinausgeht. Wird vor der Welt als Vorstellung, die uns als lebendige Natur gegenübersteht, der »Vorhang« weggezogen – bei Schopenhauer der Schleier der Maja –, dann deutet sich die Welt als Wille an, die der vordergründigen Vorstellungswelt als ihr verborgenes Wesen zugrunde liegt. Die Welt als Vorstellung ist zunächst die lebensbejahende optimistische Perspektive des gesunden Menschenverstandes, der die alltäglichen Dinge nimmt, wie sie sich empirisch geben, und so geschickt und vorteilhaft wie möglich mit ihnen umzugehen sucht. Die Reflexion auf die Welt als Wille kehrt diese Perspektive um, indem sie im Willen die Quelle alles Übels erblickt, und betrachtet dadurch umwertend das Leben vom Tod, von der Zerstörung, vom Leid aus – von einem mit erkenntnistheoretischen Vorbehalten gewählten überindividuellen Standpunkt aus. Der Wille als »Ungeheuer« ist dabei nicht als etwas außerweltlich Absolutes zu verstehen, das kausal auf die Vorstellungswelt einwirken könnte – etwa ein personaler Schöpfergeist –, sondern ähnlich wie in dem Zitat von Goethe als etwas, das die Welt wesentlich »ist« und dem ich wie die Welt gleichermaßen ausgeliefert bin: »Mir untergräbt das Herz die verzehrende Kraft, die im All der Natur verborgen liegt.« Von der Perspektive des »Ungeheuers« aus gesehen ist das Glück des einzelnen illusionär. Der ersehnte Augenblick der

Vereinigung mit dem »Geist des Ewigschaffenden« kann nur im naiven, unaufgeklärten Zustand vor Aufzug des Vorhangs gewollt werden. Hat sich dieser aber einmal für den philosophischen Blick geöffnet, dann tritt das Elend zutage, das der Blindheit des gegen sich selbst wütenden, erkenntnislosen »Ungeheuers«, das mit jedem von uns *sein* Dasein realisieren will, unvermeidbar folgt. Bei Schopenhauer führt diese Auffassung in letzter Konsequenz über seine »Metaphysik des Schönen« (III. Teil der Vorlesung) und seine »Metaphysik der Sitten« (IV. Teil) zu dem Ausblick einer gelingenden Befreiung vom Willen zum Leben.

Schopenhauer gibt in einem kleinen Dialog, in dem es um die Erörterung von Widersprüchen geht, die auftreten können, wenn transzendente Fragen in der für immanente Erkenntnis geschaffenen Sprache beantwortet werden, folgenden metaphysischen Abriß vom Schein und der Nichtigkeit der Individualität:

Sieh dich doch um! Was da ruft »Ich, ich, ich will daseyn«, Das bist du nicht allein, sondern Alles, durchaus Alles, was nur eine Spur von Bewußtseyn hat. Folglich ist dieser Wunsch in dir gerade Das, was *nicht* individuell ist, sondern Allen, ohne Unterschied, gemein: er entspringt nicht aus der Individualität, sondern aus dem Daseyn überhaupt, ist Jedem, das *da* ist, wesentlich, ja ist Das *wodurch* es daist, und wird demgemäß befriedigt durch das Daseyn *überhaupt*, als auf welches allein er sich bezieht; nicht aber ausschließlich durch irgend ein bestimmtes, individuelles Daseyn; da er auf ein solches gar nicht gerichtet ist; obgleich es jedesmal den Schein hievon hat, weil er nicht anders, als in einem individuellen Wesen, zum Bewußtseyn gelangen kann und deshalb jedesmal auf dieses allein sich zu beziehen scheint. Dies ist jedoch ein bloßer Schein, an welchem zwar die Befangenheit des Individuums klebt, den aber die Reflexion zerstören und uns davon befreien kann. Was nämlich so ungestüm das Daseyn verlangt, ist bloß *mittelbar* das Individuum; unmittelbar und eigentlich ist es der Wille zum Leben überhaupt, welcher in Allen Einer und der selbe ist. Da nun das Daseyn selbst sein freies Werk, ja, sein bloßer Abglanz ist; so kann dasselbe ihm nicht entgehn: er aber wird durch das Daseyn überhaupt vorläufig befriedigt; so weit nämlich, als er, der ewig Unzufriedene, befriedigt werden kann. Die Individualitäten sind ihm gleich: er redet eigentlich nicht von ihnen; obgleich er dem Individuo, welches unmittelbar ihn nur in sich vernimmt, davon zu reden scheint. Dadurch wird herbeigeführt, daß ei dieses sein eigenes Daseyn mit einer Sorgfalt bewacht, wie es außerdem nicht geschehn würde, und eben dadurch die Erhaltung der Gattung sichert. Hieraus ergiebt sich, daß die Individualität keine Vollkommenheit, sondern eine Beschränkung ist: daher ist, sie los zu werden, kein Verlust, vielmehr Gewinn. Laß daher eine Sorge fahren, welche dir wahrlich, wenn du dein eigenes Wesen ganz und bis auf den Grund erkenntest, nämlich als den universellen Willen zum Leben, der du bist, – kindisch und überaus lächerlich erscheinen würde.[15]

Zur Vertiefung dieses Sachverhalts verweise ich auf meine Einleitung zum IV. Teil der Vorlesung, der »Metaphysik der Sitten«, in der ich die Metapher vom »unsichtbaren Unendlichfüßler« einführe, um mit ihrer Hilfe die wechselseitig sich ergänzende Perspektive zum »Ungeheuer« hin und die Perspektive vom »Ungeheuer« aus zurück diskutieren zu können.[16]

Unter unseren Erkenntnisapparat (Intellekt/Gehirn) gebracht – so stellt sich unser Erkenntnisapparat dies vor –, erscheint das überempirische »Ungeheuer« (abgesehen von seinen unveränderlich schönen Grundgestalten der Platonischen Ideen, die meine Einleitung zum III. Teil der Vorlesung, der »Metaphysik des Schönen«, thematisiert[17]) als gesetzmäßig determinierte, empirische Vorstellungswelt, in der es keine Wirkung ohne Ursache, keine Folge ohne Grund, keine Handlung ohne Motiv gibt. Diese Vorstellungswelt in ihren Gesetzmäßigkeiten des Satzes vom zureichenden Grund – sie ist durch die durchgängige psychologische und metaphysische Interessengebundenheit aller individuellen Erkenntnis im Kontext der Willenswelt zu ergänzen – ist das Thema der Erkenntnistheorie. Schopenhauers anfängliche »willkürliche Abstraktion« besteht darin, die Welt als Vorstellung zunächst ausschließlich vom Standpunkt der reflexiven Selbstbetrachtung des Intellekts aus zu untersuchen. Er geht dabei der Frage nach, ob und inwieweit unser Erkenntnisvermögen so beschaffen ist, daß etwas überhaupt nur unter der Bedingung erkennbares Objekt für uns werden kann, wenn es a priori bestimmte Formen unserer eigenen Erkenntnisweise annimmt, die a posteriori irreführenderweise als ureigenste Formen des Objekts, der empirischen Realität, erscheinen.

Schopenhauer stellt seine Erkenntnistheorie durch diese Fragestellung und durch die Art ihrer Beantwortung – Zeit, Raum und Kausalität gelten als apriorische Formen des Intellekts – als Transzendentalphilosophie im Anschluß an Kant vor. Was sie in einem gewissen Sinne »auch« ist, in einem anderen aber entschieden nicht. Denn die subjektive, transzendentalidealistische Betrachtungsweise des Intellekts erweist sich als einseitige, die ergänzt werden muß durch die objektive, empirisch materialistische – wie durch die schon erwähnte Ergänzung des psychologischen und metaphysischen Erkenntnisinteresses. Der »Kritik der reinen Vernunft« folgt gleichsam programmatisch, vor allem in seinen späteren Schriften, eine »Kritik der Gehirnfunktionen«.[18] Mit dieser ausgleichenden materialistisch physiologischen Betrachtungsweise des Intellekts stellt Schopenhauer die notwendige Organgebundenheit eines jeden Denkens heraus – wie auch zwangsläufig die Organgebundenheit der apriorischen Erkenntnisformen durch die »im Gehirn präformirten Gesetze«.[19] Mit dieser problemanzeigenden Denkschleife kritisiert er die Spielarten des Dogmatismus, das heißt die Anmaßungen reiner Erkenntnis aus einem vorausgesetzten ersten Verursachenden (prima causa): einerseits den christlichen Spiritualismus (Geist erschafft ursächlich Materie) sowie andererseits den naiven abbildtheoretischen Materialismus (Materie erschafft ursächlich Geist).

Im Sinne seiner Spiritualismus-Kritik schreibt Schopenhauer: »Im metaphysischen Sinn bedeutet *Geist* ein immaterielles, denkendes Wesen. Von so etwas zu reden, den Fortschritten der heutigen Physiologie gegenüber, die ein *denkendes Wesen ohne Gehirn* gerade so ansehn muß wie ein verdauendes Wesen ohne Magen, ist sehr dreist.«[20] Im Sinne seiner Materialismus-Kritik schreibt er: »der Materialismus ist die Philosophie des bei seiner Rechnung sich selbst vergessenden Subjekts.«[21]

Schopenhauers Erkenntnistheorie läuft auf eine begrifflich unauflösbare, begrifflich nicht restlos zu klärende Koinzidenz von einseitiger Transzendentalphilosophie und einseitigem Materialismus hinaus: Intendiert ist ein reflektierter Standpunkt, der aber kein absoluter sein kann, weil der Mensch aus den Beschränkungen seines Bewußtseins nicht heraustreten und gleichsam einen göttlich-objektiven Blickpunkt einnehmen kann – was zu erweisen ein Hauptziel der Erkenntnistheorie ist. Der besonnenere, »höhere« Standpunkt wird durch ein methodisches Drehen und Wenden eines einseitigen Standpunktes um die Einseitigkeit des anderen und zurück angestrebt – nicht abschlußhaft erreicht, etwa im Sinne einer Deduktion. Die ungleichartigen

Standpunkte sind begrifflich – im Rahmen der Welt als Vorstellung – nicht zur Deckung zu bringen, weshalb Schopenhauer von einer »*Antinomie* in unserm Erkenntnißvermögen«²² spricht. Schopenhauers Philosophie ist daher im strengen Sinne kein System mehr wie die Philosophie Hegels, aber in einem ebenso strengen Sinne keineswegs unsystematisch, keineswegs bloß fragmentarisch. Ich habe diese eigentümliche Methode, die in ihrer spekulativ zurückhaltenden Selbstberichtigung Einheit des Zusammenhangs in den unvollkommenen Betrachtungsweisen des Intellekts zu stiften sucht, Schopenhauers »Kopernikanische Drehwende« genannt und sie in der Einleitung zum II. Teil der Vorlesungen, der »Metaphysik der Natur«, näher beschrieben. Die Kopernikanische Drehwende ist ein offenes erkenntnistheoretisches Modell zur Vermeidung metaphysischer Letztaussagen wie zur Ermöglichung einer Metaphysik aus empirischen Erkenntnisquellen: »Jedes angeblich *voraussetzungslose Verfahren* in der Philosophie ist Windbeutelei: denn immer muß man irgend etwas als gegeben ansehn, um davon auszugehn. [...] Ein solcher Ausgangspunkt des Philosophirens, ein solches einstweilen als gegeben Genommenes, muß aber nachmals wieder kompensirt und gerechtfertigt werden. [...] Um nun also die hierin begangene Willkürlichkeit wieder auszugleichen und die Voraussetzung zu rektifiziren, muß man nachher den *Standpunkt* wechseln, und auf den entgegengesetzten treten, von welchem aus man nun das Anfangs als gegeben Genommene, in einem ergänzenden Philosophem, wieder ableitet.«²³

Mit der metatheoretischen Reflexion der Kopernikanischen Drehwende – »Es ist eben so wahr, daß das Erkennende ein Produkt der Materie sei, als daß die Materie eine bloße Vorstellung des Erkennenden sei: aber es ist auch eben so einseitig«²⁴ – erhalten meines Erachtens die Schopenhauer vorschnell vorgeworfenen Widersprüche seiner Philosophie einen konstitutiven systematischen Stellenwert und markieren zugleich die wissenschaftstheoretische Aktualität seines Denkens. Daß Schopenhauer die Gesetze der Logik nicht unbekannt waren, zeigt gerade das Logik-Kapitel unserer Vorlesung, das selbst den Schopenhauer-Kenner wegen seiner Ausführlichkeit überraschen dürfte.

In seinem handschriftlichen Nachlaß stellt Schopenhauer prägnant und zusammenfassend den Sachverhalt der Einseitigkeiten der ergänzungsbedürftigen Standpunkte heraus:

Mein Ausgang von der Vorstellung ist aber *auch* ein subjektiver. Dem Satz »die Welt ist meine Vorstellung« steht gegenüber dieser »Die Welt ist Materie« oder: »Die Materie allein ist schlechthin« oder »Alles was ist, ist Materie.« – Dies ist der Ausgangspunkt des Demokritos und Epikuros. – Beide Sätze sind gleich wahr und gleich falsch. Das Ausgehn vom Subjekt hat aber einen wirklichen Vorzug, weil schlechthin das Bewußtseyn das allein Unmittelbare ist, und wir dieses überspringen, wenn wir die Materie zum Ausgangspunkt machen, ihr ein absolutes Daseyn beilegend, während sie doch nur ein durch unser Bewußtseyn bedingtes hat. Andrerseits muß es möglich seyn die Welt wirklich aus der Materie und ihren richtig und vollständig erkannten Eigenschaften (dahin wir noch lange nicht gekommen sind) zu konstruiren: denn alles Entstandene ist durch Ursachen entstanden, welche vermittelst der Eigenschaften der Materie zusammenkamen, und diese Ursachen müssen vollständig nachzuweisen seyn; allein dabei wird man sich doch gefallen lassen müssen an dieser Materie alle ihre ursprünglichen Eigenschaften als schlechthin unerklärliche folglich wunderbare Eigenschaften (*qualitates occultae*) gelten zu lassen: wie im Werk p 193–208 gezeigt: denn die Materie ist ja bloß der Träger der Kräfte und das Band ihrer Erscheinungen unter Leitung der Kausalität. Folglich würde jene ganze Erklärung der Welt doch nur eine ganz relative seyn, das Werk einer Physik die bei jedem Schritte nach einer Metaphysik hinwiese.

Dagegen das Falsche oder Inadäquate des Satzes »Die Welt ist meine Vorstellung« liegt theils darin, daß es eine einseitige Auffassung ist; da die Welt doch außerdem noch viel mehr ist (Wille, Ding an sich), ja das Vorstellungseyn ihr accidentell ist; theils darin, daß wenn hier das Objekt in seiner Bedingtheit durch das Subjekt gezeigt wird; nicht zugleich der Gegensatz dasteht, daß das Subjekt nur mittelst des Objekts ein Subjekt ist, also auch gegenseitig von ihm bedingt ist. Der Satz, zu welchem der rohe Verstand stets seine Zuflucht gegen den Idealismus nimmt: »Die Welt, das Objekt, wäre doch da, wenn es kein Subjekt gäbe«, – ist eben so falsch wie dieser: »Das Subjekt wäre doch ein Erkennendes, wenn es auch kein Objekt, d. h. gar keine Vorstellung hätte.«[25]

Die Kopernikanische Drehwende, die zwischen dem »gleich wahr und gleich falsch« oder dem »eben so ... wie« zu vermitteln sucht – ohne dogmatische Reduktionen –, verändert das Konzept der empirischen Realität. Die Natur läßt sich insgesamt nicht wie ein mechanisches Uhrwerk ursächlich erklären. Der Philosoph oder Wissenschaftler, der im Rahmen des kausalen Denkens, des Satzes vom zureichenden Grund, Schritt für Schritt zum »Kern der Welt« zu gelangen hofft, der »gleicht dem

Eichhörnchen im Rade«.[26] Je nachdem von welchem Standpunkt aus die Natur betrachtet wird, erscheint sie in einem Bedingungsgefüge, das einmal nicht von seiner geistigen, das andere Mal nicht von seiner materiellen Voraussetzung loskommt.

Der subjektiven, transzendentalidealistischen Betrachtungsweise des Intellekts stellt sich die Welt als Vorstellung durchgängig *subjektbedingt* dar: Eine subjektunabhängige Materie läßt sich von diesem Standpunkt logisch nicht einmal denken. Denn ich kann mir nicht vorstellen, etwas zu erkennen, das nicht relativ »für mich« als Vorstellendem stünde, das also außerhalb meiner Vorstellung »an sich« wäre. Ich kann aus meinem Bewußtsein nicht heraustreten und die Dinge betrachten, wie sie unabhängig von meinem Bewußtsein wären. Anders verhält es sich bei der objektiven, materialistischen Betrachtungsweise des Intellekts, die die Welt als Vorstellung – einschließlich dem individuellen Subjekt der Vorstellung – lediglich *objektbedingt* auffassen kann: An allen mit naturwissenschaftlich erklärenden Methoden untersuchten Gegenständen läßt sich nichts Geistiges finden und messen. Nicht einmal die Analyse der anatomisch-funktionellen Organisation des Gehirns wird eines einzigen Gedankeninhalts habhaft, schon gar nicht des Subjekts.

Die Kopernikanische Drehwende zeigt, daß das Objekt der Erkenntnis sich verschieden darstellt, je nach der Art des Standpunkts. Die Natur ist – für uns – nichts Eindeutiges. Wir begegnen in ihren kleinsten wie in ihren größten Dimensionen unserer Beziehungshaftigkeit zu ihr – insofern die Naturwissenschaft von der Philosophie begleitet wird.[27] Schopenhauer stellt diesen Sachverhalt der Beziehungshaftigkeit in unserer Vorlesung grundsätzlich heraus, wobei nicht nur der Kritizismus Kants, sondern auch die skeptische Tradition Berücksichtigung findet: »Der Verstand macht demzufolge die Natur selbst möglich: womit nicht gesagt ist, daß er sie aus sich hervorbringt, sondern daß er ihre Bedingung ist: ohne den Verstand wäre keine Natur da, aber doch vielleicht etwas ganz andres, das jetzt als Natur erscheint.«[28]

Die immaterielle Selbstanalyse und die materielle Sachanalyse finden auf zwei disparaten Ebenen statt, die die kompensierende Kopernikanische Drehwende nicht durch eine geheimnisvolle

Zaubermethode vereinigen kann, aber sie macht plausibel, daß ihr approximativer *Zusammenhang* – der auch der Zusammenhang der Einheit des Bewußtseins, der rätselhafte »Weltknoten«[29], ist – weder nach kausalen Gesetzen der materiellen Dingwelt zu denken ist[30] noch als transzendentale Synthesis im Sinne Kants, sondern als etwas, das sich der rationalen Analyse letztlich entzieht. Schopenhauer sucht nicht mehr nach einer Weltformel, die gleichsam den Gedanken Gottes vor der Schöpfung erfassen könnte. Seine metaphysische, stets an die Empirie zurückgebundene Fundierung der Welt als Vorstellung durch die Welt als Wille stellt gerade das alle Standpunkte umklammernde Nichtrationale, das ungeheuerlich windungsreiche Irrationale heraus, in dessen Dunkel das Licht des menschlichen Intellekts sich verliert und dem kein göttlicher Glanz wegweisend entgegenstrahlt: »Welche Fackel wir auch anzünden und welchen Raum sie auch erleuchten mag; stets wird unser Horizont von tiefer Nacht umgränzt bleiben.«[31]

Man muß Schopenhauers metaphysische Spekulation sorgfältig nachvollziehen, um die Tragweite seiner Philosophie der Balance zwischen Dogmatismus und Skeptizismus angemessen würdigen zu können.[32] Der Wille als Ding an sich ist nicht das Absolute, von dem her der Zusammenhang der disparaten Standpunkte mit Notwendigkeit und Allgemeingültigkeit übergreifend abgeleitet werden könnte. Sondern die methaphysische Theorie des Willens zum Leben ist selbst nur ein *relativer* Standpunkt – ein relativ Letztes –, der durch die anderen Betrachtungsweisen, namentlich durch die transzendentalidealistische, materialistische und psychologische, ergänzt, das heißt »gedrehwendet« werden muß. Daher greift die Schopenhauer-Rezeption, die von einem absoluten Willen ausgeht, ebenso daneben wie die, die seine Erkenntnistheorie von der Metaphysik abtrennt. Denn jene Rezeption reduziert Schopenhauers Willensmetaphysik zu einem dogmatischen Standpunkt, der den organischen Zusammenhang des *einen* – letztlich ungeschriebenen – Gedankens auch hier zerreißt. »Meine Philosophie«, schreibt Schopenhauer, »lehrt, was die Erscheinung sei, und was das Ding an sich. Dieses aber ist Ding an sich blos *relativ*, d. h. in seinem Verhältniß zur Erscheinung: – und diese ist Erscheinung bloß in ihrer Relation zum Ding an sich. Außerdem ist sie ein Gehirnphänomen. Was aber das Ding an sich *außerhalb* jener Relation sei, habe ich nie gesagt, weil ich's nicht weiß: *in* derselben aber ist's Wille zum Leben.«[33]

Die Voraussetzungen der Metaphysik liegen in der Erkenntnistheorie wie die Voraussetzungen der Erkenntnistheorie in der Metaphysik. Die einheitsstiftende begriffliche Vermittlung dieser Voraussetzungen aber mit ihren jeweiligen Einseitigkeiten steht noch aus. Ihr Gelingen, insofern dieses abschlußhaft überhaupt möglich ist, ist Aufgabe des einzelnen Lesers, der mit Schopenhauer in einen kritischen Dialog über seine eigenen mitgebrachten Einseitigkeiten im Denken eintreten muß, wenn er nicht dessen lebendiges *Selbstdenken* wie die Möglichkeit seines eigenen verfehlen möchte. Schopenhauer stellt uns keine Fragen, wenn wir ihm keine Antworten geben.

Anmerkungen

Folgende Siglen werden verwendet:
Arthur Schopenhauer: Sämtliche Werke. Hrsg. von Arthur Hübscher, 7 Bände. Wiesbaden ³1972 (= Werke);
Arthur Schopenhauer: Sämtliche Werke. Hrsg. von Wolfgang Frhr. von Löhneysen, 5 Bände. Stuttgart/Frankfurt am Main 1960 [= Werke]

G = Ueber die vierfache Wurzel des Satzes vom zureichenden Grunde (Werke Bd. I) [Werke Bd. III]
F = Ueber das Sehn und die Farben (Werke Bd. I) [Werke Bd. III]
W I = Die Welt als Wille und Vorstellung Bd. I (Werke Bd. II) [Werke Bd. I]
W II = Die Welt als Wille und Vorstellung Bd. II (Werke Bd. III) [Werke Bd. II]
N = Ueber den Willen in der Natur (Werke Bd. IV) [Werke Bd. III]
E = Die beiden Grundprobleme der Ethik (Werke Bd. IV) [Werke Bd. III]
P I = Parerga und Paralipomena Bd. I (Werke Bd. V) [Werke Bd. IV]
P II = Parerga und Paralipomena Bd. II (Werke Bd. VI) [Werke Bd. V]

Arthur Schopenhauer: Philosophische Vorlesungen. Aus dem handschriftlichen Nachlaß. Hrsg. und eingel. von Volker Spierling, 4 Bände. München 1984–1986
VN I = Theorie des gesammten Vorstellens, Denkens und Erkennens. Vorlesung über die gesammte Philosophie, 1. Theil. Zusammen mit: Probevorlesung, Lobrede und Dianoiologie (Bd. I)
VN II = Metaphysik der Natur. Vorlesung über die gesammte Philosophie, 2. Theil (Bd. II)
VN III = Metaphysik des Schönen. Vorlesung über die gesammte Philosophie, 3. Theil (Bd. III)
VN IV = Metaphysik der Sitten. Vorlesung über die gesammte Philosophie, 4. Theil (Bd. IV)

Arthur Schopenhauer: Der handschriftliche Nachlaß. Hrsg. von Arthur Hübscher, 5 Bände in 6 Teilbänden. Frankfurt am Main 1966–1975. Unveränderter

Nachdruck als Taschenbuchausgabe München 1985 [Die Kennzeichnung der Taschenbuchausgabe »Arthur Schopenhauer / Der handschriftliche Nachlaß in fünf Bänden / Vollständige Ausgabe in sechs Teilbänden« ist unzutreffend. Es fehlen die »Reisetagebücher« des jugendlichen Schopenhauer und die »Philosophischen Vorlesungen«.].

HN I = Die frühen Manuskripte 1804–1818 (Bd. I)
HN III = Berliner Manuskripte 1818–1830 (Bd. III)
HN IV(1) = Die Manuskripte der Jahre 1830–1852 (Bd. IV,1)

GBr = Arthur Schopenhauer: Gesammelte Briefe. Hrsg. von Arthur Hübscher. Bonn 1978
Jb = Schopenhauer-Jahrbuch (mit vorangesetzter Ziffer und folgender Jahreszahl)
Mat = Volker Spierling (Hrsg.): Materialien zu Schopenhauers »Die Welt als Wille und Vorstellung«. Frankfurt am Main 1984

Die Zitate aus Schopenhauers sämtlichen Werken sind doppelt belegt. Sie folgen der historisch kritischen Ausgabe von Arthur Hübscher und in eckigen Klammern der von Wolfgang Frhr. von Löhneysen.

1 S. u., S. 232 f.
2 Vgl. I. Kant: Kritik der reinen Vernunft, Akad.-Ausg., Bd. III, Berlin 1968, B XVI f. – Vgl. ferner zur Erläuterung: V. Spierling: Die Drehwende der Moderne. Schopenhauer zwischen Skeptizismus und Dogmatismus. In: ders., Mat, S. 38–40 und ders.: Erkenntnis und Natur. In: VN II, S. 25–31.
3 S. u., S. 62–64 und S. 124. – Dem Leser, dem es um eine Einführung in die Philosophie Schopenhauers geht, empfehle ich, mit der »Einleitung, über das Studium der Philosophie« anzufangen, s. u., S. 95–125, ferner mit den verschiedenen »Exordia« in diesem Band.
4 Vgl. V. Spierling: Schopenhauers transzendentalidealistisches Selbstmißverständnis, Diss München 1977.
5 W I, S. VII [7] und W I, § 29, S. 193 [237].
6 W I, § 1, S. 5 [32]. Vgl. W I, § 6, S. 22 [51].
7 S. u., S. 129. Vgl. W I, § 1, S. 5 [32] und § 6, S. 22 [51].
8 W I, S. VII f. [7 f.].
9 P II, Kap. 22: Selbstdenken.
10 Unseriös ist es daher, wenn die Buchrückseite von Hübschers Autobiographie (erlebt – gedacht – vollbracht, Bonn 1983) verkündet: »Man erfährt, wie der Autor mit den großen kritischen Ausgaben der Werke Schopenhauers, seines handschriftlichen Nachlasses, seiner Briefe und Gespräche und, am Ende, der grundlegenden Monographie ›Denker gegen den Strom‹ die Gestalt Schopenhauers in zeit- und weltgültige Maße zu rücken wußte […]« Hübschers Neigung zu abschlußhaften Wertungen führt bisweilen in peinliche Sackgassen hohler Verklärungen, so z. B. wenn er schreibt: »Was seit den Zeiten des Altertums, seit den Tagen des Sokrates, des Pythagoras, der Stoa nicht mehr dagewesen ist, was die Philosophie als Dienerin der Theologie so wenig wie als akademischer Lehrgegenstand sich hätte träumen lassen können, das ist dem Verfasser der ›Welt als Wille und Vorstellung‹ gelungen:

einen Kreis zu bilden, dessen Glieder zum weitaus größten Teile aus dem Laienstande kamen und eben darum um so eifriger und tiefer die Lehre erfaßten, die ihnen mit der Gewalt eines neuen Glaubens aufgegangen war. Daß diese Lehre auch die größten und gewaltigsten Geister in ihren Kreis geschlossen hat, sei endlich als ihr höchstes Merkzeichen genannt, das ihr gleichsam die letzte Weihe gibt.« (A. Hübscher: Schopenhauer. Bibliographie eines Weltbildes, Stuttgart 1967, S. 122 f.)

11 W I, § 54, S. 337 [394 f.]. – In Schopenhauers handschriftlichem Nachlaß findet sich folgende Notiz aus dem Jahre 1813:
»Unter meinen Händen und vielmehr in meinem Geiste erwächst ein Werk, eine Philosophie, die Ethik und Metaphysik in *Einem* seyn soll, da man sie bisher trennte so fälschlich als den Menschen in Seele und Körper. Das Werk wächst, concrescirt allmählig und langsam wie das Kind im Mutterleibe: ich weiß nicht was zuerst und was zulezt entstanden ist, wie beym Kind im Mutterleibe [Fußnote: Ich werde *ein* Glied, *ein* Gefäß, *einen* Theil nach dem andern gewahr d. h. ich schreibe auf, unbekümmert wie es zum Ganzen passen wird: denn ich weiß es ist alles aus einem Grund entsprungen. So entsteht ein organisches Ganzes und nur ein solches kann *leben*. Die da meinen man dürfe nur irgendwo einen Faden anzetteln und dann weiter dran knüpfen, eins nach dem andern, in hübsch ordentlicher Reihe, und als höchste Vollendung aus einem magern Faden durch Winden und Weben einen Strumpf wirken – wie Fichte, (das Gleichniß gehört Jakobi), – die irren.]: ich der ich hier sitze und den meine Freunde kennen, begreife das Entstehn des Werks nicht, wie die Mutter nicht das des Kindes in ihrem Leibe begreift. Ich seh' es an und spreche wie die Mutter ›ich bin mit Frucht gesegnet.‹ [Fußnote: mein Geist nimmt Nahrung aus der Welt durch Verstand und Sinne, diese Nahrung giebt dem Werk einen Leib, doch weiß ich nicht wie, noch warum bei mir und nicht bei andern die dieselbe Nahrung haben.] Zufall, Beherrscher dieser Sinnenwelt! laß mich leben und Ruhe haben noch wenige Jahre! denn ich liebe mein Werk wie die Mutter ihr Kind: wann es reif und geboren seyn wird; dann übe dein Recht an mir und nimm Zinse des Aufschubs. – Gehe ich aber früher unter in dieser eisernen Zeit, o so mögen diese unreifen Anfänge, diese meine Studien, der Welt gegeben werden wie sie sind und als was sie sind: dereinst erscheint vielleicht ein verwandter Geist der die Glieder zusammenzusetzen versteht und die Antike restaurirt.« (HN I, Frühe Manuskripte, Nr. 92, S. 55)

12 Vgl. W I, S. VIII [8].

13 G. W. F. Hegel: Wissenschaft der Logik II, Werke, Bd. 6, hrsg. v. E. Moldenhauer und K. M. Michel. Frankfurt 1969, S. 167 ff. Vgl. ders.: Enzyklopädie der philosophischen Wissenschaften I, a. a. O., Bd. 8, S. 267 f.

14 J. W. Goethe: Die Leiden des jungen Werthers, 2. Fassung, Sämtliche Werke, Bd. 4, Artemis-Gedenkausgabe, hrsg. v. E. Beutler, Zürich/München 1977, S. 430–432.

15 P II, Kap. 10, S. 299 f. [332 f.].

16 Vgl. »Erkenntnis und Ethik«. In: VN IV, bes. S. 28–46.

17 Vgl. »Erkenntnis und Kunst«. In: VN III.

18 W II, Kap. 1, S. 14 [22]. – In P II, § 27, S. 36 [44] schreibt Schopenhauer: »Diese

Ergänzung der Kantischen Philosophie glaube ich, der Hauptsache nach, geliefert zu haben im 22. Kapitel des zweiten Bandes meines Hauptwerkes [WII] und im ›Willen in der Natur‹ unter der Rubrik Pflanzenphysiologie [N, S. 59–79 [381–402]], als wo ich, von der äußern Natur ausgehend, den Intellekt ableite.«
19 WII, Kap. 22, S. 323 [369].
20 HNIV(1), Spicilegia, Nr. 71, S. 265.
21 WII, Kap. 1, S. 15 [23f.].
22 WI, § 7, S. 36 [66].
23 PII, § 27, S. 35 [43].
24 WII, Kap. 1, S. 15 [23].
25 HNIII, Adversaria, Nr. 50, S. 450f.
26 S. u., S. 497.
27 Was Schopenhauer nicht weiter verfolgt, ist, daß die Kopernikanische Drehwende den strengen Kausalzusammenhang der Welt als Vorstellung wieder auflockert, wieder relativiert.
28 S. u., S. 238.
29 In G, § 42, S. 143 [171] schreibt Schopenhauer: »Die Identität nun aber des Subjekts des Wollens mit dem erkennenden Subjekt, vermöge welcher (und zwar nothwendig) das Wort ›Ich‹ beide einschließt und bezeichnet, ist der Weltknoten und daher unerklärlich. Denn nur die Verhältnisse der Objekte sind uns begreiflich: unter diesen aber können zwei nur insofern Eins seyn, als sie Theile eines Ganzen sind. Hier hingegen, wo vom Subjekt die Rede ist, gelten die Regeln für das Erkennen der Objekte nicht mehr, und eine wirkliche Identität des Erkennenden mit dem als wollend Erkannten, also des Subjekts mit dem Objekte, ist *unmittelbar gegeben*. Wer aber das Unerklärliche dieser Identität sich recht vergegenwärtigt, wird sie mit mir das Wunder κατ' εξοχην [schlechthin] nennen.«
30 Aus diesem Grund vertritt auch die »Evolutionäre Erkenntnistheorie« einen schiefen, d. h. reduktionistischen Ansatz. Vgl. V. Spierling: Erkenntnis und Natur. In: VNII, S. 37–39.
31 WII, Kap. 17, S. 206 [240].
32 Vgl. V. Spierling: Die Drehwende der Moderne. Schopenhauer zwischen Skeptizismus und Dogmatismus. In: ders., Mat, bes. S. 37–62.
33 GBr, Nr. 280, S. 291.

Arthur Schopenhauer

PROBEVORLESUNG (1820)

LOBREDE (1820)

DIANOIOLOGIE (1821)

THEORIE DES GESAMMTEN
VORSTELLENS, DENKENS
UND ERKENNENS (1820)

Probevorlesung,
über die vier verschiedenen Arten der Ursachen.

1820

Alles was sich bewegt, mithin alle Erscheinungen in Zeit und Raum, bewegt sich nur in Folge einer vorhergängigen Ursache: das wissen wir *apriori*, es ist zugestanden und leidet schlechterdings keine Ausnahme: es erstreckt sich nicht weniger auf die Bewegung meines Arms hier, als auf die einer rollenden Kugel. Allein, wie doch immer ein großer Unterschied ist, zwischen einem *lebenden* und einem *todten* Körper; so ist auch ein eben so großer Unterschied zwischen der ganzen *Art der Ursachen*, auf die der lebende, und auf die der todte Körper sich beweget: ja, wenn wir diesen verschiedenen *Arten von Ursachen* ferner nachspüren und sie genau betrachten; so werden wir finden, daß sie *in vier Arten* zerfallen, welche zugleich einen in der Natur der Sache liegenden *Leitfaden* abgeben, [Daneben am Rand folgende offenbar nicht zu dieser Abhandlung gehörige Notizen: Ich kann thun was ich will! / »Und wollen?« / Was ich will! / und will allemal was ich will.] [Ferner: Bei dem Zustand tiefer Versunkenheit der Philosophie in Deutschland, oder vielmehr bei ihrem gänzlichen Verdrängtsein durch eine Afterart, deren Handhaber nicht von Einsichten, sondern von Absichten gelenkte, gedungene Kathederphilosophen sind ...] zur Sonderung aller in Raum und Zeit erscheinenden Wesen selbst in vier Klassen: wie nun jede von diesen Klassen sich von der andern dadurch unterscheidet, daß sie durch eine ganz andre *Art von Ursachen* in Bewegung gesetzt wird; so hat sie auch im Uebrigen so große Verschiedenheiten von den andern Klassen, daß die vier Klassen *schon längst* gesondert und durch Namen bezeichnet sind, ohne daß man bisher darauf geachtet hat, daß die *Art der Ursachen* nach denen eine jede von ihnen sich bewegt, eben das am meisten karakteristische, tiefeingreifendeste und wesentlichste

Merkmal ihrer Sonderung abgiebt und nirgends eine Ausnahme leidet: die vier Klassen die ich meyne, [sind]: *leblose Körper, Pflanzen, Thiere und Menschen*. Ich gedenke nun die vier *Arten von Ursachen* durchzugehn welche der Bewegung dieser vier Klassen von Wesen vorstehn: am längsten werde ich bei den zwei letzten Arten verweilen, also bei der Unterscheidung der Bewegursachen der Thiere und der Menschen, weil solche auf dem *Unterschiede* beruht, der zwischen *dem Verstande und der Vernunft* ist; dies ist ein in der neuesten Zeit vielbesprochener Gegenstand; was aber ich darüber sagen werde, weicht von dem, was eben in der neuesten Zeit darüber gesagt ist, so sehr ab, daß es gar keine Aehnlichkeit damit hat. Um in so kurzer Zeit dies Thema abzuhandeln halte ich mich nicht auf bei der metaphysischen Erörterung des Begriffs *Ursache*. Wir verstehn darunter überhaupt das Vorhergängige, worauf eine Veränderung eines in Raum und Zeit erscheinenden Wesens nothwendig erfolgt, die dann in dieser Beziehung *Wirkung* heißt.

Als [Die folgenden Ausführungen werden von späteren Bleistiftanstreichungen und -notizen, die kurz den Inhalt angeben, begleitet. An hier bezeichneter Stelle steht: Ursachen *sensu proprio*.] *die erste Art der Ursachen* nun sehe ich an die *Ursache im engsten Sinn* des Worts. Darunter verstehe ich denjenigen Zustand materieller Objekte, der indem er einen andern mit Nothwendigkeit als seine Wirkung herbeiführt, stets folgende zwei Karaktere zeigt: erstlich daß er *selbst* dadurch eine eben so große Veränderung *erleidet*, als die ist welche er *verursacht*: welches Verhältniß man bekanntlich so ausdrückt: »*Wirkung und Gegenwirkung sind sich gleich*«. Zweitens ist bei dieser Art von Ursachen allemal der *Grad* der Wirkung dem *Grade* der Ursach genau angemessen. In eben dem Maaße, in welchem die Ursache verstärkt wird, wird auch allemal die Wirkung zunehmen, folglich auch wieder die Gegenwirkung; so daß wenn nur ein Mal die Wirkungs*art* bekannt ist, sofort aus dem Grade der Intensität der Ursache auch der Grad der Wirkung sich wissen, messen und berechnen läßt, und so auch umgekehrt. Dieses ist schon *metaphysisch* wahr und sonach *a priori* einzusehen: jedoch wenn man es physisch nimmt, muß es *cum grano salis* verstanden werden, damit man nicht etwa die *Wirkung* verwechsele mit ihrer *augen-*

fälligen Erscheinung: z. B. man darf nicht erwarten, daß bei der Zusammendrückung eines Körpers immerfort sein Umfang abnehme, in dem Verhältniß als die Zusammendrückende Kraft zunimmt. Denn der Raum, in den man den Körper zwängt, nimmt immer ab, folglich der Widerstand zu; und wenn nun gleich auch hier die *eigentliche Wirkung* welche die Verdichtung ist, wirklich nach Maasgabe der Ursache wächst, wie das Mariottesche Gesetz besagt, so ist dies doch nicht von jener ihrer *augenfälligen Erscheinung* zu verstehn. – Ferner wird in vielen Fällen, bei gewissen und bestimmten *Graden* der Einwirkung, mit einem Male die ganze Wirkungs*art* sich ändern, eigentlich weil die Art der *Gegenwirkung* sich ändert, indem die bisherige Art derselben in einem Körper von endlicher Größe erschöpft war: so z. B. wird dem Wasser zugeleitete Wärme bis zu einem gewissen Grad Erhitzung bewirken, über diesen Grad hinaus aber nur schnelle Verflüchtigung: bei dieser tritt aber wieder dasselbe Verhältniß ein zwischen dem Grade [der] Ursache und dem der Wirkung. Und so in vielen Fällen: [Folgende hierher gehörige Stelle hat Sch. mit Tinte wieder ausgestrichen: Bei noch höherm Grad der Ursach, wenn ein einziger Tropfen Wasser auf einer glühenden Eisenplatte sich befindet, wird die Wirkung augenblicklicher Verflüchtigung garnicht eintreten, sondern der Tropfen kreiselnd verharren, weil hier Zersetzung seiner Bestandtheile Statt hat, also wieder eine ganz andre Wirkungsart eingetreten ist.] dies alles hebt jedoch die genaue Gleichmäßigkeit zwischen Ursach und Wirkung keineswegs auf, welche dieser Art von Einwirkung wesentlich ist. Solche *Ursachen im engsten Sinne* sind es nun, welche die Veränderungen aller *leblosen, d. i. unorganischen Körper* bewirken: die Erkenntniß und Voraussetzung von Ursachen dieser Art leitet die Betrachtung aller der Veränderungen, welche der Gegenstand der Mechanik, Physik und Chemie sind. Das *ausschließliche* Bestimmtwerden durch Ursachen dieser Art allein, ist daher das eigentliche und wesentliche Merkmal eines *unorganischen oder leblosen Körpers*. – Ich sage [Daneben am Rand die Bleistiftnotiz: »lebend« und »leblos«.] »leblosen«. Denn, wenn auch wahrscheinlich die Herren alle mit mir der Meinung sind, daß in allen Erscheinungen dieser Welt das *innere Wesen*, das *Erscheinende*, das *Ansich* der Dinge, überall das selbe ist und der Unterschied der Erscheinungen eigentlich bloß den Grad der Sichtbarwerdung desselben betrifft; so hebt diese innere Identität des Wesens der Dinge dennoch nicht den Unterschied auf, den von jeher die Worte *lebend* und *leblos* bezeichnet haben, welchem gemäß nur das Organische *lebend*, das Unorganische *leblos* genannt wird. Und wenn man etwa auch von einem *Leben der Natur* in *allen* ihren Erscheinungen, also auch in den unorganischen reden wollte; so wäre dieses doch eigentlich nur *eine Metapher*, um auszudrücken, daß das *innere Wesen* der in den Unorganischen Körpern sich äußernden Kräfte, *an sich* dasselbe ist mit dem welches in den Organischen, oder eigentlich Lebenden rege ist.

Die zweite Art der Ursachen nun [Daneben am Rand die Bleistiftnotiz: Reiz.] ist der *Reiz*. Ich nenne *Reiz* diejenige Ursache, welche erstlich selbst *keine* mit ihrer Einwirkung im Verhältniß stehende *Gegenwirkung* erleidet; und zweitens zwischen deren Intensität und der Intensität der Wirkung durchaus *keine Gleichmäßigkeit* statt findet: folglich kann hier *nicht* der Grad der *Wirkung* gemessen und vorher bestimmt werden, nach dem Grade der *Ursach:* vielmehr kann eine kleine Vermehrung des Reizes eine sehr große der Wirkung verursachen, oder auch umgekehrt die vorige Wirkung ganz aufheben, ja eine entgegengesetzte herbeiführen. *Z. B.* Pflanzen können bekanntlich durch Wärme oder der Erde beigemischten Kalk zu einem außerordentlich schnellen Wachstum getrieben werden, indem jene Ursachen als Reize ihrer Lebenskraft wirken: wird jedoch hiebei der Grad des Reizes um ein weniges überschritten, so wird der Erfolg statt des erhöhten und beschleunigten Lebens, der *Tod* der Pflanze seyn. Ferner können wir durch Wein oder Opium unsre Geisteskräfte anspannen und beträchtlich erhöhen: wird aber das Maas des Reizes überschritten; so wird der Erfolg grade der entgegengesetzte seyn. –

Diese Art der Ursachen, also *Reize*, sind es welche alle Veränderungen der Organismen, *als solcher*, bestimmen. Alle Veränderungen und Entwickelungen der Pflanzen, und alle bloß organischen und vegetativen Veränderungen oder Funktionen thierischer Leiber gehn auf *Reize* vor sich. In dieser Art wirkt auf sie die Wärme, das Licht, die Luft, die Nahrung, jedes Pharmakon, jede Berührung, die Befruchtung u.s.f. – Während dabei das Leben *der Thiere* noch eine ganz andre Sphäre hat, von der ich gleich reden werde; so geht hingegen das ganze Leben der *Pflanze* ausschließlich nach *Reizen* vor sich: alle ihre Assimilation, Wachstum, Hinstreben mit der Krone nach dem Licht, mit den Wurzeln nach besserm Boden, ihre Befruchtung, Keimung u.s.f. ist Veränderung auf *Reize*. Bei einzelnen wenigen Gattungen kommt hiezu noch eine eigenthümliche, *schnelle Bewegung*, die ebenfalls nur auf *Reize* erfolgt, wegen welcher sie aber *sensitive Pflanzen* genannt werden. Bekanntlich sind dies hauptsächlich die *Mimosa pudica, hedysarum gyrans* und *Dionaea muscipula* [Rührmichnichtan, Schildklee, Venusfliegenfalle]. Das Bestimmtwerden ausschließlich und ohne alle Ausnahme durch *Reize*, ist der Karakter der *Pflanze*. Mithin ist *Pflanze* jeder Körper, dessen eigenthümliche, seiner Natur angemessenen Bewegungen und Veränderungen allemal und ausschließlich auf *Reize* erfolgen.

Die dritte Art [Daneben am Rand mit Bleistift: Motiv.] *der bewegenden Ursachen*, ist die welche den Karakter der *Thiere* bezeichnet: es ist die *Motivation*, d.h. die durch das Erkennen hindurchgehende Kausalität. Sie tritt in der Stufenfolge der Naturwesen auf dem Punkt ein, wo das komplicirtere und daher mannigfaltigere Bedürfnisse habende Wesen, diese nicht mehr bloß auf Anlaß des Reizes befriedigen konnte, als welcher abgewartet werden muß; sondern es im Stand seyn mußte die Mittel der Befriedigung zu wählen, zu ergreifen, ja aufzusuchen. Deshalb tritt bei Wesen dieser Art, an die Stelle der bloßen Empfänglichkeit für Reize und der Bewegung auf solche, die Empfänglichkeit für Motive d.h. ein Vorstellungsvermögen, Intellekt (in unzähligen Graden der Vollkommenheit), materiell sich darstellend als Nervensystem und Gehirn; und eben damit das Bewußtseyn. Daß dem thierischen Leben ein *Pflanzenleben* zur Basis dient, welches eben nur auf *Reize* vor sich geht, ist bekannt. Aber alle die Bewegungen, welche das Thier *als Thier* vornimmt, und welche eben deshalb von dem abhängen was die Physiologie animalische Funktionen nennt, geschehn in Folge eines erkannten Objekts, also auf *Motive:* und [»und« bis »gerathe« mit Bleistift durchgestrichen] daß ein Thier eine Bewegung mache, *ohne* ein Motiv, ist so unmöglich und undenkbar, als daß irgend ein lebloser Körper ohne eine Ursache in Bewegung gerathe. Diese Art bewegt zu werden, durch *Motive*, d. h. in Folge einer *Vorstellung*, ist dem Thiere als solchem eigenthümlich, und ist daher der eigentliche *Karakter des Thieres* als solchen. Da nun diese Art des Bewegtwerdens nothwendig das *Erkennen*, das *Vorstellen* überhaupt voraussetzt; so ist es besser als karakteristisches Merkmal des Thiers gleich die *Bedingung* als das *Bedingte* aufzustellen. Ich sage mithin: [Daneben am Rand wie oben: Vorstellung.] *Der wahre und wesentliche Karakter der Thierheit ist das Erkennen:* nur was erkennt, ist Thier; und alle Thiere erkennen. – Man könnte meynen, das Erkennen dürfte deswegen nicht als karakterisirendes Merkmal eines Thieres aufgestellt werden, weil wir, als *außer* dem zu beurtheilenden Wesen befindlich, nicht wissen können, was in ihm vorgeht, ob es erkenne, oder nicht. Aber das können wir sehr wohl, indem wie beurtheilen, ob dasjenige, worauf seine Bewegungen erfolgen, auf dasselbe bloß als *Reiz* oder als *Motiv* gewirkt habe; und darüber kann in der That nie ein Zweifel übrig bleiben; so augenscheinlich verschieden ist die Wirkungsart eines Reizes von der eines Motivs. Denn der *Reiz* wirkt stets durch unmittelbare *Berührung* oder gar Intussusception, und wenn auch diese nicht sichtbar ist, wie wo der Reiz die Luft, das Licht, die Wärme ist; so verräth sie sich doch dadurch, daß die Wirkung ein unverkennbares Verhältniß zur Dauer und Intensität des Reizes hat, wenn gleich dieses Verhältniß nicht bei allen *Graden* des Reizes *dasselbe* bleibt: wo hingegen ein *Motiv* die Bewegung verursacht, fallen alle solche Unterschiede ganz weg: denn hier ist das eigentliche und nächste Medium der Einwirkung nicht die *Atmosphäre*, sondern ganz allein die *Erkenntniß:* das als *Motiv* wirkende Objekt braucht durchaus nichts weiter als nur *wahrgenommen, erkannt* zu seyn, wobei es ganz einerlei ist, von welcher Seite, wie lange, ob nahe oder ferne, wie deutlich es in die Apperception gekommen: alle diese Unterschiede verändern hier den Grad der Wirkung ganz und gar nicht: sobald es nur *wahrgenommen* worden, wirkt es auf ganz gleiche Weise; vorausgesetzt daß es überhaupt ein Bestimmungsgrund des hier zu erregenden Willens sei; gleichermaaßen wirken aber auch die physikalische oder chemische Ursache und ebenfalls die Reize nur sofern der zu affizirende Körper für sie empfänglich ist. Ich sage *Wille*. [Daneben am Rand wie oben: Wille, ob Ding an sich?] *Wille* also nennen wir dasjenige, uns nur durch die innre Erfahrung Bekannte, was eigentlich von dem *Motiv* bewegt wird; da wir hingegen das, was durch *Reize* oder durch eigentliche *Ursachen* bewegt wird, [das] uns nur aus äußerer Erfahrung Bekannte *Naturkraft*, oder *Qualität* nennen: ob nun nicht etwa dieses letztere, an sich genommen und seinem innern Wesen nach, *dasselbe* ist mit jenem durch Motive Bewegten, welches wir, nur in derjenigen Erscheinung, die der eigenen unmittelbaren Erkenntniß sich aufschließt, *Wille* nennen, ihm hingegen auf den *niedrigern* Stufen seiner Erscheinung, wo es durch *Ursachen* und *Reize* bewegt wird, diesen Namen *nicht* beilegen: – ob also nicht demzufolge das *innere Wesen aller Dinge*, das metaphysische *Ding an sich*, das wäre, was wir in uns selbst als den *Willen* erkennen, und dieses allein übrig bliebe, wenn man von den Dingen abzieht, was allein der *Vorstellung* d. i. der *Erscheinung*, angehört? – – Das ist eine Frage deren Beantwortung mich zu weit von meinem Thema abführen würde; obwohl ich sie bejahe.

Ich sagte also vorhin: [Daneben am Rand wie oben: Anschauung; ihr Entstehn.] das *Medium der Motive* ist die *Vorstellung*. Was aber ist das Medium der *Vorstellung*? Die *Sinne*? Keineswegs: denn die Einwirkung, welche das Auge, das Ohr, die tastende Hand erhält, ist noch *bloßer Reiz* und sonst nichts; könnte als Reiz den Willen des Individuums unmittelbar affiziren, ich meine damit: eine angenehme oder unangenehme Empfindung seyn; ist aber an sich und *u*nmittelbar durchaus noch keine *Vorstellung eines Objekts*, also auch kein *Motiv*. *Anschauung* von Objekten ist eine ganz andre Sache, als bloße *Empfindung*. Daß aus der Empfindung Anschauung entstehe, ist ganz allein dadurch möglich, daß ein *Uebergang* gemacht wird von der Empfindung als *Einwirkung*, die die Sinne erleiden, auf die *Ursache* dieser Einwirkung. Was aber kann diesen Uebergang bewerkstelligen, zu welchem die Erkenntniß des Verhältnisses zwischen Ursach und Wirkung schon zum voraus daseyn müßte? Das könnte ganz allein ein Vermögen, dem das Kausalitätsverhältniß die *Form*, nicht die *Materie* seiner Erkenntniß wäre: und dieses ist *der Verstand*. In der That ist alle Anschauung eine *intellektuale*, keine bloß *sensuale*. Sie ist nicht in den *Sinnen* [Daneben am Rand wie oben: Verstand.]; da ist bloße Empfindung auf Reiz; sondern sie ist *im Verstande*, durch den *Verstand* und allein für den *Verstand*. Daß dieses so sei, und zugleich, was demnach *der Verstand* sei, werde ich jetzt darzulegen mich bemühen. Die ersten Bedingungen der Möglichkeit einer objektiven Anschauung sind *Raum und Zeit*, d. h. die Möglichkeiten des Neben- und Nach-einander: sie sind selbst die *Formen* des erkennenden Bewußtseyns, d. h. die Art und Weise wie es erkennt, und sind daher demselben *apriori* und vor aller Erfahrung bewußt: ich entlehne dieses, ohne weiteres, aus der Kantischen Philosophie, da ich zu einem gelehrten Publiko rede. In diesen unendlichen Formen findet jedes individuelle Bewußtseyn einen Mittelpunkt an seinem eigenen Leibe, dessen ihm sich unmittelbar kund gebende *Empfindungen* der *Ausgangspunkt* werden zur Anschauung einer objektiven Welt. Diese Anschauung selbst aber ist immer mittelbar: denn sie ist Erkenntniß der Ursach aus der gegebenen Wirkung: diese Erkenntnißweise ist das Vermittelnde, das *Medium* der Anschauung und eben diese ursprüngliche Erkenntniß der Kausalität macht überhaupt den *Verstand* aus, wie ich weiterhin noch zeigen werde. Der Verstand also ist das *Medium* aller Anschauung. Ich werde dies ferner erläutern. Die *Sinne* sind bloß Sitze einer gesteigerten *Sensibilität*, vermöge welcher auch die leisesten Einwirkungen auf den Leib sofort wahrgenommen werden. Und zwar steht jeder Sinn einer besondern Art der Einwirkung offen; und hat daher eine *spezifische* Empfindung. Diese *Sinnesempfindungen* aber sind an sich nie mehr als unmittelbar gefühlte successive Veränderungen der Zustände der Sinnen-Organe: keineswegs sind sie schon *Anschauung*. Sie sind jedoch der *rohe Stoff*, aus dem die Anschauung wird, wenn der *Verstand* hinzukommt und von der also gegebenen *Wirkung* den *Uebergang* macht auf die *Ursache*, die nun eben dadurch als angeschautes *Objekt im Raum* erscheint. Unter allen Sinnen ist *das Gesicht* der feinsten und mannigfaltigsten Eindrücke fähig: dennoch giebt es an sich *bloße Empfindung*, aus welcher erst die Anwendung des Verstandes die *Anschauung* hervorbringt. Wäre es möglich zu machen, daß man

Jemandem der vor einer schönen weiten Aussicht steht, plötzlich seinen Verstand entzöge; so könnte in ihm von der ganzen Aussicht nichts übrig bleiben, als die Empfindung einer sehr mannigfaltigen Affektion der Netzhaut in seinem Auge, welche gleichsam der *rohe Stoff* war, aus welchem vorhin sein Verstand jene Anschauung schuf. Die Empfindung wird also zur *Anschauung*, zur *Wahrnehmung*, zur *Apprehension* von *Objekten*, allererst dadurch daß der *Verstand* die Empfindung im Sinnesorgane auf ihre *Ursache* bezieht, diese im Raum, der Grundform des erkennenden Bewußtseyns, dahin versetzt, von wo die Wirkung ausgeht, und so die *Ursache* als ein Wirkendes, ein *Wirkliches*, ein *Objekt* anschaut. Dieser Uebergang von der Wirkung auf die Ursache ist aber ein ganz unmittelbarer, lebendiger, nothwendiger: denn er ist eben die Erkenntniß *des reinen Verstandes:* keineswegs ist er ein Vernunftschluß, eine Kombination abstrakter Begriffe und Urtheile: diese ist Sache der *Vernunft*, mit der wir es hier noch nicht zu thun haben, und die zur Anschauung nichts beiträgt, da die Anschauung auch allen Thieren gemein ist. Daher ist man bei der Anschauung sich keines Schlusses bewußt, von der Wirkung auf die Ursach: dieser Uebergang kommt selbst nicht als solcher ins Bewußtseyn; sondern er zeigt sich bloß dadurch, daß statt der bloßen *Empfindung im Organ*, jetzt ein *angeschautes Objekt im Raume* dasteht. Das Unbewußte dieser Verstandesoperation darf uns nicht wundern; ist man sich doch auch keines Schlusses bewußt bei einer noch mittelbarern Erkenntniß, indem man nämlich aus der *Schattirung der Körper* die man allein sieht ihre Form erkennt, und aus den perspektivischen *Linien* die das Auge allein empfängt die räumlichen Verhältnisse und Entfernungen sogleich wahrnimmt: das alles kommt nicht ins Bewußtseyn, weil hier der *Verstand unmittelbar* operirt und die Anschauung schafft, ohne Beihülfe der *mittelbaren* Erkenntniß der *Vernunft*. – Also, bei allen Sinnen des Leibes, käme es, ohne den *Verstand*, doch zu keiner *Anschauung*, sondern bliebe bei der bloßen *Empfindung*, bei einem dumpfen pflanzenartigen Bewußtseyn der successiven Affektionen der Sinne, ohne alle weitere Bedeutsamkeit. Aber durch den Beitritt des Verstandes und durch die Anwendung seiner einzigen einfachen Funktion, *Erkenntniß des Kausalverhält-*

nisses, geschieht der *Uebergang* von *Wirkung* auf *Ursache:* und nun steht mit einem Schlage die Welt da, als Anschauung im Raume ausgebreitet, der *Gestalt* nach wechselnd, der *Materie* nach durch alle Zeit beharrend, durch das Verstandesgesetz der Kausalität zu einem *Ganzen der Erfahrung* verbunden, welches doch nur wieder *für* den Verstand da ist, wie es allein *durch* ihn da ist. – Daß sich dieses alles nun wirklich so verhält, daß *alle Anschauung intellektual*, und nicht bloß *sensual* ist; das läßt sich aus einigen Thatsachen und gleichsam Rechnungsproben dazu unwiderleglich beweisen; welche Thatsachen ich aber nur kurz angeben will, da die Ausführung zu viel Zeit wegnähme. *Das Kind* in den ersten Wochen seines Lebens empfindet mit allen Sinnen, aber es *apprehendirt* nicht: es starrt noch dumm in die Welt hinein. Es muß erst die Apprehension, die Anwendung seines Verstandes *erlernen*. Dies geschieht allmälig, indem es die Eindrücke welche seine Sinne von einem und demselben Gegenstande erhalten, mit einander vergleicht: es betastet was es sieht, besieht was es tastet, schmeckt, riecht, geht der Ursache des Klanges nach, läßt sie wiederholt wirken, um sich zu überzeugen, und so, durch Anwendung der auch ihm *apriori* bewußten Form der Kausalität, erkennt es das Objekt als die Ursache aller jener Wirkungen, und so gelangt es nunmehr zur Anschauung, zur Apprehension von Objekten: dann blickt es mit klugen, intelligenten Augen in die Welt; denn auch ihm ist das Licht des Verstandes aufgegangen. – Ganz eben so erhalten *Blindgeborene* durch die Operation zwar den Sinn des Gesichts, aber nicht sofort das Verständniß dieses Sinnes: sie müssen erst Sehen lernen, welches geschieht indem sie die Eindrücke des neuen Sinnes mit den Eindrücken der ihnen schon vertrauten Sinne vergleichen, sie als Wirkungen derselben Ursachen erkennen, und die neue Wirkungsart auf sie sich merken: anfangs wissen sie weder Nahes noch Fernes, noch die Gestalten der Dinge zu unterscheiden. Das dauert mehrere Wochen. Ferner ist *das einfache Sehen* des mit zwei Augen, also *doppelt Empfundenen* Sache des *Verstandes*, welcher beim Sehenlernen sich auch dieses merkte, daß bei der natürlichen, parallelen Lage der Augäpfel, die von *einem* Punkte ausgehenden Strahlen auf beiden Netzhäuten die einander entsprechenden gleichnamigen Stellen treffen; daher dann das auf diesen Stellen doppelt *Empfundene* sich in der *Apprehension*, die im Verstande ist, doch nur Einfach darstellt: grade so wie die Eindrücke welche die zehn Finger vom selbigen Körper, jeder Finger seiner Lage und Richtung gemäß, erhalten, doch nur die Apprehension *eines* Körpers geben. Aber nun, wenn man die Augen aus ihrer natürlichen Lage verschiebt, also schielt, dann treffen die vom selben Punkt ausgehenden Lichtstrahlen nicht mehr in beiden Augen die einander korrespondirenden Stellen: und sogleich *sehn wir doppelt:* oder wenn man die Finger über einander kreuzt; so wird sogleich auch *doppelt getastet:* in beiden Fällen nämlich sind dem Verstande die Data verschoben, auf die er seine Funktion anwendet: er hat seine Apprehension an die gewöhnliche regelmäßige Lage der Sinneswerkzeuge geknüpft und diese ist seine stehende Voraussetzung: die Wirkungen, welche bei dieser gewöhnlichen Lage *nicht* vom selben Gegenstande ausgehn konnten, schreibt er zweien Gegenständen zu: wir tasten und sehen doppelt. Solcher *Trug des Verstandes* ist es eigentlich was man den *Schein* nennt. Der Schein entsteht auch sonst, so oft eine ganz gewöhnliche und tägliche Wirkung einmal durch eine ganz ungewöhnliche Ursache hervorgebracht wird, der Verstand aber ihre gewöhnliche Ursache voraussetzt, auf diese sofort seinen unmittelbaren Uebergang macht und sie folglich als Objekt anschaut; so z. B. wann man eine Mahlerei für ein Basrelief ansieht oder wann man nach dem Phantom der Rose vor dem Hohlspiegel greift. Schein ist demnach der *Trug* des unmittelbar erkennenden *Verstandes;* und ist der Gegensatz der *Realität*. Hingegen ist der *Trug der Vernunft,* d. h. der mittelbaren, abstrakten Erkenntniß, *Irrthum,* im Gegensaz der *Wahrheit:* diese beide beziehen sich nicht auf die Anschauung, sondern auf das Urtheilen *in abstracto.*

Also *alle Anschauung* ist *intellektual,* [Daneben am Rand wie oben: Apriorität der Kausalität.] ist im *Verstande* und allein für den *Verstand:* und es bestätigt sich der alte griechische Spruch: νους ορα και νους ακουει· τα δε αλλα κωφα και τυφλα [Nur der Verstand kann sehn und hören; alles sonst ist taub und blind (Plutarch, *De sollert. anim. c. 3, p. 961 A*)]. – Denn sie ist durchgängig Beziehung der *Wirkung* auf ihre *Ursache.* Aber *woher kommt dem Verstande das Kausalitätsgesetz?* – Erlernt kann er es nicht haben: denn das könnte nur aus der *Erfahrung* seyn. Aber die gesammte Erfahrung, die ganze Außenwelt ist uns ja nur in der Anschauung gegeben: wenn also diese allererst entsteht mittelst und in der Anwendung des Gesetzes der Kausalität, so setzt sie die Kenntniß desselben als ihre Bedingung voraus; unmöglich kann daher das Kausalverhältniß selbst erst aus der Erfahrung entlehnt seyn: es kann also *nicht empirischen Ursprungs* seyn; sondern muß unserm Bewußtseyn *apriori* inwohnen, als die Form, die Art und Weise, seiner Erkenntniß. Daß die Erkenntniß des Kausalverhältnisses aus der Erfahrung entlehnt wäre, war bekanntlich Hume's Skeptizismus: aber die *Unabhängigkeit* der Erkenntniß des Kausalgesetzes von der Erfahrung, läßt sich nur darthun aus der *Abhängigkeit* aller Erfahrung, ihrer Möglichkeit nach, von ihr. Und diese läßt sich allein so nachweisen wie ich sie eben nachgewiesen habe; nicht aber wie Kant es versuchte.

Da [Daneben am Rand wie oben: Alle Thiere verständig.] ich als Karakter der nicht auf *bloße Ursachen*, noch auf *Reize*, sondern auf *Motive* sich bewegenden Wesen, d. i. der *Thiere*, das *Erkennen* nachgewiesen habe; so folgt, da alle Anschauung nur im *Verstande* da ist; daß *alle Thiere Verstand haben*. Auch die unvollkommensten sind nicht daron; sonst wären sie nicht *Thiere*, sondern Pflanzen. Selbst der noch Pflanzenähnliche *Wasserpolyp*, da er sich künstlich und absichtlich von Ort zu Ort bewegt, und da er seine Arme ausstreckt nach seinem Raub, dann diesen ergreift und zum Munde führt; hat angeschaut (wenn gleich noch ohne Augen), hat ein Objekt apprehendirt, und dies erkannte Objekt ist *Motiv* seiner Bewegung geworden. Selbst diese Apprehension könnte nimmer ohne *Verstand* geschehn. Von diesem niedrigsten Grade eines noch dumpfen Erkennens erhebt sich nun, in den verschiedenen Thiergattungen, der Verstand durch *unzählige Abstufungen*, bis zur Sagacität des Hundes, des Elephanten, des Affen: an welchen wir recht beobachten können, wieviel *der bloße Verstand* ohne *Vernunft* vermag, und wohin er nicht reicht; z. B. beim *Oran Utang* nicht bis zum Unterhalten des Feuers an dem er sich wärmt. So höchst verschieden aber [Daneben am Rand wie oben: Identität der

Form des Verstandes.] auch die Grade des Verstandes bei den Thieren und auch bei den Menschen sind; so ist doch *seine Form überall dieselbe*, und seine Funktion *eine einzige*, einfache, formelle: *Erkenntniß der Kausalität*, Uebergang von Wirkung zu Ursach und von Ursach zu Wirkung, nichts weiter. Alles was man *Klugheit, Penetration* nennt, ist Schärfe, Schnelligkeit, Feinheit, in der Anwendung jener einen Funktion; Stumpfheit in derselben ist *Dummheit*. Jene einfache Funktion, die auch im Thiere die Anschauung hervorbringt, geht im Menschen bis zum Verstehn der zusammengesetztesten Verkettungen von Ursachen und Wirkungen in der Natur. Alle Entdeckung von Naturgesetzen und Naturkräften und der Fälle wo sie sich komplicirt äußern, geschieht ganz allein durch den *Verstand*, mit seiner einfachen Funktion, ist ein unmittelbares Erkennen von Kausalverhältnissen: daher ist jede große Entdeckung dieser Art das Werk eines Augenblicks glücklicher Klarheit: sie ist ein momentanes Auffassen des Kausalverhältnisses. Man denke nur an Newtons Entdeckung des Gravitationsgesetzes. Der *Vernunft* d. h. der abstrakten Erkenntnißart, bleibt nur das Fixiren des so Entdeckten in ihren abstrakten Begriffen, das Verdeutlichen derselben, durch Schlüsse, das Mittheilen, durch Worte: aber der Ursprung solcher Erkenntniß liegt ganz allein im anschauenden und unmittelbar erkennenden *Verstande:* Ihm allein und seiner einzigen Funktion gehört auch ursprünglich alle Erfindung und Konstruktion von *Maschinen* an, wo nämlich zu bezweckten Wirkungen bekannte Ursachen in Thätigkeit zu setzen sind. Er auch ist es allein aus dem alle *Klugheit* im *praktischen Leben* entspringt, indem er auf die Motivation gerichtet, theils fremde Pläne und Intriguen durchschaut; theils selbst durch Motive Menschen wie Räder und Hebel in Bewegung setzt, daß sie seinem Zwecke gemäß operiren müssen. Sein Mangel, die Dummheit, verhält sich überall entgegengesetzt. Ein *Dummer* versteht nicht den Zusammenhang der Naturerscheinungen, weder wo sie sich selbst überlassen operiren, noch wo sie künstlich geleitet werden: darum glaubt er leicht an Wunder oder Zauberei. Im Leben versteht er nicht das Handeln Andrer aus ihren Motiven: daher ist er leicht zu intriguiren und zu mystifiziren. Was ihm abgeht ist aber immer nur das Eine: Schärfe, Schnelligkeit,

Leichtigkeit im Erkennen der Ursachen und Wirkungen: d. h. eben Kraft des Verstandes.

Alle diese bisher betrachteten Vorstellungen, welche durch die Sinne erregt werden und im Verstande entstehn, und welche die *Motive* liefern, [Daneben am Rand wie oben: Die Vorstellungen durch den Verstand sind anschaulich.] d. h. die Ursachen jeder Bewegung die ein Thier als Thier vollzieht; – diese Vorstellungen sind sämmtlich *anschaulich*, und haben dadurch eine genaue Beziehung zur *Gegenwart* im Raum und in der Zeit. Weil nun die Thiere keine andre Vorstellungen haben als diese, so steht ihr Thun stets in direkter Beziehung zur *Gegenwart:* was sie bewegt ist jedesmal eine *auf den gegenwärtigen Augenblick* sich beziehende Noth oder Wunsch, oder Freude. In der *Gegenwart* ist stets die Erklärung ihres ganzen Thuns zu finden: es hat keine direkte Beziehung auf Zukunft, Vergangenheit, Abwesenheit. Abgesehn von *Dressur*, d. i. zur Gewohnheit gewordener Furcht, und vom *Instinkt*, worauf ich mich hier nicht einlassen darf, so ist es der Eindruck des Augenblicks allein, der das Thier bestimmt: es lebt allein in der *Gegenwart*. Hingegen unterscheidet den *Menschen* [Daneben am Rand wie oben: Menschliches Thun.] vom Thiere hauptsächlich dieses, daß sein Thun vielmehr durch *Abwesende* als durch *gegenwärtige* Dinge bestimmt wird, mehr sich auf die *Zukunft* und *Vergangenheit* als auf die *Gegenwart* bezieht; ja er die Motivation durch den Eindruck der anschaulichen gegenwärtigen Objekte ganz auszuschließen sucht, indem er sie für seiner unwürdig hält, und wenn ja einmal sie allein sein Handeln bestimmt hat, dieses selbst für *unvernünftig* erklärt. – Indem nun also das *Abwesende*, ja *das bloß Mögliche, das Zukünftige und Vergangne*, den Menschen mehr bestimmen als das wirklich *Vorhandene* und *Gegenwärtige;* so sehn wir ihn *besonnen* und *bedachtsam* handeln, nach überlegten Plänen, in Uebereinstimmung mit Tausenden seines Gleichen, nach Vorsätzen, nach Maximen, mit Rücksichten auf die fernste Zukunft, ja auf Zeiten die er nicht erleben wird und es weiß, oder nach Verträgen aus der grauen Vorzeit. Wir sehn ihn ferner, völlig *unabhängig* vom Eindruck der Gegenwart, willig Dinge untergehn gegen die seine ganze thierische Natur sich empört: so geht er gelassen in die augenscheinlichsten Gefahren, übernimmt willig die schrecklichsten Schmerzen, ja geht mit festem Schritt in den gewissen Tod. Man denke an Operationen, Zweikampf, Schlachten, Hinrichtung, Selbstmord u. s. f. – Beim *Thun des Thieres* liegen die Motive dem Beobachter offen da; denn sie sind *anschaulich*. Die Motive welche den Menschen bestimmen, sind *nicht sichtbar* und dennoch so stark daß durch sie die ihn umgebende Gegenwart alle Gewalt über ihn verliert: daher auch hat er völlige Unerforschlichkeit in seiner Gewalt, die jede Folter überwinden kann, und sein Geheimniß folgt ihm ins Grab. Mit Einem Wort: das Thier empfindet und schaut an; der Mensch *denkt* überdies und *weiß*. Das Thier lebt allein in der Gegenwart: der Mensch zugleich in Zukunft und Vergangenheit, überblickt das Ganze seines Lebens und sieht noch dazu in das weite Reich der Möglichkeit d. h. *Er hat vollkommne Besonnenheit*.

Die geschilderte große Verschiedenheit des menschlichen Thuns und Treibens vom thierischen, giebt sichere Anzeige, [Daneben am Rand wie oben: Vernunft; abstrakte Motive.] daß die *Vorstellungen*, in denen die *Motive* des menschlichen Handelns liegen, *ganz andrer Art* seyn müssen, als die welche auch das Thier hat. Dieses waren allein die *anschaulichen* Vorstellungen, die eben dadurch in nothwendiger und durchgängiger Beziehung zur *Gegenwart* und *Wirklichkeit* stehn. Der Mensch muß dagegen Vorstellungen haben, die *nicht anschaulich*, und deshalb unabhängig vom äußern Eindruck, vom Zeitpunkt und vom Ort sind. Das Vermögen zu diesen Vorstellungen muß jene *Vernunft* seyn, der man zu allen Zeiten und überall die dargelegten den Menschen allein auszeichnenden Aeußerungen zuschrieb, und in Beziehung auf dieselben sein Thun, je nachdem es ausfiel, *vernünftig* oder *unvernünftig* nannte. Als jene Vorstellungen finden wir in uns die *Begriffe:* sie sind *nicht anschauliche*, sondern *abstrakte*, nicht *einzelne* in Raum und Zeit, sondern *allgemeine* Vorstellungen: *generalia, universalia;* sie sind bloße *Vorstellungen von Vorstellungen;* sind eine höhere Potenz der anschaulichen Vorstellungen, auf die sie jedoch immer in nothwendiger Beziehung stehn; sind eine Wiederholung der anschaulichen Welt in einem ganz heterogenen Stoff, daher sehr treffend die *Reflexion* genannt. Das *Wort* ist ihr sinnliches Zeichen, dient sie zu fixiren d. h. das sonst ganz abgesonderte abstrakte Bewußtseyn, das an keine Zeit gebundene Denken, in Verbindung zu erhalten mit dem sinnlichen, anschauenden, bloß thierischen Bewußtseyn. Daher ist *die Sprache* das nothwendige Hülfsmittel der Vernunft: daher kann kein Thier sie haben obwohl es alle Organe dazu hat: denn ihm fehlen die Vorstellungen, welche zu bezeichnen die Worte dasind. Der Mensch aber ist stets ihrer fähig: selbst wenn er taub und stumm ist, hat er Zeichen- und Schrift-Sprache. *Worte* bezeichnen ganz allein *Begriffe*, d.h. gedachte nicht angeschaute Vorstellungen: darum eben haben sie für das Thier keine Bedeutung. Die Rede ist ein sehr vollkommner Telegraph, der willkürliche Zeichen mit feinster Nüancirung und größter Schnelligkeit mittheilt. Aber was bedeuten unmittelbar diese Zeichen? Nicht das Anschauliche, nicht die Bilder: wäre das, so müßten bei einer Rede, oder beim Lesen eines Buchs in der Phantasie des Hörers, oder Lesers, sogleich Bilder entstehn und nun gemäß den zuströmenden Worten und deren grammatischen Flexionen blitzschnell sich bewegen, verketten, umgestalten, ausmahlen? Welch ein Tumult wäre dann in unserm Kopf beim Hören einer Rede oder beim Lesen eines Buchs! Auch begriffe am besten, wer am leichtesten phantasirte. So ist es aber nicht: sondern bei der Rede ist es die Vernunft, die zur Vernunft redet und von dieser unmittelbar vernommen wird, ohne alles Phantasiren. Was sie mittheilt sind *Begriffe*, abstrakte, nicht anschauliche, allgemeine, nicht individuelle Vorstellungen, die ein für allemal gebildet, die ganze wirkliche Welt befassen, enthalten, vertreten; deren Gegenwart im Bewußtseyn ist das *Denken* und das *Wissen* aus welchen ganz allein jene große Verschiedenheit entspringt, zwischen dem menschlichen Thun und dem Thierischen, in Beziehung auf welche man überall und von jeher dem Menschen ein ganz eigenthümliches Erkenntnißvermögen beilegte, genannt *Vernunft*, *ratio*, το λογιμον, ὁ λογος. Die Aeußerungen dieses Vermögens sind hauptsächlich drei: *Besonnenheit* des Wandels; *Sprache* und *Wissenschaft*. Das Wesen, dessen Handlungen nicht durch anschauliche, sondern durch *abstrakte Motive* bestimmt werden – ist *ein Mensch*. Sind die *Motive* welche das Handeln eines menschlichen Individuums leiten, solche Vorstellungen der *Vernunft*, also *Begriffe;* so fällt sein Handeln *besonnen* und *bedacht* aus und bleibt ganz unabhängig vom Eindruck der Gegenwart: ein solches Handeln haben alle Zeiten und alle Völker, auch alle Philosophen, nur nicht die neuesten, ein *vernünftiges* Handeln genannt, ganz unabhängig von dessen moralischem Werth oder Unwerth: *da vernünftig handeln* und edel oder gut handeln; eben so *unvernünftig handeln* und boshaft handeln stets als zwei ganz verschiedene Dinge angesehn wurden. Sind nun aber die Motive des Handelns *nicht* die *gedachten* Vorstellungen, die *Begriffe;* sondern die *anschaulichen*, der Eindruck des *Augenblicks;* dann wird der Mensch gleich dem Thiere der Sklave der Gegenwart und ein Handeln dieser Art nannte man allezeit *unvernünftig*, ohne es dadurch im mindesten für *boshaft* zu erklären. Wie also der *Verstand* nur eine einzige Funktion hatte: Erkenntniß der *Kausalität;* so hat auch die *Vernunft* nur *eine* Funktion: Bildung des *Begriffs* und Verknüpfung von Begriffen, d. h. *Denken, Wissen, Reflexion:* und aus dieser ist alles abzuleiten, was von jeher als Aeußerung der *Vernunft* erkannt wurde.

Feierliche Lobrede auf die Philosophie.
(Declamatio in laudem philosophiae)

1820

AUS DEM LATEINISCHEN ÜBERSETZT VON MAX FRIEDRICH

Verehrtester Herr Dekan, meine allseits geschätzten Herren Professoren, hochgebildete Kommilitonen, sehr geehrte Hörer aller Fakultäten!

Die Wertschätzung, Kommilitonen, deren sich die Wissenschaft des Platon und des Aristoteles bei den Menschen erfreute, hat, wie so manches, im Verlauf der Geschichte eine wechselvolle Entwicklung durchgemacht; ja, sie scheint sogar gewissermaßen, dem Meere gleich, einem Rhythmus von Ebbe und Flut unterworfen gewesen zu sein. Tatsächlich wurden Zeiten, wo die Philosophie in höchstem Ansehen stand, immer wieder von solchen abgelöst, wo sie verachtet und vernachlässigt daniederlag. Die Ursache für diese Wechselfälle ist nun am ehesten, so möchte ich meinen, jeweils in der hervorragenden oder aber mittelmäßigen Begabung derer zu suchen, die sich zu der fraglichen Zeit mit der Philosophie befaßten. Da nun gerade auch in unseren Tagen das Schicksal, sehr gering geschätzt zu werden, ja sogar den Dünkel der Zeitgenossen an sich zu erfahren, die Philosophie getroffen hat, sei es mir, ihrem Jünger, verstattet, einiges wenige über ihre Vorrangstellung und ihre Nützlichkeit zu sagen und außerdem an die Zeiten zu erinnern, da ein günstigeres Los als heute ihr zugefallen war.

Rufen wir uns also ins Gedächtnis zurück, daß zu der Zeit und bei dem Volk, wo das Streben nach menschlicher Vollkommenheit auf jenen Höhepunkt gelangt war, den es später niemals und nirgends wieder erreichen konnte –, daß bei den Griechen also, denn sie meine ich natürlich, viele Jahrhunderte hindurch gerade die Weisesten und Scharfsinnigsten sich vor allem der Philosophie gewidmet haben. Unter ihrer, der Philosophie, weitsichtigen Anleitung ordnete man ja die Staatsverfassungen, von Pythagoras belehrt. Sie war es auch, welcher der weiseste der Griechen sein Leben weihte und das Opfer seines Todes darbrachte, Sokrates nämlich. An sie wandte der göttliche Platon seine staunenswerte Geisteskraft, mit dem, wenn es um die Unsterblichkeit der Werke geht und darum, wer am meisten von der Menschheit verehrt wird, in der Tat niemand in Wettstreit treten kann, es sei denn Vater Homer. Ihr widmete schließlich Aristoteles seine ganze Arbeitskraft, der, was die Universalität der Begabung betrifft, alle überragt. Endlich entstanden in jenen Zeiten auch philosophische Schulen, deren Andenken so lebendig geblieben ist, daß heute noch selbst das gewöhnliche Volk sich unter stoischer Gefaßtheit oder epikureischer Leichtlebigkeit oder rein platonischer Liebe etwas vorstellen kann. Nachdem aber die schöne Jugend des Menschengeschlechtes verblüht war, nachdem ein wilder Sieger Korinth verwüstet hatte und Athen, vermochte es die göttliche Philosophie, Sproß der Weisheit und Liebling der Minerva, diesen wilden Sieger zu bändigen. Zum aufmerksamen Betrachten der Dinge und zum Nachdenken über sie brachte sie die römischen Führer, die Lenker der Völker. Als jedoch die Alleinherrschaft sich durchgesetzt hatte, verschaffte ebendiese Philosophie denen Trost, die an der Wiederherstellung der Republik verzweifelt waren, und lehrte sie, in der Unabhängigkeit des Denkens Ersatz für die verlorene Handlungsfreiheit zu finden. Damals widmeten sich auch bei den Römern gerade die klügsten und edelsten Männer der Philosophie, bei der sie Zuflucht gesucht hatten, wie man an einen höher gelegenen Ort flüchtet, wenn Wasserfluten die Ebene verwüsten.

Endlich folgte die beklagenswerte Barbarei und Unwissenheit des Mittelalters. Die übrigen Wissenschaften gingen beinahe alle zugrunde oder nahmen doch eine so abwegige Entwicklung, daß unsereiner angesichts ihres Erscheinungsbildes wohl zwischen Lachen und Weinen geschwankt hätte. Und doch stellen wir fest, daß auch damals die Philosophie in Blüte stand – in einer traurigen Blüte freilich, da sie ja von den anderen Wissenschaften keinerlei Unterstützung erhielt und sich selbst demütigen Sinnes für eine Magd der Theologie erklärte. Doch war man um sie nichtsdestoweniger mit so unglaublichem Eifer bemüht, daß Tausende von Hörern bei den Philosophen zusammenströmten und sehr viele nicht zögerten, die Anreise aus einem weit entfernten Land auf sich zu nehmen, um zu einem Lehrer zu gelangen, und endlich auch, wenn sich etwa der Magister der Philosophie auf die Wanderschaft begab, der größte Teil der Schar ihm nachzog. Ja, als Peter Abälard Paris verlassen und sich in die Einsamkeit einer menschenleeren ländlichen Gegend zurückgezogen hatte, folgte ihm der Haufe der Schüler sogar dahin, errichtete ringsumher kleine Hütten und wollte lieber alle Annehmlichkeiten des Lebens als den Lehrer der Philosophie entbehren.

Aber wie groß war erst die Bewunderung, die – nach der Wiedergeburt der Wissenschaften – ein René Descartes erregte! Und jene im selben Jahrhundert wirkenden scharfsinnigen Engländer, der überragende Bacon von Saint Albans, Hobbes mit seinem durchdringenden Verstand und Locke, dieser kluge Kopf –, fesselten sie nicht in der ganzen gebildeten Welt jedermanns Geist und Gemüt mit ihren Lehren?

Besonders liegt mir daran, in Erinnerung zu rufen, daß in ebendiesem Jahrhundert der geniale Spinoza sich hervorgetan und dennoch bei seinen Zeitgenossen nicht den ihm gebührenden Ruhm geerntet hat. Er genoß vielmehr, während ihn die dumme und abergläubische Masse bei Lebzeiten und danach noch für ein ganzes Jahrhundert verabscheute, nur bei den Verständigeren, das heißt bei einigen sehr wenigen, die verdiente Verehrung. Dies ist aber darauf zurückzuführen, daß sein erstaunliches Genie der Einsichtsfähigkeit und dem Wissen seiner Mitwelt zu weit vorausgeeilt war, als daß die Menschen jener Zeit seine Lehre auf irgendeine Weise hätten fassen können. Doch Begriffsstutzigkeit und Böswilligkeit der Zeitgenossen wurden durch die Lobeserhebungen der Nachwelt reichlich wettgemacht, gerade in unseren Tagen. So ist auch durch das Beispiel Spinozas wieder jene Erkenntnis bestätigt worden, die Seneca ausspricht, und zwar an der Stelle, wo er daran erinnert, wie wenig bekannt und wie mißachtet der große Epikur zu seinen Lebzeiten selbst in Athen gewesen ist. Er sagt dort ja, daß Vortrefflichkeit nie für immer unbekannt bleibe und daß es nicht ihr Schade sei, eine Zeitlang unbekannt geblieben zu sein. Wenn sie auch im Verborgenen blühe, von der Mißgunst des Zeitalters um ihre Wirkung gebracht, so werde doch mit Sicherheit dereinst der Tag kommen, der sie allgemein bekannt mache. Der

Ruhm sei nämlich der Schatten der Vortrefflichkeit und begleite sie immer, und sei es auch widerwillig. Aber wie der Schatten uns einmal vorangeht, ein andermal aber folgt, so sei auch der Ruhm manchmal vor uns und eile uns voraus, manchmal aber sei er in unserem Rücken und komme erst nach uns. Für ihn gelte jedoch, daß er um so größer sei, wenn er sich verspätet einstelle, nämlich nachdem die Mißgunst gewichen sei. – Der Ruhm, den Spinoza für sich gesät hat, ist also bei den Nachfahren erst erblüht.

Vor gar nicht langer Zeit nun, gegen Ende des letzten Jahrhunderts, trat unser Landsmann Kant auf den Plan, ein Denker, dem nach meiner festen Überzeugung der Vorrang vor allen anderen gebührt, die seit der Zeit Platons philosophiert haben. Wir waren Zeugen, als er das gesamte Gefüge der philosophischen Theorie von Grund auf veränderte, als eben er, auf sich allein gestellt, erfaßte, was dem Scharfsinn so vieler und so großer Männer entgangen war, und als daraufhin hochverdientes Lob und wahrlich gerechtfertigter Ruhm ihn in den Himmel erhoben. Dieser kräftigen Anregung ist es zuzuschreiben, daß die edlen philosophischen Studien, mochten sie auch im übrigen Europa weiterhin in tiefem Schlafe liegen, in unserem Deutschland zu staunenerregendem neuem Leben erwachten. Schon bald nämlich hatte die Philosophie alle, auch die Halbgebildeten, in Bann geschlagen, und es war da keiner, der nicht die neue, früher nirgends vernommene Weisheit im Munde führte. Aber – o Jammer! – diese so edle Glut verglomm binnen kurzem und erlosch, wie wenn ein Feuer von der allzu großen Menge des darauf geworfenen Holzes, das ihm doch als Nahrung hätte dienen sollen, verschüttet und erstickt wird.

Nun traten nämlich auf einmal so viele philosophische Schulmeister und Urheber neuer Systeme hervor, so viele Paradoxe wurden aufeinander gehäuft, so große Meinungsverschiedenheiten und so viele Rivalitäten, Fehden und Dispute kamen daher auf und in einer so unkultivierten und dunklen Sprache wurden obendrein die Probleme verhandelt, daß die Leute, von diesem ganzen Lärm und dem Schauspiel all dieser Schlachten endlich ermüdet, zugleich aber in ihrer Hoffnung getäuscht, allmählich die Lust zum Lesen und Zuhören verloren und daß innerhalb von zwanzig Jahren die bis dahin in höchstem Maße geförderte und gefeierte Philosophie aufs neue der Vernachlässigung und Mißachtung anheimfiel. – Dieser Niedergang ist aber keineswegs der Philosophie anzulasten, sondern einzig und allein denen, die sich ihr gegen den Willen Minervas zugewandt hatten und es falsch mit ihr anfingen. Deshalb haben wir keinen Grund zu der Befürchtung, daß jene geringschätzige Vernachlässigung, unter der heute die am höchsten stehende und edelste Form des geistigen Strebens zu leiden hat, bis in alle Zukunft andauern und daß der Philosophie nicht abermals ein Rächer erstehen werde, der ihr, mit stärkeren Kräften ausgestattet, wieder zu ihrem früheren Glanz und dem gebührenden Zuspruch verhilft.

Niemals nämlich und schon gar nicht in diesem unserem Zeitalter kann es so weit kommen, daß die Philosophie ganz und gar aufgegeben wird und man überhaupt nichts mehr von ihr wissen will. Denn die Fragen, die sie behandelt, liegen der Menschheit zu sehr am Herzen, als daß sie der fortwährenden Beschäftigung mit ihnen jemals enthoben sein könnte. Es wohnt ja dem menschlichen Geist ein bestimmtes Verlangen inne, das all die anderen Wissenschaften, wie schätzenswert sie auch seien, keineswegs zu befriedigen vermögen. Ich meine jene uns eingepflanzte Begierde, zu erfahren, was denn, aufs Ganze gesehen, unser Dasein ist, dieses unser Dasein, zu dem wir gleichsam aus einer Art von Schlaf erwacht sind, um schon bald wieder in den nämlichen Schlummer zu sinken; – ferner, was eigentlich dieses sich unserem Blick gleichermaßen darbietende und entziehende Wesen der Dinge ist – außerdem, wonach sich jener immanente und verborgene Sinn unserer Handlungen bestimmt, auf dem der unermeßliche Unterschied zwischen dem sittlich Guten und dem sittlich Schlechten beruht. – Vor allem aber beherrscht uns das Verlangen zu wissen, ob uns wirklich kein anderes Dasein geworden ist als dieses so flüchtige, drangvolle und hinfällige, das einem Traume gleich vorübergleitet und auch in seiner Beschaffenheit den Traumgesichten sehr ähnlich ist – oder vielmehr die Wurzeln unseres Daseins auch in die Tiefe hinabreichen und wir in gewisser Weise an der Ewigkeit teilhaben und hiervon auch Kenntnis erhalten, so daß wir, von diesem Wissen getragen und gleichsam schon der Welt entrückt, dem unablässigen Dahinschwinden der Dinge und ihren

Umwälzungen mit ungefährdeter Seelenruhe zuschauen können.

Wie schön und rühmlich es also auch sein mag, dank der Mathematik die Gesetze, denen die räumlichen Größen und die Zahlen unterliegen, völlig zu durchschauen – oder unter Anleitung der Astronomie Größe, Abstände und Bahnen der Gestirne erkundet zu haben – oder mittels der Methoden, welche die Erforscher der unbelebten Materie entwickelt haben, den von Natur den Körpern innewohnenden Kräften und den Gesetzen ihrer Wirkung auf die Spur gekommen zu sein – oder aufgrund der systematischen Beschreibungen, mit denen die Wissenschaft von den Lebewesen aufwartet, den Bau der verschiedenartigen Organismen zu kennen und die Weise, wie die Natur in jedem von ihnen wirkt – oder schließlich, von der Historie belehrt, zu wissen, welche Schicksale und Taten der Menschen eine so lange Reihe von Jahrhunderten hindurch zu verzeichnen waren: In all diesen Forschungen, mögen sie auch rühmlich sein, findet ein Geist, der nach Höherem strebt, doch keinerlei Erfüllung; und selbst wenn er diese Stadien alle durchlaufen hat, muß er erkennen, daß er in bezug auf das, was er am allermeisten zu wissen begehrte, keine Fortschritte gemacht hat.

Ja, ich möchte sogar so weit gehen, folgendes zu behaupten: Wenn sich jemand – wie wir einmal annehmen wollen – alle derartigen Lehren und Methoden angeeignet hat, so wird sein Wissen sich von den bloßen Meinungen des ungelehrten Volkes freilich dadurch unterscheiden, daß es weitaus umfangreicher, besser geordnet, schließlich auch präzisiert und vertieft sowie insbesondere von vielen Irrtümern gereinigt ist. Und doch – wenn dieser Mensch sich nicht auch in die Schule der Philosophie begeben hat, wenn er nicht ihren Gedankengängen, bis hin zu den schwierigsten, gefolgt ist und wenn ihm nicht endlich jene Lichter zu leuchten begonnen haben, die nach und nach im Lauf der Weltgeschichte von den hervorragendsten Geistern für die Menschheit angezündet worden sind; wenn also, mit anderen Worten, nicht auch durch philosophische Unterweisung seine ganze Art, zu denken und die Dinge zu sehen, verwandelt, berichtigt und vervollkommnet worden ist: dann wird er, wie gelehrt er auch im übrigen sein mag, in der alles entscheidenden Hinsicht doch weiterhin dem rohen und elenden Volke zuzurechnen sein. Das Wissen, das ihm eignet, wird zweifellos von dem Wissen, das sogar beim Volke zu finden ist, nur der Quantität, nicht der Qualität nach verschieden sein. Ebenso wie das Volk wird also auch jener Mensch, da ihm philosophische Bildung nicht zuteil geworden ist, entweder nach Art der Tiere in den Tag hinein leben, immer nur um das Allernächste bekümmert, oder aber in seiner geistigen Unbedarftheit für Hirngespinste und finsteren Aberglauben jeder Art empfänglich sein.

Andererseits sage ich: Wenn ein unerbittliches Geschick uns vor die schmerzliche Wahl stellte, entweder auf die Philosophie zu verzichten oder auf genauere Kenntnisse in einer von den anderen für die Bildung wichtigen Wissenschaften, so würde ich jedenfalls nicht im mindesten zögern, mich der Philosophie zu ergeben, gleichgültig welche andere Wissenschaft zurückstehen müßte. Denn wenn man es recht bedenkt, verhält es sich doch so – mag auch bei allen wissenschaftlichen Studien das Vergnügen wie der Nutzen wie überhaupt der Gewinn sehr groß sein, so bestünde doch dereinst, wenn das Lebensende naht, kein Grund, besonders darüber betrübt zu sein, daß es schon ans Sterben geht und man dennoch nicht alle Pflanzengattungen oder Tierarten kennengelernt beziehungsweise nicht alle Sternbilder erfaßt oder nicht die Infinitesimalrechnung begriffen oder nicht alle Kriege und Friedensschlüsse, alle unklugen und klugen Handlungen der Könige und Völker dem Gedächtnis eingeprägt hat. Jedoch, aus dem Leben zu scheiden und sich nicht redlich bemüht zu haben –, durch Anspannung aller eigenen Kräfte wie durchs Studium dessen, was die Weisen gelehrt haben – in bezug auf eben dieses Leben und auf die Wirklichkeit im ganzen zu einer vernünftigeren Ansicht und einer tieferen Einsicht zu gelangen: das scheint mir zumindest wahrlich Grund zu größter Reue und Betrübnis zu sein – wenn ich auch im übrigen gerne einräume, daß ausschlaggebend für ein gutes Leben nicht ist, was einer erkannt hat, sondern was er gewollt hat. Es war aber hier nur davon die Rede, welche Art von Erkenntnis vorzuziehen ist.

So sei Euch also, Kommilitonen, die göttliche Philosophie empfohlen, unsere Führerin im Leben, unser Licht in der Finsternis, unser Trost im Unglück, auf daß Ihr nicht als Träumende gleichsam, sondern als Wachende durchs Leben geht.

Vorlesung

über die Grundlegung zur Philosophie oder

Die Theorie der gesammten Erkenntniß.

(In den Manuskripten »Dianoiologie« genannt)

1821

Exordium philosophiae primae.

Alles was im Innern oder im Bewußtseyn des Menschen vorgeht ist Wollen und Vorstellen (Erkennen). – (Gefühl *Digr.*) Primat des Wollens (*Digr.*). Das Wollen behandelt die Ethik. – Wir haben es hier mit dem andern Theil allein zu thun: betrachten den Menschen als rein erkennendes Wesen. – Die Vorstellung hat zwei Theile, Materie und Form. – Die Materie oder Stoff beschäftigt alle andern Wissenschaften und die tägliche Erfahrung, sie wird Jedem mit jedem Tage vermehrt bis an sein Ende. Sie ist das *Was* des Erkennens, dessen Inhalt. – Hingegen ist die Form das *Wie*, die Art und Weise des Erkennens oder des Vorstellens überhaupt. Sie ist eine und dieselbe bei der größten Verschiedenheit des Inhalts, auch bei allen Menschen dieselbe, bleibt unverändert und ist ein für alle Mal bestimmt. Da der Stoff der Erkenntniß Sie Ihr ganzes Leben beschäftigen wird, – ist es gerathen dessen Form auch ein Mal und zwar ein für alle Mal kennen zu lernen. – Theils ist es an und für sich interessant; – theils kann es nützlich seyn um dadurch sich des Stoffs desto besser und deutlicher zu bemeistern; – theils und hauptsächlich ist es nothwendige Vorschule für die Philosophie oder Metaphysik – weil diese es mit dem Stoff des Erkennens überhaupt und im Ganzen d. h. mit der objektiven Welt zu thun hat; und es daher nöthig ist das *Medium* durch welches sie uns gegeben ist gründlich kennen zu lernen, besonders um zu sondern was allein diesem *Medio* angehört von dem was das rein Objektive, das Wesen der Welt, das Ding an sich seyn möchte. Sie werden vom *formalen Theil der Erkenntniß* sich noch keinen deutlichen Begriff machen können: weil Sie immer auf den materialen geachtet haben und der formale sich so von selbst verstand, daß Sie ihn gar nicht inne wurden. Erst nachdem wir unsre ganze Untersuchung über jenen formalen Theil werden beendigt haben, wird es Ihnen deutlich seyn was unter dem Begriff formaler Theil der Erkenntniß zu denken sei. So geht es in den meisten Wissenschaften: die Aufgabe wird erst ganz verstanden nachdem sie gelöst ist. Warum nenne ich die Betrachtung der Form alles Vorstellens *Philosophia prima*? – Der Name *philosophia prima*, in neuerer Zeit außer Gebrauch, wurde früher als Synonym der Ontologie gebraucht, besonders seit *Wolf:* (denn bei Cartesius ist die Bedeutung von *philosophia prima* noch unbestimmt: »*meditationes de philosophia prima*« wo es nur den Anfang der Metaphysik bedeutet). In der Wolfschen Philosophie teilt sich die Metaphysik in Ontologie, Kosmologie, Psychologie, und Theologie: – Erstere ist *Philosophia prima* weil sie von den allgemeinsten Eigenschaften der *Dinge* handelt: nämlich vom *Ding als Ding* (το ον). Sie enthält daher die allgemeinsten Wahrheiten, die Elemente der menschlichen Erkenntniß. – Allein diese Scienz ist so gut wie die drei andern von Kant zertrümmert und daher aus der Welt. Ich vindicire den Namen *philosophia prima* für die Theorie des gesammten Erkenntnißvermögens. Nicht etwa bloß weil diese jetzt die Grundlegung zur Metaphysik ausmacht, wie damals die Ontologie, sondern weil wirklich die Gegenstände beider, im Wesentlichen und Hauptsächlichen dieselben sind. Das scheint kaum glaublich – geht so zu. – Die Basis der gänzlichen Umwälzung der Philosophie die Kant hervorbrachte ist dies: was wir erkennen sind keine Dinge an sich, sondern bloße Erscheinungen, die so wie sie sich darstellen ganz allein in unserm Erkenntnißvermögen zu finden sind: und diejenigen Eigenschaften welche allen Dingen gemein sind, ja allen Dingen so wesentlich sind daß wir sie von jedem Dinge schon zum voraus sagen können, ehe wir es gesehn: diese Eigenschaften haben ihre Allgemeinheit und Unausbleiblichkeit daher daß sie bloße Formen unsers Intellekts selbst sind, durch die wir alle Dinge sehn, in denen daher alle Dinge sich darstellen müssen. – So hat Kant die Sache gewendet: die anderweitige Wichtigkeit *non hujus loci* [gehört nicht hierher]: – An die Stelle von objektiven Eigenschaften die allen Dingen als solchen zukämen und deren Kenntniß Ontologie, ist getreten die Erkenntniß der Formen unsers Intellekts, deren Gesetzmäßigkeit sich auf alles erstreckt was darin vorkommt, und daher den Anschein giebt als hätten alle Dinge so verschieden sie auch seyen gewisse Eigenschaften gemein. (Wie durch ein rothes Glas alle Dinge roth). Also die Theorie des Erkenntnißvermögens handelt von der entgegengesetzten Seite das ab was ehemals die Ontologie, und ihr gebührt daher auch in dieser Hinsicht der Name *philosophia prima:* daher dieselben Gegenstände die ehemals in der Ontologie vorkommen jetzt in der Dianoeologie oder vielmehr in der Theorie des gesammten Erkenntnißvermögens [Daneben am Rand, mit Tinte wieder durchgestrichen: zu der nun aber auch die Logik gehört.] vorkommen und ihre Stelle finden, z. B. die Lehren von Raum, Zeit, und was daran hängt, Ausdehnung, Kontinuität, Bewegung, sodann von der Ursächlichkeit, und von Gründen und Folgen überhaupt, von Möglichkeit, Wirklichkeit, Nothwendigkeit, Zufälligkeit, und überhaupt allen allgemeinen Beziehungen der Dinge auf einander. Diese alle kommen hauptsächlich in der Dianoeologie vor, welche die anschauliche Erkenntniß behandelt, die Logik muß aber hinzukommen, damit die jetzige *philosophia prima* die Theorie der gesammten Erkenntniß umfasse.

Abgesehen davon daß die Theorie der Erkenntniß, sofern sie dieselben Gegenstände hat als die Ontologie den Namen *philosophia prima* verdient; so gebührt ihr diese Stelle schon deshalb weil die Welt, welche das Problem der Metaphysik ist, in der Vorstellung allein gegeben ist: daher diese vor allem andern kennen zu lernen ist.

Dianoiologiae Exordium.

Philosophia prima, comprehendens Dianoeologiam et Logicam, sive theoriam universae cognitionis humanae, et fundamentorum ejus perscrutatio.

[Einleitung in die Verstandeslehre (gemeint ist: die Betrachtung der primären, anschaulichen Vorstellungen). Die grundlegende philosophische Disziplin (gemeint ist: die Untersuchung des Erkenntnisvermögens), welche die Verstandeslehre und die Vernunftlehre (gemeint ist: die Betrachtung der sekundären, abstrakten Vorstellungen), mit anderen Worten die Theorie der gesamten menschlichen Erkenntnis, umfaßt und deren Voraussetzungen erforscht.]

Unser Gegenstand ist die *Vorstellung* überhaupt, oder unsre *Vorstellungskräfte*, denn beide sind untrennbar, da sie nur für einander wechselseitig dasind. (Wichtigkeit dieser Untersuchungen für das Ganze philosophische Studium oder die Metaphysik, der sie vorhergehn müssen wenn solche nicht ins weite Blaue gehn soll: sie sind Propädeutik. Sodann ihre Wichtigkeit an und für sich: – daß die Basis und das Wesentliche der Kantischen Lehre darin begriffen ist.) Deren nähere Beschaffenheit, Gesetze, Zusammenhang, Verkettung, *quasi* Mechanismus wollen wir kennen lernen. (Untersuchung wichtig *für sich;* sodann als Vorbereitung zur spekulativen Philosophie der sie gleichsam das Feld ebnet, besonders negativ, wegräumend, indem sie zeigt wie man nicht philosophiren könne.) Als Lehnsatz *(Lemma)* aus der Metaphysik: daß das Vorstellen nicht die primäre Eigenschaft des Ichs, welche der Wille, sondern erst eine hinzugekommne, sekundäre.

Also die *Vorstellung*. Ich kann nicht damit anfangen sie zu definiren, um sie Ihnen dadurch bekannt zu machen. Denn wenn ich das versuchen wollte, so würde meine Definition immer schon das *definiendum* voraussetzen; denn sie selbst gehört mit zur Vorstellung und alles wodurch sie erklären wollte was *Vorstellung* sei, ebenfalls. Also, was Vorstellung überhaupt sei, muß ich als bekannt voraussetzen. Hingegen wird sie uns näher bekannt schon dadurch daß wir die Unterabtheilungen dieses Begriffs betrachten, die Haupt-Arten der Vorstellung: – eine Haupteintheilung der Vorstellung giebt zwei Arten: die Anschauung und das Gedachte; Anschauen und Denken. Die nähere Beschaffenheit beider und ihre Unterschiede von einander werden wir nun eben bei gesonderter Betrachtung einer jeden gründlich kennen lernen. Aber um sie nur vorläufig im Bewußtsein aufzuweisen, sie Ihnen gleichsam vor die Augen zu bringen, ist es hinreichend ein Beispiel zu geben und darauf hindeutend zu sagen »*das* ist Anschauung, und *das* ist Gedanke«. Ich nehme zum Beispiel, das worauf jetzt Ihre Sinne und Ihre Gedanken gerichtet sind, also mich selbst.

Exordium zur Dianoiologie.

Wenn man in einem Hause zu thun hat, pflegt man, ehe man hineingeht, doch einen Blick auf die Außenseite zu werfen. Wir haben es mit dem Intellekt *von innen* zu thun, d. h. vom Bewußtseyn ausgehend. Vorher wollen wir ihn kurz von Außen ansehn: da ist er ein Gegenstand der Natur, Eigenschaft eines Naturprodukts, des Thieres und vorzüglich des Menschen. So ganz empirisch, ohne vorgefaßte Meinung ihn betrachtend, müssen wir ihn eine Funktion des menschlichen Lebens nennen, und zwar wie alle andern Funktionen an einen besondern Theil gebunden: an das Gehirn. Wie der Magen verdaut, die Leber Galle, die Nieren Urin, die Hoden Samen absondern, so stellt das Gehirn vor, sondert Vorstellungen ab: – und zwar ist dieses (nach Flourens' Entdeckungen 1822, *Mémoires de l'Acad. des sciences, 1821–22, V. 5–7*) ausschließlich Funktion des großen Gehirns, während das kleine die Bewegungen lenkt. (Erläuterung.) Also der ganze Intellekt, alles Vorstellen, Denken ist eine physiologische Funktion des großen Gehirns, der vordern Hemisphären, großen und kleinen *lobi* [Lappen (des Gehirns)], des *corporis callosi* [Balken (der die beiden Hemisphären des Gehirns verbindet)], *glans pinealis* [Zirbeldrüse], *septum lucidum* [(genauer: *pellucidum*) durchsichtige Scheidewand], *thalami nervi* [*(optici)* Sehhügel (eigentlich: Nervenkammern)] etc. Aber diese Funktion hat etwas Eigenes, was sie gar höher stellt als die Galle welche die Leber und den Speichel welchen die Speicheldrüsen absondern, nämlich dieses: die ganze Welt beruht auf ihr, liegt in ihr, ist durch sie bedingt. Denn diese existirt nur als unsre (und aller Thiere) Vorstellung, und ist folglich von dieser abhängig, und ohne sie nicht mehr. – Vielleicht scheint Ihnen das paradox und es ist wohl noch Einer und der Andre von Ihnen, der ganz ehrlich meint: wenn auch der Brei aus allen Hirnkasten geschlagen würde; so blieben darum Himmel und Erde, Sonne, Mond und Sterne, Pflanzen und Elemente doch stehn. – Wirklich? – Besehn Sie doch die Sache etwas in der Nähe. Stellen Sie sich eine solche Welt *ohne erkennende* Wesen einmal anschaulich vor: – da steht die Sonne, die Erde rotirt um sie herum, Tag und Nacht, Jahreszeiten wechseln, das Meer schlägt Wellen, die Pflanzen vegetiren: – aber alles was Sie jetzt sich vorstellen, ist bloß ein Auge, das das alles sieht, ein Intellekt der es percipirt: also eben das *ex hypothesi* [der Voraussetzung nach] aufgehobne. Sie kennen ja keinen Himmel und Erde und Mond und Sonne so schlechthin, an und für sich: sondern Sie kennen bloß ein Vorstellen, in welchem das Alles vorkommt und auftritt, nicht anders wie Ihre Träume des Nachts auftreten; welche Traumwelt das Erwachen Morgens vernichtet: nicht anders wäre offenbar diese ganze Welt vernichtet, wenn der Intellekt aufgehoben, oder, wie oben gesagt, der Brei aus allen Hirnkasten geschlagen wäre. Wer also näher auf die Sache eingeht, wird sich bald überzeugen, daß es ein reiner Widerspruch, ein Unsinn ist, zugleich den Intellekt aufzuheben und die objektive Welt bestehn zu lassen. Ich bitte nicht zu meynen, das sei Spaß: es ist Ernst. Die Konsequenzen, welche daraus für die Metaphysik fließen, gehn uns hier nichts an. Wir betrachten es hier bloß um auf die große Wichtigkeit, die hohe Dignität des Intellekts aufmerksam zu werden, der der Gegenstand unserer fernern Betrachtungen ist: und zwar jetzt von Innen ausgehend, vom Bewußtseyn desselben: wir stellen Selbstbetrachtungen des Intellekts an.

Dianoiologie.

Sie sind sich unmittelbar bewußt, daß ich hier auf dem Katheder sitze und nunmehr angefangen habe zu reden, meine Physionomie, meine Stimme und Aussprache hat einen ganz bestimmten und individuellen Eindruck auf Sie gemacht, der an die Stelle der bloß allgemeinen Vorstellung getreten ist, welche allein Sie noch vor wenigen Minuten von meiner Gegenwart hatten: auch hat Jeder die Zahl der Anwesenden und seine Bekannten darunter bemerkt: das alles ist unmittelbar und als *ein Bild* in Ihrem Bewußtseyn gegenwärtig. Dies ist die *Anschauung*, also ein solches unmittelbares Wahrnehmen, wo nicht *eine* Vorstellung die Stelle einer andern vertritt, sondern jede sich selbst ausspricht, daher kein Fragen Warum?, kein Forschen und kein Zweifeln nöthig ist: also das unmittelbare Innewerden des Gegenwärtigen. Wie es damit zugeht, *suo loco* [am gehörigen Ort]. – Sodann *weiß* Jeder von Ihnen, daß wir zu Berlin sind, im Universitäts-Gebäude, daß ich Arthur Schopenhauer bin, und daß es 12 Uhr vorbei ist: dies *wissen* Sie, d. h. Sie denken es, als etwas wahres: aber es steht nicht unmittelbar im Bilde vor Ihnen. Es ist ein *Wissen*, ein *Denken*, kein Anschauen. Auch haben Sie Ursach zu forschen und zu zweifeln ob es wirklich so ist; es ist möglich daß Sie sich *irren (illustr.)*: es könnte seyn daß alle unsre Uhren falsch giengen, die Sonne noch nicht den Kulminationspunkt erreicht hätte, und es erst 11 wäre; sodann daß ich nicht Arthur Schopenhauer wäre, sondern ein Andrer der sich nur einstweilen hergesetzt hätte und zum Spaß eine Vorlesung hielte bis 12, wo der rechte käme: – in jenem Erstern aber ist kein Irrthum möglich. [Ursprünglich folgten hier die mit Tinte wieder durchgestrichenen Worte: sondern höchstens eine Täuschung, eine Illusion, was man Sinnentrug nennt. *(Illustr.* – mein Rock dunkelblau; – Ihr Bekannter ein Fremder.)]

Da haben Sie nun sofort die beiden Probleme, die uns in diesem Semester beschäftigen sollen: Anschauung und Denken: diese sind es in denen die Welt und all unser Wissen enthalten ist. (Was könnte wichtiger seyn, als ein Aufschluß über das Entstehn und die nähere Beschaffenheit dieser zwei Grundphänomene unsers Bewußtseyns?) Dies sind also die zwei Arten in welche, gemäß der allgemeinsten Eintheilung alles unser Vorstellen zerfällt: *Anschaung*, d. i. unmittelbares, gegenwärtiges, bildliches, sich selbst vertretendes und keiner Zeichen bedürfendes Bewußtsein des Objekts: und *Wissen, Denken,* d. i. nicht bildliches, mittelbares, an Zeichen gebundenes und dadurch im Bewußtseyn beliebig fixirtes Erkennen von Objekten. Wir werden weiterhin jedes für sich und ausführlich betrachten.

Beide zusammen befaßt die allgemeinere Benennung *Vorstellung*. –

(Ich sagte vorhin in der Anschauung und dem Denken, also in der *Vorstellung* [Daneben am Rand die Bleistiftnotiz: fällt weg [bezieht sich wohl auf den in runden Klammern stehenden Text]] wäre die Welt selbst enthalten. Vielleicht läuft dieses Ihrer Meinung zuwider. Nämlich Sie meinen vielleicht die Welt, in Zeit und Raum, wie sie vor uns liegt und von uns vorgestellt wird, sei zuvörderst *da*, und dann käme erst unsre Vorstellung von ihr hinzu: sie wäre aber da, wir möchten sie vorstellen oder nicht. – Hier stehn wir plötzlich an der Grenze der gemeinen und der philosophischen Ansicht. Es wäre wohl Ihnen und mir bequemer, wenn ich leise daran vorbeischleichen wollte und Sie nicht behelligen wollte mit der Zumuthung eine Einsicht anzunehmen die bloß für die Metaphysik in Betracht kommt; da wir ja das Anschauen und das Denken auf alle Weise erörtern könnten, ohne uns einzulassen darauf ob das Vorgestellte überhaupt noch außerdem da wäre als ein solches, wie es vorgestellt wird, oder nicht. Das wäre gewiß bequemer: aber es würde eine gewisse Seichtigkeit in unsre Sache bringen. Ich habe hier nicht Metaphysik zu lehren: aber ich muß doch das Gebiet der Metaphysik abstecken, dessen Gränzen anerkennen und bezeichnen, ja sogar zeigen, wo und wo nicht vom Gebiet der bloßen Vorstellung aus der Weg offen steht zur Metaphysik d. i. zur Erkenntniß des innern Wesens an sich des Daseyns und der Dinge. Daher werde ich unsre Erkenntnißkräfte nicht bloß darstellen, sondern hin und wieder ihren metaphysischen Gebrauch kritisiren müssen. Freilich werden Sie dadurch Probleme erblicken die hier nicht gelöst werden können. Das geht uns aber immer so, daß die Lösung eines Problems ein neues herbeiführt. Sodann ist allen Wissenschaften eigen, daß sie in benachbarte Gebiete nothwendig hinüberspielen. Das Lexikon spielt in die Grammatik hinüber und diese in jenes: Die Dogmatik spielt in die Kirchengeschichte: Die Anatomie, spielt in die Physiologie, diese auch in jene und beide spielen in die Pathologie und Therapie hinüber und so überall: man kann nicht gründlich seyn ohne fremdartiges einzumischen. Also ich sagte: die Welt selbst wäre in der Vorstellung enthalten: d. h. sie wäre eben eine Vorstellung. Sie meinten dagegen, die Welt wäre eben da, sie möchte vorgestellt werden oder nicht. Nun bitte ich sich einmal zu besinnen: ob Sie auch wirklich bei dem was Sie sagen eine deutliche Vorstellung haben. Was für ein Daseyn wäre das, was die Welt hätte, ohne unsre Vorstellung von ihr? wie stellen Sie sich solches Daseyn vor?) Die *Vorstellung* überhaupt ist also der Gegenstand unsrer Betrachtung: die ist wie gesagt theils *Anschauung*, anschauliche Vorstellung, solche haben auch die Thiere: theils ist sie ein Denken, ein Wissen: das haben wir vor den Thieren voraus: wie weiterhin. Danach wird unsre Betrachtung zuvörderst in zwei Theile zerfallen:

1) Die Theorie der anschaulichen Vorstellung: das 1ste Kapitel: Dianoiologie. Lehre vom Verstand.

2) Die Theorie des Denkens, der nichtanschaulichen, der abstrakten, und an Worte gebundenen Vorstellung, Logik, Vernunftlehre: sie wird erst nach jener betrachtet, weil das Gedachte

in steter Beziehung auf das Angeschaute steht, von diesem seinen Gehalt erhält, an ihm seine Grundlage hat: also das 2te Kapitel.

3) Zu diesem werde ich aber noch zwei Kapitel fügen. Nämlich es giebt eine gewisse Grundbeschaffenheit aller unsrer Vorstellungen, die durch alle durchgeht, allen gemeinsam ist, deren Erkenntniß aber schon eine vorläufige Bekanntschaft mit der anschaulichen und abstrakten Vorstellung voraussetzt. Diese Beschaffenheit ist das was der Satz vom Grund allgemein genommen ausdrückt; also das 3te Kapitel: über den Satz vom Grund. Auch werden in diesem Kapitel mancherlei Wahrheiten vorkommen, die unsre Erkenntniß im Ganzen betreffen, besonders in Hinsicht auf die Frage was wir mit den gesammten Mitteln die uns zum Erkennen gegeben sind ausrichten können in spekulativer Hinsicht, d. h. in wiefern wir damit auch über die Erfahrung hinaus gelangen können. Insofern ist dies Kapitel zugleich Propädeutik der Metaphysik.

Endlich im 4ten Kapitel werden wir die *Wissenschaft* im Allgemeinen betrachten. Da Sie alle bestimmt sind Gelehrte zu werden, so ist es zweckdienlich an die Lehre von der Erkenntniß überhaupt, die Untersuchung zu knüpfen der wissenschaftlichen Erkenntniß insbesondre: was nämlich der Unterschied sei zwischen dieser und der gemeinen: was der Gegenstand, der Zweck, die Form und die Begründung der Wissenschaften überhaupt sei.

CAP. 1.
Von der anschaulichen Vorstellung.

Haben Sie sich schon je ernstlich gefragt, wie Sie dazu kommen das Bewußtsein einer Außenwelt zu haben? so wie sie daliegt, ausgebreitet im Raum nach drei Dimensionen? sich fortbewegend in der Zeit, die stets gleichmäßig fließt? im Ausfüllen dieser Zeit durch Veränderungen geregelt durch ein bestimmtes Gesetz, das von Ursach und Wirkung? – Sind Sie je inne geworden, wie wunderbar das ist, haben Sie je dies Problem in seiner ganzen Größe wahrgenommen? Wo nicht, so thun Sie es jetzt mit mir. Bedenken Sie ein wie kleiner Theil der Welt jeder von Ihnen ist und in seiner Haut eingeschlossen: und Ihr Bewußtseyn ist ganz unmittelbar doch bloß das Bewußtsein Ihres Leibes, Empfindung in diesem Leibe: wie kommt das Bewußtsein dazu über diesen Leib hinauszugehn und so sehr weit daß das Bewußtsein einer Welt daraus wird, daß Sie auf eine ganz leichte und bequeme Weise kommuniziren, mit der ganzen Welt, d. h. mit einer Unendlichkeit von Dingen: zu denen allen Ihnen der Weg offen steht, zu näherer Bekanntschaft wenn Sie wollen. Und doch bleibt Jeder in seiner Haut eingeschlossen: unmittelbar beikommen kann ihm nur, was diese Haut berührt. Aber auch da, was kann an sich und unmittelbar diese Berührung seiner Haut für ihn seyn? Ist sie unsanft, ein Schmerz, ist sie sanft, eine angenehme Empfindung: ist sie keins von beiden, so wird er gar keinen Antheil an ihr nehmen. Was ist denn eigentlich Schmerz, oder unangenehme Empfindung und was die angenehme? – Offenbar ist die unangenehme eine solche, die er nicht mag, nicht will, also die seinem Willen entgegen ist: die angenehme eine solche die er wohl mag, die er will, also die seinem Willen gemäß ist. Sie sehn daß die Empfindung des Leibes unmittelbar und an sich, sich bloß auf den Willen bezieht: auch ist der Wille das

Ursprüngliche, das Radikale unsers Wesens, was aber nicht hieher gehört. Genug die Empfindung, die durch Berührung des Leibes entsteht, ist an sich bloß in Hinsicht auf den Willen bedeutend und ist noch gar keine *Vorstellung*, keine Anschauung. – Woher kommt denn nun die *Anschauung?*

Hierüber hat es, so alt die Geschichte der Philosophie ist, bis auf Kant, doch eigentlich nur zwei Meinungen gegeben: eine bei den Alten und eine bei den Neuern. Das macht man hat sich in frühern Zeiten wenig damit beschäftigt: man fragte vielmehr nach sehr fern liegenden Dingen, nach dem Ursprung der Welt, der Fortdauer nach dem Tode u. dgl.: aber nicht nach dem *nächsten*. Und nun trifft es sich, daß, um auf jene Fragen eine Antwort zu finden, ja nur verstehn zu können, allererst nöthig war, diese Probleme über den Ursprung unsrer Vorstellungen und Erkenntnisse gelöst zu haben. Aber wie gesagt. – Darum ist die Vorstellung der Alten über das Entstehn der Anschauung, sehr kindlich ja roh, und doch eine höchst wunderliche Hypothese, noch unbegreiflicher als was sie erklären soll. Nämlich der Raum und die Dinge in ihm, wie sie sind, die wären nun einmal da; aber von den Oberflächen aller Dinge lösten sich immerfort und unablässig, *Bilder* ab, ειδωλα, *species sensibiles*, die ihnen in allen Stücken ganz gleich und ähnlich wären: unsre Sinnesorgane hätten aber *pori* [Öffnungen] von solcher Beschaffenheit, daß die Atome aus denen jene Bilder bestünden, hineinpaßten und so in unveränderter Ordnung durchdringen könnten, auf welchem Wege sie dann ins Gehirn gelangten: und das wären eben die anschaulichen Vorstellungen.

Es ist wohl überflüssig daß ich Ihnen das Kindische und Absurde davon auseinandersetze. 1) Das setzt schon eben die anschauliche Welt in Raum und Zeit voraus, die doch erst in unsrer Vorstellung da sind und wir wollen wissen, wie wir dazu kommen. 2) Wie sollen die ungeheuren ειδωλα, die von einer Kirche, einem Berge u. dgl. ausfließen doch durch die *pori* meines Auges dringen? oder alle die Töne eines Ungewitters durch die *pori* meines Ohrs? 3) Wie sollen nun nach allen Richtungen sich solche Bilder absondern, die in Bezug auf jeden Standpunkt andre seyn müssen, und sich doch nicht vermischen und stoßen: jedes ειδωλον enthält ein Stück des andern, wie kommen sie von einander los und nehmen verschiedne Richtungen? 4) Wie durchkreuzen sich nicht in der Luft die von allen unzähligen Dingen ringsum beständig abfliegenden ειδωλα, wie machen sie es durch einander durchzukommen ohne sich zu stoßen, zu verdrehen, zu verrenken, zu einem bunten Brei zusammenzufließen u. dgl. m. 5) Wie werden die Körper nicht endlich erschöpft, verkleinert, aufgerieben durch dieses beständige Absondern solcher Bilder ihrer ganzen Oberfläche nach allen Richtungen? Dennoch hat diese kindische Theorie sich eigentlich im ganzen Alterthum und auch im Mittelalter behauptet. Der Urheber derselben scheint Empedocles gewesen zu seyn: dies bezeugt die Stelle im Plato, *Meno p 76* [76a–e], – und auch Stobaeus führt es als Lehre des Empedokles an *Eclogae phys. Lib. I, cap. 17* [der Heerenschen Ausgabe 1801]. Democritos lehrte sie ebenfalls, mit dessen Atomenlehre sie besonders zusammenhängt, daher eben auch Epikuros sie lehrte und erläuterte [Fußnote: Epikurs Darstellung findet sich in seiner Epistel an den Herodot (kann wohl nicht der Historiker seyn der circa 150 Jahre früher lebte) welche dem 10ten Buch des Diogenes Laertius beigefügt zu werden pflegt: – *cap. 11*, dieser Epistel: – ebenfalls in den auf Herkulanischen Rollen gefundenen Bruchstücken der Bücher Epikurs περι φυσεως: – *edid. Orellius Lips. 1818.*] und Lucrez sie im 4ten Buch ausführlich darstellt. Aber auch Aristoteles lehrte diese Theorie und von ihm nahmen sie die Scholastiker, bei denen die *species sensibiles* noch immer im Ansehn standen. – Es ist auffallend daß die Alten in Hinsicht auf die Anschauliche Vorstellung zu keiner bessern Einsicht gelangt sind, sondern sich daran genügen ließen, während sie die Lehre von der abstrakten Vorstellung, dem Denken, so weit brachten daß uns wenig hinzuzuthun blieb und die Logik die ich jetzt vortrage, dem Inhalte nach, im Wesentlichen noch dieselbe die schon Aristoteles aufstellte.

Die zweite Theorie der anschaulichen [Daneben am Rand: (Wer Locke gewesen.)] Vorstellung entstand erst um 1630 durch Kartesius: sie erreichte ihre Vollständigkeit etwa 50 Jahre später durch Locke: [Daneben am Rand: Destut Tracy.] ward allgemein angenommen; in Frankreich bearbeitet durch Condillac, herrscht noch heut zu Tage in England und Frankreich allgemein. Bloß wir Teutschen sind durch Kant so sehr viel weiter gebracht, daß das Unzulängliche davon bei uns ganz außer Frage ist, ja die Schriften der Engländer und besonders der Franzosen über das Erkenntnißvermögen uns sehr seicht, flach ja kindisch erscheinen. Wir sehn sie an wie Jemand der die ganze *Analysis finitorum et infinitorum* [Analysis endlicher und unendlicher Größen] inne hat, einen andern der sich mit den vier Species der Arithmetik und Elementargeometrie abmüht.

(Nur bemerke ich daß auch in England Thomas Reid angefangen hat einzusehn daß solche falsch ist: aber nichts besseres an die Stelle zu setzen hat; daher die Anschauung für ganz unerklärlich und unbegreiflich erklärt.) (Ignoranz der Engländer und Franzosen in Hinsicht auf Kant und Teutsche Philosophie.)

Da diese Theorie aber noch außer Teutschland gilt, auch viel natürliches hat, ja eine Stufe ist zu der man gelangen muß, ehe man zur höhern und richtigern Einsicht sich erhebt; so will ich sie kurz darstellen, eben nach Locke. Dann werde ich Ihnen das Falsche und Unzulängliche davon zeigen und grade dadurch werden Sie vorbereitet zur richtigern und höhern Einsicht und grade auf diese hingeleitet.

Die Lockische Theorie hat mit der des Aristoteles, die ich Ihnen im allgemeinen darstellte, den Ausgangspunkt gemein in dem Satz *Nihil est in intellectu, quod non prius fuerit in sensibus* [Nichts ist im Intellekt, was nicht vorher in der Sinneswahrnehmung gewesen wäre. – Vgl. Aristoteles, Über die Seele, III, 8, 432a und Thomas von Aquin, Quaest. de veritate, II, III, 19.] Wir werden nachher in Kants Sinn hinzusetzen *praeter intellectum ipsum* [mit Ausnahme des Intellekts selbst], und ich werde Ihnen zeigen, was das heißt. Dem Locke also, wie dem Aristoteles ist der Geist eine *tabula rasa* [unbeschriebene Tafel] und Alles kommt von Außen hinein. (Das ist eigentlich das πρωτον ψευδος [der erste falsche Schritt, der Fehler in einer Prämisse, wodurch die Konklusion falsch wird].) Er kämpft beständig lebhaft gegen die Lehre von angebornen Wahrheiten oder Ideen, und dies eben leitet ihn fehl. (Wenn es auch nicht angeborne Ideen giebt, fertige Vorstellungen die angeboren wären, so giebt es doch Formen des Intellekts, die da sind ehe die Materie der Vorstellungen hineinkommt.) Alles kommt von Außen und die

Sinne sind die Eingänge durch die es kommt. [Daneben am Rand, mit Tinte durchgestrichen: Was die Sinne berührt, steht als Anschauung da.] Das Sinnesorgan erhält einen Eindruck, z. B. den des *Weißen*, nun haben wir die *Idee des Weißen:* die Zunge erhält den Eindruck des *Süßen*, nun haben wir die Idee des Süßen, und aus beiden zusammen die des Zuckers. Getast und Gesicht zusammen erhalten die Idee des Kegelförmigen, nun haben wir einen Zuckerhut. Das ist die Art wie Locke die Anschauung erklärt. Der Sinneseindruck, d. h. der Ton, Geruch, Geschmack, Farbe, Eindruck aufs Getast, ist die *einfache* Vorstellung, *simple Idea* [einfache Vorstellung]; wie etwa beim Zuckerhut die Weiße, Süße, Konische Gestalt, Schwere: aus der Zusammensetzung solcher *simple Ideas* machen wir die *complex Idea* [zusammengesetzte Vorstellung] den Zuckerhut. Weiter und anders erklärt er die Anschauung nicht: damit, meint er, ist sie erklärt. Die Empfindung, der Sinneseindruck sei eben schon die Anschauung: sie gebe uns ja *Ideen:* denn seine hierin arme Sprache hat kein andres Wort für Vorstellung, Bild, Gedanke u. s. f., alles ist *Idea*, und eben schon die bloße Empfindung des Sinnes nennt er Idee, *Idea;* eben so die Franzosen; auch die Teutschen kurz vor Kant z. B. Sulzer. Daher spricht [Locke] von *Ideas of taste, of smell, of sight, of sound, of touch* [Geschmacks-, Geruchs-, Gesichts-, Gehör-, Gefühlsvorstellungen]. Also eben der Sinneseindruck ist ihm die Vorstellung, und zwischen beiden kein Unterschied. Er sagt was in mir *Idea* ist, z. B. die der rothen Farbe, ist im Dinge *Quality* [Eigenschaft]. Dann ist man bald fertig. Die Eindrücke sind da und sind eben die Anschauung, diese giebt uns Nachricht von einer Körperwelt außer uns: denn jede Wirkung muß ihre Ursach haben: nun haben wir die anschauliche Welt der Erfahrung. *Verum enimvero* [(verstärktes) aber], aus der Erfahrung beweist er aber erst daß jede Wirkung ihre Ursache haben muß! Denn keine *angeborne* Ideen. Alles aus Erfahrung: also auch dies. – Bemerken Sie den Cirkel! [Daneben am Rand die Bleistiftnotiz: Stelle wo die Kantische Philosophie die Lockische entert.] – Ich werde hierauf zurückkommen. Also die Einwirkung auf die Sinne *ist* eben schon die Anschauung: [Fußnote: Zwischen Empfindung der Sinne und Vorstellung, wird gar nicht unterschieden: daß zwischen beiden ein mächtiger

Unterschied sei, das fällt ihm nicht ein, eben weil er fest beschlossen hat, nichts Angebornes im Geiste gelten zu lassen, und da wird seine Erkenntniß von seinem Willen schon von ferne abgezogen von den Wegen, wo ihm etwas Angebornes aufstoßen könnte.] wir lernen die Dinge dadurch kennen, und jeder Empfindung oder *Idea* in uns entspricht eine Qualität im Dinge außer uns. Es frägt sich, sehn diese beiden einander ähnlich? – Antwort: Sehr selten, meistens ganz und gar nicht. Denn wir lernen gar nicht die Dinge kennen, sondern bloß ihre Wirkung in uns. Die Empfindung deutet bloß auf eine Ursache im Dinge; diese aber mag meistens mit der Empfindung gar keine Aehnlichkeit [Dazu am Rand mit Bleistift: Ursach und Wirkung haben meist keine Aehnlichkeit. Beispiele.] haben, ja kann sie nicht haben. Das Süße des Zuckers ist eine Empfindung der Zunge, aber die Qualität der Süße im Zucker hat damit keine Aehnlichkeit, sondern ist bloß eine Eigenschaft die als Ursache diese Wirkung auf der Zunge hervorbringt. Eben wie die Sonne Wachs weich macht, das ist ihre Wirkung; aber in der Sonne ist nichts dieser Wirkung ähnliches anzutreffen. Das Feuer brennt meine Hand, aber es hat keine objektive Qualität die Aehnlichkeit hätte mit meiner Empfindung des Schmerzes. Wenn wir daher das Feuer *heiß* nennen; so meinen wir nicht, daß es eine Beschaffenheit habe, die unsrer Empfindung des Brennens gleiche, sondern nur daß es Ursache dieser Empfindung werde. So ist die Farbe bloß in meinem Auge, Wirkung einer Ursache die selbst gar keine Aehnliche Beschaffenheit haben kann, sondern von dieser ihrer Wirkung so verschieden ist wie das Messer was mich schneidet vom Schmerz dabei. Hieraus folgt daß die Dinge die wir durch die Empfindung kennen lernen doch mit dieser gar keine Aehnlichkeit haben, statt daß nach der Aristotelischen Theorie die $ειδωλα$ [Bildchen] treue Kopien der Dinge sind. Nun frägt Locke welches denn aber die Eigenschaften seien, welche die Dinge wirklich und an sich haben und vermöge deren sie in unsern Sinnen alle jene Wirkungen hervorbrächten? Antwort: Ausdehnung, Solidität (Undurchdringlichkeit), Figur, Ruhe oder Bewegung, und Zahl. – Die verschiednen Modifikationen und Kombinationen dieser fünf wären die alleinige Ursache aller jener Wirkungen auf unsre Sinne. *(Illustr.)* Was wir Blau, Wohlriechend, Süß, Flüssig oder fest nennen, das wären so Kombinationen der Figur, Solidität, Ruhe und Bewegung, und Zahl der kleinsten an sich für uns nicht wahrnehmbaren Theile. Daher nennt er jene ursprüngliche oder *primäre*, diese *sekundäre*. *(Illustr.)* Gäbe es keine Augen, so wären Farbe, Licht, Schatten gar nicht vorhanden: gäbe es keine Gaumen; so wären Süß, Bitter, salzig, gar nichts. Gäbe es keine empfindende Wesen, so wären Kälte, Wärme, Gluth, Härte, Weiche gar nichts. Hingegen Ausdehnung, Solidität, Figur, Ruhe und Bewegung, und Zahl, die wären und blieben, es möchte nun wahrnehmende und empfindende Wesen geben oder nicht. Denn das wären Eigenschaften der Dinge an sich. Ich werde viel weiter unten hierauf zurückkommen und dann, wann Sie in die tiefere Einsicht eingedrungen seyn werden, Ihnen zeigen wie Locke grade hiedurch das Flache seiner Ansicht und großen Mangel an philosophischer Besonnenheit deutlich an den Tag legt. Was wir aber erst einsehn können, nachdem wir durch Kant auf einen so sehr viel höhern Standpunkt gestellt. –

Wenn man nun frägt was denn jene fünf primären Eigenschaften, die wir doch auch eben wie die andern durch die Sinne und die Empfindung kennen lernen, voraus haben, wodurch sie zu der Ehre kommen wirklich ursprüngliche, primäre Eigenschaften zu seyn, wirklich außer uns vorhanden zu seyn als Beschaffenheiten der Dinge an sich, während alle andern nur ein relatives Daseyn hätten und bloße Affektionen unsrer Sinne wären, außer denselben aber nicht vorhanden? – So hat Locke nur eine sehr elende Antwort, die er daher nur im Vorbeigehn giebt und den Punkt nicht weiter berührt: Er meint nämlich diese primären Eigenschaften wären ganz *unzerstörbar* und hiengen daher den Dingen selbst und an sich an: hingegen die sekundären wären zerstörbar: jede Farbe, Geruch, Geschmack, Ton, Wärme Kälte, Härte Weiche, würde zerstört und gienge in eine andre über: hingegen Gestalt, Solidität, Ausdehnung, Zahl, Ruhe Bewegung blieben den Dingen unter allen Umständen: z. B. man könne alle Eigenschaften eines Dinges zerstören, aber seine Solidität nicht, und er sagt: wenn alle Körper der Welt auf einen Wassertropfen von allen Seiten drängten, so könnten sie nicht seine Solidität aufheben, sondern er bliebe und hinderte sie zusammenzukommen seinen Raum einzunehmen, wenn er ihn nicht verläßt. Weiß der Mann das auch aus Erfahrung?!! – Nun aber ist die Antwort gar nicht wahr, und kann bloß von der Undurchdringlichkeit gelten: alle Figur ist ja zerstörbar: geht freilich in andre Figur über; aber anders ist Farbe, Geschmack, tastbare Eigenschaft auch nicht zerstörbar: *(Illustr.)*. Eben so wird Bewegung Ruhe aufgehoben; die Zahl vollends, man macht aus einem Körper zehn; schmilzt zehn Kugeln in eine zusammen u. s. f., also der Unterschied ist gar nicht vorhanden. Jene Eigenschaften müssen also ganz etwas andres Besondres haben, das ihn darauf leitete, sie für wesentlicher und ursprünglicher als die andern zu erklären, und das auch machte daß alle Welt dies gelten ließ. Es sind die Eigenschaften welche die Scholastiker transscendentale nannten: *(suo loco)*. Wir werden weiterhin sehn, daß es die *apriori*, vor aller Erfahrung erkennbaren, die metaphysischen sind: denn sie laufen zurück auf Raum Zeit und Kausalität *(Illustr.)*. –

Aber wir wollen für jetzt uns gar nicht darauf einlassen und nicht mit Locke darüber streiten, was den Dingen an sich zukomme und was bloß unsrer Wahrnehmung, Anschauungsweise derselben angehöre, was vorhanden sei und bleibe, auch wenn wir, mit unsern Sinnen und Erkenntnißkräften, gar nicht dawären: das werden wir untersuchen bei der Lehre von der Erscheinung im Gegensatz des Dinges an sich und da wird wohl etwas andres sich ergeben als diese Lockische Weisheit. Wir fragen für jetzt bloß wie wir *zur Anschauung* gelangen, gleichviel ob in dieser Anschauung die Dinge erscheinen wie sie an sich *sind*, oder anders. Wir fragen bloß nach dem Entstehn, dem Ursprung dieser *Anschauung* der Welt in uns, und sehn noch ganz davon ab, was das sei, das durch solche Anschauung sich kund giebt.

Locke glaubt nun dieses genug erklärt zu haben, wenn er sagt: wir erhalten Eindrücke von außen, diese *empfinden* wir verschiedentlich, und das ist die Anschauung: – er läßt die *Anschauung* eben in der *Empfindung* bestehn; sie ist ihm mit der *Empfindung* Eins, ist also durchaus *sensual:* sobald wir die *Empfindung* haben, haben wir auch die *Anschauung*. Alles dazu Gehörige kommt eben von Außen in uns hinein, denn es ist eben nichts weiter als die *Empfindung* der Sinne, welche durch Eindruck von Außen erregt wird. Ich hoffe Sie sollen allmälig einsehn, wie ganz ohne Besonnenheit diese Antwort ist. Zuvörderst, die Dinge stehn doch vor uns im *Raum*, der drei Dimensionen [hat], welche durch und durch nach der strengsten Gesetzmäßigkeit zusammenhangen, die die Geometrie uns lehrt, und welcher die Dinge im Raum in Absicht auf ihre Lage gegeneinander sich durchgängig und ganz genau fügen: – *ist denn dieser Raum nun auch eine Empfindung der Sinnesorgane?* und kommt er auch so von Außen in uns hinein? wird auch der Raum *empfunden?* Wie kommen wir denn dazu die Dinge als neben, vor, hinter, über, unter einander, nach sehr genauen Bestimmungen und feinen Verhältnissen zu erkennen? liegt das auch in der Empfindung der Sinnesorgane? Und überhaupt *wie kommen* wir dazu die Dinge *außer uns* wahrzunehmen, da uns doch nur ihre Wirkung unmittelbar gegeben ist, die *in uns* vorgeht? die Empfindung doch bloß *in uns* ist? Jeder, wie gesagt, in seiner Haut steckt? – Etwa weil wir von der Wirkung in uns schließen auf eine Ursach, und da diese nicht in uns zu finden, sie außer uns versetzen? – Dazu müßten wir aber erst den Raum haben und kennen, in welchem ein *innen* und *außen* sich unterscheidet, und wir wissen nicht woher er uns gekommen: daß wir ihn nicht empfunden haben, ist offenbar; und uns selbst versetzen wir ja *in* diesen Raum: woher haben wir den? er kann doch nicht als eine Empfindung *in uns* gekommen seyn, da vielmehr wir *in ihm* sind: aber sodann zweitens, wie kommen wir doch dazu, eine *Empfindung* zu betrachten als eine *Wirkung* und zu wissen daß eine Wirkung eine Ursache haben müsse? Wo haben wir gelernt, daß jede Veränderung eine Wirkung sei die eine Ursache haben müsse? Locke mußte sagen und sagt auch (aber nicht bei dieser Gelegenheit, denn er läßt sich auf dies alles weislich nicht ein), aus der Erfahrung lernen wir daß Wirkungen Ursachen haben: aber die Erfahrung kann uns doch erst kommen, nachdem wir eine gute Weile den Lauf der Welt angeschaut und beobachtet haben: wir sind aber noch lange nicht so weit, sondern sollen noch erst die *bloße Anschauung* erhalten durch die nachher uns die Erfahrung gegeben wird; die Möglichkeit derselben suchen wir: wie kommen wir dazu, von der *Wirkung*, die in der *Empfindung* besteht, überzugehn zur *Ursache*, und dann diese *außer* uns zu versetzen in den Raum, und dadurch ein Ding in seinem Raum anzuschauen? wie kommen wir dazu, wenn wir, daß Wirkungen Ursachen haben, allererst nach vieler Erfahrung lernen können, zu welcher wir doch schon die Anschauung der Dinge außer uns haben müssen? Hier liegt die Absurdität der Lockischen Philosophie am Tage: Irren ist sehr verzeihlich, d. h. auf eigne Hand irren: aber fremde Irrthümer noch nachbeten nach Jahrhunderten und keine Notiz nehmen von denen die viel weiter gekommen, wie Condillac, Destut-Tracy, Dugald Steward, das ist Unwissenheit, Stolz, Dummheit. – Hier setzt also die Anschauung voraus, daß wir Erfahrung haben um aus Erfahrung zu wissen daß es Ursache und Wirkung giebt; aber die Erfahrung setzt voraus daß wir die Anschauung haben und benutzen: das ist ein arger Cirkel in dem wir uns drehen. Ich denke, die Ochsen stehn hier ganz und gar am Berge.

Aber nun will ich es noch ärger machen. Denn von diesem blinden Empirismus muß ich Sie erst radikal kuriren ehe ich Sie zu tiefrer Einsicht leite und Ihnen begreiflich mache, wie wir dazu kommen, so eine Welt wie diese ist, im Kopfe herumzutragen. – Nach Locke ist die Empfindung eben schon die Anschauung, wie sie vor uns steht, und die Anschauung ist ein aus lauter Empfindungen *(simple ideas* genannt) Zusammengesetztes *(compound Idea)*. Das ist eine monströse Behauptung, die man ihm hundert Jahre hat hingehn lassen, und noch gehn läßt: denn außer Teutschland weiß man nichts von Kant. Ich sage, aus bloßen Empfindungen und ihren Zusammensetzungen wird nie eine Anschauung, und die Empfindung ist so wenig schon die Anschauung einer objektiven Welt, in Zeit und Raum und Veränderung, wie sie vor uns steht, daß vielmehr die Empfindung der Sinne noch *gar keine Aehnlichkeit* hat mit der Anschauung. Dies klingt paradox; aber ich will es Ihnen jetzt zeigen: jedoch muß ich von Ihnen etwas verlangen, das schwer ist, nämlich zu sondern was in Ihrem Bewußtsein sich schon fest verknüpft hat, nämlich die bloßen Empfindungen Ihrer Sinnesorgane auf äußern Reiz, und die Anschauung der Objekte, welche auf Anlaß dieser Empfindungen in Ihnen entsteht; wir wissen noch nicht wie. Ich habe schon früher bemerkt, daß jede Einwirkung auf unsern Leib, die empfunden wird, sich zunächst und unmittelbar bloß auf unsern Willen bezieht, nicht auf irgend eine Erkenntniß; daß sie nämlich als *angenehm* oder *unangenehm* empfunden und wahrgenommen wird. [Daneben am Rand, mit Tinte wieder durchgestrichen: und wenn das nicht ist, gar nicht beachtet wird.] Die Empfindungen der meisten Sinne, namentlich die des Geruchs, Geschmacks, und Gefühls werden von uns hauptsächlich nur in dieser Rücksicht bemerkt: besonders die des Geschmacks und Geruchs *(illustr.)*, daher Kant sie subjektive Sinne genannt hat. Ihre Empfindungen werden nicht sowohl auf das Objekt bezogen, um so der Erkenntniß desselben zu dienen, als aufs Subjekt des Willens.

[Schopenhauer weist darauf hin, daß hier für die »Dianoiologie« mehrere Seiten des I. Teils der schon früher ausgearbeiteten »Vorlesung über die gesammte Philosophie« (= Theorie des gesammten Vorstellens, Denkens und Erkennens) folgen sollte (s. u., S. 178 ab »Und hierin liegt« bis »wie Locke wollte« auf S. 185). Dann sollte sich in der »Dianoiologie« folgende, mit Bleistift durchgestrichene Stelle anschließen:]

Ich habe Ihnen also nun gezeigt, daß die Anschauung keineswegs bloß sensual ist, keineswegs schon gegeben ist in der bloßen Empfindung der Sinne. Dies war aber die zweite Theorie der Anschauung, welche die Geschichte der Philosophie darbietet, die Theorie der neuern Zeit, ausgebildet durch Locke.

Nachdem ich Ihnen also die Abwege gezeigt, leite ich Sie jetzt auf den rechten Weg.

Zusammenhang mit der Anschauung der vorhandenen Welt hat die Empfindung gewiß, aber sie an sich ist keineswegs schon die Anschauung, sondern es müssen noch ganz andre Dinge hinzukommen, oder vielmehr schon fertig vorher da seyn, damit die Empfindung, wenn sie kommt, solche vorfinde, mit ihnen sich vereinige und so zur Anschauung werde. Die Empfindung *bleibt* dabei, aber sie *wird* Anschauung: sie nimmt also *eine andre Form* an, die *Form* der Anschauung an. Was nun diese *Form* der Anschauung sei, in welche die Empfindung der Sinne, wenn sie kommt, sogleich eingeht, und dann als Anschauung dasteht, das haben wir zunächst zu betrachten. Nachdem wir diese Formen als bloße Formen kennen gelernt haben werden, dann werden wir betrachten wie die Empfindung bei ihrem Eintritt in sie eingeht und nun zum *Formalen* der Anschauung das *Materiale (Reale)* kommt, und so diese Welt für uns dasteht wie wir sie im

Kopfe herumtragen. Vorläufig sage ich Ihnen: dieses Formale der Anschauung besteht in dreierlei: 1) die Form der Zeit, 2) die Form des Raums, die zusammen wir nennen wollen reine Sinnlichkeit, 3) die Form der Kausalität, d. i. der Verstand: daß dies so sei, werde ich Ihnen zeigen. Also:

(CAP. 2.
Von Zeit und Raum:
oder von der reinen Sinnlichkeit.)

[Schopenhauer läßt hier für die »Dianoiologie« eine Stelle aus der »Vorlesung über die gesammte Philosophie« folgen. Die Stelle, auf die er verweist lautet:] Alles anschauliche Objekt steht da im Raum und in der Zeit. So groß auch die Verschiedenheiten der Objekte seyn mögen, so ist doch dieses ihnen allen gemein. Daher nennen wir Zeit und Raum die Formen des Objekts als solchen, oder, welches einerlei, die Formen unsrer Vorstellungen, folglich unsre Anschauungsweise, Formen der uns möglichen Erkenntniß. [S. u., S. 132.) Daran sollte sich laut Hinweis folgende Zettelnotiz anschließen:]

Diese Formen, Raum und Zeit, sind nicht Gegenstand der Erfahrung, sondern Bedingung derselben. Sie sind die Art und Weise wie wir alle Dinge anschaun müssen, d. h. sind die Formen unsers Bewußtseins, vermöge deren die Anschauung auf erhaltene Eindrücke allererst möglich wird. Sie liegen daher in uns, wir sind vor aller Erfahrung uns ihrer bewußt und können uns auch von diesem ihrem Daseyn im Bewußtsein vor aller Erfahrung überzeugen. Dies ist eine Haupt-Entdeckung Kants, ist die Basis seiner Philosophie, wodurch er vorzüglich die Philosophie so vieles weiter gebracht hat und die Teutschen in dieser Hinsicht auf einen sehr viel höhern Standpunkt gebracht sind als alle andern Nationen.

Wenn ich das ganze der Philosophie vortrage und auf Metaphysik hinarbeite, zeige ich aus den Begriffen von Objekt und Subjekt daß es so seyn müsse und worin es zuletzt liegt. Hier aber begnüge ich mich, nach Kants Vorgange, die faktische Nachweisung zu geben, daß es so sei; also daß Zeit und Raum als Formen unsres anschauenden Bewußtseins, vor aller Erfahrung in uns liegen, wenn sie gleich nicht der Zeit nach früher als die Erfahrung ins Bewußtsein treten; sondern beim Anfang unsers Daseyns die Erfahrung eben auch schon anfängt und jene Formen also gleich im Verein mit ihr, auf Anlaß der Empfindung, aber nicht durch die Empfindung ins Bewußtsein treten.

[Hier schließt sich laut Hinweis wieder der Text der »Vorlesung über die gesammte Philosophie« an ab Kapitel »Von der Erkenntniß *apriori*« (s. u., S. 134). Der Text zwischen dieser Fortsetzung und der Stelle, auf die er zuvor gerade verwies (»Alles anschauliche Objekt« bis »möglichen Erkenntniß«) ist in der Handschrift mit feinen Bleistiftlinien durchgestrichen. Diese wie ähnliche Korrekturen der folgenden Partien des I. Teils der »Vorlesung über die gesammte Philosophie« erklären sich daraus, daß Schopenhauer die betreffenden Stellen beim Vortrag der *Dianoiologie*, die ja nur eine Umarbeitung dieses I. Teils ist, auszulassen oder zweckentsprechend geändert zu lesen beabsichtigte. Im folgenden I. Teil der Vorlesung ist überall da die frühere Lesart wiederhergestellt, wo es eindeutig ist, daß die Korrekturen (meist mit Bleistift durchgestrichene Stellen) nur der »Dianoiologie« wegen stattfanden. Die Korrekturen sind in eckigen Klammern vermerkt, so daß sich der kürzere Text der »Dianoiologie« ein Stück weit zusammensetzen läßt.]

Vorlesung

über

Die gesammte Philosophie

d. i.

Die Lehre vom Wesen der Welt und
von dem menschlichen Geiste.

In vier Theilen.
Erster Theil. Theorie des gesammten
Vorstellens, Denkens und Erkennens

1820

Exordium über meinen Vortrag und dessen Methode.

Ich habe die Grundzüge der gesammten Philosophie angekündigt und habe daher in *einem cursus* Alles das vorzutragen, was sonst als Erkenntnißlehre überhaupt, als Logik, Metaphysik der Natur, Metaphysik der Sitten oder Ethik, Rechtslehre, Metaphysik des Schönen, oder Aesthetik in eben so vielen verschiedenen *cursus* vorgetragen wird.

Der Grund, warum ich in Eines verknüpfe, was man sonst trennt, und mir dadurch die zu *einer* Zeit zu leistende Arbeit sehr häufe, liegt nicht in meiner Willkühr, sondern in der Natur der Philosophie. In Gemäßheit nämlich der Resultate zu denen mich mein Studium und meine Forschungen geführt haben, hat die Philosophie eine Einheit und innern Zusammenhang wie durchaus keine andre Wissenschaft, alle ihre Theile gehören so zu einander wie die eines organischen Leibes und sind daher, eben wie diese, nicht von dem Ganzen zu trennen, ohne ihre Bedeutung und ihre Verständlichkeit einzubüßen und als *lacera membra* [zerstückelte Glieder], die außer dem Zusammenhang einen widerwärtigen Eindruck machen, dazuliegen. Denken Sie sich ein erkennendes Wesen, das nie einen menschlichen Leib gesehn hätte, und dem nun die Glieder eines solchen Leibes einzeln und nach einander vorgelegt werden; könnte ein solches wohl eine richtige Vorstellung erhalten vom ganzen menschlichen Leibe, ja nur von irgend einem einzigen Gliede desselben? wie sollte es die Bedeutung und den Zweck der Hand verstehn, ohne sie am Arm, oder des Armes, ohne ihn an der Schulter gesehn zu haben? u.s.w. – Grade so nun ist es mit der Philosophie. – Sie ist eine Erkenntniß vom eigentlichen Wesen dieser Welt, in der wir sind und die in uns ist; eine Erkenntniß davon im Ganzen und Allgemeinen, deren Licht, wenn sie gefaßt ist, nachher auch alles

Einzelne, das Jedem im Leben vorkommen mag, beleuchtet und ihm dessen innere Bedeutung aufschließt. Diese Erkenntniß läßt sich daher nicht zerstückeln und theilweise geben und empfangen. Ich kann nicht von den Formen des Denkens d. i. des *abstrakten* Erkennens, welches der Gegenstand der *Logik* ist, reden, ohne vorher vom *anschaulichen* Erkennen geredet zu haben, zu welchem das abstrakte stets in genauer Beziehung steht, kann also die Grundlehren der Logik nicht gründlich und erschöpfend vortragen, ohne das Ganze unsers Erkenntnißvermögens zu betrachten und zu zergliedern, also auch das Anschauliche Erkennen und dessen Formen, Raum, Zeit, Kausalität, wodurch ich schon auf dem Gebiet bin, welches man Metaphysik genannt hat. Rede ich nun aber vom anschaulichen Erkennen für sich, so betrachte ich die ganze Welt, bloß sofern sie in unserm Kopfe vorhanden ist, also sofern sie bloße Vorstellung ist, und zeige, daß jedes Objekt, jeder Gegenstand, nur als Vorstellung in einem Vorstellenden, einem Subjekt existiren kann. Kann und darf ich Sie nun nicht in den Wahn versetzen, daß die Welt eben weiter nichts als bloße Vorstellung, d. h. bloßes Phantom, leerer Traum sei; so muß ich mich auf die Frage einlassen, was denn zuletzt alle diese Vorstellungen bedeuten, was das als Vorstellung uns Gegebene, noch etwa außerdem, außer aller Vorstellung, also was es *ansich* sei. Ich komme also nothwendig auf die Lehre vom *Dinge ansich*, vom eigentlichen und wahren Wesen der Welt, d. h. ich komme zur eigentlichen Metaphysik, und muß jene erste Betrachtung der Welt als bloßer Vorstellung in uns, ergänzen durch die Betrachtung der zweiten Seite der Welt, nämlich des innern Wesens derselben: muß Ihnen also die ganze Metaphysik vortragen, wenn ich nicht durch alle vorhergegangenen Lehren, Ihnen mehr geschadet als geholfen haben will, nicht Ihnen einen ganz falschen Idealismus in den Kopf gesetzt haben will. – Sollte nun aber als das Resultat unsrer Forschungen nach dem innern Wesen, der als unsre Vorstellungen in Raum und Zeit erscheinenden Dinge, etwa sich ergeben haben, daß dieses innere Wesen der Dinge, eben nichts anderes ist, als jenes uns durch die unmittelbarste Selbsterkenntniß genau bekannte und sehr vertraute was wir in uns den *Willen* nennen; so entsteht nothwendig die Frage nach der Bedeutung und dem Werthe der

Aeußerungen dieses Willens in uns, also das Bedürfniß der *Ethik*, oder wenigstens einer Metaphysik der Sitten, als welche sodann erst auf alles früher Gelehrte das volle Licht wirft und es seiner eigentlichen Bedeutung nach erkennen läßt: da sie den *Willen* an sich betrachtet, als dessen Erscheinung uns das Vorhergehende die ganze anschauliche Welt erkennen ließ. Ich muß also dann zur dargelegten *Metaphysik* sogleich die *Ethik* fügen, oder vielmehr eigentlich nur jene Metaphysik von der ethischen Seite betrachten, zur Metaphysik der Natur die der Sitten fügen; um so mehr als sonst zu besorgen wäre, daß jene Metaphysik der Natur Sie zu einem trostlosen und unmoralischen Spinozismus verleiten könnte, ja Sie so verwirren könnte, daß Sie sich der wichtigsten aller Erscheinungen des Lebens, der großen Ethischen Bedeutsamkeit alles Handelns verschlössen, und zur verstockten Ableugnung derselben verführt werden könnten. Daher ist es durchaus nothwenig an die Metaphysik der Natur sogleich die der Sitten zu knüpfen, um so mehr, als der Mensch, seinem ganzen Wesen nach mehr praktisch als theoretisch, so sehr auf das *Thun* gerichtet ist, daß bei jeder Untersuchung, worüber sie auch sei, die *praktische* Seite derselben ihm stets das Interessanteste ist, allemal von ihm als das eigentliche Resultat angesehn wird, dem er seine Aufmerksamkeit schenkt, sogar wenn er alles Vorhergängige derselben nicht gewürdigt hätte. Daher findet das Ethische Resultat jeder Philosophie allemal die meiste Beachtung und wird, mit Recht, als der Hauptpunkt angesehn. Die Metaphysik der Sitten aber allein vortragen, konnte ich durchaus nicht, weil die Metaphysik der Natur ganz und gar die Basis und Stütze derselben ist, und ich in der Ethik nicht etwa wie Kant, und alle die seit ihm philosophirt haben, thun, von einem absoluten Soll und nicht weiter zu erklärenden kategorischen Imperativ oder Sittengeseze ausgehe; sondern von rein theoretischen Sätzen; so daß die unleugbare große Ethische Bedeutsamkeit des Handelns, welche sich uns in dem ankündigt, was man das Gewissen nennt, nicht von mir (wie eben von Kant u.s.w.) ohne weiteres postulirt und für sich hingestellt, ja zur Grundlage von Hypothesen gemacht wird; sondern sie wird von mir vielmehr als ein Problem genommen, welches der Auflösung bedarf und solche erhält aus der vorhergegangenen Metaphysik der Natur oder Erklärung des innern Wesens der Welt.

Wenn nun also die Metaphysik der Sitten zu den früher vorzunehmenden Betrachtungen nothwendig hinzukommen muß, um das Misverstehn derselben zu verhüten, um solche ins gehörige Licht zu stellen, und um überhaupt das Wichtigste und Jedem am meisten Angelegene nicht wegzulassen: so ist hingegen mit der Metaphysik des Schönen dieses nicht in gleichem Grade der Fall, und sie könnte allenfalls, ohne großen Nachtheil, aus dem Ganzen unsrer Betrachtungen wegfallen. Jedoch könnte ich sie nicht für sich und abgerissen vortragen, weil sie, wenn sie gleich nicht vom Uebrigen nothwendig vorausgesetzt wird; doch eben selbst dieses Uebrige nothwendig voraussetzt und ohne dasselbe nicht gründlich verstanden werden kann. Ueberdies trägt auch sie doch vieles bei zum bessern Verständniß der Metaphysik der Sitten und ist daher eine sehr taugliche Vorbereitung zu derselben, hat auch sonst manche Beziehungen zum Ganzen der Philosophie; so daß es zweckmäßig ist sie in Verbindung mit diesem vorzutragen. Ich schicke sie daher der Ethik vorher und nehme diese zuletzt.

Sie sehn also die Gründe welche mich bewegen das Ganze der Philosophie auf einmal und alle verschiedenen Disciplinen die man sonst trennt zusammen vorzutragen. Da dieses in einem Semester geschehn soll, so ergiebt sich von selbst, daß wir von allen jenen Disciplinen nur die Grundwahrheiten, das Allgemeinere durchgehn werden, nicht aber bis auf das Specielle und die Anwendung im Einzelnen kommen werden. So werde ich Ihnen zwar die Basis, das Wesen, die Hauptlehren der *Logik* vortragen, nicht aber alle verschiedenen möglichen Arten von Schlüssen durchgehn. Ebenso in der *Ethik* zeigen was der Ursprung der Ethischen Bedeutsamkeit des Handelns sei, worin das eigentliche Wesen des Guten und Bösen bestehe, wie weit beides in den Aeußersten Fällen geht, jedoch nicht von diesem allen die Anwendung machen auf alle möglichen Verhältnisse des Lebens oder etwas dem Analoges aufstellen was man eine durchgeführte, systematische, komplete Pflichtenlehre nennt. Eben so in der Rechtslehre werde ich den Ursprung und den eigentlichen Sinn der Begriffe Recht und Unrecht darlegen und die Hauptfrage lösen, auf die alles ankommt, nicht aber die Anwendung derselben auf alle menschlichen Verhältnisse durchführen. Das ist auch nicht nöthig: denn wer das Allgemeine einer Sache, die Grundwahrheiten, die obersten Sätze wohl gefaßt hat, kann sehr leicht bei einigem Nachdenken, die Anwendung davon auf das Einzelne und die Durchführung bei allem ihm Vorkommenden selbst machen, auch im Nothfall sich in den fast unzählbaren Lehrbüchern Raths erholen, in denen das Einzelne meistens ziemlich richtig aufgezählt und dargestellt ist, wenn gleich das Allgemeine verfehlt und der Gesichtspunkt des Ganzen falsch ist.

Der Gang unsrer Betrachtung aber wird folgender seyn. Nach vorangeschickter Einleitung über das Studium der Philosophie überhaupt, werden wir ausgehn von der *Vorstellung* und die Welt bloß betrachten sofern sie unsre *Vorstellung* ist, sofern sie im Kopfe eines Jeden vorhanden ist. Wir werden dann zuvörderst zweierlei Arten von Vorstellungen unterscheiden, Anschauliche und Abstrakte, die *anschauliche* werden wir zuerst betrachten, diese Vorstellung analysiren, ihre wesentlichen Formen untersuchen, und erkennen was *apriori* im Bewußtseyn liegt, und daher eben nur dessen Form ist, und werden das Entstehn, das zu Stande kommen der anschaulichen Vorstellung kennen lernen: werden sehn, wie der *Verstand* operirt. Wir werden darauf das *abstrakte* Vorstellen, im Gegensaz des *anschaulichen*, betrachten, das eigentliche *Denken:* d. h. wir werden sehn wie die *Vernunft* operirt: zu diesem Ende werden wir die Formen und Gesetze des Denkens aufsuchen und eben dadurch die Grundlehren der *Logik* durchgehn. Diese Betrachtung des Vorstellens und Erkennens, wird den 1sten und freilich auch den trockensten Theil unsrer Untersuchung ausmachen. Die wichtigen Wahrheiten, welche zuerst durch *Kant* ans Licht gebracht sind, werden, dem Theil derselben nach, der sich bewährt und behauptet hat, größten Theils darin vorgetragen werden. Denn etwas Einweihung in die Kantische Lehre ist unumgänglich nöthig. Erst durch dieselbe wird, wenn ich mich etwas seltsam ausdrücken darf, erst der metaphysische Sinn aufgeschlossen. Nachdem man sie einigermaaßen gefaßt, sieht man mit ganz anderen Augen in die Welt hinein. Denn man merkt den Unterschied zwischen Erscheinung und Ding an sich. Ich wünschte freilich daß Sie durch eigenes Studium in die Kantischen Schriften eingeweiht wären und ich vor lauter Zuhörern läse, welche die Kritik der reinen Vernunft inne hätten; was ich an der Kantischen Philosophie zu bestreiten und zu berichtigen habe, ließe sich leicht ins Reine bringen.

Den 2ten Theil unsrer Betrachtungen wird die Lehre vom Dinge an sich ausmachen, d. h. von dem was diese Welt und alle Erscheinungen derselben, die wir bis dahin bloß als Vorstellung betrachtet haben werden, noch außerdem, also an sich sind. Man kann dieser Untersuchung den alten Namen der *Metaphysik* lassen, bestimmter *Metaphysik der Natur*.

Auf diese wird als der *3te Theil* die Metaphysik des Schönen, oder die Grundlage der Aesthetik folgen: endlich als der *4te* die Metaphysik der Sitten oder die Grundlage der Ethik, welche auch die philosophische *Rechtslehre* begreift.

Dieselbe Nothwendigkeit, meine Herren, welche mir es auflegt alle diese so weitläuftigen Lehren in einen *Cursus* zu begreifen und sie im Zusammenhang vorzutragen; fordert von Ihnen daß auch Sie solche im Zusammenhange zu fassen sich bemühen, und nicht etwa bloße Bruchstücke daraus nehmen und solche jedes für sich zu verstehn und zu benutzen suchen. Ich erinnere Sie an das obige Gleichniß vom Leibe und dessen einzelnen Gliedern. Bei einer so große Einheit und so wesentlichen Zusammenhang habenden Lehre, als die Philosophie in der Gestalt ist, die ich ihr gegeben habe, setzt nicht bloß das Folgende das Vorhergängige nothwendig voraus, wie dieses bei jeder Wissenschaft der Fall ist; sondern hier kommt noch dieses hinzu, daß eben wegen jener organischen Einheit des Ganzen das früher Vorzutragende seine nähere und völlige Erläuterung erst durch das später folgende erhält; das spätere erst die näheren Beziehungen und Anwendungen des Vorhergegangenen zeigt, und Sie daher nicht nur alles zuerst Vorzutragende wohl zu fassen und sich zu merken haben; sondern sich auch hüten müssen vor einem voreiligen Urtheil über dasselbe, indem Sie erst durch das Spätere die gehörige und nothwendige Erläuterung desselben erhalten. Bei jeder Wissenschaft erhält man den vollständigen Begriff von derselben erst nachdem man den ganzen *Cursus* durchgemacht hat und nun auf den Anfang zurücksieht. *(Illustr.)* Aber bei dem was ich Ihnen vortragen werde ist dies noch viel mehr der Fall als irgendwo. Glauben Sie mir ganz gewiß daß Sie erst bei dem Schlusse meines gesammten Vortrags den Anfang desselben vollständig verstehn können: und wenn Sie daher etwa hin und wieder Einiges nur mit Widerstreben auffassen sollten; so denken Sie, daß erst das Nachfolgende die Ergänzung und die Erläuterung dazu liefert. Denn der Zusammenhang der Philosophie in der Gestalt welche ich ihr gegeben, ist nicht wie der aller übrigen Wissenschaften ein Architektonischer, d. h. ein solcher wo die Basis bloß trägt ohne getragen zu werden, dann jeder Stein getragen wird und wieder trägt, bis der Gipfel bloß getragen wird ohne selbst zu tragen; sondern jener Zusammenhang ist ein *organischer*, d. h. ein solcher, wo jeder Theil eben so sehr das Ganze erhält, als er vom Ganzen erhalten wird, dem Wesen nach keiner der Erste und keiner der letzte ist, sondern die Ordnung, in der die Theile vorgetragen, bloß mit Rücksicht auf die Erleichterung der Mittheilung, also mit einer gewissen Willkür gewählt ist: daher hier eigentlich das Ganze erst dann recht verstanden werden kann, nachdem man alle Theile gefaßt hat, und sogar die Theile zu ihrem erschöpfenden und völlig genügenden Verständniß auch schon das Ganze voraussetzen. Dies ist eine Schwierigkeit, die hier im Wesen der Sache liegt und nur überwunden werden kann von Ihrer Seite durch Aufmerksamkeit, Geduld und Gedächtniß, von meiner Seite durch die Bemühung alles so faßlich als möglich zu machen, das welches am meisten das Uebrige voraussetzt zuletzt zu nehmen, und den Zusammenhang aller Theile stets nachzuweisen und immer Rückblicke und Seitenblicke zu eröfnen.

Die Ordnung welche ich erwähle, weil sie die Verständlichkeit am meisten befördert, macht es nothwendig von der Untersuchung des Erkenntnißvermögens und der Theorie des Vorstellens und Erkennens auszugehn. Dieses ist aber bei weitem der trockenste Theil des ganzen *Cursus:* hingegen sind grade Aesthetik und Ethik welche ich zu allerletzt nehme das welches am meisten Interesse erregt und Unterhaltung gewährt. Wäre es mir bloß darum zu thun durch etwas Anziehendes Ihre Aufmerksamkeit zu fesseln und vor's Erste zu gewinnen, so müßte ich einen grade umgekehrten Gang nehmen. Da ich aber mich lieber bestrebe gründlich als anziehend zu seyn, so wünsche ich daß Sie durch den Ernst und das Trockene des ersten Theils unsrer Untersuchung nicht mögen die Ausdauer verlieren oder sich abschrecken lassen auszuharren, bis auch unmittelbar interessantere Dinge kommen. [Am Schlusse dieser Einleitung der wieder ausgestrichene Zusatz: Uebrigens rathe ich denen, welche mich *gratis* zu hören wünschen, sich in diesem Semester daran zu halten, da ich im folgenden wohl nicht anders als *privatim* lesen werde.]

Einleitung,
über das Studium der Philosophie.

Ich glaube nicht voraussetzen zu dürfen daß die Meisten von Ihnen sich schon sonderlich mit Philosophie beschäftigt, ein eigentlich methodisches philosophisches Studium getrieben haben. Dieser Umstand würde mir willkommen seyn, wenn ich darauf die Voraussetzung gründen könnte, Sie völlig unbefangen in dieser Art der Betrachtung zu finden ohne alle vorgefaßte Meinung, und daher meinem Vortrage desto empfänglicher offen stehend. Aber diese Voraussetzung wäre ganz falsch. Ein Jeder von Ihnen bringt schon eine ganz fertige Philosophie mit, ja er hat sich sogar, wenigstens halb und halb, nur in dem Vertrauen hergesetzt, eine Bestätigung derselben zu vernehmen. Dies kommt nun zum Theil daher, daß jeder Mensch ein geborner Metaphysikus ist: er ist das einzige metaphysische Geschöpf auf der Erde. Daher auch manche Philosophen das was im Allgemeinen gilt als speciell nahmen und sich einbildeten, die bestimmten Dogmen ihrer Philosophie wären dem Menschen angeboren; da es doch nur der Hang zum metaphysischen Dogmatisiren überhaupt ist, den man jedoch leicht in der Jugend zu bestimmten Dogmen abrichten kann. Alles philosophirt, jedes wilde Volk hat Metaphysik in Mythen, die ihm die Welt in einem gewissen Zusammenhang zu einem Ganzen abrunden und so verständlich machen sollen. Daß bei jedem Volke (obwohl bei einem mehr als dem andern) der Kultus unsichtbarer Wesen einen großen Theil des öffentlichen Lebens ausmacht; ferner daß dieser Kultus mit einem Ernst getrieben wird, wie gar keine andere Sache; endlich der Fanatismus mit dem er vertheidigt wird; – dies beweist wie groß die Macht hyperphysischer Vorstellungen auf den Menschen ist und wie sehr ihm solche angelegen sind. Ueberall philosophiren selbst die Rohesten, die Weiber, die Kinder, und nicht etwa bloß bei seltenen

Anlässen, sondern anhaltend und recht fleißig und mit sehr großem Zutrauen zu sich selbst. Dieser Trieb kommt nicht etwa daher, daß wie manche es auslegen, der Mensch sich so erhaben über die Natur fühlt, daß sein Geist ihn in Sphären höherer Art, aus der Endlichkeit in die Unendlichkeit zieht, das Irdische ihm nicht genügt u. dgl. m. Der Fall ist selten. Sondern es kommt daher, daß der Mensch mittelst der Besonnenheit die ihm die Vernunft giebt, das Mißliche seiner Lage einsieht und es ihm schlecht gefällt sein Daseyn als ganz prekär, und sowohl in Hinsicht auf dessen Anfang als auf dessen Ende ganz dem Zufall unterworfen zu sehn, noch dazu es auf jeden Fall als äußerst kurz zwischen zwei unendlichen Zeiten zu finden, ferner seine Person als verschwindend klein im unendlichen Raum und unter zahllosen Wesen. Dieselbe Vernunft die ihn treibt für die Zukunft in seinem Leben zu sorgen, treibt ihn auch über die Zukunft nach seinem Leben sich Sorgen zu machen. Er wünscht das All zu begreifen, hauptsächlich um sein Verhältniß zu diesem All zu erkennen. Sein Motiv ist hier, wie meistens, egoistisch. Gäbe man ihm die Gewißheit daß der Tod ihn ganz zu Nichts macht: so würde er meistentheils sich alles Philosophirens entschlagen und sagen *nihil ad me* [es geht mich nichts an]. Die Philosophie die, wie ich behaupte, Jeder von Ihnen mitbringt, ist nun theils aus diesem dem Menschen natürlichen Hange entsprungen, theils hat sie aber auch von Außen Nahrung erhalten, fremde fertige Lehren sind ihr zugeführt und durch die eigene Individualität modifizirt in diese aufgenommen worden. Hieher gehört theils die Religion, deren Unterricht mehr und mehr die Form einer Philosophie angenommen hat und sich mehr auf Ueberzeugung als auf Offenbarung stützen will; theils ist mit allen Wissenschaften die Philosophie so sehr verwebt, daß Einer mag getrieben oder gelesen haben was er will; es sind immer viele Philosopheme mit eingeflossen.

Also darf ich Ihren Geist keineswegs als eine *tabula rasa* [unbeschriebene Tafel] in Hinsicht auf das Vorzutragende betrachten. Und da dem so ist, wäre es mir am liebsten, wenn Sie Alle alle vorhandenen Systeme genau kennten. Daß Sie hingegen nur ein einziges der dagewesenen Systeme studirt hätten, und Ihre Denkweise ihm angepaßt hätten, wäre mir nicht willkommen: denn bei Einem und dem Andern, der etwa mehr zum Festhalten des Erlernten als zum Aufnehmen des zu Erlernenden fähig und geneigt wäre; könnte so ein einmal vertrauensvoll ergriffenes System zum Glaubensartikel oder gar zu einer Art von fixirter Vorstellung geworden seyn, die allem andern und sei es noch so vorzüglich den Zugang versperrt. Aber wenn Sie die ganze Geschichte der Philosophie schon kennen gelernt hätten, von allen Systemen einen Begriff hätten, dies wäre mir lieb: – denn Sie würden alsdann am leichtesten dahin kommen einzusehn warum der Weg welchen ich mit Ihnen zu gehn gedenke der richtige ist oder wenigstens seyn kann, indem Sie bereits aus Erfahrung wüßten daß alle jene früher versuchten Wege doch nicht zum Ziele führen, und überhaupt das Schwierige, ja Mißliche des ganzen Bestrebens deutlich eingesehn hätten; statt daß Sie jetzt manchen jener von Philosophen verschiedener Zeiten eingeschlagenen Wege wohl von selbst gewahr werden und sich wundern möchten, warum man ihn nicht einschlägt. Denn ohne Vorkenntniß der früheren Versuche möchte der Weg, den wir vorhaben, Manchem befremdend, sehr umständlich und beschwerlich und ganz unnatürlich scheinen: denn freilich ist es nicht der auf den die spekulirende Vernunft zu erst geräth, sondern erst nachdem sie die von selbst sich darbietenden und so leicht zu gehenden als falsch befunden hat, durch Erfahrung gewitzigt ist und gesehn hat daß man einen weitern Anlauf nehmen muß, als die weniger steilen Wege erfordern. (Gleichniß von der Reitschule.)

Daß also die Spekulirende Vernunft erst allmälig und nach vielen mißlungenen Versuchen, den rechten Weg einschlagen konnte, erklärt sich aus Folgendem.

Es ist ein Zusammenhang in der Geschichte der Philosophie und auch ein Fortschritt, so gut als in der Geschichte andrer Wissenschaften, obgleich man hieran zweifeln könnte, wenn man sieht, daß Jeder neu auftretende Philosoph es macht wie jeder neue Sultan, dessen erster Akt die Hinrichtung seiner Brüder ist, nämlich jeder neu auftretende Philosoph damit anfängt, seine Vorgänger zu widerlegen oder wenigstens abzuleugnen und ihre Sätze für null und nichtig zu erklären und ganz von Neuem anhebt, als ob noch nichts geschehn sei; so daß es ist wie in einer Auktion; wo jedes neue Gebot, das frühere annullirt. Die Feinde aller Philosophie benutzen dies: sie behaupten, Philosophie sei ein völlig vergebliches Streben, nach einem schlechterdings unerreichbaren Ziel: daher sei ein Versuch darin grade so viel werth als der andre und nach allen Jahrhunderten noch gar kein Fortschritt gemacht worden; denn man höbe ja noch immer von vorne an: in diesem Sinne ruft Voltaire aus: »O Metaphysik! wir sind grade so weit als zur Zeit der Druiden!« [Mélanges philosophiques, Genève 1773, I, 61] – Solche entschiedene Feinde der Philosophie, kann man nicht aus der Philosophie, die sie nicht gelten lassen, widerlegen, sondern nur aus der Geschichte, nämlich so: Wenn in der Philosophie noch nie etwas geleistet worden, noch kein Fortschritt gemacht worden und eine Philosophie grade so viel werth wäre als die andere, so wären nicht nur Plato, Aristoteles und Kant Narren; sondern diese unnützen Träumereien hätten auch nie die übrigen Wissenschaften weiter fördern können: nun aber sehn wir durchgängig daß zu jeder Zeit der Stand aller übrigen Wissenschaften, ja auch der Geist der Zeit und dadurch die Geschichte der Zeit, ein ganz genaues Verhältniß zur jedesmaligen Philosophie hat: wie die Philosophie eines Zeitalters beschaffen ist; so ist auch jedesmal alles Treiben in den übrigen Wissenschaften, in den Künsten und im Leben: die Philosophie ist im Fortgang des menschlichen Wissens, folglich auch in der Geschichte dieses Fortgangs grade das, was in der Musik der *Grundbaß* ist: der bestimmt allemal den Ton und Karakter und den Gang des Ganzen: und wie in der Musik jede einzelne musikalische Periode oder Lauf, dem Ton entsprechen und mit ihm harmoniren muß, zu welchem der Baß eben fortgeschritten ist: so trägt in jeder Zeitperiode das menschliche Wissen jeder Art durchweg das Gepräge der Philosophie die zu solcher Zeit herrscht, und jeder Schriftsteller, worüber er auch schreibe, trägt allemal die Spuren der Philosophie seines Zeitalters. Jede große Veränderung in der Philosophie wirkt auf alle Wissenschaften, giebt ihnen einen andern Anstrich. Den Beleg hiezu giebt die Literargeschichte durchweg. Daher ist jedem Gelehrten das Studium der Philosophie so nothwendig wie dem Musiker das Studium des Generalbasses. Denn die Philosophie ist der Grundbaß der Wissenschaften. Auch nimmt man, wenn man die Geschichte der Philosophie im Ganzen überblickt, sehr deutlich einen Zusammenhang und einen Fortschritt wahr, dem ähnlich, den unser eigener Gedankengang hat, wenn bei einer Untersuchung, wir eine Vermuthung nach der andern verwerfen, eben dadurch den Gegenstand mehr und mehr beleuchten, es in uns immer heller wird und wir zuletzt bestimmt urtheilen, entweder wie sich die Sache verhält, oder doch wie weit sich etwas davon wissen läßt. So sehn wir auch in der Geschichte der Philosophie die Menschheit nach und nach zur Besinnung kommen, sich selbst deutlich werden, durch Abwege sich belehren lassen, durch vergebliche Anstrengung ihre Kräfte üben und stärken. Durch die Vorgänger wird jeder, auch wenn er sie verläßt, belehrt, wenigstens negativ, oft auch positiv indem er das Gegebene beibehält und meistens weiter ausbildet, wobei es oft eine ganz andre Gestalt erhält. So ließe sich also allerdings in der Geschichte der Philosophie eine gewisse Nothwendigkeit, d. h. eine gesetzmäßige, fortschreitende Entwickelung erkennen, wenigstens ebenso gut, ja gewiß besser als in der Weltgeschichte obgleich dort wie hier die Individualität derjenigen die zur Wirksamkeit kamen als ein zufälliges Element stark eingreift und den Gang der Philosophie wie den der Weltbegebenheiten sehr modifizirt. Stillstände und Rückschritte sind in der Geschichte der Philosophie wie in der Weltgeschichte: dort wie hier giebt das Mittelalter einen traurigen Anblick, ist ein Versinken in Barbarei. Aber aus dem Rückschritt erhebt sich immer die Kraft wie neu gestärkt durch die Ruhe. Man hat ein gewisses Verhältniß wahrgenommen zwischen dem jedesmaligen Zeitgeist und der Philosophie und auch wohl gemeint die Philosophie würde durch den Zeitgeist bestimmt: aber es ist grade umgekehrt: die Philosophie bestimmt den Geist der Zeit und dadurch ihre Begebenheiten. Wäre im Mittelalter die Philosophie eine andre gewesen, so hätte kein Gregor VII. und keine Kreuzzüge bestehen können. Aber der Zeitlauf wirkt negativ auf die Philosophie, indem er die zu ihr fähigen Geister nicht zur Ausbildung und nicht zur Sprache gelangen läßt. Positiv wirken auf die Philosophie nur die vorzüglichen Geister welche die Kraft haben die Menschheit weiter zu bringen und die nur als seltene Ausnahmen aus den Händen der Natur hervorgehn: auf diese nun aber wirken allerdings ihre Vorgänger, am meisten die nächsten, dann auch die ferneren, von denen diese abhiengen: also wirkt auf den Philosophen eigentlich nur die Geschichte der Philosophie, nicht die

Weltgeschichte außer sofern diese auf den Menschen wirkt, es ihm möglich macht seine Individualität auszubilden, zu entfalten, zu benutzen, nicht nur für sich, sondern auch für Andre.

Nehmen wir nun dem Gesagten zufolge eine gewisse nothwendige Entwicklung und Fortschreitung in der Geschichte der Philosophie an, so müssen wir auch ihre Irrthümer und Fehler als in gewissem Sinn nothwendig erkennen, müssen sie ansehn wie im Leben des Einzelnen vorzüglichen Menschen die Verirrungen seiner Jugend die nicht verhindert werden *durften*, sondern in denen man ihn gewähren lassen mußte, damit er eben vom Leben selbst diejenige Art der Belehrung und Selbstkenntniß erhielt die ihm auf andrem Wege nicht beigebracht werden konnte, für die es kein Surrogat gab. Denn das Buch wird nie geschrieben werden, welches die Erfahrung ersetzen könnte: durch Erfahrung aber lernt man nicht nur Andre und die Welt, sondern auch sich selbst kennen, seine Fehler, seine Irrthümer als solche, und die richtigen Ansichten zu denen man, vor Andern, von Natur bestimmt ist, und von selbst die Richtung nimmt. Oder wir mögen die nothwendig durchzumachenden Fehler ansehn wie Blattern und ähnliche Krankheiten die man überstehen muß, damit das Gift aus dem Leibe komme, das seiner Natur anhieng. Demnach können wir uns nicht wohl denken daß die Geschichte so gut mit Kant als mit Thales anfangen konnte u.s.f. Ist aber eine solche mehr oder minder genau bestimmte Nothwendigkeit in der Geschichte der Philosophie, so wird man um den Kant vollständig zu verstehn auch seine Vorgänger gekannt haben müssen, zuerst die nächsten, den Chr. Wolf, den Hume, den Locke, dann aufwärts bis auf den Thales.

Aus dieser Betrachtung ergiebt sich, daß mir nichts willkommner seyn könnte als daß Jeder von Ihnen schon eine Kenntniß der Geschichte der Philosophie mitbrächte und daß er besonders meinen nächsten Vorgänger, ihn den ich als meinen Lehrer betrachte, genau kännte, nämlich Kant. Denn was seit Kant geschehn ist, ist in meinen Augen ganz ohne Gewicht und ohne Bedeutsamkeit, wenigstens für mich, also ohne Einfluß auf mich. So sehr ich aber auch das Studium der Geschichte der Philosophie Ihnen empfehle, so wünsche ich doch nicht daß, wie oft geschieht, die Geschichte der Philosophie selbst Ihre Philosophie werde. Denn das heißt statt Denken und Forschen zu wollen, nur wissen wollen was andre gedacht haben und diese todte Notiz neben andern todten Notizen aufspeichern. Wer zum Denken von Natur die Richtung hat muß erstaunen und es als ein eignes Problem betrachten, wann er sieht, wie die allermeisten Menschen ihr Studiren und ihre Lektüre betreiben. Nämlich es fällt ihnen dabei gar nicht ein, wissen zu wollen, was *wahr* sei; sondern sie wollen bloß wissen, *was gesagt worden* ist. Sie übernehmen die Mühe des Lesens oder des Hörens, ohne im Mindesten den Zweck zu haben, wegen dessen allein solche Mühe lohnen kann, den Zweck der Erkenntniß, der Einsicht: sie suchen nicht die Wahrheit, haben gar kein Interesse an ihr. Sie wollen bloß wissen, was Alles in der Welt gesagt ist, eben nur um davon mitreden zu können, um zu bestehn in der Konversation, oder im Examen, oder sich ein Ansehn geben zu können. Für andre Zwecke sind sie nicht empfänglich. Daher ist beim Lesen oder Hören ihre Urtheilskraft ganz unthätig und bloß das Gedächtniß thätig. Sie wiegen die Argumente nicht: sie lernen sie bloß. So sind leider die allermeisten: deshalb hat man immer mehr Zuhörer für die Geschichte der Philosophie als für die Philosophie selbst. Es ist jedoch ein häufiger Fall. Zum Denken sind wenige Menschen geneigt, obwohl Alle zum Rechthaben. Das Räthselhafte des Daseyns ergreift Wenige mit seinem ganzen Ernst: hingegen zum bloßen Wissen sind Manche geneigt, zum Kunde erhalten von dem Ueberlieferten: theils aus Langerweile, theils aus Eitelkeit, theils um zum Broderwerb das Gelernte wieder zu lehren und so das Ueberlieferte weiter zu überliefern von Geschlecht zu Geschlecht, ohne daß die durch deren Hände es geht selbst Gebrauch davon machten. Sie sind dabei den Post-Sekretären gleich die den Brief empfangen und weiter befördern ohne ihn zu eröffnen. Es sind die bloß Gebildeten und bloß Gelehrten, die bei aller ihrer Bildung und Gelehrsamkeit im Grunde ihres Herzens oft vom Ganzen und dem Wesen des Lebens dieselbe nüchterne und einfältige Ansicht behalten haben die sie in ihrem 15ten Jahr hatten, oder die das Volk hat, wie man leicht sehn kann, wenn man sie einmal ernstlich ausfragt und von den Worten zu den Sachen kommt. Diese reinen Gelehrten, Ueberlieferer des Ueberlieferten haben jedoch den Nutzen, daß das

Vorhandene durch sie sich erhält und zu dem Selbst-Denkenden Menschen gelangen kann, der immer nur als eine Ausnahme, ein Wesen von ungewöhnlicher Art dasteht. Er wird durch jene Ueberlieferer mit seines Gleichen in Verbindung gesetzt die einzeln und zerstreut in den Jahrhunderten lebten und kann so die eigene Kraft durch die Bildung stärken und wirksamer machen: wie man durch die Post-Sekretäre in Verbindung gesetzt wird mit seinen entfernten Anverwandten. – Es sollte mir Leid seyn wenn unter meinen Zuhörern sich viele befänden deren Tauglichkeit sich auf bloßes Empfangen zum Hinlegen oder zum Weiterbefördern beschränkte. Doch kann ich das nicht ändern. Ich kann keinen umformen, sondern auf Jeden nur nach Maasgabe der *Fähigkeiten* wirken, die ihm die Natur ein für alle Mal gab. Selbst das Wort *Fähigkeiten* paßt nicht recht zur Philosophie. Es deutet auf ein Können, ein Leisten: das ist gut wenn man einen Künstler, Handwerker, oder einen Arzt oder Advokaten zu bilden hat; die sollen Können und Leisten lernen. Hier aber gilt es dem Menschen von seinem Daseyn und dem der ihn umgebenden Welt eine richtigere und deutlichere Vorstellung zu geben. Es ist also nicht sowohl von Fähigkeit zum Lernen die Rede als von dem Grade der Klarheit des Bewußtseyns, mit dem Jeder sein eigenes Daseyn und das der ihn umgebenden Welt auffaßt. Dieser Grad der Klarheit ist die Basis der Empfänglichkeit für Philosophie. Je klärer und heller in einem Menschen das Bewußtseyn, die Anschauung der Welt ist, desto mehr wird sich ihm das Räthselhafte des Daseyns aufdringen, desto stärker wird das Bedürfniß gefühlt werden, irgend einen Aufschluß, eine Rechenschaft vom Leben und Daseyn überhaupt zu erhalten; desto weniger wird man zufrieden seyn eben nur zu *leben*, und in der Dürftigkeit dieses Lebens die sich täglich meldende Noth immer nur abzuwehren, bis unter vielen getäuschten Hoffnungen, und überstandenen Leiden das Leben eben abgelaufen ist, ohne daß man sich die Muße gemacht hätte, je ernstlich darüber nachzusinnen. Dies aber ist der Fall derer, deren Bewußtseyn schwächer, dunkler ist und der thierischen Dumpfheit näher steht. Wie das Thier dahin lebt ohne umzuschauen weiter als nach seinen Bedürfnissen und sich daher nicht wundert daß die Welt da ist und so ist, wie sie ist; so sind auch die Menschen von geringern

Anlagen, ohne merkliche Verwunderung über die Welt. Sie finden eben alles ganz natürlich: allenfalls überrascht sie irgend eine ungewöhnliche Erscheinung und macht sie auf deren Ursache begierig: aber das Wunderbare was im Ganzen aller Erscheinungen liegt, das Wunderbare ihres eignen Daseyns, werden sie nicht inne. Sie sind daher geneigt diejenigen auszulachen, die sich darüber wundern, darüber nachsinnen und mit solchen Forschungen sich beschäftigen. Sie meinen, daß sie viel ernstere Dinge vorhaben, das Sorgen für sich und die Ihrigen und allenfalls das nähere Orientiren über den Zusammenhang der Erscheinungen unter einander, zum nützlichen Gebrauch derselben. Aber diese ihre Lebensweisheit theilen sie mit den Thieren, die eben auch dahin leben, für sich und die ihrigen sorgen, unbekümmert was das alles sei und bedeute. – Die Klarheit des Bewußtseyns auf welcher das Bedürfniß und die Anlage zur Philosophie beruht, zeigt sich daher zuerst durch ein Verwundern über die Welt und sein eigenes Daseyn, welches den Geist beunruhigt und es ihm unmöglich macht dahin zu leben ohne eben über das Leben selbst zu denken. Dieses Verwundern gab schon Platon als die Quelle der Philosophie an, und sagt μαλα γαρ φιλοσοφικον τουτο το παθος, το θαυμαζειν. ου γαρ αλλη αρχη φιλοσοφιας η αὐτη· – *admirari illud, admodum philosophica affectio est; neque ulla alia res philosophiae principium ac fons est* [Denn gar sehr philosophisch ist dieser Affekt, die Verwunderung; denn es gibt keinen andern Anfang der Philosophie als diesen]. *Theaetet. p. 76.* [155 d] – Aristoteles: δια γαρ το θαυμαζειν οἱ ανθρωποι και νυν και το πρωτον ηρξαντο φιλοσοφειν [Aus Verwunderung nämlich begannen die Menschen, jetzt und von jeher, zu philosophieren]. *Metaph. L. I, c. 2* [I, 2; 982 b 13]. Gegensaz scheinbar gegen Horazens *nil admirari* [Dazu am Rand: *Nil admirari prope res est una, Numici, / Solaque quae possit facere et servare beatum.*] [Nichts in der Welt anstaunen, *Numicius*, dieses allein wohl, / Dieses nur kann uns verleihn Glückseligkeit und sie erhalten. (Horaz, Epistulae, I, 6, 1)]. – Man kann sogar sagen: die philosophische Anlage besteht darin, daß man sich über das Gewöhnliche und Alltägliche verwundre und daher das Allgemeine der Erscheinungen zu seinem Problem macht: dagegen die Forscher in speciellen Wissenschaften verwundern sich nur über seltne und ausgesuchte Erscheinungen, nur diese machen sie zu ihrem Problem, dessen Auflösung durch eine Kombination dann darin besteht, daß sie solche zurückführen auf allgemeinere Erscheinungen oder bekanntere Thatsachen.

Um sagen zu können, wie viel Anlage Einer zur Philosophie hat, müßte ich wissen, wie in seinen Augen Vergangenheit, Gegenwart und Zukunft sich darstellen, ob als sehr verschiedne Dinge oder fast Eins wies Andre, ob sein Bewußtseyn in diesen Strom der Zeit so tief eingetaucht ist, daß es selbst sich mit ihm fortbewegt, oder ob es den Strom der Zeit an sich vorüberfließen sieht und ihn als etwas fremdes mit Verwunderung beobachtet. Damit einer das Wunderbare und Räthselhafte der *Zeit* auffasse, wodurch man besonders zur Philosophie getrieben wird, ist erfordert daß er eine lebhafte Phantasie habe: aus einem eigenen Grunde: nämlich nur eine solche vermag die Scene seines Lebens die vor zehn Jahren da war jetzt so lebendig zu vergegenwärtigen, als die wirklich jetzt gegenwärtige Scene: wodurch denn die Verwunderung entsteht über die Form unsers Daseyns, die Zeit; vermöge deren jenes ferne so Reale, so zu gar nichts wird, wie die Vergangenheit nichts ist, und dieses Schicksal auch jeden Moment treffen muß, in dem wir eben uns befinden.

Wo nun die erwähnte Klarheit des Bewußtseyns und das aus ihr hervorgehende Verwundern sich nicht findet: da ist eben keine Anlage zur Philosophie; ihr Vortrag ist für einen solchen was dargebotene Speise dem nicht hungernden Magen. Vor allen Dingen muß ja das Räthsel haben, der, dem man die Auflösung desselben geben will; sonst ist ihm diese ein Wort ohne Bedeutsamkeit. Dieses Räthsel aber wird durch den Eindruck der anschaulichen Welt gegeben, durch die Klarheit mit der sie im Bewußtseyn dasteht: Das Abstrakte, durch Worte ausgedrückte, hat stets seine Bedeutung allein durch die Beziehung auf das Anschauliche: wo also jene Klarheit des Bewußtseyns fehlt, ist alles Philosophiren sehr vergeblich und bildet allenfalls Schwäzer, nicht Philosophen. – Uebrigens sind auch solche Leute, die wegen der Dumpfheit ihres Bewußtseyns ohne Bedürfniß und ohne Anlage zur Philosophie sind, darum doch nicht ohne eine Art von Philosophie, von System religioser oder andrer Art: denn sie sind doch Menschen und bedürfen als solche einer Metaphysik: aber sie haben eben das erste beste festgehalten, und sind meistens sehr hartnäckig in dessen Behauptung, weil wenn sie es fahren ließen dies ihnen die Nothwendigkeit auflegen würde zu denken, zu forschen, zu Lernen: was sie eben vorzüglich scheuen und daher sehr froh sind so etwas ein für alle Mal zu haben, was sie jeder Arbeit dieser Art überhebt.

Ich sprach von den Fortschritten der Philosophie, die ihre Geschichte uns darlegt. Da Philosophie zwar die Erfahrung im Allgemeinen, aber doch keine specielle Erfahrung voraussetzt, wie z. B. Physik und Astronomie thun: so ließe es sich, ungeachtet der erwähnten nothwendigen Entwickelung in ihrem Gange, doch nicht leugnen daß vielleicht durch besondre Begünstigungen des Schicksals, durch die Geburt der ausgezeichnetesten Geister und ihr Zusammentreffen in derselben Zeit die Fortschritte sehr viel schneller hätten seyn können, ja vielleicht die Wahrheit, gesetzt daß sie gefunden werden könne, gleich Anfangs getroffen wäre. Vielleicht ist Letzteres sogar in gewissem Sinn wirklich der Fall gewesen, jedoch in einem Lande, dessen Kultur von der Europäischen ganz getrennt gewesen ist, in Hindostan. Nämlich die Resultate dessen, was ich Ihnen vorzutragen gedenke, stimmen überein mit der ältesten aller Weltansichten, nämlich den *Vedas*. (Erklärung was sie seien: wenigstens 4000 Jahre alt, nach Jones.) Doch ist dies nicht so zu verstehn, als ob was ich lehre dort schon stehe. Die Veda's, oder vielmehr die Upanischaden, d. i. der dogmatische Theil im Gegensatz des Liturgischen [Neben dieser Zeile ist am Rand der Name des Großmoguls notiert: Aureng Zeb.], haben keine wissenschaftliche Form, keine nur irgend systematische Darstellung, gar keine Fortschreitung, keine Entwickelung, keine rechte Einheit; es ist kein Grundgedanke darin ausgesprochen; sondern sie geben bloß einzelne sehr dunkle Aussprüche, allegorische Darstellungen, Mythen u. dgl.: den Einheitspunkt aus dem dies Alles fließt wissen sie gar nicht auszusprechen, noch weniger ihre Aussprüche durch Gründe zu belegen, nicht einmal sie in irgend einer Ordnung zusammenzustellen: sondern sie geben gleichsam nur Orakelsprüche, voll tiefer Weisheit, aber dunkel, ganz vereinzelt und bildlich. Hat man jedoch die Lehre, welche ich vorzutragen habe, inne; so kann man nachher alle jene uralten Indischen Aussprüche als Folgesätze daraus ableiten und ihre Wahrheit nun erkennen; so daß man annehmen muß, daß was ich als Wahrheit erkenne, schon auch von jenen Weisen der Urzeit der Erde erkannt und nach ihrer Art ausgesprochen, aber doch nicht in seiner Einheit ihnen deutlich geworden war; so daß sie ihre Erkenntniß nur in solchen abgerissenen Aussprüchen, welche das Bewußtseyn ihrer hellsten Augenblicke ihnen eingab, nicht aber im Ganzen und im Zusammenhang an den Tag legen konnten. Eine Erkenntniß dieser Art war also möglich gleich Anfangs ohne daß durch die lange Reihe der Philosophen die Vernunft Gewandheit, Selbstkenntniß und Witzigung erhalten hatte: aber eine Kenntniß in jener Form hat keine Waffen gegen skeptische Angriffe jeder Art, oder gegen Nebenbuhler die andre Lehren vortragen. Es ist hiemit grade wie in der Astronomie: schon in der ganz alten Zeit lehrten die Pythagoreer daß die Sonne stehe und die Erde nebst den Planeten um sie laufe (ein gewisser *Hiketas* soll der Erste gewesen seyn): es war der Ausspruch einer unmittelbaren Erkenntniß, eines ahndungsvollen Treffen des richtigen: aber die Gründe zeigen, das System beweisen, es im Einzelnen durchführen, anwenden, berechnen, das konnten sie nicht. Darum blieben sie auch ohne Anerkennung, ohne Einfluß, und konnten ihre Wahrheit nicht gegen den herrschenden Irrthum geltend machen wie er sich im Ptolemäischen System ausspricht, welches von jener richtigen Lehre der Pythagoreer nicht verhindert wurde aufzukommen und allgemein zu gelten. Erst nach den gesammelten Erfahrungen, und Belehrungen zweier Jahrtausende konnten Kopernikus, Kepler, Galiläi, dieselbe Wahrheit auf einem festen Fundament aufstellen, und sie gegen alle Angriffe schützen, weil sie auf dem wissenschaftlichen Wege dazu gelangt waren und den ganzen Zusammenhang der Sache einsahen.

So also steht, was ich hier vorzutragen habe, obwohl es mit den uralten Indischen Aussprüchen sehr genau übereinstimmt, dennoch im Zusammenhang mit der ganzen Entwicklung der Philosophie im Occident und reihet sich an die Geschichte derselben an, ergiebt sich gewissermaaßen als ein Resultat daraus.

Darum ist *Geschichte der Philosophie* die beste Einleitung zu dem was ich vorzutragen habe. Ohne dieselbe wird schon der Anfang unseres Ganges, nämlich das Anheben von der Betrachtung des Subjekts, unsres Selbst, unsers Erkenntnißvermögens Manchem befremdend seyn, und seiner Neigung widerstreiten. Denn im Geiste des Einzelnen ist die Anlage und der Hang denselben Gang zu gehn, den die Erkenntniß des ganzen Menschengeschlechts gegangen ist. Dieser Gang fängt an mit dem Nachdenken über die Außenwelt; aber er endigt mit dem Nachdenken über sich selbst. Man fängt damit an über das Objekt, über die Dinge der Welt bestimmte Aussprüche zu thun, wie sie an sich sind und seyn müssen: dies Verfahren heißt *Dogmatismus*. Dann erheben sich Zweifler, Leugner daß es so sei wie man sage, Leugner daß man irgend etwas davon wissen könne: d. i. der *Skeptizismus*. Spät erschien, nämlich mit Kant, der *Kritizismus*, der als Richter beide hört, beide vermittelt, ihre Ansprüche abwägt, durch eine Untersuchung nicht der *Dinge*, sondern des *Erkenntnißvermögens* überhaupt, und dem gemäß angiebt inwiefern sich von den Dingen, wie sie an sich sind, etwas wissen lasse, und welche Schranke hier das Erkennen als solches, seine ihm wesentliche Form, setze.

In der *Occidentalischen* Philosophie (welche wir von der *Orientalischen* in Hindostan die gleich Anfangs einen viel kühnern Flug nahm gänzlich unterscheiden müssen) finden wir nun eben diesen natürlichen Gang. Der Mensch bemerkte zuerst alles, nur sich selbst nicht, sich übersah er, und seine ganze Aufmerksamkeit haftete auf den Dingen außer ihm: sich sah er nur als ein kleines Glied in der Kette dieser, nicht als eine Hauptbedingung des Daseyns der Außenwelt, wie er es doch ist. Demnach suchten die Philosophen in *Jonien*, mit denen man die Geschichte der Occidentalischen Philosophie anhebt, nicht sowohl die Natur überhaupt ihrem Daseyn nach, als die bestimmte gegebene Natur ihrer Beschaffenheit nach zu erklären: sie suchten daher einen Grundstoff der vor allen Dingen gewesen und durch dessen Veränderungen alles geworden wäre. Sonach war die erste Philosophie eigentlich Naturwissenschaft. *Thales*, der Ahnherr aller occidentalischen Philosophen, nimmt das Wasser für jenen Urgrundstoff, aus dem sich alles entwickelt. [Fußnote: Diese Philosophen fragten also nicht wie überhaupt eine Natur möglich sei, diese ihrer Natur nach vorhergehende Frage warf zuerst Kant nach drittehalb Tausend Jahren auf; sondern sie fragten bloß wie eine so und so beschaffene Natur als diese hier vorhandene ist entstehen konnte: Erst nach 2½ Jahrtausend also, fragte Kant nach einer Erklärung dessen, was die ersten Philosophen als gar keiner Erklärung bedürftig, als das was sich von selbst versteht angenommen hatten.] Von seinem Schüler Anaximander wissen wir noch weniger: er nennt als den Ursprung der Dinge das $\alpha\pi\varepsilon\iota\varrho\text{ον}$, *infinitum*, womit er vielleicht nur die Materie als solche, ohne irgend eine Form und Qualität versteht. Anaximenes nimmt die Luft als das erste an, und das ist vielleicht sehr richtig, da die neuste Astronomie es wahrscheinlich macht, daß jeder Weltkörper in einem dunstförmigen Aggregatzustande, als ein Nebelstern zuerst existirte, dann in den flüssigen, zuletzt in den festen Zustand übergieng. Diese Jonischen Philosophen betrachteten jedoch die Materie von der sie ausgiengen nicht als ein Todtes (wie später Demokritos that), sondern erkannten daß Kräfte in ihr wohnen, deren Aeußerungen allein ihre Wirksamkeit ausmachen: sie erkannten diese Kräfte als von der Materie verschieden, als etwas Geistiges, redeten daher von einer Seele der Welt. Diese Ansicht trat überwiegend hervor im Anaxagoras, der auf den Anaximenes folgte und die Jonische Philosophie nach Athen brachte: die inwohnende Seele der Welt, der Geist der in allem wirkt, ὁ νους ist ihm der echte Ursprung der Dinge, das Schaffende Princip, daher auch Anaxagoras als erster Theist angesehn wird. Der Beiname νους mag ein Spottname gewesen seyn, weil er in die Philosophie die damals Physik war ein ganz hypothetisches, nicht nachweisbares Princip brachte. Mit seinem Schüler Archelaos sehn wir aber die Philosophie den Weg der Naturbetrachtung plötzlich verlassen, welches allein von der Individualität des Sokrates herrührt der eine einseitige Neigung für ethische Betrachtungen hatte, die freilich an sich ein viel interessanterer und würdigerer Gegenstand der Betrachtung sind als die blindwirkenden Kräfte der Natur. Allein die Philosophie ist ein Ganzes, wie das Universum ein Ganzes ist, und sowenig man das Objekt ganz verstehen und ergründen wird, wenn man das Subjekt überspringt wie die Jonier thaten, sowenig wird man das Subjekt, des Menschen Wollen und das Erkennen, welches das Wollen leitet, ganz und gar verstehn, wenn man das Objekt, das Ganze der Welt und ihr inneres Wesen außer Acht gelassen hat. Wir wissen zwar vom Leben des Sokrates ziemlich viel, von seinen Meinungen und Lehren aber äußerst wenig. Aus der Vortrefflichkeit seines Lebenslaufes, aus seinem großen Ansehn bei den Edelsten seiner Zeitgenossen, aus den ausgezeichneten Philosophen die aus seiner Schule hervorgiengen und so höchst verschieden ihre Lehren waren, doch alle ihn als ihren Lehrer anerkannten; aus allem diesen schließen wir auf die Vortrefflichkeit seiner Lehren, die wir eigentlich nicht kennen. Xenophon schildert ihn so platt wie er nicht gewesen seyn kann, sonst er auch nicht dem Aristophanes Stoff zu den Wolken gegeben hätte: Platon schildert ihn zu phantastisch und braucht überhaupt nur seine Maske, unter welcher er selbst lehrt. Soviel scheint indessen ganz gewiß daß des Sokrates Philosophie eine bloße *Ethik* gewesen.

Gleichzeitig mit *Thales* aber lehrte ein höchst wahrscheinlich viel größerer Mann als dieser: *Pythagoras*. Man könnte den Ursprung der occidentalischen Philosophie eben sowohl von diesem als von Thales herleiten: denn, obwohl unsichere Angaben ihn auf seinen Reisen auch den Thales besuchen und von ihm lernen lassen, so kann dieser Einfluß des Thales nur einen kleinen Theil an seiner Bildung gehabt haben, da er den ganzen Orient durchwanderte, um überall zu lernen, folglich gar viele Lehrer dem Thales diesen Schüler streitig machen würden: auch würde was er dem Thales verdankt wohl mehr Astronomie als Philosophie seyn. Er selbst steht auf einem viel höhern Standpunkt als Thales, ist nicht wie dieser fast nur hypothesirender Physiker und Astronom, sondern Philosoph im ganzen und großen Sinn dieses Worts, das bekanntlich ihm seinen Ursprung dankt. Seine Philosophie war eigentlich Metaphysik mit Ethik verbunden und sein Wissen umfaßte dabei zugleich eine ziemlich vollkommne Mathematik und alle Real-Kenntniß die in seinem Zeitalter auf der weiten Erde mühsam zusammengesucht werden konnte. Er scheint die Vielseitigkeit, und den Forschungstrieb des Aristoteles mit der Tiefe des Platon zugleich besessen zu haben. Wie er, der bekanntlich in Groß-Griechenland seine Schule und gewissermaaßen seinen Staat gründete, durch einen weiten Raum vom Thales getrennt war; so ist auch seine Lehre im Ganzen völlig unabhängig von der des Thales und sogut als diese, die obendrein die Theogonien philosophischer Dichter vor sich hatte, ein erster Anfang der Philosophie.

Ewig beklagenswerth ist es daß zwei so große Männer wie Pythagoras und Sokrates nie geschrieben haben. Es bleibt sogar schwer zu begreifen, wie Geister die das gewöhnliche Menschenmaaß soweit überstiegen, entweder zufrieden gewesen seyn konnten, bloß auf ihre Zeitgenossen zu wirken, ohne Einfluß auf die Nachwelt zu suchen; oder daß sie sollten die Fortpflanzung ihrer Lehre genug gesichert geglaubt haben, durch den Weg der [Schule], durch die Schüler die sie durch mündlichen Unterricht gebildet. Von Pythagoras ist es nicht nur fast ganz gewiß, daß er nicht geschrieben; sondern auch daß seine esoterische Lehre wie ein Mysterium verschwiegen gehalten wurde, mittelst eines Eides der Geweihten. Oeffentlich hielt er populäre Vorträge ethischen Inhalts an das Volk. Aber die eigentlichen Schüler mußten fünf Jahre hindurch mannigfaltige Prüfungen durchgehn: nur höchst wenige bestanden diese so, daß sie zum nackten, unverhüllten Unterricht des Pythagoras gelangten *(intra velum)* [hinter den Schleier]: die andern erhielten diese Lehren nur in symbolischer Einkleidung. – Pythagoras hatte wohl eingesehn, daß die meisten Menschen unfähig sind diejenigen Wahrheiten zu fassen, welche den tiefsten Denkern des menschlichen Geschlechts offenbar geworden: daß sie daher jene Lehren mißverstehn und verdrehen, oder hassen und verfolgen eben weil sie sie nicht verstehn und ihren Aberglauben dadurch gefährdet halten. Darum wollte er durch vielfältige Prüfungen, deren erste physiognomisch war, die Fähigsten die in seinen Bereich kamen auslesen und diesen allein das Beste mittheilen was er wußte: diese sollten nach seinem Tode auf gleiche Weise seine Lehre fortpflanzen an auf gleiche Weise auserwählte, und so sollte sie stets leben im Geiste der Edelsten. Der Erfolg lehrte daß das nicht angieng: die Lehre erlosch mit seinen nächsten Schülern: von denen wenige zuletzt, als die Sekte völlig zerstreut und verfolgt war, einiges aufgeschrieben haben sollen, um die Trümmern jener Weisheit zu bewahren. Von solchen Bruchstücken sind einzelne bis auf uns gekommen, besonders durch die Neuplatoniker Jamblichos, Porphyrios, Plotinos, Proklos, auch durch Plutarch, Aristoteles, Stobäos: aber alles höchst unzusammenhängend und von unverbürgter Aechtheit. Besser wäre es gewesen wenn Pythagoras es gemacht wie Herakleitos der sein Buch im Tempel der Diana zu Ephesos niederlegte, daß es dort auf einen würdigen es verstehenden Leser im Lauf der Jahrhunderte warten sollte.

Allein wenn ich oben gesagt, daß man den Ursprung der occidentalischen Philosophie eben sowohl vom Pythagoras als vom Thales herleiten könnte; so ist hiegegen besonders dies einzuwenden, daß es überhaupt die Frage ist, ob nicht die Lehre des Pythagoras im Occident eine ganz fremde Pflanze und eigentlich zur Orientalischen Philosophie gehörig sei. Denn Pythagoras ist auf seinen Wanderungen die über 30 Jahre gedauert haben sollen nicht nur nach Aegypten, sondern auch nach Babylon und wie es mir doch wahrscheinlich ist bis nach Hindostan gekommen und dorther scheint ganz und gar das Fundament seiner Lehre genommen zu seyn. Aus den Bruchstücken erhellt soviel fast unwidersprechlich, daß Pythagoras' Lehre im Wesentlichen die in Hindostan entstandene und dort noch vorhandene ist [Fußnote: Nach den neuern Untersuchungen der Engländer in Calcutta aber ist die alte Aegyptische Religion und die Aegyptische herrschende Priesterschaft ganz entschieden in uralter Zeit aus Hindostan gekommen: daher es nicht durchaus nothwendig ist daß Pythagoras selbst bis Indien gekommen.]: denn wir finden als Lehre des Pythagoras das in Europa bis dahin ganz fremde Dogma der Metempsychose, und in Folge desselben das Gebot der Enthaltung von thierischer Nahrung. Sogar aber soll das Dogma der Metempsychose zu den exoterischen gehört haben und den esoterischen Schülern allein der wahre darunter verborgene Sinn eröffnet worden seyn. Grade so aber ist es in Indien: die Volksreligion glaubt fest die Metempsychose: die Vedas lehren statt dessen das *Tatoumes* [*Tatoumes* ist der im Oupnek'hat verstümmelt wiedergegebene Sanskritsatz *tat twam asi*: Das bist du! (Chândogya-Upanishad 6, 8, 7)], dessen wesentlichen Inhalt Sie weiterhin in der von mir Ihnen mitzutheilenden Philosophie wiederfinden werden.

Was Pythagoras symbolisch durch Zahlen gelehrt, wie er die Musik, die zuerst von ihm eine Arithmetische Grundlage erhielt, damit in Verbindung gebracht, – das Alles liegt ganz im Dunkeln. Ueberhaupt gehört die Betrachtung der übriggebliebenen vorgeblichen Lehren des Pythagoras nicht in diese ganz allgemeine historische Betrachtung. In seinen Ethischen Vorschriften erkennen wir eine Anleitung den Geist über alles Irdische hinaus zu erheben und das Leben gleichsam zu einem verklärten, betrachtenden Wandel umzugestalten: nach Indischer Weise; doch nicht ganz so auster und asketisch.

Von seiner Metaphysik scheint soviel gewiß, daß auch seine Lehre, wie die aller alten Philosophen dem beizuzählen sei, was man Pantheismus nennt, d. h. daß er eine Weltseele, ein in allen Wesen der Welt sich äußerndes Princip annahm, welches er auch ϑεος [Gott] genannt haben soll, jedoch in der Hauptstelle, welche im Dorischen Dialekt uns Justinus der Märtyrer erhalten hat, sich ausdrücklich dagegen verwahrt, daß dieser ϑεος etwas außerhalb der Welt sei, vielmehr sei das innre Lebensprincip der Welt damit gemeint.

Aus der Pythagorischen Schule ist später in Sicilien Empedokles hervorgegangen zu Agrigentum. Der Pythagorische Ursprung seiner Philosophie giebt sich kund an der Seelenwanderung und an dem in allen Dingen lebenden nämlichen Wesen, wie auch am Verbot thierischer Nahrung. Auch hat aber Empedokles deutlich ein Emanationssystem gelehrt, einen sündlichen Abfall aus einem bessern Daseyn ins gegenwärtige, aus welchem nach überstandener Strafe und Läuterung die Seele zum bessern Daseyn zurückkehrt.

Den Empedokles sehn wir schon nicht bloß auf dem objektiven Weg philosophiren, wie die früheren Philosophen, sondern auch den subjektiven betreten und Untersuchungen über den Ursprung der Erkenntniß anstellen, die sinnliche von der vernünftigen unterscheiden und fragen, welcher zu trauen? Dann entscheiden: der vernünftigen, nicht den Sinnen. Ob er aber zuerst diesen Weg betrat, oder nach Vorgang des Anaxagoras, der ziemlich gleichzeitig lebte, und τα φαινομενα [das (der Sinneswahrnehmung) Erscheinende] entgegengesetzte τοις νοουμενοις [dem Gedachten (Intelligiblen)] – vgl. Sextus Empiricus,

Grundriß der pyrrhonischen Skepsis, I, 33], ist ungewiß. Diese Unterscheidung brachte ihn aber dahin eine sinnliche und eine vernünftige Seele im Menschen anzunehmen *(anima sensitiva et rationalis)*, jene als Theil der ewigen Weltseele, diese als Theil der Materie darzustellen, und dadurch den Dualismus von Geist und Materie einzuführen. Jene zwei Seelen und diesen Dualismus finden wir noch beim Cartesius bei dem die vernünftige Seele die aus lauter abstrakten Gedanken und überlegten Beschlüssen besteht, Geist und unsterblich ist; hingegen das Anschauende und Empfindende Wesen, Materie, Maschine, wozu er auch die Thiere macht. Es scheint daß diese Unterscheidung zweier Seelen und jener Dualismus seit dem Empedokles bis auf den Cartesius nie ganz außer Kredit gekommen; sondern erst seit Kant. –

Die Natur konstruirt Empedokles durch Liebe und Haß, d. i. Suchen und Fliehen, Anziehn und Abstoßen.

Ebenfalls aus der Pythagorischen Schule entsprossen ist die Eleatische, von Xenophanes gestiftet; jedoch hat sie schon einen ganz eigenthümlichen Charakter, berücksichtigt sehr das Subjektive, streitet subtil über die Vernunft und die Sinne als Quell wahrer Erkenntniß, ist aber ganz für die Vernunft: daher geht sie von Begriffen aus und leitet aus diesen Dinge ab, die der Erfahrung gradezu widerstreiten, z. B. die Unmöglichkeit der Bewegung, bleibt dennoch der abstrakten Erkenntniß, dem νοουμενον treu, im Gegensatz der Sinnenerkenntniß, φαινομενον. Man ist in neuern Zeiten wieder sehr aufmerksam auf die Eleaten geworden, weil sie eine Aehnlichkeit mit dem Spinozismus haben, der auch erst in unsern Tagen zu Ehren gekommen. Uebrigens waren die Eleatischen Philosophen Xenophanes, Parmenides, Zeno Eleates, Melissos, sehr tiefe Denker wie die wenigen Bruchstücke bezeugen: *Brandis comment. Eleaticae.* [Chr. Aug. Brandis, Commentationum Eleaticarum, Pars prima, Altonae 1813]

Ich darf jedoch nicht fortfahren die Meinungen der alten Philosophen vorzutragen, da ich sonst Geschichte der Philosophie lehren würde, statt der Philosophie: – Denn ich müßte nunmehr ausführlich werden, da Philosophen folgen deren Schriften wir besitzen. Die Eleaten wirkten wieder auf den Sokrates in welchem sich also die beiden Zweige der alten Philosophie, der Jonische und der Italische vereinigen und beitragen den wunderbaren Mann zu bilden von dem nachher die mannigfaltigsten Sekten ausgehn, Platon, mit der ganzen Akademie, mittelbar durch diesen Aristoteles, unmittelbar aber noch Aristippos der Hedoniker, Eukleides der Megariker (der die Eristische streitende Schule stiftete), Antisthenes der Cyniker, und Zeno der Stoiker.

Möge Ihnen je die Muße werden sich mit dem was von diesen Denkern der Vorzeit übrig ist bekannt zu machen: es ist ein sehr schönes Studium, außerordentlich einflußreich auf die ächte Bildung des Geistes da man in den Systemen der alten Philosophie gewissermaßen lauter natürliche Entwickelungen des menschlichen Denkens findet, einseitige Richtungen die einmal konsequent durchgeführt werden mußten, damit man sähe was dabei herauskäme, so die Hedonik, der Stoicismus, der Cynismus, später der Skepticismus: auf dem theoretischen Wege aber treten zwei gewaltige Geister einander gegenüber, die man als Repräsentanten zweier großer und durchgreifender entgegengesetzter Geistesrichtungen im Spekulativen ansehn muß: Platon und Aristoteles. Erst aus meinem spätern Vortrage kann Ihnen verständlich werden, was den Gegensatz derselben am schärfsten bezeichnet, nämlich Aristoteles geht der Erkenntniß einzig am Leitfaden des Satzes vom Grunde nach: Platon hingegen verläßt diese um die ganz entgegengesetzte der Idee zu ergreifen. Verständlicher wird es Ihnen seyn, wenn ich sage: Platon folgte mehr der Erkenntnißweise aus welcher die Werke der schönen Künste jeder Art hervorgehn; Aristoteles hingegen war der eigentliche Vater der Wissenschaften, er stellte sie auf, sonderte ihre Gebiete, und wies jeder ihren Weg. – In den meisten Wissenschaften, namentlich in allen die der Erfahrung bedürfen, ist man seitdem viel weiter gekommen; hingegen die Logik brachte schon Aristoteles zu solcher Vollendung, daß seitdem im Wesentlichen derselben keine großen Verbesserungen zu machen waren. Aristoteles liebte das Scharfe, Bestimmte, Subtile, und hielt sich soviel möglich auf dem Felde der Erfahrung. Platon hingegen, der eigentlich in die Natur der Dinge viel tiefer eindrang, konnte grade in den Hauptsachen keinen scientifischen, sondern nur einen mythischen Vortrag seiner Gedanken finden. Grade dieser Vortrag aber scheint dem Aristoteles unzugänglich gewesen zu seyn; bei aller Schärfe gieng ihm die Tiefe ab und es ist verdrießlich zu sehn, wie er das Hauptdogma seines großen Lehrers, die Ideenlehre mit trivialen Gründen angreift und eben zeigt daß er den Sinn davon nicht fassen konnte. Grade diese Ideenlehre des Platon blieb zu allen Zeiten, bis auf den heutigen Tag, ein Gegenstand des Nachdenkens, des Forschens, Zweifelns, der Verehrung, des Spottes, so vieler und so verschieden gesinnter Köpfe im Laufe der Jahrhunderte: ein Beweis daß sie wichtigen Inhalt und zugleich große Dunkelheit hatte. Sie ist die Hauptsache in der ganzen Platonischen Philosophie. Wir werden sie gründlich untersuchen an ihrem Ort, im weitern Fortgange unsrer Betrachtungen und da werde ich nachweisen daß der eigentliche Sinn derselben ganz übereinkommt mit der Hauptlehre Kants, der Lehre von der Idealität des Raums und der Zeit: allein bei aller Identität des Inhalts dieser beiden großen Hauptlehren der zwei größten Philosophen die es wahrscheinlich je gegeben hat, ist der Gedankengang, der Vortrag, die individuelle Sinnesart beider so grundverschieden, daß vor mir Niemand die Identität des innern Sinnes beider Lehren eingesehn hat. Vielmehr suchte man auf ganz andern Wegen Beziehungen, Einheitspunkte zwischen Platon und Kant, hielt sich aber an die Worte statt in den Sinn und Geist zu dringen. Die Erkenntniß dieser Identität aber ist von der größten Wichtigkeit, weil eben weil beide Philosophen auf so ganz verschiedenen Wegen zum selben Ziel gelangten, auf so grundverschiedene Weise dieselbe Wahrheit einsehn und mittheilen, die Philosophie des einen der beste Kommentar zur Philosophie des andern ist. Den Gegensatz aber der sich so entschieden und deutlich zwischen Platon und Aristoteles aussprach sehn wir nachher im düstern Mittelalter wieder auftreten im sonderbaren Streit zwischen Realisten und Nominalisten.

In den Dialogen des Platon wo er in der Person des Sokrates spricht, hat er die Methode seines Lehrers darin beibehalten, daß er zu keinem entschiedenen Resultate gradezu leiten will, sondern nachdem er die Probleme lange hin und her gewendet, sie von allen Seiten betrachtet, alle Data zu ihrer möglichen Auflösung vorgeführt, nun die Auflösung, die Entscheidung dem Leser selbst überläßt, seiner eignen Sinnesart gemäß. Vom Platon gilt, was man nach Kants Vorgang fälschlich auf alle Philosophen überträgt, daß man von ihm nicht sowohl die Philosophie als das Philosophiren lernen kann. Er ist die wahre Schule des Philosophen, an ihm entwickeln sich philosophische Kräfte, wo sie vorhanden sind, am allerbesten: Daher hat jeder gewesene und wird jeder künftige Philosoph dem Platon unendlich viel zu danken haben: seine Schriften sind die wahre Denkschule: jede philosophische Saite des Gemüths wird angeregt und doch nicht durch aufgedrungene Dogmen wieder in Ruhestand versetzt, sondern ihr Thätigkeit und Freiheit gegeben und gelassen. Wer daher von Ihnen philosophische Neigung in sich spürt, der lese anhaltend den Platon: er wird nicht etwa gleich aus ihm ganz fertige Weisheit zum Aufspeichern nach Hause tragen: aber er wird Denken lernen und zugleich disputiren lernen, Dialektik: er wird die Nachwirkung eines aufmerksamen Studiums des Platon in seinem ganzen Geiste spüren.

Von den übrigen Sekten, die aus Sokrates' Schule entsprangen, Hedonikern, Cynikern, Stoikern, Akademikern, Peripatetikern, Megarikern, Skeptikern u.s.w., zu reden, würde zu weit führen. Die Ethik der Stoiker werden wir im Zusammenhang unsrer fernern Betrachtung auseinandersetzen. Nach diesen vom Sokrates ausgegangenen Philosophen finden sich keine originelle, ursprüngliche Denker mehr: an den von ihm ausgegangenen Lehren, Ansichten, Methoden mußte die ganze Nachwelt fast zwei Jahrtausende hindurch zehren, nach Abirrungen immer wieder auf dieselben Wege zurückkommen, in der Römerwelt das von jenen Griechen gelernte mannigfaltig hin und her wenden, annehmen und darüber streiten so daß wir die größten Männer des Römischen Staats sich Peripatetiker, Stoiker, Akademiker, Epikuräer nennen sehn, dann mußte die Lehre Platons zu Alexandrien als Neuplatonismus ein wunderliches Gemisch religioser Dogmen und Platonischer Lehren hervorbringen, dann gab später Platon den Kirchenvätern Nahrung; sodann kam die lange Nacht des Mittelalters in der kein andres Licht leuchtete als ein schwacher Wiederschein von dem des Aristoteles und von den andern Philosophen der Alten nur die Namen bekannt und wie fabelhafte Heroen der Vorzeit genannt wurden. Wie endlich im 14. und 15. Jahrhundert die Wiederherstellung der Wissenschaften eintrat, so waren es ja eben wieder jene Schüler des Sokrates welche die Menschheit des Occidents aus der tiefsten Barbarei und der jämmerlichsten Befangenheit herausrissen. Nun gab es im 15ten und 16ten Jahrhundert wieder Platoniker, Peripatetiker, Stoiker, Epikuräer, ja Pythagoreer, Eleaten und Jonische Philosophen! So unglaublich groß, so weitreichend, so kräftig ist die Wirkung einzelner Köpfe auf die ganze Menschheit und so selten sind wirkliche ursprüngliche Denker, so selten auch die Umstände die sie zur Reife, zur Ausbildung, zur Wirksamkeit gelangen lassen!

Mit dem Eintritt des Christenthums mußte wie die Weltgeschichte, so auch die Philosophie eine ganz andre Gestalt annehmen: letztere gewiß eine sehr traurige, da ein festes, vom Staat sanktionirtes, mit der Regierung jedes Staats ganz eng verknüpftes Dogma eben das Feld einnahm auf welchem die Philosophie sich allein bewegt. Alles freie Forschen mußte nothwendig ganz aufhören. Die Kirchenväter benutzten inzwischen aus der Philosophie der Alten was eben zu ihren Lehren brauchbar war und paßte: das übrige verdammten sie, und sahen mit Abscheu auf das blinde Heidenthum.

Im eigentlichen Mittelalter, wo die Kirche den höchsten Gipfel erreichte und die Geistlichkeit die Welt beherrschte, mußte diesem entsprechend die Philosophie am tiefsten sinken, ja in gewissem Sinn, nämlich als freies Forschen betrachtet untergehn und statt ihrer ein Zerrbild ihrer selbst, ein Gespenst das bloß Form ohne Substanz war, unter ihrem Namen dastehn: die Scholastik. Diese gab nie vor etwas anderes [sein] zu wollen, als die Dienerin der Theologie, *profitetur philosophia se theologiae ancillari* [Die Philosophie bekennt, die Magd der Theologie zu sein. – Vgl. Petrus Damiani, Opera ed. Cajetan., Par. 1743, III, 621], nämlich ihre Dogmen erklären, erläutern, beweisen u.s.f. Der Kirchenglaube herrschte nicht nur in der Außenwelt und mit physischer Macht so, daß die leiseste Abweichung von ihm ein Todeswürdiges Verbrechen war; sondern er hatte sich, dadurch daß alles Denken und Thun sich nur um ihn drehte, auch wirklich der Geister, die schon mit dem allerersten Bewußtseyn sogleich ihn aufnehmen mußten, dergestalt bemächtigt, daß er die Fähigkeit des Denkens, nach dieser Seite hin, gänzlich lähmte und jeder, selbst der Gelehrte, die hyperphysischen Dinge die der Glaube lehrte für wenigstens so real hielt als die Außenwelt die er sah, und wirklich nie dahin kam nur zu merken daß die Welt ein ungelöstes Räthsel ist; sondern die früh aufgedrungenen Dogmen galten ihm wie faktische Wahrheit, an die zu zweifeln Wahnsinn wäre. Es konnte vor dem lauten von allen Seiten tönenden Ruf des Glaubens, gar keiner nur zu so viel Besinnung kommen, daß er sich einmal ernstlich und ehrlich fragte: wer bin ich? was ist diese Welt? die auf mich gekommen ist, wie ein Traum dessen Anfang ich mir nicht bewußt bin. – Wie soll aber wer noch nicht einmal das Räthsel vernehmen kann, die Lösung finden? An Nachforschung der Natur war auch nicht zu denken: dergleichen brachte in den Verdacht der Zauberei. Die Geschichte schwieg: die Alten waren meist unzugänglich; ihr Studium brachte Gefahr. Aristoteles, in ganz schlechten und verdrehten Saracenischen Uebersetzungen wurde gelesen und als übermenschlich verehrt, eben weil man ihn gar nicht verstand. Und doch lebten auch damals eben unter den Scholastikern Leute von Geist und großer Denkkraft. Ihr Loos ist durch ein Gleichniß verständlich zu machen: man denke sich einen lebhaften Menschen von Kindheit auf in einem Thurm gefangen, ohne Beschäftigung und Gesellschaft. Er wird aus den wenigen Gegenständen die ihn umgeben sich eine Welt konstruiren, und sie mit seinen Phantasien bevölkern. – So die Scholastiker: in ihren Klöstern eingesperrt, ohne deutliche Kunde von der Welt, von der Natur, vom Alterthum, von der Geschichte; allein mit ihrem Glauben und ihrem Aristoteles, konstruirten [sie] eine christlich-aristotelische Metaphysik: ihr einziges Bauzeug waren höchst abstrakte Begriffe, die weit von aller möglichen Anschaulichkeit lagen: *ens, substantia, forma, materia, essentia, existentia, forma substantialis* und *forma accidentalis, causa formalis, materialis, efficiens* und *finalis, haecceitas, quidditas, qualitas, quantitas* u.s.f. [das Seiende, die Substanz, die Form, die Materie, das Wesen, das Dasein, wesentliche Form, zufällige Form, formale, materielle, bewirkende und End-Ursache, die Diesheit, die Washeit, die Beschaffenheit, die Größe]. Dagegen an Real-Kenntniß fehlte es ganz: der Kirchenglaube vertrat die Stelle der wirklichen Welt, der Erfahrungswelt: und so wie die Alten und heute wir über diese wirkliche in der Erfahrung daliegende Welt philosophiren; so philosophirten die Scholastiker nur über den Kirchenglauben: *den* erklärten sie; nicht die Welt. Wie sehr ihnen alle Kunde von dieser abgieng spricht sich höchst naiv darin aus, daß sie alle ihre Beispiele von hyperphysischen Dingen nehmen: z. B. so: *sit aliqua substantia, e. c. Deus, Angelus* [angenommen irgendeine Substanz, z. B. Gott, Engel]: denn dergleichen liegt ihnen immer viel näher als die Erfahrungswelt. – Am Leitfaden der unverstandenen und in ihrer gänzlichen Verstümmelung unverständlichen Aristotelischen Metaphysik, wurde nun aus solchen abstrakten Begriffen und ihrer Entwickelung eine Philosophie gemacht, die aber in allen Stücken mit dem bestehenden und wunderlich zusammengekommenen Kirchenglauben harmoniren mußte. Der rege, thätige Geist, bei unausgefüllter Muße, nahm vor was er allein hatte, jene Abstrakta, ordnete, spaltete, vereinigte Begriffe, warf sie hin und her und entfaltete selbst bei diesem unfruchtbaren Geschäft, oft bewunderungswürdige Kräfte, Scharfsinn, Kombinationsgabe, Gründlichkeit, die eines bessern Stoffes würdig gewesen wären. Selbst manche wahre und vortreffliche Gedanken, auch in Hinsicht auf den menschlichen Geist lehrreiche Untersuchungen sind in den Scholastikern anzutreffen: aber der Zeitverlust bei den weitläuftigen Schriften jener müßigen Denker ist so groß, daß man sich höchst selten an sie wagt. Als Probe *Suarez disp. met.* [Metaphysicarum disputationum, tomi 2, Moguntiae 1605]. –

Nachdem nun schon das Licht der wiederauflebenden klassischen Litteratur seine Strahlen in die Nacht der Scholastik warf und ihre Nebel zerstreute, die Geister empfänglich für das bessere gemacht, und zugleich der Kirche eigentlich den ersten Stoß versetzt hatte, auf den bald ein viel ernstlicherer folgte, die Reformation: da traten endlich am Ende des 16ten Jahrhunderts Männer auf welche durch Lehre und Beispiel zeigten, daß auf die Zeit worin die Menschheit so tief gesunken war (im Intellektualen) daß sie von ihren eigenen freien Geisteskräften etwas zu hoffen durchaus nicht wagte, ja für vermessen und frevelhaft hielt, sondern sie alles Heil und Licht einzig und allein theils von der Offenbarung, theils von den Schriften der Alten, den Denkmalen eines edlern und stärkern Geschlechts, hoffte; daß, sage ich, auf diese Zeiten dennoch wieder andre folgen könnten, in denen die Menschheit aus dem Zustand der Unmündigkeit heraustreten und wieder die eigenen Kräfte gebrauchen, auf eigenen Beinen stehen könnte. Schon *Cardanus* gab ein Beispiel des eigenen Forschens in die Natur und des eigenen Denkens über das Leben. Besonders aber trat *Bako von Verulam* auf und reformirte den ganzen Geist der Wissenschaften. Statt des Weges den die ganze Scholastik und zum Theil selbst die Alten gegangen waren, vom Allgemeinen zum Besondern, vom Abstrakten zum Anschaulichen, welches der Weg des Syllogismus ist, stellte er als den allein rechten, den umgekehrten Weg dar, den vom Besondern zum Allgemeinen, vom Anschaulichen zum Abstrakten, vom Fall zur Regel, den Weg der Induktion, die allein ausgehn kann von Erfahrung. – Er hatte es nicht auf spekulative Philosophie abgesehn, sondern auf empirisches Wissen, besonders auf Naturwissenschaft. Alle die großen Fortschritte in dieser in den letzten 200 Jahren, vermöge welcher unsre Zeit auf alle früheren wie auf Kinder herabsieht, haben ihren Ursprung, ihren Ausgangspunkt in der Reform Bako's; diese freilich aber war durch den Geist der Zeit herbeigeführt. Was Luther in der Kirche ist Bako in der Naturwissenschaft. In der Philosophie ward er, obgleich er selbst nicht spekulirte, noch weniger ein System schuf, Anlaß und indirekter Urheber des eigentlichen Empirismus, der sich schon ganz deutlich aussprach in seinem jüngern Zeitgenossen Hobbes, und endlich ganz vollendet sich hervorthat im Locke, dessen System eine nothwendige Stufe zu seyn scheint, auf der der menschliche Geist einmal stehn mußte. In England herrscht Locke eigentlich noch jetzt. Baco veranlaßte auch die Stiftung der königlichen Gesellschaft der Wissenschaften in London: und wie er vom Spekuliren zum Experimentiren leitete, und mehr die Naturwissenschaft als die Philosophie hob; so ist es noch ganz in Bacos Geist, daß man in England unter *natural philosophy* [Naturphilosophie] Experimental-Physik und unter *philosophical transactions* [philosophische Abhandlungen], die unphilosophischeste aller Sammlungen, nämlich reine Erzählungen sehr schätzbarer Erfahrungen versteht. – Ueberhaupt können wir seit dem Anfang des 17. Jahrhunderts in Europa zwei verschiedene philosophische Stämme unterscheiden, den Englischen und den Französisch-Teutschen: obgleich sie auf einander wechselseitig einwirkten, so sind sie eigentlich doch getrennt und verschieden und gehn jeder für sich. Den Englischen bilden Baco, Hobbes, Locke, Hume; deren Lehren durchaus im Zusammenhang stehn und im selben Geist sind; wiewohl Hume als Skeptiker die Negative hält. Den Französisch-Teutschen Stamm bilden Cartesius, Mallebranche, Leibnitz, Wolf. – Eigentlich ganz unabhängig von beiden Stämmen, *dem Geiste nach*, wiewohl unter dem Einfluß ihrer Form, stehn zwei Männer am Ende des 16ten und Anfang des 17ten Jahrhunderts in denen unstreitig viel größerer philosophischer Tiefsinn, Ernst und Kraft lebte, als in allen jenen: Jord. Brunus und Bened. Spinoza. Sie gehören nicht ihrem Jahrhundert noch ihrem Welttheil an, die dem einen mit dem Tode, dem andern mit Verfolgung und Schimpf lohnten und denen sie immer fremd blieben. Ihre Geistesheimath war Hindostan, dort waren und sind ähnliche Ansichten zu Hause. Man könnte im Scherz sagen, sie wären Braminenseelen zur Strafe ihrer Vergehungen in Europäische Leiber inkarnirt gewesen. [Hier folgte ursprünglich, mit Tinte wieder ausgestrichen: In Europa glich ihr Daseyn dem der tropischen Pflanzen daselbst ...] Sie haben keine Sekte gestiftet und eigentlich nicht auf den Geist ihrer Zeit noch auf den Gang der Philosophie unmittelbar eingewirkt: die Zeit war nicht reif für sie: Ihnen sollte erst viel später, erst im 19ten Jahrhundert, die gebürende Ehre werden. Beide, sowohl Bruno als Spinoza waren erfüllt und durchdrungen von dem Gedanken, daß so mannigfaltig auch die Erscheinungen der Welt seien, es doch *ein* Wesen sei, welches in ihnen allen erschiene, welches durch sich allein da wäre, sich ungehindert äußerte und außer welchem es nichts gäbe: daher in ihrer Philosophie Gott als Schöpfer keinen Raum findet, sondern die Welt selbst, weil sie durch sich selbst ist, von ihnen Gott genannt wird.

Bruno unterscheidet sehr deutlich das innre Wesen der Welt (die Weltseele) von dessen Erscheinung, die er den *Schatten* und das *Abbild (ombra, simulacro)* jenes nennt; [er] sagt daß das was die Vielheit in den Dingen macht, nicht jenem innern Wesen der Welt zukomme, sondern nur dessen Erscheinung; daß jenes innre Wesen in jedem Dinge der Natur *ganz* wäre; denn es sei untheilbar: endlich daß im Wesen an sich der Welt Möglichkeit und Wirklichkeit dasselbe seien.

Spinoza lehrt im Ganzen dasselbe: er lebte gleich nach dem Bruno; ob er ihn gekannt ist ungewiß, doch höchst wahrscheinlich. Er hatte weniger Gelehrsamkeit, besonders weniger alte Literatur, als Bruno welches sehr zu bedauern ist: denn er bleibt was den *Vortrag*, die Form der Darstellung betrifft, ganz befangen in dem was die Zeit bot, in den Begriffen der Scholastik, in der Demonstrirmethode die er mathematisch nennt, im Gange und den Beweisen des Cartesius, an dessen Philosophie er die seine unmittelbar knüpft. Er bewegt sich daher mit großer Mühe in diesem Apparat von Begriffen und Worten die gemacht waren ganz andre Dinge auszudrücken als er zu sagen hatte, und mit denen er stets kämpfen muß. Bruno hatte auch Kenntniß der *Natur*, die dem Spinoza auch zu fehlen scheint; Bruno stellt alles mit Italiänischer Lebhaftigkeit dar, in Dialogen die großes dramatisches Verdienst haben; Spinoza, der Holländer, bewegt sich schwer und bedächtig in Propositionen, Demonstrationen, Korollarien und Scholien. – Indessen lehren beide ganz dasselbe, sind von derselben Wahrheit, demselben Geist ergriffen, und es ist nicht zu sagen wer tiefer eingedrungen sei, obwohl Spinoza gründlicher, methodischer, ausführlicher zu Werke geht. Er lehrt besonders daß das Eine bestehende Wesen zwei Formen seiner Erscheinung habe, Ausdehnung und Denken, worunter er Vorstellen versteht; sah aber nicht ein, daß die Ausdehnung selbst zur Vorstellung gehört, daher nicht der Gegensaz sein kann.

Mit der *Ethik* steht es bei beiden sehr schlecht: Bruno giebt, so viel ich gefunden, gar keine. Spinoza giebt eine, gut gemeinte, aber sehr schlechte, da durch die gröbsten, plumpsten Sophismen aus Egoistischen Principien reine Moral abgeleitet wird: wie in der Musik falsche Töne viel mehr beleidigen als eine schlechte Stimme; so in der Philosophie Inkonsequenzen, falsche Folgerungen mehr als falsche Principien: Spinozas Moral, vereinigt aber beides: seine einzelnen Sätze über Recht und andre ethische Gegenstände beleidigen das Gefühl jedes denkenden Menschen aufs heftigste. Sonderbar daß er seine Philosophie *Ethica* inskribirt: man pickirt sich immer dessen am meisten, wozu man am wenigsten Anlage hat. –

[Der folgende Teil sollte sich als Ersatz – nicht als Ergänzung – für die geschichtlichen Ausführungen unmittelbar an »alles entwickelt« auf S. 107 unseres Bandes anschließen. Die Verbindung stellte folgende Randnotiz her:] Diese Philosophen fragten also nicht wie überhaupt eine Natur möglich sei, diese ihrer Natur nach vorhergehende Frage warf zuerst Kant nach drittehalb Tausend Jahren auf; sondern sie fragten bloß wie eine so und so beschaffene Natur als diese hier vorhandene ist entstehen konnte: Erst nach 2½ Jahrtausend also, fragte Kant nach einer Erklärung dessen, was die ersten Philosophen als gar keiner Erklärung bedürftig, als das was sich von selbst versteht angenommen hatten. [S. o., S. 107f., wo diese Randnotiz auch als Fußnote dient.]

Ich sagte vorhin daß, nachdem in der alten wie in der neuen Zeit die Philosophie theils *Dogmatismus*, theils *Skeptizismus* gewesen war, deren Krieg durch alle Jahrhunderte gedauert und in den mannigfaltigsten Gestalten sich dargestellt hatte; *Kant* endlich diesen Streit auf immer zu entscheiden unternahm durch eine Untersuchung des Subjekts, der Erkenntnißkräfte, um ein für allemal festzusetzen, was sich, auf dem Wege, den man bisher als den allein möglichen angesehen hatte, leisten lassen könne; dieser Weg bestand aber darin, daß man die Außenwelt, die Objekte, als für sich bestehende schlechthin reale Dinge betrachtete und dennoch nach Grundsätzen die vor aller Erfahrung gewiß wären entscheiden wollte, wie ein für alle Mal solche Dinge beschaffen seyn müßten: Das nannte man *Ontologie*. Kant zeigte daß eben weil man vor aller Erfahrung über ihre Beschaffenheit urtheilen könne, sie keine *Dinge an sich* wären; sondern *Erscheinungen*. Und diese Wahrheit, daß eben *weil* wir über die Beschaffenheit der die vorhandene Welt ausmachenden Dinge, das Allgemeinste durchaus vor aller Erfahrung, d. i. *apriori* wissen, diese Dinge selbst schlechterdings nur *Erscheinungen* sind, nicht *Dinge an sich*, nicht so *wie* sie erscheinen für sich bestehende Wesen, und der hieraus entspringende Unterschied zwischen Erscheinung und Ding an sich: – ist der Kern der ganzen Kantischen Philosophie, die Erkenntniß davon ist der Geist derselben. Er [Kant] führte aber bei dieser Gelegenheit die Philosophie so sehr von der Außenwelt in die Innenwelt zurück, warf ein so helles Licht in das Subjekt alles Erkennens, zeigte eine so große Bedeutsamkeit des Subjekts im Verhältniß zu allem möglichen Objekt; – daß sich der Philosophie ein ganz neuer Weg, eine neue Sphäre eröfnete, die bis dahin unbekannt geblieben, ja die Kant selbst noch nicht erblickte, weil seine Kräfte, so ganz außerordentlich sie auch waren, durch das was er geleistet, ihr

Maas erfüllt sahen; so daß er, weil er nicht zum zweiten Mal jung werden und einen neuen Anlauf nehmen konnte, zwar die Menschheit um ein großes weiter brachte, jedoch auf einen Punkt auf welchem sie nicht auch nur einige Jahre hindurch stille stehn konnte, sondern sogleich das Bedürfniß fühlte weiter zu gehn, den ersten besten die sich darboten sich als ihren Führern anvertraute, sie als große Propheten ausschrie, aber das Geschrei auch wieder verhallen ließ und die sonderbare Periode zahlloser Ausgeburten, ephemerischer, zum Theil monstroser Erscheinungen erlebte, welche die Geschichte der Philosophie dieser letzten 30 Jahre ausmachen. Dieses Alles beweist, daß Kant nichts weniger leistete als was er vermeinte, eine endliche Entscheidung aller metaphysischen Streitigkeiten, und einen endlichen Ruhepunkt der Philosophie; sondern ganz im Gegentheil eröfnete er eine neue Bahn, die so einladend war, daß Unzählige sie betraten, ohne daß einer mit dauerndem Glück und sichtbarem Gewinn sie gegangen wäre.

Wie wichtig, wie inhaltsreich Kants Schriften seyn müssen, können Sie schon aus dem Angeführten abnehmen: daher ich Jedem das Studium derselben empfehle. Wer es ernstlich treibt und fähig ist einzudringen wird, wie ich Ihnen schon neulich sagte, einen ganz andern Blick in die Welt erlangen, die Dinge in anderm Licht sehn, er wird sich [seiner] und der Dinge mit mehr Besonnenheit bewußt seyn und merken, daß die Erscheinung nicht das Ding an sich ist. – Da ich in dem was ich Ihnen vortrage von Kant ausgehe; so wird wer dessen Philosophie studirt hat, mich viel leichter und vollständiger fassen. Jedoch darf ich bei meinem Vortrag die Kantische Philosophie nicht voraussetzen, vielmehr werde ich die Hauptlehren derselben in jenen aufnehmen und ausführlich darstellen. Viele Lehren Kants habe ich unrichtig befunden und in einer Kritik seiner Philosophie dies dargethan. [Fußnote: »*Kritik der Kantischen Philosophie*«, Anhang zur »Welt a. W. u. V.« [WI]] Die Hauptlehren welche ich beibehalten, sind grade die einfachsten, deren Darstellung keine große Weitläuftigkeit erfordert, daher ich sie desto leichter einweben kann. Jedoch wird immer der Vieles voraus haben, der durch Studium der eigenen Schriften Kants, die ganz eigene, unglaubliche wohlthätige Einwirkung seines außerordentlichen

Geists unmittelbar empfangen hat. (Hauptschriften.) – Nun aber wieder um Kant *ganz und gar* zu verstehn, ist es von großem Nutzen, ja nothwendig, seine Vorgänger zu kennen, einerseits Leibnitz und Wolf; andrerseits Locke und Hume. Erst nachdem man, durch Kant auf einen viel höhern Standpunkt gestellt, nun mit Superiorität gerüstet zu diesen Lehrern des vorigen Jahrhunderts zurückkehrt, sieht man wo sie eigentlich fehlten, erstaunt wie sie so große Dinge, so starke Unterschiede übersehn konnten, und indem man nun aus ihnen lernt wohin jenes Uebersehn, jene Fehltritte führen, versteht man den Kant selbst sehr viel besser als vorher und ermißt zugleich die ganze Größe seines Verdienstes. Einen ganz ähnlichen Nutzen gewährt nun durchweg das Studium der Geschichte der Philosophie: – Es ist eine Geschichte von Irrthümern; aber sie sind überall mit Wahrheiten vermischt und diese Wahrheiten lernt man vollständiger und gründlicher kennen nachdem man sich darin geübt hat, sie von so verschiedenen Irrthümern, mit denen sie, zu verschiednen Zeiten, eng verknüpft auftreten, herauszusondern, abzuscheiden.

Leider ist mir nicht vergönnt die Geschichte der Philosophie mit Ihnen zu durchgehn. Ich muß in den unserm Zusammenseyn gewidmeten Stunden mich bestreben Ihnen nicht mein Studium, sondern die Resultate meines Studiums und meines Denkens mitzutheilen; das Beste was ich vermag ist Sie auf den Standpunkt zu stellen auf welchem ich selber stehe; ich kann Ihnen aber nicht zeigen, was Alles vorhergehn mußte, ehe es überhaupt möglich war dahin zu gelangen. – Jedoch werde ich, bei manchen Anlässen, die Gelegenheit benutzen einige Philosopheme aus berühmten Systemen zu erläutern, da nämlich wo wir auf einem Standpunkt stehn, von dem aus sie besonders deutlich werden sowohl was das Wahre in ihnen, als was den Ursprung und die Auflösung des Irrthums in ihnen betrifft. [Darauf die Notiz: (Von hier zu No. I, wo die Zahl mitten zwischen den Columnen steht.) [S. 126 ff.]]

CAP. 1.
Vom Objekt und Subjekt.

Die vollkommne Philosophische Besonnenheit ist der Punkt auf welchem man stehn muß, damit es überhaupt möglich sei, daß man zu einer adäquaten Erkenntniß vom Wesen der Welt gelangen könne, indem man dieses Wesen von seiner Erscheinung rein sondert, das Wesen selbst und dessen Erscheinung jedes für sich erkennt: jene Philosophische Besonnenheit nun, tritt ein mit dem deutlichen Verständniß und der ernstlichen Anerkennung des Satzes: »*Die Welt ist meine Vorstellung*«. Man muß inne werden, daß die Welt nur als eine Erkenntniß da ist und somit abhängig vom Erkennenden welches man selbst ist. Das Seyn der Dinge ist identisch mit ihrem Erkanntwerden. Sie sind, heißt: sie werden vorgestellt. – Sie meinen, die Dinge der Welt wären doch da, auch wenn sie niemand sähe und vorstellte. Aber suchen Sie nur einmal sich deutlich zu machen was für ein Dasein der Dinge dies wäre. Sobald Sie das versuchen stellen Sie immer die Anschauung der Welt in einem Kopfe vor, nie aber eine Welt außer der Vorstellung. Sie sehn also daß das Seyn der Dinge in ihrem Vorgestelltwerden besteht. Sie können sagen: »Der Ofen steht da, auch wenn ich fortgehe und ihn nicht mehr sehe.« Freilich vom Individuo ist das Objekt nicht abhängig: aber vom Subjekt des Erkennens überhaupt: die Art des Daseins eines Objekts ist durchaus ein Dasein in der Vorstellung; daher ist es immer nur in Bezug auf ein Vorstellendes, ein Subjekt überhaupt; es bedarf eines Subjekts als eines Trägers seines Daseins. Welches Individuum dies Subjekt sei, ist gleichviel: das Subjekt ist nicht das Individuum, sondern stellt sich nur in Individuen dar. Der Ofen ist und bleibt da, auch wenn gar Niemand gegenwärtig ist; aber dieser Raum, den er einnimmt ist ein nothwendiger Theil des gesammten Raumes; und die Zeit wo er da steht, ohne daß ihn jemand sieht, ist ein Theil der gesammten Zeit, nothwendig mit dieser verknüpft: nun aber ist die gesammte Zeit und der gesammte Raum nur da in der Vorstellung: also auch was nur in Raum und Zeit da ist. Man muß sich sagen: »Mein Kopf ist zwar im Raum; aber der Raum mit allem was er befaßt ist doch nur in meinem Kopf.« Und dies muß man nicht nur etwa als ein witziges Paradoxon zugeben, sondern eine lebendige Erkenntniß und innige Ueberzeugung davon haben: sonst steht man nicht auf dem Punkt der philosophischen Besonnenheit. Sie müssen bedenken daß alles das, dessen Sie sich unmittelbar und mit einem Schlage bewußt sind, so unmittelbar daß Sie Ihr Bewußtseyn gar nicht daron haben können, daß dieses eben auch nur in Ihrem Bewußtsein existirt d. h. Ihre Vorstellung ist: und dies ist der Fall mit dem Raum, folglich auch mit den räumlichen Objekten als solchen. Man muß sich deutlich machen daß die ganze Außenwelt ihrem Daseyn nach durchweg und unausweichbar von einer Bedingung abhängt, welche das Erkennende, das Subjekt, ist. Glauben Sie etwa eine Sonne, eine Erde zu erkennen, wie diese dasind, an und für sich? Glauben Sie von einem solchen Daseyn derselben nur irgend eine Vorstellung zu haben? – Das wäre sehr irrig. Sie haben bloß die Vorstellung von einem Auge, das eine Sonne sieht. Ein solches Auge kennen Sie; eine Sonne nimmermehr. Mit dem Auge verschwindet auch die Sonne, die Erde, die Welt. Zu sagen, sie wären noch da, auch wenn sie keiner wahrnehme, ist eine leere Rede, ohne Sinn und Bedeutung: denn ein solches Daseyn einer objektiven Welt ohne ein Subjekt in dessen Erkenntniß sie da ist, ist etwas völlig unvorstellbares, ist ein Ausdruck, der sich selbst aufhebt. Die Welt ist Vorstellung: und Vorstellung setzt ein Vorstellendes voraus. Was wir Daseyn nennen, heißt Vorgestelltwerden: solches Daseyn ist also durchgängig mit einer Bedingung behaftet, dem Subjekt, für welches es allein da ist. Unter dieser Bedingung steht nicht nur das Gegenwärtige, sondern auch alles Vergangene, alles Zukünftige, das Ferne wie das Nahe: denn Raum und Zeit selbst, in denen allein sich dieses alles unterscheidet stehn unter jener Bedingung. Der philosophische Ausdruck für diese Wahrheit ist der Satz »kein Objekt ohne Subjekt«. Er läßt sich auch umkehren: denn da wir unter Subjekt nur das Erkennende, das Vorstellende als solches verstehn, so erhellt von selbst, daß es als solches nur denkbar ist, sofern es Vorstellungen, d. h. Objekte hat. Diese Wahrheit, kein Objekt ohne Subjekt, oder die objektive Welt ist Vorstellung, ist, so einleuchtend sie ist, erst vor etwa 100 Jahren bestimmt und deutlich und rein ausgesprochen von George Berkeley, einem Bischofe in Irrland. Zwar hatte man vorher die Sache selbst wohl bemerkt, und Zweifel über die Realität der Außenwelt darauf gebaut, aber eben durch absurde Anwendungen und Folgerungen die Sache mehr als einen skeptischen Fechterstreich angesehn, denn als eine objektive Wahrheit: so besonders Kartesius. Berkeley stellte es aber als philosophischen Satz auf; er hat sich dadurch ein unsterbliches Verdienst erworben. Kant ist ungerecht gegen ihn: und sein erster Fehler war die Vernachlässigung dieses Satzes. Berkeley's übrige Philosophie besteht indessen hauptsächlich darin daß er die Philosophie seiner Zeit mit jenem Satz in Uebereinstimmung zu bringen suchte. So daß sein Verdienst eben auch nicht viel weiter geht, als jener Satz und dessen Erläuterung und Vertheidigung. Er hat ihn indessen recht schön, mit eigener Ueberzeugung und daher mit Ueberzeugungskraft ausgeführt und gegen Einwendungen vertheidigt, besonders im *Three Dialogues between Hylas and Philonous.* – Works Lond. 1784. 2 Vol. 4°. – Teutsch Werke Leipz. 1781. – Da Berkeleys Philosophie im Ganzen keinen Eingang fand; so haben nach wie vor ihm die Philosophen ein Objekt ohne Subjekt angenommen, ein Objekt an sich, eine Körperwelt deren Seyn nicht ein Seyn in der Vorstellung ist, wie es doch für uns allein denkbar, sondern außer der Vorstellung, ein Unding wovon man reden, was man aber eigentlich nicht denken kann. Selbst Kant schreibt zwar Raum Zeit und die ganze Erscheinungsart des Objekts dem Subjekt zu, läßt aber als Ding an sich ein Objekt übrig, ohne genügende Rechenschaft darüber woher er es kennt: welches eben die schwache Seite seiner Philosophie war auf welche die Skepsis siegreiche Angriffe machte.

Wenn wir nun also, von dem Satz Kein Objekt ohne Subjekt ausgehend, die Welt ihrem ganzen Inhalt nach für bloße Vorstellung des Subjekts, welches wir selbst sind, erklären und uns diesem Ausspruche nicht entziehn können, so regt sich dabei doch ein gewisses Widerstreben, welches ankündigt, daß diese Betrachtung doch nur eine einseitige seyn kann, auf einer willkürlichen Abstraktion beruhn muß, da Jeder sich sehr fest bewußt ist, daß die Welt noch weit mehr als seine bloße Vorstellung ist; wenn er gleich nicht zu sagen weiß was; hingegen wohl einsieht, daß mit dem Subjekt auch das Objekt aufgehoben wäre, also zugeben muß daß das Vorstellende die Bedingung einer objektiven Welt ist und für alle Ewigkeit bleibt. – Allerdings stehn wir mit unserm Satz auf einem ganz einseitigen Standpunkt: aber derselbe ist nöthig, da wir nicht alles auf einmal befassen können: wir werden diese Betrachtung später durch eine ganz andre ergänzen und eben dadurch alsdann das wahre Wesen der Welt erkennen. Für jetzt aber ists nöthig denselben einseitigen Standpunkt beizubehalten, die Welt bloß von der Seite ihrer Erkennbarkeit zu betrachten, und sie demnach mit allem was sie enthält, Objekt des Subjekts, bloße Vorstellung zu nennen. Dasjenige was Alles erkennt und von keinem erkannt wird, ist das *Subjekt*. Es ist das nothwendige Korrelat des Objekts, mit dessen Wegnahme auch dieses wegfällt. Es ist folglich der Träger der Welt, die durchgängige stets vorausgesetzte Bedingung alles Erscheinenden, alles Objekts: denn nur für das Subjekt ist, was nur immer da ist. Als dieses Subjekt nun, findet jeder sich selbst, jedoch nur sofern er erkennt, nicht sofern er selbst Objekt der Erkenntniß ist. Objekt ist aber schon sein Leib, denn dieser ist nicht das Erkennende, sondern schon ein Theil des Erkannten, ist Objekt, folglich müssen wir, so schwer uns hier auch unsere Einseitigkeit wird, auch ihn eine bloße Vorstellung nennen. Denn er ist ein Theil der objektiven Welt, ist Objekt unter Objekten und den Gesetzen der Objekte unterworfen. Er liegt wie alle Objekte der Anschauung in den Formen alles Erkannten, in Zeit und Raum welche wir nun bald näher betrachten werden. Was ihn jedoch in Beziehung auf das Subjekt von allen andern Objekten unterscheidet, nämlich daß er unmittelbares Objekt ist, dessen Erkenntniß die der andern Objekte erst vermittelt, werden wir ebenfalls bald ausführlich in Betrachtung nehmen. – Das Subjekt hingegen, das Erkennende, nie Erkannte, liegt auch nicht in jenen Formen die bloß dem Erkannten, dem Objekt zukommen, nämlich Zeit und Raum, denn diese so gut als das Objekt, das in ihnen erscheint, setzen schon das Subjekt voraus, in dessen Erkenntniß sie ja bloß dasind. Die Vielheit aber ist nur mittelst des Nebeneinander und Nacheinander, also nur mittelst Zeit und Raum: also kommt dem Subjekt der Erkenntniß weder Vielheit noch deren Gegensatz Einheit zu. Wir erkennen es nimmer; sondern es eben ist es das erkennt, wo nur erkannt wird.

Wir sehn also daß die Welt als Vorstellung (in welcher Hinsicht wir sie hier allein betrachten) zwei wesentliche, nothwendige und untrennbare Hälften hat. Die eine ist das Objekt, dessen Form ist Raum und Zeit, in und mittelst dieser aber die *Vielheit*. Also das Objekt stellt sich dar als ein Vieles: es giebt viele Objekte. Die andre Hälfte aber, das Subjekt, liegt nicht in Zeit und Raum: denn diese sind nur Formen darin sich das Vorgestellte, das Erkannte darstellt: das Subjekt aber wird gar nicht erkannt; sondern es *erkennt:* daher das Subjekt als solches nicht Raum und Zeit zur Form hat: und ohne diese kann es kein Nach- und Nebeneinander folglich keine Vielheit geben: es giebt daher nicht eine Vielheit von Subjekten des Erkennens, obgleich es viele Individuen giebt: denn die Individuen sind schon das Erkannte, in Raum und Zeit vorhandene, das Objekt: das Subjekt selbst ist nur das Erkennende schlechthin: daher ist es ganz und ungetheilt in jedem vorstellenden Wesen: jedes derselben ist nicht ein Theil, sondern das *ganze* Subjekt: daher kann ein einziges derselben, ganz allein eben so vollständig als die vorhandenen Millionen mit dem Objekt die Welt als Vorstellung ergänzen. Verschwände aber auch jenes einzige vorstellende Wesen, so wäre mit ihm auch alles Objekt verschwunden; die Welt als Vorstellung wäre nicht mehr. Sobald wir also die Welt als Vorstellung stehn lassen, so sind diese beiden Hälften derselben zusammen da und sind ganz unzertrennlich selbst für den Gedanken: da das Subjekt weiter nichts ist als das, welches das Objekt vorstellt, und das Objekt weiter nichts als die Vorstellung jenes Subjekts. Jedes dieser beiden hat also Dasein und Bedeutung nur durch und für das andere, ist mit ihm da und verschwindet mit ihm. – Beide Hälften begränzen sich unmittelbar: wo das Objekt anfängt hört das Subjekt auf. Das Erkannte oder die Erkenntniß hört auf, wo das Erkennende anfängt: und alles was erkannt wird ist nicht mehr das Erkennende. [Schopenhauer verweist hier auf Zusätze zu seinem Handexemplar der 1. Auflage der »Welt als

Wille und Vorstellung« (1819), die er später im zweiten Band seines Hauptwerkes (1844) aufgenommen hat. Lediglich folgende Randnotiz ist nicht aufgenommen: Die Materie ist selbst nur eine Art der Erkenntniß.]

CAP. 2.
Von der anschaulichen Vorstellung.

Von ihrer Form: d. i. von Raum und Zeit.

Alle unsre Vorstellungen lassen sich allgemein eintheilen in anschauliche und in bloße gedachte, oder in intuitive und abstrakte, in Bilder und in Begriffe. Der Unterschied ist sehr bestimmt und sehr groß. Es giebt noch eine andre Eintheilung aller möglichen Vorstellungen, d. i. Objekte des Subjekts, in vier Klassen. Davon aber werde ich erst viel später reden. Für jetzt aber betrachten wir ausschließlich die Anschauliche Vorstellung im Gegensatz der abstrakten von welcher wir nach diesem handeln werden. Alles anschauliche Objekt steht da im Raum und in der Zeit. So groß auch die Verschiedenheiten der Objekte seyn mögen, so ist doch dieses ihnen allen gemein. Daher nennen wir Zeit und Raum die Formen des Objekts als solchen, oder, welches einerlei, die Formen unsrer Vorstellungen, folglich unsre Anschauungsweise, Formen der uns möglichen Erkenntniß. Wir [»Wir« bis »geben« (Ende des Unterkapitels) ist mit Bleistift fein durchgestrichen, sollte also in der »Dianoiologie« ausgelassen werden] haben also gefunden daß die Welt als Vorstellung zur allgemeinsten Form hat Subjekt und Objekt, das Zerfallen in zwei zwar ganz verschiedene, aber schlechthin untrennbare Hälften, Vorstellung und Vorstellendes. Da das Subjekt als solches nie erkannt wird, so kann es auch als solches weiter keine Formen haben. Als Formen des Objekts aber finden wir Zeit und Raum, welche also jener ganz allgemeinen Form der Welt als Vorstellung, nämlich Objekt und Subjekt, untergeordnet sind, als Formen des Objekts allein.

Da nun aber das Subjekt erst da aufhört, wo das Objekt anfängt, alles Objekt aber in jenen seinen allgemeinsten Formen eingeschlossen ist; so ist überall der erste, der nächste Berührungspunkt des Subjekts mit dem Objekt, eben jene Formen, Raum und Zeit. Es ist einerlei ob wir sagen: das Objekt kann nur in diesen Formen daseyn; oder das Subjekt kann nur mittelst dieser Formen erkennen. Denn sie liegen, als der untheilbare Berührungspunkt, als die unausgedehnte Gränze zwischen Subjekt und Objekt. Jenseit dieser Gränze liegt das Erkennbare, das Objekt; diesseit das Erkennende, nicht Erkennbare, das Subjekt. Ist dem aber so, so kann die Beschaffenheit dieser Formen Raum und Zeit, dieser Gränze, die nähere Bestimmung ihres Wesens, nicht abhängen von der besondern Beschaffenheit dieser oder jener Objekte die sich darstellen, sondern muß ein für allemal bestimmt seyn als die Beschaffenheit der Objekte als solcher, gleichviel welches übrigens die Objekte sind die in ihnen sich darstellen werden. Raum und Zeit bleiben die Formen des *Objektseyns* als solchen, d. h. des für ein Subjekt daseyns, d. h. des Erkanntwerdens. Hieraus aber folgt, daß das Subjekt zur Erkenntniß jener nähern Beschaffenheit besagter Formen, nicht der speciellern Erkenntnisse der in ihnen erscheinenden Objekte bedarf; sondern jene Formen erkennt, nicht erst sofern es diese oder jene bestimmte Objekte in ihnen erkennt, sondern schon sofern es ein Objekt überhaupt hat, d. h. sofern es überhaupt erkennt, d. h. sofern es Subjekt ist. Also muß das Subjekt die nähern Bestimmungen, die Gesetzmäßigkeit jener Form ganz aus sich selbst vor aller besondern Erkenntniß, also vor aller Erfahrung, d. h. *a priori* und nicht erst *a posteriori*, erkennen. Zeit und Raum und die ganze Gesetzmäßigkeit derselben müssen also schon in unserm Bewußtsein als solchen liegen und demnach völlig *apriori* von uns bestimmt werden können. Wir haben hier nun dieses abgeleitet aus dem Verhältniß welches Subjekt und Objekt zu einander haben, aus ihrem nothwendigen Bedingtsein durch einander, aus ihrem völligen Erfüllen und gegenseitigen sich Ergänzen zur Welt als Vorstellung, endlich aus der Gemeinschaftlichkeit der Gränze die sie dem zu folge mit einander haben müssen. – Dieses Resultat hat nun aber als Thatsache zuerst aufgefunden und entdeckt, und demzufolge nachgewiesen Kant, von dessen Verdienst ein großer Theil eben hierin liegt.

Wir wollen diese faktische Nachweisung jetzt nach seinem Vorgange geben.

Von der Erkenntniß *apriori*.

Etwas *a priori* erkennen heißt *vor* der Erfahrung, dem Experiment, dem Versuch, *wissen*, daß es so seyn werde: hingegen es erst nach der Erfahrung, Versuch, wissen, heißt es *a posteriori* erkennen. Wenn wir irgend eine Regel als schlechthin nothwendig und als durchaus allgemeingültig erkennen; so haben wir sie nicht aus der Erfahrung geschöpft. Denn Erfahrung lehrt nie mehr als daß etwas so sei; sie kann nicht lehren daß es durchaus so seyn müsse und nicht auch anders seyn könne: also nicht daß es *nothwendig* so sei. Erfahrung nämlich kann einen einzelnen Fall, sie kann sehr viele Fälle geben; aber nimmermehr eine Totalität aller Fälle: denn das Ende der Erfahrung ist nie da. Folglich kann sie lehren daß alle bisher gesehnen Fälle einer Regel gemäß ausgefallen sind, aber nie daß alle möglichen, irgendwann und irgendwo sich ereignenden Fälle jener Regel gemäß ausfallen müssen, folglich kann sie nie eine durchaus und ohne Möglichkeit einer Ausnahme allgemeingültige Regel geben. Finden wir nun aber im Vorrath unsrer Erkenntnisse einige Regeln denen wir strenge *Nothwendigkeit* und *Allgemeingültigkeit* ohne alle Ausnahme zuerkennen; so können wir solche nicht aus der Erfahrung abstrahirt haben, sondern sie müssen unabhängig von der Erfahrung, also *vor* aller Erfahrung d. h. *a priori* unserm Bewußtseyn angehört haben; da hingegen alle Erkenntnisse denen solche strenge Nothwendigkeit und völlige Allgemeingültigkeit (welches beides immer zugleich vorhanden ist) nicht zukommt, erst durch die Erfahrung also *a posteriori* in uns gekommen sind. Es giebt zwar eine komparative Apriorität der Kenntnisse; wenn Einer stählerne Dinge Tag und Nacht im Freien liegen läßt und sie verrosten, so sagen wir, das hätt' er *apriori* wissen können: d. h. aber nur nach einer aus vielen Erfahrungen abstrahirten Regel, ohne für diesen Fall auf eine besondre Erfahrung zu warten. Aber selbst solche komparative Apriorität wäre nicht möglich ohne eine absolute, des Gesetzes der Kausalität überhaupt, welches die Möglichkeit nothwendiger Regeln für bestimmte Fälle giebt. Besagte Erkenntnisse nun, die Allgemeingültigkeit und strenge Nothwendigkeit haben, falls es solche giebt, müssen, wie alle Erkenntnisse, sich zwar auf Objekte, also auf Erfahrung beziehn, vermöge ihrer Allgemeingültigkeit aber von aller möglichen Erfahrung gelten, oder die *Möglichkeit der Erfahrung* überhaupt ausdrücken. Sie müssen das ausdrücken, was nicht diesem oder jenem Objekt zukommt und von dessen Beschaffenheit abhängt, sondern was allem Objekt als solchem, d. h. sofern es Objekt ist zukommt, d. h. sofern es vom Subjekt erkannt wird. Sie müssen daher die Bedingungen seyn unter denen das Subjekt allein das Objekt vorstellen kann; d. h. sie müssen die Vorstellungsweisen, die Erkenntnißformen des Subjekts seyn. Wir wollen nun sehn, ob es dergleichen Erkenntnisse giebt.

1) Würden wir auf irgend eine Weise belehrt, daß die ganze Weltgeschichte falsch und erlogen sei, alle jene Begebenheiten sich nie zugetragen hätten; so können wir uns dies als möglich denken, können jene bisher vorgegebene Vergangenheit, ihrer Beschaffenheit nach, als nie dagewesen denken, sie völlig wegdenken; nicht so aber die *Zeit* in welcher alle jene Begebenheiten sich zugetragen haben sollen: die *muß* dagewesen seyn, gleichviel womit sie erfüllt, oder gar völlig leer gewesen: sie läßt sich nicht wegdenken: ihre Erkenntniß hängt also von keiner Erfahrung ab. – 2) Wir können von einem Körper den wir sehen alle seine Eigenschaften wegdenken, seine Farbe, Härte, Weiche, Schwere, Undurchdringlichkeit, also den ganzen Körper wegdenken; – zuletzt aber bleibt uns immer der jetzt leere Raum desselben und den können wir schlechterdings nicht wegdenken. Die Erkenntniß des Daseyns des Raums hängt also nicht ab von der der Dinge im Raum, also nicht von der Erfahrung: wohl aber umgekehrt: denn wenn wir keinen Raum vorstellen; so können wir keine ausgedehnten Dinge vorstellen. – 3) Haben wir eine Veränderung wahrgenommen, ist etwa ein Stein vom Himmel gefallen; so kann möglicherweise uns gezeigt werden, daß er nicht vom Mond herabgeschleudert, nicht durch einen chemischen Proceß in der Luft konkrescirt ist, also daß dieses oder jenes nicht die Ursache seines Falles gewesen; aber nie wer-

den wir zugeben, daß sein Herabkommen ohne alle Ursache geschehen: wir werden mit einer völligen und unumstößlichen Gewißheit annehmen daß irgendwo eine Veränderung sich zugetragen hat, durch welche ganz allein jenes Herabkommen des Steins *bewirkt* worden. Also dreierlei, das Daseyn des Raums und der Zeit, das Vorhergehn einer Ursach bei jeder gegebnen Wirkung erkennen wir mit Nothwendigkeit und als allgemeingültig, keine Ausnahme zulassend. In der That ist alle unsre Kenntniß *apriori*, sofern sie sich auf *anschauliche Objekte*, nicht auf bloße *abstrakte Begriffe* bezieht, auszusprechen als Raum Zeit und Kausalität, wir werden sogar finden daß diese sich auf einen gemeinschaftlichen Ausdruck zurückführen lassen: davon aber ganz zuletzt. Man kann die Erkenntniß *apriori* auch beschreiben oder definiren als diejenige von der das Allgemeine dem besondern vorhergeht, statt daß es bei der Erkenntniß *aposteriori* umgekehrt ist; auch so daß bei der Erkenntniß *apriori* das Besondre abhängig ist vom Allgemeinen; bei der *aposteriori* umgekehrt. Zuvörderst habe ich zu zeigen wie weit sich diese unsre Erkenntniß *a priori* erstreckt, nämlich nicht nur auf das Daseyn, sondern auch auf die ganze Beschaffenheit und Gesetzmäßigkeit des Raums und der Zeit, eben so auch wie weit die vom Gesetz der Ursach und Wirkung sich erstreckt: zugleich habe ich Ihnen die unbezweifelbare Gewißheit nachzuweisen, daß jene unsre Erkenntnisse wirklich *apriori* in uns liegen und nicht nur der Erfahrung entlehnt sind; was durch das bisherige nur ganz vorläufig geschehn.

Von analytischen und synthetischen Urtheilen.

Obgleich ich die abstrakte Erkenntnißart, d. i. diejenige durch Begriffe, Urtheile und Schlüsse erst dann abhandeln werde, wenn wir mit der anschaulichen die uns jetzt ganz allein beschäftigt, fertig seyn werden; so brauche ich doch nicht vorauszusetzen daß Sie nicht sollten eine, wenn auch nur ganz allgemeine und unvollständige Kenntniß davon haben, was ein Begriff, ein Urtheil überhaupt sei. Da ich nun zu der Untersuchung über den Ursprung unsrer Erkenntniß theils *apriori* theils *a posteriori* unsre Aussage über das Erkannte, also die Urtheile darüber zu Hülfe nehmen muß; so muß ich auch insofern anticipiren und jene vorläufige Kenntniß von Begriffen und Urtheilen die ich sicher bei Ihnen voraussetzen kann in Anspruch nehmen.

Man unterscheidet im Urtheil, d. i. in der Aussage, Subjekt und Prädikat d. i. dasjenige von dem ausgesagt wird und dasjenige was von ihm ausgesagt wird. Beides Begriffe. Sodann die *copula*. Nun ist die Aussage entweder bloße Zergliederung (Analysis) oder Hinzusetzung (Synthesis); welches davon abhängt ob das Ausgesagte (Prädikat) schon im Subjekt der Aussage mit gedacht war, oder erst in Folge der Aussage hinzugedacht werden soll. Im ersten Fall ist das Urtheil analytisch, im zweiten synthetisch. Alle Definitionen sind analytische Urtheile.

Z. B.
Gold ist gelb ⎫
 "   " schwer ⎬ analytisch
 "   " duktil ⎭
Gold ist ein chemisch einfacher Stoff: *synthetisch*
[Daneben am Rand:
Gold ist das höchste Gut der Meisten
 "   " das Problem der Alchymie
Wein ist gegorner Traubensaft
 "   " von Kaiser Probus zuerst in Teutschland gepflanzt.]
Ein gleichseitiger Triangel hat drei gleiche Seiten: *analytisch*
 "   "   "   "   "   "   Winkel: *synthetisch*
 "   "   " kann keinen rechten Winkel haben:
                                                synthetisch
Ein Körper ist ausgedehnt, undurchdringlich: analytisch
 "   "   " schwer: synthetisch.

Vieles dabei ist offenbar subjektiv-relativ weil es darauf ankommt wie viele Prädikate dem Hörer vom Subjektbegriff schon bekannt sind und was er demgemäß beim Subjekt denkt: daher dem einen das Urtheil
»Gold ist 19 Mal so schwer als Wasser«

synthetisch, dem Chemiker aber analytisch seyn kann, weil dies zu den Merkmalen gehört die er als dem Golde wesentlich denkt.

Inzwischen ist soviel gewiß daß in jedem Urtheil die Kenntniß vom Subjektbegriff entweder bloß verdeutlicht wird, durch Auseinandersetzung *explicite* des *implicite* darin gedachten, oder erweitert: demnach ist es analytisch oder synthetisch. Erfahrungsurtheile sind immer synthetisch: denn es wäre ungereimt ein analytisches Urtheil auf Erfahrung gründen zu wollen; weil man wo im Subjektbegriff das Prädikat schon gedacht ist, nicht erst das Zeugniß der Erfahrung bedarf um das Urtheil zu begründen. »Wasser ist flüssig«. »Ein Körper nimmt einen Raum ein«. Man braucht bei solchem Urtheil nur nach dem Satz vom Widerspruch das Prädikat aus dem Subjekt zu entwickeln ohne Erfahrung zu Hülfe zu nehmen. Insofern ist also jedes analytische Urtheil immer *a priori:* denn es wartet nicht auf die Erfahrung um dadurch begründet zu werden, sondern hat seinen Grund im Subjektbegriff: und alle Objekte der Erfahrung die durch diesen Begriff gedacht werden, müssen so seyn wie das Urtheil aussagt; eben weil die Aussage im Begriff liegt. »Ein Baum hat Stamm, Wurzel und Krone.« (Denn sonst ist er kein Baum.) Wollen wir also nicht bloß analytisch urtheilen, wodurch allemal unsre Erkenntniß bloß verdeutlicht wird; sondern synthetisch, wo etwas Neues zu unsrer Kenntniß hinzukommt, so müssen wir, um das Urtheil zu begründen, das Gebiet des bloßen Denkens verlassen und zur Anschauung zurückgehn, in der Anschauung dem Urtheil seinen Grund nachweisen: ist nun diese Anschauung Erfahrung, so geht diese Erfahrung dem Urtheil *vorher*, nicht umgekehrt, also urtheilen wir dann nicht *a priori* sondern *a posteriori:* also alle Erfahrungsurtheile sind synthetische und zwar *a posteriori*.

Wir sahen daß *a priori*, oder vor aller Erfahrung zu urtheilen nicht schwer ist, wenn das Urtheil analytisch: aber dann vermehrt es nicht die Erkenntniß, sondern entwickelt nur den Begriff, verdeutlicht höchstens die Erkenntniß. Wie aber wenn es möglich wäre *vor* aller Erfahrung [Daneben am Rand, mit Bleistift durchgestrichen: und doch in Bezug auf Erfahrung ...], also *a priori*, doch synthetisch zu urtheilen, so daß die Erfahrung dem Urtheil nachfolgte und doch ihm gemäß ausfallen müßte? Dann müßte eine andre Anschauung als die empirische dem Urtheil vorhergehn [Daneben am Rand, mit Tinte durchgestrichen: denn so wie die empirische Anschauung es ohne Schwierigkeit möglich macht daß wir einen Begriff den wir aus der Erfahrung gewonnen haben, durch neue Prädikate erweitern ...]: und von dieser andern Anschauung müßte die empirische in sofern abhängig seyn, daß sie immer jener gemäß ausfiele und das *apriori* aus jener gefällte Urtheil allemal bestätigte. Jenes ist aber allerdings möglich. Z. B. »Zwei grade Linien schließen keinen Raum ein« ist nicht analytisch, denn im Begriff von zwei graden Linien liegt nimmer u.s.w., [Daneben am Rand, mit Tinte durchgestrichen: In einem Triangel können nicht zwei rechte Winkel seyn.] ist also synthetisch: *a posteriori*? durch Erfahrung? nimmermehr. Denn erstlich hat es wohl schwerlich jemand von Ihnen versucht, und doch weiß es Jeder: und wäre es versucht, so könnten die Versuche nie zu einer so schlechthin nothwendigen und ohne Ausnahme geltenden Gewißheit führen: man könnte nur sagen »*bisher*«, »mit Linien von dieser Länge, diesem Verhältniß zueinander«, nimmermehr aber nothwendig und allgemein.

$7 + 5 = 12$ synthetisch. Der Begriff $7 + 5$ enthält bloß die Vereinigung beider Zahlen zu einer einzigen, aber wahrlich nicht welches diese sei, sonst wäre die Addition der größten Summe sehr leicht. Also muß man aus dem Begriff hinausgehn zu einer Anschauung: diese aber ist nicht die der Erfahrung: denn jeder arithmetische Satz ist *apriori*, nicht *aposteriori*, hat nothwendige und allgemeine Gültigkeit für alle Erfahrung, die Gegenstände von welchen die Zahlen gelten sollen mögen seyn, welche sie wollen. Das Zählen ist ein Anschauen in der bloßen Zeit, ein intuitives Wahrnehmen der Succession: man erleichtert es sich durch Unterlegen empirischer Anschauungen; die Finger, Knoten, Korallen. Also in Geometrie und Arithmetik giebt es synthetische Sätze *apriori* und dieses eben ist es, worauf die gänzliche Unfehlbarkeit beider Wissenschaften beruht.

Endlich das Urtheil: »Jeder Veränderung ist eine andre als ihre Ursache vorhergegangen« ist nicht analytisch: im Begriff der Veränderung denke ich zwar ein Daseyn dem eine Zeit vorhergegangen in der es nicht war; aber keineswegs eine Ursache, eine zweite Veränderung von jener verschieden und ohne welche gleichwohl jene nie geworden wäre. –

Also auch dieser Satz ist synthetisch: – beruht dennoch nicht auf Erfahrung – seiner Allgemeinheit und Nothwendigkeit wegen – ist also *a priori*, obwohl synthetisch. – Von diesen drei Urtheilen sind die zwei ersten Beispiele und Repräsentanten zweier ganzer großer Gattungen deren Summe die Geometrie und die Arithmetik ausmachen. Das dritte aber ist *sui generis* und steht allein: bloß einige Folgesätze mit sich führend: ist aber die Grundlage alles Verstandes, aller Erfahrung und aller Kenntniß der Natur.

Wir haben oben gesehn, daß wenn ein Urtheil synthetisch ist, die bloßen Begriffe verlassen werden und man zu einer Anschauung übergeht, in welcher das Urtheil begründet wird und welche die Erfahrung ist bei allen synthetischen Urtheilen *a posteriori*: – da es aber nun offenbar auch synthetische Urtheile *a priori* giebt; so muß es auch eine ihnen entsprechende von der Erfahrung verschiedene Anschauung geben, in der sie begründet werden, welche das Vermittelnde zwischen Subjekt und Prädikat ist die Kopula begründend: und grade so wie die empirische Anschauung es ohne Schwierigkeit möglich macht einen Begriff durch neue Prädikate synthetisch zu erweitern; so wird auch jene andre von der Erfahrung unabhängige Anschauung dasselbe leisten: nur daß die durch sie begründeten Urtheile weil *apriori* auch apodiktisch: jene andern aber nur *aposteriori* und empirisch: da aber die Erfahrung immer jenen Urtheilen gemäß ausfällt, so muß die Anschauung aus der sie entspringen die Erfahrung bedingen, muß ein nothwendiges Element derselben seyn, muß die Form seyn, in der allein Erfahrung möglich ist, da sie nie der Aussage jener reinen Anschauung zuwider ausfallen kann.

Alle unsre Wahrnehmungen jeder Art stehn unter der Bedingung der *Zeit*, d. h. sind nacheinander. Was dieses Nacheinander sei, läßt sich nicht näher erklären, denn es ist eben die Zeit, welche uns, als die erste Grundform aller unsrer Vorstellungen, unmittelbar bekannt ist. In der Zeit also ist alles was wir wahrnehmen, nicht bloß die Apprehension der Gegenstände außer uns, sondern auch alles was in uns vorgeht, unsre Gedanken, die Veränderungen in unserm Gemüth, dessen Bewegungen das Begehren, Fliehen, u.s.w. Man hat dieses Wahrnehmen unsers innern Zustandes den *innern Sinn* genannt, wiewohl unpassend: doch kann der Ausdruck zur Verständigung dienen. Also alles, was wir sowohl durch die äußern Sinne als durch den sogenannten innern Sinn wahrnehmen, wird in der Zeit erkannt, reiht sich auf diesen Faden, der durch alle unsre Vorstellungen durchgeht. Wovon uns aber die äußern Sinne Kunde geben, das stellen wir vor als außer uns, im Raume. Es frägt sich was sind Raum und Zeit. – Sind sie Verhältnisse der Gegenstände, von denen sie insofern abhängen und ohne welche sie nichts wären? – Oder sind sie Bestimmungen etwaniger Objekte an sich, Bestimmungen die den Dingen anhängen, unabhängig von aller Wahrnehmung derselben? – Wir wollen zuerst den Raum betrachten. –

Vom Raum.

1) Die Vorstellung des Raums ist nicht (wie wenn er eine bloße Relation der Dinge wäre) erst durch die Vorstellung der Gegenstände im Raum in uns gekommen, ist kein von den Gegenständen abgezogener Begriff, kein demnach bloß empirisch Bekanntes. Denn wäre er, wie Leibnitz wollte, eine bloße Relation zwischen den Dingen im Raum; so müßte, wenn wir die Dinge wegnehmen, auch der Raum weg seyn: was nicht ist. Ferner die Dinge im Raum werden wahrgenommen, der Raum nicht: die Anschauung der *Gegenstände* im Raum geht aus von der Empfindung in unsern Sinnesorganen, und damit diese Empfindung bezogen werde auf etwas *außer mir*, auf etwas in einem andern Ort des Raumes als ich selbst erscheinendes, muß ich schon vorher die Vorstellung des Raums haben: diese ist schon Voraussetzung um ein *außer mir* zu erkennen [Fußnote: welches *außer mir* doch nicht durch die Empfindung mit gegeben seyn kann, also nicht empirischen Ursprungs ist. Denn die Empfindung bleibt *in mir*.]: imgleichen auch um die verschiedenen Dinge als *nebeneinander*, d.h. nicht bloß als qualitativ verschieden, sondern als durch den Ort verschieden zu erkennen muß ich schon

die Vorstellung des Raums haben. Demnach ist die Vorstellung des Raums nicht erst abgezogen und erlernt von den Vorstellungen der Dinge im Raum, sondern geht diesen Vorstellungen vorher, als ihre Bedingung, macht sie allererst möglich. Der Raum muß schon in meiner Vorstellungsweise daseyn ehe ich Gegenstände hineinsetzen kann. Läge nicht schon in mir, in meinem Vorstellungsvermögen der Raum als dessen Form, so könnte nie die Empfindung zur Anschauung von Dingen außer mir und nebeneinander werden: weil in der bloßen Empfindung des Leibes dergleichen nicht enthalten sein kann.

2) Man kann sich wohl die Gegenstände aus dem Raum wegdenken; nie aber den Raum selbst. Also sind nicht die äußern Erscheinungen im Raum die Bedingung der Vorstellung des Raums und er bloß eine Abstraktion aus ihnen; sondern umgekehrt. Demnach ist der Raum nicht ein Theil, sondern eine Bedingung der äußern Erfahrung, und daher dem erkennenden Subjekt *a priori* bekannt.

3) Der Raum ist nichts weniger als ein abgezogener Begriff, eine diskursive abstrakte Erkenntniß, ein bloß Gedachtes, ein Gedankending, wie etwa »Thier«, »Pflanze« u.s.w. die vieles *unter sich* enthalten: sondern eine Anschauung und daher ein einzelnes: er enthält zwar vieles *in sich;* aber er enthält nicht, wie die Begriffe, vieles *unter sich:* nämlich ein Begriff befaßt viele Dinge unter sich, die dadurch gedacht werden; aber der Raum ist nur einer: wenn man von mehreren Räumen redet, so meint man Theile jenes einen alleinigen unermeßlichen Raumes, zu dem sie als seine Theile ein durchaus bestimmtes Verhältniß haben. Davon daß der Raum ein einzelnes und deshalb anschauliches Objekt ist und es folglich nur *einen* Raum giebt hängt das sonderbare Phänomen ab, daß die Bestimmungen der einzelnen Räume nur faßlich gemacht werden können durch ihr Verhältniß zu jenem *einen* ganzen Raum und eben dadurch nur auf anschauliche Weise, durchaus nicht durch abstraktes Denken: so läßt sich nicht durch Begriffe mittheilen was rechts, links, oben, unten ist; sondern allein anschaulich: und höchst merkwürdig ist es, daß Dinge die in allen durch Begriffe denkbaren Stücken, nämlich in allem was ihre Größe und Qualität betrifft völlig identisch sind und sonach eines an die Stelle des andern gesetzt werden

könnten, doch noch, eben weil sie als räumliche Objekte Theile jenes einen Raumes sind, Unterschiede haben können die ihre Vertauschung unmöglich machen, und bloß anschaulich zu fassen sind: z. B. sphärische Triangel von beiden Hemisphären, die den Bogen des Aequators zur gemeinschaftlichen Basis haben, völlig gleich in Hinsicht auf Winkel und Seiten, so daß die Beschreibung beider ganz dieselbe ist, und dennoch kann nicht der eine die Stelle des andern auf der entgegengesetzten Hemisphäre einnehmen. – Das Bild des Ohrs oder der Hand im Spiegel: der Handschuh, – daher können wir den Unterschied ähnlicher und gleicher, aber doch inkongruenter Dinge, z. B. rechts und links gewundner Schnecken, durch keine Begriffe, sondern bloß anschaulich bezeichnen. (Siehe die erste gründliche Auseinandersetzung hievon in Kants Aufsatz »Vom ersten Grunde des Unterschiedes der Gegenden im Raum«: steht in Kants kleinen Schriften herausgegeben von Rink; 1800.) Weil aber, obwohl er ein Einzelnes und Anschauliches ist, dennoch wie wir gesehn, seine Erkenntniß nicht von der Erfahrung abhängt, sondern von ihr, als allgemeine Bedingung ihrer Möglichkeit vorausgesetzt wird, so ist seine Anschauung der Erfahrung vorhergehend, d. h. *a priori*, im Gegensatz der Anschauung aller andern einzelnen Objekte, die uns erst durch die Erfahrung mittelst der Sinnesempfindung, also *a posteriori* bekannt werden: die Anschauung des Raumes heißt in diesem Gegensatz gegen jene andre empirische, eine *reine*, weil sie mit keiner Sinnes*empfindung* vermischt ist; reine Anschauung und nichts weiter. Daher nun kommt es, daß wir alle Aussprüche die den Raum als solchen betreffen vor aller Erfahrung darüber thun können, und die Erfahrung immer solchen Aussprüchen gemäß ausfallen muß. Z. B. Der Raum hat nur drei Dimensionen. Zwischen zwei Punkten ist nur *eine* grade Linie möglich. – Jede drei Punkte liegen immer in einer Ebne; in einem Punkt können nur drei Linien sich rechtwinklig schneiden. – Zwei Linien schließen keinen Raum ein. – Im Triangel sind zwei Linien zusammen immer größer als die dritte. – Dem größten Winkel liegt die größte Seite gegenüber. Im Triangel kann nur ein rechter Winkel seyn; auch nur ein stumpfer, und dann kein rechter. – Im Viereck können höchstens drei stumpfe Winkel seyn: eben so höchstens drei spitze: aber vier rechte; im Parallelogramm höchstens zwei spitze, zwei stumpfe, aber vier rechte. Das sind doch komplicirte Wahrheiten: und Sie wissen augenblicklich mit der größten Sicherheit, daß es so ist; haben's doch nie versucht. Indem ich's sage versuchen Sie es im Geiste: aber daß, was in Ihrem Kopf sich zusammenfügt oder nicht zusammenfügt, eben auch in aller möglichen Erfahrung sich so fügen und nicht fügen müsse: das eben beweist die Apriorität dieser Anschauung.

Nun setzt uns zwar die vollkommne Auffassung jedes richtigen Begriffs ebenfalls in den Stand über alle vorkommenden Gegenstände, die unter ihn gehören, ohne vorhergegangne Untersuchung *(apriori)* zu entscheiden: z. B. habe ich den Begriff eines Baumes so gefaßt: es sei ein organisches, vegetabilisches Individuum, mit drei Hauptheilen Stamm, Krone und Wurzel; so beurtheile ich das vorkommende danach, sage etwa »dies ist ein Strauch, dies ein Gras und kein Baum« – aber aus meinem Begriff Baum kann ich nie mehr schöpfen, als ich selbst, bei Bildung desselben, mit Bewußtseyn hineingelegt habe: findet sich nachher, daß dem Begriff in seiner Vollständigkeit noch andre Eigenschaften *wesentlich* sind; so habe ich ihn nicht vollständig gefaßt: z. B. findet sich daß jedem Baum Blüthe und Früchte wesentlich sind, so habe ich, da ich dies nicht wußte, nur einen unvollständigen Begriff vom Baum gehabt: oder umgekehrt: findet sich, daß es Bäume giebt die einige meiner Merkmale entbehren, so habe ich unwesentliches in meinen Begriff Baum aufgenommen: z. B. habe ich zu obigen Merkmalen noch die Grüne Farbe gefügt; so muß der Anblick einer rothen Ulme meinen Begriff berichtigen: – eben so eine Palme, wenn ich das Merkmal der Zweige hinzugefügt habe: Habe ich aber diese Merkmale Grün und Gezweigt nicht in meinen Begriff aufgenommen, so ist auch gewiß daß ich sie nicht unversehns darin finden werde. Ganz anders aber verhält es sich mit den sich auf den Raum beziehenden Begriffen: in diesen finden sich, sobald ich sie in der Anschauung darstelle, Merkmale und Eigenschaften an die ich bei der Bildung des Begriffs durchaus nicht gedacht, ja die ich gar nicht gekannt habe und die ihm doch so wesentlich sind, als die von mir wissentlich hineingelegten Merkmale, von diesen schlechterdings unzertrennlich sind, und die sich eben so gut wie diese bei jedem Ding in der Wirklichkeit, das unter meinen räumlichen Begriff gehört vorfinden müssen: z. B. ich fasse willkürlich den Begriff eines Triangels, als eines von drei graden Linien eingeschloßnen Raums; so habe ich dabei nicht die Merkmale gedacht, daß zwei seiner Linien zusammen größer seyn müssen als die dritte; daß seine drei Winkel gleich zwei rechten; u.s.w. Oder ich fasse den Begriff des Kreises als einer Figur deren Peripherie überall gleich weit vom Centro ist; so habe ich dabei nicht mitgedacht, daß von zwei Linien darin, die sich schneiden, die aus ihren Abschnitten gebildeten Rektangel gleich seyn müssen; – oder daß der Winkel am Centro doppelt so groß ist als der Winkel an der Peripherie, wenn beide auf demselben Bogen stehn; u.dgl.m. – Alle diese Eigenschaften sind aber der Figur, deren Begriff ich gefaßt, eben so wesentlich und nothwendig als die welche ich hineingelegt, und doch ist es ganz unmöglich sie abzuleiten aus dem bloßen abstrakten Begriff, von dem ich dabei ausgegangen durch Entwickelung desselben: denn wo liegen z. B. in obigem Begriff des Kreises, die erwähnten zwei Eigenschaften? oder wie folgen sie irgend daraus? – Daher eben ist die Geometrie kein System von Lehrsätzen die aus Begriffen entwickelt werden: sie geht nicht etwa aus von Erklärungen der Begriffe (Definitionen), sondern von Axiomen, welche die einfachsten Eigenschaften räumlicher Verhältnisse aussprechen; und von Postulaten, welche Voraussetzungen der Möglichkeit ihrer Darstellungen sind; und nur vermittelst dieser anschaulichen Darstellung wird es möglich die Wahrheit der Lehrsätze über die Beschaffenheit der räumlichen Figuren darzuthun. Darum heißt der mathematische Beweis *Demonstration*. Die räumlichen oder geometrischen Begriffe haben also das Unterscheidende, daß sie nicht wie alle andern grade so viel enthalten als man hineingelegt, sondern vielmehr: dies beweist daß sie nicht gleich jenen aus der Erfahrung geschöpft sind und daher der Erfahrung gemäß ausfallen (d. h. vollständig wenn diese vollständig war und unvollständig wenn sie unvollständig); sondern daß sie sich auf eine von der Erfahrung unabhängige Anschauung beziehn, welcher die Erfahrung allemal gemäß ausfallen muß. Denn bei empirischen Begriffen geht die Anschauung vorher, nach ihr wird der Begriff gebildet und ist grade so reich oder so arm, wie sie war. Aber geometrische Begriffe, werden ohne Erfahrung willkürlich gebildet, dann in einer Anschauung (die beliebig durch materielle Mittel für die Sinne unterstützt werden kann oder nicht) vollzogen, welche nun aber viel mehr Eigenschaften liefert als der Begriff enthielt, welche Eigenschaften jedoch eben so gewiß und von der Erfahrung unabhängig sind als der beliebig und willkürlich gefaßte Begriff. – Der geometrische Begriff ist die bloße Anleitung oder Regel zu einer (in der Phantasie) zu vollziehenden Anschauung: ist diese ihm gemäß vollzogen; so steht sie da, so objektiv wie irgend ein in der Erfahrung gegebenes Objekt, mit vielen wesentlichen Eigenschaften, die er nicht expreß angab und die sich doch nicht mehr vermindern oder vermehren, sondern bloß entdecken und auffinden lassen. Dennoch ist er kein bloßes Gedankending: denn alle wirklichen Dinge die in räumlicher Beziehung ihm entsprechen stellen auch alle mit ihm gesetzten Eigenschaften dar. –

Wir haben oben gesehn, daß alle diese Sätze, als synthetisch, nicht aus Begriffen entwickelt sind: – daß daher eine Anschauung sie vermitteln muß: – dies ist nicht die empirische, welche die synthetischen Sätze *aposteriori* vermittelt; denn diese Sätze sind ja von der Erfahrung unabhängig d. h. *a priori* [Fußnote: man ist ja sogleich davon überzeugt, sobald man sie versteht, und braucht nicht auf die Erfahrung zu warten, um Gewißheit darüber zu haben. – Indem ich solche Sätze sage, schauen Sie den Inhalt derselben an, in der Phantasie und wissen daß solche für alle Ewigkeit wahr sind und keine Erfahrung vorkommen kann, die damit stritte: hingegen wenn ich Ihnen sage, daß alle Säugethiere grade sieben Halswirbel haben, so schauen Sie es auch in der Phantasie an, aber Sie wissen damit nicht obs wahr ist: wenn Sie es nun untersuchen bei ein Paar Hundert ganz verschiednen Säugethieren, von der Maus und dem Maulwurf bis zum Elephanten und der Giraffe und finden allemal sieben Halswirbel: würden Sie dann behaupten, wie alle Triangel nur einen rechten Winkel haben können; so können alle Säugethiere nur sieben Halswirbel haben? – das wäre sehr voreilig: denn eine Species der Faulthiere macht allein die Ausnahme: sie haben neun Halswirbel nach Cuvier. – Das ist der Unterschied zwischen *apriori* und *aposteriori*. – Das ist der Stolz der Mathematik]; die sie vermittelnde Anschauung ist also auch *apriori*: es ist die reine Anschauung des Raumes. Auf dieser also beruht die ganze Geometrie, welche ist die Wissenschaft welche die Eigenschaften des Raumes *a priori* bestimmt, in lauter synthetischen Sätzen. Weil diese Sätze auf einer reinen Anschauung *apriori* gegründet sind, welche eben jeder empirischen Anschauung als ihre Grundlage, Grundgerüst vorhergeht, und deshalb die Bedingung der Möglichkeit aller Erfahrung ist, so muß alle Erfahrung ihnen gemäß ausfallen: daher sind sie alle apodiktisch, d. i. mit dem Bewußtsein ihrer Nothwendigkeit verbunden, und allgemeingültig, d. h. keine Ausnahme von ihrer Aussage ist möglich. – Hieraus allein ist die Möglichkeit der Geometrie (wie sie oben definirt worden) erklärlich. Aus allem bisherigen und aus der Möglichkeit der Geometrie, als einer Wissenschaft die Eigenschaften des Raumes und mithin räumliche Beziehungen aller Dinge im Raum vor aller Erfahrung und doch unfehlbar, zu bestimmen, welches nur in synthetischen Urtheilen *a priori* geschehn kann, – folgt daß der Raum eine aller Erfahrung oder Wahrnehmung vorhergehende und diese erst möglich machende Anschauung ist: da das Subjekt diese Anschauung unabhängig von allen Objekten und vor ihnen hat, alle Objekte aber ihr gemäß sich darstellen müssen, also von ihr abhängen in Hinsicht auf die Art ihres Erscheinens; so können wir den Raum, den wir vorhin darstellten als die Form in der alle Objekte erscheinen, nunmehr ansehn als die Anschauungsform des Subjekts, als die formale Beschaffenheit des äußern Sinnes überhaupt, d. h. unsrer Fähigkeit Dinge anzuschauen als außer uns, als die Bedingung unter der allein derselbe Objekte anschauen kann.

Wir [»Wir« bis »Ganzen gemacht.)« mit Bleistift fein durchgestrichen, sollte also in der »Dianoiologie« ausgelassen werden.] sahen oben wie Objekt und Subjekt sich ergänzen zur Welt als Vorstellung und wie sie sich unmittelbar begränzen, und schlossen daß diese Gränze, dieser Berührungspunkt nicht bloß vom Objekt, sondern auch vom Subjekt ausgehend müsse vollständig erkannt werden können, da er beiden gleich sehr angehört, nämlich die allgemeine Erscheinungsform alles Objekts oder die allgemeine Erkenntnißform des Subjekts: als diese zeigt sich nun der Raum und die völlige Apriorität seiner Erkenntniß bestätigt als Thatsache jenen Schluß. (Jener Schluß ist eigentlich aus dem Begriff eines in zwei Theile zerfällten Ganzen gemacht.)

Da der Raum seiner ganzen Beschaffenheit und allen seinen Bestimmungen nach vom Subjekt erkannt wird ohne Hinzukommen und Beihülfe des empirisch gegebenen Objekts und demnach eine bloße Anschauungsform des Subjekts ist, so kann er nicht unabhängig vom Subjekt oder von der Beschaffenheit des Subjekts vorhanden seyn, folglich auch die Objekte (die zwar schon als solche ohne das Subjekt unmöglich sind) [Die eingeklammerten Worte sind für die »Dianoiologie« mit Bleistift wieder durchgestrichen] sofern sie im *Raum* erscheinen, nicht unabhängig vom Subjekt daseyn: also alles was im Raum ist kann nicht absolut existiren, sondern nur relativ, d. h. nur in Beziehung auf eine Anschauung, die den Raum zur Form hat. Daher, wenn wir annehmen die Objekte, hätten außer ihrer Existenz im Subjekt als dessen Vorstellungen, noch irgendwie eine ganz andre Existenz, seien außerdem daß sie Vorstellungen des Subjekts sind noch etwas ganz anderes, welches wir (als ein problematisches x) mit dem Namen *Ding an sich* bezeichnen wollen; so könnten sie in dieser Eigenschaft nicht im Raum seyn, da der Raum seiner Möglichkeit nach das Subjekt und dessen Bestimmung so (in der Form Raum) anzuschauen voraussetzt, als dessen Anschauungsform er ist. Außerdem [»Außerdem« bis »durch das Subjekt« ist für die »Dianoiologie« mit Bleistift fein durchgestrichen] könnte jenes Ding an sich überhaupt nicht Objekt seyn, da ein solches immer nur als Vorstellung des Subjekts da ist. – Wie also das Daseyn des Objekts überhaupt bedingt ist durch das Subjekt; so ist das Daseyn des Objekts als eines *räumlichen* bedingt durch die Anschauungsform des Subjekts welche der Raum ist. Die Objekte überhaupt und [»Objekte überhaupt und« ist ebenfalls mit Bleistift durchgestrichen] die Objekte im Raum sind daher nimmermehr Dinge an sich, d. h. unbedingt existirende Wesen, sondern [»sondern« bis »sie sind also« ist mit Bleistift durchgestrichen] sie sind Wesen die bloß in der Vorstellung eines Vorstellenden existiren; sie sind also bloße *Erscheinungen*, d. h. Dinge die erstlich [»erstlich« bis »zweitens« ist mit Bleistift eingeklammert] nur für ein Subjekt überhaupt das sie vorstellt, und zweitens nur für ein Subjekt dessen Anschauungsform der Raum ist existiren. – Wir können allerdings sagen: alle Dinge sind im Raum: aber wir müssen hinzufügen: alle Dinge im

Raum sind bloße Erscheinungen. Sie sind als [»als« bis »Subjekt, und« ist für die »Dianoiologie« mit Bleistift fein durchgestrichen] Objekte überhaupt bedingt durch das Subjekt, und als Objekte im Raum bedingt durch dessen Anschauungsform. Wie nun dieses vom Daseyn der Dinge im Raum überhaupt gilt, so gilt es auch von allen ihren *Bestimmungen die nur mittelst des Raumes gedenkbar* sind, z. B. Größe, Gestalt, Vielheit des Zugleichexistirenden: Dieses alles ist durch den Raum, der Raum aber ist nur die Anschauungsform des Subjekts: dieses alles folglich gilt nur von der Erscheinung nicht vom Dinge an sich. – Für die Erfahrung sind alle jene aus dem Raum fließenden Bestimmungen ganz real und objektiv; aber die ganze Erfahrung ist nur Erscheinung, d. h. bloß für das Subjekt, und zwar ihrer Beschaffenheit nach bloß für ein den Raum zur Anschauungsform habendes Subjekt da. Der Raum hat also vollkommne empirische Realität; jedoch transcendentale Idealität: d. h. er ist nichts sobald man von der *Möglichkeit der Erfahrung* abstrahirt, deren Bedingung ein Subjekt mit der besagten Form seines Anschauens ist. Denn [Daneben am Rand: Die Scholastiker bezeichneten mit *transcendental* die Beschaffenheiten der Dinge, die noch allgemeiner sind als die zehn Kategorien des Aristoteles [folgt mit Bleistift]: diese Kategorien sind: »...] *transcendental* heißt »die Möglichkeit der Erfahrung sofern sie von *apriori* erkennbaren Bedingungen abhängt, betreffend.« –

Aus der ganzen Theorie des Raums folgt: daß alles was uns in der Erfahrung, d. h. in dieser für uns realen Welt, vorkommen kann, nie ein schlechthin, und unabhängig Daseiendes, ein Ding an sich ist; sondern bloße Erscheinung, d. h. Vorstellung [»Vorstellung« bis »bedingt; sodann« ist für die »Dianoiologie« mit Bleistift eingeklammert] des Subjekts, und als solche durch ein Subjekt überhaupt bedingt; sodann Vorstellung im Raum, und als solche bedingt durch die im Subjekt gelegene Anschauungsform, welche eben der Raum ist. Nimmt man an, der Raum existirt schlechthin unabhängig vom Subjekt, ist selbst ein Ding an sich oder eine Beschaffenheit, oder ein Verhältniß der Dinge an sich, so könnten unsre Aussprüche über ihn keine apodiktische Gewißheit haben; denn wie sollten wir z. B. vor aller Erfahrung wissen daß im Triangel gleichen Winkeln auch stets gleiche

Seiten gegenüberstehn? seine vom Subjekt unabhängige Beschaffenheit müßte erst durch Erfahrung ausgemacht werden, wie z. B. die einer physischen Qualität der Dinge; aber eine solche hätte nie Allgemeingültigkeit und Nothwendigkeit. Wir könnten nie wissen, daß so wie wir den Triangel in Gedanken konstruiren, mit allen Bestimmungen die aus solcher Konstruktion sich ergeben; der Triangel in der Erfahrung, wann und wo er sich fände; genau entsprechend ausfallen müßte. Dieses, und mithin *die ganze Geometrie* als apodiktische Wissenschaft ist nur dadurch möglich, daß der Raum mit allen seinen Bestimmungen, schon in uns als dem erkennenden Subjekt liegt, als die subjektive Form seines Anschauens von Objekten. (Vergl. Krit. *p* 65, 66.) [Kritik der reinen Vernunft, A 47–49, B 65 f.] Von der Geometrie und ihrer Begründung werde ich noch ausführlicher reden unten, beim Kapitel vom Satz vom Grund.

Von der Zeit.

Die zweite Form aller unsrer Vorstellungen, ist die *Zeit*. An sie ist nicht nur wie an den Raum der äußere, sondern auch der innere Sinn gebunden, daher nicht nur was wir außer uns wahrnehmen, sondern auch was wir in uns wahrnehmen in der Zeit sich darstellt, also alle unsre Vorstellungen, nicht bloß die anschaulichen, sondern auch die abstrakten, und die Erkenntniß des eignen Gemüthszustandes, d. h. des Wollens, erscheint in der Zeit. Alles vom Raum gesagte läßt sich auch auf die Zeit anwenden, nur daß es hier viel einfacher erscheint, und viel wenigere Verhältnisse begründet, weil die Zeit nur eine Dimension hat. –

Wie es nur einen Raum giebt, und diesen unendlich, so auch nur eine Zeit und ebenfalls unendlich: auch beide ins unendliche theilbar. Daher kann ich über jede Zeit jeden Raum hinaus immer noch einen größern ihn einschließenden denken; *(illustr.)* jede Linie immer noch verlängern (Epikurs Pfeil [Vgl. Lukrez, Von der Natur der Dinge, I, 968–983]); und jeden Theil des Raums und der Zeit immer noch halbiren. Obwohl hierin ganz übereinstimmend, so sind dennoch Raum und Zeit das Widerspiel von einander darin, daß in ihm alles zugleich ist, kein nacheinander, keine Veränderung, alles in starrender Ruhe: hingegen in ihr (allein und für sich) nichts zugleich, alles nacheinander, alles stets im Entstehn und Vergehn in rastloser Flucht. Wir haben nunmehr nachzuweisen, daß auch diese allgemeine Form des Objekts (die Zeit) ebenfalls wie die andre auch vom Subjekt ausgehend, aus ihm selbst ganz allein, d. h. *apriori* erkennbar und konstruirbar ist, und daher ebensowohl allgemeine Anschauungsform des Subjekts, als allgemeine Erscheinungsform des Objekts zu nennen.

1) Sie ist nichts Objektives an und für sich Bestehendes, das in beständigem Fluß begriffen wäre, wie Locke annimmt; denn das wäre ein Fluß ohne irgend ein Existirendes das da flösse: welches absurd. Sie ist auch nicht wie *Leibnitz* will ein bloßes Verhältniß, Relation, der Dinge, und vom Daseyn dieser abhängig; denn wenn wir die Dinge aufheben, so sind auch alle Relationen, die sie zu einander hatten, aufgehoben und durchaus verschwunden: sind die *relata* weg, so sind es auch die Relationen; nun aber können wir alle Objekte die in der Zeit sind aufheben, wegdenken: aber damit ist die Zeit nicht aufgehoben, auch ganz leer ist sie noch da und nie können wir sie selbst wegdenken: also ist sie keine bloße Relation der Dinge, folglich nicht erst aus der Erfahrung abgezogen. Die Erfahrung des Nacheinanderseyns beruht sich auf die Zeit, nicht die Zeit auf die Erfahrung. Es ist falsch zu sagen: die Zeit sei das Folgen der Dinge nacheinander: denn was Folgen und Nacheinander sei, verstehn wir erst dadurch, daß wir schon die Vorstellung der Zeit haben. Unsre Vorstellung des Folgens der Dinge setzt schon die Vorstellung der Zeit voraus, als das ihm zum Grunde liegende Schema; als eine Vorstellung *apriori*, welche zwar erst durch die Erscheinung Gehalt bekommt, aber doch als Form des Bewußtseyns auch unabhängig von diesem Gehalt und vorher da ist.

2) Sie ist kein abstract Erkanntes sondern ein Anschauliches, wir denken alle Dinge als *in ihr* vorhanden, nicht als *unter ihr*, als einem gemeinschaftlichen Merkmal begriffen: sie ist daher kein allgemeiner Begriff, sondern ein Einzelnes Anschauliches, wie der Raum: es giebt folglich auch nur Eine Zeit: Verschiedene Zeiten sind immer nur Theile derselben. Denken wir zwei Jahre,

so müssen diese eine bestimmte Stellung zu einander haben, eins das erste, das andre das zweite: folgen sie nicht unmittelbar auf einander; so muß eine bestimmte Zeit dazwischen liegen. Was Vorher und Nachher sei läßt sich durch keine Erklärung deutlich machen, sondern muß durch eine eigenthümliche Anschauungsweise gefaßt werden. Die Unendlichkeit der Zeit bedeutet bloß dies, daß alle bestimmte Größe der Zeit nur durch Einschränkung der einigen zum Grunde liegenden Zeit zu Stande kommt. (*Ergo* –)

3) Sie ist also eine Anschauung, und weil solche aller besondern Erfahrung und aller durch Sinnesempfindung entstehenden Anschauung vorhergeht; so ist sie eine *reine* Anschauung, d. h. eine von der Empfindung unabhängige Anschauung. Weil sie nun als reine Anschauung, als reine Form aller unsrer Anschauungen uns *apriori* bewußt ist, so begründet sie synthetische Sätze *apriori:* z. B. die Zeit hat nur eine Dimension: ihr Bild ist die grade Linie ins Unendliche und was (das Zugleichsein ihrer Theile abgerechnet) von dieser gilt, das gilt auch von der Zeit. – Verschiedene Zeiten sind nicht zugleich, sondern nacheinander. – Alle diese Sätze sind apodiktisch und vor aller Erfahrung gewiß, als auf Anschauung *apriori*, der Form der Möglichkeit aller Erfahrung, gegründet. – Besonders aber beruht auf der reinen Anschauung der Zeit alles Zählen und in Folge davon alle Arithmetik so wie auf der Anschauung des Raums alle Geometrie. – Nämlich das Zählen ist nur möglich durch successive Wiederholung der Einheit, successives Hinzuthun, Anreihen einer Einheit zur andern. Ohne Succession ist kein Zählen: wenn wir auch im bloßen Raum etwa fünf Punkte zugleich wahrnehmen; sobald wir sie zählen, betrachten wir sie nicht mehr zugleich, sondern successiv: alle Succession ist aber schlechthin allein möglich durch die Zeit. [Hieran schließt sich, nachträglich mit Tinte durchgestrichen: Es ist zu bemerken daß unsre wirkliche unmittelbare Anschauung der Zahlen in der Zeit kaum bis 10 reicht: d. h. kaum bis 10 sind wir uns unmittelbar, gleichsam *in concreto*, bewußt wie weit wir schon gezählt haben: darüber hinaus muß schon ein abstrakter Begriff der Zahl, durch ein Wort fixirt, die Stelle der Anschauung vertreten, die daher nicht mehr wirklich v …] – Daher ist alles bloße und reine Zählen, reine An-

schauung der Zeit und weiter nichts. Auf diesem Zählen aber beruht jeder arithmetische Satz und wird zuletzt darauf als auf seine Probe zurückgeführt. Die ganze Arithmetik und Algebra sind nichts als künstliche Methoden zur Abkürzung und Erleichterung des Zählens. Das Zählen allein aber ist ihr innerer Gehalt. – Ohne Succession, ohne Zeit, ist kein Zählen denkbar. Es beruht also u.s.w. *(da Capo)*.

Eben aber weil dem Zählen die reine Anschauung *apriori* einer Form der Erkenntniß zum Grunde liegt; hat jeder durch Zählen gewonnene Satz; jedes Rechnungsexempel, apodiktisch Gewißheit und Allgemeingültigkeit für alle Dinge darauf man es anwendet:

$$\frac{9 \times 5 - 2 + 7}{10} = 5.$$

und bedarf keines Beweises, ist ein synthetischer Satz *apriori* durch reine Anschauung begründet.

Die Zeit läßt sich auch erklären als dasjenige, vermöge dessen demselben Dinge entgegengesetzte Bestimmungen zukommen können (Seyn und Nichtseyn am selben Ort): Dergleichen wäre schlechthin unbegreiflich für die bloße abstrakte Erkenntniß durch Begriffe und ist einzig und allein durch die anschauliche nicht weiter erklärbare Erkenntniß der Zeit zu fassen, eben wie im Raum die auf rechts und Links beruhenden Unterschiede übrigens ganz identischer Dinge. Darum sind Raum und Zeit ursprüngliche, nicht weiter abgeleitete Anschauungen. Wie alle Veränderung ist auch alle Bewegung nur mittelst der Zeit vorstellbar, doch ist hiezu auch der Raum ein nothwendiges Erforderniß: die allgemeine Bewegungslehre (Phoronomie) beruht also auf der Konstruktion von Raum und Zeit im Verein.

Aus allem bisherigen ist das Resultat, daß wie der Raum die Form des äußern Sinnes, so die Zeit die des innern Sinnes ist, beide also die Form der anschaulichen Auffassung jeder Art sind, daher alles was für das Subjekt da ist, in der Zeit, alles aber was als durch äußere Sinne erkennbar möglich ist, auch im Raum seyn muß: daß die Zeit eben als Erkenntnißform des Subjekts ihm auch *apriori* bewußt, *a priori* konstruirbar ist, woraus synthetische Sätze *apriori* mit apodiktischer Gewißheit entspringen:

daß eben deshalb aber alles was diesen zwei *apriori* bestimmten Formen Zeit und Raum unterworfen ist, so wie es in ihnen erscheint kein unbedingtes Daseyn hat, nicht schlechthin und unabhängig vom Erkanntwerden da ist, sondern erstlich [»erstlich« bis »sodann« ist für die »Dianoiologie« mit Bleistift eingeklammert] nur für das Subjekt überhaupt, und sodann nur für das Subjekt sofern die Zeit die Form seines Anschauungsvermögens ist: d. h. daß alles dieses nicht *Ding an sich*, sondern nur *Erscheinung* ist. [Der Satz zuvor von »Resultat, daß« bis »Erscheinung ist« ist Korrektur; die frühere Lesart lautet: Aus allem bisherigen ist das Resultat, daß die Zeit grade wie der Raum zur allgemeinen Form der Vorstellung als solcher gehört, dem Objekt d. i. der Vorstellung als solcher zukommt und da das Subjekt die untrennbare Bedingung des Objekts ist, es ergänzend und daher es begränzend, die Zeit auch vom Subjekt aus sich vollkommen erkennen und konstruiren läßt: daher sie eben sowohl die Anschauungsform des Subjekts genannt werden mag: – daher alles was für das Subjekt da ist in dieser Form erscheinen muß: eben deshalb aber weil es diesen zwei *apriori* bestimmten Formen Zeit und Raum unterworfen ist ... nicht *Ding an sich*, sondern nur *Erscheinung* ist.] Nehmen wir nun aber an, daß das Objekt, außerdem daß es unsre Vorstellung ist, und als solche durch das Subjekt bedingt ist, noch ein anderes Daseyn hätte, in dem es dieser Bedingung nicht unterworfen wäre, sondern schlechthin existirend, ein *Ding an sich;* so [Für die »Dianoiologie« wird durch Bleistiftkorrektur folgende Lesart gefordert: so kann ihm alsdann die Form des Raums und der Zeit nicht zukommen: in Rücksicht auf ...] kann ihm alsdann, sowenig als die Form des Objekt für ein Subjekt seyns, und noch weniger, die des Raums und der Zeit zukommen: in Rücksicht auf dieses Ding an sich wäre also die Zeit wie der Raum schlechthin nichts, da sie bloß die Form ist in der dem Subjekt, wie wir es kennen, alles Objekt erscheinen muß: also nur eine Bestimmung der Erscheinung, nicht des Dinges an sich.

Die Zeit hat also wie der Raum zwar vollkommne *empirische* Realität, d. h. alle mögliche Erfahrung ist den Bedingungen und Gesetzen der Zeit unterworfen und in Hinsicht auf diese ist die Zeit vollkommen real. Hingegen wenn man von den Formen der

Erscheinung d. i. Vorstellung [»Vorstellung« bis »Objekt und« ist für die »Dianoiologie« mit Bleistift eingeklammert], nämlich von Subjekt und Objekt und den Formen, in denen das Objekt sich darstellen und das Subjekt nothwendig erkennen muß, abstrahirt, und nach dem Ding an sich frägt, so ist keine Zeit mehr: also hat auch die Zeit transscendentale Idealität. Da nun nicht nur die im Raume und dem äußern Sinn erscheinenden Objekte in der Form der Zeit sich darstellen, sondern auch die dem innern Sinn allein erscheinenden Veränderungen meines Gemüths, welche alle bloß Bewegungen meines Willens sind, indem die Kenntniß die ich von mir, abgesehn von der meines Leibes als Objekts im Raum habe, ganz allein besteht aus meinem Wollen, d. h. ich mich innerlich nur als *wollend* erkenne (denn sofern ich erkenne bin ich nicht Objekt der Erkenntniß) und wie gesagt auch diese innere Erkenntniß stets in der Form der Zeit steht, diese Form aber nur der Vorstellung als solcher, d. i. der Erscheinung angehört, nicht dem Ding an sich; so folgt, daß nicht nur die äußern Objekte, sondern auch mein eigenes Wesen als Ding an sich und außer der Erscheinung betrachtet, nicht in der Zeit ist, so daß gesetzt mein inneres Wesen (das jetzt in lauter Willensakten sich darstellt) könnte irgendwie ohne jene unsrer Erkenntniß anhängende Form unsrer Sinnlichkeit angeschaut werden; so würden eben die Bestimmungen, die jetzt als Veränderungen, als eine Reihe von Willensregungen erscheinen, dann eine Erkenntniß geben, in welcher die Vorstellung der Zeit, mithin auch der Veränderung gar nicht vorkäme. Gemeinsame Eigenschaft des Raums und der Zeit ist ihre Theilbarkeit ins Unendliche: kein Theil ist der kleinste, dies deutet auf ihre gemeinsame Natur. Daß Raum und Zeit reine Anschauungen *apriori* sind, daher synthetische Sätze *apriori* begründen, hiedurch die ganze reine Mathematik möglich machen; aber eben weil sie die im Subjekt gelegenen Bedingungen alles Vorstellens, oder Anschauungsformen der reinen Sinnlichkeit sind, nicht den Dingen so wie solche an sich und unabhängig von unsrer Vorstellung derselben seyn mögen, sondern nur so wie sie von uns vorgestellt werden d. h. der Erscheinung zukommen, welches nicht nur von den äußern Erscheinungen gilt, sondern auch von der Kenntniß die wir von unserm eigenen Gemüth haben; daß folglich alle auf die Erkenntniß von Raum und Zeit gegründeten Sätze zwar für die Erfahrung unbedingt gültig sind, über die mögliche Erfahrung hinaus aber nichts bedeuten noch gelten: z. B. die Sätze vom Anfang und Ende der Welt in der Zeit, und den Gränzen der Welt im Raum: – dies ist Kants Lehre, unter dem Namen der *transscendentalen Aesthetik*. Ich bin ihm in der Darstellung im Ganzen gefolgt. Wir [»Wir« bis »darstellen lassen mußte« ist für die »Dianoiologie« mit Bleistift fein durchgestrichen] hatten aber was er als Thatsache nachweist, schon vorher *apriori* daraus abgeleitet daß Subjekt und Objekt als untrennbare Hälften der gesammten Vorstellung, Welt als Vorstellung, eine gemeinschaftliche Grenze haben mußten, welche daher sowohl vom Subjekt als vom Objekt ausgehend sich finden und übersehn und darstellen lassen mußte.

Vom *principio individuationis*.

Welche Bestimmungen in unsrer Erkenntniß von jenen beiden Formen abhängen (z. B. Größe, Form, Veränderung Bewegung u. s. w.) ist im Allgemeinen nachgewiesen. Nur noch eine bleibt uns zu bemerken, eine sehr wichtige: die *Vielheit*. Die Vielheit des Gleichartigen, die Unterscheidbarkeit des an allen Bestimmungen seines Wesens Identischen und durch kein Merkmal unterschiedenen, die *diversitas indiscernibilium* [die Verschiedenheit der ununterscheidbaren Dinge] ist nur durch Zeit und Raum möglich. – Leibnitz erkannte dies nicht und stellte die sonderbare Lehre der *identitas indiscernibilium* [die Identität der ununterscheidbaren Dinge – vgl. Leibniz, Nouveaux Essais, Kap. 27, § 1.3] auf: nämlich wenn zwei Dinge durchaus in allen Merkmalen übereinstimmten, so sollten sie gar nicht mehr zwei sondern eins seyn: das behauptete er ganz im Ernst und leitete jede Vielheit von Dingen aus der Verschiedenheit ihrer Merkmale ab: behauptete dem zu Folge, daß nicht zwei Blätter von Bäumen, nicht zwei Sandkörner sich vollkommen ähnlich und gleich wären; sonst sie nicht gar zwei seyn könnten, sondern nur Eins. Auch sind ihm, dem gemäß, Zeit und Raum nichts, als die Relationen der schon ohne sie verschiedenen und vielfachen Dinge:

wobei es denn aber unbegreiflich ist, wie, nach Aufhebung aller Dinge in Raum und Zeit, diese selbst noch immer dastehn; die bloßen Relationen bleiben nach Aufhebung aller *relata!* Diese sonderbare Lehre war Folge anderer Irrthümer. Nämlich nach dem Vorgang des Cartesius, war ihm die einzige *deutliche* Erkenntniß die abstrakte, also die durch Begriffe, die sich in alle ihre Merkmale zergliedern lassen: hingegen die anschauliche Erkenntniß war nur die noch verworrene Abstrakte, weil sie die Merkmale nicht zergliedert, sondern alle zugleich und ungetrennt auffaßt: dies Ungetrennte der Merkmale, welches eben der Intuitiven, das Ganze im Zusammenhang und unmittelbar auffassenden Erkenntniß eigenthümlich ist, hielt er für Verworrenheit, meinte daß sobald diese deutlich würde, sie als abstrakter Begriff, der sich definiren läßt, auftrete, folglich dieser die eigentliche wahre adäquate Erkenntniß sei und was daher in ihr nicht ferner sich unterscheidet, das sei auch in der That Eins: die Anschauung, die es dennoch als zwei zeige, beruhe bloß auf Verworrenheit, oder vielmehr wenn die Anschauung etwas als zwei zeige, obwohl sie keine verschiedenen Merkmale in Beiden sähe, so läge dies im Grunde daran, daß doch die Merkmale verschieden wären, nur die Anschauung als verworrene Erkenntniß würde das nicht gewahr: bei der Zergliederung der Merkmale durch Begriffe d. i. Verdeutlichung der Erkenntniß, müßten sich immer verschiedene Merkmale finden, sonst wären die Dinge nicht zwei sondern Eins, denn sie wären nicht unterschieden, d. i. die *identitas indiscernibilium.* – Er intellektuirte somit die Sinnlichkeit und wollte nicht einsehn, daß zwei völlig identische Dinge doch dadurch, daß jedes einen andern Ort im Raum einnimmt oder zu einer andern Zeit existirt, ganz und gar zwei sind und nicht Eins. Was aber es möglich macht, daß dasjenige was die Vernunft in *abstracto* durchaus durch denselben Begriff denken muß, doch in der Anschauung als verschieden sich zeigt, zwei Blätter, zwei Frösche, – dies sind eben die der Anschauung als solcher eigenthümlichen Formen: Raum und Zeit. Sie geben das Nebeneinander und das Nacheinander und durch diese die Möglichkeit einer unzählbaren Vielheit des völlig Gleichartigen, nicht durch innre Merkmale unterscheidbaren, *diversitas et pluralitas indiscernibilium* [die Verschiedenheit und Vielheit der ununterscheidbaren Dinge]. Schon die Scholastiker hatten den Grund gelegt zum Irrthum des Leibniz durch den Satz *ex genere et differentia fit ens unum per se, quod vocatur individuum* [aus Gattung und Artunterschied entsteht das für sich bestehende Einzelwesen, welches Individuum heißt]: demnach meinten sie, das Individuum, das einzelne Ding, sei es immer nur durch Unterschiede von der Gattung, durch innre Eigenthümliche Merkmale, die im Begriff der Gattung nicht lägen, daher denn jedes Individuum vom andern sich durch die Merkmale unterscheiden müßte: das ist aber falsch: der Ort und die Zeit unterscheiden die Individuen, auch wenn sie sonst völlig gleich sind: nur durch das Nebeneinander, also den Raum, und das Nacheinander, die Zeit, ist die *Vielheit* als solche möglich, die Vielheit des ganz Gleichartigen, das Erscheinen der Gattung in unzähligen Individuen: daher nenne ich Raum und Zeit das *principium individuationis*, welchen Ausdruck ich allerdings aus der Scholastik entlehnt habe. Sie suchten unter diesem Namen zweierlei: 1) das welches macht daß ein aus vielen Theilen bestehendes doch Eins sei, z. B. ein Baum; und 2) das was die einzelnen Dinge vom Begriff ihrer Gattung unterscheidet, sie zu *vielen* macht, während der Begriff doch nur Eins ist, also das wodurch die Einheit des Begriffs, das *universale*, welches den Realisten das einzig Reale war, sich auflöste für die Erscheinung in eine Vielheit von Individuen: also z. B. der Begriff Mensch, sich darstellte in der Vielheit menschlicher Individuen: dies *principium individuationis* war ihnen ein Hauptproblem: sie suchten dasselbe bald in der Form, bald in der Materie, bald in der Vereinigung bestimmter Form mit bestimmter Materie: man findet alle ihre Grübeleien darüber zusammengestellt in *Suarez Disp. met. Disp. V, sect. 3.* [Metaphysicarum disputationum tomi 2, Moguntiae 1605] [Daneben am Rand die Bleistiftnotiz: Platner Aphorismen. [E. Platner, Philos. Aphorismen, Neue Ausarb. Leipzig 1793–1800]]

In der That sind es die Formen der anschaulichen Erkenntniß Raum und Zeit, vermöge welcher das dem innern Wesen nach Identische, und das durch einen Begriff denkbare, doch als Vielheit sich darstellt und in zahllosen Individuen erscheint; und in dieser Hinsicht werde ich beide Formen Raum und Zeit durch jenen alten Ausdruck der Scholastiker bezeichnen *principium in-*

dividuationis. Ich [»Ich« bis »wichtig« ist für die »Dianoiologie« mit Bleistift eingeklammert] bitte das zu merken: es wird weiterhin sehr wichtig.

Rufen wir nun abermals uns zurück daß Raum und Zeit nur die Formen der Erscheinung, nicht des Dinges an sich, oder im umgekehrten Ausdruck nur die Erkenntnißweise des Subjekts und allein in dieser existirend sind, und daß was von Zeit und Raum gilt auch natürlich von dem durch diese Erkenntnißformen allein Möglichen gilt, z. B. von Ausdehnung, Form, Bewegung, Veränderung, also auch von jener Vielheit des Gleichartigen, jener Pluralität der Individuen einer Gattung; nehmen wir ferner nochmals problematisch an, daß die ganze Welt als Vorstellung, die Erscheinung überhaupt, auch noch etwas außer aller Vorstellung, ein *Ding an sich*, sei; so werden wir einsehn, daß solchem Ding an sich, so [Für die »Dianoiologie« lautet durch Bleistiftkorrektur der Text: so werden wir einsehn, daß solchem Ding an sich die Erkenntnißweisen des Subjekts, nämlich Raum und Zeit, und was aus diesen folgt, z. B. Bewegung, Veränderung, daß sage ich die Vielheit des Gleichartigen solchem Ding an sich, oder innern Wesen der Welt nicht zukommen kann. ...] wenig als die allgemeinste Form der *Vorstellung*, das Zerfallen in Objekt und Subjekt ihm zukommt, noch auch die mehr besondern Formen der Vorstellung, oder die Erkenntnißweisen des Subjekts, nämlich Raum und Zeit, und was aus diesen folgt, z. B. Bewegung Veränderung, daß sage ich eben so wenig die Vielheit des Gleichartigen solchem Ding an sich, oder innern Wesen der Welt zukommen kann, da auch diese erst durch Raum und Zeit Möglichkeit und Bedeutung erhält. Demnach läge es nur an diesen Formen unsrer Erkenntniß, Raum und Zeit, diesem *principio individuationis* daß uns die Vielheit der Individuen erscheint, bei der Einheit der Gattung, und denken wir uns die Erkenntniß von diesen Formen entledigt, so wäre auch jene Vielheit verschwunden und das Viele erschiene als Eins: wir hätten folglich nur noch Gattungen, nicht mehr Individuen: man kann sich das durch ein Bild deutlich machen, indem man jenes *principium individuationis* vergleicht mit einem geschliffenen Glase, dessen Facetten, wenn man durchsieht, denselben Gegenstand, hundertmal zeigen, und es doch an sich nur einer und derselbe ist: wie zwischen das Auge und den Gegenstand solches Glas sich stellt und jenen dadurch vervielfacht; so stellten sich zwischen das Ding an sich und unsre Erkenntniß, jene Formen unsres Erkenntnißvermögens, Raum und Zeit. Gelänge es uns später [»später« ist für die »Dianoiologie« eingeklammert] ein solches Ding an sich nachzuweisen, das unabhängig von der Erkenntniß und ihren Formen da wäre, so würde sich demnach zeigen, daß auch die Vielheit der Individuen ihm nicht zukäme wenn es gleich in ihr erscheint. – Zeit und Raum sind also das *Principium individuationis*.

Vom Gehalt der anschaulichen Vorstellung: oder von der Materie und zugleich von der dritten Form, der Kausalität oder dem Verstande.

[Für die »Dianoiologie« ist laut Bleistiftkorrektur und durch Hinzufügung des Textes eines eingelegten Zettels dieser folgende Abschnitt zu lesen: Wir haben bisher die zwei Formen der anschaulichen Vorstellung betrachtet und an ihnen gefunden, daß das, was allem Objekt als solchem und überall zukommen mußte, d. h. eben seine wesentliche Form, die Bedingung seiner Möglichkeit als solchen, auch ohne weitere specielle Kenntniß des Objekts vom Subjekt ganz allein mußte gefunden und übersehn werden können. Diese allgemeinen Formen des Objekts fanden sich als Raum und Zeit.

Wir haben also gesehn, ein wie großer und wichtiger Theil unsrer anschaulichen Erkenntniß durchaus nicht durch die Empfindung der Sinne entsteht und nicht von außen in uns kommt, sondern schon vorher da ist als Form des anschauenden Bewußtseyns, dem sich nun der Theil der anschaulichen Vorstellung der durch die Empfindung gegeben ist genau anfügen muß, wenn die anschauliche Vorstellung, wie wir sie haben, entstehn soll: welche anschauliche Erkenntniß immer sich richten muß nach jenen reinen *apriori* vorhandenen Formen des Bewußtseins und ihren Gesetzen gemäß ausfallen und sich darstellen muß. Wir können im Gegensatz dieser reinen Formen der anschaulichen Vorstellung den Theil derselben der erst durch die Empfindung entsteht, ihren *Gehalt* nennen.]

Wir haben bisher die zwei Formen der anschaulichen Vorstellung betrachtet und an ihnen die Bestätigung dessen gefunden, was wir *a priori* schlossen aus dem Begriff der Vorstellung überhaupt als eines Ganzen das aus zwei wesentlichen und sich vollkommen ergänzenden Hälften bestand (Subjekt und Objekt), daß nämlich diese Hälften eine gemeinschaftliche Grenze haben mußten, zu welcher man, von jeder von beiden ausgehend, gleich leicht gelangen können mußte; daß also das, was allem Objekt als solchem und überall zukommen mußte, d. h. eben seine wesentliche Form, die Bedingung seiner Möglichkeit als solchen, auch ohne weitere specielle Kenntniß des Objekts vom Subjekt ganz allein, sofern es weiter nichts als das nothwendige Korrelat des Objekts ist, mußte gefunden und übersehn werden können. Diese allgemeinen Formen des Objekts fanden sich als Raum und Zeit.

Der *Gehalt* dieser Formen ist das, was der Empfindung in uns korrespondirt, was eigentlich in Raum und Zeit *wahrgenommen* wird, mittelst der äußern Sinne, die *Materie*. Leere Raum und Zeit sind zwar Objekte mathematischer Konstruktion mittelst reiner Anschauung *apriori*, aber nicht eigentliche Wahrnehmung: nur als erfüllt sind sie wahrnehmbar. Die *Materie* ist also die *Wahrnehmbarkeit* des Raumes und der Zeit und zwar beider zugleich: denn sie erfüllt beide zugleich, giebt beiden zugleich Gehalt. Nehmen wir einmal an, die Anschauliche Vorstellung hätte allein die *Zeit* zur Form, ohne den Raum; so würden wir gar kein *Zugleichseyn* kennen, sondern ein bloßes Nacheinander und daher wieder würden wir keine Vorstellung von einem *Beharrlichen* und einer *Dauer* haben: Denn wahrgenommen wird die Zeit bloß sofern sie *erfüllt* ist und ihr Fortgang nur durch den *Wechsel* des sie Erfüllenden. Das *Beharren* eines Objekts aber wird nur erkannt durch den Gegensatz des *Wechsels* andrer die mit ihm *zugleich* sind. Dieses Zugleichseyn aber ist in der bloßen Zeit für sich nicht möglich, sondern zur andern Hälfte bedingt durch den Raum; weil in der Zeit bloß alles *nacheinander*, im Raum aber *nebeneinander* ist: Wenn zwei Dinge zu gleicher Zeit seyn sollen; so muß jedes in einem andern Raum seyn. Man kann jedoch nicht eigentlich sagen im bloßen Raum allein und für sich, sei alles *zugleich*, weil dies schon ein Zeitbegriff ist. Bloß in einer *Vereinigung* von Raum und Zeit ist ein *Zugleichsein* und durch dieses *Dauer* und *Beharren* vorstellbar. – Andrerseits, nehmen wir an, die anschauliche Vorstellung hätte bloß *den Raum* ohne die Zeit zur Form; so gäbe es keinen Wechsel, keine Veränderung, denn diese sind Succession der Zustände, aber Succession ist bloß durch die Zeit. Also muß, wenn in unsren Vorstellungen eine Dauer und ein Wechsel, ein Beharren und ein Verändern vorkommen soll, sowohl Zeit als Raum, und zwar beide nicht nur zugleich, sondern im *Verein, ihre Form* seyn. Die Vereinigung dieser Formen kann nur dadurch erscheinen daß ein Drittes sie beide zugleich füllt, eben dadurch daß es in einer ist, auch in der andern ist, und wesentlich und untrennbar die Eigenschaften beider an sich trage, beharrlich und ohne Veränderung sei, wie der bloße Raum, flüchtig, veränderlich und bestandlos wie die bloße Zeit. Dieses Dritte ist nun *die Materie:* sie trägt jene Eigenschaften vollkommen an sich. Denn obgleich die Zeit so flüchtig ist, daß ihr Daseyn ein stetes Vergehn ist, ein Hinstürzen der Zukunft in die Vergangenheit, durchgehend durch eine ausdehnungslose Gegenwart, die eine bloße Grenze ohne Breite ist; so ist doch bei dieser Flüchtigkeit der Zeit die in ihr erscheinende Materie, beharrend für alle Ewigkeit wie der Raum. Und obwohl im Raum allein, ohne die Zeit gedacht, gar keine Veränderung oder Bewegung möglich ist, sondern alles in starrer Ruhe bleibt, so ist doch die Materie die eben diesen Raum füllt und wahrnehmbar macht, in steter Veränderung, stetem Wechsel begriffen wie die Zeit: denn (wie ich gleich erläutern werde) ihr ganzes Seyn besteht im Wirken, und Wirken schließt Veränderung, also Zeit, wesentlich in sich. Wir sehn also die Materie die Eigenschaften des Raums und der Zeit zugleich an sich tragen, nämlich die Unveränderlichkeit und starre Ruhe des Raumes, die, als das Beharren der Materie, in dieser Hinsicht *Substanz* genannt, erscheint, und die Flüchtigkeit der Zeit, die als der Wechsel der Formen und Qualitäten eben jener Materie, Accidenzien genannt, erscheint. Von beiden aber hat sie die *unendliche Theilbarkeit:* wie die Zeit, wie der Raum ins unendliche theilbar ist, so ist es die Materie. Also ist die Materie jenes Dritte, welches Zeit und Raum *zugleich* füllt, sie *wahrnehmbar* macht und die Eigenschaften beider an sich trägt. Daher können wir auch die Materie als die Vereinigung des Raumes mit der Zeit betrachten, gleichsam als das Produkt der mit dem Raum multiplizirten Zeit. Weil aber die Faktoren im Produkt enthalten sind, nicht aber das Produkt in den Faktoren; so sind zwar Zeit und Raum jedes für sich und folglich dann leer vorstellbar, welches eben die reine Anschauung derselben ist; nicht aber ist die Materie anschaulich vorstellbar ohne jene ihre beiden Faktoren, weil sie eben solche in sich schließt; darum ist sie nicht ohne *Gestalt* vorstellbar, welche eine Bestimmung des *Raums* ist, und auch nie ohne alle *Qualität*, welche allemal eine bestimmte *Wirkungsart* ist: *Wirken* aber ist Hervorbringen einer *Veränderung*, diese aber eine Bestimmung der *Zeit*. – Weil aber jeder Raum und Zeit bestimmte individuelle Theile des ganzen Raumes und der ganzen Zeit sind, so ist hieraus die Nothwendigkeit vorherzusehn, daß es ein *Gesetz*, eine *Regel* geben müsse, welcher gemäß, grade *dieser* Theil des ganzen Raumes mit grade *diesem* Theil der ganzen Zeit sich in einer bestimmten, individuellen Materie vereinigt, die eben in dieser Vereinigung ihr Wesen hat. Nämlich setzen wir nochmals, die anschauliche Vorstellung, aus der die Welt besteht, wäre bloß im Raum allein, ohne die Zeit; so könnten alle Erscheinungen und Zustände, soviel ihrer auch wären, im unendlichen Raum, ohne sich zu beengen, neben einander liegen; eben so könnten sie, wenn die Zeit ihre alleinige Form wäre, in der unendlichen Zeit auf einander, in einer endlosen Reihe, folgen, ohne sich zu stören; folglich wäre dann zu einer nothwendigen Beziehung aller Zustände und Erscheinungen auf einander und zu einer Regel, welche sie jener gemäß bestimmte, durchaus kein Anlaß und solche wäre auch gar nicht anwendbar; folglich gäbe es alsdann, bei allem Nebeneinander im Raum und bei allem Wechsel in der Zeit, so lange jede dieser beiden Formen für sich und ohne Zusammenhang mit der andern ihren Bestand und Lauf hätte, noch gar keine Kausalität; aber auch keine Materie, da die Materie eben im Verein von Raum und Zeit zu einem Dritten besteht. Ist nun aber, im Gehalt der anschaulichen Vorstellung, Raum und Zeit zu einem Dritten vereinigt; so wird eine *Regel* nothwendig, welcher gemäß ein bestimmter Theil des einen ganzen Raumes mit einem bestimmten Theil der ganzen Zeit vereinigt seyn muß. Diese Regel ist *das Gesetz der Kausalität*, welches wir gleich ausführlich betrachten werden; es erhält seine Bedeutung und Nothwendigkeit allein dadurch, daß das Wesen des Wirkens und der Veränderung nicht im bloßen Wechsel der Zustände in der Zeit, sondern vielmehr darin besteht, daß an *demselben Ort* im Raum jetzt *ein* Zustand ist und darauf ein *andrer* und zu *einer* und derselben bestimmten Zeit *hier* dieser Zustand und *dort* jener seyn muß: immer bestimmt das *Gesetz der Kausalität* welcher Zustand *zu dieser Zeit hier* eintreten muß und welcher *an jenem Ort jetzt:* seine Bestimmung geht immer auf einen bestimmten Ort im Raum zu einer bestimmten Zeit; und gar nicht weiter: nicht etwa was zu aller Zeit an einem bestimmten Ort, oder was überall zu einer Zeit sein soll: also nur diese gegenseitige Beschränkung des Raumes und der Zeit durch einander wechselseitig, giebt einer *Regel*, nach der die *Veränderung* vorgehn muß, Bedeutung und zugleich Nothwendigkeit. Was durch das *Gesetz der Kausalität* bestimmt wird, ist also nicht die Succession der Zustände in der bloßen Zeit, sondern die Succession in Hinsicht auf einen bestimmten Raum; und nicht das Dasein der Zustände an einem bestimmten Ort, sondern an diesem Ort zu einer bestimmten Zeit. Die Veränderung, d. h. der nach dem Kausalgesetz eintretende Wechsel, betrifft also jedesmal einen bestimmten Theil des Raumes und einen bestimmten Theil der Zeit zugleich und im Verein, eben weil er eine bestimmte Materie betrifft. Hieraus nun bestätigt sich nicht nur, daß die *Materie* das ist, was Zeit und Raum in sich vereinigt; sondern es zeigt sich auch, daß das *Gesetz der Kausalität* mit dem Wesen der *Materie* genau verknüpft ist: es tritt mit der Möglichkeit derselben ein, und wäre ohne sie nichts. Wenn wir uns nun über das Wesen der Materie, wie sie uns in der Erfahrung gegeben ist, besinnen; so werden wir finden, daß, unsrer Ableitung entsprechend, ihr ganzes Wesen und Daseyn im *Wirken* besteht: nur *wirkend* füllt sie den Raum, füllt sie die Zeit: daß diese durch sie *wahrnehmbar* werden, besteht eben darin, daß sie auf uns *wirkt*, auf unsern Leib, der selbst Materie ist. Wo und wie wir uns *Materie* vorstellen, stellen wir ihr *Wirken* vor: ihr *Seyn ist ihr Wirken:* es ist gar kein andres Seyn derselben auch nur zu denken möglich. Darum ist im Teutschen höchst treffend der Inbegriff alles Materiellen die *Wirklichkeit* genannt, welches Wort viel bezeichnender ist als Realität. Das, worauf die Materie wirkt, ist allemal wieder Materie: ihr ganzes Seyn und Wesen besteht also nur in der gesetzmäßigen Veränderung die ein Theil derselben im andern hervorbringt: die Folge der Einwirkung eines materiellen Objekts auf ein andres wird nur erkannt dadurch, daß dies letztere welches dadurch verändert worden nunmehr anders als zuvor auf uns, auf unsre Leiber einwirkt. Ursach und Wirkung ist also das ganze Wesen der *Materie*. Immer ist es Materie die auf Materie wirkt, solche einer Regel gemäß verändert: folglich ist auch ihr ganzes Seyn relativ, besteht in der Relation ihrer Theile zu einander. Schließlich über die Materie: wir haben an ihr drei Grundeigenschaften gefunden: 1) Das *Beharren* durch alle Zeit: es beurkundet ihren Ursprung aus dem Raum, der ewig unveränderlich und starr ist: daher ist aus der Anschauung des Raumes die Beharrlichkeit der Substanz abzuleiten, nicht aus der Zeit wie Kant fälschlich that. 2) Das *Wirken*, d. i. das *Verändern* gemäß einer Regel: alles was man *Qualität* an der Materie nennt, das Veränderliche an ihr, was sie wechseln kann, während sie nie selbst vergeht, also was man *Accidenzien* genannt hat, im Gegensaz der *Substanz;* – dies ist stets und allezeit durchaus ein *Wirken* (Erläuterung): es beurkundet ihren Ursprung aus der Zeit, welche die Form der Möglichkeit aller *Veränderung* ist, alles Wirken aber ist Verändern. 3) Unendliche Theilbarkeit: die Materie hat sie von der Zeit sowohl als vom Raum. – [Hier folgt, nachträglich mit Bleistift ausgestrichen: (Beweis der Theilbarkeit.)]

Von der Kausalität ins Besondre, als der dritten *a priori* vorhandenen Form der anschaulichen Vorstellung.

Der Gang unsrer Betrachtung hat es nothwendig gemacht den Begriff des Wirkens, der Kausalität hineinzuziehn und ohne weitere Beglaubigung einzuführen, also ihn zu postuliren. Dabei kann es sein Bewenden nicht haben. Es entsteht vielmehr die wichtige Frage: woher haben wir diesen Begriff der Kausalität:

eine Frage die seit etwa 60 Jahren der Gegenstand der Hauptuntersuchungen in der Philosophie gewesen ist und Anlaß ward zu den in dieser Zeit vorgegangenen so großen Veränderungen in derselben. Nämlich seitdem man philosophirt, hatte man diesen Begriff der Kausalität gebraucht, und das Gesetz, daß alles was geschieht, also jede Veränderung, eine Ursache hat, – als eine durch sich selbst gewisse Wahrheit, die über jeden Zweifel erhaben war, angenommen, ohne zu fragen woher man sie hatte, und seinen Philosophemen, wie verschieden sie auch waren, zum Grunde gelegt: so schon alle Philosophen des Alterthums; so im Mittelalter die Scholastiker die dieses Gesez zu den *aeternae veritates* [ewige Wahrheiten] zählten. (Episode über die *aeternae veritates*, vor Gott und Welt wie das Schicksal.) So hatte auch in der neuern Zeit Cartesius es für eine *aeterna veritas* erklärt. Leibnitz hatte für alle Philosophie zwei Grundgesetze aufgestellt: den Satz des Widerspruchs und den Satz des zureichenden Grundes: und zwei Bedeutungen des letztern gesondert: – – nach so langer Zeit fiel es zum ersten mal, im letzten Jahrhundert, dem Skeptiker Hume ein, zu fragen: woher haben wir denn die Kenntniß jenes Gesetzes von Ursach und Wirkung? Nach Locke (der herrschte) sind alle unsre Erkenntnisse aus der Erfahrung entsprungen? Locke behauptet dies zwar auch von der Kausalität: Aber die *Nothwendige* Folge einer Veränderung aus einer andern; daß weil A ist, B schlechterdings auch seyn müsse läßt sich unmöglich *erfahren:* sondern nur daß sie nach einander sind: – nur das *Folgen*, nie das *Erfolgen*: – das Tausendmal Folgen, aber nie das *allezeit nothwendig:* – weil nun doch Erfahrung die Quelle aller Erkenntnisse, und angeborne Ideen ein Mährchen; – so ist alles sogenannte *Erfolgen* nur [ein] *Folgen:* – die Erwartung der Wirkung nach der Ursach ist aus *Gewohnheit* entsprungen weil es bisher so gewesen. Aber als nothwendig ist das Gesetz der Kausalität nicht beglaubigt. Daher keine sichern Schlüsse, am wenigsten über alle Erfahrung hinaus z. B. auf eine Weltursache, darauf zu bauen sind. Dies ist der Humische Skeptizismus. [Daneben am Rand die Bleistiftnotiz: Beiläufig über die *Dialogues* und *Natural history [Dialogues concerning natural religion, London 1779; Natural history of religion, London 1755]]* Er war Anlaß zu Kants großen Untersuchungen. Deren

Resultat war, daß nur das *Materiale* der Erkenntniß, das in der Empfindung Gegebene, eigentlich aus der Erfahrung geschöpft werde; aber zur *Möglichkeit* der Erfahrung, die *Form* derselben schon als Anlage im Subjekt existire, diese Form sei Raum und Zeit als subjektive Form der Sinnlichkeit und der Verstand mit zwölf Kategorien unter denen eine die der *Kausalität*. Diese alle seien uns *apriori* bewußt, denn sie seien die Form des Bewußtseins, durch welche die Erfahrung folglich die ganze Natur allererst *möglich* werde. – Warum ich nun Kants Kategorien und auch *seine* Ableitung der Apriorität des Gesetzes der Kausalität nicht annehme, habe ich in Schriften dargethan, dahin [ich] verweise. Kant hat darin ganz Recht, daß so wie Zeit und Raum, auch das Gesetz der Kausalität *apriori* in unserm Bewußtsein und zwar letzteres im Verstande liege: nur ist die Deduktion dieser Apriorität, der Beweis derselben ganz falsch. (Ihre Widerlegung kann wen es interessirt sehn in meiner Abhandlung § 24.) [In der Dissertation (1813) »Über die vierfache Wurzel des Satzes vom zureichenden Grunde«, erweitert in G, § 24] Bevor [Dieser Satz ist für die »Dianoiologie« laut Bleistiftkorrektur wie folgt zu lesen: Bevor nun aber ich auf meine Weise Ihnen nachweise, daß das Gesetz der Kausalität eben mit zu jener von der Empfindung unabhängigen Form der Anschauung, zum reinen formalen Theil derselben gehört, und daher ...] nun aber ich auf meine Weise Ihnen nachweise, daß das Gesetz der Kausalität eben mit zu jener dem Subjekt wie dem Objekt gemeinschaftlichen Grenze gehört, und daher als nothwendige Form des Objekts so gut wie Zeit und Raum *apriori* vom Subjekt erkannt wird und daß diese Erkenntnißform ganz allein das ausmacht was man *Verstand* nennt: – müssen wir uns vorher deutlich machen was denn eigentlich *Kausalität*, Ursach und Wirkung, sei. Diese Auseinandersetzung ist ihrer Natur nach etwas weitläufig: daher merken Sie sich den Punkt, wo wir jetzt stehn bleiben, es ist nämlich die Frage nach dem Ursprung unsrer Kenntniß von dem so wichtigen Gesetz der Kausalität, als Beantwortung welcher ich Ihnen nachher zeigen werde, daß die Kausalität eben mit zu dem von der Empfindung unabhängigen rein formalen und *apriori* uns bewußten Theil unsrer anschaulichen Erkenntniß gehört und eben die dritte ursprünglich vorhandene Form des anschauenden Bewußtseins ausmacht. Wir machen aber hier vorerst Halt!, stehn still, um uns zuvor genau darüber zu verständigen, was Kausalität sei. Nachdem dies geschehn seyn wird, knüpft sich jene angekündigte Darlegung der dritten Form hier wieder an.

Die Erscheinung jener anschaulichen Vorstellungen, welche man reale Objekte nennt, steht unter einem Gesetze, welches alle jene realen Objekte mit einander verknüpft, und der dadurch entstehende Zusammenhang macht eben das aus was man die *Erfahrung* überhaupt nennt, eine Gesammtvorstellung, von der jede einzelne Erfahrung, jedes einzelne Objekt, ein nothwendiger damit verknüpfter Theil ist; Ende und Anfang dieser Verkettung wird jedoch nie gefunden. Das Gesetz aber welches auf solche Weise alle realen Objekte in Verbindung setzt ist dieses: wenn eine Veränderung vorgeht, d. h. wenn ein neuer Zustand eines oder mehrerer realer Objekte entsteht; so muß ihm ein andrer *vorhergegangen* seyn, auf welchen der neue nach einer *Regel, d. h. allemal* so oft der erstere da ist, folgt. Ein solches Folgen heißt ein *Erfolgen*, und der erstere Zustand die *Ursach* der zweite die *Wirkung*. Da nun, wenn der erstere Zustand, die Ursach, immer gewesen wäre, alsdann auch der zweite, die Wirkung, hätte immer gewesen seyn müssen, da er durch den ersten erfolgt; so muß auch jener erste *entstanden* seyn, setzt also einen andern als seine Ursach voraus, ferner auch dessen Eintritt, da auch dieser nicht immer gewesen, und so immer fort. Wir wollen an einem Beispiel die Sache anschaulich machen. Es entzündet sich ein Körper: so muß diesem Zustand des Brennens vorhergegangen seyn ein Zustand dessen Bestimmungen folgende sind: 1) Verwandtschaft zum Sauerstoff; 2) Berührung mit dem Sauerstoff; 3) ein bestimmter Grad der Temperatur. – Dieser Zustand heißt in Beziehung auf den daraus folgenden, das Brennen, die Ursach. – Da, sobald dieser Zustand vorhanden war, die Entzündung unmittelbar erfolgen mußte, diese aber allererst in einem bestimmten Zeitmoment erfolgt ist; so kann auch jener erste Zustand nicht immer gewesen seyn, sondern muß eingetreten seyn, als Folge aus einem vorhergehenden, z. B. aus dem Hinzutreten freier Wärme an den Körper, woraus die Temperaturerhöhung erfolgen mußte: dieser Zustand des Hinzutretens der Wärme ist wieder bedingt gewesen durch einen vorhergehenden, es sei z. B. wir denken uns die Wärme komme von einem Brennspiegel: dann ist diese bedingt durch das Auffallen der Sonnenstrahlen auf einen Brennspiegel, dieses wieder etwa durch das Wegziehn einer Wolke von der Richtung der Sonne, dieses durch Wind, dieser durch ungleiche Dichtigkeit der Luft, diese durch andre Zustände, und so *in infinitum*. Daß wenn ein Zustand, um Bedingung zum Eintritt eines neuen zu seyn, alle Bestimmungen bis auf *eine* enthält, man diese *eine*, wenn sie jetzt noch, also zuletzt, hinzutritt, die Ursache κατ' εξοχην nennen will, mag im gemeinen Leben zulässig seyn, ist aber eine nicht genaue Art sich auszudrücken: denn dadurch, daß eine Bestimmung des Zustandes die letzte ist, die hinzutritt, hat sie vor den übrigen nichts voraus. So ist, im angeführten Beispiel, keine Berechtigung da, das Wegziehn der Wolke deshalb die Ursach der Entzündung zu nennen, weil es später eintritt als das Richten des Brennspiegels aufs Objekt: dieses hätte später geschehn können als das Wegziehn der Wolke, und das Zulassen des Sauerstoffs später als dieses, und solche zufällige Zeitbestimmungen hätten, nach jenem Sprachgebrauch, entscheiden müssen welches die Ursach sei. Bei richtiger und besonnener Betrachtung finden wir vielmehr, daß der ganze Zustand Bedingung des folgenden ist, wobei es einerlei ist, in welcher Zeitfolge seine Bestimmungen zusammengekommen sind. Auch zieht jene Sprachgewohnheit eine andre nach sich die zu einem großen Irrthum wird, nämlich daß man nicht die *Zustände*, sondern die *Objekte* Ursach und Wirkung nennt: z. B. in unserm Fall würden Einige den Brennspiegel die Ursach der Entzündung nennen; Andre die Wolke, Andre den Sauerstoff und so regellos, nach Belieben. Es hat aber gar keinen Sinn zu sagen: ein *Objekt* ist Ursach eines andern: sondern Kausalität ist ein Verhältniß zweier *Zustände*, in Beziehung auf welches der eine *Ursach*, der andre *Wirkung* heißt und ihr nothwendiges Nacheinanderseyn, gemäß einer Regel, das *Erfolgen*. Wollen Sie auf anschauliche Weise recht lebhaft erkennen, was Kausalität sei, so betrachten Sie einen Körper im Sonnenschein und seinen Schatten. Daß der Schatten eine negative Wirkung sei, thut nichts zur Sache, er ist die Einwirkung des Körpers der die positive Wirkung des Sonnenlichts für diesen

Fleck aufhebt. Der Schatten ist nicht der Körper, ist ein von ihm völlig Verschiedenes, dennoch sehn Sie wie genau er mit ihm zusammenhängt, wie unausbleiblich und nothwendig er da ist, wenn der Körper da ist. Sie haben an dem Schatten das einfachste, anschaulichste, faßlichste Beispiel der Kausalität: und dennoch, je mehr Sie darüber nachdenken und ihn betrachten, desto unbegreiflicher wird Ihnen sein Zusammenhang mit dem Körper: d. h. es wird Ihnen eben klar, daß das Kausalverhältniß nicht zurückgeführt werden kann auf etwas anderes und dadurch erklärt werden kann, und Sie erhalten die unmittelbare Ueberzeugung wie dieses Verhältniß ein ganz ursprüngliches ist, da es eben die Form des Verstandes selbst ist, wie wir sogleich sehn werden. [Fußnote: Ursach und Wirkung ist nicht etwa Eins: Sonnenschein und flüssig [werdendes] Wachs, sind zwei sehr Verschiedne.]

Zeitverhältniß von Ursach und Wirkung. – Gegenwirkung. – Wechselwirkung.

Zu den wesentlichen Bestimmungen der Ursach gehört allerdings auch diese, daß sie, der Zeit nach, der Wirkung vorhergehe: es liegt im Begriff der Ursach. – Das Gesetz der Kausalität hat eine genaue und wesentliche Beziehung auf die Zeit, wie schon gezeigt, es bestimmt eben die Succession der Zustände, den Eintrittspunkt eines jeden und dies kann es nur sofern dem Verhältniß von Ursach und Wirkung ein Zeitverhältniß wesentlich und unmittelbar anhängt, nämlich die Ursach als solche das *Vorher*gehende ist und die Wirkung das in der Zeit spätere. Wir denken in der Ursache nicht allein das die Wirkung hervorbringende, sondern eben damit auch das ihr vorhergehende, das früher Daseiende als die Wirkung. Es ist ein Widerspruch zu sagen A habe B hervorgebracht, sei aber nicht früher dagewesen als B: das ist als wenn man sagte, der Sohn sei älter als der Vater. Ursach und Wirkung können also *als solche*, nie zugleich seyn; *als solche* heißt während das Kausalverhältniß wirklich zwischen ihnen besteht. Aber wenn man von Ursach und Wirkung undeutliche Begriffe hat, nicht weiß daß diese Ausdrücke wesentlich *Zu-*

stände bedeuten, nicht Dinge, oder wenn man eine Reihe stets wiederkehrender Ursachen und Wirkungen ansieht für eine stets bleibende Ursach und bleibende Wirkung: dann kann man zweifeln ob zum Wesen der Ursach auch gehört daß sie der Zeit nach vorhergehe: was noch heut zu Tage bestritten wird. Selbst Kant führt Beispiele an wo die Ursach nicht der Wirkung vorhergehe, sondern mit ihr zugleich sei: welches aber dem Begriff der Ursach widerspricht. So meint er die Ursach der Stubenwärme, der Ofen, sei mit dieser, seiner Wirkung zugleich. Aber hier ist eine Kette stets wiederholter Ursach und Wirkung: der Ofen ist wärmer als die ihn umgebende Luft: Ursach: – er theilt diese höhere Temperatur der ihn zunächst umgebenden Luftschicht mit: Wirkung: eine andre Schicht tritt hinzu; dasselbe geschieht: und so wiederholt sich Ursach und Wirkung immerfort, bis der Ofen abgekühlt ist. – Sein andres Beispiel: auf einem Kissen liegt eine bleierne Kugel: die wäre Ursach: – das Grübchen im Kissen Wirkung: – beide zugleich: –! Es ist eben so: die Kugel durch ihre Schwere drückt das Kissen nieder: ihr Druck geht dem Nachgeben des Kissens vorher [Für das Folgende lautet die mit Tinte korrigierte frühere Leseart: aber dieser Druck und dies Nachgeben wiederholt sich immerfort mit unendlicher Schnelligkeit, solange die Kugel liegt: obgleich diese stete Wirkung nicht sichtbar ist; das Kissen vermöge seiner Elasticität widerstrebt beständig und wird beständig überwältigt: bloß wenn die Kugel weggenommen wird, zeigt sich daß sie fortwährend wirkte; indem nun das Kissen sich wieder an der Stelle hebt.] [Daneben am Rand, ebenfalls durchgestrichen: Oder wenn man will sehe man das Grübchen mit der Kugel als einen ruhenden Zustand an, wo weder Wirken noch Leiden mehr ist: dann war bloß im Augenblick als die Kugel darauf gelegt wurde, Wirkung und Ursach da: offenbar gieng aber in diesem Augenblick der Druck der Kugel dem Einbiegen des Kissens *vorher*, obgleich dieses unmittelbar darauf folgte.]: sobald aber die Kugel eingesunken ist, hat sie ihre Wirkung gethan und das Kausalitätsverhältniß selbst hört auf: denn es tritt Ruhe ein: aber die Spur der Ursache ist mit der Wirkung bleibend. Dies gilt auch wenn das Kissen durch Elasticität beständig strebt das Grübchen wieder auszufüllen: die Schwere ist stärker, und das Grübchen ist ein ruhender bleibender Zustand, dessen Eintritt Wirkung des anfangenden Drucks der Kugel war. Wenn also auch Ursache und Wirkung sich hier zugleich darstellen; so [Daneben am Rand, mit Tinte wieder ausgestrichen, die ursprünglich hier einzufügenden Worte: man mag es nehmen wie man will, ...] sieht doch Jeder *apriori* ein, daß die Ursach vorhergeht auch in der Zeit: denn es liegt im Begriff der Kausalität.

Eine andre Bestimmung der Kausalität ist: daß *Wirkung und Gegenwirkung sich gleich* sind: d. h. der Zustand, welcher Ursach ist, indem er die Wirkung herbeiführt, erleidet eine eben so große Veränderung als die ist, die er herbei führt: z. B. setzt eine rollende Kugel eine andre in Bewegung; so verliert sie eben soviel von ihrer Geschwindigkeit als sie der andern mittheilt, versteht sich im umgekehrten Verhältniß der Massen beider: der Hammer erhält einen eben so starken Schlag als der Amboß, wird aber, im Verhältniß seiner geringern Masse, mehr dadurch erschüttert, welche Erschütterung die ihn führende Hand fühlt: die Sonne zieht nicht nur die Erde an, sondern wird auch von ihr angezogen, aber im umgekehrten Verhältniß der Massen beider, daher die Bewegung der Erde dabei merklich ist, die der Sonne nicht; eigentlich dreht sich die Erde nicht um die Sonne, sondern beide um ein gemeinschaftliches Centrum, das aber tief im Körper der Sonne liegt: die Erde zieht den Mond, wird aber auch von ihm gezogen im Verhältniß seiner geringern Masse; wie die Ebbe und Fluth zeigt.

Newton gründete dies Gesetz bloß auf Erfahrung: doch sind wir uns desselben *apriori* bewußt, wie der Kausalität selbst: von der Apriorität dieser sogleich. Jenes Gesetz aber folgt aus dem deutlichen Begriff der Ursach, nämlich: das Wirken setzt immer mehrere, wenigstens zwei Körper voraus, die durch ihre Qualität oder durch ihre Ruhe und Bewegung verschieden sind: Ursach ist nicht ein Ding, sondern ein *Zustand*, Wirkung ebenfalls ein *Zustand*, herbeigeführt durch jenen erstern: in beiden Zuständen, dem der Ursach und dem der Wirkung, sind nun beide Körper auf gleiche Weise implicirt, daher also auch die Wirkung, d. i. der neue Zustand, sich auf beide Körper in gleichem Maaße erstreckt; und zwar im umgekehrten Verhältniß ihrer Masse: der neu eintretende Zustand muß daher beide verändern. – Daß dies

Gesetz der Gleichheit von Wirkung und Gegenwirkung allein gilt von der Ursach im engsten Sinn, nicht vom Reiz und Motiv, werden wir bald sehn.

Man gebraucht heut zu Tage häufig den Ausdruck *Wechselwirkung:* das bedeutet ein Verhältniß wo die Ursach zugleich wieder die Wirkung ihrer Wirkung wäre und die Wirkung zugleich die Ursach ihrer Ursach: – er ist beliebt, eben weil man keinen deutlichen Begriff damit verbindet, daher er, wie viele Ausdrücke, dienen muß, auszuhelfen, wo die Begriffe mangeln. Im gemeinen Leben mag man immerhin gewisse Wirkungen damit bezeichnen. Aber streng und philosophisch genommen hat dieser Begriff keine Bedeutung noch Gültigkeit. Kant stellt eine besondre Kategorie der Wechselwirkung auf, als eine von der der Kausalität ganz verschiedne: das ist ganz falsch. Ich sage: es giebt kein Kausalitätsverhältniß, das wir durch den Ausdruck *Wechselwirkung* als eine besondre Art von allen übrigen zu unterscheiden hätten. Wir wissen 1) daß Ursach und Wirkung Bestimmungen sind nicht eigentlich der Materie sondern ihrer *Zustände:* 2) daß die Kausalität es nicht zu thun hat mit dem *ruhenden* und *Beharrenden;* sondern mit der Veränderung und Bewegung. Die herbeigeführte Wirkung ist ein Zustand, der entweder bleibt und nun ruht, oder aber sogleich selbst wieder Ursach eines neuen Zustandes, einer zweiten Wirkung wird: aber immer steht das Ursach und Wirkung seyn in genauer Beziehung zur *Zeitfolge*. Der Zustand A ist Ursach des Zustandes B nur insofern als er ihn herbeiführt und folglich in der Zeit eine frühere Stelle einnimmt, so nahe sie auch an den Zustand B, gränzen mag. Der Begriff *Wechselwirkung* enthält aber dieses, daß A Ursach von B ist, aber auch B Ursach von A: offenbar heißt dies daß A der frühere und B der spätere ist; aber auch wieder B der frühere und A der spätere. Der offenbarste Widerspruch! *Zugleich* können die Zustände A und B nicht seyn: weil sie als Ursach und Wirkung nothwendige Verbindung haben müssen: sind sie nun aber zugleich, so machen sie nur *einen* Zustand aus welcher eben da ist und beharrt: denn wo keine Succession ist, da ist auch gar keine *Veränderung* mehr, folglich keine Wirkung. Ein bleibender Zustand läßt sich denken, zu dessen Beharren die bleibende Anwesenheit aller seiner Bestimmungen die wir ABC nennen mögen, erforderlich ist: aber dann ist kein Wirken, keine Veränderung; sondern bloß Dauer und Ruhe: z. B. mehrere Körper die sich gegenseitig im Gleichgewicht erhalten: von so einem Zustand läßt sich wohl sagen, daß wenn wir eine seiner Bestimmungen ändern, dann dieses die Ursache der Aenderung aller übrigen Bestimmungen seyn würde; aber dies geschähe eben nur nach dem gewöhnlichen Gesetz der Kausalität, es träte eine Ursache ein und ihr folgte die Wirkung: vor der Hand aber ist alles in Ruhe, weder Ursach noch Wirkung vorhanden.

Auch ist der beliebte Ausdruck *Wechselwirkung*, sobald man streng und philosophisch verfahren will, durch kein einziges Beispiel zu belegen. Alles was man dafür ausgeben möchte kommt unter zwei Rubriken: 1) entweder es ist ein ruhender Zustand: auf einen solchen finden die Begriffe Ursach und Wirkung gar keine Anwendung, denn die setzen immer *Veränderung* voraus. Dieser Art ist eine Wagschaale mit zwei gleichen Gewichten: sie ruht: hier ist keine Veränderung; also auch keine Ursach noch Wirkung: sie ist in demselben Fall, wie jeder Körper der in seinem Schwerpunkt unterstützt ist: die Schwere strebt gleichmäßig in der ganzen Masse vertheilt, kann aber durch keine Wirkung ihre Kraft äußern. Nimmt man das eine Gewicht weg, so ist diese Wegnahme eine neue eintretende Ursache: – ihre Wirkung ist nun das gestörte Gleichgewicht: aus diesem folgt sogleich eine zweite Wirkung, das Sinken der andern Schaale, bis sie eine Stütze findet: dieser Vorgang geschieht aber ganz nach dem einzigen und alleinigen Gesetz von Ursach und Wirkung, und es ist da kein neues besondres Verhältniß, das man durch den Namen Wechselwirkung zu unterscheiden hätte. [2)] Die andre Rubrik unter welche alle angeblichen Beispiele von Wechselwirkung zu bringen, ist eine abwechselnde Succession gleichnamiger Zustände die Ursach und Wirkung von einander sind. Dieser Art ist das Fortbrennen eines Feuers: die Verbindung des Oxygens mit dem Brennbaren Körper, ist Ursach der frei werdenden Wärme: diese wieder ist Ursach eines abermaligen Eintritts jener Verbindung andern Oxygen's mit einem andern Theil des brennbaren Körpers: diese wieder Ursach neuer Wärme. Hier ist nichts andres als eine Kette von Ursachen und Wirkungen, deren Glieder abwechselnd *gleichnamig* sind, aber nicht individuell dieselben: das Brennen A, bewirkt freie Wärme B, diese ein neues, Brennen C, d. h. eine neue Wirkung, die mit der Ursache A gleichnamig ist, aber nicht individuell dieselbe: dieses Brennen C, bewirkt neue Wärme D: aber diese ist mit der Wirkung B nicht real identisch, sondern bloß gleichnamig, es ist wieder Wärme, u. s. f. Ein ganz ähnliches Beispiel ist das Schwingen des Pendels. Auch gehört hieher die Selbsterhaltung organischer Körper: auch hier führt jeder Zustand einen neuen herbei, der mit dem von welchem er selbst bewirkt wurde der Art nach identisch, aber individuell ein andrer ist: nur ist hier die Sache viel komplicirter: denn die Kette besteht nicht aus Gliedern von zwei Arten, sondern von vielen; so daß ein gleichnamiges Glied erst wiederkehrt, nachdem mehrere andre dazwischen getreten. Es geschieht aber alles nur nach dem gewöhnlichen Gesetz von Ursach und Wirkung.

Am Ende könnte man wohl gar sagen: die Wechselwirkung besteht eben darin, daß bei allem Wirken, Wirkung und Gegenwirkung sich gleich sind: ich habe eben gezeigt, wie dieses im Wesen und im Begriff der Kausalität liegt: beliebt es aber dieses Wechselwirkung zu nennen; so ist eben durchaus jede Wirkung Wechselwirkung und wir haben nichts weiter als ein überflüssiges Synonym der Kausalität.

Theorie der sinnlichen empirischen Anschauung und Apriotität der Erkenntniß der Kausalität.

Daß wir nun dieses eben erörterten Gesetzes der Kausalität uns *a priori d. i. vor* aller Erfahrung bewußt sind, daß dadurch allein die Erfahrung und überhaupt die empirisch-sinnliche Anschauung möglich wird, und daß jenes Bewußtsein und seine Anwendung ganz allein dasjenige ist was man *Verstand* nennt und allezeit unter diesem Worte gedacht hat, liegt mir nunmehr ob nachzuweisen. Die Nachweisung hievon wird nun zugleich die *Theorie der empirisch-sinnlichen Anschauung* seyn: so daß wir zwei Zwecke zugleich erreichen. –

In dieser Absicht also wollen wir die Frage aufwerfen, wie denn eigentlich die Anschauung der realen Objekte in uns entstehe? auf welche Art diese Vorstellungen in uns kommen? In der ganzen Geschichte der Philosophie finden wir hierüber eigentlich nur zwei Meinungen, die nachher einige Modifikationen erhalten: 1) Die des *Demokritos*, Epikur und *Aristoteles*, daß von der Oberfläche der Körper beständig Bilder ausgehn, welche durch die *pori* [Öffnungen] der Sinnesorgane ins Gehirn gelangen. Das hatte vor dem Aristoteles schon Democrit *(Diog. Laert. 9,44* [gemeint ist IX, 7,12]) gelehrt: auch Epikur lehrte es. Diese Bilder waren vollkommne Abdrücke der realen Objekte und diesen *ganz ähnlich*. – 2) Die zweite Meinung geht von Cartesius aus und wurde besonders von *Locke* ausgeführt. Diese lassen die Anschauung aus der Empfindung entstehn, welche die äußern Objekte in den Sinnesorganen hervorbringen, geben aber zu daß (wenigstens in den meisten Fällen) diese Empfindung gar keine Aehnlichkeit habe, mit den Eigenschaften der Objekte welche sie veranlassen und die wir dadurch kennen lernen. Hiebei macht nun aber besonders Locke den Unterschied zwischen primären und sekundären Qualitäten den Demokrit und Epikur aber auch schon gemacht; *(illustr.)*. – Bei dem allen, ist bei ihnen die Anschauung durchaus *sensual*, d. h. sie ist die Empfindung in den Sinnesorganen selbst und mit dieser Eins. Auf einen Antheil den der Verstand dabei haben möchte lassen sie sich nicht ein. Wir werden bald einsehn wie falsch dies ist, und wie die Anschauung durchaus intellektual. – Kant hat sich auf die Anschauung nicht eingelassen, überspringt sie mit »sie ist gegeben«. – Seit Kant überhaupt nichts Gescheutes.

Raum und Zeit sind gleichsam der Einschlag, die Grundfäden, auf welche die Bilder eingewirkt werden sollen: das Bewußtsein derselben, als nothwendiger Bedingungen aller Erfahrung, d. i. aller Erscheinungen, haben wir *apriori*, mit allem was davon abhängt. Wie kommt nun aber in dieses bloß formale, in dieses ein für alle Mal gesetzmäßig bestimmte, das Materiale, der Stoff, die Erfahrung, in ihrer bestimmten Einzelheit und Besonderheit? In den *apriori* angeschauten Raum und Zeit ohne Anfang und Ende findet jedes individuelle Bewußtsein einen Mittelpunkt dieser unendlichen Sphäre in einer ihm mehr als alles andre nahe gelegenen Vorstellung, welche der *eigene Leib* eines jeden ist: das Bewußtsein ist an diesen unmittelbar geknüpft, von ihm untrennbar, genöthigt von ihm auszugehn, die Vorstellung seiner Affektionen ist das Erste im Vorstellen, ich nenne daher in dieser Hinsicht den Leib das *unmittelbare Objekt*, ihn sonach bloß als Objekt d. i. als Vorstellung betrachtend und ganz davon absehend, ob er sich etwa noch in einer ganz andern Eigenschaft dem Bewußtsein kundgiebt, noch auf eine nähere Weise mit ihm verknüpft ist. Uns ist er hier die erste Vorstellung, und zwar nicht einmal er selbst als Objekt, sondern nur seine Affektionen. Davon nachher. Die Veränderungen, welche der belebte Leib erfährt, werden unmittelbar erkannt, sind der Ausgangspunkt der empirischen Anschauung. Diese Erkenntniß seiner Veränderungen ist aber keineswegs schon *Anschauung*, was eben Locke meynte, sondern bloße *Empfindung;* bliebe es bei ihr und käme nichts weiter hinzu, so käme das Bewußtseyn dadurch nicht über den eignen Leib hinaus, es wäre ein bloßes Fühlen successiver verschiedner Zustände des Leibs: Farben im Auge, Gerüche in der Nase, Druck auf der Hand. Soll die Empfindung Anschauung werden; so muß von ihr übergegangen werden auf ihre *Ursache außerhalb* dem empfindenden Organismus: soll aber dies geschehn, so muß schon die Anschauung des Raumes, als Bedingung des Außereinander daseyn. Doch davon weiterhin: jetzt bloß von der *Empfindung*. Sie ist etwas, das, eben weil es das erste und unmittelbare ist, sich weiter nicht beschreiben läßt, von dem sich jedoch sagen läßt, daß es eine sehr nahe Beziehung zum Willen hat; sofern nämlich als es bei irgend zunehmenden Graden in Schmerz oder Wollust übergeht, die nichts weiter als das dem Willen unmittelbar Widerstrebende oder Zusagende sind: doch darf ich mich hierauf hier nicht näher einlassen, um nicht der Betrachtung vorzugreifen, die wir weiterhin anstellen werden über die Beziehung des Leibes zum Willen. In den geringern Graden der Empfindung ist noch keine merkliche Anregung des Willens, d. i. Schmerz oder Wollust, mit ihnen verknüpft, sie werden bloß wahrgenommen, ganz unmittelbar. So wenn wir eine Farbe sehn, einen mäßigen Ton hören u. s. f. – Die [»Die« bis »Empfänglichkeit haben« mit rotem und schwarzem Stift durchgestrichen, was auf spätere Verwendung deutet] Sinne aber sind Sitze einer gesteigerten Sensibilität, vermöge welcher auch die leisesten Einwirkungen auf den Leib sofort wahrgenommen werden: und zwar steht jeder Sinn einer besondern Art von Einwirkung offen, für welche die übrigen entweder wenig oder gar keine Empfänglichkeit haben; *(illustr.)*. Totale Verschiedenheit der Empfindungen der fünf Sinne: wie man auch auf das Ohr wirken und dessen Nerven reizen möge, nie erhält es eine Empfindung dem Eindruck des Lichtes ähnlich: eben so nie das Auge eine dem Schall ähnliche, oder dem Geruch, oder dem Geschmack. Dies kommt aber nicht von Verschiedenheit der Nerven, sondern bloß der äußern Sinnenapparate, nach Cabanis. So hat jeder Sinn seine specifische Empfindung. Immer aber sind diese Modifikationen des unmittelbaren Objekts in der Zeit bloße Empfindung, unmittelbar wahrgenommene successive Veränderungen der Zustände der Sinnesorgane, keineswegs schon *Anschauung*. Und hierin liegt das Falsche ja Seichte der Lockischen Theorie. Diese hat gar nicht den großen Unterschied zwischen Empfindung und Anschauung bemerkt: sie läßt die Anschauung in der bloßen *Empfindung* der Sinnesorgane bestehn: die Empfindung des Eindrucks auf die Sinnesorgane ist ihr schon Anschauung: deshalb nennt Locke durchweg alle Eindrücke auf die Sinnesorgane *Ideen, ideas*, spricht daher von *ideas of sound, of touch, of sight, of smell*. In der That aber enthält die Empfindung keineswegs die Anschauung des Objekts, ja hat noch gar keine Aehnlichkeit damit. – Wir wollen dies näher betrachten, um einzusehn daß die Anschauung nicht in der Empfindung besteht, nicht *sensual* ist, damit wir nachher desto besser verstehn, was es heißt, sie sei *intellektual*. [Erstlich] Geruch und Geschmack sind ganz subjektive Sinne, d. h. ihre Empfindung bezieht sich hauptsächlich auf den Willen *(illustr.)*, sie deutet zwar auf eine Ursach überhaupt, aber giebt nicht deren Beschaffenheit, sie giebt also der Anschauung eigentlich keine Data: wir lernen durch sie kein Objekt kennen: bloß wenn wir schon anderweitig eine anschauliche Kenntniß des Objekts haben, kündigen sie dessen Gegenwart an *(illustr.)*. Mit dem Gehör ist es insofern anders, als die Töne an sich nur geringe Beziehung zum Willen haben: *(illustr.)* sie sind mehr für die reine Erkenntniß da: aber sie vermitteln nicht eigentlich die anschauliche Erkenntniß: *(illustr.)* wir lernen durch sie keine Objekte kennen, Objekte in Raum und Zeit: sondern auch sie verkündigen theils die Gegenwart schon anderweitig bekannter Objekte; theils geben sie Zeichen die die Vernunft auslegt: Sprache; theils die Musik, die eigner Art ist, eigentlich anschauliche Erkenntniß komplicirter Zahlenverhältnisse *(suo loco)*. Wir gehn aber nicht vom vernommenen Ton über zu dessen Ursache, so daß sie sich anschaulich darstellte, sondern bleiben stehn beim Ton selbst: er giebt uns die Beschaffenheit der Ursache nicht an, d. h. *zeigt nicht ihre räumlichen Verhältnisse (illustr.);* inzwischen giebt uns die Musik ein Beispiel wie ein rein Quantitatives (die Schwingungen) sich als ein qualitatives darstellt: nach diesem Typus sind Lockes *primary and secondary qualities*.

Wegen der Subjektivität dieser Sinne giebt der Geruch [Daneben am Rand, mit Tinte wieder ausgestrichen: Dieser Geruch kündigt uns aber die Rose an, dem Blinden giebt er die ganze Vorstellung die er von der Rose hat.] einer Rose uns keine Vorstellung, weder von der Rose, noch von dem Wasserstoffgas welches ihr ätherisches Oel aufgelöst in die Höhe treibt, die das Objektive, Reale dabei sind: – eben so giebt der Geschmack einer Kirsche uns keine Vorstellung von ihr, noch von der chemischen Zusammensetzung des Kohlen-, Wasser- und Sauerstoffs in ihr; – eben so giebt der Ton einer Violine keine Vorstellung von den Vibrationen der Saite, noch die Höhe oder Tiefe des Tons von der Zahl der Vibrationen in bestimmter Zeit, die allein das Objektive dieser Empfindung sind. Und doch ist es bloß die verschiedene Schnelligkeit dieser Vibrationen, die sich dem Trommelfell mittheilt wodurch wir die Tonleiter in der Musik empfinden: und nach den feinen Modifikationen, die diese Vibrationen erhalten durch das Instrument welches sie hervorbringt, unterscheiden wir ob es eine Kehle, Geige, Flöte sei. Wir bleiben aber bei der Wirkung, dem Ton stehn: also vermitteln Geschmack, Geruch, Gehör, eigentlich keine Anschauung; sondern kündigen bloß das schon anderweitig anschaulich Bekannte an; denn die Empfindungen dieser drei Sinne deuten zwar auf eine Ursache überhaupt: aber der Eindruck enthält keine *data* zur Bestimmung der *räumlichen Verhältnisse* dieser Ursache: der Raum ist aber die Form der *Anschauung*, ist das worin *Objekte* sich darstellen: also wenn die Wirkung gar keine *data* zur Bestimmung der *räumlichen Verhältnisse* der Ursache enthält, so vermittelt sie keine *Anschauung*, kann nicht in Anschauung umgearbeitet werden. Dies ist hingegen der Fall mit den Empfindungen des Getasts und Gesichts. Daher eigentlich die Anschauung hervorbringend sind bloß Getast und Gesicht. Aber was sie liefern ist an sich noch keineswegs die Anschauung, sondern erst die *data*, der rohe Stoff dazu, und in der Empfindung die diese Sinne geben, liegt so wenig schon die Anschauung [Fußnote: *mittelst* derselben wohl, d. h. auf Veranlassung derselben: aber in der Empfindung des Getasts liegt von dem allen noch nichts: keine Aehnlichkeit.], daß sogar die Eindrücke des Getastes und Gesichts gar noch keine Aehnlichkeit haben mit den Eigenschaften, die wir mittelst ihrer wahrnehmen: Zuvörderst *vom Getast*. Wir erhalten *mittelst* desselben die anschauliche Erkenntniß von der Temperatur, der Solidität (Undurchdringlichkeit), Gestalt, Ruhe oder Bewegung eines Körpers. Zuvörderst die Temperatur bleibt Sache der bloßen Empfindung und giebt an sich keine Anschauung von der Beschaffenheit des Körpers: es sei denn durch Erinnerung, wenn er schon anderweitig bekannt ist: aber gewiß ist keine Aehnlichkeit zwischen der Empfindung die ein heißes Metall, das ich berühre, meiner Hand giebt und dem Zustand in ihm vermöge dessen es sich dem Glühen, Schmelzen, Verbrennen nähert, oder das Thermometer in die Höhe treibt. Aber auch die Solidität, Gestalt, Bewegung des Körpers ist keineswegs durch die Empfindung des Getasts gegeben, sondern kommt anderweitig: der Eindruck den das Getast erhält, die Empfindung dieses Eindrucks hat sogar keine Aehnlichkeit mit jenen Eigenschaften angeschauter Objekte: nämlich welche Aehnlichkeit ist zwischen der Empfindung in meiner Hand wenn ich damit gegen den Tisch drücke und der Vorstellung des festen Zusammenhangs der Theile dieser Masse? in der Empfindung des Drucks ist diese Vorstellung durchaus nicht enthalten, ja sie hat gar keine Aehnlichkeit damit. Gar keine: sowenig als der Schmerz eines Menschen der geprügelt wird Aehnlichkeit hat mit dem Stock; oder der Schmerz der Wunde mit der Degenspitze. Die Empfindung ist ein bloßes Zeichen, was erst einer Auslegung bedarf, ist ein Datum, dessen mein Verstand sich nachher bedient beim Hervorbringen der Anschauung; das Zeichen hat aber keine Aehnlichkeit mit dem Bezeichneten, das nachher angeschaut wird. Halte ich eine Billiardkugel in der Hand; so erkenne ich allerdings ihre Form: aber die Empfindung dabei hat gar noch keine Aehnlichkeit mit der Kugelform; sie ist ein bloßer Druck auf verschiedne Theile meiner Hand, die ich beliebig wechseln lassen kann: die Vorstellung der Kugelform entsteht durch den Verstand indem er aus den Theilen der Hand welche hier zugleich den Druck empfinden und der Stellung der Hand während der Zeit, einen Schluß, eine Kombination macht. Und eben so ists mit jedem Körper den ich betaste. Bewege ich meine Hand über eine unebne Fläche, so fühle ich abwechselnd größern und geringern Druck auf verschiednen Theilen der Hand: aber in dieser Empfindung an sich liegt keineswegs die Vorstellung von Ausdehnung, von der Gestalt der Fläche, oder von ihrer Bewegung oder Ruhe; eben so wenn ein Strick durch meine Hand läuft, enthält die Reibung, die ich empfinde, noch gar nicht an sich die Vorstellung der Bewegung. Sie müssen nur unterscheiden, die Vorstellung die wir anderweitig haben und nun an die Empfindung zu knüpfen gewohnt sind, von der nackten Empfindung selbst. Das ist freilich schwer. Also selbst bei den Sinnen deren Empfindung *data* für die Anschauung liefert hat diese Empfindung selbst mit dem mittelst ihrer Angeschauten nicht die mindeste Aehnlichkeit. Aber freilich sind wir so sehr gewohnt von der Empfindung sogleich überzugehn zur Anschauung (die durch eine Funktion des Verstandes geschieht) daß es uns sehr schwer wird die bloße Empfindung als solche aufzufassen, bloß auf sie zu achten, um uns dadurch zu überzeugen, daß in ihr keine einzige der Eigenschaften ihres Objekts enthalten ist, und sie gar keine Aehnlichkeit damit hat: aber erst wenn wir dies von uns erlangen, können wir den Antheil, den die Empfindung der Sinne an der Anschauung hat, *sondern* von dem des Verstandes und der *apriori* uns bewußten Form des Raumes und der Zeit, und dann einsehn, wie sehr gering eigentlich der Antheil der Sinnesempfindung ist, selbst da, wo sie *data* zu den räumlichen Bestimmungen ihrer Ursache enthält, wie sehr roh der Stoff [Daneben am Rand mit Bleistift: Hier wäre zu zeigen wie der Verstand angewandt auf den Tastsinn allein, eine Apperception der objektiven Welt erhält, etwa wie der Blindgeborne apprehendirt.] den sie dem Verstande und der reinen Sinnlichkeit zuführt woraus dennoch diese die wundervolle Anschauung der Außenwelt hervorbringen.

Jetzt *vom Sinn des Gesichts*. Die Anschauung welche ausgeht von der Empfindung im Auge und an diese sich knüpft, ist bei weitem die reichste, weil die Vermittelung des Lichts uns in Berührung setzt mit nahen und fernen Gegenständen; weil ferner das Licht in graden Linien wirkt, auch in den Feuchtigkeiten des Auges selbst in graden Linien gebrochen wird, und daher (wenn wir den Verstand und die Anschauung des Raums auf diese Empfindung anwenden) wir zugleich auch die *Richtung* und Lage des einwirkenden Objekts aus der Empfindung erhalten; was bei Geruch und Gehör, die auch aus der Entfernung wirken, nicht der Fall ist *(illustr.)* [Fußnote: Beim Gehör ist es nur sehr im allgemeinen der Fall, so im Groben, nämlich ob das rechte oder das linke Ohr stärker getroffen wird; was von vorne kommt hört man stärker, als was von hinten. Das Bauchreden ist in jedem Fall ein Schall der articulirt wird ehe er den Leib verläßt und daher alle Indicia der Richtung ganz ausschließt: nun wird durch mimische Künste die Einbildungskraft verleitet die Richtung zu suppliren.]; weil endlich die verschiednen Grade der Beleuchtung und die Empfindung der Farbe uns *data* geben zur Erkenntniß mannigfaltiger räumlicher Beziehungen der Objekte. Bei weitem unsre meisten Wahrnehmungen sind durch das Auge: daher ist von dieser *species* das *genus* benannt, nämlich *Anschauung, Intuitio*. – Aber sondern wir von dieser ganzen Wahrnehmung das aus, was allein der *Empfindung* angehört, dann finden wir, daß auch die Empfindung welche das Auge von beleuchteten Gegenständen erhält, keineswegs schon die Anschauung dieser Gegenstände ist, sondern himmelweit von ihr verschieden; ja auch von dieser Empfindung auf der Netzhaut des Auges behaupte ich, daß sie eigentlich noch keine Aehnlichkeit hat mit der Anschauung die uns durch ihre Vermittelung, auf ihre Veranlassung wird. Verstehn Sie mich recht: ich sage nicht etwa bloß, daß die Empfindung im Auge, etwa die der Farbe oder des Lichts selbst keine Aehnlichkeit hat mit den realen Dingen in der Außenwelt die als Ursache solche Empfindung von Farbe und Licht hervorbringen; das sagte Locke auch, ist schon tausend Mal gesagt und bekannt. *(Illustr.)* Ich sage, daß die Empfindung im Auge noch keine Aehnlichkeit hat mit der Anschauung der objektiven Welt die uns dadurch wird, mit der bloßen Erscheinung, gleichviel was die Dinge außer uns an sich seien: davon rede ich noch nicht. Bei keinem andern Sinn aber kommt die bloße Empfindung der Anschauung sosehr entgegen, als beim Sehn, giebt ihr so reiche *data, data* die unmittelbar auf räumliche Bestimmungen der äußern Ursache leiten, wiewohl sie diese nicht schon enthalten. Bekanntlich hat das Auge große Aehnlichkeit mit der *Camera obscura:* welches zuerst Kepler bemerkt und dargestellt hat: (siehe *Kepleri paralipomena in Vitellionem Francof. 1614 [1604, V. Kap.,] p 170 seq.).* Nämlich wie die *camera obscura* ein finstrer Raum ist, in welchen die von den äußern Gegenständen zurückgeworfenen Lichtstralen, durch eine enge Oeffnung dringen und an der dieser entgegengesetzten Wand ihr Bild entwerfen, welches durch ein in die Oeffnung gebrachtes Convex-Glas, Linse, Sammelglas verdeutlicht wird, welches die von den Objekten aus divergirenden Linien bricht und sie dann konvergirend, aber umgekehrt auf die Wand wirft; (die Umkehrung [»die Umkehrung« bis »bloß unterstützt« ist durchgestrichen] geschieht hier zwar durch die Convexlinse; doch geschieht sie auch ohne diese, durch das bloße Kreuzen der Stralen in der Oeffnung: siehe *Fischers Naturlehre* [Lehrbuch der mechanischen Naturlehre, 1805] *cap. 39, § 13:* sie wird hier also durch die Linse bloß unterstützt) so ist im Auge die Pupille die Oeffnung, die Netzhaut die Wand, *lens* [Linse], *humor aqueus et vitreus* [Glaskörper] das durch Brechung das Bild zusammenziehende und so verdeutlichende Convexglas. (Beiläufig [»Beiläufig« bis »Licht von ihr« ist durchgestrichen] das Bild was Jeder im Auge des andern von sich selbst sieht; ist nicht das hier gemeinte; sondern eine bloße Spiegelung auf der glatten *Cornea* [Hornhaut], ein bloß reflektirtes Licht von ihr.) Nach Kepler und allen spätern rein empirischen Köpfen ist damit das Sehn erklärt: die Seele nämlich nimmt jenes Bild wahr und bezieht es auf äußre Objekte. In der That aber ist das Wesentliche dieses Vorgangs weiter nichts [»weiter nichts« bis »affizirt« ist durchgestrichen], als daß der Eindruck des Lichts, welches die Objekte reflektiren, zusammengedrängt wird ohne vermischt zu werden, wodurch er im kleinen Raum der Netzhaut Platz findet: dadurch wird die Netzhaut von den verschiedenen Lichtstrahlen in derselben Ordnung (wiewohl umgekehrt), wie sie vom Objekt ausgehn, affizirt: weiter geht die optische Erklärung nicht: wie aber aus einer solchen Affektion der Netzhaut, eine Anschauung von Objekten außerhalb, im Raum mit drei Dimensionen entsteht, ist dadurch im mindesten nicht erklärt. Vielmehr entstand das neue vielfach bestrittene Problem, warum wir, da dies Bild umgekehrt steht, die Objekte doch nicht verkehrt sehn: welches Problem bei unsrer fernern Betrachtung seine Auflösung von selbst finden wird.

Das Auge empfindet bloß Hell, Dunkel, Farbe: die Netzhaut ist der Sitz dieser Empfindung, und ist eine *Fläche*, läßt folglich ein Nebeneinander des Eindrucks zu; sodann wirkt das Licht stets in graden Linien, wird auch im Auge noch [in] graden Linien gebrochen, daher der bloße Eindruck schon hinweist auf die Richtung seiner Ursache und die Lage derselben im Raum: aber um dies zu erkennen müssen wir schon den Raum haben und seine Verhältnisse kennen: das gehört schon zu dem was wir zur Empfindung selbst hinzubringen, in der Empfindung liegt es nicht: sowohl Raum als Ursach gehören schon zum Intellektuellen der Anschauung: im Sensuellen liegen sie noch nicht. Nun ferner sind die Empfindungen des Hellen, Dunkeln, wie der Farbe ganz specifische Affektionen des Auges. Aber ohne den Verstand und ohne die Anschauung des Raumes, würden wir uns ihrer auch nur bewußt werden als besondrer und mannigfaltiger Modifikationen im Organ, die gar noch keine Aehnlichkeit haben mit Figur, Lage, Nähe, Ferne, Ruhe und Bewegung von Objekten. Was beim Sehn die bloße Empfindung giebt ist nichts mehr als das Bewußtsein einer mannigfaltigen Affektion der *retina* [Netzhaut], ähnlich einer Pallette mit vielen bunten Farbenklexen neben einander: oder wie wenn ein Kupferstich bunt illuminirt wäre und man nähme durch ein aufgelegtes Löschpapier einen Abdruck der Farben ohne die Linien. Denn alles was in unserm Gesichtsfelde linear ist, räumlich, perspektivisch, das ist nicht Sache der Empfindung, sondern muß wo anders herkommen. Wie wir nun an die Empfindung die Anschauung knüpfen, was wir hinzuthun um diese von der Anschauung noch ganz verschiedne Empfindung umzugestalten zu der reichen Anschauung der Welt; davon ausführlich, wenn ich das Positive der Sache vortrage. Für jetzt sind wir bloß beim Negativen.

Aus allem diesen geht hervor, daß die Anschauung nicht *sensual* ist; d. h. sie ist nicht durch die bloße Sinnesempfindung gegeben; sondern zu dieser muß noch etwas sehr Bedeutendes hinzukommen, damit aus ihr Anschauung werde: nämlich der Verstand, der die Wirkung auf eine Ursache bezieht, und die reine Anschauung des Raums, vermöge deren diese Ursache außerhalb des empfindenden Organismus versetzt wird; auch die Anschauung der Zeit, weil nur in der Zeit ein Wirken und Verändern möglich ist. Diese Formen nun, nämlich der Verstand d. h. das Kausalverhältniß, und die Anschauungen von Raum und Zeit müssen schon vorher daseyn, müssen unabhängig von der Empfindung da seyn, da sie in dieser nicht enthalten sind, müssen als Formen des erkennenden Bewußtseyns daseyn damit die Anschauung entstehe. Also die Anschauung ist *intellektual*. Sie ist ein geistiges Wahrnehmen, kein bloß sinnliches Empfinden, wie Locke wollte. – Alle Empfindungen welche die Sinne durch äußere Eindrücke erhalten, sind bloß der rohe Stoff aus dem die Anschauung wird, wenn der *Verstand* hinzukommt, und von der also gegebenen *Wirkung* den *Uebergang* macht auf die *Ursache*, die nun eben dadurch als angeschautes Objekt im Raum sich darstellt. [Daneben mit Bleistift: S. F. [Vgl. F, § 1]] Unter allen Sinnen [»Unter allen Sinnen« bis »jene Anschauung schuf« ist mit Bleistift durchgestrichen] ist wie gesagt das *Gesicht* der feinsten und mannigfaltigsten und determinirtesten Eindrücke von Außen fähig, Eindrücke, welche sogleich *data* der räumlichen Verhältnisse ihrer Ursache geben: aber dennoch giebt auch das Gesicht an sich bloße Empfindung, aus welcher erst die Anwendung des Verstandes die Anschauung hervorbringt. Könnte daher Jemand, der vor einer schönen weiten Aussicht steht, auf einen Augenblick alles Verstandes *beraubt werden;* so würde ihm von der ganzen Aussicht nichts übrig bleiben, als die Empfindung einer sehr mannigfaltigen Affektion der Netzhaut in seinem Auge ähnlich einer Pallette mit vielen Farbenklexen, welche gleichsam der rohe Stoff ist, aus welchem vorhin sein Verstand jene Anschauung schuf.

Zur bloßen *Empfindung* des Leibes muß, wenn aus seinen unmittelbar wahrgenommenen successiven Affektionen, Veränderungen, die davon ganz verschiedene *Anschauung* von *Objekten* werden soll, hinzukommen, *die Beziehung der Wirkungen auf die Ursachen*, der Uebergang der Erkenntniß von der gegebenen Wirkung auf ihre nothwendige Ursach, zugleich aber auch Zeit und Raum als Formen der Möglichkeit eines Seyns außer uns, Nach- und Neben- und Auseinander, als Bedingungen aller empirischen Anschauung: diese Formen müssen schon vor aller Empfindung im Bewußtseyn liegen, selbst eben die Form des Bewußtseyns ausmachend: sie müssen mit ihrer ganzen Gesetzmäßigkeit schon daseyn, damit der Verstand Objekte hineinsetzen kann, wenn die Empfindung ihn anregt seine Funktion zu vollziehn. Die reine Anschauung muß die Grundlage der empirischen seyn. Sie ist deren erste Bedingung. Dann muß als Anlaß, die Anregung der Sinnesorgane, d. i. die Empfindung hinzukommen. Diese giebt die Materie der Anschauung, den bestimmten individuellen empirischen Stoff: aber zur Anschauung wird dieser erst durch die Form, die er erhält, indem der Verstand die Empfindung auf ihre Ursach bezieht: erst dadurch erhält die Empfindung die von ihr ganz verschiedene Form der Anschauung. Also erst indem die Empfindung der Organe von einem Verstande wahrgenommen und sofort als eine *Wirkung* aufgefaßt wird, die nothwendig eine *Ursach* haben muß, zu welcher *Ursach* nun sofort der Uebergang geschieht, entsteht die Anschauung. Der Raum muß aber schon daseyn: um die Ursach als *außer* dem Organismus anzuschauen. Dies ist es was den Raum und die Zeit, welche, als Formen der Möglichkeit einer objektiven Anschauung, dem Subjekt, dem Erkennenden als solchen anhangen, *ausfüllen* kann mit einer wirklichen Anschauung von Objekten: sonst käme diese nimmermehr zu Stande. Die *Empfindung* [»Die *Empfindung*« bis »der Vernunft möglich« ist mit Bleistift durchgestrichen. Dazu am Rand die Bleistiftnotiz: S. F. 12 [Vgl. F, Anfang von § 1]] wird also zur *Anschauung*, zur *Wahrnehmung*, zur *Apprehension* eines Objekts, allererst dadurch, daß der Verstand jeden Eindruck den die Sinnesorgane erhalten, auf dessen *Ursach* bezieht, diese in der ihm *apriori* bewußten Form aller möglichen Anschauung, also im Raum, als *außer* dem Organismus vorhanden hinstellt und zwar sie *dahin* versetzt, von wo die Wirkung ausgeht und so die Ursach als ein *Objekt*, ein *Wirkendes, Wirkliches* erkennt. Dieser Uebergang von der Wirkung auf die Ursache ist aber ein unmittelbarer, lebendiger, nothwendiger: denn er ist (wie ich weiterhin näher nachweisen werde) eine Erkenntniß des *reinen Verstandes:* keineswegs ist er ein Vernunftschluß, eine Kombination abstrakter Begriffe und Urtheile: diese ist nur der Vernunft möglich, von der hier noch nicht die Rede ist, und die zur Anschauung nichts beiträgt, da die Anschauung auch allen Thieren gemein ist. Also die Sache geht nicht *in abstracto* vor, auf dem Gebiet der Vernunft; sondern *in concreto*, d. h. auf dem Gebiet des unmittelbar erkennenden Verstandes. Daher ist man beim Anschauen sich nicht eines Schlusses von der gegebenen Wirkung auf ihre nach dem Gesetz der Kausalität nothwendige Ursach bewußt; sondern jener Uebergang der Erkenntniß von der Wirkung auf die Ursach kommt selbst nicht als solcher ins Bewußtseyn; vielmehr zeigt er sich bloß dadurch, daß statt des bloßen Empfindens einer Affektion im Organ, jetzt ein angeschautes Objekt im Raum dasteht. Das Unbewußte dieser Verstandesoperation könnte Sie befremden, und an deren Realität zweifeln lassen. Allein ein sicherer Weg uns von derselben zu überzeugen ist, daß wir sie genauer kennen lernen und betrachten wie sehr thätig bei der Anschauung beständig der Verstand ist, ohne daß von dieser Thätigkeit etwas anderes ins Bewußtseyn kommt, als ihr Resultat, ihr Produkt, die *Anschauung*.

Es giebt [Die nächsten drei Absätze von »Es giebt« bis »Möglichkeit bloßen Scheines« sind mit Bleistift durchgestrichen und mit Rotstift angestrichen] eigentlich nur zwei objektive Sinne: das Getast und das Gesicht: d. h. nur mittelst der Data die diese beiden dem Verstande geben konstruirt er Objekte in die uns beigegebene Anschauungsform Raum hinein, und läßt sie dort in der Zeit sich bewegen und verändern. Die andern drei Sinne wirken *objective* nur auf die Erinnerung indem sie uns anderweitig schon bekannte Objekte anzeigen. *(Illustr.)* – Sie können einander ersetzen: aber ein Blinder ohne Hände und Füße würde eine sehr mangelhafte objektive Welt vor sich haben. Geschmack und Geruch sind zudem dem Willen so genau verbunden daß sie [gar] nicht thätig seyn können ohne ihn mehr oder weniger anzuregen. *(Illustr.)* Das Ohr ist hievon frei, auch hat es eine eigne objektive Welt für sich, die bloß in der Zeit nicht im Raum ist: die Töne: daher die Möglichkeit der Musik.

Getast und Gesicht haben jedes ihre eignen Vortheile: daher sie sich wechselseitig unterstützen: der Hauptvortheil des Gesichts ist daß es keiner Berührung bedarf, ja keiner Nähe, sondern die Einwirkung sehr ferner Objekte empfängt; – sodann daß eine Unermeßlichkeit von Objekten zugleich auf es einwirkt, ein ganzer irdischer und himmlischer Horizont voll Weltkörpern; – sodann daß es sehr feine Nüancen des Lichts und Schattens, der Farbe, der Durchsichtigkeit des umgebenden Mittels empfindet, und so dem Verstande eine große Menge fein bestimmter *data* liefert, auf welche angewandt er die meisten Bestimmungen der Gestalt, Größe, Ferne und physischen Beschaffenheit der Körper sogleich anschaulich erkennt: wie weiter unten näher zergliedert.

Dagegen hat das Getast welches darin eine große Beschränkung hat daß es des unmittelbaren Kontakts bedarf, diese Vortheile: es ist der gründlichste, untrüglichste und vielseitigste Sinn. Alle Wahrnehmung des Gesichts bezieht sich eigentlich auf das Getast: das Sehn ist ein unvollkommnes Tasten in die Ferne mittelst langer Taststangen, welches die Lichtstrahlen sind: es ist daher vielen Täuschungen ausgesetzt; das Getast fast gar keinen [Daneben die mit Rotstift durchgestrichene Bleistiftnotiz: hacte nus?]: es ist also der gründlichste und untrüglichste Sinn: – es ist auch der vielseitigste: denn das Gesicht empfindet doch einzig und allein Eindrücke des Lichts, giebt also bloß Farbe und Schattirung der Gegenstände dem Verstande als *data*, wie das Gehör bloße Töne giebt: hingegen das Getast giebt ganz unmittelbare Data zur Erkenntniß der Größe, Gestalt, Härte, Weiche, Trokkenheit, oder Nässe, Glätte, Temperatur u. s. f. – Zwei Vortheile unterstützen es: 1) die Gestalt der Hand und Finger, die durch ihre Bewegung und Veränderung, mehrere Seiten des Objekts beliebig zugleich berühren können, wo der Verstand aus der Form die die Hand angenommen hatte während mehrere Stellen derselben vom Objekt berührt wurden auf die Form dieses schließt: *(Illustr.)* – Kugel u. s. w.; 2) die Anwendung der Muskelkraft gesellt sich hier zu der der Nervenkraft: nicht bloß die

Nerven affizirt das Objekt und giebt dadurch alle oben aufgezählten *data;* sondern durch Heben oder Stoßen, Biegen, Brechen, des Gegenstandes erhalten wir *data* zur Erkenntniß seiner Schwere, Festigkeit, Zähigkeit, oder Spröde u. s. w. und dies alles mit geringer Möglichkeit bloßen Scheines.

Um ein wenig die *data* des Getasts für sich zu betrachten, denken wir uns einen Blindgebornen: er läßt seine Hand nach allen drei Dimensionen über einen kubischen Körper gleiten: seine Empfindung dabei in der Hand ist eine ganz einförmige, und kann ihm wahrlich nicht das Bild eines Kubus geben: dies entsteht allein durch Anwendung des Verstandes und der *apriori* ihm bewußten Anschauung des Raumes: zuerst, er fühlt Widerstand: der muß, sagt er *a priori,* eine Ursache haben: *a priori* sagt er es: denn durch keine Erfahrung kann es ihm bekannt seyn. Die neuern [»Die neuern« bis »Kind« mit Bleistift durchgestrichen und mit Rotstift angestrichen] Französischen Philosophen, namentlich Destut Tracy bemühn sich diese Erkenntniß als empirisch darzustellen: sie sagen: der Begriff der Ursach entspringt aus dem körperlichen Gefühl des Widerstandes: wenn das neugeborne Kind oder sogar [»sogar« bis »wie soll« mit Bleistift durchgestrichen] der Fötus im Leibe eine Bewegung machen will und nicht kann, so entsteht ihm die Vorstellung von einem Aeußern, von ihm Verschiednen, das es hindert: so entspringt die Kenntniß der Kausalität auf empirischem Wege. – Höchst falsch! [»Höchst falsch« bis »(Illustr.)« mit Rotstift angestrichen] 1) Denn wie soll aus einem körperlichen Gefühl eine *Vorstellung* werden? – 2) Aus der Hemmung gewollter Bewegungen kann nie mehr entstehn, als das Unbehagen des gehinderten Willens, also eine Art Schmerz; aber nie die Vorstellung eines Raumes und eines Körpers in dem Raum der auf meinen einwirkt. Die Vorstellung überhaupt ist völlig andrer Natur als die Anregung des Willens durch Hemmung oder Beförderung eines Akts: 3) Es giebt mancherlei Bewegungen die wir zu machen vergeblich versuchen, ohne daß uns daraus die Vorstellung von einem einwirkenden äußern Körper entsteht: *(Illustr.).*

Also [Die nächsten drei Absätze von »Also« bis »Uebung vervollkommnet« mit Bleistift durchgestrichen und mit Rotstift angestrichen] unser Blindgeborner *fühlt* bloß einen Widerstand:

daß nun aber, auf diesen Anlaß, in ihm die Vorstellung entsteht von einem *Raum* und einem *Körper* in solchem der auf seinen einwirkt, geschieht allein vermöge der ursprünglichen Anlagen die wir Verstand und reine Sinnlichkeit nennen: diese projiciren den Raum und setzen einen Körper hinein. Er betastet ihn nach allen drei Dimensionen: die Empfindung der Hand bleibt dabei dieselbe: aber aus der Bewegung die sein Arm macht, während die Empfindung der Hand bleibt, macht sein Verstand den Schluß auf die kubische Form.

Giebt man ihm eine Kugel in die eine Hand: und legt die andre auf eine Fläche: so werden beide Hände an allen Punkten berührt: also ist die Empfindung beider Hände dieselbe: aber aus der Lage jeder Hand während sie diese Empfindung erhält, schließt sein Verstand, dort auf eine Ebene, hier auf eine Kugel. –

Rollt ein Strick durch seine Hand; so schließt er aus der Zeit die die Reibung dauert und aus der Lage der Hand auf einen langen cylinderförmigen Körper. Aber aus der bloßen *Empfindung* hiebei könnte nimmermehr in ihm die Vorstellung der Bewegung, d. i. der Veränderung im Raum mittelst der Zeit erwachsen; die Empfindung ist unfähig dergleichen zu erzeugen, wenn er nicht vor aller Erfahrung schon die Anschauungen von Raum und Zeit besäße, wenn sie nicht präformirt in seinem Intellekt lägen: denn welcher Abstand ist nicht zwischen der bloßen Sensation der Reibung in der Hand und der Vorstellung der Bewegung eines Körpers im Raum mittelst der Zeit: –

u. s. w.

Alles dies wird durch Uebung vervollkommnet.

Die Empfindung [»Die Empfindung« bis »dadurch möglich« mit Rotstift angestrichen] der Hand bei verschiedener Berührung und Lage ist aber etwas so einförmiges, ist so ärmlich an *Datis*, daß es unmöglich wäre daraus die Vorstellung des Raums und seiner drei Dimensionen und der Einwirkung von Körpern auf einander, kurz der objektiven Welt, zu konstruiren: sondern dies ist nur dadurch möglich, daß im [»daß im« bis »intellektuellen« mit Blei- und Rotstift angestrichen] Intellekt selbst, der Raum als Form der Anschauung, die Zeit als Form der Veränderung und die Kausalität als die Norm und Gesetz der Ordnung und des Eintritts der Veränderungen schon fertig dasind, und dies fertige Daseyn ist eben der Intellekt selbst, ist (mich empirisch auszudrücken) die physiologische Funktion des Gehirns, die es so wenig lernt als der Magen das Verdauen, oder die Leber die Gallenabsonderung, sondern die ihm ursprünglich einwohnt. Bloß hieraus ist es zu erklären daß manche Blindgeborne eine so vollständige Kenntniß von räumlichen Verhältnissen erhalten haben, daß sie den Mangel des Gesichts wenig spürten. Dies beweist uns eben daß die Vorstellung von Raum, Zeit und Veränderung so wenig durch das Gesicht als durch das Getast in uns kommen, und überhaupt nicht empirischen Ursprung haben, sondern intellektuellen. So sehn wir Blinde in der Zeunischen Anstalt spinnen, nähen, stricken, weben u. s. w. – Manche Blinde sind frei herumgegangen auf bekannten und unbekannten Wegen, und haben eine richtige Kenntniß der durchwanderten Räume zurückgebracht. *Waitz de sensuum actione vicaria* 1821, erzählt von Einem Blinden, der alles was er betastet hatte, in Wachs nachbildete, sogar Porträtts von Menschen in der Art machte. Saunderson [»Saunderson« bis »Mathematik« mit Blei- und Rotstift angestrichen], von Kindheit auf blind ([S. G.] Vogel Anthropologisch. medicin. Erfahrungen [Stendal] 1805), lehrte auf der Universität Cambridge Mathematik, Optik und Astronomie. Er konnte selbst ohne zu tasten, durch die Empfindung des Drucks der Luft auf sein Gesicht über die Größe und Entfernung von Objekten urtheilen und wenn er in ein fremdes Zimmer trat seine Größe und Gestalt und sogar einzelne Hervorragungen angeben. Eine seltsame Bestätigung dieser Wahrheit giebt *Tourtual* [»Tourtual« bis »nicht eingefallen« mit Bleistift durchgestrichen], *de mentis circa visum efficacia* 1823: dieser nämlich, in völliger Unwissenheit der großen Fortschritte welche die Philosophie durch Kant gemacht, und dadurch sich um 50 Jahre zurückstellend, nimmt den Condillac zum Führer und untersucht ob die Vorstellung des Raumes und seiner Verhältnisse durch Getast und Gesicht, oder in Ermangelung des letztern aus ersterem allein entspringt, in seiner eigentlich schimpflichen Unkunde der Entdeckungen des größten Mannes den Deutschland gehabt, tappt er erbärmlich herum, indem er untersucht, ob der Raum ursprünglich ein Gesehenes oder ein Getastetes sei. (Der Raum wird weder gesehn noch getastet, sondern er wird intellektual geschaut: d. h. er ist die ursprüngliche Form eines Intellekts, dessen Objekt eine *anschauliche Welt* ist.) – Tourtual macht nun aber zuletzt seine Ignoranz durch besondern Scharfsinn gut: indem er aus eignen Mitteln auf den Gedanken kommt, daß, da weder das Gesicht, noch das Getast, noch beide zusammen hinreichen die Vorstellung des Raumes zu erzeugen, dieser eine angeborne Idee seyn müsse. Er würde das alles aber besser und gründlicher verstanden haben, hätte er Kants Philosophie studirt: allein so giebt er einen indirekten Beweis von der Wahrheit der Kantischen Lehre, indem er aus dem negativen Resultat, daß weder die Empfindung des Sehns noch die des Tastens die Vorstellung des Raumes, seiner Dimensionen und der Objekte darin erzeugen kann, auf empirischem Wege zu dem Postulat einer angebornen Beschaffenheit des Geistes gelangt, vermöge deren wir den Raum anschauen. Aber das Problem, wie wir dazu kommen die Empfindung einer Veränderung im Auge als *Wirkung* auf eine *Ursach* außerhalb zu beziehn, ist ihm nicht eingefallen. Obige [»Obige« bis »Sinne ist« mit Bleistift durchgestrichen und mit Rotstift angestrichen] Leistungen der Blinden aber geben einen neuen Beweis, daß die Anschauung intellektuell ist und bei Ermangelung des reichern Gesichts-Sinnes selbst durch die ärmlicheren Data des Getasts eben so vollständig, nur langsamer, zu Stande kommt: weil sie Werk des Intellekts und nicht der Sinne ist.

[Vermutlich hierher gehörig die Randbemerkung: Die Anschauung durch das Auge, der des Taktes analog: aber komplicirter, feiner.] *Das erste* [Die nächsten drei Seiten von »*Das erste*« bis »sogleich vergißt« mit Bleistift durchgestrichen und mit Rotstift angestrichen] was beim *Anschaun durch das Auge* vom Verstande geschieht ist der Uebergang von der Wirkung auf die Ursache die nun im Raum außer dem Organismus versetzt wird [Daneben am Rand der spätere Zusatz: wodurch der im Auge *verkehrte* Eindruck rektifizirt wird: indem, *text*. ...]: die *Richtung* ihres Orts im Raum bestimmt der Eindruck ebenfalls, durch die gradlienigte Wirkungsart des Lichts und die gradlienigte Brechung desselben in den Feuchtigkeiten des Auges. Indem nun der Verstand, von der Wirkung auf die Ursach gehend, hiebei die Richtung verfolgt, welche ihm mit dem Eindruck auf die *retina* gegeben ist, kehrt sich das sogenannte Bild auf der *retina* um: d. h. der Punkt der auf der *retina unten* liegt, in grader Linie nach Außen durch die Pupille verfolgt findet als seine Ursache außerhalb einen Punkt *oben;* und der auf der *retina oben* liegt findet sie außerhalb *unten;* da sie sich in der Pupille kreuzen.

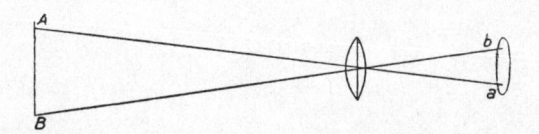

Daß wir die Dinge aufrecht sehn, obschon sie im Hintergrunde des Auges sich verkehrt abspiegeln, erklärt sich ebenfalls daraus daß wir in der Anschauung nicht bei der Wirkung stehn bleiben, sondern sie verlassen, um zur Ursache überzugehn, wozu noch kommt daß das Licht nicht bloß auf das Auge wirkt, sondern diese Wirkung zugleich die Richtung angiebt, wo die Ursache befindlich von der die Wirkung ausgeht. Hieraus nämlich geht ganz nothwendig hervor daß das im Auge abgespiegelte oder überhaupt erregte Bild, Einwirkung (gleichviel) in der Apprehension des Verstandes sich umkehrt: nämlich so [S. Abb. S. 194] [Hier folgt mit Bleistift: P. S. Man meint wir sähen nicht umgekehrt, weil sich alles zugleich umkehre, also unsre Füße mit, und danach schätzten wir *unten*, also empirisch aus Gewohnheit. Allein Gegenbeweis: wenn man den Kopf zwischen die Beine steckt, oder am Abhange mit dem Kopf nach unten liegt, trifft den Theil der *retina* den das untre traf auf das Obre: aber wir sehn nicht die Dinge umgekehrt.]:
K A [Fußnote: Nach Fischers Aufsatz in den Abhandlungen der Berlin. Akad. von 1818 *p.* 40.] ist der sichtbare Gegenstand; folglich L B sein Bild im Auge. A B ist die Axe des Auges und J ist der Punkt durch welchen alle Strahlen ungebrochen gehn, das optische Centrum. Das umgekehrte Bild B L entsteht durch die Strahlenbrechung auf bekannte Art. – Wenn nun die Anschauung bloß sensuell wäre und wir im Sehn stehn blieben bei der Empfindung; so würden wir den Gegenstand verkehrt wahrnehmen, indem wir ihn verkehrt empfinden, wir würden dann aber

auch ihn als etwas im Innern des Auges befindliches wahrnehmen, indem wir eben stehn blieben bei der Empfindung im Auge. Sobald wir nun aber wirklich anschauen und apprehendiren, d. h. eben von der Empfindung im Auge übergehn zu deren Ursach außerhalb, die Empfindung des Lichteindrucks aber zugleich die Richtung angiebt wohin wir die Ursache zu versetzen haben, so geschieht dieser Uebergang auf den selben Linien wie die Einwirkung, aber in umgekehrter Richtung, also in der Richtung L K und B A: was wir in B empfinden wird als Ursache nach A versetzt, und was wir in L empfinden nach K, wodurch denn aus dem umgekehrten Bild im Auge B L der aufrecht stehende Gegenstand K A außerhalb des Auges wird. [Die *Richtung* im Raum bestimmt der Eindruck ebenfalls,] wie gesagt; aber nur die

Richtung, nicht den *Ort* selbst. Die Entfernung wird nicht unmittelbar wahrgenommen. Nämlich der Raum und die Objekte in ihm haben doch drei Dimensionen: aber nur mit zwei derselben können sie auf das Auge wirken, nämlich mit Höhe und Breite, nicht mit der Tiefe. Das Sehn ist ursprünglich, d. h. so weit die Empfindung es begleitet, bloß planimetrisch, nicht stereometrisch, giebt bloße Fläche, keinen Körper: alles Stereometrische wird erst vom Verstande hinzugethan. Die Farbe und Richtung allein sind dabei seine *data*, die das Auge giebt; zur Farbe rechne ich hier die Schattirung, das Helle und Dunkle, mit: aber aus der Modifikation der Farbe durch die Beleuchtung, also die Grade des Lichts und Schattens, in Kombination gesetzt mit der Richtung, schließt der Verstand auf die Ausdehnung des Objekts in der dritten Dimension, und sieht daher nicht Flächen sondern Körper. Seine Operation hiebei geschieht mit solcher Fertigkeit, daß sie gar nicht ins Bewußtseyn kommt und er bloß das Resultat auffaßt und festhält, die Data aber fahren läßt sobald er sie benutzt hat. Daher diese Data gar nicht im Gedächtniß aufbewahrt werden, und Keiner die bloß Sichtbare Figur kennt, sondern bloß die Reale Gestalt im Raum auf die jene ihn leitete. Es ist damit eben so, wie wir beim Sprechen bloß auf den Sinn der Rede achten, nicht auf die Worte, den vernommenen Schall, als bloße Zeichen, die doch allein unmittelbar gegeben werden. Jemand der etwa Teutsch und Französisch gleich fertig spricht, kann etwas heute gelesen und behalten haben, weiß aber nicht ob er es Teutsch oder Französisch gelesen, so sehr vergißt man das Zeichen über dem Bezeichneten. So ist auch das Sehn gleichsam eine Zeichensprache die der Verstand auslegt, indem er beständig von der Wirkung zur Ursach geht: aber das Zeichen bloß benutzt um das Bezeichnete daraus zu erkennen, weiter aber auf das Zeichen durchaus keine Aufmerksamkeit verwendet und es nach gemachtem Gebrauch sogleich vergißt. Z. B. Ein Buch [»Z. B. Ein Buch« bis »und 1 dick« mit Bleistift durchgestrichen] das Sie sehn, zeigt Ihnen in jeder Lage eine ganz verschiedne Figur: und doch apprehendiren Sie, es mag sich darstellen wie es will, immer sogleich dieselbe Gestalt. Nachdem Sie es mit einem Blick gesehn, wissen Sie dessen wahre Gestalt anzugeben; aber nicht die Figur, die es zeigte, und die Sie doch eigentlich allein sahen, nicht die Art der Beleuchtung, welche das Datum war, daraus Ihr Verstand die Gestalt konstruirte. – 1. Es zeigt Ihnen durchaus nur *zwei Dimensionen:* Sie apprehendiren *drei.* 2. Ich mag es *dicht* vor Sie legen oder es Ihnen von hier zeigen; Sie fassen es auf als etwa 7 Zoll lang, 5 breit, und 1 dick. Dennoch ist gewiß daß dies Buch wenn es 1 Fuß von Ihnen liegt, eine *10 Mal so große* Figur in Ihrem Gesichtsfelde macht, als wenn es 10 Fuß von Ihnen liegt. 3. Endlich können Sie sogleich ziemlich genau angeben wie weit [»wie weit« bis »davon nachher« mit Rotstift angestrichen] das Buch von Ihnen ist: aber die Entfernung wirkt gar nicht auf die Empfindung, wird gar nicht unmittelbar gesehn; denn sie ist die dritte Dimension, Tiefe: Sie sehn immer bloß Fläche. Die Entfernung wird durch fünf mittelbare Wege erkannt, davon nachher. Wie viele verschiedne Figuren zeigt nicht ein Stuhl, in verschiednen Lagen: aus jeder derselben weiß der Verstand die wahre Gestalt des Stuhls sogleich abzunehmen: und die Figuren die dazu gedient beachtet er weiter nicht, sie lassen keine Spur im Gedächtnis zurück: und wer sich nicht darauf besonders geübt, weiß nicht eine dieser Figuren die er täglich hundert Mal wie auf [»wie auf« bis »Elle weit« mit Rotstift angestrichen] einer Fläche sieht, frei zu wiederholen, d. h. einen Stuhl zu zeichnen, auf eine Fläche zu projiciren. – Ein Mensch erscheint, 100 Ellen weit, 10 Mal kleiner als 10 Ellen weit, 100 Mal kleiner als eine Elle weit: doch apprehendiren wir sogleich seine wahre Größe und [Sie] glauben nicht wenn Sie unter den Linden gehn am Ende dieser Allee Pygmäen zu erblicken. Sie sehn [»Sie sehn« bis »Centrum das Auge« mit Rotstift angestrichen] also wie vieles der Verstand und die apriorische Konstruktion des Raumes zur Empfindung hinzuthun muß, um sie in Anschauung zu verwandeln, ohne daß davon das mindeste ins Bewußtseyn kommt: und dennoch ist diese Thätigkeit des Verstandes außer Zweifel. Wir sehn eigentlich Alles wie auf der innern Seite einer Halb-Kugel deren Centrum das Auge; aber die Tiefe [»aber die Tiefe« bis »Kausalität beurtheilt« mit Bleistift durchgestrichen und mit Rotstift angestrichen] und ungleiche Entfernung ist nicht mitgegeben. Der Verstand konstruirt die Körper, nach den Gesetzen der Anschauung des Raums, indem er die dritte Dimension als Voraussetzung zu Hülfe nimmt und indem er die Wirkung von Licht und Schatten nach dem Gesetze der Kausalität beurtheilt. Auf [»Auf« bis »Besonnenheit festzuhalten« mit Bleistift durchgestrichen und mit Rotstift angestrichen] dem besagten Unterschied zwischen dem unmittelbar Gesehenen und dem Apprehendirten beruht ja die ganze *Mahlerei:* sie giebt bloß die *data* wieder, nicht das Resultat. Das Bild besteht aus Linien, die perspektivisch gezogen sind, d. h. der Wirkung gleichkommen, welche Objekte in ungleichen Entfernungen hervorbringen; sodann aus hellen und dunklen Stellen, mit unmerklichen Uebergängen, welche der Wirkung von Licht und Schatten gleich kommen: wir aber sehn die gemahlten Gegenstände gleich wirklichen vor uns stehn, weil wir von diesen Linien und Farben dieselbe Wirkung empfangen, als von jenen, und daher nun ohne daß die Wirkung als solche ins Bewußtsein kommt, sogleich die Ursache anschauen, gleichsam vom Zeichen auf das Bezeichnete übergehn. Die Kunst des Malers besteht darin, das, was beim Sehn bloß Empfindung ist, das unmittelbar Gegebene, gleichsam das bloße Zeichen, festzuhalten, es abzusondern und so treu zu wiederholen auf der Fläche. Also eigentlich den bloßen Eindruck auf das Auge, dasjenige, wobei wir, indem wir Objekte sehn, nicht verweilen, sondern gleich zur Ursach übergehn, mit Besonnenheit festzuhalten. Auf [»Auf« bis »Empfindungen des Leibes« mit Bleistift durchgestrichen] eben diese unmittelbare Weise nun, geht bei jeder Anschauung, der Verstand von der allein unmittelbar gegebenen *Wirkung* auf die *Ursach* über, die eben dadurch als *Objekt im Raum* erscheint, ohne daß dabei ein Schluß *in abstracto* gemacht würde, welches die Thätigkeit der Vernunft erfordern würde. Auf die angegebene Weise also, durch unmittelbare Anwendung des *Verstandes* oder welches einerlei ist, des *Gesetzes der Kausalität*, auf das Verhältniß des unmittelbaren Objekts zu den andern vermittelten, die auf jenes einwirken, werden [»werden« bis »es muß also *apriori*« mit Bleistift durchgestrichen und mit Rotstift angestrichen] die Empfindungen des Leibes der *Ausgangspunkt* zur Anschauung einer objektiven Welt, aber keineswegs sind sie schon diese Anschauung. Das Gesetz der Kausalität selbst, durch dessen Anwendung dies alles geschieht, kann aus keiner Erfahrung geschöpft seyn, da erst *durch* dessen Anwendung die Anschauung möglich wird und mithin die Erfahrung: es muß also *apriori* im Bewußtsein liegen, ja es ist, wie ich weiterhin ausführen werde, die Form des Verstandes selbst, seine einzige Form. Ohne [»Ohne« bis »Materie, d. i. Wirksamkeit« mit Bleistift durchgestrichen] diese Anwendung des Verstandes käme es, bei allen Sinnen, mit denen der Leib ausgestattet ist, doch nie zu einer Anschauung, zur Apprehension einer objektiven Welt; sondern es bliebe bei der bloßen Empfindung: unser Bewußtseyn hielte sich dann innerhalb der Grenzen des Leibes: wir hätten nichts als ein dumpfes, pflanzenartiges Bewußtseyn der Veränderungen und Affektionen des Leibes, die völlig bedeutungslos auf einander folgten, wenn sie nicht etwa als Schmerz oder Wollust eine Bedeutung für den *Willen* hätten, ein dem Willen Zusagen oder Widerstreben. Aber wie in der Natur mit dem Eintritt der Sonne [Daneben mit Bleistift: WaW. 13 [Vgl. WI, § 4]] die sichtbare Welt dasteht; so im Bewußtsein verwandelt der Verstand mit *einem* Schlage, durch seine einzige, einfache Funktion, die dumpfe, nichtssagende Empfindung in Anschauung. Was das Auge, das Ohr, die Hand empfindet, ist nicht die Anschauung, es sind bloße Data. Erst indem der Verstand von der Wirkung auf die Ursach übergeht, steht die Welt da, als Anschauung im Raum ausgebreitet, der Gestalt nach wechselnd, der Materie nach durch alle Zeit beharrend: denn der *Verstand* ist es, der Raum und Zeit vereinigt zu einem Dritten, zur Vorstellung *Materie, d. i. Wirksamkeit*. Es [»Es« bis »und für den Verstand« mit Rotstift angestrichen] ergiebt sich hieraus, daß die Anschauung nicht bloß *sensual* ist, sondern *intellektual*, d. h. kein Werk der bloßen Sinne; denn die können nimmermehr etwas andres geben als Empfindung; sondern ein Werk des erkennenden Verstandes: alle Anschauung ist *intellektual*, d. h. sie ist allein durch den Verstand, daher aber auch nur im Verstand, und für den Verstand. In diesem Sinne wollen wir einen uralten Griechischen Spruch verstehn, den schon Aristoteles als einen solchen anführt:

> *Νους ορα και νους ακουει·*
> *Τα δε αλλα κωφα και τυφλα.*
> *Mens videt, mens audit:*
> *Cetera surda et coeca.*

[Nur der Verstand kann sehn und hören;
Alles sonst ist taub und blind.
Epicharmus. Vgl. Plutarch, de sollert. anim. c. 3, p. 961 A]

Solche Sprüche dienen den Gedanken zu fixiren. – Ich nenne also die empirische Anschauung *intellektual*, wobei nicht zu denken ist an die Schellingsche Windbeutelei gleiches Namens. Wir wollen nun diese Thätigkeit des Verstandes noch weiter im Einzelnen erläutern, damit sie Ihnen ganz deutlich werde. [»Sie werden« bis »gegebnen *datis*« auf S. 206 mit Ausnahme von 2 Sätzen alles mit Bleistift durchgestrichen; verschiedene rote Anstreichungen und Unterstreichungen.] Sie werden dadurch noch deutlicher einsehn, wie, bei der Anschauung, auch das, was sich ganz unmittelbar darstellt und augenblicklich wahrgenommen wird, doch intellektual ist, das Resultat einer Verstandesoperation ist.

Ich habe schon gesagt, daß weil die Objekte nur mit zwei Dimensionen auf das Auge wirken, ihre Entfernung durch die Empfindung nicht angezeigt wird, also ihr Ort nicht, sondern bloß die Richtung ihres Orts, wegen der gradlinigten Wirkung des Lichts. Ist [Die beiden Sätze von »Ist« bis »falsche« sind nicht durchgestrichen] durch Brechung des Lichts in seinem Durchgang durch ungleiche und allmälig sich verdichtende Medien (dergleichen die Dünste am Horizont) sein Weg zur krummen Linie geworden, so sehn wir das Objekt in der Richtung des Einfalls jener Kurve ins Auge. Die Richtung wird also immer durch die Empfindung angegeben; obwohl in diesem Fall eine falsche. (Schall und Geruch wirken zwar auch aus der Ferne, aber nicht gradlienigt: daher durch sie keine solche vollkommne Anschauung wie durch das Auge. Der Schall verbreitet sich wellenförmig durch Undulationen, der Geruch wolkenförmig. Was dem Auge den großen Vorzug giebt vor den andern Sinnen, wodurch es allein dem Verstande so vollständige Data giebt, daß er eine vollkommne Apprehension der Objekte an die Empfindung des Auges knüpfen kann, ist hauptsächlich die gradlienigte Wirkung des Lichts und seine gradlienigte Brechung im Auge: Denn die Töne und die Gerüche sind nicht viel weniger mannigfaltig als die Farben und ihre Schattirungen.) Die im Ganzen sichere

Wahrnehmung des Orts und der Entfernung der Objekte, die wir beim Sehn sogleich haben, ist also auch das Werk des Verstandes. Seine Schätzung hiebei ist sehr komplicirt: denn er gebraucht fünf verschiedene Merkzeichen oder *data:* folgende:

1) Bekanntlich ist der ganze Augapfel ein optischer Apparat, wie ein Opernkucker, künstlich berechnet auf die Brechung des Lichts. *(Illustr.)* Von der größern oder geringern Rundung der Linse hängt der Grad der Brechung ab: dieser muß ein andrer seyn, nach der Entfernung des Objekts; jedoch nur zwischen einer Entfernung von 6–7 Zoll und 15–16 Fuß: darüber hinaus dient dieselbe Gestalt der Linse. Gewisse Muskeln drücken die Linse bald platter, bald lassen sie sie los, wo sie konvexer wird. Die Anatomen sind über das Nähere noch nicht im Reinen. Aber durch diese Aenderung der innern Komplexion des Auges, können junge und gesunde Augen, zwischen 6–7 Zoll – und 16 Fuß noch ganz deutlich sehn. Von dieser, nach Maasgabe der Entfernung nöthigen Aenderung der Konvexität der Linse durch eine kleine Muskularanstrengung haben wir, ohne uns dessen deutlich bewußt zu werden, eine gewisse Empfindung, die eintritt indem wir einen entferntern Gegenstand fixiren, und diese ist schon ein Mittel zur Schätzung der Entfernung; aber nur innerhalb 16 Fuß: darüber hinaus zeigt in dieser Hinsicht nur die zunehmende Undeutlichkeit der Erscheinung größere Entfernung an: näher als 6–7 Zoll, wird ebenfalls das Objekt undeutlich.

2) Das zweite *datum* zur Schätzung der Entfernung giebt der optische Winkel, der nicht zu verwechseln mit dem Sehewinkel. (*Illustr.* des Sehewinkels.) Nämlich aus Gründen, die ich sehr bald näher zeigen werde, bei Erläuterung des Einfachsehns mit zwei Augen, müssen, wenn das Objekt grade vor uns steht, beide Augen so gegen das Objekt gerichtet seyn, daß zwei Linien von jedem Punkt des Objekts aus nach beiden Augen gezogen, grade die Mitte der Netzhaut treffen: folglich müssen die Augen nicht beide parallel grade aus sehn, sondern in einem bestimmten Winkel gegen einander geneigt seyn, dessen Spitze jeder Punkt des Objekts ist, der eben deutlich aufgefaßt werden soll. Dies ist *der optische Winkel.* Dieser Winkel wird größer, je näher das Objekt ist, kleiner je ferner: bei sehr fernen wird er fast unendlich klein d.h. die Augen stehn fast parallel. Ohne deutliches

Bewußtseyn fühlen wir doch die Muskular-Anstrengung welche die Aenderung der Richtung der Augenaxen erfordert und schätzen nun danach die Entfernung: jedoch gilt dies nur auf *circa 150 Fuß*, darüber hinaus ist der Winkel beinahe = 0, und keine Aenderung der Neigung der Axen mehr merklich. Darum erscheinen alle Sterne die im obern Theil des Himmels erscheinen in gleicher Entfernung weil die drei noch zu zeigenden Wege der Verstandesschätzung der Entfernung bei ihnen nicht anwendbar sind: und dieser nicht so weit reicht. Diese Schätzung giebt nicht nur die Entfernung sondern in jeder Beziehung den *Ort* an: blikken wir ein erhabenes, solides Objekt an, so sieht das Linke Auge einen Theil von dessen linker Seite die das rechte nicht sieht und *vice versa:* Jedes Auge sieht das Objekt in einer andern Richtung und da wo diese zwei Richtungen zusammentreffen, d. h. den optischen Winkel machen, da eben ist der Ort des Objekts. Daher auch scheint, wenn man abwechselnd ein Auge schließt, das Objekt zu rücken.

Einäugigen fehlt diese Schätzung der Entfernung und des Orts: sie greifen oft fehl, beim Lichtputzen, Einfädeln, Einschenken. – Es ist die Parallaxe der Augen.

3) Das dritte *datum* ist die Luftperspektive: im Gegensatz der Linearperspektive, Erd-Perspektive. *(Illustr.)* – Italien. – Im Nebel scheinen die Gestalten größer. – Dazu gesellt sich das Duffwerden der Farben, durch die Vermischung benachbarter *(illustr.)* und das Verschwimmen der *Contoure*. – Dadurch drükken Maler die Entfernung hauptsächlich aus. Sonst würde ein ferner Mensch, der 10 Mal kleiner gemalt ist als der nahe, eine Pygmäe, oder Lilliputer seyn.

4) Das vierte *datum* zur Schätzung der Entfernung giebt die Größe der dazwischenliegenden Objekte, welche uns schon anderweitig bekannt ist. Wir kennen schon durch Gewohnheit die Größe von Häusern, Feldern, Landstraßen, Gärten, und wenn mehrere dergleichen ein Objekt von uns trennen, so schätzt der Verstand unmittelbar danach die Distanz: so schätzen wir im Gehn den Weg vor uns bis zum Dorf das wir erblicken: diese Schätzung reicht am weitesten und wird durch Uebung richtig: ein geübtes Auge. Durch sie hauptsächlich schätzen wir Distanzen von einer Meile oder mehreren. – Allein erstlich, diese Schät-

zung ist nur anwendbar, wo eine ununterbrochne Reihe von Objekten zwischen uns und dem zu schätzenden Punkt liegt: also nicht auf einen Ballon in der Luft; nicht auf Mond und Sterne, wenn sie im Zenith stehn. Sodann zweitens, weil diese Uebung viel öfter in horizontaler Linie angewandt und erworben wird, als in perpendikularer; so irren wir leicht in dieser. Daher ein Mensch der oben auf einem 200 Fuß hohen Thurm steht, sehr viel kleiner erscheint, als einer der 200 Fuß von uns auf dem Boden steht; die Kugel auf einem Thurm von 200 Fuß Höhe erscheint uns viel kleiner, als wenn sie 200 Fuß von uns auf der Erde läge: weil wir nur in horizontaler Richtung gewohnt sind das dazwischenliegende in Anschlag zu bringen und die geringe scheinbare Größe in unsrer Schätzung auszugleichen durch die Entfernung, in perpendikularer es übersehn: stehn wir auf dem Thurm, so frappirt uns die Kleinheit der Leute da unten: nicht so wenn 200 Fuß von uns Leute stehn. Sie könnten meinen, dies käme von der *Verkürzung*, die in solchen Fällen eintritt *(illustr.)* – allein ich glaube es nicht: denn 1. diese tritt auch ein wenn Menschen auf der Erde *liegen:* die müßten dann *klein* erscheinen, mit großen Füßen und großem Kopfe: was nicht der Fall ist; unser Verstand weiß sogleich sehr wohl, was der Verkürzung zuzuschreiben; 2. müßte ein auf dem Thurm stehender Mensch mit großem Kopf und kleinem Körper erscheinen was nicht geschieht: 3. auch eine *Kugel* auf der Thurmspitze 200 Fuß hoch, erscheint kleiner als wann sie 200 Fuß von uns liegt: und bei der Kugel ist doch keine Verkürzung. Auf dieser Schätzung der Entfernung durch den Verstand nach den dazwischen liegenden Gegenständen beruht es eigentlich daß das Himmelsgewölbe nicht als Halbkugel, sondern als ein kleineres Segment einer Kugel, als flaches Gewölbe erscheint: Weil wir diese Art der Schätzung nur da anwenden können wo ein *continuum* von Dingen die Entfernung ausfüllt oder auszufüllen scheint, also nur nach dem Horizont hin; dies rückt den Horizont weiter von uns als den Zenith, indem die uns bekannte Größe der irdischen Gegenstände, den Theil des Himmelsgewölbes der am Horizont liegt weiter hinausrückt. Für die Schätzung großer Entfernung in senkrechter Richtung fehlen uns aber alle *data;* die drei ersten hören da auf, das erste geht nur auf 16 Fuß, das zweite auf 150. Vom dritten werde sogleich reden: das vierte von dem wir jetzt reden, geht nur in horizontaler Richtung, wo ein *continuum* ist. Hierauf ebenfalls beruht die scheinbar größere Scheibe des Monds am Horizont. Daß sie nicht unmittelbar optisch ist, d. h. durch den Sehewinkel entsteht, etwa durch Brechung der Lichtstralen das Objekt vergrößert werde, hat man längst erkannt: denn das Auge erhält kein größres Bild, keinen größern Sehewinkel vom Mond am Horizont: (sogar einen etwas kleinern, weil der Mond wirklich ferner ist) das beweist das Mikrometer: sondern es beruht auf dieser Verstand-Schätzung, die die Entfernung mißt nach den dazwischen liegenden Gegenständen: dies geht nur in horizontaler Richtung: denn in der perpendikularen sind wir theils es nicht gewohnt; theils ist kein Maasstab der Schätzung nahe. Man hat gemeint (Berkeley führte es ein), und meint zum Theil noch (Euler stellt es so dar), es beruhe auf dem dritten Mittel zur Schätzung der Entfernung, also auf der Schätzung nach der Luftperspektive (*illustr.*; auch warum der Gegenstand am Horizont eine größre Strecke durch Dünste sein Licht wirft): – aber das ist nicht: denn auch im Zenith erscheint der Mond oft durch trübe Dünste ohne deshalb größer zu werden [Späterer Zusatz: nicht auf gleiche Weise, auch sind andre Korrektive. Aber der aufgehende Mond erscheint nicht immer gleich groß; sondern je röther d. i. je trüber, desto größer.]: auch sind wir so gewohnt ihn in allen Graden der Trübung zu sehn, daß wir dadurch nicht verleitet werden könnten ihn für größer zu halten. – Saussure soll auf dem Montblanc den Mond so ungeheuer groß aufgehn gesehn haben, daß er gar nicht ihn für den Mond erkannte und vor Schreck ohnmächtig ward: es erklärt sich daraus, daß er vom Montblanc aus eine sehr große Strecke, einen merklichen Theil der Erdoberfläche übersehend und den Mond weit dahinter, die Entfernung im Verstande als sehr groß schätzte: also ihn unmittelbar ungeheuer groß erblickte; auch mag hier die Schätzung nach der Luftperspektive hinzu gekommen seyn, da von einer so großen Höhe aus er den Mond durch einen sehr viel größern Theil des Dunstkreises erblickte, als es von der Ebne je möglich ist.

5) Das fünfte *datum* endlich ist die Verkleinerung der Objekte durch die Entfernung oder die Abnahme des Sehewinkel's. Je

weiter das Objekt ist, einen desto kleineren Theil des Sehefeldes nimmt es ein, deckt es zu, erscheint also kleiner. Dies lernen wir empirisch kennen: ist uns die wahre Größe des Dinges bekannt; so schätzen wir nach dessen scheinbarer Größe die Entfernung: ist uns die Entfernung bekannt, so schätzen wir nach der scheinbaren Größe die wahre, alles im Verstande. Hierauf beruht alle Linear-Perspective: die Dinge und ihre Zwischenräume nehmen ab, in stetiger Proportion mit der Entfernung: die Linien rücken zusammen, daher erscheint ein paralleler Weg spitz. Wir sehn Alles wie eine hohle Kugel, in deren Centro das Auge. Diese Kugel hat unendlich viele Kreise nach allen Seiten und in allen Richtungen: die Winkel deren Maaß diese Kreise sind, sind die möglichen *Sehewinkel*. Da die Radien divergiren; so sind die koncentrischen Hohlkugeln in dem Maaße als sie ferner sind, größer [Der folgende Teil des späteren Zusatzes lautete in der ursprünglichen, mit Tinte wieder durchgestrichenen Lesart: folglich ist die wirkliche objektive Größe eines Gegenstandes ein kleinerer Theil der größern, weil ferneren, – als der kleineren, weil näheren Hohlkugel. Der Sehewinkel selbst aber giebt mir nicht an, ob das Objekt der großen fernen, oder der nahen kleinen Hohlkugel angehört.]: und mit ihnen wachsen ihre Grade d. h. die wahre objektive Größe der die Grade einnehmenden Objekte: diese sind je nachdem sie von einer größeren oder kleineren Hohlkugel denselben Theil z. B. 10° einnehmen größer oder kleiner während ihr gegebener Sehewinkel in beiden Fällen der selbe bleibt, also unentschieden läßt ob es 10° einer Kugel von 2 Meilen Diameter oder 10° einer Kugel von 10 Fuß Diameter sind. Daher an und für sich der Sehewinkel zur Schätzung der Größe und Entfernung gar nicht hinreichend: denn für die Zu- oder Abnahme sowohl der Einen als der Anderen hat er nur ein und dasselbe Indicium, seine eigne Zu- und Abnahme. Das Kleine in der Nähe und das Große in der Entfernung erscheinen in Gleichem Sehewinkel. Durch den Sehewinkel selbst können wir daher nie erfahren ob seine Abnahme die Entfernung oder die Kleinheit des Objekts anzeigt. Er hat gleichsam nur *ein* Wort für zwei ganz verschiedne Dinge. Wohl aber können wir dies mit Hülfe der vier andern Wege der Schätzung. Ein Mensch der 100 Fuß von mir steht erscheint meinem Auge in einem 24 Mal kleinern Sehewinkel als einer der nur 2 Fuß von mir steht. Dennoch sehe ich ihn nicht 24 Mal kleiner, sondern erkenne seine Größe richtig, er mag 2 Fuß oder 100 Fuß von mir seyn: eben weil mein Verstand zugleich die vier ersten Wege der Schätzung in Anschlag bringt. [Späterer Zusatz: Perspektive deducirt: Weil ein Gegenstand z. B. ein Quadrat in dem Maaß als er entfernter steht einer größern Hohlkugel angehört, so nehmen alle seine Dimensionen ab, oben, unten, an den Seiten. Daraus folgt daß nach Maaßgabe der Entfernung, das über uns liegende herab etc.]

Aus dieser Schätzung der Größe durch die Distanz, und der Distanz durch die Größe, ist ganz allein die Wirkung des Teleskops und der Loupe erklärbar. Das Teleskop vergrößert wirklich (optisch), scheint aber näher zu bringen, weil die wahre Größe der Objekte empirisch bekannt ist und der Verstand die vermehrte scheinbare Größe sich aus der geringern Entfernung erklärt. Man sagt Ihnen z. B. Ein Teleskop vergrößert 10 Mal: sehn Sie nun damit einen Menschen an, in mäßiger Entfernung; – Sie erwarten einen Riesen zu sehn, 10 Mann hoch: aber es erscheint nur ein Mann von gewöhnlicher Größe, jedoch 10 Mal näher, als er ist. Weil Ihnen hier bei Ausschließung des Gebrauchs beider Augen, und des Anblicks des dazwischen Liegenden nur der fünfte Weg der Schätzung übrig gelassen, von der Größe auf die Distanz: das Bild auf der *retina* ist 10 Mal größer als ohne das Teleskop: in dieser Größe sind Sie gewohnt den Mann zu sehn, wenn er 10 Mal näher ist: der Verstand apprehendirt ihn also als 10 Mal näher. Beim Gebrauch der Loupe entsteht umgekehrt die scheinbare Vergrößerung durch die Schätzung von der scheinbaren Größe auf die Distanz. Die Loupe oder jedes Kartenblatt mit einem Nadelstich, vergrößert wirklich nicht: d. h. das Bild auf der *retina* ist nicht größer als es auch ohne Loupe seyn würde, ½ Zoll vom Auge. Nun aber, wegen der zu geringen Konvexität der Augenlinse, können wir so nahe als ½ Zoll vom Auge kein Bild deutlich sehn, sondern erst 6 bis 7 Zoll vom Auge: die Loupe oder Karte macht bloß, daß das auf die *retina* geworfne Bild, auch bei so kleiner Distanz als ½ Zoll, doch *deutlich* wird: davon ist die Folge, daß wir ein Bild von dieser Größe (die es auch ohne Glas hätte) aber doch deutlich, hinaussetzen in die nächste Entfernung des deutlichen Sehns, d. i. 6–7 Zoll vom

Auge: dann schätzen wir dessen wahre Größe, nach der scheinbaren eines Objekts das 6–7 Zoll weit ist, apprehendiren es also vergrößert. Die Loupe mithin vergrößert bloß dadurch daß sie die Objekte scheinbar weiter weg schiebt. –

Sie sehn wie alle fünf Wege der Schätzung der Entfernung, und auch die Wirkungen des Teleskops und der Loupe beruhen auf Operationen des Verstandes, auf den Kombinationen von Ursach und Wirkung die er blitzschnell und seiner Natur gemäß macht, nach den ihm gegebnen *datis*. –

Das [»Das« bis »schon das Kind« ist mit Bleistift durchgestrichen und fast alles mit Rotstift angestrichen] Kind in den ersten Wochen seines Lebens *empfindet* mit allen Sinnen: aber es *schaut nicht an*, es apprehendirt nicht: daher starrt es dumm in die Welt hinein. Es muß erst die Apprehension, die Anwendung seines Verstandes *erlernen* wie die Sprache. Dies geschieht allmälig, indem es die Eindrücke, welche seine Sinne von *einem* Objekt erhalten, vergleicht. Es betastet was es sieht, besieht was es tastet, geht der Ursache des Klanges nach, läßt sie wiederholt wirken um sich zu überzeugen; nimmt Geruch und Geschmack zu Hülfe: es fängt also an den Verstand brauchen zu lernen, das auch ihm vor aller Erfahrung bewußte Gesetz der Kausalität anzuwenden und es mit den eben so *apriori* gegebenen Formen aller Erkenntniß, Zeit und Raum, zu verbinden. So gelangt es von der Empfindung zur Anschauung, zur Apprehension von Objekten: und nunmehr blickt es mit klugen, intelligenten Augen in die Welt: denn auch ihm ist das Licht des Verstandes aufgegangen. Also weil jedes Objekt auf alle fünf Sinne verschieden wirkt, diese verschiedenen Wirkungen aber dennoch auf eine und dieselbe Ursache zurückleiten; so vergleicht das die Anschauung erlernende Kind die verschiedenartigen Eindrücke, welche es vom nämlichen Objekt erhält, wie gezeigt. Beim Sehenlernen bringt es endlich auch für das Auge die Entfernung und Beleuchtung in Anschlag, lernt die Wirkung des Lichtes und Schattens kennen und aus *zwei* Dimensionen die auf das Auge wirken, auch die dritte erkennen, konstruiren, und endlich mit vieler Mühe, auch die Perspektive, deren Kenntniß zu Stande kommt durch Vereinigung der Gesetze des Raums mit dem Gesetz der Kausalität (die beide *apriori* im Bewußtsein liegen und nur der Anwendung bedürfen), wobei nun die Kenntniß der vorhin specifizirten fünf Wege der Schätzung der Entfernung erworben werden muß, folglich sogar die Veränderungen welche beim Sehn in verschiedene Entfernungen, theils die innere Konformation des Auges, theils die Lage beider Augen gegen einander erleidet, in Anschlag gebracht werden müssen: und alle diese so zusammengesetzten Kombinationen, macht in der That schon das Kind, aber [»aber« bis »Aufmerksamkeit zuschreiben *(illustr.)*« ist mit Rotstift angestrichen; außerdem »aber« bis »*suo loco*« mit Bleistift durchgestrichen] es macht sie nur im *Verstande*, im Vermögen der unmittelbaren Erkenntniß; hingegen für die *Vernunft*, d. h. in der mittelbaren Erkenntniß, *in abstracto*, macht sie erst der wissenschaftliche Optiker. Doch von diesem Unterschied nachher. Dergestalt also verarbeitet das Kind die mannigfaltigen Data der Sinnlichkeit, nach dem ihm *apriori* bewußten Gesetze des *Verstandes* zur *Anschauung*, mit welcher allererst die Welt als Objekt für dasselbe da ist. – (Viel später lernt es die *Vernunft* gebrauchen: dann fängt es an die Rede zu vernehmen, zu sprechen und eigentlich zu *denken; suo loco*.) Diese [Fußnote: Der operirte Blinde vernimmt dieselbe Sprache als wir; aber er versteht sie nicht; sondern muß sie erlernen: muß die *data* oder Zeichen die der neue Sinn ihm giebt, auslegen lernen. [Hierzu auf einem eingelegten Zettel:] Als Chesseldens Blinder zum ersten Male sein Zimmer mit den verschiednen Gegenständen darin erblickte, unterschied er nichts daran: er hatte nur einen Total-Eindruck, wie von einem aus einem einzigen Stücke bestehenden Ganzen: er hielt es für eine glatte, verschieden gefärbte Oberfläche. Es fiel ihm nicht ein, gesonderte, verschieden entfernte, hintereinander geschobene Dinge zu erkennen. Nicht anders wie wenn wir eine fremde Sprache hören: da unterscheiden wir weder Wörter noch Phrasen: es kommt uns vor wie ein fortgehendes Getöse, ohne gesonderte Theile.] Sehe-Schule in der Kindheit haben nicht durchmachen können Blindgeborne, die spät durch Operation das Gesicht wieder erhalten: diese sehn dann zwar sogleich Licht, Farben, Umrisse; aber sie haben noch keine Anschauung der Gegenstände. Auch bei ihnen wie beim Kinde muß der Verstand erst die Anwendung der ihm neuen Data erlernen, um Anschauung daraus zu machen. Solche Blinde apprehendirten bisher alle Gegenstände durch das Getast: aber die ihnen durch Tasten wohlbekannten Dinge erkennen sie sehend nicht wieder. Sie müssen jedes einzeln kennen lernen, die Data die das Gesicht giebt vergleichen mit denen des Getasts. Eben so haben sie gar keine Perspektive, können die Entfernungen gar nicht beurtheilen, sondern sehn alles gleich nahe und greifen nach allem. Bilder, Kupfer zeigen ihnen anfangs nichts als bunte Flächen. – Die Normal-Geschichte von Chesselden's Blinden Operirten steht: *Rob. Smith Optics* [A compleat System of opticks, Cambridge 1738, 5. Kap.], *Vol. I, p 42, seqq.* [Schopenhauers optische Zeichnungen, die das richtige und falsche Sehen betreffen, stammen vermutlich auch aus diesem Buch], auch in *Condillac essai sur l'origine des connoissances Vol. 1* [Amsterdam 1746, 6. Section, § 15], *p. 258:* und *Voltaire philosophie de Neuton cp. 6.* Eine interessante Geschichte von einem 17jährigen Operirten Morgenblatt 1817 [Morgenblatt für gebildete Stände, Jahrgang 1817, Nr. 254], 23. Octbr. – Sodann: *Wardrop, history of James Michel* [Mitchel], *a boy born blind and deaf, who recover'd his sight, when 14 years old; Edinburgh* [London], *1813.* – Streit zwischen Locke und Leibnitz ob der Operirte den Kubus von der Kugel gleich unterscheiden würde: [Leibniz] *Nouveaux Essays sur l'entendement humain* [Amsterdam 1765, II. Buch, IX. Kap.], *p 92.* Leibnitz sagt Ja; Locke Nein.

Wir [»Wir« bis »Gegenstandes« ist mit Bleistift durchgestrichen] wollen dies alles noch deutlicher machen durch folgende Betrachtung. Es gehört zur Erlernung der Anschauung auch dieses daß das Kind, obwohl es mit zwei Augen sieht, deren jedes ein Bild des Gegenstandes erhält, und zwar so daß die Richtung vom nämlichen Punkt des Gegenstandes zu jedem Auge eine andre ist, dennoch nur *einen* Gegenstand sehn lernt. Dies [Daneben am Rand: (Chesseldens Operation geschah 1729 und war die erste der Art.)] geschieht eben nur dadurch, daß vermöge der ursprünglichen Erkenntniß des Gesetzes der Kausalität, die Einwirkung eines Lichtpunkts, obwohl jedes von beiden Augen in einer andern Richtung treffend, doch als von *einem* Punkt und Gegenstand ursächlich herrührend anerkannt wird. Die zwei Linien von jenem Punkt durch die Pupillen auf jede Retina sind die Augenaxen; ihr Winkel an jenem Punkt der *optische Winkel.* Indem ein Gegenstand betrachtet wird, so hat jeder Bulbus zu seiner *orbita* dieselbe Lage als der andre; dies ist wenigstens durchaus im normalen Zustande der Fall und ist der Gleichheit der Muskeln beider Augen und der Untheilbarkeit der Aufmerksamkeit zuzuschreiben *(illustr.)*.

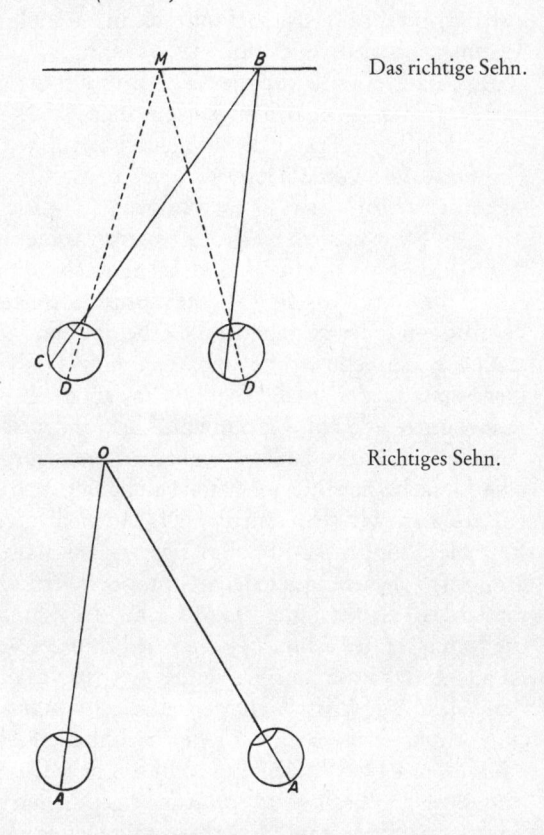

Das richtige Sehn.

Richtiges Sehn.

Wir [Die nächsten beiden Absätze von »Wir« bis »den Augen« sind mit Bleistift durchgestrichen und mit Rotstift angestrichen] geben beiden Augäpfeln, in der Regel dieselbe Richtung, d. h. richten sie beide auf den nämlichen Punkt außer uns: weil, obwohl wir, sogut wie wir mit zwei Händen verschiedne Bewegungen machen, auch mit jedem Auge etwas andres ansehn könnten, dies unnütz wäre, weil der innre Sinn, die Aufmerksamkeit nur *ein* Objekt zur Zeit betrachten kann: es wäre deshalb überflüssig, unterweilen das andre Auge herumirren zu lassen, vielmehr ist es nützlich auch das zweite Auge auf den Gegenstand zu richten, weil so der Eindruck doppel, also verstärkt und sicherer ist; nur darf dieser zwiefache Eindruck nicht auch doppel apprehendirt werden als zwei Objekte. Daher richten wir beide Augen zugleich auf ein Objekt: deshalb ist ihre Lage nicht eigentlich parallel, sondern sie neigen sich in einem Winkel dessen Spitze der grade fixirte Punkt des Objekts ist: nur wenn dies Objekt sehr ferne, fast unendlich fern ist, richten sich die Augen parallel; eigentlich schon wenn es 200 Fuß weit ist. – Liegt nun das Objekt grade vor uns; so treffen die beiden Bilder desselben in jedem Auge grade auf die Mitte des Auges: also die beiden Augen-Axen, die vom optischen Winkel ausgehn, treffen die Mitte auf dem Boden jeder Netzhaut: diese beiden Punkte sind einander analog entsprechend, ich nenne sie *korrespondirende Punkte*. Der Verstand, der auf die Empfindung angewandt wird, faßt nun schon im Kinde auf, daß obwohl der Eindruck doppel ist, er dennoch von *einem* äußern Punkt im Objekt ausgeht, mithin nur *eine* Ursache hat: diese Ursache stellt sich also als Objekt nur *einfach* dar, wir sehn nur *ein* Objekt nicht zwei, obwohl der Eindruck doppel. Denn alles was wir anschauen, schauen wir als *Ursach* an, als Ursach der empfundnen Wirkung: die Kausalität ist das Vermittelnde, das Medium aller Anschauung: und da die Kenntniß der Kausalität eben die Form des Verstandes ist; so ist alle Anschauung im Verstande. – Aber was die Mitte im Boden jedes Auges trifft, ist nur ein einziger Punkt des Objekts: wir übersehn aber doch immer eine ansehnliche Fläche des Gegenstandes, mit zwei Augen und nicht doppel. Das geht so zu: was im Gegenstand seitwärts von jener eigentlichen Augenaxe liegt, wirft seine Stralen auf beide Netzhäute, aber nicht mehr in den Mittelpunkt jeder Netzhaut, sondern seitwärts vom Mittelpunkt, jedoch in beiden Augen auf dieselbe Seite, z. B. die linke, jeder Netzhaut und gleich weit und in gleicher Richtung vom Mittelpunkt ab: daher sind die beiden Stellen, welche sie jetzt in jeder *retina* treffen, ebenfalls einander analog, so gut als die beiden Mittelpunkte: sie sind also auch *korrespondirende Stellen*.

Und der Verstand dehnt die Regel seiner Apprehension auch auf sie aus: folglich nicht nur die beiden Bilder, die grade auf den Mittelpunkt jedes Auges fallen, bezieht er auf *ein* Objekt; sondern auch jede zwei Bilder die auf andere *korrespondirende Stellen* beider Netzhäute treffen: er schaut also auch durch sie nur *ein* Objekt, als die Ursache an.

Also die Augen werden stets gleichmäßig auf das Objekt gerichtet, so daß die beiden Augenaxen auf entsprechenden, gleichnamigen, korrespondirenden Stellen jeder *retina* ruhen: und die Eindrücke welche auf zwei korrespondirenden Stellen der beiden Netzhäute, wo sie auch seien, empfunden werden, schreibt der Verstand nur *einer* Ursach zu, nicht zweien, apprehendirt also nur *ein* Objekt. Bei der *Bewegung der Augen* seitwärts, aufwärts abwärts und nach allen Richtungen, trifft nun der Punkt des Objekts, der soeben den Mittelpunkt der Retina traf, jedesmal eine andre Stelle, aber stets in beiden Augen eine korrespondirende. Wenn wir einen Gegenstand mustern *(perlustrare)* lassen wir die Augen hin und her darauf gleiten, setzen also jeden Punkt des Objekts successive mit dem Centro und mit jedem Punkt der *retina* in Kontakt, betasten das Objekt mit den Augen.

Dem [»Dem« bis »aber dennoch als« ist mit Bleistift durchgestrichen und mit Rotstift angestrichen] Gesagten zufolge entspricht aber nicht etwa die äußere Seite der einen Retina der äußern Seite der andern; sondern die rechte Seite der linken Retina der rechten Seite der rechten Retina u. s. f. Bei dieser gleichmäßigen Lage der Augen in ihren Orbiten, welche bei allen natürlichen Bewegungen der Augen immer beibehalten wird, lernen wir nun empirisch die auf beiden Retinen einander entsprechenden Stellen kennen, und von nun an beziehn wir die auf diesen analogen Stellen entstehenden Affektionen immer nur auf einen und denselben Gegenstand als ihre Ursach. Daher nun, obwohl mit zwei Augen sehend und doppelte Eindrücke erhaltend, erkennen wir alles nur einfach: das *doppelt Empfundene* wird nur ein *einfaches Angeschautes:* eben weil die Anschauung intellektual ist und nicht bloß sensual. – Daß aber die Konformität der affizirten Stellen der Retina es sei, nach welcher wir uns bei jenem *Verstandesschlusse* richten, ist aus folgendem erweislich:

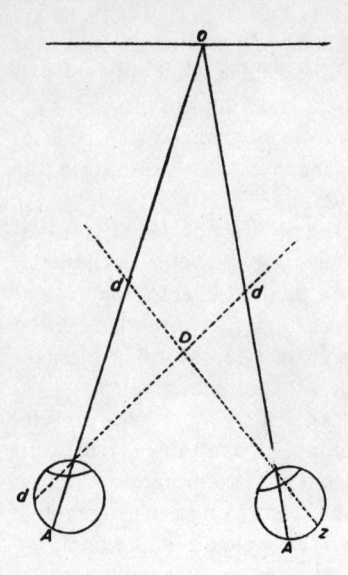

Doppeltsehn eines Gegenstandes der näher liegt als der fixirte.

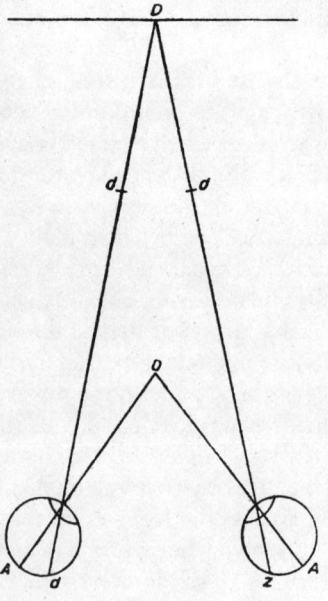

Doppeltsehn des Objekts das ferner liegt als das fixirte.

wenn zwei Gegenstände in ungleicher Entfernung vor uns stehen, und wir sehn den entfernteren an; so schließt dieser den optischen Winkel, an ihm vereinigen sich die Augenaxen: dann aber treffen, bei dieser Richtung der Augen, die Strahlen die vom näher stehenden Gegenstande ausgehn nicht mehr in beiden Augen auf die konformen, analogen sich entsprechenden Stellen der Retina, und daher sehn wir sodann diesen näheren Gegenstand wirklich doppelt, weil alsbald der Verstand annimmt, daß die Strahlen die auf nicht analoge Stellen der Retinen beider Augen treffen, von zwei Gegenständen ausgehn müssen. – Wenn wir nun umgekehrt die Augen auf den näheren von jenen beiden Gegenständen richten, so schließen wir hier den Optischen Winkel, und aus dem nämlichen angegebnen Grunde, erscheint uns jetzt der entferntere Gegenstand doppelt.

Mit dem Einfachsehn mit 2 Augen verhält es sich im Grunde eben so wie mit dem Einfach-Tasten mit 10 Fingern, wobei der betastete Körper 10 verschiedene Eindrücke macht, die nach der Lage jedes Fingers verschieden sind, aber dennoch als von [»von« bis »Binokularteleskop« ist mit Bleistift durchgestrichen] *einem* Körper herrührend anerkannt werden: nie geht aus dem bloßen Eindruck, immer nur aus der Anwendung des Verstandes auf ihn, die Erkenntniß eines Objekts hervor.

Nunmehr aber kann, nachdem die Anschauung erlernt ist, ein sehr merkwürdiger Fall eintreten, der zu allem Gesagten gleichsam die Rechnungsprobe giebt. Nachdem wir viele Jahre hindurch die in der Kindheit erlernte Verarbeitung und Anordnung der Data der Sinnlichkeit nach den Gesetzen des Verstandes geübt haben; können diese Data uns verrückt werden, durch eine Veränderung der Lage der Sinneswerkzeuge. Es giebt hauptsächlich zwei Fälle, in denen dies geschieht: das Verschieben der Augen aus ihrer natürlichen gleichmäßigen Lage, also das *Schielen*, und zweitens das Uebereinanderlegen des Mittel- und Zeigefingers. Wir sehn und tasten jetzt *einen* Gegenstand *doppelt*. Der Verstand verfährt wie immer richtig: allein er erhält lauter falsche Data: denn die vom selbigen Punkte gegen beide Augen gehenden Strahlen treffen nicht mehr auf beiden Netzhäuten die einander entsprechenden, analogen Stellen; und eben so beim Tasten berühren die äußern Seiten beider Finger die entgegenge-

Doppeltsehn durch Schielen.

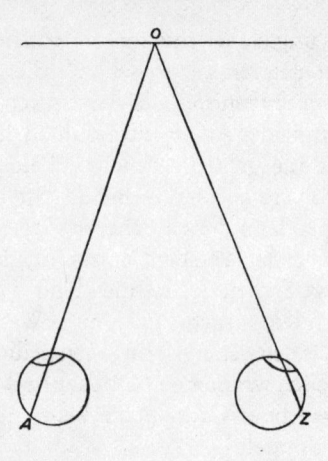

setzten Flächen derselben Kugel, was bei der natürlichen Lage der Finger nie geschehn konnte. (Illustration des falschen Verstandesschlusses.) Es entsteht daher das *Doppeltsehn* und *Doppelttasten* als ein falscher *Schein*, der gar nicht wegzubringen ist, weil der Verstand die so mühsam erlernte Anwendung nicht sogleich wieder fahren läßt und immer noch die bisherige Lage der Sinnesorgane voraussetzt. Aus der angegebenen Ursache des Doppeltsehns beim Schielen, folgt, daß es auch ein ihm entsprechendes falsches Einfachsehn geben müsse: nämlich wenn wir die Augen dahin bringen können daß sie sich nicht auf *einen* Gegenstand richten, sondern etwa ganz parallel gradaus sehn, und wir nun zwei reale Objekte, die sich aber ganz gleich sind, eins vor jedes Auge bringen, dergestalt, daß jedes Objekt sein Bild in jedem Auge auf entsprechende, korrespondierende Stellen wirft, so muß offenbar der Verstand, nur *ein* Objekt apprehendiren, obgleich zwei dasind, also wir müssen auch wenn wir zwei Objekte vor Augen haben, unter solchen Umständen nur *eines* sehn. So unglaublich dies scheint, so läßt sich doch was *apriori* wahr ist, auch *aposteriori* durch das Experiment bestätigen. Binokularteleskop.

Ich [»Ich« bis »neuerdings behauptete« ist mit Rotstift angestrichen] habe Ihnen die allein richtige Theorie des Einfachsehns gegeben; sie beruht darauf, daß die Anschauung intellektual ist und nicht bloß sensual. Von letzterer Voraussetzung ausgehend hat man falsche Theorien zur Erklärung des Einfachsehns gemacht: die eine, von Gall wieder neuerdings behauptete, will, daß wir nur mit *einem* Auge wirklich das Objekt fixirten, das andre *in subsidio* [als Reserve] behielten.

Die zweite will die Sache aus der problematischen Dekussation der Augennerven erklären. Jetzt nimmt man Partialdekussation an: *(illustr.).* Danach *Dr.* Webers Theorie. – Schon Newton.

Vom Schein und Irrthum.

Diese [»Diese« bis »vom *Irrthum*« ist mit Bleistift durchgestrichen] Betrachtung hat uns auf den Ursprung des *Scheins* geführt, dessen Wesen wir daher hier am Besten bestimmen können, wobei wir zugleich seinen Unterschied vom *Irrthum* und sein Verhältniß zu diesem aufzuweisen haben, dessen Erörterung jedoch schon die der Vernunft voraussetzt, die erst später folgen kann. Daher wir nur ganz kurz eine vorläufige Erklärung der Vernunft anticipirend einschalten werden. Philosophie ist nicht wie Geschichte einer Darstellung in grader Linie fähig. Die Vernunft ist das Vermögen der Erkenntniß durch Begriffe, aus welchen Urtheile und Schlüsse werden: Begriffe sind allgemeine, abstrakte, nicht anschauliche Vorstellungen: also die Erkenntniß der Vernunft ist eine abstrakte, diskursive; hingegen die des Verstandes eine anschauliche, intuitive. Was [»Was« bis »fälschlich angeschautes« ist mit Rotstift angestrichen] der Verstand im Zusammenhang der Erfahrung, d. h. am Leitfaden des Gesetzes der Kausalität, in Zeit und Raum anschaulich und richtig erkennt ist *Realität*. Der Trug des Verstandes aber, d. h. die falsche Erkenntniß dieser Art ist *Schein*. – Die richtige Erkenntniß der Vernunft ist Wahrheit, d. h. sie besteht aus Urtheilen die *wahr* sind, d. h. einen zureichenden Grund haben. (Das alles *suo loco*.) Der Trug der Vernunft ist *Irrthum*, d. h. Urtheile ohne zureichenden Grund, also falsche Urtheile, für *wahr* gehalten. Irrthum ist ein fälschlich *Gedachtes*, Schein ein fälschlich *angeschautes*. Wir haben soeben ein Beispiel des *Scheines* gehabt, an dem Sinnentrug der durch die Verrückung der Sinneswerkzeuge aus ihrer gewöhnlichen und natürlichen Lage entsteht. Im [»Im« bis »unvernünftig ist« ist mit Bleistift durchgestrichen] Allgemeinen entsteht der *Schein* allemal dadurch, daß wenn eine und dieselbe Wirkung durch zwei gänzlich verschiedene Ursachen herbeigeführt werden kann, deren eine sehr häufig, die andre aber nur selten wirkt, der Verstand alsdann, da er kein Datum hat zu unterscheiden welche Ursach hier wirksam ist, indem die Wirkung ganz dieselbe ist, diejenige Ursach voraussetzt, welche gewöhnlich jene Wirkung hervorbringt, und weil seine Thätigkeit nicht reflektiv und diskursiv wie die der Vernunft ist, sondern intuitiv, und direkt; so steht alsdann solche fälschlich von ihm vorausgesetzte Ursach als angeschautes Objekt vor uns da, und dies eben ist der falsche Schein. Die Illusion des Doppelsehns durch Schielen, und des Doppelttastens durch Uebereinanderschlagen, läßt sich zwar für die Vernunft beseitigen, nicht aber für den Verstand zerstören, der eben weil er reiner Verstand ist, unvernünftig ist. Ich [Auf den nächsten beiden Seiten von »Ich« bis »wirklich ferner ist« ist alles bis auf 3 Sätze mit Bleistift durchgestrichen] meine dies: bei jenen absichtlich veranstalteten Illusionen durch Schielen und Doppelttasten, *wissen* wir sehr wohl, *in abstracto*, also für die *Vernunft*, daß nur *ein* Objekt da ist, obwohl wir mit schielenden Augen und verschränkten Fingern *zwei* sehn und tasten: aber trotz dieser abstrakten Erkenntniß, bleibt die Illusion selbst noch immer unverrückt stehn: denn der Verstand und die Sinnlichkeit, sind für die Sätze, für die abstrakte Erkenntniß der Vernunft unzugänglich, d. h. eben unvernünftig. Ich habe gesagt: *Schein* ist der Trug des *Verstandes*. *Irrthum* der Trug der *Vernunft*. Dem Schein steht die *Realität* gegenüber, dem Irrthum die *Wahrheit*. Im obigen Fall des Sinnentruges entstand der Schein dadurch, daß der stets gesetzmäßigen und unveränderlichen Apprehension des *Verstandes* ein ungewöhnlicher Zustand der Sinnesorgane, d. h. ein andrer Zustand der Sinnesorgane, als der worauf er seine Funktion anzuwenden allmählig erlernt hat, untergeschoben wird: er verfährt richtig, wie immer, aber er erhält falsche Data, durch den plötzlich geänderten Stand der Sinnesorgane: daher steht der falsche Schein da, gleich der Realität. Wird nun in einem Urtheil *in abstracto* für die Vernunft, der Schein als Realität gedacht und ausgesprochen: »Hier sind zwei Kugeln«: so ist dies ein Urtheil ohne zureichenden Grund; ein *Irrthum*. Hingegen das Urtheil: »meine Augen und meine Hand erhalten eine Einwirkung gleich der von zwei Kugeln« wäre *wahr*. – Der Irrthum läßt sich verhindern, dadurch daß bei richtiger Untersuchung der Schein nicht das erste sondern das zweite Urtheil veranlaßt, also keinen Irrthum, sondern eben eine Aussage des Scheins als solchen: aber der Schein selbst läßt sich dadurch nicht tilgen, der bleibt in der Apprehension unverrückt stehn. Bloß allmälig ließe er sich wegbringen indem die neue Lage der Sinneswerkzeuge habituell würde. Also wenn man etwa die Augen beständig in der schielenden Lage behielte. Dann würde allmälig der Verstand seine Apprehension berichtigen und auch bei dieser Lage der Augen Uebereinstimmung zwischen seine Apprehensionen auf verschiedenen Wegen, zu bringen suchen, z. B. zwischen Sehn und Tasten, daß er das was er als *einen* Gegenstand mit zehn Fingern tastet, auch als *einen* Gegenstand mit zwei Augen sähe: er würde nun von Neuem thun was er im Kinde that, nun auch bei der unparallelen Lage der Augen die Stellen auf jeder Retina sich merken die der von *einem* Punkt ausgehende Strahl trifft. (Hier die Krankengeschichte: Abhandlung über die Farben *p 23*« [»Ueber das Sehn und die Farben«, vgl. F 17 [215]]. Durch [»Durch« bis »Stk, *p 164*« ist nicht durchgestrichen] einen Schlag den ein Mann auf den Kopf erhielt, nahmen seine Augen eine bleibende verdrehte Stellung an: er sah nunmehr Alles doppelt, nach einiger Zeit aber wieder einfach, obgleich die verdrehte Stellung der Augen blieb. *Chesseldens Anatomy, p 374, 3^d ed.* [in der 6. Ausg. im IV. Buch, IV. Kap.]. Ähnliche Fälle: *Home, philos. transactions 1797.* Himly, Ophthalmol. Bibliothek: 3^{ts} Stk [1805], *p 164* [Aufsatz von Dr. Albers].) Wer aber jeden Tag in einem andern Winkel schielte, würde immer alles doppelt sehn. Eben so ist es mit dem Doppelttasten: behielte Einer die Finger beständig verschränkt, so würde sein Verstand sich gewöhnen die Data für seine Apprehension auf diese Art zu erhalten, und der würde zuletzt auch nicht mehr doppelttasten. Es braucht aber gar nicht die veränderte Lage der Sinneswerkzeuge zu seyn, die den Schein vermittelt; sondern wie gesagt jede Wirkung, die einmal von einer andern Ursache herrührt als die gewöhnliche und deshalb vom

Verstand vorausgesetzte, bringt den Schein hervor, sobald kein Datum ihn unmittelbar auf eine andre Ursach als die gewöhnliche leitet. So sehn wir oft eine Mahlerei für ein Basrelief an: unser Auge sieht dunkelgrau stellenweise durch alle Nüancen in weiß übergehn und der Verstand setzt die gewöhnliche Ursache voraus, das Licht welches Erhabenheiten und Vertiefungen ungleich trifft. Eben so den ins Wasser getauchten Stab sehn wir gebrochen. – Sphärische Spiegel [Daneben: W. W. 28 [Vgl. WI, § 6]] zeigen wenn sie konkav, Hohlspiegel, sind, das Bild weit *vor* der Oberfläche; wir greifen danach: konvex, zeigen sie es etwas hinter der Oberfläche. – Auch gehört hieher die scheinbar größere Ausdehnung des Mondes am Horizont als im Zenith, wovon schon früher geredet: (sie ist nicht unmittelbar optisch: das Auge erhält kein größeres Bild, keinen größern Sehewinkel vom Monde am Horizont, sogar einen ein wenig kleinern, weil der Mond wirklich ferner ist, dies beweist das Mikrometer; sondern [»sondern« bis »ausgesehn« ist mit Bleistift durchgestrichen] es ist der Verstand, welcher [hier waren ursprünglich eingeschoben die wieder mit Tinte ausgestrichenen Worte: ... als Ursache des schwächern Glanzes des Mondes und aller Sterne ... [Dazu am Rand, mit Tinte wieder ausgestrichen:] (Hier muß gezeigt werden warum der Gegenstand am Horizont durch mehrere Dunstschichten gesehn wird als der im Zenith.) [Im Text lautete weiterhin die frühere Lesart:] am Horizont, eine größere Entfernung derselben annimmt, sie, wie irdische Gegenstände, nach der Luftperspektive schätzend ... [Weiter unten:] Dieselbe falsche angewandte Schätzung nach der Luftperspektive, läßt uns ...] am Horizont, eine größere Entfernung des Mondes annimmt, sie, wie irdische Gegenstände, nach den dazwischen liegenden Objekten schätzend, und daher den Mond [Daneben mit Bleistift: WW. 28] am Horizont für sehr viel größer als am Zenith und zugleich, aus demselben Grund, das Himmelsgewölbe für ausgedehnter am Horizont (die Sterne für ferner), also für abgeplattet hält.) – Ein andrer Schein dieser Art entsteht durch die falsch angewandte Schätzung nach der Luftperspektive, diese läßt uns sehr hohe Berge, deren uns allein sichtbarer Gipfel in hoher durchsichtiger Luft liegt, für näher halten als sie sind, zum Nachtheil ihrer Höhe: z. B. den Montblanc von Salenche aus gesehn. In [»In« bis »Schiff durchfährt« ist rot angestrichen] Italien täuscht den Fremden die durchsichtige Luft, Tivoli von Frascati aus gesehn, scheint nahe. –

Scheinbare Bewegung des Ufers, wenn wir zu Schiffe fahren; der Brücke wenn ein Schiff durchfährt.

Und [»Und« bis »bleibt das Anschauen« ist mit Bleistift durchgestrichen] alle solche täuschende Scheine stehn in unmittelbarer Anschauung vor uns da, welche durch kein Räsonnement der Vernunft wegzubringen ist: ein solches kann bloß den Irrthum verhüten [Daneben mit Bleistift: WW. 28], d. h. ein Urtheil das keinen zureichenden Grund hätte, eben durch ein entgegengesetztes wahres; so z. B. *in abstracto* erkennen wir, daß nicht die größere Ferne, sondern [Die frühere Lesart des folgenden Satzes lautet: sondern die trübern Dünste am Horizont Ursache des schwächern Glanzes von Mond und Sternen sind: ...] die Schätzung nach den dazwischen liegenden Objekten Ursache der anscheinenden größern Ausdehnung des Mondes und größern scheinbaren Entfernung der Sterne [ist]: aber der Schein bleibt in allen angeführten Fällen, jeder abstrakten Erkenntniß zum Trotz unverrückbar stehn: denn der Verstand ist von der Vernunft, als einem beim Menschen allein hinzugekommenen Erkenntnißvermögen, streng und scharf geschieden, und allerdings an sich, auch im Menschen, unvernünftig. Die Vernunft kann immer nur *wissen:* dem Verstand allein und frei von ihrem Einfluß bleibt das *Anschauen*.

Ich hoffe daß Ihnen durch diese Betrachtung und Zergliederung der empirischen Anschauung, d. h. der Anschauung der Objekte im Raum und in der Zeit welche nicht, wie diese Formen selbst, *a priori*, sondern nur *a posteriori* ins Bewußtsein kommen, deutlich und gewiß geworden ist, wie die besagte Anschauung zu Stande kommt und allein möglich ist, nämlich [Hier sollte bei der »Dianoiologie« folgende von Schopenhauer rot angestrichene Notiz folgen: die erste Bedingung ist das Vorhandenseyn der äußern Formen der anschaulichen Vorstellung, des Raumes und der Zeit, weil der Raum ein Außer uns und Außereinander der Dinge, möglich macht und bedingt, sodann die Zeit ein Nacheinander, eine Veränderung, ein Wirken möglich macht und bedingt: diese zwei Formen müssen schon ganz fertig im Bewußtsein daseyn, selbst eben die Form des Bewußtseins ausmachen, in welchem die Anschauung einer Welt, wie diese ist, entstehen soll: sie entsteht nun auf Anlaß der Empfindung des Leibes, besonders in den Sinnesorganen: Die Empfindung wird umgearbeitet in Anschauung, geht ein in die Form der Vorstellung, ... [sodann wieder der Text]] durch Anwendung des Gesetzes der Kausalität auf die Affektionen des Leibes, die allein unmittelbar ins Bewußtsein kommen, also *durch den Uebergang von ihnen als Wirkungen auf ihre Ursache:* wobei [»wobei« bis »alles dieses giebt« ist rot angestrichen] die reine Anschauung des Raumes das Grundschema giebt und es möglich macht, Objekte als Außer uns zu erkennen und als Nebeneinander, Hintereinander u. s. w. Der Gebrauch des Verstandes, d. h. die Anwendung des Gesetzes der Kausalität setzt also wie die Zeit (beim Wirken), so auch den Raum voraus, und ist an diesen gebunden. Den Beweis für alles dieses giebt das [»das« bis »nicht bloß sensual« ist mit Bleistift durchgestrichen] dargestellte Sehenlernen der Kinder und noch mehr der operirten Blindgebornen, das Einfachsehn des doppelt, mit zwei Augen, Empfundenen, welches aber sogleich wieder zum Doppeltsehn wird, sobald die Augen in eine ungewöhnliche Lage gebracht werden, das diesem ganz analoge Doppelttasten, das Doppeltsehn durch ungleiche Entfernung zugleich gesehener Objekte, das Einfachsehn zweier wirklicher Objekte, ich könnte (wenn Ihnen meine Theorie der Farben bekannt wäre) auch hinzufügen das Uebertragen der Farbe [Daneben mit Bleistift: W. W. 14 [Vgl. WI, § 4]] die bloß ein physiologischer Vorgang im Auge ist auf die äußern Gegenstände, –: dieses Alles zusammengenommen giebt den *festen und unwiderleglichen Beweis*, daß die Anschauung äußerer Objekte im Raum ganz allein zu Stande kommt durch die Vermittelung der Erkenntniß von Ursach und Wirkung, also durchaus *intellektual*, nicht bloß *sensual* ist, im Verstande vorgeht, im Verstande liegt, nicht bloß in der Empfindung besteht, sondern darin daß der reine Verstand, seiner Form gemäß, übergeht von der gegebenen Wirkung im Sinnesorgan, zu deren Ursach.

Apriorität der Erkenntniß des Kausalverhältnisses.

Dieses [»Dieses« bis »empirische Anschauung da« ist rot angestrichen] Verhältniß überhaupt, diese Beziehung der Wirkung auf eine Ursache, hat er nicht erst *erlernt:* denn woher sollte er sie erlernt haben? [Daneben am Rand der spätere Zusatz: Locke, -und Hume *essay 7* [gemeint ist: Philosophical Essays Concerning Human Understanding, Section VII, Of the Idea of Necessary Connexion, London ²1750]] – Es könnte bloß aus der Erfahrung seyn: aber alle Erfahrung besteht ja nur in der Erkenntniß einer Außenwelt, deren Zustände nach dem Gesetz der Kausalität zusammenhangen; diese Außenwelt selbst ist ja aber bloß in und für die empirische Anschauung da, setzt also diese nothwendig voraus: diese wieder aber setzt, was eben gezeigt worden, als ihre Bedingung, die Erkenntniß von Ursach und Wirkung voraus (eben sowohl als die Grundformen Raum und Zeit), durch die sie sodann zu Stande kommt und von der sie ihrer Möglichkeit nach abhängt: also hängt keineswegs die Kenntniß vom Gesetz der Kausalität von der Erfahrung ab, sondern umgekehrt alle Erfahrung von ihr. Die erstere Annahme galt vor Kant allgemein, Locke hatte sie förmlich ausgesprochen, und auf sie gegründet war der Humische Skeptizismus, der alle Kausalität aufhebt und erst hiedurch widerlegt ist. Die [»Die« bis »von ihr zeigte« ist rot angestrichen] Unabhängigkeit der Erkenntniß der Kausalität von aller Erfahrung d. h. ihre Apriorität konnte bloß dadurch dargethan werden, daß man die Abhängigkeit aller Erfahrung ihrer ganzen Möglichkeit nach von ihr zeigte, indem man nachwies, daß in der Anschauung äußerer Objekte, in deren Gebiet alle Erfahrung liegt, die Erkenntniß der Kausalität schon enthalten, ja ihre Grundbedingung ist, also in Hinsicht auf die Erfahrung völlig *apriori* besteht. Sie ist also die dritte Form unsers Bewußtseins dadurch die Anschauung zu Stande kommt.

Vom Verstande.

Der Verstand also bringt jenes Verhältniß von Ursach und Wirkung selbst zur Anschauung hinzu, trägt es also in sich. Dasselbe ist seine Form, wie Raum und Zeit die Form der reinen Anschauung *a priori*, der reinen Sinnlichkeit, sind. Es ist seine alleinige Form; Ursach und Wirkung erkennen ist seine einzige Funktion: und jede geistige Aeußerung die man zu jeder Zeit ausdrücklich dem Verstande, νους, διανοια, *intellectus, understanding, esprit* zuschrieb muß sich zurückführen lassen auf jenes Erkennen von Wirkung und Ursach, auf Auffassung dieses Verhältnisses. Wir werden dies weiterhin nachweisen, wann wir die Aeußerungen des Verstandes ausführlich durchgehn werden. Wie das Objekt überhaupt nur für das Subjekt da ist, als dessen Vorstellung; so ist jede besondre Art oder Klasse von Vorstellungen nur für eine eben so besondre Bestimmung im Subjekt da, die man ein Erkenntnißvermögen nennt. Das subjektive Korrelat von Zeit und Raum für sich, als leere Formen, hat Kant *reine Sinnlichkeit* genannt, welcher Ausdruck weil Kant hier die Bahn brach, beibehalten werden mag. Das subjektive Korrelat der *Kausalität* ist der *Verstand:* da aber Kausalität das ganze Wesen der *Materie* ausmacht, wie wir gesehn; so ist auch der Verstand das subjektive Korrelat der *Materie:* – da ferner die Materie zu denken ist als innige Vereinigung von Zeit und Raum, so ist es der Verstand der diese beiden vereinigt mittelst der Vorstellung der Kausalität oder der Materie, die eben das Unwandelbare des Raumes in der Beharrlichkeit ihres Wesens, aber im steten Wirken und Verändern das Flüchtige der Zeit wiedergiebt. Reine [»Reine« bis »Bedingung der Erfahrung sind« ist rot angestrichen] bloße Materie ohne Form und Qualität läßt sich nicht anschauen; aber sie wäre eben reine bloße Kausalität, bloßes Wirken überhaupt, ohne bestimmte Wirkungsart, was auch nicht angeschaut werden noch in der Erfahrung vorkommen kann, sondern jedes Wirken ist ein individuell Bestimmtes. Die Materie überhaupt ist Kausalität überhaupt und der Verstand ist das Erkennen von Wirkung und Ursach überhaupt: beide sind Korrelata; bloß im Einzelnen der Erfahrung erhalten sie ihre nähere Bestimmung: beide sind nicht Gegenstand der Erfahrung, weil sie Bedingung der Erfahrung sind. Hieraus ist gewiß, daß alle Kausalität, folglich alle Materie, mithin die ganze Welt der Wirklichkeit, nur für den Verstand, durch den Verstand, im Verstande ist, mit dem Verstand zugleich aufgehoben und nichts wäre. Umgekehrt besteht der Verstand einzig und allein in dieser Form, deren objektives Korrelat die Kausalität ist. Kausalität [»Kausalität« bis »stets vorhandene« ist mit Bleistift durchgestrichen und daneben am Rand die Bleistiftnotiz: WW 12 [Vgl. WI, § 4]] erkennen ist seine einzige Funktion, seine alleinige Kraft, und es ist eine große, Vieles umfassende, von mannigfaltiger Anwendung, doch unverkennbarer Identität aller ihrer Aeußerungen. Die erste einfachste stets vorhandene Aeußerung des Verstandes ist die Anschauung der wirklichen Welt. Wie diese entstehe, wie sie durchaus auf jener Form des Verstandes beruhe, daher intellektual sei, haben wir ausführlich betrachtet. Auch haben wir gesehn, daß es nie zu ihr kommen könnte, wenn nicht der Verstand zuvor ein *datum* erhielte von dem er bei seiner Operation ausgeht, wenn nicht irgend eine Wirkung *unmittelbar* erkannt würde und daher den *Ausgangspunkt* aller empirischen Anschauung machte: dies ist die Wirkung auf die thierischen Leiber: es ist jedem erkennenden Individuo die Wirkung die sein eigner Leib erfährt; daher wir diesen das *unmittelbare Objekt* genannt haben, da er für das Subjekt das *Vermittelnde* aller Anschauung andrer Objekte ist, ihr vorhergeht, und die ersten Data zu ihr liefert. Auf dem gegenwärtigen Punkt unsrer Betrachtung ist uns also der Leib, gleich allen übrigen Objekten der Erfahrung noch eine bloße *Vorstellung*. Diesem Satz widerstrebt zwar das Bewußtsein eines jeden, welches sich schon gegen das Erklären der übrigen realen Objekte für bloße Vorstellungen auflehnte: denn jeder erkennt unmittelbar seinen Leib noch auf ganz andre Art, weiß *unmittelbar* daß er noch etwas ganz anderes als bloße Vorstellung ist, und weiß *mittelbar* dasselbe von allen andern Objekten: allerdings ist es auch eine bloße Abstraktion, vermöge welcher wir alle Objekte und sogar den eignen Leib für bloße Vorstellungen des erkennenden Subjekts erklären: aber diese Abstraktion ist für jetzt nothwendig [Statt des folgenden Satzes sollte in der »Dianoiologie« laut Bleistiftkorrektur stehen: wir haben es mit den Dingen bloß zu thun sofern sie in unsrer Vorstellung vorhanden sind: denn wir betrachten und untersuchen bloß die menschlichen Vorstellungskräfte, den Intellekt. Die Frage nach dem was die Dinge außer unserer Vorstellung, was sie also *an sich* seyn mögen, gehört in die Metaphysik.]: späterhin werden wir auch die Seite der Dinge betrachten die übrig bleibt, wenn wir von ihrem Vorstellungseyn abstrahiren. Für jetzt aber haben wir es allein mit diesem zu thun: und da [»da« bis »vorkommt« ist Bleistiftkorrektur] können wir den Leib als eine bloße Vorstellung betrachten, ihn bloß nehmend wie er im rein erkennenden Bewußtseyn vorkommt. Hiebei ist sogar noch folgende *Einschränkung* zu merken. Die unmittelbare Erkenntniß des Leibes stellt ihn noch nicht eigentlich als *Objekt* im Raum dar; sondern sie enthält bloß die Veränderungen welche die Sinnesorgane durch die ihnen specifisch angemeßne Einwirkung von Außen erleiden: *(illustr.).* Diese Veränderungen sind nun zwar, da sie nicht als Schmerz oder Wollust den *Willen* unmittelbar affiziren und dennoch ins Bewußtsein kommen, wirkliche Vorstellungen, d. h. sind nur für die Erkenntniß da: jedoch durch diese unmittelbare Erkenntniß des Leibes, welche der Anwendung des Verstandes *vorhergeht* und bloß sinnliche Empfindung ist, steht der Leib noch nicht eigentlich als *Objekt* da: sondern dies thun erst die durch jene Einwirkung sich kund gebenden Körper, nachdem man auf sie als die Ursachen der Einwirkung übergegangen, eben weil jede Erkenntniß eines eigentlichen Objekts, d. h. einer im Raum angeschauten Vorstellung nur durch und für den Verstand ist, also nicht *vor*, sondern erst *nach* dessen Anwendung. Daher wird auch der eigene Leib, als eigentliches *Objekt*, d. h. als anschauliche empirische Vorstellung im Raum, eben wie alle andern Objekte erst *mittelbar* erkannt, durch Anwendung des Gesetzes der Kausalität auf die Einwirkung eines seiner Theile auf den andern, also indem das Auge den Leib sieht, von ihm Einwirkung erhält, indem die Hand den Leib betastet u. s. f. – Daher ist uns auch die Gestalt des eigenen Leibes gar nicht unmittelbar durch das Gemeingefühl bekannt und gegeben, sondern wir müssen sie mittelbar kennen lernen: ein Blinder ohne Hände würde sie gar nicht kennen, oder höchstens allmälig aus der Einwirkung andrer Körper auf seinen Leib dessen Gestalt sich konstruiren.

Die Möglichkeit der Anschauung der objektiven realen Welt liegt wenn wir Raum und Zeit als gegeben voraussetzen, dem Gesagten zufolge in zwei Bedingungen: Die erste läßt einen doppelten Ausdruck zu: einen objektiven und einen subjektiven: a) *Objektiv* ausgedrückt, ist es die Fähigkeit aller Körper auf einander zu *wirken* [Am Rand mit Bleistift: WW 22 [Vgl. WI, § 6]], Veränderungen in einander hervorzubringen: ohne diese allgemeine Eigenschaft aller Körper wäre offenbar keine Anschauung möglich. b) *Subjektiv* ausgedrückt aber lautet diese nämliche Bedingung so: der *Verstand* [Am Rand mit Bleistift: WW 22] ist es, vor Allem, der die Anschauung möglich macht: denn nur aus ihm, aus seiner Form, entspringt das Gesetz der Kausalität, nur in Beziehung auf ihn gilt es, er ist das subjektive Korrelat der Erkenntniß von Ursach und Wirkung und daher die Bedingung der Möglichkeit alles Ursach- und Wirkung-seyns: für ihn und durch ihn und in ihm allein ist eine solche Welt von Objekten in Zeit und Raum, die nach dem Gesetz der Ursachen und Wirkungen in Beziehung zu einander stehn. – Dies also war, doppelt ausgedrückt, die erste Bedingung der Möglichkeit einer anschaulichen Welt. –

Die zweite Bedingung ist diese: daß gewisse Körper unmittelbare Objekte des Subjekts sind, d. h. Sensibilität besitzen. Es sind alle thierischen Leiber. –

Ursach, Reiz, Motiv.

Lassen Sie uns hier betrachten, *daß die Kausalität*, die der Verstand mittelst seiner Form erkennt, und welcher zufolge alle Veränderungen der in Raum und Zeit erscheinenden Wesen vor sich gehn, *dreierlei Art* ist und daß diese Verschiedenheit eigentlich den Unterschied begründet zwischen leblosen oder unorganischen Körpern, Pflanzen, und Thieren. Jede Veränderung die eine andre Veränderung herbeiführt, oder genauer geredet jeder Zustand materieller Objekte auf welchen ein andrer Zustand eben solcher Objekte nach einer Regel d. h. jedesmal so oft der erste da ist, folgt, heißt zwar im allgemeinen *Ursach*. Allein ich unterscheide drei Unterabtheilungen dieses Begriffs: 1) die Ursach im engsten Sinn; 2) den Reiz; 3) das Motiv. *Ursach im engsten Sinn* ist derjenige Zustand der Materie, der, indem er einen andern mit Nothwendigkeit herbeiführt [Daneben am Rand: z. B. eine bewegte Kugel stößt eine ruhende, u. s. w.], selbst dadurch eine eben so große Veränderung erleidet, als die ist, welche er verursacht: man drückt dies so aus: »Wirkung und Gegenwirkung sind sich gleich.« – Ferner ist hier allemal der Grad der Wirkung dem Grade der Ursach gleich: in eben dem Verhältniß als die Ursach wächst, wächst auch allemal die Wirkung, folglich auch die Gegenwirkung; so daß, wenn nur einmal die Wirkungs*art* bekannt ist, sofort aus dem Grade der Intensität der Ursach auch der Grad der Wirkung sich wissen, messen und berechnen läßt; und so auch umgekehrt. – Solche eigentliche Ursach im engern Sinn wirkt bei allen Veränderungen lebloser, d. i. unorganischer Körper, bei allen denen Veränderungen die der Gegenstand der Mechanik, Physik, Chemie sind: das ausschließliche Bestimmtwerden durch Ursachen dieser Art ist daher das eigentliche und wahre Kennzeichen und Charakter eines unorganischen, eines leblosen Körpers. Die zweite Art der Ursachen ist der *Reiz:* es ist diejenige Ursach die selbst keine ihrer Wirkung angemessene Gegenwirkung erleidet und deren Intensität durchaus nicht dem Grade nach parallel geht mit der Intensität der Wirkung, welche folglich nicht nach jener gemessen werden kann: vielmehr kann eine kleine Vermehrung des Reizes eine sehr große in der Wirkung verursachen, oder aber auch umgekehrt die vorige Wirkung ganz aufheben u. s. w., z. B. Pflanzen die durch Kalk, durch Wärme getrieben werden; Reiz durch Wein, Opium. – Dieser Art ist alle Wirkung auf organische Körper als solche: alle Veränderungen der *Pflanzen* und alle organischen und vegetativen Veränderungen im thierischen Leibe gehn auf *Reize* vor: so wirkt auf sie die Wärme, das Licht, die Nahrung, jedes Pharmakon, Gift, Arznei, jede Berührung, die Befruchtung u. s. f. – Ausschließlich durch diese Art der Ursachen werden die *Pflanzen* bestimmt; alle ihre Assimilation, Wachsthum, Befruchtung, Neigung zum Licht, u. s. w. ist Bewegung auf *Reize;* bei wenigen findet sich auch eine eigenthümliche schnelle Bewegung auf Reize, wegen welcher sie sensitive Pflanzen heißen, *Mimosa pudica, hedrysarum gyrans, Dionaea musci-*

pula [Rührmichnichtan, Schildklee, Venusfliegenfalle]. [Dazu noch: (Stilida?) [Stylidium graminifolium]] Alles was in seinen eigenthümlichen seiner Natur angemessenen Veränderungen und Bewegungen durch Reize bestimmt wird ist *Pflanze*. Die Thiere werden zwar in ihrem ganzen vegetativen Leben, Verdauung, Absonderung, Wachsthum auch eben so durch Reize bestimmt, allein als Thieren ist ihnen eine ganz andre Bestimmungsart ihrer Bewegung eigenthümlich und diese eben ist es die das Thier von der Pflanze sehr deutlich und in allen Fällen unterscheidet und ganz allein den eigenthümlichen Karakter der Thierheit ausmacht [Daneben am Rand mit Bleistift: Cuvier setzt den Unterschied zwischen Pflanze und Thier darin daß alle Thiere eine innre Höhlung (Magen) haben darin der Nahrungsstoff aufgenommen wird ehe er in die Gefäße geht. Bei den Pflanzen geht er unmittelbar von Außen in die Gefäße.] Es ist die dritte Art der Bestimmung durch Ursachen, die *Motivation:* Sie ist von den beiden andern Arten von Ursachen sehr weit unterschieden und da sie die Kenntniß des Willens voraussetzt, wird ihre Erörterung erst später vorkommen können. [Dazu am Rand mit Bleistift: beim Satz vom Grund ...] Hier nur so viel: die Motivation ist die durch das *Erkennen* hindurchgegangene und durch dasselbe vermittelte Kausalität. Bewegung auf *Motive*, d. h. auf vorhergegangene den Entschluß bestimmende *Vorstellungen* ist dem *Thiere* als solchem ausschließlich eigen und ist sein wesentlicher Karakter. Sie setzt nothwendig das *Erkennen*, das Vorstellen überhaupt, voraus: demnach ist das *Erkennen der eigentliche Karakter der Thierheit:* nur was erkennt ist Thier: und alle Thiere erkennen. Man [Dazu am Rand die Bleistiftnotiz: Die Naturgeschichte sucht noch das entscheidende Merkmal – bleibende oder abfallende Geschlechtstheile – ein Hinten und Vorn. –] hat mancherlei als entscheidendes Merkmal des Thiers im Gegensatz der Pflanze angegeben: noch neuerlich Schelling dieses daß Thiere Oxygen einathmen und konsumiren, Pflanzen ausathmen und produciren: es gilt nicht in allen Fällen. Das beste Merkmal war immer dies: *motus spontaneus in victu sumendo* [willkürliche Bewegung beim Aufsuchen der Nahrung]. Deutlicher: bei Aufnahme der Nahrung eine Bewegung der gröbern Theile und die nicht zusammenfällt mit der des Wachsens und

Assimilirens. – Im Ganzen ist aber diese Erklärung ein Folgesatz aus meiner: jeder *motus spontaneus* ist Folge eines erkannten Motivs, setzt es voraus, das Motiv setzt Erkenntniß voraus: diese also ist das oberste Merkmal. Man könnte meinen, das Erkennen könne kein karakteristisches Merkmal [eines] Thiers abgeben, weil wir als außer dem zu beurtheilenden Wesen befindlich, nicht wissen können, was in ihm vorgehe, ob es erkenne oder nicht. Aber das können wir sehr wohl, indem wir beurtheilen ob dasjenige, worauf seine Bewegungen erfolgen, auf dasselbe als Reiz oder als Motiv gewirkt habe, worüber nie ein Zweifel übrig bleiben kann. Denn der Reiz wirkt entweder allein durch unmittelbare Berührung oder Intussusception, oder wenn er, wie Licht und Wärme, aus der Ferne wirkt, so hat seine Wirkung ein unverkennbares Verhältniß zur Dauer, Entfernung, Intensität des Reizes, wenn gleich dieses gar nicht bei allen *Graden* der Wirkung *dasselbe* bleibt: wo hingegen ein *Motiv* eine Bewegung bestimmt, fallen alle solche Unterschiede ganz weg, denn hier ist nicht Luft, Licht, Atmosphäre, das Medium der Einwirkung, sondern die *Erkenntniß* ganz allein: das als Motiv wirkende Objekt braucht durchaus nichts weiter als nur wahrgenommen, erkannt zu seyn, wobei es ganz einerlei ist, von welcher Seite, wie lange, ob nahe oder ferne, wie deutlich es in die Apperception gekommen, sobald es nur wahrgenommen wirkt es auf ganz gleiche Weise, vorausgesetzt daß es an sich ein Bestimmungsgrund dieses individuellen Willens sei.

Dies waren also die drei Arten von Ursachen, die immer durch die dem Verstande eigene Form, das Gesetz der Kausalität erkannt werden. [Der folgende Satz ist mit feinen Bleistiftlinien ausgestrichen; dafür steht am Rande mit Bleistift und mit Tinte nachgezogen: Durch sie bewegt sich alles, was sich auf der Welt bewegt: – Da nun aber der Verstand das ganze Gesez der Kausalität aus eignen Mitteln liefert, es zur Erfahrung hinzubringt und sie nachher immer diesem gemäß vor sich geht; so sehn Sie welchen unermeßlichen Antheil der Verstand an der ganzen Erfahrungswelt hat und wie wenig dieser eine Realität außer der Vorstellung, ein Daseyn, unabhängig vom Verstande, beizulegen ist.] Die objektive Welt, da sie am Leitfaden des Gesetzes der Kausalität unter den angegebenen Modifikationen desselben, sich der Erkenntniß entfaltet, und dasselbe Gesetz der Kausalität voraussetzt, eben als Erscheinung, als Vorstellung, also ihrem objektiven Daseyn nach, steht unter der Bedingung des anschauenden Verstandes, ist nur durch den Verstand und für den Verstand da. Zu [knapp 2 Seiten von »Zu« bis »unmittelbare Einwirkung« sind mit Bleistift durchgestrichen] dieser Bedingung kam die zweite, die, daß es unmittelbare Objekte des Subjekts gebe, von denen die Anschauung ausgeht, als von der ersten dem Verstande als *datum* gegebnen Wirkung, also die Sensibilität der thierischen Leiber ist die zweite Bedingung. Demzufolge sind alle thierischen Leiber unmittelbare Objekte des Subjekts. Der Thierheit Karakter ist eben das Erkennen, da es die Bedingung der *Bewegung auf Motive* ist, die das Thier als solches karakterisirt.

Alle Thiere haben Verstand. [Überschrift ist rot angestrichen]

Da nun folglich alle Thiere erkennen, die bloßen *Sinne* aber keine Erkenntniß geben, sondern jedes Erkennen schon *Verstand* voraussetzt, nämlich das Vermögen von der Wirkung zur Ursache überzugehn; so müssen wir *allen Thieren Verstand beilegen*, selbst den unvollkommensten. Ueber den Verstand der Thiere ist sehr lesenswerth: *Plutarchus de solertia animalium*, oder *terrestriane an aquatilia animalia sint callidiora* [über die Geschicklichkeit der Tiere, ob die Land- oder die Wassertiere klüger sind]. [Hierzu die Notiz: *Plutarchi moralia, ed. Wyttenbach*. Bd 4] – Dort wird auch schon im Allgemeinen gesagt daß selbst zur Anschauung die Sinne ohne Verstand nicht zureichend wären: und in diesem Sinn wird angeführt ein sehr alter Griechischer Spruch den man dem Epicharmus zuschreibt:

Νους ορα και νους ακουει,
τα δε αλλα κωφα και τυφλα.

Mens videt, mens audit, reliqua omnia coeca et surda [Nur der Verstand kann sehn und hören; alles sonst ist taub und blind. – Vgl. Plutarch, de sollert. anim. c. 3, p. 961 A]. Auch wird angeführt, daß es eine Rede des Physikers *Strato* gebe, in der er zeigt, daß ohne Verstand auch keine sinnliche Anschauung möglich. Sogar das Thier, welches der Pflanze am nächsten steht, der Wasser-Polyp hat (wenn gleich noch ohne gesonderte Augen) Empfänglichkeit für das Licht, ändert mühsam seine Stelle um, von Blatt zu Blatt, dahin zu kommen wo es am hellsten ist: dort nimmt er seinen Raub wahr, ergreift ihn mit seinen Armen, führt ihn zum Munde: das angeschaute Objekt war also Motiv seiner Bewegung, und auch zu dieser Anschauung eines Objekts wäre es ohne Verstand nimmermehr gekommen: denn alle Anschauung ist im Verstande. In allen Thieren und allen Menschen [Daneben mit Bleistift: WW 23 [Vgl. WI, § 6]] hat der Verstand die nämliche einfache *Form:* Erkenntniß der Kausalität, Uebergang von Wirkung auf Ursach und von Ursach auf Wirkung, und nichts außerdem. Aber die *Grade* seiner Schärfe und die Ausdehnung seiner Erkenntnißsphäre sind höchst verschieden, mannigfaltig und vielfach abgestuft. Als Beispiel seines niedrigsten Grades betrachteten wir eben die Erkenntniß die auch der Polyp haben muß: der Verstand reicht sodann eben hin um das Kausalverhältniß zwischen dem unmittelbaren Objekt und dem mittelbaren aufzufassen, den Uebergang zu machen von der Einwirkung die der Leib erlitten zu dessen Ursach, die eben dadurch sich als Objekt im Raum darstellt und als solches apprehendirt wird. Dieser [»Dieser« bis »Pflanze, d. h.« ist rot angestrichen] Grad des Verstandes muß in jedem Thier seyn; denn sonst wäre es eine Pflanze, d. h. hätte nicht Bewegung auf Motive, also nicht die Möglichkeit seine Nahrung aufzusuchen, oder wenigstens zu ergreifen wenn sie sich seiner Apprehension darbietet [Daneben mit Bleistift: WW 26 [Vgl. WI, § 6]]; sondern es müßte, als Pflanze, bloß Einwirkung von *Reizen* erfahren, die unmittelbare Einwirkung dieser abwarten, oder, wenn sie ausbleibt, verschmachten. Aber [»Aber« bis »möglich zu machen« ist rot angestrichen] in den verschiednen Thiergattungen erhebt der Verstand von jenem niedrigsten Grade, der nur hinreicht die Apprehension möglich zu machen, sich zu viel höhern, mit unzähligen Abstufungen, welche zu beobachten höchst interessant ist. Wie viel Geist und Verstand zeigt sich nicht im Hunde, Elephanten, Affen, welche Schlauheit im Fuchs. Die Naturgeschichte ist jetzt mehr mit dem innern

Bau der Thiere beschäftigt um sie danach zu ordnen, und zu klassifiziren, zu vergleichen und zu sehn wie die Natur den selben Grundtypus überall zeigt ihn durchführend durch die verschiedensten Bedingungen, welche dadurch entstehn, daß, was sie überall will, Leben, Daseyn, durch das Medium, die Verhältnisse jedes Wesens, auf stets andern Wegen erreicht werden muß: ein sehr löbliches Bestreben, welches die frühere Zeit vernachlässigt hatte, und welches erst besonders durch Cuvier in Aufnahme gebracht ist. Buffon der durchaus keine Klassifikation der Thiere wollte, beschäftigte sich mehr mit ihrem äußern Wesen, ihrer Lebensart, ihren geistigen Aeußerungen, welche er so meisterhaft schilderte wie kein andrer: daher man das Geistige der Thiere am Besten aus ihm lernt, das Körperliche besser aus den neuern: diese haben mehr Geduld, mehr Gründlichkeit, mehr Kenntniß der Natur im Ganzen, mehr Wissenschaft: Buffon hatte mehr Genie. – Auch ist zu empfehlen zur Kenntniß der geistigen Kräfte der Thiere W. *Bingley, Animal Biography; London 1803*; 3 *Vol.* – Auch Teutsch: Biographien der Thiere, v. Bingley; 1804. – Verfährt jedoch nicht überall mit gehöriger Kritik. Bei [»Bei« bis »Erwartung« ist mit Bleistift durchgestrichen; daneben am Rand die Bleistiftnotiz: WW 26] Beobachtung der allerklügsten Thiere können wir ziemlich genau abmessen, wie viel der Verstand für sich allein, ohne Beihülfe der Vernunft, d. i. der abstrakten Erkenntniß in Begriffen, vermag. An uns selbst können wir das nicht so genau, weil Verstand und Vernunft sich da immer wechselseitig unterstützen. Wir finden deshalb die Verstandesäußerungen der Thiere bald über bald unter unserer Erwartung [Am Rand mit Bleistift: WW 26]: – Elephant, der nicht über die Brücke will: – andrerseits Orang-Utangs, die kein Holz nachlegen. [Vgl. WI, § 6, S. 27f. [56f.]] – Plutarch in der angeführten Abhandlung erzählt daß ein Hund um Oel aus einer Amphora zu trinken, die nicht voll war, Steine hinein geworfen hätte, damit das Oel steige oder überlaufe: auch daß die Raben in Lybien, wenn Wasser in einer Grube so tief steht, daß sie es nicht erreichen können, Steine hinein werfen bis es gestiegen ist. Aber er erzählt viel Fabelhaftes. Inzwischen finden wir einen ganz gleichen Fall erzählt vom Capitän Degrandpré in seiner Reise an die westliche Küste von Afrika 1787. [Voyage à la côte occidentale d'Afrique, fait dans les années 1786 et 1787, Paris 1801; deutsche Übersetzung Berlin und Hamburg 1804] Er hatte einen schwarzen Affen, *Papio Aethiops*, der sehr auf Anisbranntwein erpicht war. Er befestigte die Flasche so auf dem Boden der Kajüte, daß sie nicht loszumachen war. Nachdem der Affe die Flasche geöffnet hatte, beleckte er die Mündung, und versuchte nun auf alle Weise sie umzuwerfen: da dies schlechterdings nicht gieng: so verfiel er endlich auf das letzte Mittel: er suchte in der Kajüte Staub und Sand zusammen und schüttete einen ganzen Haufen davon neben der Bouteille auf: dann nahm er etwas von diesem Haufen, warf es in die Flasche, hielt das Maul dicht an den Rand der Flasche und trank so das überfließende Getränk. Es ist schon sehr zu verwundern wenn die Thiere um einen Zweck zu erlangen ein davon ganz verschiednes Mittel ergreifen: aber wenn, wie hier, der Kausal-Nexus nicht unmittelbar ist, sondern noch ein Mittelglied dazwischen liegt, so ist es *schwer zu begreifen*, wie sie dies können mit bloßem Verstande, d. h. mit bloß unmittelbarer und intuitiver Erkenntniß des Kausalitätsverhältnisses, und ohne abstrakte Begriffe, d. h. ohne zu denken und zu überlegen. Ganz der Art ist aber auch was erzählt wird von den chinesischen Affen auf Ceylon (Percival Beschreibung von Ceylon [An Account of the Island of Ceylon etc., London 1803; deutsche Übersetzung Leipzig 1803]) daß sie um Krabben zu fangen den Schwanz zwischen die Scheeren der Krabben stecken bis diese zufassen und nun von ihnen ans Land geworfen werden. Hingegen ist ausgemacht daß wilde Affen Kokosnüsse mit Steinen öffnen; auch daß wenn sie durch Schlagen mit einem Stein, während die Nuß auf der Erde liegt, nicht zum Zweck kommen sie einen andern Stein als harte Unterlage herbeiholen. Eben so öffnen sie Muscheln und Austern, durch Schlagen mit Steinen. Die Orang-Utangs sollen, wenn sie die großen Pfundschweren Austern essen wollen, erst einen Stein in die offne Muschel werfen, damit sie sich nicht schließen kann.

Nie scheinen aber die Thiere so sehr ein Analogon von Vernunft zu haben, als wenn sie Rache und Belohnung ausüben. Es wird von Elephanten besonders erzählt. Ein Schneider pflegte einem Elephanten der täglich vorbeigeführt wurde [einen] Apfel zu geben: einmal statt dessen stach er ihn mit der Nadel in den

Rüssel. Tags drauf füllte der Elephant den Rüssel mit Wasser und begoß den Schneider. – Das ist *überlegte* Rache und läßt sich ohne abstraktes Denken anzunehmen nicht wohl begreifen, denn es ist prämeditirt: darum erstaunen wir so sehr darüber. Des letzten Persischen Gesandten zu Petersburg Geschichte von der Frau die [einen Elephanten] oft gefüttert, und die er einst, ihr eine Ehre zu erzeigen, zu ihrem großen Schrecken, sich auf den Kopf setzte.

Im *Asiatick Journal 1821*, Februar wird erzählt, ein großer Affe, *Simia Lar*, auf Sumatra, sei wegen seiner schlechten Aufführung aus dem Hause gejagt: er habe sich erhenkt, an einem Baum; das erste Mal habe man ihn abgeschnitten: das zweite Mal sei man zu spät gekommen. Kann nicht wahr seyn.

Im *Tom. 16* der *Annales du muséum d'hist. nat. Fred Cuvier* über die *facultés intellect. d'un orangoutang:* dieser, sehr gesellig, pflegte, um in den Saal zu gelangen, den Riegel der Thüre zu öffnen, wozu er auf einen Stuhl stieg: als man den Stuhl von der Thüre weggesetzt, damit er nicht hereinkomme, schob er den Stuhl an die Thüre, öffnete den Riegel und kam doch. [Hierher gehörig am Rande mit Bleistift: Ein Hund dessen Herr auf dem Schiff, nach vergeblichen Versuchen hinanzuschwimmen, weil ihn der Strom stets dem Schiff voraus trieb, lief nun eine Strecke höher hinauf, so daß der Strom ihn grade auf das Schiff brachte. (Mündlich.)]

Daß die Erkenntniß von Ursach und Wirkung, welche die allgemeine und einzige Form des Verstandes ist, und deshalb wo sie sich findet *apriori* erkannt ist; – daß [»daß« bis »Erfahrung zu kennen« ist mit Bleistift durchgestrichen und daneben am Rand die Bleistiftnotiz: WW 26] diese auch den Thieren *apriori* inwohnt, ist zwar schon völlig gewiß, daraus daß sie in ihnen wie in uns die vorhergehende Bedingung aller anschaulichen Erkenntniß der Außenwelt ist: aber dasselbe läßt sich auch aus manchen besondern Aeußerungen der Thiere wahrnehmen: z. B. ein ganz junger Hund wagt nicht vom Tisch zu springen, so sehr er es auch wünscht: er sieht die Wirkung der Schwere seines Leibes vorher, ohne diesen besondern Fall schon aus Erfahrung zu kennen. [Am Rand mit Bleistift: WW 26] – Bei Beurtheilung des Verstandes der Thiere, müssen wir uns indessen hüten, nicht ihm zuzuschreiben, was dem *Instinkt* [»dem *Instinkt*« bis »unmittelbares Erkennen« ist rot angestrichen] angehört, einer vom Verstand wie von der Vernunft gänzlich verschiedenen Eigenschaft, die aber oft der Vereinigung jener beiden zum Erstaunen ähnlich wirkt. *(Suo loco.)*

Erkenntniß der Verbindung zwischen Ursach und Wirkung ist überall die einzige Funktion des Verstandes: wie diese selbst bei den niedrigsten Thieren die Anschauung möglich macht, durch Uebergang von der Wirkung im unmittelbaren Objekt zu deren Ursach; in den vollkommnern Thieren schon sehr weit geht im Erkennen jenes Verhältnisses von Ursach und Wirkung zwischen den bloß mittelbaren Objekten, so geht nun im *Menschen* diese Erkenntniß [Zwischen »Erkenntniß« und »Objekte« steht mit Bleistift: WW 24] des kausalen Zusammenhangs ihm mittelbar gegebener Objekte unendlich weit, geht bis zum Verstehn der Zusammengesetztesten Verkettungen von Ursachen und Wirkungen in der Natur. Diese letztere gehört aber ihrem Ursprung nach, und in dem was die eigentliche Einsicht dabei ausmacht noch immer dem bloßen Verstande an, nicht der Vernunft: diese hat lauter abgezogene Begriffe, welche sehr dienlich sind das unmittelbar Verstandene aufzunehmen, zu fixiren, durch Schlüsse zu verdeutlichen, durch Worte mitzutheilen, und nachher auf alle ähnlichen Fälle anzuwenden, aber das unmittelbare Auffassen der Verhältnisse selbst, das eigentliche Verstehn, muß ihr vom Verstande kommen: sie kann das nicht hervorbringen. Alle Physik und Chemie beruht auf dem unmittelbaren Erkennen bestimmter Ursachen zu bestimmten Wirkungen, so werden Naturkräfte, so Naturgesetze erkannt, ganz unmittelbar und intuitiv zuerst aufgefaßt: diese Auffassung wird nachher niedergelegt in Begriffen der Vernunft, tritt ins reflektirte Bewußtsein, wird hier *in abstracto* durch Zerlegung in Merkmale deutlich gedacht und eben dadurch mittheilbar gemacht und generalisirt. Aber das erste Auffassen, in welchem eigentlich die Entdeckung besteht, geschieht allemal durch den Verstand allein, ist allemal ein ganz unmittelbares Erkennen des [»des« bis »*in abstracto*« ist rot angestrichen] Verhältnisses von Ursach und Wirkung, welches die einzige Form ist die der Verstand kennt und durch die er doch so große Dinge thut. Eben weil Naturkräfte und Aeußerungen von Naturkräften nur durch ihr Wirken und das richtige Auffassen dieses, das richtige Zusammenfassen der Ursach und Wirkung, erkannt werden, dieses aber dem Verstande allein zukommt, dessen Auffassung unmittelbar und intuitiv ist, *so sind alle großen theoretischen Entdeckungen* in der Naturwissenschaft ursprünglich *das Werk eines Augenblicks*, in welchem der menschliche Verstand zum ersten Mal seine Funktion, die einzige, die er hat, richtig anwandte auf Erscheinungen die schon Millionen Mal dagewesen waren ohne solche Anwendung: jene Entdeckungen entspringen daher immer aus einem richtigen *aperçu*, einem glücklichen Einfall, keineswegs sind sie das Produkt und Resultat langer Schlußketten *in abstracto*. Diese dienen sehr wohl die unmittelbare Verstandeserkenntniß für die Vernunft zu fixiren durch Niederlegung in deren abstrakten Begriffen, d. h. sie deutlich zu machen, d. h. sich in den Stand zu setzen sie Andern zu deuten, mitzutheilen. Auf die besagte Weise entdeckte Newton [»Newton« bis »erkannte« ist mit Bleistift durchgestrichen] das Gravitationsgesetz indem er einen Apfel vom Baum fallen sah, Ursach, Wirkung, das Naturgesetz und die Naturkraft mit einem Mal erkannte. So entdeckte Otto von Gericke die Luftpumpe und deren Theorie durch folgenden Zufall. Sein Barbier hatte, weil in seiner Werkstatt alle Wände schon voll waren, den Spiegel in welchem die Kunden nach abgenommenem Bart sich besehn sollten, an einem Gewicht über einer Rolle aufgehängt, so daß man denselben, gleich einem Vogelbauer über der Rolle herunterzog und wieder hinaufließ. Weil aber das ihn haltende Gewicht neben der Thüre herabhieng und die Herausgehenden inkommodirte, so war eine Röhre von Pappe gemacht, darin es sich bewegen sollte: diese aber war so eng gerathen daß das Gewicht sehr genau sie füllte: sie war unten und oben durch einen Deckel verschlossen: der obere hatte ein Loch für den Bindfaden des Gewichts: Nun traf es sich bisweilen, wenn man den Spiegel herunter, folglich das Gewicht herauf ziehn wollte; daß dieses letztere durchaus widerstand; so daß der Barbier dies einem es bisweilen haltenden Kobold zuschrieb: der Barbier erzählte es Otto'n von Gericke, welcher die Sache, bloß in der Phantasie lebhaft anschaute, glücklich die Ursache und zugleich die Theorie der Luftpumpe entdeckte. Dies steht erzählt »Handwörterbuch der Seelenmahlerei« Wien und Prag bei Haas *1804*; *p 189*. [Die ursprüngliche Lesart dieser Passage lautet: (So entdeckte Otto von Gericke die Luftpumpe und deren Theorie), in der Werkstätte eines Handwerkers, den er aufsuchte. Dieser hatte ein Gewicht aufgehängt, welches jedesmal die Thüre zuziehn sollte, und damit es nicht durch hin und her schwingen jemand stieße, war eine Röhre angebracht in die es paßte und auf und nieder gieng. Der Handwerker erzählte, es wäre wie Hexerei daß bisweilen das Gewicht durchaus nicht in die Höhe gehn wollte. Otto von Gericke sah den Zusammenhang ein, daß wann das Gewicht so gedreht war, daß es die Röhre luftdicht schloß, der *conatus* es zu heben ein *vacuum* hervorbrachte, weshalb die äußere Luft dann das Gewicht niederdrückte. (*NB* Die Geschichte habe ich *ex auditu*, sie muß nachgesehn werden, z. B. in Böckmanns Geschichte der Erfindungen.)] [J. L. Boeckmann, Flor der Wissenschaften und Künste in unserm Jahrhundert, Karlsruhe 1772?] Auch gehört hieher die Geschichte vom Archimed der den Grad der Legirung der Krone des Dionysios oder Hiero angeben sollte, und als er ins Bad stieg, die Art und Weise erfand. Jede Entdeckung großer Naturkräfte und Naturgesetze wie Lavoisiers Entdeckung des Sauerstoffs und seiner wichtigen Rolle in der Natur, Göthe's Entdeckung des allgemeinen Gesetzes nach welchem alle physischen Farben entstehn, kann, ihrem *Kern* nach, nur das Werk eines Augenblicks seyn, in welchem der kausale Zusammenhang richtig apprehendirt wurde. – Dieselbe Schärfe des Verstandes der in der Naturwissenschaft alle Entdeckungen angehören, wo sie dann Penetration, Sagacität heißt, wirkt [»wirkt« bis »Kraft des Verstandes« ist rot angestrichen] auch im praktischen Leben, als *Klugheit*, wo sie auf Motive und Handlungen gerichtet ist. Immer aber ist es dieselbe Kraft des Verstandes die schon bei der bloßen Anschauung der Objekte im Raum selbst in jedem Thiere thätig ist, in ihrer größten Schärfe aber bald in den Erscheinungen der Natur zur gegebenen Wirkung die Ursache richtig ausfindet und so den Stoff hergiebt aus welchem die Vernunft allgemeine Regeln als Naturgesetze abstrahirt und die in diesen hervortretenden Naturkräfte aufstellt und sondert; dann auch durch Anwendung bekannter Ursachen zu bezweckten Wirkungen, komplicirte sinnreiche Maschinen erfindet, z. B. eine Uhr, ein Feuergewehr, ein Dampfschiff; dieselbe Schärfe des Verstandes endlich auf das Thun der Menschen gerichtet, wird entweder seine Intrigen und Machinationen durchschauen und vereiteln, oder aber auch selbst die Motive und die Individuen die für jede Art derselben empfänglich sind, gehörig stellen und sie nach Belieben, eben so wie Maschinen durch Räder und Hebel in Bewegung setzen und zu ihren Zwecken leiten. Mangel an Verstand heißt im eigentlichen Sinn *Dummheit* [Daneben die Bleistiftnotiz: WW 25]: diese ist daher nichts anderes als eben *Stumpfheit in Anwendung des Gesetzes der Kausalität*, Unfähigkeit zur unmittelbaren Auffassung [»Auffassung« bis »geheimen Motive« ist mit Bleistift durchgestrichen] der Verkettungen von Ursach und Wirkung, Motiv und Handlung, daher diesem Mangel nicht durch Unterricht abgeholfen werden kann, weil er eine Erkenntniß *apriori*, oder vielmehr nicht eine Erkenntniß, sondern eine Erkenntniß*form* betrifft. Ein Dummer sieht nicht den Zusammenhang der Naturerscheinungen ein, weder da wo sie sich selbst überlassen hervortreten, noch wo sie absichtlich gelenkt, d. h. zu Maschinen und auffallenden Phänomenen dienstbar gemacht sind: er wird daher, weil er die Ursachen nicht faßt, übernatürlich an Wunder und Zauberei glauben. [Die frühere Lesart dieses Satzes lautet: ... nicht faßt, annehmen daß keine dasind, d. h. an Wunder und ...] Ein Dummer merkt nicht, daß verschiedene Personen scheinbar unabhängig von einander, in der That aber in verabredetem Zusammenhange handeln: daher läßt er sich leicht intriguiren und mystifiziren: er merkt nicht die geheimen Motive gegebener Rathschläge, ausgesprochener Urtheile u. dgl. m. Andrerseits wird er wieder mißtrauen ohne Anlaß, eben im Gefühl seiner Dummheit, muthmaaßend, daß heimliche Motive dasind, die er nur nicht sieht, weil ihm das schon öfter begegnet ist. Was ihm abgeht ist aber überall [»überall« bis »Wahnsinn« ist mit Bleistift durchgestrichen] nur das eine und selbe: Schärfe, Schnelligkeit, Leichtigkeit in Anwendung des Gesetzes der Kausalität, d. i. eben Kraft des Verstandes. – Beispiel des blödsinnigen Knaben in Berlin. – Wie Mangel an *Verstand Dummheit* ist; so werden wir später finden daß

Mangel an Anwendung der *Vernunft* auf das Praktische *Thorheit* ist; Mangel an *Urtheilskraft Einfalt;* stückweiser oder gänzlicher Mangel des *Gedächtnisses Wahnsinn*. *(Suo loco.)*

Ich hoffe daß Sie durch die bisherige Erörterung eine richtige Ansicht vom Wesen des Verstandes erhalten haben. Die Hauptpunkte waren:

1) Raum und Zeit [Die Anfänge dieses und des nächsten Absatzes sind rot angestrichen] leer, wären nicht wahrnehmbar; das sie füllende Dritte ist die Materie: beide zugleich füllen kann sie nur dadurch, daß ihre Eigenschaften jenen beiden Formen zugleich entsprechen, sie mußte daher Wechsel und Unveränderlichkeit zugleich an sich tragen, daher ist sie anzusehn als aus der Vereinigung der Zeit und des Raumes entstanden, ein Produkt der Zeit mit dem Raum.

2) Eben weil sie in beiden schlechthin zugleich ist, bedarf es einer Regel die jeden Theil des Raumes in Beziehung auf jeden Theil der Zeit, und jeden Theil der Zeit in Beziehung auf jeden Theil des Raumes bestimmt: diese ist das Gesetz der Kausalität: welches bestimmt, welcher Zustand der Materie jetzt an diesem Ort, und hier zu jener Zeit, eintreten muß: weiter geht dessen Bestimmung nicht.

3) Die Materie ist durch und durch Kausalität: ihr Seyn ist ihr Wirken.

4) Wie [»Wie« bis »so« ist für die »Dianoiologie« mit Bleistift eingeklammert] alles Objekt nur für ein Subjekt; so ist die bestimmte Klasse, Form des Objekts, nur für ein bestimmtes Vorstellungsvermögen: Raum und Zeit nur für die reine Sinnlichkeit, Kausalität nur für den Verstand. Denn sie ist seine *apriori* erkennbare Form. Diese Apriorität haben wir bewiesen.

5) Der Verstand macht demzufolge die Natur selbst möglich: womit nicht gesagt ist, daß er sie aus sich hervorbringt, sondern daß er ihre Bedingung ist: ohne den Verstand wäre keine Natur da, aber doch vielleicht etwas ganz andres, das jetzt als Natur erscheint: denn a) nur im Verstande und durch den Verstand ist überhaupt die Anschauung der Objekte; b) das Gesetz der Kausalität ist Form des Verstandes und alle Erfahrung und Natur besteht nur im Zusammenhang diesem Gesetz gemäß; ja sogar die Materie ist nur als Kausalität denkbar, ist durch und durch

Kausalität. *(Ergo.)* Ist aber der Verstand die Bedingung der Möglichkeit der Natur; so heißt *möglich* seyn mit der Form des Verstandes wie auch mit denen des Raumes und der Zeit, die jene schon voraussetzt, übereinstimmen. *(Illustr.)* Wollen wir also entscheiden ob etwas *möglich* oder *unmöglich* sei; so halten wir es zuvörderst an die reine Anschauung der Zeit: es muß irgendwann seyn; dann an die des Raumes: es muß drei Dimensionen haben, wenn es körperlich ist, u.s.f. Jede seiner Bestimmungen prüfen wir an den uns *apriori* bewußten Gesetzen des Raumes und [der] Zeit; sodann halten wir es an *Raum und Zeit im Verein*: es kann zu *einer* Zeit nur an *einem* Ort seyn; aber an *einem* Ort zu vielen Zeiten: – es muß ruhen oder bewegt seyn, d. h. mit dem Verlauf der Zeit seinen Ort im Raum behalten oder ändern: hier treten alle Gesetze der Phoronomie ein, d. h. der Lehre von der Bewegung so weit sie *apriori* bestimmbar ist. Endlich halten wir es an die Gesetze des Verstandes d. h. an das der Kausalität, die Raum und Zeit vereinigt in der Materie: es muß als Materie einen Raum füllen, *beharren*, wirken, Wirkung erleiden u.s.f. Die Wolfische Schule sagt: *impossibile est quod contradictionem involvit: quod nullam contradicionem involvit est possibile* [Unmöglich ist das, was einen Widerspruch enthält: was keinen Widerspruch enthält, das ist möglich. (Christian Wolff, Ontologia, § 79 et 85; ungenau). – Eine rote Anstreichung bezieht sich möglicherweise auf den lateinischen Satz]. – Als ob die Natur an sich gar keine Gesetze hätte; sondern ihre Bestimmungen abhiengen von unserm Setzen und Aufheben, und also sobald nur nicht dasselbe gesetzt und zugleich aufgehoben wäre, seine Möglichkeit entschieden wäre. »Zwei grade Linien schließen einen Raum ein« ist kein Widerspruch – »zwei Körper füllen denselben Ort« auch nicht: – so viel schärfer sah Kant. – Unterschied zwischen physischer und metaphysischer Möglichkeit: letztere allein heißt so im vollen Sinn und ist absolut: davon weiter unten. Nach Wolf wäre die Entscheidung über Möglichkeit und Unmöglichkeit Sache der Logik und geschähe bloß nach dem Satz des Widerspruchs. Damit reicht man nicht aus. Nach Kant ist sie metaphysisch: das Mögliche ist was den von uns *a priori* erkannten Formen der Erscheinung gemäß ist: unmöglich, das Gegentheil. – Für absolut unmöglich ist nur das zu erklären was *apriori* als solches eingesehn wird: was aber bloß *a posteriori*, nach der bisherigen Erfahrung unmöglich ist, ist auch nur hypothetisch so: z. B. die Zerlegung der Metalle, das Goldmachen.

6) Innige Vereinigung von Raum und Zeit zu einem Dritten; Kausalität, Materie; Wirklichkeit; – sind also Eines und das subjektive Korrelat dieses Einen, folglich die Bedingung seiner Möglichkeit ist der Verstand.

7) Alle Thiere haben Verstand, weil ihr Karakter Bewegung nicht durch Ursachen oder Reize ist, sondern durch Motive, diese aber die anschauliche Erkenntniß voraussetzt.

8) Alle noch so weitgehenden Aeußerungen des Verstandes im Menschen, sind zurückzuführen auf Erkenntniß der Kausalität und daher abzuleiten aus der einzigen Form die der Verstand hat.

Wir sind uns des Gesetzes der Kausalität *apriori* bewußt, mit unerschütterlicher Gewißheit: daß eine Begebenheit ohne Ursache vor sich gehe, wird Jeder als etwas unmögliches schlechthin läugnen. Bewiesen kann das Gesez der Kausalität als eine unmittelbare Erkenntniß, die die Grundlage aller andern empirischen Erkenntnisse und ihrer Beweise ist, daher nicht werden. Aber eben von dieser Apriorität derselben im Bewußtsein ließ sich ein Beweis fordern: er wurde gegeben durch die Nachweisung daß alle empirische Anschauung eben schon das Gesetz der Kausalität und dessen Anwendung voraussetzt, dadurch zu Stande gekommen ist und sie enthält.

Grundsatz der Beharrlichkeit der Substanz:
der ein genaues Verhältniß zum Gesetz der Kausalität hat, gleichsam dessen Kehrseite ist.

Eben so gewiß als des Gesetzes der Kausalität sind wir uns bewußt des Grundsatzes, daß alle Veränderungen immer nur die Form und Qualität treffen, nie *die Substanz* und Materie welche durch alle Zeit *beharrt* und vom Wechsel in der Zeit gar nicht mitgetroffen wird, daher das Quantum derselben in der Natur weder vermehrt noch vermindert werden kann. Die Gewißheit hievon ist in Jedem unerschütterlich. Jeder von Ihnen ist aufs festeste davon überzeugt: und dennoch hat gewiß keiner die Erfahrung darüber gemacht: ja eine solche läßt sich gar nicht machen: wenn man auch durch chemische Behandlung eine Materie hundert Verwandlungen durchgehn läßt, das Feste auflöst im Flüssigen, dann das Flüssige in Dampf verwandelt, diesen wieder niederschlägt, aus der Auflösung das Feste fällt, und so noch hunderterlei damit vornimmt und am Ende doch wieder das selbe Quantum erhält; so ist das gar kein Beweis: denn wenn auch die Materie dieses ausgestanden ohne sich zu mindern, so beweist dies nichts für die Zukunft. Aber im Gegentheil, wenn nach chemischen Operationen das Quantum sich nur vermindert wiederfindet; so ist jeder fest überzeugt, daß dies durch unmerklichen Verlust, nicht durch Vernichtung, Annihilation geschehe: eine solche von Erfahrung so sehr unabhängige Kenntniß, daß sie gar nicht aus Erfahrung gewonnen, ja nicht einmal durch Erfahrung hinlänglich bestätigt werden kann, muß nothwendig *apriori* im Bewußtsein liegen. Ihre Quelle *apriori* nachweisen, kann man aber hauptsächlich nur auf negative Weise, nämlich daraus daß das Gesetz der Kausalität, als das Princip der Möglichkeit aller Veränderung, dessen wir uns *apriori* bewußt sind, nur auf die *Zustände* der Materie sich erstreckt, nie auf diese selbst; die Form unsers Verstandes wohl ein Werden und Vergehn der *Zustände* vorzustellen vermag, nie der *Materie*. Sodann ist die Beharrlichkeit der Materie abzuleiten daraus, daß, wie oben ausführlich gezeigt, die Materie im engsten Verein, Wechseldurchdringung von Raum und Zeit besteht, welche Vereinigung der Verstand zu Stande bringt durch seine Form der Kausalität, in welcher das ganze Wesen der Materie besteht, der Antheil der Zeit nun sich zeigt im Wechsel der Accidenzien, der Antheil des Raumes in der Unveränderlichkeit, Beharrlichkeit der Substanz: könnte wie die Accidenzien, so auch die Substanz vergehn; so wäre die Erscheinung vom Raume ganz losgerissen und gehörte nur noch der bloßen Zeit an: Dann wäre die Welt der Erfahrung aufgelöst, durch Vernichtung der Materie: Annihilation. Dies ist die metaphysische Nachweisung der Beharrlichkeit der Substanz.

Von der Erschleichung des Begriffs der immateriellen Substanz.

[Daneben: *(NB:* dieser Bogen der bloß die Polemik gegen den Begriff Substanz enthält; könnte auch eine andre Stelle bekommen.)]

Ich muß hier anmerken, daß wir unter dem Begriff *Substanz* nie etwas anderes zu denken haben als die *Materie* an sich, mit Abstraktion von ihren Accidenzien (Form, Qualität). Als solche ist die Materie immer bloß Gegenstand des abstrakten Denkens, nie des Anschauens: denn in der Anschauung tritt sie immer schon mit Form und Qualität auf. Unter reiner Materie ohne Form und Qualität denken wir eigentlich reines Wirken ohne Bestimmung der Wirkungsart, also Kausalität überhaupt, das Korrelat des Verstandes überhaupt. Aus diesem Begriff der Materie hat man nun wieder den der Substanz abstrahirt: dies ist aber in einer heimlichen Nebenabsicht geschehn, nämlich um nachher daraus wieder den Begriff der *immateriellen Substanz* abzuleiten: als welche man nachher die *Seele* zu erkennen vorgiebt. Zu diesem Behuf abstrahirte man bei dem Begriff *Materie,* von allen seinen wesentlichen Eigenschaften, die *Beharrlichkeit* allein ausgenommen, dachte also die Ausdehnung, Undurchdringlichkeit, Theilbarkeit u.s.w. weg. Wie jedes höhere *genus* enthält daher der Begriff der Substanz weniger *in sich* als der Begriff Materie; aber er enthält nicht dafür wie sonst immer das höhere *genus* mehr *unter sich* [Am Rand: Erläuterung durch Beispiele: Thier (Pferd, Löwe, Hund.)]; indem er nicht noch mehrere niedere *genera* neben der Materie befaßt: sondern diese bleibt die einzige wahre Unterart des Begriffs Substanz, das einzige Nachweisbare, dadurch sein Inhalt realisirt wird und einen Beleg erhält. Bei allen Abstraktionen durch welche sonst die Vernunft einen höheren Begriff bildet, hat sie den Zweck durch Weglassen der Unterschiede mehrere durch Nebenbestimmungen verschiedene Dinge durch einen Begriff zu denken: aber dieser Zweck findet hier nicht statt; folglich ist jene Abstraktion, entweder ganz müßig vorgenommen, oder aus einer heimlichen Nebenabsicht. Diese tritt ans Licht indem nachher [unter] den Begriff Substanz, seiner ächten Unterart Materie eine zweite koordinirt wird, die immaterielle Substanz,

Seele. Die Erschleichung dieses Begriffs geschah aber dadurch daß schon bei der Bildung des höhern Begriffs Substanz, gesetzwidrig und unlogisch verfahren wurde. In ihrem gesetzmäßigen Gange bildet die Vernunft einen höheren Geschlechtsbegriff immer nur dadurch daß sie mehrere Artbegriffe neben einander stellt, nun vergleichend, diskursiv, verfährt und durch Weglassen ihrer Unterschiede und Beibehalten ihrer Uebereinstimmungen den sie alle umfassenden aber weniger enthaltenden Geschlechtsbegriff erhält. Hieraus folgt daß die Artbegriffe immer dem Geschlechtsbegriff im Bewußtsein vorhergehn müssen. Im gegenwärtigen Fall ists aber umgekehrt. Bloß der Begriff Materie war vor dem Geschlechtsbegriff Substanz da, welcher ohne Anlaß und folglich ohne Berechtigung müßigerweise aus jenem gebildet wurde, durch beliebige Weglassung aller Bestimmungen desselben bis auf eine, die Beharrlichkeit. Erst nachher wurde neben den Begriff Materie die zweite unächte Unterart gestellt und so untergeschoben. Zur Bildung dieser bedurfte es nun weiter nichts als einer ausdrücklichen Verneinung dessen, was man vorher stillschweigend im höhern Geschlechtsbegriff weggelassen hatte, Ausdehnung, Undurchdringlichkeit, Theilbarkeit. So wurde also der Begriff Substanz bloß gebildet um das Vehikel zur Erschleichung des Begriffs immaterielle Substanz zu seyn. Der Begriff Substanz ist daher ein höchst entbehrlicher Begriff weil sein einziger wahrer Inhalt schon im Begriff der Materie liegt, neben welchem er nur noch eine große Leere enthält, die durch nichts ausgefüllt werden kann, als durch die erschlichene Nebenart *immaterielle Substanz*, welche aufzunehmen er auch allein gebildet worden: weswegen er, der Strenge nach, gänzlich zu verwerfen und an seine Stelle überall der Begriff der Materie zu setzen ist, damit man wisse wovon man rede, und nicht durch unbestimmte Ausdrücke irre geleitet, Gedanken zu haben glaube, wo man bloße Worte hat.

Zur Kritik des Begriffs der Seele als immaterieller Substanz mache ich beiläufig folgende Bemerkung, für die welche sie fassen.

Der Begriff Substanz, enthält nichts, als das *Beharren:* alle übrigen Eigenschaften der Materie aus deren Begriff er gebildet, sind ja weggedacht. Wir wissen aber daß das *Beharren*, welches der Materie wesentlich ist, ihr zukommt sofern sie das Produkt des Raumes mit der Zeit ist, und zwar eigentlich der Antheil ist, den der *Raum* an ihr hat. Nun ist dem Begriff *Substanz* nichts gelassen, von allen Eigenschaften der Materie als eben das Beharren. Allein die immaterielle Substanz, die Seele, soll wieder nichts räumliches seyn, weil sie sonst materiell wäre: wodurch man sich widerspricht, indem man das Beharren behalten will, aber dessen Ursprung, die Räumlichkeit leugnet. Sodann wäre nun die Seele in der *Zeit* allein: in der Zeit aber, ohne den Raum, ist gar kein Beharren denkbar: da fließt und flieht alles rastlos. Soll nun aber die Seele auch nicht in der Zeit seyn, so kommt ihr das Beharren so wenig als das Vergehn zu: denn beides ist nur in der Zeit denkbar, außer der Zeit verliert es alle Bedeutung. Fällt aber von der Seele auch das Beharren weg; so ist sie auch nicht mehr Substanz, also auch nicht immaterielle Substanz.

Ueber den Unterschied zwischen der Welt als Vorstellung des Subjekts und der Vorstellungssphäre eines Individuums: oder: zwischen dem Dasein eines Objekts in der Gesammtvorstellung der Erfahrung und seiner unmittelbaren Gegenwart für ein Individuum.

Indem nun, wie wir ausführlich betrachtet haben, der Verstand die Formen der Anschauung Raum und Zeit vereinigt und eben in dieser Vereinigung die Materie sich darstellt, als der Inhalt jener Formen, und die Zustände derselben sich ihre Stellen in Zeit und Raum, gemäß dem Gesez der Kausalität, bestimmen; so entsteht die Vorstellung von einem zusammenhängenden *Ganzen der Erfahrung* dessen Gränzen uns zwar nirgends gegeben sind, noch gegeben werden können, das jedoch eine Gesammtvorstellung ist, in welcher alle Objekte der Anschauung enthalten sind und so zusammenhangen, daß jedem derselben sein Platz gesetzmäßig bestimmt ist, d. h. sein Ort zu jeder Zeit und seine Zeit an jedem Ort durch das Gesez der Kausalität bestimmt sind, unzähliges *zugleich* ist, das Quantum der Materie ewig als dasselbe beharrt, hingegen die Form beständig wechselt. – Das

Ganze dieser Erfahrungswelt bleibt immer *Vorstellung*, d. h. durchgängig bedingt durch das erkennende *Subjekt*. Dessen *unmittelbare Objekte* sind aber alle thierische Leiber, und das Subjekt findet sich immer als Individuum, d. h. in seiner Erkenntnißsphäre bedingt und beschränkt, durch ein unmittelbares Objekt, den Leib, welcher als Objekt unter Objekten, dem Gesetze dieser unterworfen ist, also dem Gesetze der Kausalität, diesem gemäß Einwirkungen erfährt, von denen die Anschauung des Subjekts zu bestimmter Zeit, an bestimmtem Ort abhängt. Was aber hievon abhängt, ist nicht das *Daseyn* der Objekte in der vom Verstande ein für allemal vollzogenen Verbindungen von Zeit und Raum zur Gesammtvorstellung der Erfahrung: in dieser hat jedes Objekt eine durch das Gesetz der Kausalität objektiv bestimmte Stelle, an der es durch den jenem Gesez gemäßen *regressus* zu jeder Zeit aufzufinden seyn muß; sondern was von den Einwirkungen die das unmittelbare Objekt erfährt abhängt, ist bloß die *unmittelbare Gegenwart* des Objekts in der Vorstellung des Individuums. Obwohl der Verstand, auch in jedem Individuo ein für allemal die Gesammtvorstellung der Erfahrung überhaupt mit stets unbestimmter Grenze vollzogen hat, in der alle Materie zugleich und unvergänglich ist, und ihre Zustände in der Zeit nach einer Regel wechseln; so ist doch das Individuum, d. h. das in seiner Erkenntniß von einem unmittelbaren Objekt ausgehende Subjekt, zunächst an die Zeit gebunden; diese ist die Form seines innern Sinnes, wie der Raum die des äußern, und jener innere Sinn nimmt gleichsam den äußern mit dessen Erkenntniß wieder wahr: deshalb reihen sich alle Erkenntnisse des Individuums zunächst in der bloßen *Zeit* an einander; in dieser aber giebt es nur eine einfache d. i. kein *zugleich* zulassende, und flüchtige, d. i. kein Beharrliches habende Reihe von Vorstellungen. Hieraus erwächst nun der Unterschied zwischen der Vorstellung sofern sie dem Bewußtsein des individuellen Subjekts *unmittelbar gegenwärtig* ist und sofern sie in der von seinem Verstande vollzogenen und stets von diesem vorausgesetzten Gesammtvorstellung der Erfahrung enthalten ist. Man hat sie in dieser Hinsicht unterscheiden wollen, und allein sofern sie dem Subjekt unmittelbar gegenwärtig ist, sie Vorstellung, das Objekt aber sofern es zum Ganzen der Erfahrung gehört, das reale Ding nennen wollen: es ist die Ansicht des gemeinen Verstandes und der realistischen Philosophie. Uns ist es aber ausgemacht, daß auch das Ganze der Erfahrung, mit allen Objekten die es begreift, immer nur für ein Subjekt da ist, durch ein Subjekt bedingt, außerdem schlechterdings undenkbar, also in jedem Sinn *Vorstellung* ist. Alles Seyn dieser realen Dinge, die das Ganze der Erfahrung ausmachen, ist und bleibt stets nur ein *Vorgestelltwerden;* oder will man etwa nur die unmittelbare Gegenwart im Bewußtsein des Individuums ein *Vorgestelltwerden* nennen, so ist jenes Seyn der realen Dinge vollends nur noch ein Vorgestelltwerden*können*. Denn alles Objekt ist als solches gar nichts ohne das Subjekt. (Leibnitz Monaden, Abhandlung *p 33.* [Vgl. G, § 19])

Die unmittelbare Gegenwart im Bewußtseyn des Individuums, hat also zur *nächsten*, und unmittelbaren Form die *Zeit* allein, ohne den Raum; den Raum bloß mittelbar, mittelst des äußern Sinnes und des Leibes überhaupt oder unmittelbaren Objekts, als welches selbst im Raum erkannt wird, da es zur Gesammtvorstellung der Erfahrung gehört [Hier folgten ursprünglich die nachträglich mit Bleistift wieder durchgestrichenen Worte: ... die aus der Vereinigung von Zeit und Raum im Verstande besteht; ...]; – diese unmittelbare Gegenwart hängt ab von den Einwirkungen die das unmittelbare Objekt, gleich andern Objekten gemäß dem Gesez der Kausalität erfährt, ist also selbst mit in das Ganze der Erfahrung, welches das Gesetz der Kausalität verknüpft, verflochten.

Phantasmen und Träume.

Das Individuum vermag aber die anschaulichen Vorstellungen, die ihm einmal durch Vermittelung des unmittelbaren Objekts, unmittelbar gegenwärtig gewesen sind, nochmals auch ohne diese Vermittelung, willkürlich und selbst mit Veränderung der Ordnung und des Zusammenhangs derselben zu wiederholen. Solche Wiederholungen sind Phantasmata; die Fähigkeit dazu ist die *Einbildungskraft, Phantasie.* – Obgleich diese *Phantasmata* den realen Objekten vollkommen ähnlich sind; so wissen wir, in der Regel, sie doch sehr wohl von diesen zu unterscheiden: dies kommt daher, daß, im wachenden Zustand, das unmittelbare Objekt, der Leib, unserm Bewußtsein stets unmittelbar gegenwärtig ist und nie gleich den andern zum Ganzen der Erfahrung überhaupt gehörigen Vorstellungen aus den Augen verloren wird: denn der unmittelbaren Gegenwart aller dieser andern zum Ganzen der Erfahrung gehörigen Vorstellungen liegt allemal eine Veränderung die dieses unmittelbare Objekt erlitten, zum Grunde, geht also als *integrirender Theil* in jede solche Vorstellung mit ein. Eben wie die Vorstellungen der realen gegenwärtigen Objekte enthalten auch die Phantasmata Vorstellungen von Veränderungen des unmittelbaren Objekts (als Wiederholungen) und auch die auf solche hier wie dort angewandten Funktionen des Verstandes. Obgleich nun, je lebendiger das Phantasma ist, desto schwächer für den Augenblick die unmittelbare Gegenwart des unmittelbaren Objekts dem Bewußtsein wird; so bleibet dieses, in der Regel, uns doch immer so gegenwärtig, daß indem die Phantasmata, als Veränderungen des unmittelbaren Objekts enthaltend, Objekte für uns sind, wir doch zu gleicher Zeit das unmittelbare Objekt als ohne solche Veränderungen gegenwärtig erkennen. Erreichen jedoch die Phantasmata den hohen Grad von Lebhaftigkeit, daß sie das unmittelbare Objekt ganz aus dem Bewußtsein verdrängen, wodurch das Phantasma zur *Vision* wird, die einen Zustand abnormer und an Wahnsinn gränzender Ueberspannung voraussetzt; – dann können wir nicht während dieser Vision, sondern erst hinterher, wann nämlich das unmittelbare Objekt wieder ins Bewußtsein tritt (wir wieder zu uns kommen) die Phantasmata für solche erkennen: dieser Wiedereintritt des unmittelbaren Objekts ins Bewußtsein muß aber erfolgen, weil das unmittelbare Objekt, als eine zum ganzen der Erfahrung gehörige Vorstellung, nach den Gesetzen dieser Erfahrung, als Materie *beharrt*. – Die Vision im Wachen ist ein seltener Fall: im Schlaf ist sie sehr gewöhnlich, als *Traum*. Im Schlaf ist nämlich das unmittelbare Objekt und mit ihm alle vermittelten dem Bewußtsein entrückt: ohne Objekt kein Subjekt: daher der bewußtlose Schlaf. Oft entstehn jedoch auch im Schlaf Phantasmen, d. h. anschauliche Vorstellungen gleich denen welche sonst das unmittelbare Objekt vermittelt, ohne diese Vermittelung: Träume. Da im Schlaf das unmittelbare Objekt uns entrückt ist; so können wir während desselben die Phantasmen nicht von realen Objekten unterscheiden, weil eben das oben erwähnte Kriterium fehlt. Aber, wie der Vision, muß auch dem Traum der Wiedereintritt des unmittelbaren Objekts ins Bewußtsein ein Ende machen, also das Erwachen: dann erst erkennen wir den Traum als Traum. Das Erwachen also ist das *einzige* Kriterium zur Unterscheidung des Traumes von der Wirklichkeit. Wir wissen bisweilen nicht recht, ob ein Vorgang geträumt sei oder wirklich sich zugetragen habe: das kommt daher weil wir den Augenblick des Erwachens vergessen haben. Daß wir geträumte Vorgänge für wirklich halten, kann besonders leicht geschehn, wenn wir, ohne es zu beabsichtigen und ohne uns auszukleiden eingeschlafen sind, vorzüglich aber wenn noch hinzukommt, daß irgend ein Unternehmen, ein Vorhaben, alle unsere Gedanken einnimmt und uns im Traum wie im Wachen beschäftigt hat: in solchen Fällen wird nämlich das Erwachen fast so wenig als das Einschlafen bemerkt, und daher der Traum mit der Wirklichkeit vermengt. Um nun in solchen Fällen auszumitteln ob etwas geträumt oder geschehn sei, bleibt kein andres Kriterium übrig, als dasjenige welches Kant als das alleinige Kriterium zur Unterscheidung des Traumes von der Wirklichkeit giebt, nämlich »der Zusammenhang gemäß dem Gesetz der Kausalität soll den Traum von der Wirklichkeit unterscheiden.« Man müßte also in unserm Fall untersuchen ob jene zweifelhafte Begebenheit mit der vorhandenen Wirklichkeit irgend einen kausalen Zusammenhang habe: aber in vielen Fällen wird dies gar nicht auszumitteln sein, und es folglich sodann für immer unentschieden bleiben, ob etwas geträumt oder wirklich geschehn sei. Denn wir sind keineswegs im Stande zwischen jeder erlebten Begebenheit und dem gegenwärtigen Augenblick den kausalen Zusammenhang Glied vor Glied zu verfolgen; erklären sie deswegen aber doch nicht für geträumt. Hier zeigt sich also schon die Unzulänglichkeit des Kantischen Kriteriums. Ueberhaupt aber geht in den Träumen alles eben sowohl in kausalem Zusammenhange vor sich, als in der Wirklichkeit. Dieser Zusammenhang bricht bloß ab zwischen den einzelnen Träumen, und zwischen Traum und Wirklichkeit. Aber die Abwesenheit oder das Daseyn eines solchen Zusammenhangs ist sehr oft gar nicht auszumitteln, daher ist das Kriterium unzulänglich: also Traum und Wirklichkeit nicht durch den kausalen Zusammenhang zu unterscheiden. Ein andres Kriterium welches viel Philosophen angeben, ist nicht nur untauglich, sondern vollends einfältig erdacht: sie sagen: die Anschauungen im Traum haben viel geringere Deutlichkeit und Lebhaftigkeit als die in der Wirklichkeit. Aber es hat ja noch kein Mensch Traum und Wirklichkeit zum Vergleich neben einander halten können; sondern man kann bloß die *Erinnerung* des Traums mit der gegenwärtigen Wirklichkeit vergleichen: da ist es natürlich daß jene schwächer erscheint. Daß die Anschauung im Traum sehr lebhaft und deutlich sei, beweist die Gemüthsbewegung die sie in uns erregt: oft erwachen wir mit Angstschweiß, mit Geschrei und können lange selbst mitten in der Wirklichkeit uns nicht überzeugen daß dieses die Wirklichkeit und jenes nur [ein] Traum gewesen: so stark steht selbst noch die Erinnerung des Traumes gegen die gegenwärtige Wirklichkeit; oft schwebt die Erinnerung des Traums uns noch den ganzen Tag vor; läßt oft einen lange bleibenden Eindruck zurück, während unzählige Vorgänge und Scenen des wirklichen Lebens, nachdem sie vorüber sind auf immer vergessen werden. Also das alleinige Kriterium zur Unterscheidung des Traums von der Wirklichkeit ist das Erwachen. Wir werden diesen Gegenstand weiterhin nochmals berühren, wenn wir von den philosophischen Zweifeln über die Realität der Außenwelt reden werden. Es würde mir erwünscht seyn, wenn ich den Faden unsrer bisherigen Betrachtungen so fortführen und an dieselben nunmehr die knüpfen könnte über das Verhältniß des Objekts zum Subjekt, welches wohl zu unterscheiden ist von dem kausalen Verhältniß zwischen dem unmittelbaren und den vermittelten Objekten; hieran würde sich schließen die Betrachtung der Streitigkeiten über die Realität der Außenwelt, des Dogmatismus und Skepticismus, des Realismus und Idealismus. Allein es ist nothwendig den Faden hier abzureißen, um ihn später wieder aufzunehmen. Wir haben nämlich bis hieher ganz allein die *anschauliche Vorstellung* betrachtet: es ist nöthig jetzt die Betrachtung der *abstrakten*, nicht anschaulichen hinzuzufügen, nach welcher es leichter seyn wird den Satz vom Grunde überhaupt in seinen verschiedenen Gestalten zu übersehen und dann zu fragen worauf er anwendbar ist und worauf nicht, woran sich dann auch die Betrachtungen wieder knüpfen werden, die wir hier abbrechen, und mit welchen wir sodann die ganze erste Betrachtung der Welt als bloßer Vorstellung oder des Erkenntnißvermögens beschließen werden.

CAP. 3.
Von der abstrakten Vorstellung, oder dem Denken: welches Capitel die Logik enthält.

Von der Vernunft.

Die bisher betrachtete Vorstellung, in welcher die Welt als Anschauliches Objekt dasteht, haben wir mit allen Thieren gemein, obwohl unser Horizont weiter ist als der der Thiere und die Auffassung der Beziehungen viel zahlreicher, schärfer, feiner, und richtiger. – Die Bestandtheile der anschaulichen Vorstellung waren, objektiv ausgedrückt Raum, Zeit, Materie oder Kausalität, welches Eins; und subjektiv ausgedrückt reine Sinnlichkeit und Verstand. Allein wir gewahren einen mächtigen, durchgreifenden Unterschied zwischen dem Leben und Wandel der Thiere und dem der Menschen, welcher offenbar abhängt von einem eben so großen Unterschied zwischen dem Bewußtsein beider. Diesen letztern hat man bisweilen kurios ausgedrückt: so erinnre ich mich öfter gehört zu haben, die Thiere wüßten nicht sich selbst von den Dingen außer sich zu unterscheiden!!! – Im Ganzen aber hat man jenen Unterschied zwischen dem Bewußtsein des Menschen und dem des Thiers von jeher dadurch ausgedrückt, daß man dem Menschen eine besondre ihm ganz allein unter allen Bewohnern der Erde eigene Erkenntnißkraft beilegte, genannt *Vernunft, ratio, το λογιμον, λογιστικον της ψυχης, raison, reason, ragione*. Im Allgemeinen hat man auch, und zwar nicht nur die Philosophen, sondern alle Menschen, ganz wohl gewußt was damit gemeint sei, welche menschlichen Aeußerungen eben aus der *Vernunft* entspringen, was wegen Mangels der *Vernunft* auch vom klügsten Thiere nie zu erwarten stehe, welcher Mensch seine *Vernunft* gebrauche, welcher nicht, was folglich *vernünftig* gehandelt sei, was nicht: darüber hat man sich zu allen Zeiten und überall sehr wohl verstanden. Die

Philosophen aller Zeiten haben auch im Ganzen genommen, mit sich und mit dem Volke übereinstimmend von der Vernunft gesprochen, haben überdies einige besonders wichtige Aeußerungen derselben hervorgehoben, wie die Beherrschung der Affekte und Leidenschaften, die Fähigkeit zu schließen, Allgemeine Principien, sogar solche die vor aller Erfahrung gewiß sind aufzustellen u.s.w. Jedoch entstand in den christlichen Zeiten dabei einige Konfusion dadurch, daß man die Vernunft im Gegensatz der *Offenbarung* betrachtete und dann unter ihr alles nicht Uebernatürliche Erkennen begriff. Kant endlich wollte Verstand und Vernunft unterscheiden; versah es aber dadurch, daß er die Trennung der anschaulichen und abstrakten Vorstellung ganz übersah, wodurch bei ihm die Vernunft dasteht, als ein Vermögen zu Schließen (während Begreifen und Urtheilen noch dem Verstande zukommt), Principien aufzustellen (während Regeln aus dem Verstand entspringen). [Fußnote: Sogar lehrt Kant, der Verstand sei zu unmittelbaren Folgerungen aus einem Satz; aber wo dabei ein vermittelnder Begriff gebraucht würde, sei es Sache der Vernunft: er führt als Beispiel an: aus dem Satze »alle Menschen sind sterblich« sei die Folgerung »Einige Sterbliche sind Menschen« noch durch den bloßen Verstand gezogen; allein diese »alle Gelehrten sind sterblich« erfordere ein ganz anderes und viel vorzüglicheres Vermögen, die Vernunft!] Nun sollte man denken zwischen *Principien und Regeln* müsse ein himmelweiter Unterschied seyn, da er berechtigt für jede derselben ein ganz besondres Erkenntnißvermögen anzunehmen. Aber als dieser Unterschied wird bloß angegeben, daß was aus der reinen Anschauung oder durch die Form des Verstandes *apriori* erkannt werde, sei eine Regel; und was aus bloßen Begriffen *apriori* hervorgehe ein Princip. Eigentlich giebt es keine Begriffe *apriori*, denn die ganze abstrakte Erkenntnißart ist eine sekundäre, die die Anschauung voraussetzt. *(Suo loco.)* Auch führt er endlich nur *ein* Princip der Vernunft an, »jedes Bedingte setze Totalität seiner Bedingungen und daher das Unbedingte voraus«. Die Falschheit dieser Behauptung könnte ich erst darthun nach Beendigung unsers 3ten Kapitels. Unsre Erkenntnißkräfte weisen nie auf ein Unbedingtes hin, vielmehr zeigen sie uns daß ein Unbedingtes durchaus ein Unding ist. *(Suo loco.)* So aber ward Kanten die Vernunft ein Vermögen das Unbedingte zu suchen, während, was eben der Hauptpunkt seiner Philosophie ist, er selbst lehrt daß durchaus nur vom Bedingten eine Erkenntniß möglich ist; dennoch soll die Vernunft sich Vorstellungen von drei Unbedingten machen, von Gott, Seele, Welt, während sie selbst nicht nur das ganz Unzulängliche und Unbeweisbare, ja sogar wie Kant selbst sagt, nicht einmal die Möglichkeit solcher Wesen einsieht, sondern endlich darüber mit sich selbst in unauflösliche Widersprüche gerathen soll. Endlich soll nach Kant, in der Vernunft, ein absolutes Gesetz für das Handeln liegen, und alle Tugend daher aus ihr entspringen, während man von jeher einsah, daß vernünftig handeln, etwas ganz anderes sei als tugendhaft handeln. *(Suo loco.* Polemik gegen Kant nach Anhang.) [Kritik der Kantischen Philosophie, WI, S. 489 ff. [559 ff.]] Durch Kants Fehler verleitet ward den modernen Philosophen die Vernunft ein Vermögen dasjenige bald unmittelbar anzuschauen, bald bloß zu ahnden was sie in lauter negativen Ausdrücken das Absolutum, das Uebersinnliche, das Unendliche, Ewige nennen, eine zweite Welt (ein *mundus extramundanus* [eine Welt außerhalb der Welt]), in deren Beschreibung sie jedoch sehr von einander abweichen; oder gar ein absolutes Ich welches die gegenwärtige Welt, producirt. Ihre Philosophie ist dann weiter nichts als die Beschreibung ihrer unmittelbaren Wahrnehmungen, Anschauungen, Ahndungen jener übersinnlichen Welt: bei Fichten war es die Beschreibung wie das Ich, das Nicht-ich d. h. eben die objektive Welt aus sich producirt, worüber er, durch intellektuale Anschauung genaue Nachricht hatte, und solche seinen Zuhörern mittheilte. Bei Schelling war früher der Gegenstand der intellektuellen Anschauungen seiner Vernunft das Absolutum als reine Indifferenz und Identität des Realen und Idealen, welche aber auseinandergeht in Ideales und Reales und wieder zurückkehrt in die reine Identität und Indifferenz: das war der erste Schelling. Der zweite schaute Intellektuell an, wie alle Dinge durch Abfall aus dem Absolutum entstanden wären, Emanation. Aber der dritte Schelling schaut an, wie Gott sich selbst gebiert, ohne Unterlaß, wie aus dem finstern Urgrund des Absolutums durch Streben nach Oben die Dinge in immer vollkommnern Gestalten hervorgehn, aus der Nacht sich das Licht gebiert, ein beständiges Werden, und Wachsen, ohne Anfang und Ende. Und so Jeder *ad libitum:* was er eben träumt und ausheckt ist intellektuelle Anschauung der Vernunft, und fordert Respekt. – Alle Philosophen des Alterthums und der neuern Zeit bis nach Kant, haben jedoch jene ganze übersinnliche Anschauung, sei es nun einer ganz andern Welt oder der Produktion der gegenwärtigen aus dem Ich, so wenig gekannt als den sechsten Sinn der Fledermäuse und hätten also, wenn das die Vernunft wirkt, gar keine Vernunft gehabt. – Ich setze bei Ihnen voraus daß auch Sie dieser unmittelbaren Erkenntniß einer übersinnlichen Welt, aus der die gegenwärtige sich mit Leichtigkeit erklären und ableiten läßt, nicht theilhaft sind, so wenig als ich; da Sie sonst wohl nicht sich die Mühe geben würden mit mir einen beschwerlichen und viele Geistesanstrengung erfordernden Weg zu gehn, um wo [statt »wo« bis »zu gewinnen« für die »Dianoiologie« die Bleistiftkorrektur: eine nähere Kenntniß von unsern vorstellenden Kräften zu erlangen.] möglich eine genügende Einsicht in das Wesen dieser wirklich vorhandenen Welt in der wir sind und die uns doch so fremd ist, zu gewinnen.

Wir wollen daher das Alles auf sich beruhen lassen, denen Glück wünschen, denen ohne alle Mühe eine solche unmittelbare Erkenntniß geworden, vermöge welcher die Welt kein Räthsel weiter für sie ist, und werden von der Vernunft nicht in jenem superlunarischen sondern in dem Sinn reden in welchem alle Menschen jederzeit die Vernunft ansahen. Obgleich auch alle Philosophen im Ganzen eben so davon redeten, und über die Aeußerungen der Vernunft auch im Allgemeinen einig waren; so ist es doch auffallend, daß sie nicht alle jene Aeußerungen auf einen einzigen Punkt zurückzuführen, aus einer einzigen Quelle abzuleiten unternahmen, nicht einen ganz bestimmten Ausdruck fanden für das was des Menschen Bewußtseyn vom thierischen unterscheidet. Dies werden wir jetzt versuchen und zu diesem Zweck zuerst [einen] allgemeinen *Vergleich* anstellen *zwischen dem Leben, den Aeußerungen des Thieres und dem des Menschen.* Wir müssen zu einem vollkommnen Verständniß des Bewußtseyns der Thiere gelangen können: denn selbiges ist durch bloße *Wegnahme* einiger Eigenschaften des unsrigen zu konstruiren.

Das Thier lebt allein in der *Gegenwart:* der Eindruck des Augenblicks bestimmt es: die Motive welche es bestimmen sind allemal nothwendig *anschaulich* und seinen Sinnen *gegenwärtig*. (Betrachten Sie den klügsten Hund: an seinen Blicken und allen seinen Bewegungen sehn Sie, daß er sich bloß der *Gegenwart* bewußt [ist], und zwar anschaulich: je nachdem diese ist, wird er sich freuen, betrüben, fürchten u.s.w. – nie aber beschäftigt ihn etwas Abwesendes, Vergangnes, Zukünftiges.) Es ist daher der Sklave der Gegenwart, kann nicht das Abwesende, das Künftige, das Vergangene berücksichtigen, sondern wird von dem seinen Sinnen sich darbietenden Motiv so nothwendig gezogen wie der Magnet vom Eisen. Der gegenwärtige Eindruck bestimmt es ganz und gar, kann jedoch modifizirt werden durch die Macht der Gewohnheit, wodurch *Dressur* möglich wird bei den klügsten Thieren. Nämlich so: Erregt ein Objekt seine Begierde, so folgt es augenblicklich: jedoch kann die Furcht vor dem eben so gegenwärtigen Zwange das überwiegende Motiv werden und es abhalten: durch unzählige Wiederholung wird diese Furcht zur Gewohnheit, der es fortan immer folgt, ohne nun ferner der Gegenwart des Zwanges zu bedürfen. Nur durch das Medium der Gewohnheit kann das Abwesende auf das Thier wirken. Das ist die Dressur: wir sehn von ihr ab, da wir die natürlichen Aeußerungen des Thiers betrachten. Da sehn wir denn, wie gesagt, das Thier ganz von der Gegenwart bestimmt, nur in ihr lebend. (Die Thiere leiden sehr viel weniger als wir: denn sie kennen keine andern Schmerzen als die welche die Gegenwart unmittelbar enthält: aber die Gegenwart ist ausdehnungslos: unsre Leiden liegen zudem in Zukunft und Vergangenheit: diese sind unendlich, und enthalten neben dem Wirklichen das bloß Mögliche, welches unendlich. – Die Leiden, die rein der Gegenwart gehören, können bloß physisch seyn: das größte derselben ist der Tod: den kann aber das Thier nicht empfinden, weil es nicht mehr ist sobald er eintritt. Wir anticipiren ihn.) – Der Mensch hingegen lebt fast mehr in der Zukunft und Vergangenheit als in der Gegenwart. Er hält es seiner unwürdig durch das gegenwärtig dargebotene Motiv bestimmt zu werden, ohne das Abwesende, die Vergangenheit oder die Zukunft zu berücksichtigen. Bei allem worauf er handelt berücksichtigt er tausend Beziehungen auf das Abwesende, das Vergangene, das Künftige. Wenn das Thier nur das augenblickliche Bedürfniß befriedigt; so entsagt diesem der Mensch oft, aus Rücksicht auf künftige Bedürfnisse; durch die künstlichsten Anstalten sorgt er für die Zukunft, für ferne Zeiten, ja für Zeiten die er gar nicht erleben kann und dies wohl weiß. – Er führt überlegte Pläne bedächtig aus, nach Vorsätzen und Maximen. Vorstellungen vom Abwesenden, Möglichen, Künftigen, machen ihn dabei ganz unabhängig vom Eindruck der Gegenwart: ja selbst wo gegen diesen seine ganze thierische Natur sich empört überwältigt er sie: er geht daher gelassen in augenscheinliche Lebensgefahr, ja in den gewissen Tod; so im Kriege, zum Zweikampf, zur Hinrichtung, zum Selbstmord, wo er gelassen die Anstalten zu seinem eignen Tode machen sieht oder selbst macht. Die Motive welche ihn dabei bestimmen sind nicht sichtbar, wie die die das Thier bestimmen es immer sind, und doch so mächtig, daß gegen sie die sichtbaren in der Gegenwart liegenden Motive alle Macht über ihn verlieren. (Das Thier folgt der augenblicklichen Begierde und dem Zorn des Augenblicks: der Mensch faßt den bösen Entschluß zur Rache, zum Verrath, bewahrt ihn lange, bis zum Augenblick der der Ausführung günstig ist; handelt mit [Wissen] und Ueberlegung nach einer bösen Maxime. Eben so mit der Begierde: sie wirkt auf das Thier nur durch den gegenwärtigen Reiz: der Mensch kommt diesem mit Ueberlegung zuvor, bereitet sich sinnliche Genüsse lange vorher, ja raffinirt [sie] so sehr, daß er dem Reiz und der Lust zuvorkommt, sie künstlich sich bereitet, um sie zu befriedigen.) Die Vernunft dient also dem Laster wie der Tugend. Daher:

> »Er nennt's Vernunft: doch braucht er sie allein
> Um thierischer als jedes Thier zu seyn.«
> Faust: Mephist. [Goethe, Faust I, Prolog im Himmel, nicht wörtlich]

Das Handeln des Thiers liegt offen, nebst allen Triebfedern. Die Motive des Menschen sind nicht sichtbar, daher sein Thun räthselhaft. Der Mensch kann sich verstellen, bis zur Unerforschlichkeit, er kann die Folter überstehn und doch schweigen, kann sein Geheimnis mit ins Grab nehmen. – Mit Einem Wort: Das Thier empfindet und schaut an: der Mensch *denkt* überdies und *weiß*. Dies alles aber können wir ausdrücken durch das Merkmal der *Besonnenheit* im Handeln: die der Mensch hat, das Thier nicht: sie ist also *eine* Hauptäußerung der Vernunft. – Das Thier theilt seine Empfindung und Stimmung mit, durch Geberde und Laut: der Mensch theilt dem andern Gedanken mit durch Sprache, und verbirgt Gedanken durch Sprache. Kein Thier lügt: interessante Naivetät der Thiere. Sie sind der Spiegel, in dem wir unser eignes Wesen in gröbern Zügen sehn. Kein Thier lernt je die Sprache, obwohl das Physische nicht entgegensteht; Papagei, Hund des Leibnitz sprach 30 Worte: bloß als Zeichen die zur Dressur gehören, kann ein Wort auf das Thier wirken; verstanden wird es nicht. Im Gegensatz hievon wird ein Mensch dem die Sinne zum Hören oder die Werkzeuge zum Aussprechen der Worte mangeln, die Begriffe an andre weniger bequeme, an sichtbare Zeichen knüpfen und mit deren Hülfe denken. Ohne deren Hülfe ist ihm das Denken aber ziemlich ganz unmöglich und er hat nur *potentiâ* [der Möglichkeit nach] nicht *actu* [in Wirklichkeit] Vernunft; seine Vernunft liegt ungebraucht. Ein Taubstummer der nicht durch Unterricht zum Lesen und Schreiben gebracht ist, oder nicht etwa eine höchst vollkommne Fingersprache erlernt oder erfunden hat, ist fast ganz dem Thier gleich. Das sieht man an ganz rohen Taubstummen. Anekdote vom Schwein- und Schwester-schlachten. Hieran wird es sehr sichtbar wie fest der Gebrauch der Vernunft mit der *Sprache* zusammenhängt. Darum nannten die Griechen sie λογος [Rede, Begriff, Vernunft], το λογιμον [richtiger λογικόν: das Vernünftige]. – Italiänisch *ragionare* [sprechen, vernünftig reden, schließen]; *ratio et oratio* [die Vernunft und die Rede] sagt Cicero [de officiis, I, 16, 50]. Die *Sprache* also ist die zweite Hauptäußerung der Vernunft; sie ist das wichtigste Werkzeug derselben, durch dessen Hülfe allein das deutliche Denken und dann dessen Mittheilung und durch diese die wichtigsten Leistungen der Vernunft im Menschen möglich sind, nämlich das übereinstimmende Handeln mehrerer Individuen, das Planvolle Zusammenwirken vieler Tausende, die Civilisation, der Staat: Sodann hängt von Vernunft und Sprache ab die

Wissenschaft, das Aufbewahren früherer Erfahrung aller Zeiten, das Wachsen der Erkenntniß des Menschengeschlechts durch Tradition von Geschlecht zu Geschlecht, das Zusammenfassen unzähliger Einzelheiten in das Gemeinsame eines Begriffs, das Mittheilen der Wahrheit, das Verbreiten des Irrthums, das Denken, das Dichten, die Dogmen, die Superstition. – Wissenschaft ist also als die dritte Hauptleistung der Vernunft zu nennen. – Endlich lernt das Thier den Tod erst im Tode kennen: der Mensch geht mit Bewußtsein in jeder Stunde seinem Tode näher. Dies macht selbst dem das Leben bedenklich, dem es nicht schon durch den Karakter der Hinfälligkeit, Vergänglichkeit, Vernichtung den alle Erscheinungen tragen bedenklich geworden: hauptsächlich dieserhalb hat der Mensch Philosophien und Religionen: ob aber dasjenige was wir an seinem Handeln mit Recht über alles hochschätzen, das freiwillige Rechtthun und der Edelmuth der Gesinnung [Hier folgte ursprünglich, nachher mit Bleistift wieder ausgestrichen: die Liebe des Nächsten, die Uneigennützigkeit, die Tugend ...], aus diesen entsprungen, ist sehr zweifelhaft: was ihnen aber sicher angehört sind die wunderlichsten, seltsamsten, abentheuerlichsten Meinungen der Philosophen verschiedener Schulen und [die] sonderbaren, bisweilen grausamen Gebräuche der Priester verschiedener Religionen. Das sind die Produktionen der Vernunft auf diesem Wege. Aus jenem großen Unterschied zwischen dem Thun und Treiben des Thiers und des Menschen, da wir das Thier allemal durch die gegenwärtigen anschaulichen Vorstellungen bestimmt sehn, den Menschen unabhängig von ihnen handeln – geht hervor daß die Motive welche den Menschen bestimmen Vorstellungen von ganz andrer Art als die anschaulichen die auch das Thier hat, seyn müssen, Vorstellungen an denen Gegenwart, Vergangenheit, Zukunft keinen Unterschied hervorbringen, die also nicht die Zeit [Hier folgten ursprünglich die mit Bleistift hinzugefügten, aber wieder ausgestrichenen Worte: und Raum ... Dafür wurden offenbar an das Wort »unmittelbar« die Worte »und objektiv« mit Bleistift angefügt.] unmittelbar und objektiv zur Form haben; Vorstellungen die nicht hier oder dort sind, wie die anschaulichen Objekte, deren Gegenwart vom Ort abhängt, sondern die den Menschen überall begleiten [Dazu am Rand der mit Bleistift ausgestrichene Bleistiftzusatz: allezeit ihm gegenwärtig seyn können.], also Vorstellungen deren unmittelbare Form nicht räumlich ist. [Hierzu in gleicher Weise: und deren Gegenwart nicht vom Lauf der Zeit abhängt.] Raum und Zeit [Hier folgten in gleicher Weise die Worte: im Verein ...] sind aber die wesentlichen Formen aller Anschauung, also muß der Mensch Vorstellungen haben die gar keine Anschauungen, sondern ganz andrer Art sind, und diese müssen die Objekte des ihm allein eigenen, ihn auszeichnenden und unterscheidenden Vermögens, der *Vernunft* seyn.

Von den Begriffen.

Diese sind was man die *Begriffe* nennt, *notiones abstractae, universalia:* eine ganz eigenthümliche im Geiste des Menschen allein vorhandene Klasse von Vorstellungen, von den bisher betrachteten anschaulichen Vorstellungen *toto genere* [der ganzen Gattung nach] verschieden. Ihre eigenthümliche und gesonderte Natur wollen wir uns faßlich machen, durch einen Rückblick darauf, daß die verschiedenen Formen der anschaulichen Vorstellungen auch jede eigenthümlich und gesondert sind und unsre Fähigkeit für die eine Form, nicht für die andre gilt. – Die reine Sinnlichkeit, die bloß in der Anschauung von Raum und Zeit besteht, kann nicht fassen was Kausalität sei, vermöge derselben verstehn wir wohl wie etwas *auf* ein andres *folgt*, nicht wie es *aus* dem andern *erfolgt*, dies erfordert den *Verstand* und der allein versteht es: dagegen sieht er nicht ein was bloß Sache des Raumes und der Zeit ist, z. B. welche Unterschiede rechts und Links begründen, oben und unten, dies faßt allein die reine Sinnlichkeit. Eben so nun fassen beide zusammen, also unser ganzes Anschauendes Erkenntnißvermögen, nimmermehr was ein *Begriff* sei: d. h. vom Begriff ist durchaus keine anschauliche Vorstellung möglich, nur *denken* läßt er sich, nicht *anschauen* [Hier wollte Sch. einen Zusatz machen, brach aber sogleich wieder ab nach den Worten: er wir ...], er kann nicht, wie die anschaulichen Objekte in der Erfahrung nachgewiesen, oder vor die Phantasie gebracht werden. Bloß die Wirkungen welche mittelst der Begriffe der Mensch hervorbringt sind in der Erfahrung zu geben, und so der Begriff mittelbar auch für die Erfahrung nachzuweisen: unmittelbar ist er bloß dem Denken, nicht der Anschauung gegeben. Als jene Wirkungen haben wir hauptsächlich drei gefunden. Die Besonnenheit die das überlegte planmäßige Handeln möglich macht; die Sprache; die Wissenschaft: sodann folgt unzähliges aus diesen. Weil nicht nur die äußere Anschauung, sondern auch die innere Wahrnehmung dieser und dessen was in uns selbst vorgeht, an die Zeit gebunden ist, die man deshalb die Form des innern Sinnes nennt, so müssen die Begriffe, die selbst objektive und unmittelbar gar nicht die Zeit zur Form haben, dennoch, um in die unmittelbare Gegenwart des Bewußtseins zu treten, an eine in der Zeit bestehende und daher sinnliche Vorstellung gebunden werden, diese ist das *Wort:* es ist das sinnliche Zeichen des Begriffs, es dient den Begriff zu fixiren, d. h. das sonst ganz abgesonderte abstrakte Bewußtseyn in Verbindung zu erhalten mit dem sinnlichen, anschauenden und bloß thierischen Bewußtseyn: wodurch sowohl die Erinnerung als auch verschiedene Operationen die wir mit Begriffen vornehmen, wie Urtheilen, Schließen, vergleichen u.s.f. sehr erleichtert werden. [Schopenhauer verweist in einer Fußnote auf sein Handexemplar der 1. Auflage der »Welt als Wille und Vorstellung« mit den Stichworten: Schnelles Denken ohne Worte, eine Ausnahme. – Vgl. W II, Kap. 6, S. 70f. [89f.]] Die Zeichen der Begriffe, die *Worte* sind ein so nothwendiges Hülfsmittel des Denkens, daß ohne sie keine willkürliche Vergegenwärtigung der Begriffe, folglich gar kein Denken möglich ist, sondern ein bloßes Anschauen, innerhalb dessen aber die Schranken unsers Erkennens sehr eng sind. So z. B. ist das Zählen als bloß anschauliche Operation sehr dürftig, geht höchstens bis 10: darüber hinaus haben wir nicht die Anschauung sondern bloß den Begriff der Zahl: das Zahlwort dient bloß als Zeichen des Begriffs, wie oft wir schon die Einheit wiederholt haben, d. h. wie weit wir schon in der Addition von lauter Einheiten gekommen sind, jedes Zahlwort bei dem wir inne halten giebt das *facit* dieser Addition. Daher könnten wir ohne Worte oder Zeichen nicht einmal bis 20 zählen: wir würden nie wissen ob wir schon 17, 18, 19 oder 20 Mal die Einheit wiederholt haben. Eben so nothwendig ist das Wort zur Vergegenwärtigung des Begriffs realer Substanzen: in *Gold* kennen wir die Eigenschaften der Schwere von 20, gelb, duktil, malleabel, auflösbar in *aqua regia*, schmelzbar, feuerbeständig u. dgl.; wie sollten wir aber alle diese Eigenschaften stets zusammenhalten um sie als zusammengehörig beliebig zu vergegenwärtigen, wenn nicht ein Zeichen wäre das den Begriff zusammenhält und den Gedanken hervorruft und mittheilt? Der Anschauung präsentirt sich bald die eine bald die andre Eigenschaft: bloß der Begriff hat sie immer beisammen, nur im Begriff sind sie uns zugleich gegenwärtig: und für unser sinnliches an Zeit und Succession gebundenes Bewußtseyn muß diese Gegenwart durch ein Wort bezeichnet werden. – Noch mehr so bei Begriffen nicht anschaulicher Eigenschaften die aus vielen Fällen abstrahirt sind deren Wesentliches nie zugleich der Anschauung übergeben werden kann: Gerechtigkeit, Eigennutz, Beharrlichkeit, Bedingung, Macht u.s.f. Alle diese Gedanken giengen ohne die Worte ganz verloren. In der Regel werden wir uns des Begriffs immer nur mit seinem Zeichen, dem Wort, zugleich bewußt: aber bisweilen auch ohne solches Zeichen, nämlich wenn wir ein Wort suchen, das unsre Sprache nicht hat: dann haben wir bloß den Begriff und suchen das Zeichen dazu, wobei uns ganz deutlich wird, wie der Begriff völlig verschieden ist sowohl vom Wort, seinem Zeichen, als auch von der anschaulichen Vorstellung: denn bei solchem Suchen nach einem Wort schwebt uns kein Bild oder Phantasma vor, sondern wir haben eben einen abstrakten Begriff, eine Vorstellung ganz eigner Art, die nicht anschaulich ist. Ein Beispiel zu geben hievon hat eine eigne Schwierigkeit: denn ich soll Ihnen als Beispiel einen Begriff mittheilen, für den es kein Wort giebt: das geht nicht: daher muß ich einen Begriff nehmen für den die eine Sprache ein Wort hat, die andre nicht: *empressement* [eifrige Bereitwilligkeit], *premura* [Drang, Zwang], *naiveté* [dringendes Verlangen, Eile]. – Chaos. Inkommensurabilität. Wer so einen Begriff denkt, sucht vergeblich nach dem Wort in *seiner* Sprache.

Hier kann es uns auch deutlich werden, worauf es beruht, daß die Erlernung mehrerer Sprachen, ganz unmittelbar und an und für sich so sehr viel beiträgt zur Ausbildung des Geistes.

Nämlich sämmtliche Begriffe, welche zu bezeichnen die

Worte der *einen* Sprache dasind, sind nicht grade durchweg dieselben, welche durch die Worte der *andern* Sprache bezeichnet werden; sondern sehr oft bloß ähnliche. Bei den meisten Worten sind es zwar dieselben: Baum, *arbor,* δενδρον u. dgl. m. Aber oft bloß ähnliche: z. B. *rudis,* απαιδευτος, roh, bezeichnen nicht denselben Begriff, sondern nur beinah denselben. *(Illustr.)* Man muß die drei Begriffssphären sich etwa in diesem Verhältniß denken:

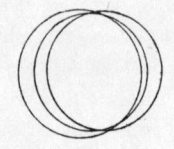

Eben so: Frappant, auffallend, *speciosum.*
Amor, Liebe, *pietà.*
impetus, ὁρμη, Andrang. –
μηχανη, Mittel. –

Bisweilen hat eine Sprache gar kein Zeichen für einen Begriff, während ihn die andre hat: das Griechische βαναυσος [wörtl. Handwerker; Banause], *Chaos:* das Lateinische *Affekt:* das Französische *Naiv.* – Das Englische *comfortable, gentleman:* das Italienische *combinazione* [Zusammentreffen, Verabredung]. – Darum mischen wir bisweilen ein fremdes Wort unsrer Sprache ein: und wenn man uns das verbieten will, legt man dem Denken Fesseln an. Öfter aber, haben, wie gesagt, verschiedene Sprachen Zeichen für ähnliche aber nicht gleiche Begriffe. Darum wird im Lexikon das Wort der einen Sprache meistens durch mehrere Worte der andern erklärt, von denen keines dem Begriff der erstern Sprache genau entspricht, sondern jedes etwas daneben trifft, in allen Richtungen, durch alle zusammen aber die Gränzen bezeichnet werden, zwischen denen der Begriff liegt: bildlich: keine der Sphären die die Worte der zweiten Sprache bezeichnen liegt genau auf der Sphäre des fremden Worts, sondern alle mehr oder minder seitwärts in allen Richtungen: nehmen Sie das Wort *honestum:* seine Sphäre wird nie konzentrisch getroffen von der des Begriffs den irgend ein Teutsches Wort bezeichnet, wie etwa Tugendhaft, Ehrenvoll, anständig, ehrbar, geziemend, rühmlich: sie treffen alle nicht koncentrisch: sondern so:

(Diagramm: sich überschneidende Kreise mit "honestum" im Zentrum)

Darum lernt man nicht den wahren Werth der Wörter einer fremden Sprache durch das Lexikon, sondern erst *ex usu* [aus dem Gebrauch], durch Lesen bei Alten Sprachen und durch Sprechen, Aufenthalt im Lande, bei neuen Sprachen: nämlich erst aus dem verschiednen Zusammenhang in dem man das Wort findet abstrahirt man sich dessen wahre Bedeutung, findet den Begriff aus, den das Wort bezeichnet. Und hier liegt eben die größte Schwierigkeit bei Erlernung einer Sprache: sie besteht eben darin, daß man den Begriff kennen lernen muß für den das Zeichen da ist und für den die eigene Sprache kein Zeichen hat. Man muß also, bei Erlernung einer neuen Sprache, ganz neue Sphären von Begriffen in seinem Geiste abstechen: es müssen Begriffssphären in uns entstehn, wo noch keine waren: wir erlernen also nicht bloß Worte, sondern erwerben Begriffe. Allererst wenn wir die Begriffe, welche die neue Sprache bezeichnet, wirklich gefaßt haben, und nun bei jedem Worte, das wir lesen, genau den damit bezeichneten Begriff unmittelbar denken, nicht aber das Wort erst übersetzen in ein Wort unsrer eigenen Sprache und dann nur den Begriff dieses Worts denken, der oft gar nicht dem ersteren Begriff genau adäquat ist; erst dann haben wir den *Geist der* zu erlernenden *Sprache* gefaßt. Hieraus ist klar daß bei der Erlernung jeder neuen Sprache sich neue Begriffe bilden, um neuen Zeichen Bedeutung zu geben, auch Begriffe als verschieden auseinander treten, die sonst nur gemeinschaftlich *einen* unbestimmteren Begriff ausmachten, weil nur *ein* Wort dawar, endlich Beziehungen entdeckt werden die man vorhin nicht kannte, weil die neu erlernte Sprache manche Begriffe durch einen eigenthümlichen Tropus, Metapher, bezeichnet und so unendlich viele Nüancen, Aehnlichkeiten und Verschiedenheiten der Dinge uns durch die neue Sprache sichtbar werden, wodurch denn unsre Ansicht der Dinge vielseitiger und schärfer wird. Alte Sprachen leisten dies am meisten, weil sie den neueren noch unähnlicher sind, als die neuen Sprachen untereinander. Darum also ist Erlernung von Sprachen nicht nur ein mittelbares Bildungsmittel, sondern auch ein ganz unmittelbares, tiefeingreifendes. Ich sah einmal auf einer alten Französischen Grammatik das Motto: *autant de langues on sçait, autant de fois on est homme* [soviel Sprachen man kennt, so viel mal ist man Mensch]: ist ein Ausspruch Karls V. Auf der dargelegten Inkongruenz der Sprachen beruht es auch, daß nie eine Uebersetzung genau das Original wiedergiebt: sie bleibt darum tod, ihre Sprache gezwungen und unnatürlich. Cervantes, Teppich.

So nothwendig auch zum Denken die Worte sind und so sehr auch der Begriff eines Zeichens bedarf; so beruht dennoch die Nothwendigkeit des Zeichens nicht darauf daß ohne dasselbe der Begriff überhaupt gar nicht gefaßt, gar nicht gedacht werden könnte (denn das kann er an und für sich, da oft uns ein Wort fehlt unsern Begriff auszudrücken), sondern darauf, daß die willkürliche, beliebige *Hervorrufung* des Begriffs nur durch das Zeichen möglich ist: das Zeichen dient nicht ihn zu denken, sondern ihn jederzeit zu vergegenwärtigen. Darum wäre es falsch wenn man aus der Nothwendigkeit der Zeichen für die Begriffe die Annahme begründen wollte, daß wir beim Denken und Reden eigentlich ganz allein mit den Zeichen operirten, und sie völlig die Begriffe vertreten; grade so wie in der Algebra die Buchstaben und Zeichen die Größen und Operationen vertreten und man mit Buchstaben und Zeichen hin und her wirft ohne einstweilen sich irgend um die Größen zu bekümmern die sie vertreten. So ist es in der Algebra; aber nicht im Denken und Reden mit Worten: wir operiren keineswegs mit den bloßen Zeichen der Begriffe, ganz absehend vom Bezeichneten: vielmehr begleitet beim Denken und Reden der Begriff allemal das Wort und wir sind uns bei jedem Wort des Begriffs sogleich bewußt: sonst wäre gar kein Denken und Reden möglich, und man würde sonst bisweilen sinnleeren Galimatias reden, grade so wie man sich bisweilen verrechnet. Das ist nicht. Der Begriff verläßt sein Zeichen nicht. Hier sehn Sie eben was der Begriff ist: anschauliche Vorstellungen begleiten die Rede in der Regel nicht: aber Begriffe, sonst könnte sie keinen Zusammenhang haben. [Fußnote: (Bei der Logik ist noch zu benutzen der Anhang zu Herbarts »Hauptpunkten der Metaphysik«.) [Goettingen 1808]] –

Betrachten wir die Rede: sie ist als Gegenstand der äußeren Erfahrung offenbar nichts anderes als ein höchst vollkommner Telegraph der willkürliche Zeichen mit größter Schnelligkeit und feinster Nüancierung mittheilt. Was bedeuten aber diese Zeichen? wie geschieht ihre Auslegung? Uebersetzen wir etwa, während der Andre spricht, sogleich seine Rede in Bilder der Phantasie, die blitzschnell an uns vorüberfliegen und sich bewegen, verketten, umgestalten und ausmahlen, gemäß den hinzuströmenden Worten und deren grammatischen Flexionen? Welch ein Tumult wäre dann in unserm Kopf, während des Anhörens einer Rede und des Lesens eines Buchs! Auch begriffe am besten, wer am fertigsten und lebhaftesten phantasirte; Mangel an Phantasie, wäre Mangel an Fähigkeit zu begreifen, zu verstehn. – So geschieht es keineswegs. Der Sinn der Rede wird unmittelbar vernommen, genau und bestimmt aufgefaßt, ohne daß in der Regel sich Phantasmen einmengten. Nehmen Sie einen allgemeinen Satz: z. B. »Wer eine wichtige Wahrheit entdeckt, macht sich um die gesammte Menschheit verdient und sein Andenken wird auf die Nachwelt kommen«: – wird hiebei irgend ein Bild in Ihnen rege? erhalten Sie irgend eine anschauliche Vorstellung? Und doch verstehn Sie ganz genau den Sinn der Rede. Es ist die Vernunft die zur Vernunft spricht, sich in ihrem eignen Gebiete hält, und was sie mittheilt und empfängt sind eben *Begriffe*, sind abstrakte, allgemeine, nichtanschauliche Vorstellungen, welche ein für allemal gebildet und verhältnißmäßig in geringer Anzahl, doch alle unzähligen Objekte der wirklichen Welt befassen, enthalten und vertreten. Das Thier, ohne Vernunft, d. h. ohne Begriffe lernt daher nie die Rede verstehn. Die Scholastiker nannten die Begriffe, *universalia*, auch *substantiae secundae:* die einzelnen realen Dinge, z. B. ein Pferd, waren *substantiae primae* [Substanzen ersten Grades], aber die allgemeinen bleibenden Begriffe *substantiae secundae* [Substanzen zweiten Grades]. Bekanntlich war ein Hauptstreit unter den Scholastikern, der sich durch mehrere Jahrhunderte zog und sie alle in zwei Klassen theilte, die Frage, nach der Art des Daseyns dieser *substantiae secundae*, ob sie nämlich bloß existirten *in* den *substantiae primae*, oder auch für sich ein eigenes Daseyn hätten, unabhängig von den einzelnen, vergänglichen Dingen, also eine eigene Realität hätten: dieses letztere behaupteten die Realisten. Hingegen die Nominalisten giengen ins andre Extrem über, und sagten die *Universalia* wären bloße Worte und Namen, bloß die einzelnen Dinge existirten und die *universalia* wären bloß in unserm Kopfe, ja einige behaupteten wirklich es wären bloße Namen.

Wir wollen nun suchen uns die Natur, das Wesen der Begriffe möglichst deutlich zu machen. Man hat das Entstehn der Begriffe, den Uebergang von der anschaulichen zur abstrakten Erkenntniß, sehr treffend und mit ahndungsvoller Richtigkeit, die *Reflexion* genannt. In der That ist das vernünftige Bewußtsein des Menschen, sein Denken, neben dem Anschauen, anzusehn als ein Reflex, ein Widerschein der anschaulichen Welt, ein Abgeleitetes von dieser, das jedoch in diesem Uebergang sogleich eine von Grund aus andre Beschaffenheit angenommen hat: alle Formen der anschaulichen Erkenntniß, Zeit, Raum, Lage, Folge, Kausalität, hat es abgelegt, und ganz andre Formen sind eingetreten: die welche die Logik betrachtet, daher es kein Anschauen mehr ist, sondern ein Denken. Die *Reflexion* ist, wenn man will, eine höhere Potenz, der anschaulichen Vorstellung, eine Steigerung, Quintessenz. – An die Stelle der Vorstellungen, ich meine Anschauungen, sind bloße *Vorstellungen von Vorstellungen* getreten. In der That bezeichnen wir durch diesen etwas sonderbaren Ausdruck das Wesen des Begriffs am besten: – er ist die bloße *Vorstellung von einer Vorstellung*. Er enthält darum weniger als die Vorstellung selbst; denn in seiner Bildung ist Willkühr; er faßt einiges auf, läßt anderes liegen; d. h. er abstrahirt: darum werden unzählige anschauliche Objekte durch denselben Begriff gedacht, weil die Vorstellung der Vorstellung, nicht alles enthält was diese selbst; die durch den Begriff gedachten Dinge, können daher in vielen Bestimmungen von einander abweichen, von denen der Begriff absieht und sie alle zugleich denkt. Z. B. der Begriff *Baum* umfaßt alle Eichen, Cedern, Palmen. – *Mensch,* umfaßt Weiber, Männer, Kinder, Mohren, Weiße, Narren, Weise. – *Grün.* – *Körper.* – *Ding.* – *Verhältniß.* –

Der Begriff wird als solcher bloß *gedacht*, nicht angeschaut. Daher ist er ganz etwas andres als das *Phantasma*, wovon wir oben geredet, welches eine anschauliche nur nicht reale, nicht zur Gesammtvorstellung der Erfahrung gehörige, auch nicht durch das unmittelbare Objekt vermittelte, sondern willkürlich hervorgerufene Vorstellung ist, zu der die Fähigkeit Phantasie heißt. Das Phantasma ist also vom Begriff ganz und gar unterschieden, und auch da wo es gebraucht wird als *Repräsentant des Begriffs*. Dies geschieht, wann wir bisweilen die Vorstellung deren Vorstellung der Begriff ist selbst und diesem entsprechend haben wollen, welches allemal unmöglich ist: denn z. B. von Thier überhaupt, Hund überhaupt, Farbe überhaupt, Triangel überhaupt, Zahl überhaupt giebt es gar keine anschauliche Vorstellung, kein diesen Begriffen wirklich entsprechendes Bild oder Phantasma. Jedoch um den Begriff an irgend einer Anschauung zu prüfen ruft man z. B. beim Begriff *Hund* das Phantasma irgend eines Hundes hervor: sogleich erscheint dieses durchweg bestimmt, d. h. in irgend einer bestimmten Größe, Form, Farbe, Gestalt u.s.w. welche Bestimmungen aber in Hinsicht auf den Begriff völlig willkürlich sind. Aber man ist auch beim Gebrauch eines solchen Repräsentanten sich sehr wohl bewußt, daß er dem Begriff selbst gar nicht adäquat, sondern nur ein willkürlich entworfenes Schema ist. In einzelnen Fällen ist jedoch ein solches Bild von Nutzen, um zu sehn ob die Begriffe die man hat, mit der Realität übereinstimmen, ob nicht beim Bilden derselben von Eigenschaften abstrahirt ist, die in der Erfahrung stets dasind und einwirken, die daher nicht zu übersehn sind. Beim eigentlichen Denken aber würde es sehr unzweckmäßig seyn lauter solche Bilder haben zu wollen: man würde das Wesentliche vom Unwesentlichen nicht mehr unterscheiden können, würde verwirrt werden durch die Last von Bestimmungen die bei dem was man grade vorhat ganz unwesentlich sind: man operirt also, beim eigentlichen Denken nicht mit Bildern sondern mit den Begriffen selbst, mit den abstrakten, nicht anschaulichen, allgemeinen, nicht besondern Vorstellungen. Diese enthalten von den unzähligen Vorstellungen deren Vorstellungen sie wieder sind grade nur die Theile und Beziehungen die man eben betrachten will, sind also viel leichter zu handhaben als jene unzähligen, mannigfaltigen, verwirrenden, endlosen Bilder, und stehn zu diesen in eben dem Verhältniß wie in der Arithmetik die festen Formeln, denen man nur zu folgen braucht um das begehrte Resultat zu erhalten, zu den Denkoperationen stehn die sie vertreten und aus denen sie ursprünglich hervorgegangen sind: Ueberhaupt kann man sagen, daß das abstrakte Denken sich zum Anschauen verhält, wie die Algebra oder das Rechnen mit unbestimmten Größen, zum gewöhnlichen Rechnen. Begriffe fassen, wie jetzt deutlich genug seyn wird, immer nur das Allgemeine, nicht das Besondre. Sie sind daher das eigentliche Material der Wissenschaften, deren ganzes Wesen und Zweck eigentlich nur ist die Erkenntniß alles Besondern mittelst der Erkenntniß des Allgemeinen. *(Suo loco.)*

Obgleich nun aber die Begriffe von Grund aus verschieden sind von den anschaulichen Vorstellungen, so stehn sie doch zu diesen in einer ganz nothwendigen Beziehung, ja diese Beziehung macht eben ihr ganzes Wesen aus und sie wären gar nichts außer derselben. Denn die Reflexion ist nothwendig Nachbildung, Wiederholung, der urbildlichen anschaulichen Welt; wiewohl Nachbildung ganz eigner Art in einem völlig heterogenen Stoff. Sie ist, wie gesagt, das Vorstellen des Vorstellens, welches eben dadurch sich von allen Schranken des Raumes, der Zeit, der Gegenwart und Abwesenheit frei gemacht hat und mit einem Male übersieht, was in allen jenen Formen der Anschauung auseinandergezogen und vielen Bedingungen unterworfen ist. Der Inhalt jedes Begriffs aber besteht bloß in seiner Beziehung zu andern Vorstellungen, welche eben die sind aus denen er abstrahirt worden: diese machen seinen *Erkenntnißgrund* aus. Sie brauchen nicht sogleich selbst anschauliche Vorstellungen zu seyn, sondern können selbst wieder nur Begriffe seyn, und diese wiederum können auch nur auf Begriffe sich stützen, und so durch viele Stufen; aber zuletzt muß diese Reihe auf eine anschauliche Vorstellung als ihren Erkenntnißgrund sich stützen. Denn die ganze Welt der Reflexion ruht auf der anschaulichen als ihrem Grunde des Erkennens. – So bald man vom Anschauen zum Denken übergegangen ist, hat man es mit lauter Abstraktionen zu thun, also sind alle Begriffe *abstracta und Allgemeine*: jedoch hat man vorzugsweise diejenigen Begriffe *abstracta* im engern Sinn genannt, welche nicht sogleich und unmittelbar, sondern erst durch die Vermittelung eines oder mehrerer andrer Begriffe sich auf die anschauliche Erkenntniß beziehn: dagegen hat man die Begriffe, welche unmittelbar aus anschaulichen Vorstellungen abgezogen sind, unmittelbar diese zu ihrem Erkenntnißgrund haben, *concreta* genannt; zwar sehr uneigentlich, denn nur das Anschauliche heißt eigentlich concret. Jene Benennungen sind auch nur aus einem sehr undeutlichen Bewußtsein des damit zu bezeichnenden Unterschiedes hervorgegangen, mögen jedoch bleiben, wenn man sie nur recht versteht. *Concreta* sind z. B. Blau, Roth, Pferd, Hund, Eiche, Haus: weil sie aus Anschauungen unmittelbar gebildet sind, durch Wegsehn vom Besondern der *Individuen*. Abstrakta aber sind: Farbe, Beschaffenheit, Kunstwerk, Verhältniß, Bezeichnung, Freundschaft u.s.f.; denn diese sind zunächst selbst wieder aus *Begriffen* gebildet durch Wegsehn von einigen Merkmalen dieser Begriffe und der Gattungen. Denken Sie sich die ganze Reflexions-Welt, als ein Gebäude. Der Grund auf dem es steht ist die anschauliche Welt: das Erdgeschoß das unmittelbar diesen Grund berührt sind die *Konkreta*, höher hinauf sind alles *Abstrakta* im eminenten Sinn, immer höher hinauf stehn immer abstraktere Begriffe, die schon andre Begriffe, nicht bloß die anschauliche Welt voraussetzen: die abgezogensten, von aller Anschaulichkeit fernsten Begriffe stehn ganz oben. Man unterscheidet auch *einfache* Begriffe von *Zusammengesetzten*. Es scheint daß Locke zuerst diese Unterscheidung eingeführt hat: Leibnitz und Wolf reden auch davon, wiewohl mit Modifikation. Die Unterscheidung ist unstatthaft und kann nur gemacht werden, so lange man die abstrakte und die anschauliche Erkenntniß nicht sondert, sondern konfundirt wie jene alle thaten. – Nämlich einfache Begriffe sollen solche seyn, die keine Merkmale haben in die sie sich auflösen lassen, d. h. nicht durch andre Begriffe mitgetheilt werden können (keine Definition zulassen ohne Cirkel), sondern ganz allein durch die Anschauung oder die unmittelbare Erfahrung. Z. B. Giraffe ist zwar ein Konkretum: aber doch zusammengesetzt, denn durch die Merkmale mit gespaltenem Hufe, längern Vorderbeinen, überlangem Halse, Flecken u.s.w. läßt es sich mittheilen: hingegen Gelb, Roth, Süß, Bitter, Hart, Flüssig, Ausgedehnt, Rechts, Links, Oben, unten, Stunde, Vorher, Nachher u.s.w. sind Begriffe die bloß durch die Anschauung gewonnen werden: die wären dann Einfache. Nun aber will Locke daß alle Farbe und Qualität auf Solidität, Ausdehnung und Bewegung zurückzuführen sei: darum werden als einfache Begriffe nicht, wie es konsequent wäre, die aufgestellt, die unmittelbar aus der Empfindung geschöpft sind, sondern höchst abstrakte Begriffe, die zum Theil jener Erklärung vom Wesen des einfachen Begriffs gar nicht entsprechen, sondern allerdings zu definiren sind: Bewußtseyn, Existenz, Einheit, Dauer, Succession, Wollen, Solidität, Ausdehnung, Bewegung, Kraft. Das sollen einfache Begriffe seyn: und sind höchst abstrakte Ableitungen aus der mannigfaltigsten Erfahrung. C. Wolf nennt einen gleichseitigen Triangel einen einfachen Begriff! Die ganze Unterscheidung ist durchaus nicht genau durchzuführen und ist völlig unstatthaft, sobald man die anschauliche Erkenntniß von der abstrakten sondert, und diese letztere erforscht hat. Eigentlich beruht diese Unterscheidung darauf daß Locke die Anschauung für eine bloße Zusammensetzung der Empfindung hielt und den Begriff für eine bloße Zusammensetzung der Anschauung: daher wollte er die Begriffe auflösen in einfache Begriffe, diese fielen schon mit der Anschauung zusammen und diese ließe sich in bloße Empfindungen auflösen: wir hingegen haben gesehn, daß die Anschauung eine von der Empfindung ganz verschiedne Natur hat, und so auch ist der Begriff ganz andrer Natur als die Anschauung.

Schon seit dem Kartesius macht man den Unterschied zwischen *deutlichen* Vorstellungen und *klaren* und *verworrenen*, welche letzteren oft als beinah das selbe erscheinen! [Dazu am Rand der Zusatz: Duns Scotus hat zuerst die abstrakte Erkenntniß für die deutliche, und die anschauliche für die verworrene erklärt.] Man erklärte für *deutlich* die, deren Merkmale man angeben konnte; für *klar* aber doch noch *verworren* die, welche man bloß unterscheiden kann. Eigentlich dachte man sich bei *deutlichen* Vorstellungen die abstrakten Begriffe; denn nur das *in abstracto* Erkannte läßt sich in Merkmale d. h. in andre Begriffe auflösen. Unter *klaren* Vorstellungen dachte man die Anschauung: aber solange keine Erkenntniß in abstrakten Begriffen, welche die Merkmale einzeln betrachtet, hinzukommt, so wäre sie bei aller Klarheit doch *verworren:* schon Cartesius und noch ausdrücklicher Leibnitz und Wolf, hatten die ganz unsinnige Lehre aufgestellt (die aber doch viel Aehnlichkeit zu haben scheint mit dem Rationalismus der Eleaten, die den φαινομένοις die Wahrheit absprachen und sie allein den νοουμένοις beilegten); die Anschauung sei bloß die verworrene Erkenntniß und deshalb mehr Schein als Wahrheit, die eigentlich wahre Erkenntniß der Dinge wie sie an sich und in der That sind sei die abstrakte, oder die welche die Merkmale anzugeben weiß; sie entstehe durch Verdeutlichung der gemeinen Erkenntniß, d. i. der Anschauung, die zwar das Ding an den Merkmalen kennt, aber doch nicht darein zerlegen kann: diese wird, weil sie anschaulich ist, die *klare* genannt, in ersterer Beziehung aber doch zugleich die *verworrene*, die Wolfische Schule nennt alle nicht *deutliche* Vorstellungen *verworren:* so daß klar und verworren, die eigentlich entgegengesetzt sind, oft beisammen stehn und für einerlei gelten, wodurch sich die Verkehrtheit jener Theorie gradezu selbst ausspricht. –

In der That nun sind nicht Begriffe sondern nur Anschauungen *klar* zu nennen. Das Wort ist vom Sehn genommen. Das Gegentheil von klar ist *dunkel:* wenn die Sinne, aus subjektiven oder objektiven Gründen, nicht zur klaren Auffassung gelangen: oder die Phantasie kein reines Bild mehr zu geben vermag. Begriffe allein sind *deutlich* (Gegentheils *verworren*) zu nennen und zwar eigentlich nur dann ist der Begriff deutlich, wann man nicht nur ihn in seine Merkmale zerlegen, ihn analysiren, definiren kann; sondern wenn man auch diese Merkmale, falls sie wiederum Abstrakta sind, abermals analysiren kann und [so fort] bis herab auf die *Konkreta*, und sodann diesen entsprechende *klare* Anschauungen hat und sie damit belegen kann. – Die gewöhnliche Erklärung, der Begriff sei deutlich wenn man ihn in seine Merkmale zergliedern kann, langt nicht zu: denn diese Merkmale führen vielleicht durch Zerlegung immer nur wieder auf Begriffe, ohne daß zuletzt klare Anschauungen die Schuld für alle bezahlten; so mit vielen Schulbegriffen [der] Scholastik: da werden Worte durch Worte erklärt, gedacht wird etwas dabei, aber nichts deutliches weil das alles keine Grundlage in der Anschauung hat. Schon früh werden Knaben in den Schulen, besonders im Religionsunterricht gewöhnt Worte durch Worte zu erklären, Begriffe auf Begriffe zurückzuführen: so z. B. »*Geist* ist ein denkendes, wollendes, einfaches, immaterielles, keinen Raum füllendes, unzerstörbares Wesen.« Dabei ist, trotz aller Analyse und Vollständigkeit der Definition doch nichts deutliches gedacht, man kann auf nichts *hindeuten*. Wenn das bloße Erkennen durch Merkmale *in abstracto* schon deutliche Erkenntniß wäre; so würde nicht so mancher Stubengelehrte, der alle Dinge der Welt durch Beschreibung und Erklärungen *in abstracto* kennt, aber dem die Anschauungen mangeln, so höchst dürftig seyn an der eigentlichen Kenntniß von Dingen. – Gelehrte eben sind es gewesen welche die Kenntniß *in abstracto* allein für die deutliche erklärten und die anschauliche, als die bloß klare, gegen jene zurückstellten; eben weil sie selbst sich meistens an jener genügen lassen, durch welche man aber schwerlich neue Beziehungen der Dinge entdeckt und gewiß keine tiefe Blicke in ihr Inneres thut. *Verworren* sind Begriffe wenn man ihre Sphäre nicht recht kennt, also nicht durch Angabe der sie schneidenden oder füllenden, oder umgebenden andern Begriffssphären, d. h. durch Definition, in ihre Merkmale zerlegen kann; folglich entweder wesentliche Merkmale wegläßt [oder] falsche oder unwesentliche hineinbringt.

Wenn ein einzelnes individuelles Ding vorgestellt wird; so ist diese Vorstellung immer eine Anschauung. *Anschauungen* sind immer einzelne Vorstellungen; *Begriffe* sind stets allgemein: d. h. es können mehrere einzelne Dinge durch sie gedacht werden. Daß ein Begriff auf diese Weise Vieles unter sich begreift, d. h. daß viele anschauliche oder auch selbst wieder abstrakte Vorstellungen im Verhältniß des Erkenntnißgrundes zu ihm stehn, d. h. durch ihn gedacht werden können; dies ist eigentlich nicht eine wesentliche und unmittelbare, sondern nur eine abgeleitete sekundäre Eigenschaft desselben, die sogar nicht immer in der That, wiewohl immer der Möglichkeit nach daseyn muß. Jene Eigenschaft fließt nämlich daraus her, daß der Begriff Vorstellung einer Vorstellung ist, d. h. sein ganzes Wesen allein hat in seiner Beziehung auf eine andre Vorstellung. Da er aber nicht diese Vorstellung selbst ist, ja sogar diese meistens zu einer ganz anderen Klasse von Vorstellungen gehört, nämlich anschaulich ist; so kann sie zeitliche, räumliche und andre Bestimmungen und überhaupt noch viele Beziehungen haben, die im Begriff gar nicht mitgedacht werden, nicht mit aufgenommen sind; daher mehrere im Unwesentlichen verschiedene Vorstellungen durch denselben Begriff gedacht, d. h. unter ihn *subsumirt* werden können. Allein dies Gelten von mehreren Dingen ist keine ursprüngliche und wesentliche, sondern nur abgeleitete, ja accidentale Eigenschaft des Begrifs: es kann daher Begriffe geben durch welche nur ein einziges reales Objekt gedacht wird, die aber deswegen doch abstrakt und allgemein, keineswegs aber einzelne und anschauliche Vorstellungen sind. Dergleichen ist z. B. der Begrif den Jemand von einer bestimmten Stadt hat, die er aber bloß aus der Geographie kennt: obgleich nur diese eine Stadt dadurch gedacht wird, so wären doch mehrere in einigen Stücken verschiedene Städte möglich zu denen allen er paßte. Ich bitte dies wohl zu merken, weil ich nachher es hieraus nachweisen werde, warum die der Quantität nach Einzelnen Urtheile nicht bloß, wie man gewöhnlich in der Logik anführt, wie die allgemeinen zu behandeln sind, sondern daß sie in der That allgemeine sind. – Also, nicht weil ein Begrif von mehreren Objekten abstrahirt ist, hat er Allgemeinheit; sondern umgekehrt, weil Allgemeinheit (d. h. Abwesenheit der Bestimmung ins Einzelne die nur die Anschauung hat) dem Begriff als abstrakter Vorstellung der Vernunft wesentlich ist, können viele verschiedene Dinge durch *einen* Begriff gedacht werden. Denn die Bildung des Begriffs, sein Entstehn ist nicht, wie man früher meinte, das Vergleichen vieler anschaulicher Objekte und allmäliges Zusammenfassen ihrer Aehnlichkeiten: sondern der Begriff entsteht nicht allmälig, er entsteht mit einem Schlage indem man an die Stelle der anschaulichen Vorstellung ein bloßes *Denken* setzt, eine ganz neue Thätigkeit des Geistes eintritt, die Reflexion, die Vernunft, und der Uebergang zu einer ganz andern Klasse von Vorstellungen geschieht.

Aus dem Gesagten ergiebt sich daß jeder Begriff, als allgemeine, nicht besondre Vorstellung, dasjenige hat was man eine *Sphäre*, einen *Umfang* nennt: d. h. es können durch ihn mehrere andre, bestimmte Begriffe, oder wenigstens viele reale Objekte gedacht werden: die daher innerhalb seines Umfangs liegen: er *begreift* mehrere Dinge: dies ist ohne Zweifel der Ursprung des Namens *Begriff*: der Name ist also treffend, er sagt so viel als *Inbegriff:* wir sagen z. B. »Lastthier« *begreift* alle Pferde, Kameele, Esel u.s.w. oder »Landmann« *begreift* mehr als bloß die Bauern. Darum heißt eine solche allgemeine Vorstellung *Begriff*, im Gegensatz der einzelnen Vorstellung, welche die Anschauung ist. Weil ferner die Reflexion beim Bilden der Begriffe immer abstrahirend verfährt, d. h. von den Bestimmungen der anschaulichen Objekte, nur gewisse, zu ihrem jedesmaligen Zweck wesentliche aufnimmt, andre zurückläßt, diese andern aber grade wieder ein andrer Begriff zusammenfaßt, so werden von denselben Objekten mehrere Begriffe abstrahirt seyn, und diese daher gemeinschaftlich dieselben Objekte unter sich enthalten, daher durch diese eine Gemeinschaft haben. Z. B. aus der Anschauung eines Baums entsteht der Begriff Grün; ferner der Begriff blüthetragend; die Sphären beider liegen zum Theil im Begriff Baum,

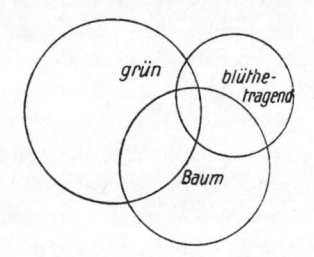

haben also dort eine Gemeinschaft. Manche Begriffe sind weitere Abstraktionen von andern, und enthalten darum diese ganz.

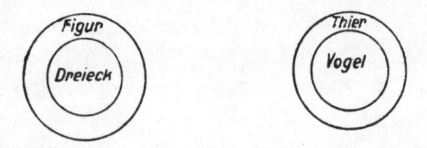

Bei solchem Aufsteigen von einem schon gebildeten Begriff (Vogel) zum weitern (Thier) läßt die Vernunft viele Bestimmungen und Unterschiede fahren, bloß um durch *einen* Begriff recht vieles befassen zu können und dadurch sich die Erkenntniß durch ihre Allgemeinheit zu erleichtern. Die also gebildeten weitern Abstraktionen haben weniger *Inhalt*, und eben dadurch mehr *Umfang (illustr.)*: *Umfang und Inhalt stehn also in umgekehrtem Verhältniß.* Sehr weite Begriffe haben also stets wenig Inhalt: eben weil so viel durch sie zu denken ist, wird sehr wenig in ihnen gedacht. Nachtheil des Operirens mit sehr weiten, d. i. sehr abstrakten Begriffen. Das Operiren mit sehr weiten, sehr abstrakten Begriffen, *durch die* sehr vielerlei gedacht werden kann, *in denen* aber sehr wenig zu denken liegt, dies ist es eben was die Schriften Schellings und noch mehr die der Schellingianer so ungenießbar und langweilig macht. Das Materiale ihrer Darstellungen sind lauter höchst abgezogene Begriffe wie z. B. Endliches, Unendliches, – Seyn, Nichtseyn, So-seyn, Andersseyn; – Bestimmen, Bestimmtwerden, Bestimmtheit, Bestimmung, – Gränze, Begränztseyn, Begränzen; – Einheit, Mannigfaltigkeit, – Identität, Diversität, Indifferenz, Denken und Seyn u.dgl.m. Durch solche weite, hochschwebende Abstrakta kann sehr Vieles, d. h. sehr Vielerlei gedacht werden, aber grade deshalb wird *in ihnen* sehr weniges gedacht, so daß der Stoff des ganzen Philosophirens sehr geringe ist, wodurch es so sehr langweilig ist und große Aehnlichkeit mit der Scholastik hat. Den Scholastikern fehlte es an aller Realkenntniß, weder Geschichte, noch Alterthum, noch Natur, noch Kunst war ihnen hinlänglich bekannt: sie saßen zwischen den vier Wänden ihrer Klosterzellen und beschäftigten sich abstrakte Begriffe hin und her zu werfen und mannigfaltig zu kombiniren, *Ens, Entitas, ens corporeum, incorporeum, ens creatum, increatum, substantia, accidens, modus* u.dgl. [das Wesen, die Wesenheit, körperliches, unkörperliches Wesen, erschaffenes, unerschaffenes Wesen, Substanz, Akzidenz, Art und Weise]; brauchen sie ein Beispiel zu einem Satz, so nehmen sie es nicht aus der Wirklichkeit und Natur, denn die kennen sie nicht, sondern es heißt gleich: *v. g. Angelus, Deus, anima* [z. B. Engel, Gott, Seele], denn darauf sind alle ihre Gedanken gerichtet. Zu den Eigenthümlichkeiten der Scholastik gehört auch dieses, daß ihr Vortrag wesentlich polemisch ist. Jede Untersuchung wird sogleich in Kontrovers verwandelt, dessen *pro* und *contra* stets neues *pro* und *contra* erzeugt und ihr dadurch den Stoff giebt, der ihr außerdem mangelt. Aber seit der Scholastik hat man nicht ein solches Gewebe und Gewirre höchst abstrakter Begriffe, bei unbestimmtem und zweifelhaftem Inhalt gesehn, als heut zu Tage bei den Schellingianern; ganz wie damals ist die Philosophie ein Wortkram geworden. Mit solchen Zeichen sehr weiter Begriffe wird nun hin und her geworfen, wie mit den Zeichen der Algebra. Aber die Algebra kann wenigstens hinterher eine bestimmte Größe aufweisen, die sie unter den Zeichen verstand: beim Schellingianer, wie beim alten Scholastikus, bleibt es zweifelhaft ob irgend etwas dabei gedacht worden. Man kann zwar verführt werden zu glauben es stecke etwas ganz Bestimmtes dahinter, wenn man die Zuversicht sieht, mit welcher Schriftsteller dieser Schule ihre monstrosen Phrasen hinwerfen, es dem Leser überlassend sie aufzunehmen. Während nämlich Schriftsteller, die wirklich denken, mit großer Anstrengung und Besorglichkeit bemüht sind, doch ja im Leser grade den Gedanken, den sie selbst haben, zu erregen und ihn faßlich zu machen; so sagt dagegen der Schellingianer enormes Zeug, so frisch und leicht weg, als müßte das durchaus Jeder leicht verstehn und gleich wissen was er da meyne. Im Grunde aber kommt diese Unbesorglichkeit um das Verständniß des Lesers daher, daß ihm gar nicht daran liegt, daß der Leser sehe, wie viele oder wie wenige Gedanken hinter jenen Formeln und Phrasen stecken. Die Zuversicht und Unbesorglichkeit, mit der er sie vorbringt, soll eben glauben machen, es würde recht Vieles und Deutliches dabei gedacht, der Leser allein trage die Schuld des Nichtverstehns. Die Scholastiker hatten doch mehr *bonne-foi* [guten Glauben].

Vom Urtheil.

Die Verhältnisse gegebener Begriffe zu einander erkennen, heißt *urtheilen:* und da diese Verhältnisse zuletzt immer abhängen von den Verhältnissen der anschaulichen Vorstellungen, indem die ganze Welt der Reflexion in der Welt der Anschauung ihren Erkenntniß-Grund hat, eben die Wiederholung dieser ist; so ist *Urtheilskraft* die Fähigkeit, aus der anschaulichen Erkenntniß eine richtige abstrakte zu bilden, oder umgekehrt die abstrakte Erkenntniß, die man hat, richtig auf die anschauliche Welt zu übertragen und anzuwenden, also überhaupt zwischen der anschaulichen und abstrakten Vorstellung den Uebergang leicht zu machen. Urtheilskraft ist demnach das Vermittelnde zwischen der anschaulichen und abstrakten Erkenntniß, zwischen Verstand und Vernunft. Was reflektirende und subsumirende Urtheilskraft. – Mangel an Urtheilskraft ist *Einfalt*. Der Einfältige weiß nicht die wahrgenommenen Unterschiede der realen Dinge in die Begriffe zu übertragen, sondern behandelt verschiedene Dinge *einem* Begriff gemäß: z. B. groß Schreiben an einen Harthörigen. Wo aber, um ein Urtheil zu bilden, nicht auf die anschauliche Vorstellung zurückgegangen zu werden braucht, sondern aus den Begriffen selbst unmittelbar ihr Verhältniß einleuchtet; so wird dies durch die Vernunft ganz allein erkannt: z. B. wo aus dem Verhältniß das zwei Begriffe zu einem dritten haben, ihr Verhältniß zu einander eingesehn wird: z. B. Alle 1) *Vögel* sind 2) *Thiere:* – Ein 3) *Sperling* ist ein 1) *Vogel:* also ein *Thier*. Das lehrt bloße Vernunft allein und für sich, ohne Urtheilskraft. Daher hat man gesagt: die Vernunft ist das Vermögen zu schließen. Um auf diese Weise ein neues Urtheil zu finden, d. h. um zu schließen, müssen schon Urtheile vorher daseyn, ja sogar muß in diesen schon der ganze Stoff des neuen Urtheils vorhanden seyn, das daher nur in der Aenderung der Form besteht. Die Hauptsache ist also nicht der Schluß, sondern die ursprüngliche Bildung von Urtheilen, das Werk der Urtheilskraft, entstehend indem das anschaulich Erkannte übergeht in die Reflexion und sich nun auf eine ganz andre Weise darstellt, in Form von Begriff und Urtheil. Wir werden daher zuerst das Urtheil und die Gesetze seiner Bildung betrachten.

Jedes Urtheil ist also die Erkenntniß des Verhältnisses zwischen Begriffen, ihrer Verbindung oder auch Nicht-Verbindung, d. h. die Erkenntniß daß in einem Begriff ein andrer entweder ganz oder zum Theil mitgedacht ist (oder aber umgekehrt daß er gar nicht mit ihm verbunden ist; dann ist das Urtheil negativ): wie im Begriff Vogel der Begriff Thier, der Begriff gefiedert, der Begriff singend. – Dieses Erkennen des Verhältnisses der Begriffe ist was man eigentlich *Denken* nennt. Man geht stets von einem Begriff aus, den man als ganz oder zum Theil im andern enthalten erkennt: der erste heißt in der Logik das *Subjekt*, der zweite das *Prädikat:* allemal ist aber auch der zweite ganz oder zum Theil im ersten enthalten: kann also dieser das *Subjekt*, jener das *Prädikat* werden: doch nicht immer auf gleiche Weise: *A* kann ganz in *B: B* aber nur zum Theil in *A* seyn: also ist *Umkehrung* immer möglich. Das Wort welches das Verhältniß der Begriffe andeutet heißt *Copula*, uneigentlich, denn es trennt bei negativen Urtheilen: die *copula* ist stets auszudrücken durch ist oder ist nicht (Beispiele.) Es ist gleichviel ob die *Copula* mit *ist*, oder *ist nicht*, wirklich ausgedrückt ist, oder durch andre Worte: z. B. ein Vogel hat Federn: – ein Vogel *ist* gefiedert. – Das ist immer dasselbe Urtheil.

Von den Denk-Gesetzen.

Diese Verbindung und Trennung von Begriffen geschieht allemal nach gewissen Gesetzen, welche die Form der Vernunft ausmachen, d. h. die Art und Weise wie sie denken muß und der zuwider sie schlechterdings nicht denken kann. Man hat diese Form auf vier Gesetze zurückgebracht, von denen aber die drei ersten, soviel Aehnlichkeit mit einander haben, daß sie fast nur verschiedene Ausdrücke desselben Gesetzes sind. – Streng genommen sind sie Gesetze des *Urtheilens:* für das *Schließen* kommen noch andre Gesetze hinzu, die aber aus diesen abzuleiten sind: solche beziehn sich auf die Verhältnisse von *drei* Begriffen. Eben weil diese Gesetze die Form der Vernunft, d. h. unsers denkenden Bewußtseyns sind, so finden wir ihren Inhalt so ganz natürlich und sich von selbst verstehend, daß es uns pedantisch erscheint, sie als Gesetze aufzustellen. Das kommt aber bloß daher, daß sie die Form der Vernunft selbst sind.

1) Der Satz der Identität *(principium identitatis*, auch *positionis): A = A (Idem sibimetipsi est idem* [Dasselbe ist mit sich selbst dasselbe], der Begriff ist sich selbst gleich: ich mag ihn nun ausdrücken und denken im Ganzen, durch *ein* Wort, oder auflösen in seine sämmtlichen Prädikate, d. h. in alle in ihm enthaltenen oder gedachten Begriffe, welches die Definition thut;

so bleibt er sich selbst gleich: der Begriff ist gleich der Summe seiner Prädikate: ist er gesetzt; so sind auch diese gesetzt und

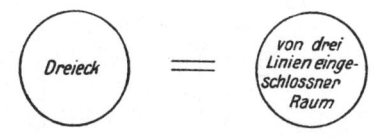

$$\text{Dreieck} = \text{von drei Linien eingeschlossner Raum}$$

umgekehrt [Daneben am Rand: *Omne subjectum est praedicatum sui* [Jedes Subjekt ist sein eigenes Prädikat], z. B. der Mensch ist Mensch; *pueri sunt pueri* [Knaben sind Knaben]. *In praedicato continetur totum explicite quod in subjecto est implicite* [Das Prädikat enthält alles entwickelt, was das Subjekt unentwickelt enthält]]; was ich in einem Begriff denke, das denke ich wirklich, und denke nichts davon nicht. Wenn ich also in einem Urtheil einem Begriff einen andern als Prädikat beigelegt habe, so habe ich es ihm beigelegt. Man sagte: *Quidquid est, est* [Alles was ist, das ist. – Vgl. z. B. Kant, cognit. metaph. nov. dilucid., sectio I prop. 2]: nur scheint dies sich auf reale Objekte zu beziehn. Hier ist aber nur vom Begriff die Rede. »Was gesetzt ist, ist gesetzt.« Was ich gesagt habe, habe ich gesagt.

2) Der Satz des Widerspruchs *(principium contradictionis seu repugnantiae)*: $A = -A = O$. – Das Prädikat darf das Subjekt nicht aufheben, weder ganz noch zum Theil: d. h. es darf ihm nicht widersprechen, d. h. was im Subjekt bejaht ist darf im Prädikat nicht verneint seyn und umgekehrt, weder mittelbar noch unmittelbar: mittelbar ist es die *contradictio in adjecto* [Widerspruch im Beiwort], wo das Prädikat einem im Subjekt schon gedachten Prädicat widerspricht; *sideroxylon*, Symbol hölzernes Eisen. Ich kann nicht etwas zugleich setzen und auch es nicht

$$\text{Cirkel} = \text{Dreieckig} \qquad \text{Ein Mohr ist weiß.}$$

setzen. *Widersprechendes ist Ungedenkbar. Αδυνατον τα εναντια τῳ αυτῳ ὑπαρχειν* [Es ist unmöglich, daß Entgegengesetztes Demselben zukommt. – Vgl. Aristoteles, Metaphysik, 1005 b

19]: Aristoteles. – *Fieri non potest ut aliquid simul sit et non sit* [Es ist unmöglich, daß etwas zugleich sei und nicht sei. – Vgl. Christian Wolff, Ontologia, § 28]: Wolf. Scheint aber auf reale Objekte zu gehn. Darum nicht tauglich. Beim Anschauen kann es keinen Widerspruch geben; bloß beim Denken, oder vielmehr beim Ausdruck des Denkens, wo durch Zeichen ein Gedanke angegeben wird, der nicht auszuführen ist. Vereinigung schon als getrennt gesetzter Begriffe. – Aber entgegengesetzte Prädikate können *einem* Subjekt zukommen *secundum diversum respectum* [in verschiedener Hinsicht]; Groß, Klein.

3) Der Satz vom ausgeschloßnen Dritten: Jedem Subjekt kommt jedes Prädikat entweder zu oder nicht; ist entweder von ihm zu bejahn oder zu verneinen; *non datur tertium* [eine dritte Möglichkeit besteht nicht]; *(principium exclusi medii seu tertii inter duo contradictoria* [der Satz des ausgeschlossenen Mittleren oder Dritten zwischen zwei kontradiktorisch Entgegengesetzten]). Nicht etwa kann ich jedem Begriff immer Eines von zwei entgegengesetzten Prädikaten beilegen, wie z. B. groß oder klein, schwarz oder weiß; sondern nur jedes Prädikat muß ihm entweder beizulegen oder abzusprechen seyn: also ich muß ihm entweder das Prädikat oder dessen reine Negation beilegen können: Groß, oder nicht groß. *A aut = b, aut = non b.* – Z. B. ich kann nicht sagen »der Verstand ist entweder eckigt, oder rund«: aber wohl: »der Verstand ist entweder rund oder nicht rund«: er ist nicht rund, weil er, als etwas nicht räumliches, gar keine Figur hat. Der Satz gilt also nur von der *oppositio contradictoria* [kontradiktorischer Gegensatz], nicht der *contraria* [oppositio contraria: konträrer Gegensatz]. Jene ist zwischen der reinen Verneinung eines Prädikats und dessen Bejahung, also: grün, nicht grün: – rund, nicht rund: *oppositio contraria* ist zwischen zwei Prädikaten, davon eines die Verneinung des andern mit sich bringt: grün und gelb; rund und dreieckigt. Wir werden darauf zurückkommen.

Alle drei Sätze sagen bloß: zwei Begriffe sind entweder verbunden oder getrennt: nicht beides zugleich.

4) Der Satz vom zureichenden Grunde des Erkennens. – Wenn ein Urtheil *wahr* seyn soll; so muß es einen Erkenntnißgrund haben; d. h. es muß zu etwas *außer ihm* in der Beziehung

der Erkenntnißfolge zum Erkenntnißgrunde stehn. Ist zu einem Urtheil kein Grund vorhanden; so bleibt es zwar ein Urtheil, ein Denkbares: aber es hat keine *Wahrheit:* es steht in keiner Beziehung zu etwas außer ihm: kann daher von keinem Nutzen seyn, und hat keinen Werth. Es ist keine Erkenntniß, wiewohl ein Denken, aber ein leeres, gehaltloses Denken. Wird ein Grund dazu bloß vermuthet; so ist es ein Meinen; wird er, ohne gegeben zu seyn, doch als vorhanden angenommen, etwa auf fremde Autorität; so ist es ein Glauben. Dies ist nur subjektiv gültig. Nur wenn der Grund gegeben ist, ist es ein Wissen. Die *Wahrheit* ist also die Beziehung eines Urtheils auf etwas außer ihm, als seinen *Grund* [Hier folgte ursprünglich, nachher mit Tinte wieder ausgestrichen: Ein Urtheil das gar keinen Grund hat, ist nicht *wahr*, d. h. es ist keine Erkenntniß, sondern bloßes Denken ohne alles Erkennen, d. i. leeres, gehaltloses Denken.]: dieses teutsche Wort *Grund* ist wohlgetroffen: denn es bezeichnet hier das, worauf das Urtheil sich stützt, beruht. Dieses ist allemal eine anderweitige Erkenntniß eben dessen, was im Urtheil gedacht wird, d. h. was im Urtheil deutlich, *in abstracto*, durch das Verhältniß von Begriffen zu einander als Subjekt und Prädikat, vorgestellt wird. Wenn dieser Grund nicht selbst wieder ein Urtheil, also ein Abstraktes; sondern eine Anschauliche Vorstellung ist; so ist eben hier das Feld der reflektirenden Urtheilskraft, die zu Gründen welche gegeben sind, die Urtheile findet, das anschaulich Erkannte umwandelt in ein Abstraktes. Der Satz vom Erkenntnißgrund ist der Ausdruck unsers Bewußtseyns davon, daß die abstrakte Erkenntniß keinen Gehalt durch und aus sich selbst hat, sondern ihn immer, sei es mittelbar oder unmittelbar, aus der anschaulichen Erkenntniß erhalten muß, welche allein sich selbst vertritt und die Quelle aller Wahrheit ist.

Die Gründe nun aber die einem Urtheil die *Wahrheit* ertheilen habe ich auf vier Arten zurückgeführt, danach es denn auch viererlei Wahrheit giebt: logische; empirische; metaphysische; metalogische. –

1) Logische Wahrheit.

Der Grund eines Urtheils kann wieder ein Urtheil, ein anderes seyn. Es hat dann logische Wahrheit. Z. B. »Alle Thiere die Stimme haben, haben Lungen«: ist Grund des Urtheils: »Frösche haben Lungen«. Solche logische Wahrheit, ist an sich bloß *formal*:

Auch alle analytische Urtheile haben bloß logische Wahrheit: als ihr Grund wird vorausgesetzt die Definition des Begrifs der das Subjekt ist. [Hier folgte ursprünglich, nachher mit Tinte wieder ausgestrichen: »Das Feuer wärmt« hat zum Grunde das Urtheil »Feuer ist die bei der chemischen Verbindung des Sauerstoffs mit einem ihm chemisch verwandten Körper unter gewissen Umständen...] »Salze sind nicht einfache Stoffe«: Grund: Salz ist der durch Vereinigung einer Säure mit einer alkalischen Basis entstandene Körper.

Nämlich es bleibt dadurch unentschieden ob das Urtheil auch *materiale* Wahrheit habe, welches die Beziehung auf die anschauliche reale Welt ist: dies hängt davon ab, ob das Urtheil, welches den Grund ausmacht, solche materiale Wahrheit habe: also ist die logische Wahrheit eine bloß erborgte, relative, derivirte, bedingte, einstweilige und vorläufige. Diese Begründung des Urtheils durch ein andres ist immer Subsumtion der Begriffe, z. B. des »Frosch« unter »Stimmehabendes Thier«. [Fußnote: Wir müssen uns oft mit dieser Begründung eines Urtheils durch ein andres behelfen, indem es uns näher liegt als die unmittelbare Begründung durch die Anschauung. Z. B. Da die Erde abgeplattet; so müssen die Breitegrade ungleich seyn: Sind sie nun aber größer am Pole oder am Aequator? Aus der reinen Anschauung eines Sphäroids wie die Erde ist es wenigstens nicht *ganz* leicht *sogleich* die Antwort zu finden: aber sogleich kann man sie aus dem Begriff haben, sie logisch begründen, durch bloßes Räsonnement, wie folgendes: Da sie nach dem Pol hin platt, so ist der Theil des Meridians der über dem Pol liegt ein Stück eines *größern Kreises* als der am Aequator: ein größrer Kreis hat größre Grade; also müssen die Breitegrade größer werden, je näher sie dem Pole sind.] Deutlich dargestellt giebt sie den *Schluß*, von dem wir nachher reden werden. Alle Schlüsse und alle Beweise haben bloß *logische* Wahrheit; also bloß erborgte, relative Wahrheit. (Dies *suo loco*.)

Ich will nur noch bemerken, daß alle die Urtheile, deren Wahrheit aus den vorhin aufgestellten vier Grundgesetzen alles Denkens folgt, den Urtheilen von logischer Wahrheit beizuzählen sind. Z. B. das Urtheil »Ein Triangel ist ein von drei Linien eingeschlossener Raum« – hat zum Grund den Satz der Identität. –

»Kein Körper ist ohne Ausdehnung.«
Saz vom Widerspruch.
»Jedes Urtheil ist entweder wahr oder nicht wahr.«
Saz vom ausgeschloßnen Dritten.
»Keiner kann etwas als wahr annehmen ohne zu wissen warum.«
Saz vom Grund des Erkennens.

Daß man solche Sätze als wahr erkennt ohne sie erst aus den Denkgesetzen abzuleiten, da sogar der größte Theil der Menschen jene Denkgesetze *in abstracto* nie gehört hat, dies macht jene Urtheile keineswegs unabhängig von jenen Denkgesetzen auf denen zuletzt ihre Wahrheit beruht. Es ist damit wie wenn Einer sagt »nimmt man dem Körper da seine Stütze, so wird er fallen« – so ist dies ein Satz dessen Grund das Urtheil ist »Alle Körper streben zum Mittelpunkt der Erde« – vielleicht hat der jenes sagte diesen Satz nie gehört, deswegen hängt aber jener Satz doch von diesem als seinem Grunde ab. – Ich habe dies angeführt weil in den meisten Logiken gesagt wird, daß solche Sätze deren Gewißheit von den Denkgesetzen herkommt, *innere Wahrheit* hätten, *unmittelbar wahr* wären, wonach sie dann innere logische Wahrheit und äußere logische Wahrheit unterscheiden: das ist falsch: innere Wahrheit ist ein Widerspruch: jedes Urtheil hat seine Wahrheit von seinem Grunde, der etwas von ihm verschiedenes, also etwas außer ihm ist.
2) Empirische Wahrheit.
Die Erfahrung, d. h. die anschauliche Welt der Vorstellung, wie sie der Verstand als ein durch kausalen Zusammenhang verbundenes Ganzes erkennt, kann den Grund zu Urtheilen abgeben. Solche Urtheile haben *materiale* Wahrheit, nicht bloß *formale*, wie die, die bloß einen logischen Grund haben. Sofern nun ein solches Urtheil unmittelbar auf Erfahrung gegründet ist, hat es *empirische Wahrheit*. Beispiele geben alle aus der Erfahrung geschöpften Erkenntnisse. Weil die Erfahrung lehrt daß nur

mittelst Lungen eine Stimme möglich ist, verbinden wir die Begriffe Lungehabend, und Stimmehabend als unzertrennlich, und berufen uns bei allen dies aussagenden Urtheilen auf die Erfahrung.

3) Metaphysische Wahrheit.

Wir haben oben ausführlich betrachtet, wie Zeit, Raum und Kausalität ihrer ganzen Gesetzmäßigkeit nach vor aller Erfahrung in unserm Bewußtsein liegen und deshalb die Form ausmachen in der allein die Erfahrung möglich ist. Wenn nun diese Formen der Sinnlichkeit und des Verstandes den Grund abgeben zu Urtheilen, so sind diese Urtheile synthetische *a priori* (wie Sie sich erinnern) und ihre Wahrheit beruht nicht auf bloßen Begriffen (wie bei analytischen Urtheilen deren Wahrheit stets logisch ist), noch auf Erfahrung, denn wir sprechen sie aus ohne der Bestätigung aus der Erfahrung zu bedürfen, noch eine Widerlegung durch die Erfahrung zu besorgen, sondern auf den Bedingungen der Möglichkeit der Erfahrung: ich nenne daher diese Art der Wahrheit die *metaphysische* [Hier folgte ursprünglich, nachher mit Tinte wieder ausgestrichen: auch kann man sie die transcendentale nennen.]: das Wort kommt von des Aristoteles τα μετα τα φυσικα [das, was nach der Physik (an die Reihe kommt)], worin er die Dinge nach ihren allerallgemeinsten Bestimmungen die sich vor aller Erfahrung ausmachen lassen, betrachtet. Die Scholastik ist ihm ganz hierin gefolgt. Man hat seitdem alle Betrachtung die entweder über die Erfahrung hinausgieng oder doch von der Erfahrung unabhängig war Metaphysik genannt. Auch Kant gebraucht Metaphysik für jede Lehre dessen was ohne alle Erfahrung gewiß ist, seine Metaphysik der Natur betrachtet was aus der bloßen Konstruktion von Raum, Zeit und Kausalität sich über die Natur *apriori* sagen läßt. Eben so Metaphysik der Sitten. – Der Name metaphysisch paßt für solche Urtheile weil ihre Wahrheit jenseit der Erfahrung liegt, nicht von dieser abhängt. Denn sie sind durch eben das bestimmt, was auch die Erfahrung im Allgemeinen bestimmt: nämlich reine Sinnlichkeit und Verstand. Beispiele: Drei Punkte liegen immer in einer Fläche. – In Einem Punkt schneiden sich nur drei Linien rechtwinklicht. – $3 \times 7 = 21$. – Ein Triangel kann nur einen rechten Winkel haben: ein Parallelogramm nur zwei Stumpfe, nur

zwei spitze. – Zwischen Ruhe und Bewegung ist kein Mittelzustand. – Jede Veränderung setzt eine andre Veränderung voraus.
4) Metalogische Wahrheit.

Endlich können auch die in der Vernunft selbst gelegenen Bedingungen alles Denkens der Grund eines Urtheils seyn, dessen Wahrheit ich sodann eine *metalogische* nenne. Dies ist aber ausschließlich der Fall bei den vier Gesetzen alles Denkens mit deren Erörterung wir eben beschäftigt sind: also beim Satz der Identität, des Widerspruchs, des ausgeschloßnen Dritten und des zureichenden Grundes des Erkennens. Der Grund dieser Urtheile ist das Bewußtseyn der Vernunft daß nur diesen Regeln gemäß gedacht werden kann. Zur Erkenntniß hievon kommt die Vernunft jedoch nicht unmittelbar, sondern erst durch eine Selbstuntersuchung, durch eine Reflexion über das was sich überhaupt *denken* (nicht etwa erfahren) läßt. Sie erkennt auf diesem Wege, daß sie vergeblich versucht jenen Gesetzen zuwider zu denken; z. B. nicht denken kann, ein Cirkel sei dreieckigt, oder ein Stück Holz von Eisen: dadurch erkennt sie jene Gesetze als die Bedingungen der Möglichkeit alles Denkens. Es ist damit eben so wie wir die dem Leibe möglichen Bewegungen auch nur, wie die Eigenschaften jedes andern Objekts, durch Versuche kennen lernen. Könnte das Subjekt sich selbst erkennen, was jedoch unmöglich ist, so würden wir unmittelbar und nicht erst durch Versuche an Objekten, d. i. Vorstellungen, jene Gesetze erkennen. Mit den Gründen der Urtheile von *metaphysischer* Wahrheit ist es in dieser Hinsicht eben so: auch sie kommen ins Bewußtsein nicht unmittelbar, sondern zuerst [Von hier bis zum Ende des Satzes Korrektur; die frühere, mit Bleistift ausgestrichene Lesart lautet: *in concreto*, mittelst Objekten d. h. Vorstellungen, an der Erfahrung, nicht durch die Erfahrung. –] durch Versuche was sich anschauen läßt und was nicht.

Den vier nunmehr dargestellten Denkgesetzen gemäß muß nun alles Denken, d. h. alles Erkennen der Verhältnisse zwischen Begriffen und auch wieder zwischen Urtheilen, wovon nachher, vor sich gehn. Den Unterschied zwischen synthetischen und analytischen Urtheilen haben wir schon oben auseinandergesetzt, da unsre Erörterung der Zeit und des Raumes von diesem Unterschied ausgieng. Das Urtheilen besteht in dem Erkennen der gänzlichen oder theilweisen Identität zweier oder mehrerer Begriffe, oder auch ihrer gänzlichen Verschiedenheit. Nämlich das Denken im engern Sinn, oder das Urtheilen besteht darin, daß wir Begriffe vergleichen und finden daß wir indem wir den einen denken, auch den andern ganz oder zum Theil mitdenken: »Eisen ist hart«: Dies ist nun entweder so daß mit dem ersten Begriff (Subjekt) der andre nothwendig mitgedacht werden muß; so ist das Urtheil analytisch: »ein Triangel hat drei Seiten; Gold gelb;« oder es ist so daß der zweite Begriff mit dem ersten nur mitgedacht werden kann, aber jener auch ohne diesen gedacht werden kann: Triangel ist sphärisch: Gold ist fließend: dann ist es synthetisch: und die Verbindung bedarf eines anderweitigen Grundes. Können aber beide schlechterdings nicht zusammen gedacht werden, so ist es widersprechend. »Gold ist imponderabel.«

Von den möglichen Verhältnissen zwischen Begriffen und den daraus entspringenden vier Eigenschaften der Urtheile: Quantität, Qualität, Relation, und Modalität.

An diesen Verhältnissen werden wir die möglichen Eigenschaften der Urtheile Quantität, Qualität, Relation, und Modalität entwickeln und sie so aus der Möglichkeit des Urtheilens ableiten. Um Ihnen diese Verhältnisse überhaupt näher bekannt zu machen, werde ich mich einer anschaulichen Darstellung bedienen, welche die Sache außerordentlich leicht macht und alle möglichen Verhältnisse der Begriffe zu einander, also alle Formen der Urtheile völlig übersehn läßt. Nämlich zwischen den möglichen Verhältnissen, die Begriffe zu einander haben können, und den Lagen in welchen man Kreise zusammenstellen kann ist eine ganz genaue und schlechthin durchgängige Analogie. Dies ist für die Betrachtung die wir jetzt vorhaben ein überaus glücklicher Umstand; worauf jedoch derselbe zuletzt beruht, weiß ich nicht näher anzugeben. Entdeckt hat ihn Gottfried Plouquet um die Mitte des vorigen Jahrhunderts: er nahm Quadrate dazu: Euler nahm zuerst Kreise.

[Daneben am Rand: *Lambert* (neues Organon [Leipzig 1764])

war der erste der die Begriffsverhältnisse anschaulich darstellte und zwar durch Linien:

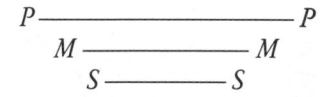

$$P \text{———} P$$
$$M \text{———} M$$
$$S \text{———} S$$

Plouquet (Untersuchung und Abänderung der logikalischen Konstruktionen des Prof. Lambert, nebst Anmerkungen v. Plouquet 1765) führte Quadrate zur Zeichnung der Begriffssphären ein: – *Euler* bediente sich statt deren der Kreise *(Lettres à une princesse d'Allemagne 1770, Vol. 2. p 106)* (nach Bachmanns Logik [Leipzig 1828] *p 144*).]

Zuerst machen Sie sich deutlich, was eigentlich durch diese bildliche Darstellung der Begriffssphären und ihrer Verhältnisse ausgedrückt wird: Ich sagte, im Urtheilen vergleichen wir Begriffe, um zu finden ob im einen der andre ganz oder zum Theil mitgedacht wird oder nicht. Z. B. »Gold ist gelb«: d. h. im Begriff *Gold* denke ich den *Gelb* allemal mit; aber nicht umgekehrt im *Gelb* allemal den *Gold;* sondern nur bisweilen: alles Gold ist Gelb; aber nur einiges Gelbe ist Gold. Daher nun sagen wir: der *Gelb* ist der weitere: das *Gold* liegt ganz in ihm, füllt ihn aber nicht ganz aus: denn es bleibt noch viel Gelb übrig, das nicht Gold ist; aber kein Gold, das nicht gelb ist: darum stellen wir das Verhältniß dieser zwei Begriffe so dar:

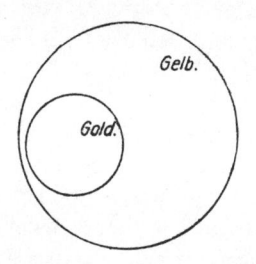

Denn Gelb ist allemal das Prädikat von Gold; Gold nur bisweilen das Prädikat von Gelb: »Alles Gold ist gelb«: »Einiges Gelbe ist Gold«. Darum hat Gelb die weitere Sphäre, Gold die engere. Sie sehn daß grade der Begriff der allemal im andern mit gedacht wird, in der bildlichen Darstellung den andern in sich aufnimmt, nicht umgekehrt. Zeichne ich den Begriff *A* als im Begriff *B* liegend: so heißt dies: im Begriff *A* ist der *B* stets mitgedacht. Gewöhnlich ist daher der Begriff der als *im* andern liegend dargestellt wird das Subjekt, der weitere ihn umfassende das Prädikat. Wenigstens muß dies der Fall seyn, wenn wir das Urtheil anheben mit »Alle«: – heben wir aber mit »Einige« an; so kann der weitere das Subjekt seyn: denn durch »Einige« deuten wir an, daß wir nicht seine *ganze* Sphäre, sondern nur einen Theil derselben meynen und solchen zum Subjekt machen. Die verhältnißmäßige Größe der Sphären bezieht sich also nicht auf die Größe des *Inhalts* der Begriffe, sondern auf die Größe des *Umfangs:* nicht der Begriff, *in* welchem wir das meiste (die meisten Eigenschaften) denken, hat die weitere Sphäre, also nicht der gedankenreichste Begriff; sondern der *durch den* wir die meisten Dinge denken: also der welcher eine Eigenschaft sehr vieler Dinge ist. So denken wir im *Gold* viel mehr als im *Gelb: Gold* giebt uns mehr Gedanken, nämlich wir denken darin große Schwere, Schmelzbarkeit, Dehnbarkeit, Duktilität, Schweißbarkeit, Dichte, konventionellen Werth, Unzerstörbarkeit durch Rost, Glanz, Auflösbarkeit ganz allein in Salpeter-Salz-Säure u.s.w. Hingegen in *Gelb* denken wir gar wenig, bloß die Farbe: dennoch aber hat Gelb die weitere Sphäre; weil wir *durch* diesen Begriff sehr viele Dinge außer dem Gold denken können, nämlich Messing, Tomback, Ocker, gelbes Blei-Erz, Gummi-Gutta, gelbe Blumen, gelbe Stoffe, Kanarienvögel, Topase, Bernstein u.dgl.m. Sie erinnern sich daß *Umfang* und *Inhalt* in umgekehrtem Verhältniß stehn: die relative Größe der Sphären bezieht sich aber auf den *Umfang*, nicht auf den *Inhalt*. Dies müssen Sie sich merken, damit es Sie nicht irre mache, daß wenn ich *in* einem Begriff den andern allemal mitdenke (wie Gelb in Gold) dennoch grade jener erste dargestellt wird, als *in* diesem andern liegend, dieser andre der *weitere* ist, jener der *engere*. Zeichne ich einen Begriff als ganz *in* einem andern liegend; so heißt dies: er hat diesen andern allemal zum Prädikat: dieser andre wird allemal in ihm mitgedacht. Hingegen können wir sagen: jener andre, der allemal in ihm mitgedacht wird, oder der *weitere* ist, enthält diesen, den engern *unter* sich: der engere wird ihm *subsumirt*: so wird *Gold* dem *Gelben* subsumirt: d. h. Gold gehört mit zu den Gelben Dingen: daher eben liegt der Begriff *Gold, im* Umfang des Begriffs *Gelb:* während Gelb zum Inhalt des Begriffs Gold gehört. Stehn also zwei Sphären eine in der andern gezeichnet auf der Tafel; so heißt dies: der engere gehört *unter* den weitern, wird ihm subsumirt, ist mit unter den Dingen, deren Prädikat (Merkmal) der weitere ist: hingegen *im* engern wird der weitere allemal mitgedacht. Besonders werden diese anschaulichen Schemata uns die Erkenntniß der Regeln der *Syllogistik* sehr erleichtern, und uns der Beweise der Regeln überheben: nämlich Aristoteles gab für jede syllogistische Regel immer einen Beweis, was eigentlich überflüssig, sogar der Strenge nach unmöglich ist; denn der Beweis selbst ist ein Schluß und setzt folglich die Regeln voraus: man kann eigentlich diese Regeln nur deutlich machen und dann sieht die Vernunft ihre Nothwendigkeit sogleich ein, weil sie selbst der Ausdruck der Form der Vernunft, d. h. des Denkens sind. Was Aristoteles durch seine Beweise leistete, das werden uns die anschaulichen Schemata viel besser, und viel leichter leisten: denn, da sie eine ganz genaue Analogie zum Umfang der Begriffe haben; so lassen sie uns die Verhältnisse der Begriffe zu einander auf die leichteste Weise einsehn, nämlich anschaulich, und wir werden so die Nothwendigkeiten, welche aus diesen Verhältnissen entspringen, zur leichtesten Faßlichkeit bringen. Die Aristotelischen Beweise hat man schon längst aus der Logik weggelassen; aber man hat ihnen die Verdeutlichung durch anschauliche Schemata noch nicht so durchgängig substituirt, wie ich es thun werde. – Jetzt also zur Darstellung der möglichen Verhältnisse (in Hinsicht auf Umfang) zweier Begriffe zu einander. Da der Ausdruck solches Verhältnisses des Umfangs zweier Begriffe zu einander allemal ein Urtheil ist; so werden sich die möglichen Bestimmungen oder Eigenschaften der Urtheile dabei von selbst hervorthun, nämlich Quantität, Qualität, Relation, Modalität. – Unser Leitfaden sind die Schemata: das einfachste ist *ein* Kreis. –

1) Also *ein* Kreis: wie ist er auszulegen? Es trifft sich bisweilen daß zwei Begriffe, obgleich in jedem etwas anderes gedacht wird, so zusammentreffen, daß der Inhalt eines jeden von beiden sich aus dem Inhalt des andern unmittelbar ergiebt, also sie wechselseitig aus einander folgen, *sich wechselseitig enthalten,*

daher dann allemal der eine an die Stelle des andern gesetzt werden kann, ohne daß in Hinsicht auf die Folgerungen dadurch etwas geändert werde, man nennt solche *Wechselbegriffe:* z. B. [Daneben am Rand: *(NB.* es ist gut die Figuren neben einander auf der Tafel stehn zu lassen, um die Fälle daran vergleichen zu können).] eine Figur mit drei Seiten, und eine Figur mit drei Winkeln: – Rothblütige Thiere und Wirbelthiere: *vertebrata* [Wirbeltiere]. – *Bisulca* [und] *Ruminantia* [Zweihufer und Wiederkäuer]. Nothwendigkeit und Folge aus gegebenem Grunde: Körper seyn und Schwere haben. (Erläuterung, vorläufig; Ausführung *suo loco.*) Solche Begriffe also, weil sie sich wechselseitig genau enthalten, und nicht einer den andern mehr einschließt als er von ihm eingeschlossen wird, sondern jeder ein Aequivalent des andern ist, stellt ein einziger Kreis dar, der sowohl den einen als den andern Begrif bedeutet.

2) Ein Begriff ist die weitere Abstraktion von einem andern; dann schließt seine Sphäre die des andern ganz ein. Je nachdem ich den einen oder den andern zum Subjekt oder Prädikat mache, fällt das Urtheil verschieden aus. Das *Subjekt* des Urtheils ist allemal der Begriff den ich durch sein Verhältniß zu einem andern näher bestimmen will: dieser andre ist das *Prädikat.* Ist nun das Verhältniß zweier Begriffe einmal bekannt; so kann ich jeden derselben durch den andern näher bestimmen, und also auch wieder den zweiten Begriff zum Subjekt machen. Jedes erkannte Verhältniß zweier Begriffe, giebt also Stoff zu zwei Urtheilen.

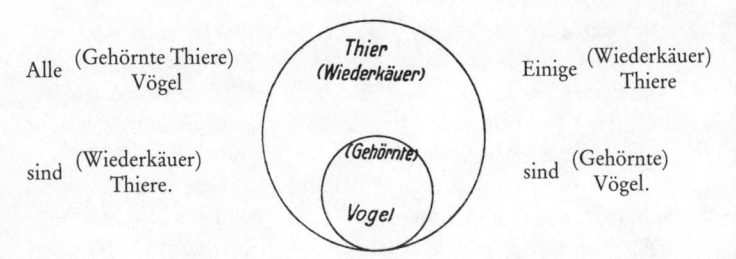

Alle (Gehörnte Thiere) Vögel sind (Wiederkäuer) Thiere.

Thier (Wiederkäuer) (Gehörnte) Vogel

Einige (Wiederkäuer) Thiere sind (Gehörnte) Vögel.

Nichts was kein Thier ist, ist Vogel.

Analog dem Beispiel »Gold ist Gelb«. Wenn ein Begriff (Thier) einen andern (Vogel) *unter* sich enthält, d. h. dieser jenem subsumirt werden muß; so enthält dagegen der engere den weitern in sich: *in Vogel* ist *Thier* mit gedacht: – aber *unter* Thier ist Vogel begriffen. Also der weitere Begriff enthält den engern *unter* sich, d. h. er läßt sich vom engern prädiciren: hingegen der engere enthält den weitern *in* sich; in ihm ist der weitere schon mitgedacht, der weitere ist sein *Ort:* wie in jedem anschaulichen einzelnen Ding, sein *Ort* mit angeschaut wird; so wird in jedem Begriff der weitere der ihn enthält mit gedacht; denn er hat in dem weitern seine Stelle: [dieser] ist sein Prädikat, das sich von selbst versteht. Merken Sie dieses damit Sie die eigentliche Bedeutung unsers Schematismus begreifen. *(Exempla.)*

3) Zwei Begriffe haben keine unmittelbare Gemeinschaft:

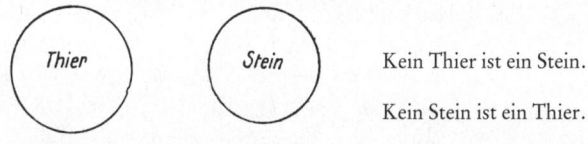

Thier   *Stein*   Kein Thier ist ein Stein.

Kein Stein ist ein Thier.

Alles was Stein ist, ist nicht Thier.

Das Verhältniß solcher Begriffe giebt bloß *negative* Urtheile: hingegen wo die Sphären Gemeinschaft, theilweise Identität, haben giebts *positive:* im Vergleichen der Begriffe in dieser Hinsicht besteht ja das Urtheilen. Jedes Urtheil ist nothwendig positiv oder negativ, *non datur tertium* [eine dritte Möglichkeit besteht nicht] (die unendlichen Urtheile sind eine spitzfindige Posse der Scholastik, veranlaßt durch Aristoteles' ονοματα αοριστα, übersetzt *nomina infinita* [unendliche Begriffe – vgl. Aristoteles, de interpret., 16 a 30], und ein blindes Fenster bei Kant. Beispiel unendlicher Urtheile: ein Körper ist Nicht-Thier:

corpus est non-animal [ein Körper ist Nicht-Tier] unendlich
corpus non est animal [ein Körper ist nicht Tier] negativ.

Possen.). Diesen Unterschied des Positiv oder Negativ seyns, hat man die *Qualität* der Urtheile genannt. Jedes Urtheil hat Qualität: d. h. in ihm wird die Vereinigung oder Trennung zweier Begriffssphären gedacht. Diese mag nun eine theilweise oder gänzliche Vereinigung oder Trennung seyn: gleichviel: das ist Sache der Quantität: Qualität aber ist eben das Zueinander-

oder Voneinander-schieben der Begriffe im Urtheil. Wird das Urtheil in Worten ausgedrückt, so liegt natürlich der Ausdruck der Qualität in keinem der zwei Worte welche die beiden Begriffe bezeichnen, sondern in dem was das Verhältniß derselben zu einander ausdrückt und gewöhnlich zwischen ihnen steht; es sind die Worte *Ist* und *Ist Nicht;* können durch Aequivalente vertreten werden *(illustr.):* diese Worte heißen die *Copula* obwohl sie bei negativen Urtheilen nicht verbinden sondern trennen, der Ausdruck *copula* also nicht gut gewählt ist. Die Qualität jedes Urtheils ist also in der *Kopula* zu suchen. *Affirmatio aut Negatio afficit copulam* [Bejahung oder Verneinung betrifft die Kopula]. Daher eben, selbst wenn der eine der beiden Begriffe bloß negativen Inhalts ist, doch das Urtheil der Qualität nach positiv oder bejahend bleibt: »Die Welt ist unendlich.« – »Ein Unmensch ist grausam.« Oder beide negativ: »ein Gefühlloser ist unerbittlich«, doch positive Qualität. Denn die *copula* verbindet beide Begriffe. – Der Ausdruck der Qualität liegt offenbar nicht im Subjekt, noch im Prädikat, sondern in der *Copula*. –

4) So verschieden nun aber auch zwei Begriffe sind und [so] sehr auch nur zu negativen Urtheilen ihr Verhältniß den Erkenntnißgrund giebt; so läßt sich doch allemal durch höhere Abstraktion von ihrem Unterschiede ein weiterer Begriff finden, in welchem beide gedacht werden, der sie also beide einschließt.

Alle Thiere
„ Steine } sind Körper

Was kein Körper, ist kein { Thier
Stein

Einige Körper sind Thiere
„ „ „ Steine
Einige Körper sind keine Thiere
„ „ „ „ Steine.

Sie sehn, daß wenn man Körper zum Subjekt nimmt es immer heißt *Einige;* weil dieser Begriff der weitere ist, die andern beiden umfaßt, sie unter sich hat, in ihnen stets mitgedacht ist. – Umgekehrt, nimmt man Thier oder Stein zum Subjekt und Körper zum Prädikat, so muß man immer sagen *Alle*, weil man vom engern Begriff ausgeht, vom Besondren zum Allgemeinern. Diesen Unterschied, der durch *Alle* oder *einige* ausgedrückt wird, nennt man die *Quantität* des Urtheils. Er besteht, wie Sie sehn, darin, ob das Subjekt in seinem ganzen Umfange genommen werden soll, oder nur ein Theil desselben. Man nennt im ersten Fall das Urtheil ein *Allgemeines (propositio universalis)*, im zweiten ein *besonderes (propositio particularis)*. Der Ausdruck der Quantität liegt allemal in *dem* Wort, welches das *Subjekt* des Urtheils bezeichnet: es ist das *Alle* oder Jede; Einige, Manche: was diesem Worte vorgesetzt wird: jedoch kann Alle, Jede, weggelassen werden bei allgemeinen Urtheilen und versteht sich von selbst: hingegen *Einige* muß ausdrücklich dastehn, wenn die Quantität die besondre seyn soll. »Vögel sind warmblütig« statt »Alle Vögel«. »Einige Vögel haben Schwimmhäute.« Man giebt in der Logik allemal drei Unterschiede der Quantität an, nämlich zu jenen beiden noch die einzelnen Urtheile *(propositio singularis)*, man meint ein einzelnes reales Ding könne das Subjekt seyn. »Dieses Katheder ist von Holz«; »Sokrates ist ein Philosoph«. Allein ich behaupte dagegen, daß das Urtheilen ausschließlich eine Operation des Denkens ist, nicht des Anschauens, und sich daher ausschließlich im Gebiet der abstrakten Begriffe hält, nicht der einzelnen Dinge, und daß endlich ein Begriff allemal allgemein ist, selbst wann es nur ein einziges Ding giebt das dadurch gedacht wird, nur *eine* Anschauung die ihm Gehalt giebt, ein Beleg desselben ist. Mein Begriff von diesem Katheder, ist nie dieses Katheder selbst: er bleibt ein Abstraktum, ein *universale*. Der Begriff geht nie aufs Einzelne, auf die Anschauung herab und im Urtheil: »Sokrates ist ein Philosoph« ließen sich sehr wohl mehrere an Gestalt, Größe und andern Eigenschaften verschiedene Menschen denken, die doch dem Begrif Sokrates entsprächen: weil im Begriff nie alles enthalten seyn kann, was im Individuo: der Begriff ist allemal ein Abstraktum, ein Gedanke, nie ein einzelnes individuelles Ding. Das Wort Sokrates bezeichnet aber die *ganze* Sphäre des Begriffs Sokrates, des Gedankens, den wir durch dieses Wort bezeichnen, nicht einen Theil: es ist also als ob man sagte: Alle Sokrates sind Philosophen: die ganze Sphäre Sokrates liegt in der Sphäre Philosoph: – daher eben kommt es, daß Urtheile deren Subjekt ein Eigenname oder sonstige Bezeichnung eines einzelnen Gegenstands ist, in Hinsicht auf die Regeln die bei Schlüssen und bei Konversion und Kontraposition der Urtheile gelten (wovon nachher), ganz und gar den Regeln folgen die für allgemeine Urtheile aufgestellt sind, nicht für besondre: und obgleich man drei Arten der Quantität aufstellte, konnte man doch nur für zwei verschiedene Gesetze und Regeln finden, und sagte: die Einzelnen Urtheile werden behandelt wie die allgemeinen: die Sache aber ist, daß die ganze Annahme der einzelnen Urtheile falsch ist: in Urtheilen können schlechterdings nie einzelne Dinge vorkommen (wie in der Anschauung nie allgemeine), sondern nur Begriffe; und diese haben [eine] Sphäre, sind allgemeine Vorstellungen, die *möglicherweise* immer für mehrere Arten, oder mehrere Einzelne Dinge gelten können. Wir haben also Quantität und Qualität kennen gelernt.

5) Zwei Begriffe können gegenseitig theilweise einander enthalten:

Einiges Rothe ist Blume   *Roth*   *Blume*   Einige Blumen sind roth

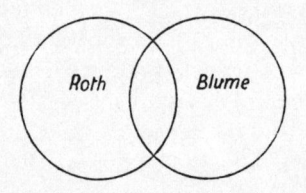

Einiges Rothe ist nicht Blume.
Einige Blumen sind nicht roth.

Hier können wir verbinden die Betrachtung der Qualität mit der der Quantität. Wir haben: zwei partikulär bejahende, und zwei partikulär verneinende Urtheile. Dieses Verhältniß kann nie zu allgemeinen; sondern nur zu besondern Urtheilen Grund geben.

Alle bisher angeführte Fälle von Urtheilen folgen bloß den beiden ersten der vorhin aufgestellten Denkgesetze, dem der Identität und dem des Widerspruchs: sie sagen auch bloß aus: die Sphäre *A* liegt in der Sphäre *B;* daher liegt sie nicht außer derselben: und umgekehrt: die Sphäre *B* enthält *A;* sie liegt nur zum Theil drin; liegt daher auch zum Theil außerhalb. Man nennt nun alle solche Urtheile die bloß zwei Begriffe in das Verhältniß von Subjekt und Prädikat zu einander setzen *kategorische, aus-*

sagende; κατηγορεω [aussagen], κατηγορια [Aussage, Kategorie], das Ausgesagte, Beigelegte: unter eine Kategorie bringen heißt einen Begriff subsumiren. (Die Kategorien Aristoteles' und Kants gehören in die Geschichte der Philosophie.) Genau genommen haben Urtheile auch keine andern Eigenschaften, Bestimmungen, als die angegebenen Qualität und Quantität: denn das Urtheil ist das Vergleichen *zweier* Begriffe: und das wäre, seiner *Form* nach (vom Inhalt, dem Stoff abgesehn), hiemit erschöpft. Nun aber sondert man diese einfachen, aussagenden Urtheile ab, und sieht sie nur als *eine* Art von Urtheilen an: Nämlich den *Kategorischen* Urtheilen ordnet man die *hypothetischen* und *disjunktiven* bei: und begreift diese Verschiedenheit unter den Titel der *Relation*. Man sagt also, wie ein Urtheil, der Quantität, und Qualität nach, verschieden seyn kann; so kann es auch der Relation nach auf dreierlei Weisen bestimmt seyn, kategorisch, hypothetisch, disjunktiv. Eigentlich aber sind alle Urtheile als solche Kategorische und es giebt keine andern einfachen Urtheile: denn die hypothetischen und disjunktiven sind schon Zusammensetzungen zweier oder mehrer Urtheile. Relation in diesem Sinn giebt es auch nur zwischen Urtheilen, nicht zwischen Begriffen: daher ist auch alle Relation, d. h. Verhältniß von Urtheilen zu einander zweifach, hypothetisch oder disjunktiv. Der Ausdruck der Qualität in der *Copula*, der Ausdruck der Quantität im Subjekt. Der Ausdruck der Relation liegt gar nicht in den einzelnen Urtheilen, sondern in gewissen Wörtern durch welche man solche Urtheile verbindet wodurch sie in Relation treten. – *Kategorisches Urtheil* sagt bloß schlechthin *Urtheil*, nicht Zusammensetzung, Verhältniß mehrerer Urtheile zu einander. – Wir können jedoch auch die Bestimmungen der Relation an den Sphären der Begriffe erläutern, wenigstens zum Theil: indem wir fortfahren die möglichen Verhältnisse der Begriffssphären untereinander zu betrachten. Die Relation nun wird gedacht oder entsteht gemäß den zwei noch übrigen Denkgesetzen nämlich vom ausgeschloßnen Dritten; und vom Grund des Erkennens. – Unsre Betrachtungsart führt jetzt von selbst darauf: nämlich:

6) Die Sphäre eines Begriffs kann in zwei oder mehrere andre Sphären so getheilt seyn daß diese sie ganz füllen, so daß nichts

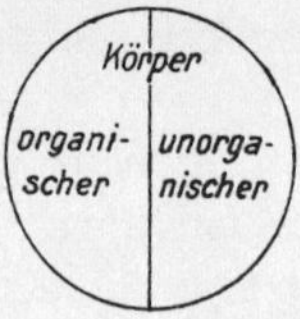
Körper
organi-
scher
unorga-
nischer

Aggregatzustand
fester
flüssiger
elastischer

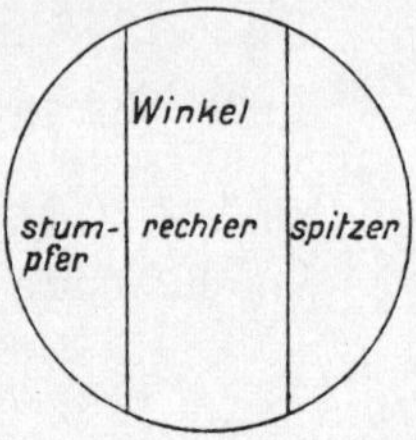
Winkel
stum-
pfer
rechter
spitzer

übrig bleibt, unter einander aber sich ausschließen; ein solches Verhältniß wird gedacht durch zwei oder mehrere Urtheile, die den weitern eingetheilten Begriff zum Subjekt haben und die ihm untergeordneten Eintheilungsglieder zum Prädikat; diese Urtheile werden verbunden durch die Worte *Entweder*, *Oder*, und hierin besteht die disjunktive Form, die disjunktive Relation.

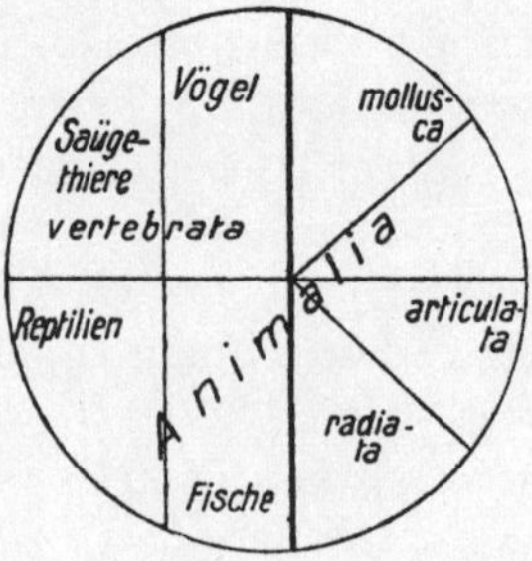
Vögel
Saüge-
thiere
vertebrata
mollus-
ca
Animalia
articula-
ta
Reptilien
radia-
ta
Fische

Alle Körper sind entweder organisch oder sie sind unorganisch:

Hier sind zwei Urtheile so verbunden daß die Bejahung des einen, die Verneinung des andern ist; beide zugleich weder verneint noch bejaht werden können: gemäß dem Denkgesetz des ausgeschloßnen Dritten. Solche Verbindung zweier Urtheile setzt sie in Relation und diese ist hier die disjunktive. Sie sehn daß man dabei immer von dem allgemeinern Begriff ausgeht und zu den niedern gelangt: bisweilen scheint es umgekehrt zu seyn: z. B. »ein Seeschwamm ist entweder ein Thier oder eine Pflanze«. Allein um diese Disjunktion zu machen, muß ich den Seeschwamm schon denken durch einen allgemeinern Begriff der sowohl Thier als Pflanze umfaßt; sonst gelange ich gar nicht zur Disjunktion: bei diesem Fall ist es der Begriff Organischer Körper: als einen solchen denke ich den Seeschwamm und theile demnach den Begriff Organischer Körper in Thiere und Pflanzen.

Die Operation geschieht nach dem Denkgesetz des ausgeschloßnen Dritten: denn wenn gleich die Disjunktion mehr als zwei Trennungsglieder enthält, so ist doch das eine derselben immer das kontradiktorische Gegentheil aller übrigen: in dem Augenblick daß ich das eine setze, hebe ich die andern auf. *(Illustr.)*

Die Vollständigkeit der Eintheilung läßt sich rein logisch nur da einsehn wo eine kontradiktorische Opposition ist, also das eine der Glieder die bloße Negation des andern ist. *(Illustr.)* – Außerdem müssen wir die Vollständigkeit der Eintheilung des Begriffs aus anderweitiger Kenntniß schöpfen; nur wenn diese *apriori* ist, sind wir der Vollständigkeit ganz gewiß. Beispiele: die Winkel: und die Rosen (roth, weiß, gelb; – eine blaue? –).

Die hypothetische Relation der Urtheile drückt überhaupt die Anwendung des Satzes vom Grunde aus. Dieser gilt in vier ganz verschiedenen Bedeutungen, wie *suo loco;* in allen besagt er daß Eines ist, weil ein Andres ist. Will man sich auf dem Gebiet der abstrakten Begriffe ausschließlich halten, so kann nur vom Erkenntnißgrunde und zwar sogar nur vom Erkenntnißgrunde logischer oder metalogischer Wahrheit die Rede seyn. Da wäre die Darstellung der hypothetischen Urtheile so:

Diese Figur überschreitet aber schon die Grenze unsers Vorhabens indem wir

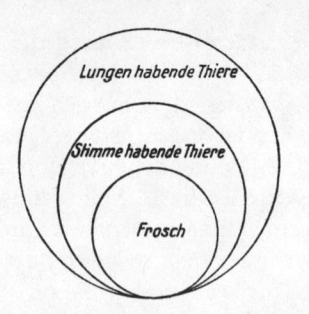

Lungen habende Thiere
Stimme habende Thiere
Frosch

eigentlich jetzt nur die Verhältnisse *zweier* Sphären zu einander betrachten.

»Wenn alle stimmbegabten Thiere Lungen haben; so haben auch die Frösche Lungen.« *Judicium hypotheticum, seu conditionale* [hypothetisches oder bedingtes Urteil]. – Da nun aber jede mögliche Anwendung des Satzes vom Grunde in der hypothetischen Urtheilsform gedacht wird, so dürfen wir uns hier nicht auf den Erkenntnißgrund beschränken. Ueberall also wo die Abhängigkeit einer Folge von einem Grunde gedacht wird, d. h. gedacht wird, daß dadurch, daß *Eines* ist, ein Andres davon ganz verschiedenes *nothwendig* seyn muß, wird dieses gedacht durch die Verbindung zweier Urtheile mittelst *wenn;* so [Fußnote: Diese Verbindungsform zweier Urtheile ist die *hypothetische Kopula,* heißt auch die *Konsequenz:* es ist eine jetzt aufkommende fehlerhafte Schreibart zwei Sätze, die gar kein Verhältniß von Grund und Folge haben, durch Wenn und So zu verknüpfen, z. B. »Wenn die Franzosen ein durch Grazie, Leichtigkeit, feinen Verstand und Witz sich auszeichnendes Volk sind; so finden wir an den Engländern eine durch Ernst, Festigkeit, richtiges Urtheil und industrielle Thätigkeit sich auszeichnende Nation.« Es scheint daß Göthe bisweilen diese Wendung ohne Anlaß gebraucht hat, und sie findet, wie gewöhnlich die Fehler großer Männer, Nachahmung.]:

>Wenn alle Metalle schwerer als Wasser sind; so ist Calium kein Metall. –
>Wenn du Arsenik einnimmst; so mußt du sterben.
>Wenn zwei Winkel im Triangel gleich sind; so sind es auch zwei Seiten.
>Wenn 7 5 Mal zu einander gesetzt wird; so giebt es 35.

Das hypothetische Urtheil ist also eine Verbindung zweier Urtheile, davon das eine vom andern abhängig ist, d. h. wahr ist, wenn jenes wahr ist: das erstere heißt das Vorderglied, der Vordersatz, die Bedingung, *hypothesis* [Voraussetzung], *ratio* [Grund], *conditio* [Bedingung], *membrum prius, seu antecedens* [das erste oder vorhergehende Glied]: das andre das Hinterglied, der Nachsaz, das Bedingte, *thesis* [Behauptung], *rationatum* [das Begründete], *conditionatum* [das Bedingte], *membrum posterius seu consequens* [das zweite oder folgende Glied]. Das hypothetische Urtheil sagt keinen der beiden Sätze an sich aus, sondern nur die *Konsequenz*, d. h. ihren nothwendigen Zusammenhang nach dem Satz vom Grunde. – Wir werden weiterhin in einem besondern Kapitel untersuchen welche eigenthümliche Beschaffenheit unsers ganzen Erkenntnißvermögens es ist, durch welche wir das Daseyn eines Dinges, oder einer Wahrheit, oder eines Verhältnisses erkennen müssen als abhängig von etwas ganz von ihm Verschiedenen, und als nothwendig durch dieses herbeigeführt. Der Ausdruck dieser Beschaffenheit unsers Erkenntnißvermögens ist im Allgemeinen der Satz vom Grund, im Einzelnen die hypothetischen Urtheile; hier haben wir bloß die logische Form der hypothetischen Urtheile betrachtet: dort werden wir sehn, woher uns der Stoff zu ihnen kommt, d. h. wie es überhaupt möglich ist, daß wir daraus daß Eines ist, sicher folgern daß auch ein andres davon ganz verschiedenes seyn muß.

Wir haben also gesehn was Qualität, Quantität, und Relation der Urtheile ist. Qualität und Quantität sind innre Beschaffenheiten der Urtheile; Relation bloß eine äußere. Man nennt als vierte Beschaffenheit noch die *Modalität*. Diese ist dennoch genau genommen keine Beschaffenheit der Urtheile, sondern etwas in der urtheilenden Vernunft, nämlich der Grad der Gewißheit mit der sie urtheilt. Ob nämlich die Vereinigung zweier Begriffe oder auch zweier Urtheile, als *nothwendig* erkannt wird, oder nicht als nothwendig, aber doch als *gewiß;* oder nicht einmal als gewiß, sondern als bloß *möglich*. – Woher ihr nun aber diese Erkenntniß kommt, werden wir erst bei Betrachtung des Satzes vom Grund, auf den alle Nothwendigkeit und Zufälligkeit sich bezieht und allein durch ihn Bedeutung hat, betrachten können. Hier haben wir es nur mit der logischen Form des Urtheils zu thun. Der Ausdruck solcher Erkenntniß der Nothwendigkeit, Gewißheit oder Ungewißheit im Urtheile sind die Wörter *muß, ist, kann*: je nachdem man des einen oder des andern sich im Urtheil bedient, ist es apodiktisch, assertorisch *(asserere)* oder problematisch. (Bejahende problematische Urtheile sagen aus daß zwei Begriffe vereinbar sind, sich zusammen denken lassen: bejahende assertorische, sagen aus daß zwei Begriffe vereinigt sind, daß man sie als verbunden denkt: bejahende apodiktische, sagen aus, daß zwei Begriffe unzertrennlich sind, man sie zusammen denken muß.)

> Ein Triangel *muß* mit seinen drei Winkeln die Summe zweier rechten Winkel ausgleichen: apodiktisch.
> Ein Triangel *ist* eine Figur von drei Seiten: assertorisch.
> Ein Triangel *kann* rechtwinklicht seyn: problematisch.

Problematische Urtheile sind gewissermaaßen noch keine entschiedne Urtheile, sondern bloß vorläufige Entwürfe, Versuche dazu: sie sind inzwischen Aussagen der Möglichkeit. Alle *Fragen* sind problematische Urtheile. Apodiktische Urtheile sind immer Erkenntniß der Folge aus dem Grunde. – Das ist also *Modalität*, der Ausdruck derselben liegt in der *Copula*, welche die beiden Sphären entweder nur versuchsweise an einander hält, »kann«, oder vereinigt, oder zeigt daß sie unzertrennlich. Dem Gesagten zufolge ist jedes Urtheil zu betrachten in diesen vier Rücksichten Qualität, Quantität, Relation und Modalität.

Aber die ersten beiden, Qualität, Quantität, sind allein wirkliche, eigentliche, wesentliche Bestimmungen der Urtheile als solcher: entspringen aus dem Wesen der Begriffssphären, welche 1) immer vereint oder getrennt werden: denn das eben ist das Urtheilen: und 2) immer eine Ausdehnung (Umfang) haben, die entweder ganz oder nur zum Theil ins Urtheil gezogen werden soll. Darum sind diese beiden Bestimmungen Qualität und Quantität dem Urtheil wesentlich.

Die Modalität betrifft aber eigentlich nicht das Urtheil sondern den Urtheilenden, den Grad der Gewißheit mit dem er urtheilt.

Was die Relation betrifft so ist die Kategorische Form allein Bestimmung des einfachen Urtheils. Diesem aber in allen Fällen [Daneben am Rand mit Bleistift: Drittes und viertes Denkgesez.] wesentlich, daher kategorisch urtheilen und urtheilen dasselbe, also ersteres Tautologie ist: folglich ist die kategorische Form gar keine besondre Beschaffenheit des Urtheils in Hinsicht auf welche eine besondre Betrachtung desselben anzustellen wäre: also hat das Urtheil, als einfaches Urtheil, also an sich keine Relation. Diese ist eine äußerliche, keine innere Bestimmung des Urtheils: denn sie ist bloß zwischen zwei Urtheilen, sofern solche entweder von einander abhängig: oder einander wesentlich ausschließend, mit einander inkompatibel, unvereinbar sind. Inzwischen werden wir uns dem eingeführten Sprachgebrauch fügen und nicht etwa sagen: zwei in hypothetischer oder in disjunktiver Relation stehende Urtheile; sondern hypothetisches, oder disjunktives Urtheil.

Von der Entgegensetzung und Umkehrung der Urtheile.

Wir wollen uns jetzt noch an den räumlichen Darstellungen der Begriffssphären, *das* deutlich machen, was man *die Umkehrung der Urtheile nennt*, und was eines der schwierigsten Kapitel der Logik ist, welches die Scholastiker mit einem sehr weitläuftigen Apparat ausgerüstet haben, den wir jedoch nicht brauchen können, sondern die Sache auf ihre wesentliche Einfachheit zurückführen. Bejahen und Verneinen heißt zwei Sphären in einander oder auseinander setzen, ist daher Sache des *Urtheilens* nicht des bloßen *Begreifens*. Es giebt daher, streng genommen, bloß negative *Urtheile*, nicht negative *Begriffe:* diese sind zusammengezogene Urtheile; d. h. indem ich einen negativen Begriff (untauglich, unsterblich, ungleich, unbrennbar) denken will, denke ich zugleich schon einen andern positiven Begriff hinzu, also habe schon ein Urtheil: denn sonst würde ich bei dem negativen Begriff ganz und gar *nichts* denken, denn durch das bloße Aufheben *einer* Eigenschaft habe ich ja keinen positiven Gehalt, bloße Negation giebt keinen Gedanken. Indem ich den negativen Begriff denke, setze ich das, was er negirt, als Prädikat eines Subjekts das ich im Stillen hinzu denke, und trenne beide Begriffe, habe also eigentlich in jedem negativen Begriff, schon ein negatives Urtheil. Der Begriff *unsterblich;* ist schon das Urtheil, daß irgend etwas aus der Sphäre Sterblich herausgedacht wird, gleichviel wohin, nur heraus: ich muß aber doch etwas denken, *das* ich aus der Sphäre Sterblich herausnehme, irgend ein Lebendes: der Gehalt des Gedankens ist eigentlich der Begriff *Sterblich*, *aus* welchem ich irgend ein Lebendes herausdenke. Der negative Begriff ist schon ein heimliches negatives Urtheil, dessen Subjekt versteckt bleibt. Wie dem übrigens auch sei: zu unserm Zweck ist es hinlänglich zu wissen daß *Urtheile* bejahen und verneinen, woran Niemand zweifelt. Also negiren und affirmiren eigentlich bloß *Urtheile:* daher können auch bloß Urtheile einander widerstreiten, oder entgegengesetzt seyn. Dies ist der Fall *wenn das eine das andre aufhebt.* Diese *Aufhebung eines Urtheils durch das andre* kann nun entweder eine *direkte* oder *indirekte* seyn. Sie ist *direkt,* wenn das zweite Urtheil grade nur die Verneinung des ersten und nichts mehr enthält.

»Gold ist ein einfacher Stoff.«
»Gold ist kein einfacher Stoff.«

Sie ist *indirekt*, wenn das zweite Urtheil etwas setzt, das mit der Wahrheit des ersten nicht bestehn kann.

»Gold ist ein einfacher Stoff.«
»Gold ist in seine Bestandtheile zerlegbar.« –

Da die Bejahung und Verneinung eigentlich nur die *Qualität* der Urtheile betrifft, so wollen wir die Sache zuvörderst mit Abstraktion von aller *Quantität* betrachten; wo sie sehr einfach ausfällt. Nämlich dann besteht *die direkte Aufhebung* eines Urtheils durch ein andres bloß darin, daß das erste einen Begriff in die Sphäre eines andern setzt, das andre ihn herausnimmt:

Die Seeschwämme sind Thiere.
Die Seeschwämme sind nicht Thiere.

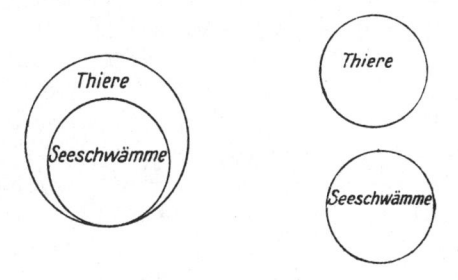

Hier ist das zweite Urtheil bloß die Verneinung oder Aufhebung des ersten: dies ist die *oppositio contradictoria, diametralis, seu per simplicem negationem* [kontradiktorischer, diametraler Gegensatz oder Gegensatz durch einfache Verneinung]. Es sind *propositiones contradictorie oppositae* [kontradiktorisch entgegengesetzte Urteile]. Von solchen Urtheilen muß das eine *wahr* und das andre *falsch* seyn. Beide können nicht wahr, aber auch nicht beide falsch seyn. Von der Wahrheit des einen gilt der Schluß auf die Falschheit des andern; und von der Falschheit des einen auf die Wahrheit des andern: denn jedes von beiden enthält bloß die Aufhebung des andern. Der *indirekte Widerstreit*, oder *indirekte Aufhebung* eines Urtheils durch das andre, besteht, seinem eigentlichen Wesen nach, d. h. wenn man von der *Quantität* absieht und bloß die *Qualität* betrachtet, darin, daß das erste Urtheil den Begriff in eine Sphäre setzt, das zweite dagegen in eine andre welche nicht in der Sphäre liegt in welche das erste den Begriff gesetzt hatte:

Seeschwämme sind Thiere.
      "   " Pflanzen.

Dies ist die *oppositio contraria seu per positionem alterius* [der konträre Gegensatz oder Gegensatz durch Behauptung von etwas anderem]. Es sind *propositiones contrarie oppositae* [konträr entgegengesetzte Urteile]. Von diesen kann zwar nur eine *wahr* seyn und dann ist die andre falsch: aber es können auch beide falsch seyn: also gilt hier zwar der Schluß von der Wahrheit des einen auf die Falschheit des andern; hingegen nicht von der Falschheit des einen auf die Wahrheit des andern: – denn jedes von beiden enthält nicht bloß die Aufhebung des andern; sondern noch überdies eine neue Behauptung die falsch seyn kann. So verhält sich der Widerstreit der Urtheile wenn man bloß auf die *Qualität* sieht: aber die Sache wird komplicirter, wenn man auch die *Quantität* betrachtet. Um dies zu verstehn rufen Sie sich wohl zurück was Qualität und Quantität ist. *(Illustr.)* Der Qualität nach ist jeder Satz bejahend oder verneinend; der Quantität nach allgemein oder besonders, partikulär. Beide Eigenschaften zusammenfassend nennt man einen Satz allgemeinbejahend,

(den bezeichnet man mit   *A)*   Affirmo
oder allgemein-verneinend   *E*   nEgo
oder partikulär bejahend   *I*   affIrmo
partikulär verneinend   *O*   negO.

Asserit A, negat E; sed universaliter ambo [bei Gottsched: ambae]:
Asserit I, negat O, sed particulariter ambo [bei Gottsched: ambae].

[A bejaht und E verneint; aber beide allgemein:
I bejaht und O verneint, aber beide partikulär.]

Das A bejahet allgemein:
Das E, das sagt zu Allem *Nein*.
Das I sagt Ja, doch nicht zu allen:
So läßt auch O das Nein erschallen.
Godsched.

[Genauer:
Das A bejahet allgemein,
Das E spricht auch von allen nein!
Das I bejaht, doch nicht von allen,

So läßt auch O das Nein erschallen.
J. Chr. Gottsched, Erste Gründe der gesammten
Weltweisheit, Leipzig ⁷ 1762, S. 143]

Von Affirmo und Nego: rührt her von den Lateinischen Auslegern des Aristotelischen Organon: er selbst hatte diese Bezeichnung noch nicht. Sie gehört also zu dem Zuwachs den die Logik seit Aristoteles erhalten. Es wird sehr starker Gebrauch davon gemacht. Daher sie durchaus zu merken ein für alle Mal.

Wenn wir nun, bei Betrachtung der Opposition der Urtheile, zugleich die *Quantität* derselben berücksichtigen, so sehn wir darauf, daß das gemeinsame Subjekt beider Urtheile *theilbar* ist, also seine Sphäre nicht bloß *ganz*, sondern auch *zum Theil* in eine andre gesetzt werden kann. Wenn also dann das erste Urtheil die Sphäre *A ganz* in die Sphäre *B* gesetzt hat, so wird das zweite Urtheil schon dadurch, daß es die Sphäre *A zum Theil* außer der Sphäre *B* setzt, ihm *kontradiktorisch* entgegenstehn; hingegen wenn es die Sphäre *A ganz* außer der Sphäre *B* setzt, werden wir die Opposition *konträr* nennen müssen, weil sie mehr aussagt, als zur Aufhebung des ersten Urtheils nöthig war, es also *mittelbar, indirekt* verneint. Also:

Alle Seeschwämme sind Thiere.

Hievon ist der kontradiktorische Gegensatz dieser:

Nicht alle Seeschwämme sind Thiere
oder:
Einige Seeschwämme sind nicht Thiere.

Denn nur von diesen Sätzen läßt sich von der Falschheit des einen auf die Wahrheit des andern schließen und umgekehrt *(non datur tertium* [eine dritte Möglichkeit besteht nicht], drittes Gesetz): d. h. beide können nicht falsch, auch beide nicht wahr seyn, und das ist das Karakterzeichen kontradiktorischer Opposition. Hingegen der Satz:

Kein Seeschwamm ist ein Thier,

wäre zwar, wenn man bloß auf die *Qualität* sähe, der *kontradiktorische* Gegensatz des erstern; allein, wegen der Rücksicht auf die *Quantität*, ist er bloß sein *konträrer* Gegensatz: er sagt nämlich schon *mehr*, als zur bloßen Aufhebung des ersten erfordert ist: er setzt etwas, mit dem die Wahrheit des ersten Urtheils nicht bestehen kann: daher gilt für diese Opposition nur die Regel der *konträren*, nämlich beide können nicht wahr seyn; aber beide können falsch seyn: wir können nicht von der Falschheit des einen auf die Wahrheit des andern schließen; *datur tertium, mutando quantitatem subjecti* [Es besteht eine dritte Möglichkeit, indem man die Quantität des Subjekts ändert]. Hierauf gründen sich nun folgende Regeln: Von einem allgemein bejahenden Urtheil ist der kontradiktorische Gegensatz ein partikulär verneinendes: und von einem allgemein verneinenden ein partikulär bejahendes und umgekehrt: Hingegen zwischen einem allgemein bejahenden und allgemein verneinenden Urtheil ist die Entgegensetzung, wenn man bloß die logische Form betrachtet, doch nur *konträr*. Also kontradiktorisch stehn sich entgegen *A* und *O;* auch *E* und *I*. Hingegen *A* und *E*, bloß konträr.

Man nimmt noch eine *subkonträre* Opposition an, zwischen einem partikulär bejahenden und einem partikulär verneinenden Satz: Einige Seeschwämme sind Thiere: Einige Seeschwämme sind nicht Thiere. Es ist aber eigentlich keine Opposition, weil jeder Satz von einem andern Theil der Sphäre Seeschwämme redet. *Beide* Sätze können *wahr* seyn, aber *nicht* können *beide falsch* seyn, man kann von der Falschheit des einen auf die Wahrheit des andern schließen.

Jetzt von der Umkehrung der Urtheile. *Einen Satz umkehren, konvertiren,* heißt das Prädikat zum Subjekt und das Subjekt zum Prädikat machen. Sehr natürlich entsteht die Frage, ob dies, der Wahrheit des Satzes unbeschadet, überall angeht. Man sieht leicht daß dies bei einigen Sätzen unmittelbar geschehn kann: z. B. »Kein Stein ist ein Organisches Wesen«. »Kein Mensch gefiedert.« Bei andern nicht: z. B. »Alle Steine sind Körper«. »Alle Menschen zweibeinig.« – »Alle stimmbegabten Thiere haben Lungen.« Aber: »alle Lungenhabenden Thiere sind stimmbegabt«, wäre falsch, die Cetaceen sind stumm. »Alle *Bisulca* sind *ruminantia*« läßt sich *simpliciter* convertiren; ebenso: »alle Wirbelthiere sind rothblütig«. Aber: »alle Gehörnte sind Wiederkäuer« nicht: denn z. B. die Kameele sind Wiederkäuer. – Jedoch hat man ausgefunden daß durchaus alle Sätze sich umkehren lassen, wenn man gewisse bestimmte Aenderungen an ihrer Quantität und Qualität vornimmt: die Gesetze dieser Aenderungen machen die Lehre von der Umkehrung aus. Bei *Wechselbegriffen (recapitulatio)* ist es offenbar, daß wenn sie zu einem Urtheil zusammengesetzt sind, das eine wie das andre Subjekt und Prädikat seyn kann: »Alle Körper sind schwer«. – Urtheile aus Wechselbegriffen sind *reciprokabel:* weil beide Begriffe ganz dieselbe Sphäre haben. Alle andern sind *convertibel*.

Aendert man bei der Umkehrung weder Qualität noch Quantität; so ist dies *conversio simplex* [einfache Umkehrung]: ändert man die Quantität; so ists *conversio per accidens* [bedingte Umkehrung]: ändert man die Qualität; so ists *conversio per contrapositionem* [Umkehrung durch Kontraposition], und diese *contrapositio* wieder ist *simplex* wenn dabei die Quantität unverändert bleibt: wird aber auch diese, mithin Qualität und Quantität verändert; so ist's *contrapositio per accidens*. Jetzt gehn wir sie alle durch, und betrachten die mögliche Umkehrung:

1) in allgemein bejahenden Sätzen
2) " " verneinenden "
3) " partikulär bejahenden "
4) " " verneinenden "

1) Allgemein bejahende Sätze [Fußnote: Sätze deren Subjekt der Name oder Bezeichnung eines Individuums ist, sind allgemeine: denn wenn gleich nur ein Individuum der Sphäre Inhalt giebt; so ist es dennoch die *ganze* Sphäre die hier gemeint ist; wie schon oben erörtert.]

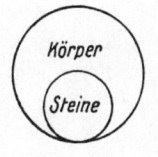

Alle Steine sind Körper.

a) Ihre *Konversion* geschieht nur *per accidens:* d. h. mit Aendrung der Quantität: also: einige Körper sind Steine. Allgemein bejahende Urtheile sind umgekehrt auch die einzigen, welche sich allemal *per accidens* convertiren lassen, also mit Aenderung der Quantität. Weil nun daraus immer ein partikulär bejahender Satz wird; so hat dies den Ausdruck *per accidens* veranlaßt: nämlich nach geschehener Umkehrung ist es dem Subjekt nur accidentell dies Prädikat unter andern zu treffen: dem Begriff Körper ist es gleichsam zufällig, accidentell auch vom Steine zu gelten.

b) Ihre *Kontraposition simpliciter:* d. h. Aenderung der Qualität, also der Affirmation in Negation, jedoch *simpliciter*, d. h. mit unveränderter Quantität: daher allgemein: Kein Unkörperliches (Nicht-Körper) ist ein Stein.

Daß dies so seyn muß, lehrt die Anschauung der Sphären: *Körper* enthält die ganze Sphäre Stein; dies aber nur ein Theil der Sphäre Körper. Ich kann also nicht simpliciter convertiren, sondern ändere die Quantität, indem ich das Subjekt ändere. – Sobald ich aber die Qualität ändere, bleibt die Quantität stehn.

2) Allgemein verneinende Sätze.

Kein Stein ist ein Thier.

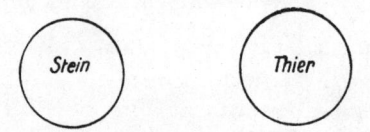

Stein *Thier*

Kein Thier ist ein Stein.

a) Ihre *Konversion* geschieht *simpliciter:* die erste Sphäre liegt ganz außer der zweiten, und diese ganz außer der ersten: ich kann also welche ich will zum Subjekt machen: denn wie sich die erste zur zweiten verhält, so die zweite zur ersten.

b) Will ich aber *kontraponiren*, also die Qualität ändern; aus dem verneinenden Urtheil ein bejahendes machen, so kann ich nicht die Quantität beibehalten und sagen: alles was nicht Thier ist, ist Stein; sondern ich muß es mit Aenderung der Quantität, also *per accidens* thun; also aus dem allgemeinen Satz einen partikulären machen: »Einiges was nicht Thier ist, ist Stein«. – Einiges was außerhalb der Sphäre Thier liegt; liegt in der Sphäre Stein.

3) Partikulär bejahende Sätze.

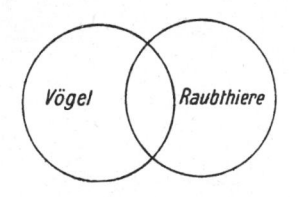

Einige Vögel sind Raubthiere:

Einige Raubthiere sind Vögel.

a) Ihre *Konversion* geschieht *simpliciter.* Jede Sphäre enthält einen Theil der andern: wie sich die erste Sphäre zur zweiten verhält, so die zweite zur ersten: ich kann daher welche ich will zum Subjekt machen, und sowohl sagen, daß ein Theil der ersten Sphäre in der zweiten, als daß ein Theil der zweiten in der ersten liegt; aber immer nur ein Theil: d. h. die *Quantität* bleibt unverändert *partikulär.* Die *conversio* ist *simplex.* Nur in einzelnen Fällen lassen sie sich auch *per accidens* convertiren, also zu allgemein bejahenden machen, nämlich dann wann die Sphäre des Prädikats ganz in der des Subjekts liegt:

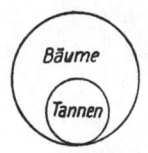

Einige Bäume sind Tannen:

Alle Tannen sind Bäume.

Solch ein Fall ist aber dem partikulär bejahenden Urtheil accidentell und liegt nicht im Wesen desselben, geht also nicht aus der Form hervor, sondern nur aus der Materie.

b) Die *Kontraposition geht gar nicht* an: ich kann weder *simpliciter* noch *per accidens* aus einem solchen Urtheil ein Verneinendes machen: nicht *simpliciter* sagen: einiges das nicht Vogel ist, ist auch nicht Raubthier: denn davon giebt das vorliegende Verhältniß der Sphären gar keine Anzeige. – Nicht *per accidens:* Alle Nicht-Vögel sind nicht Raubthiere: – das ist auch nicht durch das vorliegende Verhältniß sichtbar.

4) Partikulär verneinende Sätze.

a) Konvertiren lassen sie sich gar nicht. Denn ich übersehe eine von beiden Sphären nicht ganz, sondern sehe nur, daß die Sphäre *Thier* zum Theil außer der Sphäre *Warmblütig* liegt: weiß aber

Einige Thiere sind nicht warmblütig.

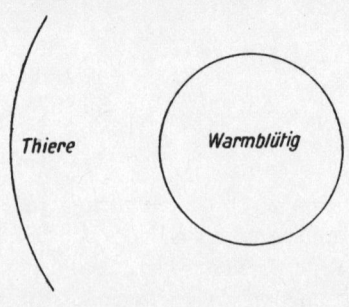

nicht, ob auch diese zum Theil außer jener liegt, oder ganz in ihr, oder ganz außer ihr: – daher kann ich nicht sagen *(simpliciter):* Einiges warmblütige ist nicht Thier: noch *(per accidens):* Kein Warmblütiges ist Thier. – Daß ich sagen kann: »Alles Warmblütige ist Thier«, entspringt bloß aus der *Materie* des Urtheils und meiner Bekanntschaft mit ihr: nicht aus der *Form* des Urtheils: es ist bloß zufällig: und oft nicht der Fall.

b) Kontraponiren lassen sie sich *simpliciter:* liegt ein Theil der Sphäre Thier außer der Warmblütig; so liegt einiges das nicht in dieser liegt, doch in jener: also: Einiges das nicht warmblütig ist, ist doch Thier.

Canon: welcher die ganze Lehre der Umkehrung im kürzesten Ausdruck enthält, in *nuce*. [Fußnote: Sonderbare Symmetrie dieser Tafel. Der untre Theil lautet wie der obre.]

a) Convertiren *simpliciter*, lassen sich:
1) Allgemein verneinende. Kein $A = B$. – Kein $B = A$.
2) Partikulär bejahende. Einige $A = B$. – Einige $B = A$.

b) Convertiren *per accidens:*
1) Allgemein bejahende. Alle $A = B$. – Einige $B = A$.

c) Contraponiren *simpliciter:*
1) Allgemein bejahende. Alle $A = B$. – Kein Nicht $B = A$.
2) Partikulär verneinende. Einige $A =$ nicht B. – Einige Nicht $B = A$.

d) Contraponiren *per accidens:*
1) Allgemein verneinende. Kein $A = B$. – Einiges Nicht $B = A$.

Ein Urtheil umkehren, heißt also überhaupt den Ausdruck

des Verhältnisses zwischen Prädikat und Subjekt umkehren. Das Verhältniß selbst bleibt unverändert: nachdem man es gefaßt hat, kann man um es auszudrücken sowohl vom einen als vom andern Begriff ausgehn, beliebig den einen oder den andern zum Subjekt machen. Man hat dabei immer denselben Gedanken, den überhaupt das gegebene Urtheil ausdrückt, und durch das Konvertiren und Kontraponiren, schiebt man nur immer eine andre Seite desselben zur Betrachtung vor. Aber eben dadurch, daß man, auf diese Weise, den Standpunkt ändert, erhält man eine vollständigere, vielseitigere Einsicht in jenes Verhältniß. Indem wir irgend eine für uns wichtige Sache überlegen, sie hin- und herwerfen um sie von allen Seiten zu betrachten, machen wir oft sehr viele Konversionen und Kontrapositionen von Urtheilen, ohne uns jedoch der logischen Regeln bewußt zu werden, nach denen dies geschieht.

Von den Schlüssen.

Bisher haben wir immer nur die Verhältnisse betrachtet die zwischen *zwei Begriffen* statt haben können, die zurücklaufen auf ihr gänzliches oder theilweises Ineinandergreifen oder gänzliches Getrenntseyn; und deren Ausdruck das *Urtheil* ist: nunmehr werden wir sehn welches wesentliche und nothwendige Verhältniß *drei Begriffe* und dann mehrere zu einander haben können, welches der Fall ist beim *Schluß*, dem *Vernunftschluß: Syllogismus, conclusio*. [Fußnote: *Syllogistik* hat weder Werth, noch Nutzen, noch Interesse, wenn sie, wie heut zu Tage meistens, oberflächlich getrieben wird: hingegen hat sie großen Werth für die philosophische Erkenntniß des Wesens der Vernunft und wird eben dadurch sehr interessant, ja amüsant, wenn sie recht gründlich behandelt wird und man in das ganze *détail* derselben eingeht. Sie dürfen hier also nichts unbeachtet vorübergehn lassen, sondern müssen sich die Mühe geben genau zu folgen: dann wird Ihnen der ganze Mechanismus, den die Vernunft beim Schließen (ihrer höchsten Funktion) ausübt so klar und deutlich werden, wie die Gegenstände die Sie vor Augen haben.

[Zusatz]: Bachmann's Logik, 1828, giebt richtige Darstellungen durch Kreise für alle *Modi* der Schlüsse; auch gute Beispiele verfänglicher falscher Schlüsse; letztere giebt auch Troxler's Logik 1829]. Das Wesen des Schlusses besteht darin, daß aus dem Verhältniß eines Begriffes zu zwei andern, das Verhältniß dieser beiden zu einander nothwendig hervorgeht, indem es eigentlich in jenem ersten Verhältniß schon mitgedacht war, jedoch nicht ausdrücklich und deutlich; durch den Schluß wird es aber hervorgehoben zu dieser Ausdrücklichkeit und Deutlichkeit. Diese Erklärung gilt eigentlich nur vom *kategorischen Schluß*, den man auch den *ordentlichen* Schluß genannt hat. Weiterhin werden wir sehn daß es auch Schlüsse giebt, welche nicht mehr das Verhältniß bloßer *Begriffe* zu einander, sondern das Verhältniß ganzer und fertiger *Urtheile* zu einander zum Stoff haben; dieses sind die *hypothetischen* und *disjunktiven* Schlüsse, die man deshalb auch *außerordentliche* Schlüsse genannt hat. Von diesen sehn wir hier ab, weil wir es jetzt noch bloß mit den Verhältnissen der Begriffe zu thun haben. (Also: *recapitulatio* der Erklärung des Schlusses. Sodann:) Hier erhalten wir nun gewisse Gesetze für das *Schließen* wie wir oben Gesetze des *Urtheilens* hatten, nämlich an den allgemeinen Denkgesetzen: denn das Denken besteht zunächst immer im Urtheilen. Die Gesetze für das Schließen folgen aber aus jenen Gesetzen des Urtheilens, daher diese in jedem Sinn die allgemeinen Denkgesetze sind. Die Gesetze für das Schließen werden sich bei näherer Betrachtung des Schlusses im Allgemeinen sogleich ergeben.

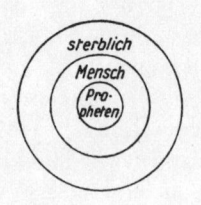

Diese Figur zeigt, wie in der Kenntniß, daß der ganze Begriff *Mensch* in dem Begriff des *Sterblichseyn*, als seinem Prädikat, liegt; und der Begriff der *Propheten* eben so im Begriff *Mensch;* schon die Erkenntniß liegt daß auch der Begriff *Propheten* im

Begriff *sterblich* liege: oder daraus hervorgeht. Denn: ist eine Begriffssphäre in einer andern enthalten, enthält aber selbst wieder eine in sich; so ist diese letztere auch in jener ersten enthalten. Man drückt dieses so aus: *nota notae est nota rei ipsius;* (*Nota*, Merkmal bedeutet hier soviel als *Prädikat*. Also: das Prädikat des Prädikats ist auch das Prädikat des Subjekts:) eine Wahrheit, welche aus dem Denkgesetz der Identität von selbst folgt. Denn die Prädikate welche *implicite* in den Prädikaten gedacht werden, können auch *explicite* ausgesprochen werden. Und weil dieser Satz, *nota notae*, sich auf den *ganzen* weitern Begriff erstreckt, d. h. weil *alles* was im einschließenden Begriff gedacht ist, auch von dem eingeschlossenen gilt, also alle Prädikate des weitern Begriffs, auch dem *in ihm* liegenden engern als seine Prädikate zukommen, so drückt man dieses aus: *Quidquid valet de Omni* (d. h. das *genus*, der weitere Begrif), *valet etiam de quibusdam et singulis* [Was von allem gilt, gilt auch von einigen und jedem einzelnen] (d. h. von den in ihm Gedachten *species*, Begriffen und den einzelnen Dingen, die diesen Begriffen Gehalt geben). [Daneben am Rand: *quidquid valet de genere, valet etiam de specie*. [Was von der Gattung gilt, gilt auch von der Art]] Daher: was unter dem Subjekt einer bejahenden Regel begriffen ist, das ist auch unter dem Prädikat begriffen, welches die Regel dem Subjekt beilegt. – Umgekehrt nun: liegt ein Begriff *A*, *nicht* in einem beliebigen andern *B;* so liegen auch die Begriffe, die seine Sphäre umschließt, *C* nicht in jenem erstern *B*:

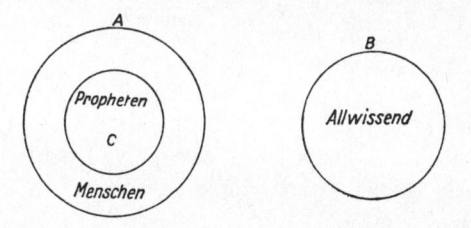

da alsdann dies Verhältniß durch ein Urtheil ausgedrückt wird welches vom erstern Begriff *A* den zweiten *B* verneint; so trifft diese Verneinung auch alle von der Sphäre des erstern Begriffs eingeschlossenen *C*. Dies wird ausgedrückt: *repugnans notae repugnat rei ipsi;* »was dem Prädikat widerspricht, widerspricht auch dem Subjekt«: und weil es vom ganzen Umfang der Begriffssphäre gilt: *Quidquid de nullo valet, nec de quibusdam nec de singulis valet* [Was von keinem gilt, gilt auch weder von einigen noch von jedem einzelnen]. [Daneben am Rand: *quidquid repugnat generi, repugnat etiam speciei.* [Was der Gattung widerstreitet, widerstreitet auch der Art.] Was unter dem Subjekt einer verneinenden Regel mit begriffen ist; das ist auch von ihrem Prädikat ausgeschlossen.] – Dieser letztere Satz nebst dem vorhin angeführten, ist das berühmte *Dictum de omni et nullo* [Der Satz (daß, was) von allem (gilt, auch von jedem einzelnen gilt) und (was) von keinem (gilt, auch nicht von jedem einzelnen gilt)]; welches das oberste Gesetz alles Schließens ist. Wenn eine Regel wahr ist; so müssen auch die Fälle ihr gemäß ausfallen. – Das Wesen jedes Schlusses ist also, wie gesagt, die Erkenntniß des Verhältnisses zweier Begriffe zu einander aus dem vorherbekannten Verhältniß eines dritten Begriffs zu jedem von beiden. Im einfachsten und gewöhnlichsten Fall, den wir bald als die erste Figur kennen lernen werden, ist es die Einsicht, daß ein Begriff in einem andern liegt, d. h. ihn zum Prädikat hat, weil ein dritter, in dem er selbst liegt, in jenem Andern liegt:

oder das umgekehrte, die Negative. Jeder Schluß erfordert also drei Begriffe, genannt *termini* [Fußnote: Der Name *termini*, ὅροι [eigentl. Grenzpunkte], kommt von den Pythagoreern, welche die Urtheile durch Linien darstellten und die Begriffe durch die Anfangs- und Endpunkte dieser Linien.]: Einen engern, *terminus minor*, dessen Enthaltenseyn oder Nicht-Enthaltenseyn in einem weitern, *terminus major*, die Frage, oder Aufgabe ist: sie wird entschieden vermittelst der Dazwischenkunft eines dritten der allemal den engern enthält: vom weitern aber entweder enthalten wird oder auch nicht: er liegt also stets in der

Mitte zwischen jenen beiden: daher heißt er *terminus medius*. Mehr als drei *termini* dürfen im ordentlichen Schluß nicht seyn. Denn das *Problem*, das durch jeden Schluß gelöst werden soll, besteht stets aus zwei Begriffen, die entweder vereinigt oder getrennt werden sollen: dies sind *Major* und *Minor:* dazu nun bedarf es eines *Arguments:* das ist der *Medius:* nämlich ein Begriff der zu jedem der beiden andern ein schon bekanntes Verhältniß hat, aus dem nun ihr eignes zu einander hervorgeht. Dieserhalb darf das Argument nur aus *einem* Begriff bestehn: denn besteht es aus zwei; so mag der eine ein Verhältniß zum *minor* der andre zum *major* haben: dadurch wird nichts entschieden über ihr Verhältniß zu einander. Dies ist der Fall sobald der *Medius* doppelsinnig ist, wo dann dasselbe Wort zwei Begriffe bezeichnet, also der Schluß vier *termini* hat:

> *Mus caseum rodit*
> *Mus syllaba est*
> *Syllaba caseum rodit.*
> [Die Maus benagt den Käse
> Maus ist eine Silbe
> Eine Silbe benagt den Käse.]

Wird der Schluß, der an sich ein Verhältniß von Begriffen, d. i. Objekten der Vernunft, ist, in Worten ausgedrückt; so müssen immer drei Urtheile, Sätze, *propositiones* entstehen:
 das erste sagt aus daß der *terminus medius*, im *major* enthalten ist (oder nicht):

> *medius*   *major*   (Obersatz)
> Alle Menschen sind sterblich: Dieser Satz heißt *prospositio major*, weil der *terminus major* in ihm auftritt.

> *minor*   *medius*   (Untersatz)
> Alle Propheten sind Menschen: *propositio minor*, weil der *terminus minor* auftritt.

> Also sind alle Propheten sterblich: Dieser heißt die *Conclusio*, συμπερασμα, jene beiden zusammen die *praemissae (προτασεις)*.

Ebenso wenn der Obersatz negativ ist, d. h. die Sphären nicht ineinander, sondern auseinander setzt:

> Kein Mensch ist allwissend.
> Alle Propheten sind Menschen.
> Also ist kein Prophet allwissend.

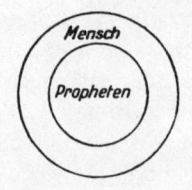

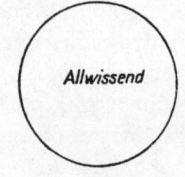

Sie sehn daß wenn die *propositio major* verneinend ist, auch die *conclusio* verneinend ausfällt: natürlich: denn ist der *terminus medius* aus dem *terminus major* herausgenommen; so ist es auch zugleich der in diesem liegende *terminus minor:* dessen Verhältniß zum *major* ja die *conclusio* aussagt. Sie sehen also daß der Schluß in der *Qualität* der *propositio major* folgt, weil diese in der Quantität keinen Unterschied zuläßt, sondern immer allgemein seyn muß. Nämlich in der *Quantität* muß die *propositio major immer allgemein* seyn, d. h. der *Major* muß den *terminus medius* ganz enthalten; oder ganz ausschließen: sonst würde man nicht wissen können, ob was im *terminus medius* liegt innerhalb oder außerhalb des *terminus major* fällt. (*Illustr.* am Beispiel von fliegenden Fischen.) Beispiel eines wegen partikulärer *major* falschen Schlusses:

Einige Fische fliegen.

Alle Forellen sind Fische.

Alle Forellen fliegen.

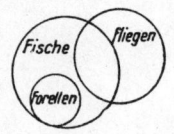

In der *Quantität* folgt die *conclusio* der *propositio minor* welche nämlich auch partikular seyn kann:
    Nämlich so:

Alle Wahnsinnigen sind einzusperren.

Einige Menschen sind wahnsinnig.

Also sind einige Menschen einzusperren.

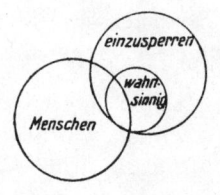

Sie sehn daß die *conclusio* partikulär ausfällt. – Ist also im ganzen Schluß eine *Negation*, welche schon im *Obersaz* liegen muß; so ist auch die *conclusio negativ*: ist im ganzen Schluß ein *partikuläres Urtheil, welches nur in der propositio minor* seyn kann; so ist auch die *conclusio partikulär*: – Daher die Regel *conclusio sequitur partem debiliorem* [Der Schlußsatz folgt dem schwächeren Teil].

Im Schluß muß immer irgend ein *allgemeiner* Satz seyn (der Obersatz) und irgend ein *bejahender* (die *propositio major* kann, aber die *propositio minor* muß bejahen). Daher: *ex propositionibus mere particularibus aut negativis nihil sequitur* [Aus bloß partikulären und aus bloß verneinenden Prämissen folgt nichts]. D. h. *eine negative* Prämisse kann im Schluß seyn, aber es muß die *propositio major* seyn: ist die *minor* es, so schließt der Syllogismus nicht. Auch *eine partikulare* Prämisse kann seyn: aber es muß die *propositio minor* seyn; ist die *major* es, so schließt der Syllogismus nicht. Ich will Ihnen das Wesen der Schlüsse noch deutlicher machen, damit Sie den Grund der Regeln völlig einsehn.

Der Zweck des Schlusses (in der 1sten Figur) ist den *terminus minor* ganz oder zum Theil aus oder in den *terminus major* zu setzen.

Hiezu dient *als Handhabe* der *terminus medius*.

Dieser, die Handhabe, muß daher, vor allen Dingen, das zu Versetzende berühren, es fassen, also den *terminus minor*, ganz oder wenigstens zum Theil enthalten: d. h. *die propositio minor muß bejahend seyn*, wenigstens particulär bejahend: denn wenn der *terminus medius* gar nicht den *minor* enthält; was hilft mir denn, in Beziehung auf den *terminus minor*, auf den es ja ankommt, daß ich weiß daß der *medius* in oder außer dem *major* liegt? der *minor* stände ja außer aller Verbindung mit dem *major*: wir wüßten nicht ob er drin oder draus ist. Der *minor* muß also stets im *medius* liegen; wenigstens zum Theil: d. h. *der Untersatz muß stets bejahen, wenn auch nur partikulär*.

Beispiel *verneinender Minor*. [s. Abb. S. 318.]

Also ist ihre Qualität bestimmt, ihre Quantität unbestimmt. Bei der *propositio major* ist's umgekehrt: da ist die Quantität bestimmt, die Qualität unbestimmt: denn der *Medius* muß entweder *ganz aus* oder *ganz in* den *terminus major* gesetzt werden:

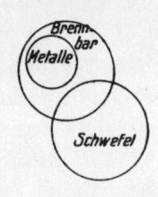

Alle Metalle sind brennbar.

Schwefel ist kein Metall.

Schwefel ist nicht brennbar.

nie zum Theil: also der Obersatz muß *allgemein* seyn, nie partikulär: weil sonst nie bestimmt ist ob der *terminus minor* innerhalb oder außerhalb des *major* liegt; worauf es eben ankommt: denn wenn der *minor* auch ganz im *terminus medius* liegt (d. h. der Untersatz allgemein bejahend ist), aber der *medius* nur halb im *major*, so bleibt doch unbestimmt, ob der *minor* in der außer- oder in der innerhalb des *Majors* liegenden Hälfte des *Medius* sich befindet. D. h. die *propositio major* muß der *Quantität* nach allgemein seyn: der *Qualität* nach aber ist sie frei. *(Exemplo illustr.)*

Beispiel *partikulärer Major:*

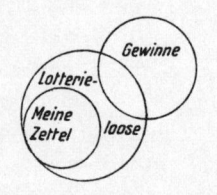

Einige Lotterieloose sind Gewinne:

Meine Zettel sind Lotterieloose:

Meine Zettel sind Gewinne.

Weil die *propositio major* bloß der *Qualität* nach wandelbar ist (der Quantität nach stets allgemein), so bestimmt ihre Qualität die Qualität der *Conclusio*. Hingegen wird diese der *Quantität* nach durch die *propositio minor* bestimmt, in welcher wiederum die *Quantität* allein frei, hingegen die *Qualität* stets die bejahende ist.

Was ich Ihnen bisher von der Natur des Schlusses vorgetragen, gilt eigentlich nicht vom Schluß überhaupt, auch nicht vom kategorischen Schluß überhaupt; sondern bloß von einer Art desselben, die man *den Schluß in der 1sten Figur* nennt. Auch die Gesetze über Quantität und Qualität der Prämissen gelten bloß von dieser Art. – Weil aber diese Art bei weitem die wichtigste ist, am häufigsten vorkommt, da ihre Form die einfachste und natürlichste ist; habe ich damit angefangen sie für sich zu behandeln, als wäre sie die einzige, weil ich Sie nicht verwirren wollte, indem ich zugleich auf die übrigen Arten und die ganze sie alle umfassende Gattung, Schluß überhaupt, hinwies. Jetzt sind Sie mit der einen und wichtigsten Art hinlänglich bekannt und wir wollen jetzt auch die übrigen betrachten und so das Wesen des Schlusses überhaupt kennen lernen. Den Schlüssen der 1sten Figur liegt immer die Einsicht zum Grunde, daß eine *Eigenschaft* einer *Art* von Dingen zukomme, weil sie der *ganzen Gattung* zukommt, zu der jene Art gehört: oder umgekehrt, im negativen Fall. – Wir werden aber sehn daß die Schlüsse der übrigen Figuren aus einer ganz andern Einsicht entspringen.

Zum Wesen des kategorischen Schlusses gehört, wie angegeben, nur dieses, daß ich zwei Begriffe vergleiche mittelst eines dritten dessen Verhältniß zu beiden mir bekannt ist und dadurch das Verhältniß jener beiden zu einander erkenne. Dieser dritte Begriff ist also das *tertium comparationis* [das zwei verglichenen Dingen Gemeinsame] und überhaupt stets das *Argument* des Satzes den die *Conclusio* ausspricht; er heißt daher der *medius*, gleichsam der *Vermittler*. In der bisher dargestellten Art der Schlüsse ist der *medius* das *tertium comparationis* oder Argument dadurch, *daß der minor stets sein Schicksal theilt*, daß, was vom *medius* gilt, auch vom *minor* gilt: ist der *medius im major*, so ists auch der *minor;* ist jener *daraus*, auch dieser. Gilt der *medius* nur von einem Theil des *minor;* so theilt wenigstens dieser Theil das Schicksal des *medius*, ist mit ihm *in* oder *außer* dem *major*. Ich habe daher in der bisherigen Art der Schlüsse den *medius* die *Handhabe* genannt, die den *minor* in oder außer den *major* hebt. – Nun kann aber der *medius* noch auf andre Weise das *tertium comparationis* zwischen *minor* und *major* seyn. Er kann eine *Scheidewand* seyn zwischen *major* und *minor*, einen derselben in sich schließen, den andern ausschließen, und dadurch anzeigen daß beide keine Gemeinschaft haben. Dies ist bei der 2ten Figur. Er kann ferner das Bindeglied übrigens heterogener Sphären seyn, indem *major* und *minor* sich nicht berühren, der *medius* aber theilweise in beiden liegt und dadurch eine Uebereinstimmung zwischen heterogenen Dingen anzeigt: oder aber auch wenn *major* und *minor* sich größtentheils decken, kann er in einem von beiden allein liegen, und nicht in dem andern, wo er dann anzeigt daß zwei Begriffe, bei aller Uebereinstimmung, doch in einem Punkte differiren. Dies ist bei der 3ten Figur.

Der Gedankengang ist bei diesen Schlüssen wirklich ein andrer als bei denen der 1sten Figur und dennoch sind sie Schlüsse, nach der gegebnen Erklärung. –

Viele leugnen dieses jedoch, seitdem Kant sich dagegen erklärte, in seiner Abhandlung »über die falsche Spitzfindigkeit der vier syllogistischen Figuren« [1762]. – Kant behauptet nämlich, die drei andern Figuren wären bloße Versetzungen der ersten; und glaubt dies dadurch zu beweisen, daß jeder Schluß einer andern Figur kann zurückgeführt werden auf einen in der ersten. Aber erstlich geschieht dies nur dadurch, daß zwischen die Prämissen eines solchen Schlusses mehrere Conversionen und Kontrapositionen seines Inhalts gesetzt werden, und man so nach einer langen Gedankenreihe zuletzt sein Resultat im Schlußsatz der 1sten Figur erhält. Sodann beweist dies höchstens daß die 1ste Figur die vollkommenste wäre, indem jeder Gedanke zuletzt ihre Gestalt annehmen kann: sehr natürlich: grade Subsumtion eines Begriffs unter einen weitern und dieses wieder unter einen weitern ist die einfachste und wesentlichste Vernunftoperation: es ist der bloße Rückblick von einer weitren Abstraktion, auf die engern.

[Daneben am Rand: Die 1ste Figur entsteht sobald ein Begriff (der *medius*) von einem andern das Subjekt und von einem dritten das Prädikat ist: diese beiden Begriffe treten dann (in der *conclusio*) selbst in das Verhältniß von Subjekt und Prädikat und zwar in derselben Ordnung, d. h. der welcher Prädikat des *medius* war wird Prädikat dessen welcher Subjekt des *medius* war: Wir werden weiterhin sehn, daß die 2te Figur entsteht wenn ein solcher Begriff *(medius)* von zwei verschiednen Subjekten das Prädikat ist; und die 3te Figur: wenn er von zwei verschiednen Prädikaten das Subjekt ist.] [Fußnote: Die größere Vollkommenheit der 1sten Figur geht auch daraus hervor, daß sie die einzige ist welche einen allgemein bejahenden Satz als Conclusion geben kann, denn die allgemein bejahenden Sätze sind immer die wichtigsten und schätzbarsten. Imgleichen läßt die erste Figur

Schlüsse zu in jeder Qualität und Quantität: *A E I O;* hingegen die andern Figuren sind in ihrer *Conclusio* engen Bestimmungen unterworfen: die 2te Figur giebt immer nur eine verneinende Konklusion; die dritte immer eine partikuläre. – Jedoch ist vielen Gedanken die 2te und 3te Figur natürlich und wesentlich, und wenn man sie in die 1ste Figur transponirt, so nehmen sie sich sehr gezwungen aus: z. B. es ist ein Schluß der 3ten Figur:

> Einige Thiere können sprechen
> Alle Thiere sind unvernünftig
> Also können einige Unvernünftige sprechen.

In die 1ste Figur versetzt heißt es:

> Alle Thiere sind unvernünftig
> Einiges das sprechen kann ist ein Thier!
> Einiges das sprechen kann ist unvernünftig:
>   wie matt!]

Aber es beweist nicht daß die andern Figuren bloße Verdrehungen der ersten sind. Sie werden selbst davon urtheilen, indem wir jetzt zu den andern Figuren übergehn. Die Figur des Schlusses kündigt sich äußerlich an, durch eine andre Stellung der drei *termini*. In der bisher betrachteten Schlußart der 1sten Figur stehn die *termini* stets so:

Medius	*Major*
Minor	*Medius*
Minor	*Major.*

Dabei können alle Unterschiede in der Qualität und Quantität obwalten; und durch solche sind vier *modi* möglich. Erinnern Sie sich: *A, E, I, O*.

Barbara

Med.   Maj.
Aller Kohlenstoff brennbar.
 Minor   Med.
Diamant ist Kohlenstoff.
 Min.   *Maj.*
Diamant   brennbar

Celarent

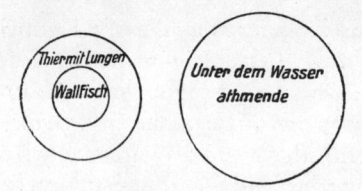

Med. *Maj.*
Kein Thier mit Lungen ist unter dem Wasser athmend.
Min. *Med.*
Alle Wallfische sind Thiere mit Lungen.
Min. *Maj.*
Kein Wallfisch ist unter dem Wasser athmend.

Darii [Bei *Darii* müßte die Sphäre »Wasserbewohner«, soweit sie nicht in der Sphäre »warmblütig« liegt, punktiert gezeichnet sein]

Med. *Maj.*
Alle Warmblütige haben Lungen.
Minor *Med.*
Einige Wasserbewohner sind warmblütig.
Min. *Maj.*
Einige Wasserbewohner haben Lungen.

Ferio [Bei *Ferio* müßte die Sphäre »Thiere«, soweit sie nicht in »Lungenlos« liegt, punktiert gezeichnet sein und bei dem gewählten Beispiel die Sphäre »Stimme habend« wenigstens partikulär einschließen]

Med. *Maj.*
Kein Lungenloses hat Stimme.
Min. *Med.*
Einige Thiere sind Lungenlos.
Min. *Maj.*
Einige Thiere haben keine Stimme.

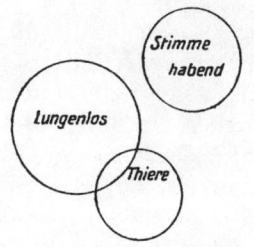

Barbara hat eine allgemein bejahende Conclusion: dies ist ihr eigen und daher auch der 1sten Figur eigen. *Alle andern Figuren geben immer nur entweder negative oder partikuläre Conclusionen.*

Dies sind die vier *modi* der 1sten Figur. Sie sehn daß in allen die Stellung von *Major, Minor* und *Medius* dieselbe bleibt. Darin besteht eben die Figur. Man kann die Praemissen selbst anders ordnen, die *propositio minor* voranstellen (dies nennt man eine *Metathesis);* dies ändert aber die Figur nicht: man sieht gleich daß die zweite Prämisse zuoberst gestellt ist. (Beispiele.) Es geschieht oft im Denken, Reden, Schreiben. Hingegen die drei übrigen Figuren haben andre Stellung nicht der Sätze, sondern der Begriffe, der *termini*. Die Kombination der möglichen Stellungen der *termini* giebt die vier Figuren an die Hand:

1.		2.		3.		4.	
Med.	*Maj.*	*Maj.*	*Med.*	*Med.*	*Maj.*	*Maj.*	*Med.*
Min.	*Med.*	*Min.*	*Med.*	*Med.*	*Min.*	*Med.*	*Min.*
Min.	*Maj.*	*Min.*	*Maj.*	*Min.*	*Maj.*	*Min.*	*Maj.*

aber das Wesen dieser Figuren, ihr eigenthümliches Begriffsverhältniß, wird uns die anschauliche Darstellung der Sphären zeigen, und wird uns beweisen, daß diese Figuren nicht bloß Verdrehungen der ersten Figur sind, entstanden durch bloße Versetzung der Zeichen bei demselben Verhältniß der Begriffe, d. h. der Gedanken: sondern daß die Begriffe selbst ein andres Verhältniß haben, der Grundgedanke ein andrer ist. Aristoteles hat nur die drei ersten: die vierte soll (nach einer Sage der Araber) von Galen erfunden seyn. Sie ist bloß die umgekehrte erste. Ihr liegt eigentlich kein besondres Verhältniß der Begriffe zum Grunde: sie ist ganz unnatürlich und wirklich nur die ganz auf den Kopf gestellte 1ste Figur: daher Aristoteles sie absichtlich nicht aufstellte.

Die bisher aufgestellten Gesetze gelten allein von der 1sten Figur. Jede der übrigen hat ihre eignen Gesetze: auch hat jede mehrere *modi*. Zu den vier Figuren giebt es 19 *modi*. Zur ersten 4, *Barbara, Celarent, Darii* und *Ferio*. – Zur zweiten, 4; zur dritten, 6: zur vierten 5. – Die Erfindung von Worten für alle *modi* der Figuren ist eine der wesentlichsten Verbesserungen welche die Logik seit Aristoteles erhalten: nämlich die Vokale dieser Worte bezeichnen genau die Qualität und Quantität der drei Propositionen des Syllogismus: die Konsonanten aber geben bei den *modis* der 2^(ten), 3^(ten) und 4^(ten) Figur an welche Umkehrungen mit den einzelnen Propositionen vorzunehmen sind, wenn man einen solchen Schluß in einen der ersten Figur verwandeln will.

S   *vult simpliciter verti*
P   *vero per accidens,*
M   *vult transponi,*
C   *per impossibile duci.*
    (ad Schulz, 130, ed. 1ᵃ.) [möglicherweise: G. E. Schulze, Logik, 1. Aufl. 1802]

Dadurch wird erreicht, was dem Geist der Scholastik zusagt, nämlich daß man ganz mechanisch, durch den Gebrauch des Gedächtnisses allein, wiewohl mit großer Anstrengung desselben, das thut, was die Vernunft ungelehrt und von selbst thun kann.

Wir wollen jetzt die drei übrigen Figuren durchgehn, die Begriffsverhältnisse darin auffinden, und die Gesetze aufstellen die sich daraus ergeben.

Zweite Figur.

Maj.	Med.
Min.	Med.
Min.	Maj.

Zuvörderst vier Beispiele nach den vier *modis* dieser Figur. (Zeichnen Sie solche auf, um nachher meinen Bemerkungen darüber folgen zu können: eben an unsern Betrachtungen über die verschiednen Kombinationen der Begriffe welche den verschiednen syllogistischen Figuren zum Grunde liegen, werden Sie tiefre Einsicht erhalten in das Wesen der Begriffe überhaupt, in den Mechanismus des Denkens und somit in die Natur unsrer Vernunft selbst. In früheren Zeiten trug man diese Dinge vor, als praktisch nützlich, zum Behuf des Denkens und Disputirens. Davon ist man zurückgekommen. Wir aber wollen sie in theoretischer Absicht betrachten, zur Erkenntniß des Getriebes der Vernunft, des Mechanismus des Denkens.)

Zuvörderst die Beispiele an vier *modis*. – Die anschauliche

Darstellung der Begriffssphären bezeugt sogleich ein ganz andres Verhältniß als bei der 1ˢᵗᵉⁿ Figur.

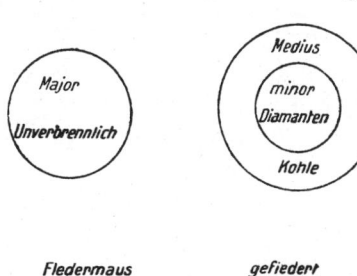

Cesare

Unverbrennliches Kohle
Kein *Major* ist *Medius*.

Diamanten Kohle
Alle *Minor* sind *Medius*.

Diamant unverbrennlich.
Kein *Minor* ist *Major*.

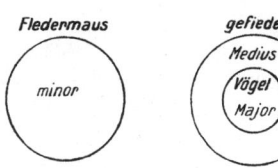

Camestres

Vögel gefiedert.
Alle *Major* sind *Medius*.

Fledermaus gefiedert
Kein *Minor* ist *Medius*.

Fledermaus Vogel
Kein *Minor* ist *Major*.

Festino [Bei *Festino* müßte für das gewählte Beispiel (das erst nachträglich mit roter Tinte hinzugefügt wurde) der *minor* den *medius* ganz einschließen, den *major* partikular und punktiert gezeichnet sein]

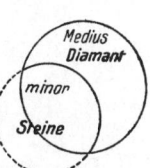

Unverbrennliches Diamant
Kein *Major* ist *Medius*.

Steine Diamanten
Einige *minor* sind *Medius*.

Steine Unverbrennlich
Einige *minor* sind nicht *Major*.

Barocco [Bei *Barocco* müßte für das (erst nachträglich) gewählte Beispiel der in den *medius* fallende, punktierte Teil des *minor* den *major* ganz einschließen]

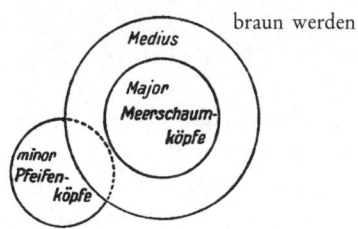

Meerschaumköpfe werden braun
Alle *Major* sind *Medius*.

Pfeifenköpfe werden nicht braun
Einige *minor* sind nicht *Medius*.

Pfeifenköpfe Meerschaumköpfe
Einige *minor* sind nicht *Major*.

Der Zweck ist hier zu zeigen, daß das, was *im Medius* liegt, nicht zusammenfällt mit dem was *außer* demselben liegt.

Der Medius (das Vermittelnde *tertium comparationis* [das zwei verglichenen Dingen Gemeinsame]) ist hier immer der weiteste Begriff: in ihm liegt entweder der *Major* ganz, oder der *Minor* ganz oder zum Theil: in Beiden Fällen sagt der Schlußsatz aus, daß weil der andre *terminus nicht* im *medius* liegt, er mit dem in diesem liegenden keinen Zusammenhang hat. Der *Medius* ist hier also allemal die *Scheidewand* zwischen *minor* und *major* (statt daß er in der 1sten Figur die Handhabe war), ist das *tertium comparationis negativum*. Daher der Schlußsatz allemal *negativ* ausfällt. *Das Gesetzmäßige* der Form besteht hier darin, daß der *Major* stets *ganz im* oder *ganz außer* dem *medius* liege. *Da die erste Prämisse* sein Verhältniß zum *medius* bestimmt; so muß sie (eben wie in der 1sten Figur) immer *allgemein* seyn, bejahend oder verneinend; *sit major universalis* [der Obersatz sei allgemein].

Der *Minor* muß allemal das *Entgegengesetzte* thun von dem was der *Major*. War dieser *im Medius*, so muß der *minor* ganz, oder wenigstens zum Theil *außerhalb* seyn: war der *Major außer* dem *Medius*, so muß der *minor* ganz oder wenigstens zum Theil *drinne* seyn. Da *die zweite Prämisse* das Verhältniß des *minor* zum *Medius* bestimmt; so wird sie stets negativ seyn, wenn die erste affirmativ war, und affirmativ, wenn die erste negativ: daher: *altera sit negans* [eine von beiden (Prämissen) sei verneinend]: der *Quantität* nach ist sie frei, und bestimmt darin die *Conclusio*. Immer aber muß *eine* der Prämissen negativ seyn.

Also die Gesetze dieser Figur sind:
1) Die Propositio major muß universal seyn (wie bei der ersten Figur).
2) Eine der beiden Prämissen muß negiren: affirmirt die erste, so *muß* die zweite negiren: *was bei der 1sten Figur nie seyn darf*. *Altera sit negans, nec sit major specialis* [eine von beiden (Prämissen) sei verneinend, und der Obersatz sei allgemein].

Weil hier die ganze Operation ein *Trennen* der beiden Begriffe mittelst der Scheidewand des *Medius* ist; so ist die *Conclusio* allemal *negativ:* denn eine Prämisse muß negiren und *conclusio sequitur partem debiliorem* [der Schlußsatz folgt dem schwächeren Teil]: also hat die *Qualität* hier keine Variation. Die *Quantität* der *conclusio* richtet sich nach der der zweiten Praemisse, da diese das Verhältniß zwischen *minor* und *Medius* bestimmt; nämlich ob der *Medius* ihn ganz oder zum Theil aufnimmt oder ausschließt, stets im Gegentheil des *major*.

Sie sehn, daß der *terminus medius* obwohl auch hier das *tertium comparationis*, doch auf eine ganz andre Weise dies ist, als in der 1sten Figur: er trennt *major* von *minor* dadurch, daß er eins derselben in sich aufnimmt, das andre aber nicht: demnach dient er einen Unterschied zwischen beiden aufzustellen. Die 2te Figur ist daher die natürliche Form unsers Gedankenganges, wann wir Begriffe trennen, Dinge *unterscheiden* wollen, und hiezu karakteristische Merkmale ihres Unterschiedes aufstellen. Wir gebrauchen also die 2te Figur hauptsächlich wenn wir Verwechselung und Konfusion der Begriffe verhüten wollen. In allen solchen Fällen ist sie die natürliche Form des Gedankens, nicht die erste. Der 1sten Figur lag die Einsicht zum Grunde, daß eine Eigenschaft von der *Art* gilt, weil sie von der *Gattung* gilt: so hat die 2te Figur den Grund-Gedanken, daß eine Art von Dingen nicht zu einer Gattung gehört, weil ihnen eine wesentliche *Eigenschaft* dieser Gattung mangelt. Wir denken in solchen Fällen in der 2ten Figur, jedoch meistens contrahirt: den *medius* als Unterscheidungsgrund aufstellend: z. B. »Die Fledermäuse sind keine Vögel: denn sie sind nicht *gefiedert (medius)*«. – »Einige Pfeifenköpfe sind nicht Meerschaum: denn sie *werden* nicht *braun*.« Man kann *das ganze Wesen der 2ten Figur* auch höchst einfach so erklären (und dies ist zugleich die Anweisung einen Schluß der 2ten Figur augenblicklich zu Stande zu bringen): sie entsteht, sobald ein und dasselbe Prädikat (der *medius*) von zweien verschiednen Subjekten dem einen beigelegt und dem andern abgesprochen wird: weil dadurch ein Verhältniß zwischen diesen beiden Subjekten hervorgeht, vermöge dessen das eine (das im Obersatze, der *major*) vom andern negirt werden muß, und zwar allgemein wenn beide Obersätze allgemein waren, oder partikular, wenn einer von jenen partikular war: dies geschieht in der *conclusio*. Man braucht also um einen Schluß der 2ten Figur zu machen nur ein Prädikat zu suchen das einem Subjekt zukommt, dem andern abgeht und dies in zwei Sätzen untereinander zu schreiben: jedoch muß einer dieser Sätze allgemein sein (gleichviel ob der negirende oder der affimirende) und der muß oben stehn. –

Jetzt wollen wir noch die Zurückführung der 2ten Figur auf die erste betrachten. Was die 2te Figur von der ersten unterscheidet ist daß im Obersatz der *Major* das Subjekt ist und der *Medius* das Prädikat; statt daß es in der ersten Figur umgekehrt ist. Daher wird die Zurückführung geschehn durch Umkehrung des Obersatzes.

Cesare.   *Maj.*   *Med.*
      Kein Unverbrennliches ist Kohle:

      (*Conversio simplex:*)
             Med.   *Maj.*
      Keine Kohle ist Unverbrennlich.
             Min.   *Med.*
      Alle Diamanten sind Kohle:
             Min.   *Maj.*
      Kein Diamant ist unverbrennlich.

Die Zurückführung ist also sehr leicht: bloß der Obersatz ist umzukehren. Sie sehn, daß in der 2ten Figur der Obersatz sich allemal muß umkehren lassen: da nun aber ferner die 2te Figur sowohl als die erste einen *allgemeinen* Obersatz verlangt; so muß der Obersatz der 2ten Figur allemal ein solcher seyn, der allgemein ist und auch indem er umgekehrt wird allgemein bleibt: Sie wissen, daß nur *allgemein verneinende Sätze* diese Eigenschaft haben: also muß eigentlich der Obersatz in der 2ten Figur stets allgemein verneinend seyn: hieraus folgt nun wieder daß in der 2ten Figur der Schlußsatz stets *negativ* ausfallen wird; denn die Qualität des Schlußsatzes richtet sich nach der des Obersatzes: also wird jeder Schluß in der 2ten Figur negativ seyn; wie wir es schon vorhin fanden. So folgen die Regeln wechselseitig aus einander. *Sic res accendunt lumina rebus* [So bringt eine Sache Licht in die andre (Lukrez, Von der Natur der Dinge, I, 1117)]. Die Regel also verlangt eigentlich, daß in der 2ten Figur der Obersatz stets negativ sei: *E* (obgleich als Regel nur aufgestellt wird daß einer von beiden negativ sei: *altera sit negans*) [Fußnote: Beispiel eines falschen Schlusses durch *bejahende minor*:

»In allen Heiligen bleibet, so lange sie leben, die Sünde«

»Ehebruch ist Sünde«:
»Ehebruch bleibet in allen Heiligen so lange sie leben.«
Daher: *in secunda figura ex puris affirmativis nihil sequitur.* [In der zweiten Figur folgt aus bloßen Bejahungen nichts]]: doch haben nur zwei *modi E*, *Cesare* und *Festino:* – *Camestres* und *Barocco* haben *A*, also allgemein bejahenden Obersatz. Diese Abweichung ist nun bei *Camestres* daraus erklärlich, daß dieser *modus* bloß zu Stande gekommen durch eine Metathesis, Versetzung der Praemissen: die zweite Prämisse ist eigentlich die erste: dies drückt das *m* (Metathesis) in *Camestres* aus. (Also: *Camestres* giebt in der 1sten Figur:

>Kein Gefiedertes ist eine Fledermaus (Umkehrung der zweiten Praemisse)
>Alle Vögel sind gefiedert (erste Prämisse)
>Kein Vogel ist eine Fledermaus: dieser Schluß *simpliciter* convertirt:
>Keine Fledermaus ist ein Vogel.)

Bei *Barocco* hingegen ist und bleibt der Obersatz allgemein bejahend: dennoch ist der Schlußsatz negativ, wie die 2te Figur es überall fordert. Als Grund wird angegeben, daß hier der Schlußsatz das *contradictorie oppositum* eines allgemein bejahenden Satzes und daher partikulär verneinend sei. Wir wollen indessen nicht gar zu tief in diese scholastischen Spitzfindigkeiten eingehn. *(NB.* die Reducirung von *Barocco* ist:

>Kein Nichtbraunwerdendes ist ein Meerschaumkopf
>Einige Pfeifenköpfe sind nichtbraunwerdend
>Einige Pfeifenköpfe sind nicht Meerschaumköpfe.

Die *Major* ist *kontraponirt*. Der Schluß ist in *Ferio* und sehr unnatürlich: *Barocco* hingegen hier die natürliche Denkweise. *Bei der Reduktion wird immer der Gedanke in eine unnatürliche Form gezwängt und man kommt nur durch Umwege zum Ziele.)*

Wir nehmen die dritte Figur vor.

>*Dritte Figur:*
>
>| Med. | Maj. |
>|------|------|
>| Med. | Min. |
>| Min. | Maj. |

Darapti [Bei *Darapti* müßte der *minor*, soweit er sich nicht mit dem *major* deckt, punktiert gezeichnet sein]

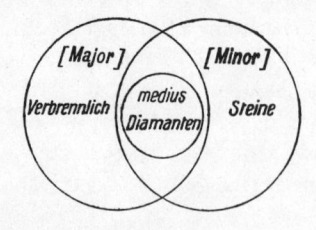

	Diamanten	Verbrennlich
Alle	*Medius* sind	*Major*.
	Diamanten	Steine
Alle	*Medius* sind	*Minor*.
	Steine	verbrennlich
Einige	*Minor* sind	*Major*.

Felapton [Bei *Felapton* müßte der *minor* punktiert gezeichnet sein, was aus Schopenhauers Zeichnung im Manuskript nicht ersichtlich ist]

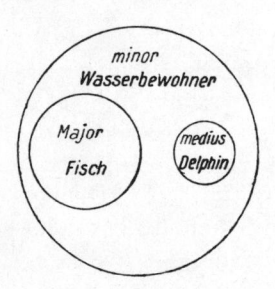

	Delphin	ein Fisch
Kein	*Medius* ist	*Major*.
	Delphine	Wasserbewohner
Alle	*Medius* sind	*Minor*.
	Wasserbewohner	Fische
Einige	*minor* nicht	*Major*.

Disamis [Bei *Disamis* müßte der *major*, soweit er außerhalb des *medius* und *minor* fällt, punktiert gezeichnet sein]

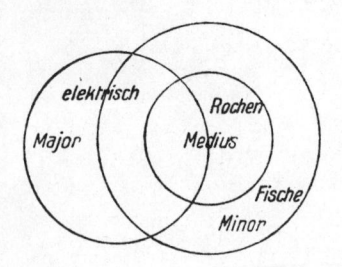

	Rochen	elektrisch
Einige	*Medius* sind	*Major*.
	Rochen	Fische
Alle	*Medius* sind	*minor*.
	Fische	elektrisch
Einige	*Minor* sind	*Major*.

Datisi [Bei *Datisi* müßte der *minor*, soweit er außerhalb des *medius* und *major* liegt, punktiert gezeichnet werden]

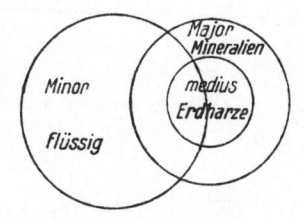

Erdharze   Mineralien
Alle *Medius* sind *Major*.

Erdharze   flüssig
Einige *Medius* sind *minor*.

Flüssige   Mineralien
Einige *minor* sind *Major*.

Bocardo [Bei *Bocardo* müßte der *major*, soweit er nicht im *medius* liegt, punktiert gezeichnet sein]

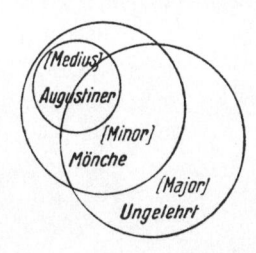

Augustiner   Ungelehrt
Einige *Medius* sind nicht *Major*.

Augustiner   Mönche
Alle *Medius* sind *Minor*.

Mönche   Ungelehrt
Einige *Minor* sind nicht *Major*.

Ferison [Bei *Ferison* müßte der *minor*, soweit er außerhalb des *medius* liegt, punktiert gezeichnet sein]

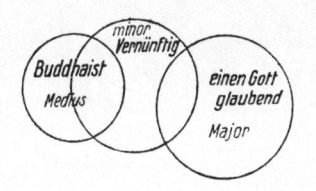

Buddhaist glaubt einen Gott
Kein *Medius* ist *Major*.

Buddhaisten   vernünftig
Einige *Medius* sind *minor*.

Vernünftige glauben keinen Gott
Einige *Minor* sind nicht *Major*.

Die *dritte Figur*, selbständig, hat folgende eigene Technik.

Der *Minor*, der bisher immer der *engere* Begriff war, ist der *weitere Begriff*, und enthält stets ganz oder zum Theil den *Medius*, das *tertium comparationis*, welcher hier stets der engste Begriff ist, stets enthalten, nie enthaltend. Derselbe *Medius* liegt nun nämlich ganz oder zum Theil entweder *in* oder *außer* dem *Major*, und an diesem seinem Verhältniß zum *Major*, wird der *minor* stets participiren mit dem Theil seiner Sphäre, die der *me-*

dius (das Bindeglied) einnimmt, *also immer nur zum Theil*. Da nun die *conclusio* das Verhältniß zwischen *Minor* und *Major* aussagt; so wird sie deshalb hier *immer partikulär* seyn müssen: daher: *conclusio sit specialis* [die Konklusion sei partikulär]. Die *Qualität* der *conclusio* folgt der ersten Prämisse, da diese *medius* und *Major* entweder trennt oder verbindet; woran der *minor* immer *für den Theil* participirt, welchen in ihm der *medius* einnimmt, welches dann die *conclusio* demnach aussagt. Die zweite Prämisse muß allemal *bejahend* seyn. *Sit minor affirmans* [der Untersatz sei bejahend]. Beide Prämissen sind übrigens frei in der Quantität: und dennoch ist, selbst wenn beide allgemein bejahen, *stets die conclusio partikulär*.

Sie sehn, daß bei dieser 3ten Figur
[Daneben am Rand: Die 3te Figur ist also die natürliche Form des Denkens beim Anmerken einer Ausnahme: nur wird sie selten *in extenso* ausgesprochen, sondern fast immer kontrahirt: der *medius* wird kurz angegeben als das Beispiel der Ausnahme, welches das Argument des Satzes ist: z. B.
Einige Wasserbewohner sind nicht Fische, wie die Delphine.
Einige Fische sind elektrisch, wie gewisse Rochen.
So denken wir also unzählige Mal in der 3ten Figur, nur sprechen wir sie nicht *explicite* aus: weil es bei dieser mehr als je überflüssig ist, indem das Bemerken der Ausnahme die Bekanntschaft mit der Regel voraussetzt.]
der *Medius* zwar wie immer das *tertium comparationis* ist, jedoch eine ganz andre Rolle spielt, als in den zwei ersten. In der ersten war er die Handhabe u. s. w. In der zweiten die Scheidewand u. s. w. Hier ist er der Anzeiger einer unerwarteten Differenz zweier sonst homogener Begriffe; oder auch einer unerwarteten Uebereinstimmung zweier sonst heterogener: er dient also immer auf eine *Anomalie oder Ausnahme* aufmerksam zu machen: daher wenn man aus dem Bestande vorhandner Wahrheiten oder Thatsachen sich eine *Anomalie* abstrahirt, so ist die natürliche Form des Gedankenganges hiebei die 3te Figur. Daher ist der Beweis eines *Paradoxon* wesentlich in der 3ten Figur. Eben so wenn eine Regel als allgemein aufgestellt wird, und man nun aber Fälle weiß auf die sie nicht paßt, so ist die natürliche Form des aus solchen *exemplis in contrarium* [aus solchen Beispielen für das

Gegenteil] gezognen Einwands die 3te Figur. Die Conclusion eines Schlusses der 3ten Figur *soll* ein Paradoxon seyn; ist sie's *nicht*, so ist die Figur überflüssiger und unpassender Weise angewendet. Der 1sten Figur lag die Einsicht zum Grunde, daß was Eigenschaft der Gattung ist, auch Eigenschaft der Art seyn muß, und was jener widerspricht, auch dieser: – der 2ten Figur, die Einsicht daß eine Art *nicht* zu einer Gattung gehört, weil ihr eine dieser Gattung wesentliche Eigenschaft abgeht: daher die *Conclusio* stets negative. Nun die Einsicht welche der 3ten Figur zum Grunde liegt, ist allemal, so oft die Conclusion verneint, diese, daß zwei nahe verwandte *Gattungen* doch verschieden sind, weil es eine *Art* giebt, die der einen angehört, der andern aber nicht: so oft aber die *Conclusio* bejaht, ist die Grundeinsicht, daß zwei sehr verschiedne Gattungen doch eine gemeinsame Art haben. Daher die *Conclusio* stets partikular. – Eben aus der Verschiedenheit der Grundeinsichten entspringen die verschiednen Figuren, sind verschiedne Formen, verschiedner Ueberlegungen. *Der Medius in der 3ten Figur* hat allemal die Funktion entweder zwei übrigens sehr verschiedene Sphären zu vereinigen, weil er unerwartet beiden angehört (z. B. *Darapti – Disamis. Datisi):* Oder auch umgekehrt zwei übrigens sehr übereinstimmende Sphären zu sondern, dadurch daß er einer angehört und der andern nicht (z. B. *Felapton, Bocardo, Ferison).*

Man kann *das ganze Wesen der 3ten Figur* auch erklären höchst einfach so (und dies ist sehr dienlich um eine 3te Figur zu Stande zu bringen): sie entsteht, sobald demselben Subjekt (dem *medius)* zwei Prädikate beigelegt werden, die man in zwei Sätzen untereinander schreibt *(illustr. exemp.):* denn hiedurch entsteht allemal ein gewisses Verhältniß zwischen diesen beiden Prädikaten so daß das eine vom andern zum Theil prädicirt werden kann, was in der *conclusio* geschieht: es ist dabei eigentlich einerlei welches von beiden Prädikaten das Subjekt und welches das Prädikat im neuen Satz vorstellt, weil dieser ein partikulär bejahender ist, der sich *simpliciter* convertiren läßt. Jedoch nimmt man das Prädikat des Untersatzes zum Subjekt der *Conclusio* weil dies nothwendig ist, im Fall die *conclusio* negativ ausfällt, was dann eintritt wenn dem obigen ursprünglichen Subjekt (dem *Medius)* die zwei Prädikate nicht beigelegt werden, sondern nur *eines* davon und das andre abgesprochen: also die 3te Figur entsteht wenn man dasselbe Subjekt *(medius)* mit zwei Prädikaten vergleicht, entweder beide ihm beilegend, oder nur eines, und das andre absprechend.

Betreffend die Zurückführung der 3ten Figur auf die erste, also ihre *Reduktion*, so hat man, wie bei allen Reduktionen, zuerst den *terminus medius* herauszufinden; er ist daran kenntlich, daß er in den beiden Prämissen zwei Mal vorkommen muß; dann ordnet man beide Praemissen nach der Regel der 1sten Figur. Nämlich die zweite Prämisse der 3ten Figur hat die beiden *termini* in umgekehrter Stellung der 1sten Figur: also ist die zweite Praemisse umzukehren: Bisweilen aber ist in der 3ten Figur die erste Prämisse *partikular*, was sie in der ersten nicht seyn darf: dann hat man zuvörderst eine Metathesis vorzunehmen: d. h. man macht die zweite Prämisse zur ersten: kehrt sodann die jetzt zur zweiten gewordne Prämisse um, *simpliciter* wenn sie ein bejahendes, und *per accidens* (d. h. mit Aenderung der Qualität) wenn sie ein verneinendes Urtheil ist. Z. B. *Disamis*.

a Einige Rochen sind elektrisch
b Alle Rochen sind Fische
Einige Fische sind elektrisch:

1ste Figur

b Alle Rochen sind Fische (ist die zweite Prämisse)
a Einige Elektrische sind Rochen (ist die *conversio* der ersten Praemisse)
Einige Elektrische sind Fische (der Schlußsatz muß *simpliciter* convertirt werden, weil durch die *conversio* der ersten Praemisse der *major* als *minor* auftritt und durch das Erheben der zweiten Praemisse zur ersten der *minor* zum *major* geworden:)
Einige Fische sind elektrisch.

[Daneben am Rand: Vortreffliches Beispiel von *Disamis* (3te Figur):

Einige Thiere können sprechen.
Alle Thiere sind unvernünftig.
Also einige Unvernünftige können sprechen.]

Sie sehn, daß für diesen Gedankengang, die 1ste Figur unnatürlich ist und nur auf Umwegen zum Ziele kommt. Es ist nicht natürlicher einen Schluß der 3ten Figur auf die erste zurückzuführen als einen der ersten auf die dritte; welches letztere nur da nicht angeht, wo die *conclusio* allgemein ist. Also ist es überflüssig hiebei zu verweilen. Betrachten wir noch die 4te Figur.

Vierte Figur.

Fesapo [Bei *Fesapo* müßte für das (erst nachträglich) gewählte Beispiel der *minor* den *major* partikulär enthalten und, soweit er in dessen Sphäre fällt, punktiert gezeichnet sein]

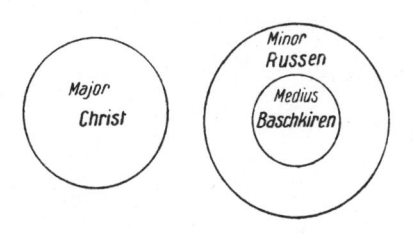

                    Christ   Baschkire
Kein *Major* ist *Medius*.

                Baschkiren   Russen
Alle *Medius* sind *Minor*.

                  Russen   Christen
Einige *Minor* nicht *Major*.
(Einige *Major* nicht *Minor*.)

Dimatis [Bei *Dimatis* müßte für das (nachträglich) gewählte Beispiel der *major* den *medius* noch ganz einschließen und, soweit er außerhalb des *minor* fällt, punktiert gezeichnet sein]

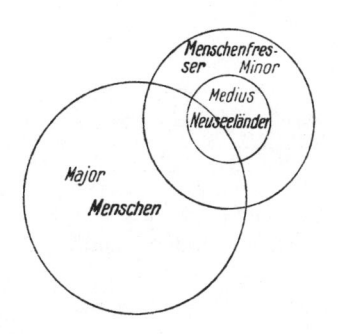

                Menschen   Neuseeländer
Einige *Major* sind *Medius*.

                Neuseeländer   Menschenfresser
Alle *Medius* sind *Minor*.

                Menschenfresser   Menschen
Einige *Minor* sind *Major*.
        (Einige *Major* sind *Minor*.)

Calemes

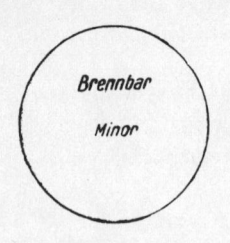

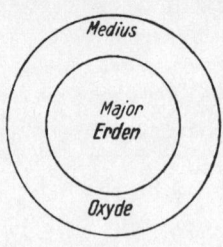

　　　　　　　　　　　　　Erden　　　Oxyde
　　　　　　　　　　Alle *Major* sind *Medius*.

　　　　　　　　　　　　Oxyd　　　brennbar
　　　　　　　　　　Kein *Medius* ist *Minor*.

　　　　　　　　　　　Brennbares　　Erde
　　　　　　　　　　Kein *Minor* ist *Major*.
　　　　　　　　　　(Kein *Major Minor*.)

Bamalip

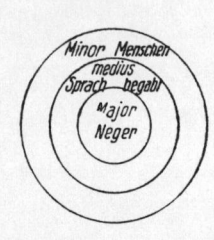

　　　　　　　　　Neger　　Sprachbegabt
　　　　　　　Alle *Major* sind *Medius*.

　　　　　　　Sprachbegabte　Menschen
　　　　　　　Alle *Medius* sind *Minor*.

　　　　　　　　　Menschen　　Neger
　　　　　　　Also sind einige *Minor*　*Major*.
　　　　　　　(Alle *Major Minor*.)

Fresison [Bei *Fresison* ist der *minor*, soweit er nicht im *medius* liegt, zu punktieren]

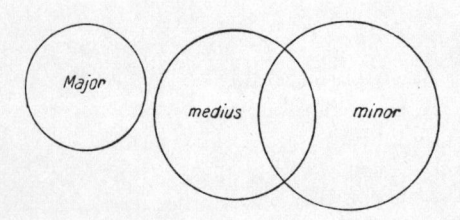

　　　　　　　　　　　　　Kein *Major* ist *Medius*.
　　　　　　　　　　　　　Einige *Medius* sind *Minor*.
　　　　　　　　　　　　　Einige *Minor* nicht *Major*.
　　　　　　　　　　　　　(Einige *Major* nicht *Minor*.)

Die 4te Figur ist die grade Umkehrung der ersten: die erste auf den Kopf gestellt. Statt daß dort der *minor* im *Medius*, und dieser in oder außer dem *Major* liegt, worin ihm denn der *minor* folgt; so liegt hier stets der *Medius* ganz oder zum Theil in oder außer dem *minor*, der *Major* aber wieder zum Theil oder ganz in oder außer dem *medius*. Daraus geht eigentlich nur und zwar nur zum Theil, hervor, wie der *Minor* Prädikat des *Major* ist; aber die *Conclusio* geschieht stets unmittelbar durch Umkehrung dieses

Ergebnisses wodurch der *Major* Prädikat des *Minor* wird, wie es in der *Conclusio* jedes Schlusses seyn muß. Also ist die angebliche *Conclusio* immer nur die Umkehrung der wahren, die ich in die Parenthese gesetzt.

Das einzige Gesetz, das sich *unbedingt* angeben ließe, wäre daß keine der beiden Prämissen partikulär-verneinend seyn darf: weil dies allen Zusammenhang, der hier sehr lose ist, ganz aufhöbe.

Sie sehn, daß die Benennungen *Major* und *Minor* hier gar nicht mehr passen. Diese sind von der 1sten Figur genommen: *Major* heißt der weitere, *minor* der engere Begriff: hier ist es umgekehrt. Sie führen aber den Namen wegen ihrer Stellung in den Propositionen; sofern der *Minor* allemal das Subjekt und [der] *Major* das Prädikat der *Conclusio* ist. – Weil in dieser Figur in beiden Prämissen die Stellung der *termini* die umgekehrte ist von der der 1sten Figur; so ist hier die *Reduktion* auf die 1ste Figur die Umkehrung beider Prämissen:

Fesapo.

> Kein Christ ist ein Baschkire
> *conversio simplex:*
> Kein Baschkire ist ein Christ.
> Alle Baschkiren sind Russen
> *conversio per accidens:*
> Einige Russen sind Baschkiren.
>
> *Einige Russen sind nicht Christen.*

So leicht ist es aber nicht immer: Wenn nämlich die erste Prämisse ein allgemein bejahender Satz ist, wie in *Bamalip* und *Calemes*, so wäre er nur *per accidens* zu convertiren, welches einen partikulär bejahenden Satz gäbe, der nie *propositio major* der 1sten Figur seyn kann. Man müßte dann Kontraponiren: das gäbe einen allgemein verneinenden Satz, aber da die Konklusion in der Qualität der ersten Prämisse folgt, so bekäme man negative Konklusion: sie soll aber in *Bamalip* bejahend seyn.

Ist ferner wie in *Calemes* die zweite Praemisse allgemein verneinend; so bleibt sie es auch nach der *Conversio;* aber die zweite Praemisse der 1sten Figur darf nicht negativ seyn.

Aus diesen Schwierigkeiten muß man sich durch die Metathesis helfen: (das *m* in *Calemes*).

Calemes.

> Alle Erden sind Oxyde
> Kein Oxyd ist brennbar
> Kein Brennbares ist eine Erde.

Metathesis: 1ste Figur.

> Kein Oxyd ist brennbar
> Alle Erden sind Oxyde
> Kein Erde ist brennbar.
>   *Conversio* der *conclusio:*
> Kein Brennbares ist Erde.

Dabei sind die Prämissen unverändert geblieben, aber offenbar der *Major* (Erde) zum *minor* geworden, und der *minor* (brennbar) zum *Major:* das kommt aber daher, daß die 4te Figur die auf den Kopf gestellte erste ist, und das was eigentlich *major* ist (der weitere Begriff), in ihr die Rolle des *Minor* spielen muß, und der *Minor* die des *major*.

Die drei ersten Figuren sind wirklich eigne und ächte Vergleichungsweisen zweier Begriffe durch einen dritten, zu dem ihr Verhältniß in jeder Figur auf eine andre Art gegeben ist. In der vierten ist dies nicht der Fall: es ist das Begriffsverhältniß der 1sten Figur, nur muß, durch Umkehrung aller Sätze, der *Major* die Rolle des *Minor* spielen. Die Schlüsse in der 4ten Figur entstehn nie von selbst, sondern werden alle gemacht durch Umkehrung der 1sten Figur. Diese kann auf zwei Weisen geschehn: 1. man kehrt beide Prämissen um, läßt aber den Schlußsatz unverändert. Aber die Prämissen lassen sich nicht immer *simpliciter* umkehren: dann 2. kehrt man den Schlußsatz um, d. h.

macht *terminus major* zu *terminus minor*: die Prämissen läßt man in sich unverändert, macht aber die zweite zur ersten, weil was *terminus minor* war, *terminus major* geworden ist. Daher ist diese Schlußart immer unnatürlich, und nie wird man in ihr denken. Am natürlichsten erscheint sie noch in *Fesapo:* aber doch ist offenbar der Ober-Satz desselben eine *Conversio:* Man wird nie ursprünglich denken »Kein Christ ist ein Baschkire«: sondern »Kein Baschkir ist ein Christ«: denn man nimmt immer den engern Begriff zum Subjekt, den weitern zum Prädikat.

Will man inzwischen auch der 4ten Figur einen vernünftigen Grundgedanken unterlegen; so wäre es dieser: die 1ste Figur hat immer den Zweck einen Fall durch eine allgemeine Regel zu *entscheiden:* daher sie den Fall der Regel subsumirt: die 4te, welche ihre grade Umkehrung ist, hat auch den umgekehrten Zweck: sie will nämlich eine Regel durch einen Fall *bestätigen*, der Fall soll der *Beleg* der Regel seyn: die Regel liegt in der *Conclusio*, der Fall in den Prämissen: *(illustr.* durch *Fesapo* und *Dimatis).*

Also die 1ste Figur sucht die Regel zum Fall: die 4te den Fall zur Regel.

Obgleich die drei ersten Figuren aus verschiednen Begriffsverhältnissen entspringen; so haben sie doch, weil sie immer Vergleichungen zweier Begriffe mit einem dritten sind, so viel Analoges und Gemeinsames, daß derselbe Schluß sich durch alle vier Figuren durchführen läßt, ohne Zwischensätze einzuschalten.

Da der äußere Unterschied der Figuren in der Stellung der *termini* der Prämissen liegt; in der 2ten Figur die erste Prämisse die *termini* in umgekehrter Ordnung der 1sten Figur hat; in der 3ten Figur dies mit der zweiten Prämisse der Fall ist: in der 4ten mit beiden; so muß man um jenes zu bewerkstelligen, Prämissen nehmen, die sich *simpliciter* convertiren lassen. Sie wissen, daß nur allgemein verneinende Sätze und partikulär bejahende in diesem Fall sind. Weil ferner die beiden ersten Figuren durchaus allgemeine Obersätze verlangen und die 1ste Figur einen bejahenden Untersatz: so müssen wir einen allgemein verneinenden Satz zur ersten Prämisse und einen partikulär bejahenden zur zweiten machen.

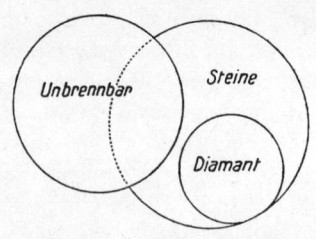

[Bei der Zeichnung müßte die Sphäre »Steine«, soweit sie in die Sphäre »Unbrennbar« fällt, punktiert gezeichnet sein]

$$\left.\begin{array}{l}\text{Kein Diamant ist unbrennbar}\\ \text{Einige Steine sind Diamanten}\end{array}\right\} 1^{\text{ste}}\text{ Figur.}$$

$$\left.\begin{array}{l}\text{Kein Unbrennbares ist Diamant}\\ \text{Einige Steine sind Diamanten}\end{array}\right\} 2^{\text{te}} \text{ „ .}$$

$$\left.\begin{array}{l}\text{Kein Diamant ist unbrennbar}\\ \text{Alle Diamanten sind Steine}\end{array}\right\} 3^{\text{te}} \text{ „ .}$$

$$\left.\begin{array}{l}\text{Kein Unbrennbares ist ein Diamant}\\ \text{Alle Diamanten sind Steine}\end{array}\right\} 4^{\text{te}} \text{ „ .}$$

Conclusio: Einige Steine sind nicht unbrennbar.

Allgemeine Regeln für die Schlüsse aller Figuren:

1) Der Schluß muß drei *termini* oder Begriffe haben; weder mehr noch weniger.
2) In der Konklusion muß weder mehr noch weniger liegen als in den Prämissen.
3) Der *Medius* darf nie in der Konklusion vorkommen.
4) Beide Prämissen dürfen nicht partikulär seyn: *ex meris particularibus nihil sequitur* [aus bloß partikulären (Prämissen) folgt nichts].
5) Beide Prämissen nicht negativ seyn: *ex meris negativis nihil sequitur* [aus bloß verneinenden (Prämissen) folgt nichts].
6) *Conclusio sequitur partem debiliorem* [der Schlußsatz folgt dem schwächeren Teil]: sie ist negativ sobald dies eine der Prämissen ist: und partikulär sobald es eine der Prämissen ist. Aber diese Regel gilt nicht umgekehrt, so daß die *Conclusio* nicht partikulär ausfallen könnte, wenn nicht schon die Prä-

missen partikulär sind: denn in der 3ten und 4ten Figur giebt es Schlüsse, wo beide Prämissen allgemein sind und die *Conclusio* doch partikulär. Hingegen verneinend kann sie nicht seyn wenn nicht eine der Prämissen verneint.

Besondre Regeln.
1) Für die erste Figur:
    a) Die *propositio major* sei universal.
    b) Die *propositio minor* sei bejahend.
    Sit minor affirmans nec sit major specialis.
2) Für die zweite Figur:
    a) Die *propositio major* sei universal.
    b) Eine der beiden Prämissen sei negativ.
    Altera sit negans, nec sit major specialis.
3) Für die dritte:
    a) Die *propositio minor* sei bejahend.
    b) Die *Conclusio* sei partikulär.
    Sit minor affirmans, conclusio sit specialis.

Ueber den wahren Sinn der drei Figuren.

Die *Conclusio* ist allemal ein Urtheil; eine Angabe des Verhältnisses zweier Begriffe: – der *Medius*, der nie in der *Conclusio* vorkommt, ist stets der *Grund* jenes Urtheils und liegt daher außerhalb desselben. Er kann nun seyn

1) (das ist in der 1sten Figur) ein Beilegungs- oder Absprechungsgrund d. h. eine durch den *medius* bestimmte *Entscheidung* ob das Prädikat dem Subjekt beizulegen oder abzusprechen: wir nennen ihn daher *Entscheidungsgrund:* allemal wird in der ersten Figur der gegebene *Fall* durch die allgemeine *Regel* entschieden: das ist der Karakter der 1sten Figur: – *(illustr.)* Cajus muß sterben: Grund: er ist ein Mensch: dadurch ist es entschieden. Dem *minor* als Art der Gattung die der *medius* ist, wird das Prädikat dieser Gattung beigelegt: er wird den Dingen zugezählt denen der *Medius* angehört oder nicht angehört: daher muß der *medius* allemal vom *minor* bejahend ausgesagt werden: und stets weiter seyn als dieser, ihn enthaltend. Dies geschieht in der *propositio minor*: daher *sit minor affirmans* [der Untersatz sei bejahend]. – *Nec major specialis* [und der Obersatz sei allgemein]:

d. h. der *medius* muß ganz in oder ganz außer dem *major* liegen, damit sein Verhältniß zu diesem ganz entscheidend sei für das des *minor* zu ebendemselben.

2) Ein *Unterscheidungsgrund*. Dies ist in der 2ten Figur. Wir *unterscheiden* indem wir ein Merkmal *einer* Art *absprechen*, das der *andern* zukommt. Also ist hier die *conclusio* stets *negirend*: eben so die *propositio major* oder eigentlich die *minor:* Der *medius* trennt hier *major* und *minor:* eines liegt darin, das andre draus: der *Medius* ist hier der *Isolirschemel* auf welchen der *Major* oder der *minor* gesetzt wird; während der andre dieser beiden nicht hinaufkann: daher was der Obersatz vom *major* ausgesagt hat, negirt der Untersatz vom *minor* und selbiges ist allemal das Enthaltenseyn oder Nichtenthaltenseyn im *medius*: *(illustr.):* so ist also der *Medius* hier stets der *Unterscheidungsgrund*. Er ist daher stets der weiteste Begriff: immer einen der andern enthaltend, nie enthalten. In der 1sten Figur ist die Beziehung des *minor* zum *major* wenigstens der Qualität nach stets *dieselbe* wie die des *medius* zum *major:* hier ist sie stets eine entgegengesetzte.

Z. E. Keine Fledermaus ist ein Vogel.
Unterscheidungsgrund: der *Medius* Gefiedert.

Einige Pfeifenköpfe sind nicht Meerschaum.
Unterscheidungsgrund: Braunwerden. *Medius*.

3) Der Grund jener beiden zusammengenommen, nämlich des Zuzählens und Unterscheidens zugleich, d. h. ein *Ausscheidungsgrund:* denn Ausscheiden heißt hinzuzählen und doch unterscheiden. Daher ist hier die *conclusio* stets partikular. Sie sagt aus daß eine Art von Dingen unter eine Regel gehören würde, aber dennoch davon auszunehmen ist: man könnte stets der *Conclusio* ein Doch beifügen. *(Illustr.)*

Z. E. Einige Steine sind verbrennlich.
Ausscheidungsgrund: Diamanten.

Einige Flüssige sind Mineralien.
Ausscheidungsgrund: Erdharze.

Einige Wasserbewohner sind keine Fische.
Ausscheidungsgrund: die Delphine.

Dies ist die 3te Figur. Sie participirt daher von der Beschaffenheit der erstern zwei. Wie in der 1sten Figur ist hier die Beziehung des *minor* zum *major* der Qualität nach stets dieselbe wie die des *medius* zum *major:* – aber sie ist es nur theilweise: der *major*, der dem *medius universal* beigelegt wird, wird dem *minor* nur *partikular* beigelegt: d. h. er wird ihm anderntheils abgesprochen; worin eben die Uebereinstimmung mit der 2ten Figur besteht, in der das Verhältniß des *minor* zum *major* das entgegengesetzte des Verhältnisses des *medius* zum *major* ist. Diese Participation an der Beschaffenheit der beiden ersten zeigt sich darin daß von der dritten wie von der ersten die Regel gilt *sit minor affirmans* [der Untersatz sei bejahend]: – und die *conclusio* stets partikulär ausfällt d. h. stets wenigstens zum Theil negirend: denn ein partikulär bejahender Satz ist indirekt ein partikulär verneinender. –

Daß es nur diese drei wahren Arten von Schlüssen giebt, d. h. daß der *medius* nur auf diese drei bestimmten Arten Grund des Urtheils, das die *Conclusio* aussagt, seyn kann, dafür hätte man eine Ableitung *apriori* aus dem Wesen der Vernunft zu suchen, worin es liegen muß. Ganz übereinstimmend damit ist es daß durch Versetzung der Stellung der *termini* ebenfalls nur drei Figuren heraus kommen, wenn man nämlich stets nur *eine* der Prämissen ändert:

Med.	*Maj.*	*Maj.*	*Med.*	*Med.*	*Maj.*
Min.	*Med.*	*Min.*	*Med.*	*Med.*	*Min.*

Der *Medius* kann sich selbst nur entweder diagonal entgegenstehn, oder rechts oder links senkrecht. Zu verwundern könnte bei der ganzen Sache dieses scheinen, daß den drei verschiedenen und sehr deutlich verschiedenen Arten wie der *Medius* Grund des Urtheils der *Conclusio* seyn kann, drei verschiedene Stellungen der Prämissen entsprechen, und zwar eben in Beziehung auf den *medius:* daß nämlich der *Medius* nur wenn er Entscheidungsgrund ist sich diagonal gegenübertritt; sobald er Unterscheidungsgrund ist aber rechts untereinander: und als Ausscheidungsgrund links.

Indessen läßt sich's begreifen: z. B. er wird Unterscheidungsgrund (2te Figur) nur dadurch daß er Isolirschemel wird, d. h. Prädikat sowohl des *Major* als *Minor*, aber vom einen negirt, vom andern affirmirt: alsdann muß er natürlich in beiden Prämissen die Prädikatsstelle einnehmen, d. i. rechts stehn.

Jeder Schluß ist die Determination des Verhältnisses zweier Begriffe (Minor und Major) zu einander aus dem gegebenen Verhältnisse jedes derselben zu einem dritten (medius); mit diesem können sie nun verglichen werden: 1) Einer von ihnen als sein Prädikat, und der andre als sein Subjekt: 1ste Figur. – 2) Beide als Subjekte desselben: 2te Figur. – 3) Beide als Prädikate desselben: 3te Figur. –

Die Uebereinstimmung zwischen dem eigentlichen Sinn der Figur und der Stellung der *termini* beruht auf folgendem.

Vermöge der Stellung wird der *medius* in der 1sten Figur stets verglichen mit dem *major* als dessen Subjekt und mit dem *minor* als dessen Prädikat und zwar so daß letzteres affirmirt wird: folglich *entscheidet* hier sein Verhältniß als Subjekt zum *major* über das Verhältniß dieses als Prädikat des *minor*.

In der 2ten Figur wird der *medius* nur *als Prädikat* verglichen mit den beiden andern und zwar muß er das Prädikat des einen seyn und des andern nicht: folglich wird er ihr *Unterscheidungsgrund*.

In der 3ten Figur wird vermöge der Stellung der *Medius* stets nur als *Subjekt* verglichen mit den beiden andern: und dadurch thut sich stets ein unerwartetes Verhältniß zwischen ihnen hervor: der *minor* muß stets Prädikat des *Medius* seyn: ist der *major* es auch, so zeigt sich eine theilweise Uebereinstimmung zweier heterogener Begriffe: ist er es nicht, so ist die *conclusio negans* [so ist die Konklusion verneinend], und es zeigt sich eine theilweise Verschiedenheit zwischen zwei Begriffen die man mit demselben Subjekt verglich: die *conclusio* ist stets particular. Also ist der *medius* hier *Ausscheidungsgrund* d. i. Angeber der Verschiedenheit zweier Begriffe die man mit ihm in der Eigenschaft seiner Prädikate verglich: oder Angeber ihrer Uebereinstimmung in dem einen Punkt daß sie von ihm prädicirt werden können.

Betrachten wir die *Schemata der Sphären*, so finden wir ebenfalls drei Fälle: in der 1sten Figur ist der *Medius* wirklich, wie sein Name angiebt, dem Umfange nach die *mittlere* Sphäre: d. h. er enthält stets den *minor* und liegt mit diesem entweder *im major* oder außerhalb: nie dieser in ihm.

In der 2ten Figur liegt er *nie im major*, sondern dieser entweder in ihm oder außerhalb, wo denn der *minor* in ihm liegt: so daß hier der *medius* stets die *einschließende*, also wesentlich die *weiteste* Sphäre ist. –

In der 3ten Figur ist er stets die *engste* Sphäre, die *eingeschlossene:* er liegt entweder im *major* oder im *minor* oder meistens in beiden zugleich.

Also auch von der Seite der Schemata ist die *apriori* vorhandene Möglichkeit erschöpft, indem der *medius* entweder die weiteste, oder die engste, oder die mittlere Sphäre ist. – Wir finden also die Möglichkeit drei Mal übereinstimmend erschöpft.

1) Drei Arten wie der *Medius* Grund des Urtheils der *conclusio* seyn kann: in jedem möglichen Schluß ist ers auf eine dieser drei Arten.

2) Drei mögliche Stellungen des *Medius* in den Prämissen:

$$\begin{array}{c|c|c} M \;—\; & —\; Med. & M \;— \\ —\; M & —\; Med. & M \;— \end{array}$$

3) In den Sphären: der *Medius* ist entweder die weiteste, oder die engste, oder die mittlere Sphäre.

Für diese drei Betrachtungsweisen der drei Figuren und ihr übereinstimmendes Resultat muß ein gemeinschaftlicher Grund im Wesen der Vernunft liegen.

Die 4te Figur habe ich bei dieser Forschung nach dem wahren Sinn der drei Figuren ganz bei Seite gelegt; da sie keine wirkliche Figur ist, sondern bloße Umkehrung der ersten, ein bloßes Spiel mit den *terminis* ohne wahren eignen Sinn: daher Aristoteles sie auch nicht berührt hat.

Sie hat keinen wahren eigenthümlichen Gedankengang: ist also keine eigenthümliche Schlußart.

Die Regel: *nota notae est nota rei ipsius:*
d. h. das Prädikat des Prädikats ist Prädikat des Subjekts
und: *repugnans notae repugnat rei ipsi:*
d. h. Was dem Prädikat widerspricht, widerspricht auch dem Subjekt,
sind nicht, wie Kant will, die obersten Regeln aller Vernunftschlüsse; sondern bloß die der 1sten Figur: denn diese allein hat ihr Wesen darin, daß das Prädikat des *medius* (d. i. der *major*) dem Subjekt (d. i. *minor*) beigelegt oder abgesprochen wird, je nachdem es dem *medius* selbst abgesprochen oder beigelegt war. Denn nur in der 1sten Figur ist der *medius nota* des *minor*, und der *major nota* des *medius*.

Für die 2te und 3te Figur sind demnach entsprechende Grundregeln aufzustellen, die aber nicht so leicht auszudrücken sind. Ich schlage vor: für die 2te Figur

 (a) für die *modi* mit verneinender *minor*)
  Cui repugnat nota, repugnat notatum:
 (b) für die *modi* mit bejahender *minor*)
  et notato repugnat id cui repugnat nota.

Deutsch: *a)* dem Subjekt dem ein Prädikat widerspricht, widerspricht auch das Subjekt dieses Prädikats: *b)* und dem Subjekt eines Prädikats widerspricht jedes Subjekt, dem jenes Prädikat widerspricht. –

Man sieht daß die zweite Hälfte des Satzes wegfallen kann, weil sie, wegen der unveränderten Konvertibilität allgemein verneinender Sätze, schon in der ersten Hälfte liegt. Auch kann man das Gesetz allgemein so ausdrücken:

Zwei Subjekte die zu einem Prädikat sich entgegengesetzt verhalten, werden von einander verneint.

Für die 3te Figur schlage ich vor:

 (a) für die mit bejahender *major*)
  Ejusdem rei notae a se invicem affirmantur (praedicantur) particulariter.
 (b) für die mit verneinender *major*)
  Nota rei particulariter repugnat notae eidem rei repugnanti. [Richtiger müßte es heißen: *Nota rei repugnans particulariter repugnat notae eiusdem rei.*]

Zwei Prädikate desselben Subjekts sind partikuläre Prädikate von einander:

und:

Dem Prädikat eines Subjekts widerspricht was dem Subjekt widerspricht, partikulär.

Wenn Sie, bei einem Ihnen vorgelegten Schluß, sagen sollen, von welcher Figur? so ist das Kennzeichen: in der ersten ist der *medius* Subjekt des Obersatzes und Prädikat des Untersatzes: in der zweiten ist er Prädikat sowohl des Ober- als Untersatzes: in der dritten Subjekt sowohl des Ober- als Untersatzes. In der vierten das umgekehrte der ersten; also Prädikat des Ober- und Subjekt des Untersatzes. Sie haben also zuerst den *Medius* herauszufinden: er ist daran kenntlich daß er in den beiden Prämissen zwei Mal vorkommt.

Wir haben bei allen diesen Schlüssen immer nur die Verhältnisse von drei Begriffen unter einander betrachtet, wo nämlich aus dem Verhältnisse zweier derselben zum dritten, das Verhältniß dieser beiden zu einander erkannt wurde.

Man kann nun aber *mehrere* als drei Begriffe so verknüpfen, daß sie durch Unterordnung insgesammt auf einen Schlußsatz führen, da wird das Verhältniß einer ganzen Reihe von Begriffen successive zu einander gegeben und dann daraus das Verhältniß des ersten und letzten Gliedes der Reihe zu einander erkannt. Dies giebt den kategorischen Kettenschluß, *sorites*. (Er ist nicht zu verwechseln mit der sophistischen Kaption *Sorites*.) Die 85. Epistel des Seneka giebt einen solchen, der zum Beispiel dienen kann:

Qui prudens est, et temperans est: qui temperans est, et constans: qui constans est, et imperturbatus est: qui imperturbatus est, sine tristitia est: qui sine tristitia est, beatus est: ergo prudens beatus est: (et prudentia ad vitam beatam satis est) [Wer klug ist, ist auch gemäßigt: wer gemäßigt ist, auch beständig: wer beständig ist, auch unerschüttert: wer unerschüttert ist, auch frei von Traurigkeit: wer frei von Traurigkeit ist, auch glücklich: also ist der Kluge glücklich: (und Klugheit ist zu einem glücklichen Leben ausreichend). (Seneca, ep. 85)].

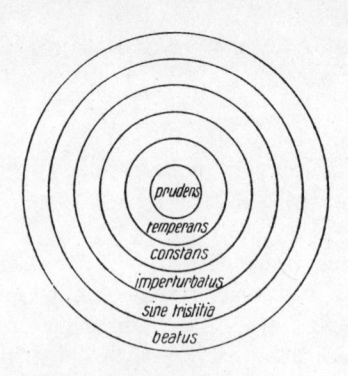

Jeder dieser Begriffe hat zunächst den ihn umschließenden zum Prädikat und dadurch mittelbar alle übrigen, auch den äußersten: sie sind also eigentlich alle schon in *prudens* gedacht, aber *implicite;* der Sorites giebt es *explicite* an.

Der gemeine Aristotelische, oder regressive Sorites geht vom engern zum weitern Begriff aufwärts, läßt sich auflösen in einzelnen Schlüssen, die insofern Prosyllogismen heißen, die ganze Kette derselben Polysyllogismus. – Der progressive oder Goklennianische Sorites geht abwärts vom weitesten Begriff bis zum engsten; wird aufgelöst in Episyllogismen.

Also:

Der Senekasche Sorites aufgelöst in Prosyllogismen

*Quicunque temperans est et constans est
quicunque prudens et temperans
qui prudens et constans est.*

*Qui constans imperturbatus
qui prudens constans
prudens imperturbatus.*

*Qui imperturbatus sine tristitia
prudens imperturbatus
prudens sine tristitia.*

*Qui sine tristitia beatus
prudens sine tristitia
prudens beatus.* [s. o.]

Sorites Goclenianus, sive progressivus, läßt sich auflösen in Episyllogismen:

> Qui sine tristitia est, beatus est;
> Qui imperturbatus est, sine tristitia est;
> Qui constans est, imperturbatus est;
> Qui temperans est, constans est;
> Qui prudens est, temperans est;
>
> Ergo qui prudens est, beatus est. [s. o.]

Die Schlußkraft des Sorites beruht auf dem ununterbrochnen Zusammenhang der Unterordnungen: daher die Regel: im Sorites kann nur das weiteste Urtheil (die höchste Regel) verneinen; und nur das engste Urtheil (die niedrigste Regel) partikulär seyn: denn durch Verneinungen oder partikuläre Sätze in der Mitte, würde der Zusammenhang unterbrochen. (Z. B. statt *beatus* »*non miser*« [nicht unglücklich].) Alle zusammenhängende Räsonnements, alle Beweisführungen bestehn aus solchen *sorites*, die gewöhnlich nicht in förmliche Polysyllogismen aufgelöst werden.

Von Schlüssen aus den Verhältnissen der Urtheile: d. i. von hypothetischen und disjunktiven Schlüssen.

Bis hieher haben wir bloß die Verhältnisse betrachtet, welche bloße Begriffe zu einander haben können. Jetzt schreiten wir zur Betrachtung der Verhältnisse ganzer bereits fertiger Urtheile zu einander, welche ebenfalls Schlüsse liefern, deren Stoff aber bereits fertige Urtheile sind. Nämlich bei allen bisher betrachteten Schlüssen ist der Obersaz eine Verknüpfung bloßer Begriffe, d. h. ein einfaches Urtheil, oder ein kategorisches Urtheil; welches einerlei sagt, denn alle einfachen Urtheile sind kategorisch. Nun aber kann auch eine Verknüpfung zweier Urtheile der Obersaz seyn und solche ist, wie oben gesehn, immer eine *hypothetische* oder eine *disjunktive* Verknüpfung: oder ein *hypothetisches oder disjunktives Urtheil*, wie man gewöhnlich es ausdrückt. Nun kann zu einem solchen zusammengesetzten, also hypothetischen oder disjunktiven Urtheil noch ein kategorisches Urtheil gefügt werden und das Verhältniß dieser Urtheile zu einander den Grund geben zu einem dritten Urtheil, d. h. einem dritten Urtheil Wahrheit ertheilen, welches folglich als Schlußsatz aus jenen beiden hervorgeht, d. h. aus jenen beiden als wahr erkannt wird. So also entstehn die *hypothetischen und disjunktiven Schlüsse*, die man auch *außerordentliche* Schlüsse genannt hat, welches beliebig ist. *(Exemplum.)* – Die früher gegebne Definition des Schlusses befaßt diese nicht mit, sondern bloß die kategorischen. Wollen wir diese mit einschließen; so müssen wir sagen: Schluß ist die Erkenntniß der Wahrheit eines Urtheils, aus der Vergleichung zweier andrer Urtheile. Die Definition ist weiter und deshalb unbestimmter, inhaltsleerer. Das Grundprincip der kategorischen Schlüsse ist der Satz vom Widerspruch: – das der hypothetischen Schlüsse der Satz vom Grunde: – und das der disjunktiven Schlüsse der Satz vom ausgeschloßnen Dritten. – Da man es hier nicht mit der Vereinigung und den Verhältnissen bloßer Begriffe zu thun hat, wie in den kategorischen Urtheilen und den Schlüssen aus ihnen; sondern mit bereits fertigen Urtheilen; so fällt die anschauliche Darstellung der Sphären der Begriffe weg.

Aus einem *hypothetischen Urtheil* entsteht der Schluß durch Hinzutritt eines andern kategorischen Urtheils, als *propositio minor;* und zwar auf zwei Weisen; nämlich diese kategorische *Minor* sagt entweder *die Wahrheit des Grundes* aus, woraus dann in der *conclusio* die Wahrheit der Folge geschlossen wird; dies heißt *modus ponens* [bejahende Schlußweise]: *atqui verum est prius; ergo et posterius* [der Vordersatz ist wahr, also auch der Nachsatz]; oder die kategorische Minor sagt die *Falschheit der Folge* aus, woraus die Falschheit des Grundes in der *conclusio* geschlossen wird; dies heißt *modus tollens* [verneinende Schlußweise]: *atqui falsum est posterius, ergo et prius* [der Nachsatz ist falsch, also auch der Vordersatz]. Denn die Regel aller hypothetischen Schlüsse ist: *a veritate rationis ad veritatem rationati, et a falsitate rationati ad falsitatem rationis valet consequentia* [Von der Wahrheit des Grundes auf die Wahrheit der Folge und von der Falschheit der Folge auf die Falschheit des Grundes ist der

Schluß gültig]. [Gerade an diesem entscheidenden Punkte verschrieb sich Schopenhauer und notierte: *a falsitate rationis ad falsitatem rationati valet consequentia.*] Nicht umgekehrt: denn der Grund macht die Folge nothwendig, ist die Folge *nicht*, so kann der Grund nicht seyn. – Aber die Folge macht nicht den Grund nothwendig; daher wenn auch der Grund nicht ist; so kann die Folge doch aus einem andern Grunde seyn.

Beispiel: *a veritate rationis: modo ponente:*
Wenn Cajus sich erhenkt hat; so ist er todt:
Nun hat er sich erhenkt:
Also ist er todt.

Nicht aber *a veritate rationati* [von der Wahrheit der Folge] *modo ponente:* nun ist er todt: also hat er sich erhenkt: denn u. s. w. Wohl aber *a falsitate rationati modo tollente:* nun ist er nicht todt: also hat er sich nicht erhenkt.

A veritate rationis:
Wenn Triangel gleiche Höhe und gleiche Grundlinie haben; so sind sie gleich.
Nun haben diese zwei Triangel gleiche Grundlinie und Höhe *(modo ponente):*
Also sind sie gleich.

Nicht aber *a veritate rationati:* Nun sind diese zwei Triangel gleich: also haben sie gleiche Grundlinien und Höhen: Denn sie können auch deshalb gleich seyn weil ihre Grundlinien und ihre Höhen im umgekehrten Verhältniß stehn. – Wohl aber *a falsitate rationati modo tollente:* Nun sind diese zwei Triangel sich nicht gleich: also haben sie auch nicht u. s. w.

Wenn die Planeten lebendige Wesen sind; so werden sie ihren eignen Gang gehn:
Nun gehn die Planeten ihren eignen Gang:
Also sind sie lebendige Wesen.
Das ist falsch, *a veritate rationati ad veritatem rationis.*

In allen diesen hypothetischen Schlüssen war die Minor kategorisch. Sie kann aber ebenfalls ein hypothetisches Urtheil seyn; wo dann die *Conclusio* ebenfalls hypothetisch ausfällt.

> Wenn es Vollmond ist; so sind die Nächte hell:
> Wenn der Mond mit Sonnenuntergang aufgeht; so ist es Vollmond:
>
> Wenn der Mond mit Sonnenuntergang aufgeht; so sind die Nächte hell.

Die erste Prämisse verbindet den Grund mit der Folge; die zweite giebt den Grund des Grundes: worauf die *Conclusio* auch diesen mit der Folge verknüpft.

Auch so:
> Wenn die Luft feucht ist; so äußert sich keine Elektricität:
> Wenn die elektrometrischen Kügelchen auseinandergehn; so äußert sich Elektricität:
>
> Wenn die elektrometrischen Kügelchen auseinandergehn; so ist die Luft nicht feucht.

Oder:
> Wenn der Stock im Winkel steht; so geht mein Herr nicht aus:
> Wenn es schön Wetter ist; so geht er aus:
>
> Wenn es schön Wetter ist; so steht der Stock nicht im Winkel.

Hier wird von dem Widerspruch zweier Folgen auf die Unvereinbarkeit ihrer Gründe geschlossen.

Ein *disjunktives Urtheil* zum Obersatz giebt *disjunktive Schlüsse:* der Untersatz bejaht entweder eines der Trennungsglieder und hebt dadurch die andern auf: *modus ponendo tollens* [die durch Bejahung verneinende Schlußweise]. – Oder er hebt alle Trennungsglieder bis auf eines auf; und bejaht dadurch dieses eine: *modus tollendo ponens* [die durch Verneinung bejahende Schlußweise].

Tollendo ponens.
 Das Licht ist entweder Materiell oder immateriell:
 Nun ist es falsch, daß es immateriell sei:
 Also ist das Licht materiell.
Apagogischer Beweis.

Ponendo tollens.
 Die Luft hat entweder Schwere; oder sie ist kein Körper.
 Nun hat sie Schwere.
 Also ist es falsch daß sie kein Körper sei.

Regel: *A positione unius contradictorie oppositorum ad negationem alterius; et a negatione unius ad positionem alterius valet consequentia* [Bei zwei kontradiktorisch Entgegengesetzten gilt der Schluß von der Bejahung des einen auf die Verneinung des anderen und von der Verneinung des einen auf die Bejahung des anderen]. Sind sie bloß *konträr*, nicht kontradiktorisch entgegengesetzt, so gilt der *modus tollendo ponens* nicht unbedingt; sondern bloß wenn die beiden Prädikate die Möglichkeit erschöpfen.

 Eine Rose ist entweder weiß oder roth:
 Nun ist sie nicht roth:
 Also ist sie weiß:

ist falsch weil sie gelb seyn kann: roth und weiß stehn sich bloß konträr entgegen. (Die Falschheit liegt aber nicht im Schluß; der ist richtig: sondern im Obersatz der eine falsche Disjunktion macht.) Nur eines kann wahr seyn: aber beide falsch: Darum läßt sich bei konträr entgegengesetzten, wohl *ponendo tollens;* aber nicht *tollendo ponens* schließen. Es sei denn daß man Evidenz darüber habe daß die Eintheilung die Möglichkeit erschöpft, z. B.

Ein Winkel ist entweder recht, oder stumpf oder spitz:
Nun ist er nicht stumpf, noch spitz:
Also ist er recht.

Ein hypothetisches Urtheil verknüpft mit einem disjunktiven, als Obersatz eines Schlusses ist das *Dilemma;* oder *syllogismus cornutus* [der Hörnerschluß]; (ist nicht zu verwechseln mit einem gewissen Sophisma, das *cornutus* heißt, davon *suo loco*).

Wenn Cajus das ihm anvertraute Pfand zurückgeben sollte;
so müßte er entweder ehrlich seyn, oder seinen Vortheil dabei haben:
Nun ist er aber nicht ehrlich und hat auch keinen Vortheil dabei:
Also wird er es nicht zurückgeben.

Das Dilemma steht der Sophistikation offen: weil oft mehr als die angegebenen Fälle möglich sind, und man einen verschweigt, grade den wahren.

Ein berühmtes *Dilemma* des heiligen Augustin's [De civitate Dei, XXII, 5] ist:

Wenn (wie es wirklich der Fall ist) das Christenthum sich schnell über die ganze Welt *(orbis Romanus)* verbreitet hat; so ist dies entweder durch die Autorität der es begleitenden Wunder geschehn, oder darone.

Im ersten Fall sind die Wunder wirklich geschehn.

Im zweiten Fall ist eine so schnelle und weite Verbreitung ohne Autorität der Wunder das größte Wunder von allen.

Also hat sich in jedem Fall das Christenthum durch göttliches Wunder verbreitet.

(Das heißt geredet, wie ein Kirchenvater.)

Ein berühmtes und heilloses falsches Dilemma war das des Omar, des Nachfolgers Mahomets, als der Feldherr Amru, nach der Eroberung Aegyptens ihn fragte, was mit der Alexandrinischen Bibliothek geschehn sollte, und er erwiderte: »Was diese Bücher enthalten, ist entweder dasselbe, was im Koran steht, oder es ist im Widerspruch damit: im ersten Fall sind sie überflüssig, im andern gefährlich: also werden sie verbrannt.« Er übersah das *Tertium*, daß sie Dinge enthalten von denen im Koran nicht die Rede ist, die ihm daher weder beistimmen, noch widersprechen.

Hypothetische Schlüsse lassen sich (wie die kategorischen) an einander knüpfen zu einem Kettenschluß *(illustr.), sorites*. Die disjunktiven Schlüsse lassen sich nicht zu einem Kettenschluß verknüpfen: weil sie nie sich einander subordiniren, sondern bloß koordiniren lassen.

Somit hätten wir alles Wesentliche der Syllogistik betrachtet. Sie sehn daß die disjunktiven und hypothetischen Schlüsse merklich andrer Natur sind als die kategorischen: diese beruhen auf der Natur der Begriffe unmittelbar: sie gehn vor sich nach dem Denkgesetz der Identität und des Widerspruchs. Die hypothetischen und disjunktiven aber beruhen auf dem Verhältnisse von Urtheilen zu einander: die hypothetischen Schlüsse beruhen auf dem Satz des Grundes in allen seinen vier Gestalten: von der Konsequenz des Obersatzes kann die bloße Logik oft gar nicht Rechenschaft geben, sondern dieselbe wird in vielen Fällen aus dem materialen Gehalt des Obersatzes erkannt. Die disjunktiven Schlüsse beruhn auf dem Denkgesetz des ausgeschloßnen Dritten; aber eigentlich nur wenn die Disjunktion kontradiktorisch ist: ist sie konträr, so wird ihre Richtigkeit nur aus dem materialen Gehalt erkannt. *(Exempla illustrent.)*

So verschieden also das Wesen der drei Arten von Schlüssen ist; so kann man es doch durch eine ihnen allen gemeinsame Definition erklären: nämlich ein Schluß ist die Erkenntniß der Wahrheit eines Urtheils aus seiner Subsumtion unter eine allgemeine Regel.

Nachdem wir bei den Schlüssen zuvörderst ihre *Quantität* und *Qualität* ausführlich betrachtet haben, aus welcher Betrachtung eben die Lehre von den Figuren hervorgieng; sodann gesehn haben welche Unterschiede aus der *Relation* des Obersatzes die Schlüsse zu kategorischen, hypothetischen oder disjunktiven machen, könnte noch gefragt werden in wiefern die *Modalität* als welche die vierte Bestimmung der Urtheile, die Schlüsse influenzirt und ändert. Aristoteles ist darüber sehr weitläufig gewesen: ist alle Figuren mit Rücksicht auf die Modalität durchgegangen, und hat Regeln aufgestellt. Man hat aber diesen Theil seiner Logik schon längst unbenutzt gelassen. Mit Recht. Die *Modalität* betrifft nicht objektiv die Begriffe, folglich auch nicht die Urtheile und Schlüsse; sondern sie bestimmt bloß mit welchem Grade von Sicherheit das denkende Subjekt die Urtheile als wahr setzt und annimmt.

Daher sind in Hinsicht auf Modalität bloß zwei allgemeine Regeln zu geben, die eigentlich nicht die Schlüsse objektiv betreffen, sondern subjektiv für die Befugniß des denkenden Subjekts zum Urtheilen und Schließen gelten.

1) *Ab esse ad posse valet consequentia: sed:*

A posse ad esse non valet consequentia [Von der Wirklichkeit gilt der Schluß auf die Möglichkeit: aber: Von der Möglichkeit auf die Wirklichkeit gilt der Schluß nicht]:

in der Praxis nicht zu vernachlässigen: in Hinsicht auf Hoffnung, Furcht, Verdacht.

2) *Ab opportere ad esse valet consequentia: sed:*

Ab esse ad opportere non valet [Von der Notwendigkeit gilt der Schluß auf die Wirklichkeit: aber: Von der Wirklichkeit gilt er nicht auf die Notwendigkeit].

Diese betreffen das Verhältniß der Möglichkeit zur Wirklichkeit: und der Nothwendigkeit zur Wirklichkeit.

In Hinsicht auf die *Wirklichkeit* für sich genommen, ließe sich allenfalls hinzufügen:

Facta infecta fieri nequeunt: Was geschehn ist, ist geschehn: und als Gegensatz:

Infecta fieri possunt: Was nicht ist, kann werden.

[Der gesamte folgende Appendix bis zum Kapitel »Bemerkungen über die Logik überhaupt« wurde für die »Dianoiologie« ausgearbeitet]

Wir sind jetzt sämmtliche Denkformen durchgegangen. Sie sind es, in denen die Vernunft alle ihre Funktionen ausübt, wodurch das zusammenhängende Denken zu Stande kommt. Jedoch sind die *Denkformen* nicht zu verwechseln mit den *Sprachformen*, das *Logische* nicht mit dem *Grammatischen*. Jede Rede und jedes Denken durch Worte besteht logisch aus Begriffen, Urtheilen und Schlüssen: aber die Sprachformen in die es sich kleidet sind sehr mannigfaltig und haben selten den streng logischen Zuschnitt.

Derselbe Begriff kann oft durch mehrere Worte ausgedrückt werden, umschrieben werden. –

Viele Kategorische Urtheile werden oft zu einem verknüpft, weil sie alle das selbe Subjekt oder dasselbe Prädikat haben. »Fische, Vögel, Amphibien, Insekten sind Thiere.« »Der Hund ist fleischfressend, treu, gelehrig, schaamlos und niederträchtig.« –

Hypothetische Urtheile werden nicht immer durch »wenn« und »so« ausgedrückt, sondern auf vielfältige Weise: »Die Neger haben Rechte, sofern sie Menschen sind.« »Unwissenheit ist Grund der Intoleranz«. »Die Erndte wird schlecht, weil es am Regen fehlt.« –

Eben so disjunktive, nicht immer durch »entweder, oder«: »Es giebt vier Arten des Parallelogramms; das Quadrat, den Rhombus, das Oblongum und das Rhomboid.«

Ein einziges Wort kann ganze lange Sätze vertreten: »Nur die Materie ist unzerstörbar«: heißt: »Unzerstörbar ist Prädikat der Materie und keines andern: daher kann die Sphäre Unzerstörbar nicht noch andre Eintheilungsglieder neben der Materie enthalten«.

Schlüsse werden selten förmlich und *in extenso* vorgetragen; sondern man läßt eine der Prämissen weg: entweder weil sie sich von selbst versteht, oder weil sie (bei hypothetischen und disjunktiven Schlüssen) aus der andern Prämisse hervorgeht. »Kant konnte irren, denn er war ein Mensch.« Hypothetisch. »Da die Luft ein Körper ist, so muß sie Schwere haben.«

»Cajus müßte allwissend seyn, um unser Geheimniß zu erfahren«: ist disjunktiv so:

Cajus ist entweder allwissend oder er erfährt unser Geheimniß nicht:

Nun ist Cajus nicht allwissend.

Also u. s. w.

Solche Weglassungen der Prämissen heißen *Enthymemata* (εν θυμῳ [im Sinn]). Schriftsteller welche Prämissen, Angaben ihrer Gründe, und allerlei entbehrliche Erklärungen und Zwischensätze weglassen, heißen enthymematische Schriftsteller:

ihre Sätze sind geistreich weil sie mit wenigem viel sagen: z. B. Tacitus: Rochefoucauld: Dante: Persius: Juvenal.

Man soll dem Leser etwas zu denken übrig lassen: damit er wach bleibe. Christian Wolf sagt alles und noch mehr. »*Le secret d'être ennuyeux c'est de tout dire.*« [Die Kunst langweilig zu sein, besteht darin, daß man alles sagt.] *Voltaire* [Discours sur l'Homme, VI, 172]. Weitläuftigkeit des Vortrags beweiset Schwerfälligkeit im Denken, Unglauben am schnellen Denken Andrer aus Erfahrung an sich selbst.

Nun aber giebt es ein andres Extrem, oder vielmehr einen Mißbrauch. Aechte enthymematische Schriftsteller werden von geistreichen Leuten ganz genau verstanden und können von diesen Jedem erklärt werden durch Paraphrase und Kommentar die *explicite* aussagen, was *implicite* darin liegt. Hingegen *Windbeutel* affektiren Enthymemata, wo sie keine haben; schreiben unzusammenhängendes, unverständliches, ja widersprechendes Zeug hin, wobei der Leser meinen soll, der Autor habe nur *ihm* zu viel zugetraut, es wären Enthymemen bei der Sache, die nur *er* nicht erhaschen könne, aber wohl Andre: er schämt sich daher zu sagen, daß er bei dem Buche gar nichts denkt, lieber giebt er vor, es vollkommen verstanden zu haben, und versichert es sei tiefsinnig: ein Andrer, der grade im selben Fall ist, stimmt mit ein: und so macht ein Windbeutel viele. So ein Schriftsteller mißbraucht den Kredit, den ihm der Leser schenkt, daß er Gedanken habe und mittheilen wolle: er giebt bloße Worte und Phrasen; käme es zur Realisation dieser Papiermünze, so würde er bankrott; es würde offenbar, daß die vermeinte Tiefe Bodenlosigkeit ist. Aber so entstehn herrliche dunkle Bücher, aus denen kein Mensch klug werden kann, geschrieben eigentlich in dem Vertrauen auf das was Mephistopheles sagt:

»Ich kenn' es wohl, so klingt das ganze Buch:
Ich habe manche Zeit damit verloren:
Denn ein vollkommner Widerspruch
Bleibt gleich geheimnißvoll für Kluge, wie für Thoren.
Mein Freund, die Kunst ist alt und neu.
Es war die Art zu allen Zeiten,
Durch Drei und Eins, und Eins und Drei

Irrthum statt Wahrheit zu verbreiten.
So schwätzt und lehrt man ungestört:
Wer will sich mit den Narr'n befassen?
Gewöhnlich glaubt der Mensch, wenn er nur Worte hört,
Es müsse sich dabei doch auch was denken lassen.«
[Goethe, Faust I, Hexenküche]

Die Wahrheit welche durch den Schluß zu Tage gefördert wird, ist an sich immer nur eine *logische* (Erinnerung an die vier Wahrheiten): d. h. eine *formale:* ob sie auch material sei, ist anderweitig auszumachen: hängt ab von der materialen Wahrheit der Prämissen. Der Schluß als solcher behauptet bloß die formale Wahrheit, d. h. die Richtigkeit der Folge aus den Prämissen, die Konsequenz: diese ist das Formale des Schlusses. Das Materiale liegt in den Prämissen: dies kann falsch seyn und der Schluß als solcher doch richtig, d. h. doch von logischer Wahrheit. Z. B.

»Jedes der vier Elemente ist untheilbar.
Wasser ist eines der vier Elemente.
Wasser ist untheilbar.«

So können andrerseits die Prämissen an sich wahr seyn, d. h. 1. logisch wahr, ohne Widerspruch: 2. empirisch wahr, d. h. von materialer Wahrheit; aber die *conclusio* falsch, weil die Form des Schlusses fehlerhaft ist, daher die Konsequenz, die eigentlich das Formelle des Schlusses ist, fehlt: so z. B. wenn ich in der 1sten Figur schließe mit partikulärer *Major:*

»Einige durch Magnetismus Hellsehende sind Betrüger
Cajus ist durch Magnetismus hellsehend
Cajus ist ein Betrüger.«

Die Logik bekümmert sich bloß um die formale Wahrheit.

Oder mit verneinender *Minor:*

»Alle Muhamedaner sind beschnitten
Moses ist kein Muhamedaner
Moses ist nicht beschnitten.«

Hingegen in der 2ten Figur ist die negative *Minor* zulässig:

        Maj.   *Med.*
Alle Muhamedaner sind beschnitten

 Min.   *Med.*
Cajus ist nicht Beschnitten

Cajus ist kein Muhamedaner.

Die Stellung der *termini* ist eine andre, dadurch ist es die 2te Figur, und es sind andre Gesetze eingetreten.

Inzwischen hat man die falschen Schlüsse, sie mögen es nun durch die Form oder die Materie seyn, seit dem Aristoteles zum Gegenstand einer besondern Betrachtung in der Syllogistik gemacht.

Falsche Schlüsse welche man wider Wissen und Absicht macht, sind *Fehlschlüsse, Paralogismen.* Zu ihrer Vermeidung ist gleichsam die ganze Logik bestellt, war es wenigstens ehemals. Ich halte sie zu praktischem Zweck für sehr überflüssig (wovon weiterhin). Mit gesunder Vernunft wird jeder Mensch alle Denkoperationen richtig vollziehn. Und ob Einer wirklich in der Form falsche Schlüsse für sich und in der Absicht richtig zu denken machen kann, ohne es zu merken, bezweifle ich. Wenigstens ist so viel gewiß, daß ernstlich gemachte *falsche Schlüsse* eine große Seltenheit sind, hingegen *falsche Urtheile* sehr häufig: aus den Urtheilen aber bestehn die Prämissen der Schlüsse. Gegen falsche Urtheile aber sichert keine Logik: denn die Urtheile entstehn durch ursprüngliche Uebertragung der anschaulichen Erkenntniß in die abstrakte; und sind das Werk der *Urtheilskraft:* (*suo loco*).

Also nicht sowohl die *Paralogismen* haben wir zu betrachten, als die *Sophismen,* Trugschlüsse, *Fallacia, elenchus sophisticus, cavillatio, captio* [Täuschung, sophistischer Gegenbeweis, Schikane, Fangschluß]. – Diese wollen wir näher betrachten, nicht sowohl damit Sie solche kennen lernen und sich davor hüten: damit hat es nicht viel Gefahr, es sind meistens Possen, die niemanden verleiten; als vielmehr weil einmal seit dem Aristoteles diese Dinge bekannt sind und darauf angespielt wird in philosophischen und andern Schriften: von der Amphibolie, der *petitio principii* [Erschleichung des Beweisgrundes], der *ignava ratio* [träge Vernunft] ist bisweilen die Rede: man muß das also kennen.

Da wir also die Sache mehr vom historischen Standpunkt betrachten, wollen wir auch vom Aristoteles ausgehn. Er beschließt das Organon mit einem besondern Buche über die Sophismen, *de elenchis sophisticis*. Ελεγχος heißt Ueberführung, sodann Widerlegung: Aristoteles definirt den *elenchus* als einen Schluß der das Gegentheil dessen, was der Andre gesagt hat, zur Konklusion hat: Ein Elenchus *sophisticus* nun leistet dieses nur *scheinbar*. Er *scheint* zu widersprechen dem was der Andre gesagt hat oder überhaupt dem was allgemein angenommen wird; oder gar der gesunden Vernunft; oder gar sich selber. Jene Definition giebt, wie sie soll, *genus* [und] *differentia*. (*Illustr.*) Das *Scheinbare* des sophistischen Elenchus betrifft nun entweder die *differentia:* also, daß der Schluß der Aussage des Gegners widerspricht, ist nur scheinbar: dann ist es eine *fallacia in dictione*, ελεγχος παρα την λεξιν, der Trug liegt in den Worten, nicht in den Gedanken. Oder das Scheinbare des sophistischen Elenchus betrifft das *genus*, also den *Schluß;* es ist kein richtiger Schluß: dann liegt der Trug wirklich in den Gedanken: es ist dann eine *fallacia extra dictionem*, ελεγχος σοφιστικος εξω της λεξεως.

Also [erstlich] die *fallaciae in dictione*, oder *secundum dictionem* sind meistens elende Pößchen, Wortspiele, Verfänglichkeiten in Worten: Aristoteles giebt sechs Arten an:

1) *Homonymia, aequivocatio* [Doppeldeutigkeit desselben Wortes]. Wenn ein Wort in zwei Bedeutungen gilt: wodurch der Schluß eigentlich vier *termini* hat, obgleich die Worte nur drei angeben:

Mus caseum rodit,
Mus syllaba est,
Ergo syllaba caseum rodit.
[Die Maus benagt den Käse
Maus ist eine Silbe
Eine Silbe benagt den Käse.]

Alles was schwer ist, hat ein Streben zum Mittelpunkt der
Erde:
Die Metaphysik ist schwer:
Also ------

Omne lumen potest exstingui:
Intellectus est Lumen:
Ergo Intellectus potest exstingui.
[Alles Licht kann ausgelöscht werden:
Der Verstand ist ein Licht:
Der Verstand kann ausgelöscht werden.]

Dies sind nicht die Beispiele des Aristoteles: die seinigen sind viel weniger frappant. Die Griechische Sprache giebt schon scheinbare Täuschungen, wo wir sie gar nicht einmal scheinbar finden. Im Französischen thuts jeder *Calembourg*. Dergleichen *fallacia ex homonymia* wäre es ferner, wenn ein bestochener Physikus ein *visum repertum* [Gutachten über den Befund] über einen Erschlagenen geben sollte und berichtete den Verstorbenen habe der Schlag getroffen. Sehr viele Trugschlüsse gehören eigentlich hieher: nämlich alle so vier *termini* haben, von denen der eine sich versteckt unter dem Worte das einen der drei andern bezeichnet: z. B.

1) Wenn ich sage daß deine Thesen Thesen sind; so sage ich die Wahrheit.
2) Wenn ich sage daß deine Thesen falsch sind; so sage ich daß deine Thesen Thesen sind.
3) Also wenn ich sage daß deine Thesen falsch sind; so sage ich die Wahrheit.

In der *Minor* wird der vierte Begriff eingeschwärzt: denn das »so sage ich daß deine Thesen Thesen sind«, bedeutet hier, »so setze ich voraus daß sie Thesen sind« – das ist aber nicht dasselbe mit dem im Obersatz vorkommenden *Medius* »Wenn ich sage daß sie Thesen sind« –.

2) Die *Amphibolie*, d. i. jede Zweideutigkeit des Ausdrucks, deren Aristotelische Beispiele sich deutsch nicht geben lassen, allenfalls Latein: *num, quod quis videt, hoc videt? videt autem*

columnam; videtne igitur columna? [Was einer sieht, sieht (er) das etwa? Er sieht aber die Säule; sieht also die Säule?] τον κιονα ὁραν λεγει: er sagt, daß er die Säule sehe; oder daß die Säule sehe.

> *Omnis liber Aristotelis possidetur ab Aristotele*
> *Hic tuus liber est Aristotelis*
> *Ergo hic tuus liber possidetur ab Aristotele.*
> [Jedes Buch des Aristoteles gehört dem Aristoteles
> Dieses dein Buch ist ein Buch des Aristoteles
> Also gehört dieses dein Buch dem Aristoteles.]

3 und 4) *Amphibolia et Homonymia ex compositione et divisione* (παρα την συνθεσιν και διαιρεσιν) [Zweideutigkeit und Doppelsinn der Worte infolge von Zusammensetzung und Trennung]. Einer sagt: 5 ist 2 und 3: der Andre antwortet: also zugleich grade und ungrade. Er nimmt getrennt was verbunden galt. –

>   *(dormiendi) (dormire)*
> *Quicunque habet potentiam scribendi is scribere potest:*
>
>   *(Vigilans)*   *(dormiendi)*
> *Homo dum legit, habet potentiam scribendi:*
>
>   *(vigilans)*   *(dormire)*
> *Ergo homo potest scribere dum legit.*
> [Wer die Fähigkeit hat zu schreiben (zu schlafen), der kann schreiben (schlafen):
> Der Mensch, während er liest, (der Wachende) hat die Fähigkeit zu schreiben (zu schlafen):
> Also kann der Mensch (der Wachende) schreiben, während er liest (schlafen).]

Hier wird das *dum legit* [während er liest] in der zweiten Proposition zum Homo [Mensch] gezogen: *homo, dum legit, habet potentiam scribendi* [hat die Fähigkeit zu schreiben], und da ist es wahr: aber in der *Conclusio* wird es zum *scribere* gezogen: *homo habet potentiam scribendi dum legit* und da ist's falsch. So daß durch das Trennen und Vereinigen des *dum legit* bald mit *homo* bald mit *scribere* der Schluß eigentlich fünf *termini* hat: 1) *habere potentiam scribendi*. – 2) *scribere posse*. – 3) *homo dum legit*. 4) *homo, simpliciter*. 5) *posse scribere dum legit* [1) die Fähigkeit haben zu schreiben, 2) schreiben können, 3) der Mensch während er liest, 4) der Mensch schlechthin, 5) schreiben können, während er liest].

Si omnes consentiunt ego non dissentio [Wenn alle einer Meinung sind, so bin ich nicht andrer Meinung]: das gehört zur διαιρεσις και συνϑεσις [Trennung und Zusammensetzung] wie auch folgende:

Athenienses posuerunt statuam auream coronam habentem [Die Athener errichteten eine Bildsäule, die einen Kranz trug aus Gold]. –

Janua aperta bono nulli claudatur honesto [Das Tor das offen dem Guten nicht Braven werd' es verschlossen]. –

Das Sophisma *ex compositione et divisione* beruht darauf daß ein Theil der Rede beliebig zum Subjekt oder zum Prädikat gezogen werden kann.

Ego te servum feci liberum [Ich habe dich Sklaven zum Freien gemacht. Oder: Ich habe dich Freien zum Sklaven gemacht].

5) *Fallacia per prosodiam*, durch den *Accent:* Aristoteles' Beispiele sind nur Griechisch zu gebrauchen und auch da dunkel.

> *Omnis incuria est reprehendenda*
> *Senatus est in curia*
> *Ergo Senatus est reprehendendus.*
> [Jede Nachlässigkeit *(incuria)* ist zu tadeln
> Der Senat ist in der Curie *(in curia)*
> Also ist der Senat zu tadeln.]

> *Omnia mala sunt detestanda*
> *Poma sunt mala*
> *Poma igitur detestanda.*
> [Alle Übel *(măla)* sind zu verabscheuen
> Diese Früchte sind Äpfel *(māla)*
> Diese Früchte sind zu verabscheuen.]

6) *Fallacia per figuram dictionis* [Täuschung durch die Redeform]. Wenn gleiche Redensarten verschiedene Verhältnisse ausdrücken und man diese absichtlich verwechselt. Ein Beispiel giebt ein Sophist im Euthydemos des Plato [vgl. 298 d–e], welches Gespräch überhaupt voll solcher Sophismen ist:

Hast Du einen Hund? – Ja. –
Hat er Junge? – Ja. –
Ist er der Vater der Jungen? – Ja. –
Also ist Dein Hund ein Vater und folglich Dein Vater ein Hund.

Franz I. sagte: Was mein Bruder Karl (V.) will, das will ich auch: nämlich Mailand.

Ein viel feineres gebraucht Plato im Alkibiades I, *p* 30. [116 b–c]. – Sokrates will dem Alkibiades beweisen daß das Edle *(καλον)* auch immer das Gute d. h. das Angenehme oder Nützliche *(αγαθον)* sei und frägt: Ὅστις καλως πραττει (edel handelt), ουχι και ευ πραττει (sich wohl befinden) [Wer edel lebt, lebt der nicht auch wohl?]; Αλκ. Ναι [Alk. Ja]. Σωκρ. Οἱ δε ευ πραττοντες, ουκ ευδαιμονες [Sokr. Sind die, die wohl leben, nicht glücklich?]; Alk. Ja. Σωκρ. Ουκουν ευδαιμονες δι᾽ αγαθων κτησιν [Sokr. Glücklich doch durch den Besitz von Gutem?]; Alk. Ja. Σωκρ. u.s.f. zuletzt το αυτον αρα εφανη ἡμιν καλον τε και αγαθον [Also als dasselbe ergab sich uns das Edle und das Gute].

Nun zweitens giebt Aristoteles sieben *elenchi sophistici* (oder *fallaciae*) *extra dictionem:* Trugschlüsse durch die Gedanken selbst, nicht durch die bloßen Worte.

1) *Fallacia ex accidente (παρα το συμβεβηκος)* [Täuschung durch die Nebenbestimmung]. Wo das was im Urtheile vom Prädikate gilt dem Subjekt dieses Urtheils unmittelbar beigelegt wird. Z. B. Koriskos ist nicht Sokrates. Nun aber ist Sokrates ein Mensch. Also ist Koriskos nicht ein Mensch: er ist kein Mensch.

2) *Fallacia a dicto secundum quid ad dictum simpliciter* [Täuschung (durch Schluß) von relativ gemeinter Aussage auf schlechthin gemeinte Aussage]. Wenn das was nur beziehungsweise gilt, schlechthin genommen wird. Z. B. Das Nichtseiende ist ein Wahn: also ist das Nichtseiende. – Ein Mohr ist weiß in

Hinsicht auf seine Zähne: also ist ein Mohr weiß. Von dieser Species werden wir nachher, bei Betrachtung der einzelnen berühmten Sophismen sehr gute Beispiele finden.

3) Die *ignoratio elenchi* [Unkenntnis der Widerlegungsgesetze]. Darunter versteht Aristoteles eigentlich die ganze Gattung der Trugschlüsse: oder vielmehr die subjektive Beschaffenheit des Streitenden vermöge welcher er den Trugschlüssen bloß steht. Der *Elenchus* d. i. die Widerlegung soll ein Schluß seyn der das Gegentheil des Satzes, den der Andre behauptet, beweist: dieses Gegentheil muß aber nicht bloß den Worten des Andern entgegenstehn, sondern dem Gedanken: es muß diesem nicht beziehungsweise, sondern schlechthin entgegenstehn: es muß gefolgert seyn aus einem bewiesenen oder anerkannt wahren Satz, nicht aus einem ertrotzten, oder erschlichenen, oder erbetenen Satze. Wer nun aber diese Erfordernisse des *elenchus*, der Widerlegung nicht weiß, also eine *ignoratio elenchi* sich zu Schulden kommen läßt, dem giebt man einen *elenchus sophisticus*, eine bloß scheinbare Widerlegung, und er läßt sich damit abfertigen, *propter ignorationem elenchi:* weil er nicht weiß, was eigentlich zu einer Widerlegung gehört.

Z. B. man demonstrirt ihm aus seinen eignen Sätzen daß zwei das Doppelte ist und nicht das Doppelte: denn es ist das Doppelte von eins; aber nicht von drei. – Das ist dann wieder die *fallacia a dicto secundum quid ad dictum simpliciter.* Also *ignoratio elenchi* ist das ganze *genus.* Dies ist die wahre Bedeutung der Aristotelischen *ignoratio elenchi* – in vielen Logiken wird sie falsch angegeben: z. B. daß sie bestehe darin, daß man dem Gegner eine falsche Meinung unterschiebt und diese bestreite.

4) Die *petitio principii* [Erschleichung des Beweisgrundes]. Diese ist ein sehr ernstliches Betrugsmittel beim Beweisen in jeder Art. Man legt seiner ganzen Beweisführung einen Satz als ausgemacht wahr zum Grunde, der erst selbst eines Beweises bedürfte und in dem meistens schon das zu beweisende steckt: dieser Satz wird entweder *ertrotzt:* d. h. man giebt zu verstehn daß wer ihn leugnet ein Narr seyn müsse; oder wohl auch ein schlechter Mensch. Z. B. Wenn man eine Ethik begründet durch den Satz: »Der Mensch ist moralisch frei«; oder eine Metaphysik (es giebt so eine), die da anhebt »Gott ist«; – oder das *principium*

einer Beweisführung wird *erschlichen:* es wird im Vorhergehenden so nach und nach eingeführt, stückweise, und mit einem Male wird es aufgestellt, als sei es erwiesen und ausgemacht; so hat eigentlich Kant die praktische gebietende Vernunft mit dem kategorischen Imperativ erschlichen. Oder das *principium* wird *erbettelt:* man redet lange hin und her, macht *captationes benevolentiae* und plagt den Leser bis er zugesteht was man zugestanden haben will. – Oder überhaupt man stellt sein *principium* hin, als verstände es sich von selbst und läßt sich gar nicht einfallen es zu untersuchen. Z. B. wenn man die Schöpfung der Welt beweisen will, hebt man an: »Alles was ist muß eine Ursache haben.« [Dazu am Rand: Oder: »Aus nichts kann die Welt nicht entstanden seyn«: da ist die *petitio,* daß sie überhaupt entstanden und ein Mal nicht gewesen sey: man hat stillschweigend vorher aus dem Daseyn der Welt ihr einstmaliges Nichtseyn gefolgert, was erst zu beweisen war.] Da ist noch erst die Frage, *woher man das weiß?* und an diese Frage knüpft sich die ganze durch Kant zu Wege gebrachte neuere Philosophie, gegen die alle frühere ein bloßes Träumen ist. Eine *petitio principii* ist es wenn Schelling, als er noch ein Fichtianer war, zum Grundstein seines Systems des transcendentalen Idealismus den Satz macht: »Entweder ist das Objektive das erste und das Subjektive kommt hinzu: oder das Subjektive ist das erste und das Objektive kommt hinzu«: dann wird *modo tollendo ponens,* das erstere aufgehoben und das letztre gesetzt. Aber beides ist falsch: denn es beruht auf der Annahme, daß Objekt ohne Subjekt, und Subjekt ohne Objekt seyn könnte, oder auch nur gedacht werden könnte; welches falsch.

Die *petitio principii* flicht oft in den zu beweisenden Satz schon den Grundsatz ein von dem der Beweis ausgeht: z. B. Kant in den Antinomien, will beweisen, daß die Materie nicht ins Unendliche theilbar ist; sondern die Theilung zuletzt auf Atome geräth: er drückt dies so aus: Thesis: »Jede zusammengesetzte Substanz besteht aus einfachen Theilen, und es existirt überall nichts als das Einfache, oder was aus diesem zusammengesetzt ist.« Da beweist er denn leicht daß wenn man die *Zusammensetzung* aufhebt, das Einfache übrig bleibt. – Aber im Wort *zusammengesetzt* liegt die *petitio principii:* sie ist »Jede Theilbare Substanz ist eine zusammengesetzte«. [Daneben am Rand: (Verschiedene Arten der *petitio principii* stellt Aristoteles auf *Topica Lib. 8, c. 11:* ich habe sie in der Dialektik benutzt) [Vgl. HN III, »Eristische Dialektik«, S. 666–695]]

5) *Fallacia consequentis*, παρα το επομενον: der Schluß von der Folge auf den Grund. »Wenn es geregnet hat, ist es naß: also wenn es naß ist, hat es geregnet.« Daß Einer an einem Morde theil genommen, wird bewiesen daraus, daß er um die Zeit nicht zu Hause gewesen, daß man einen Dolch bei ihm gefunden, daß er bei Erzählung des Mordes roth geworden u.s.w. Das alles kann ganz andre Ursachen haben. (Weiterhin, daß dies der Ursprung alles Irrthums.)

6) *Fallacia non causae ut causae* [Täuschung durch Annahme des Nicht-Grundes als Grund]. Wird in den neuern Logiken falsch so erklärt: Ist ein häufiger Trugschluß in der Physik, nämlich bei allen falschen Hypothesen: Z. B. wenn man das Brennen der Körper erklärt daraus daß das Phlogiston ausfährt. Das Spectrum des Prisma erklärt durch Theilung des Lichtstrals. Wenn der Arzt aus den Symptomen auf eine falsche Krankheit schließt, also eine Ursach des Uebelbefindens annimmt die gar nicht da ist.

Es ist der Fall so oft man schließt *cum hoc, ergo propter hoc* [zugleich mit diesem, also durch dieses]: Es ist Krieg und theure Zeit: die Ursache ist der Komet am Himmel. – Die Erndte ist durch Miswachs schlecht gerathen: die Ursache sind die Sünden der Menschen. Der Kranke ist *nach* der Arzenei gestorben: darum noch nicht *durch* die Arzenei. – Oder genesen. –

Aristoteles versteht aber etwas ganz anderes darunter: er nimmt *causa* für Argument, meint also einen *elenchus* aus einem Grunde der gar kein Grund ist. Sein Beispiel ist: Man will beweisen, daß Seele und Leben nicht dasselbe sind: folgendermaaßen: das Gegentheil des Vergehns ist das Entstehn: also hat ein bestimmtes Vergehn ein bestimmtes Entstehn zum Gegentheil: ein bestimmtes Vergehn ist der Tod, sein Gegentheil das Leben: also ist das Leben ein Entstehn und leben heißt entstehn: dies ist offenbar falsch: also ist auch falsch daß Leben und Seele dasselbe sind. – Das folgt gar nicht. – Der Beweis ist zwar richtig geschlossen, aber er thut nichts zum Problem. Aristoteles sagt daß solche Beweise häufig geführt werden, sogar so daß der sie Gebrauchende ihre Falschheit nicht merkt.

Es müßte zufolge des Aristotelischen Sinnes heißen: *fallacia non argumenti ut argumenti* [Täuschung durch Annahme des Nicht-Arguments als Argument]. Der Hörer hat einen richtigen Beweis vernommen und wird so verdutzt, daß er nicht merkt, daß der Beweis nicht die Sache trifft.

Ueberhaupt ist die *fallacia non causae ut causae* jeder Beweis aus einem unrichtigen Grunde: z. B. wenn man als Grund der Nothwendigkeit der Todesstrafe angiebt, der Verbrecher müsse unschädlich gemacht werden: jene Nothwendigkeit ist richtig, aber dies ist nicht ihr Grund. Die Angabe einer unrichtigen Ursach in der Physik kann zwar auch hieher gezogen werden; aber nur als eine untergeordnete Art: die *fallacia* erstreckt sich auf alle vier Formen der Gründe und Folgen, aber unmittelbar nur auf den Erkenntnißgrund: jedoch kann jeder andre Grund als Erkenntnißgrund auftreten.

Ferner gehören zu dieser *fallacia* alle *argumenta ad hominem* [Argumente (nicht allgemein, sondern nur) für den (betreffenden) Menschen (gültig)]: denn sie beweisen den Satz aus einem Grunde der objectiv falsch ist; aber für den Gegner gültig, weil er ihn aufgestellt hat.

7) *Fallacia plurium interrogationum: παρα το τα πλειω ερωτηματα εν ποιειν* [Täuschung durch Verquickung verschiedener Fragen] (auch *πολυζητησις?* [Vielsucherei]): daß man ganz verschiedne Fragen zu einer verknüpft und nur *eine* Antwort auf beide will, und dadurch den wahren Weg versperrt; weil sie nicht *eine* Antwort zulassen: »Ist eine Schlange ein Fisch oder ein Wurm?« – »Sind die Planeten näher an der Erde oder weiter von ihr als die Sonne?« – Diese *fallacia* hat eigentlich Statt so oft man zwei Untersuchungen verknüpft die eigentlich verschieden sind. Z. B. man frägt ob dieses oder jenes, z. E. Polygamie, mit Moral und Religion verträglich sei? – Aber es kann etwas sehr wohl mit der Moral und doch nicht mit der Religion bestehn können. Daher diese *fallacia* häufig.

Außer diesen *elenchis sophisticis* die Aristoteles aufzählt, giebt es noch einige schon *im Alterthum*, selbst vor Aristoteles, *berühmte Sophismen*, die man zur Zeit ihrer Erfindung sogar für unauflöslich hielt und αλυτα, *inexplicabilia* [unauflöslich] nannte. Sie entstanden in den Schulen der Eleatiker, Megariker, Stoiker und Sophisten und machten bei den Griechen viel Aufsehn. Viele dergleichen kann man finden im *Diog. Laërt. II, 108* [Buch II, 10, Eukleides].

Die merkwürdigsten sind folgende sieben:

1) Der αργος λογος, *ignava ratio* [träge Vernunft], ist ein Beweis, daß der Mensch nichts zu thun brauche.

> Was ich wünsche wird und muß entweder geschehn, oder nicht.
> Wird und muß es geschehn, so geschieht es auch ohne meine Thätigkeit.
> Wird und muß es nicht geschehn, so geschieht es auch durch meine Thätigkeit nicht.

Cicero führt dieses Sophisma an: *de fato*, 12; giebt auch die Widerlegung nach dem Chrysippos, deren eigentlicher Sinn dieser ist: es ist zwar alles vom Schicksal bestimmt: wie, erfahren wir erst hinterher: nur soviel wissen wir vorher, daß vom Schicksal nie bestimmt ist, daß irgend eine Wirkung ohne Ursache geschehe. Ist also die Wirkung vom Schicksal bestimmt, so ist es auch ihre Ursach: Ursach und Wirkung sind *confatalia* [Schicksalsgenossen]. Vorherbestimmt mag die Wirkung seyn aber sie ist es nur als Wirkung ihrer Ursache. Wollen wir also die Wirkung, so müssen wir die Ursach in Bewegung setzen.

2) *Fallacia polyzeteseos* [Täuschung in der Erforschung der Vielheit], *Fallacia acervalis, Sorites* [Täuschung bezüglich des Kornhaufens]: von σωρος, Haufen. – Macht ein Korn einen Haufen? – Nein. – Aber zwei? – Nein. – 10? – Nein. Sagt er etwa bei 99 noch Nein; aber bei 100, Ja: so heißt es: Du widersprichst Dir: Du sagtest ein Korn mache keinen Haufen. Cicero erwähnt es *Acad. quaest.* 2,16.

Es läßt sich zurückführen auf *fallacia a dicto secundum quid:* – ein Korn macht *simpliciter* keinen Haufen; aber *secundum quid* als das hundertste. – Variation: Wenn ich Dir ein Haar ausziehe, bist Du dann ein Kahlkopf? An welchem Tage wird ein Mädchen alt? –

3) Der *cornutus* [der Hörnerschluß]. – *Abjecistine cornua? – Abjeci. – Ergo habuisti. – Non abjeci. – Ergo adhuc habes.* [Hast du die Hörner abgeworfen? – Ja. – Also hast du welche gehabt. – Ich habe sie nicht abgeworfen. – Also hast du sie noch.] – Gehört zur *fallacia plurium interrogationum*. Rührt her vom Megariker Eubulides, nach *Diog. Laërt. Lib. 7.* [Buch VII, 7, Chrysippos] – Daneben am Rand: *Desierisne facere adulterium, an non?* [Hast du aufgehört, Ehebruch zu begehen, oder nicht?] – Es beruhte auf der Regel der Megarischen Dialektiker, beim Disputiren nicht mehr zu antworten, als man gefragt wird.

4) Der *Velatus*, εγκεκαλυμμενος [der Verhüllte], auch ein Sophisma des Megarikers Eubulides. Ein Verhüllter wird vorgeführt. – Kennst du deinen Vater? – Ja. – Kennst du diesen Verhüllten? – Nein. – Du widersprichst dir: Der Verhüllte ist dein Vater: Du kennst also deinen Vater und kennst ihn nicht. – Ist die *fallacia a dicto secundum quid:* – Ich kenne meinen Vater *secundum quid, wenn ich ihn sehe.* – Man nimmt auch die Elektra von Sophokles: sie kennt ihren Bruder und kennt ihn nicht. Sie weiß daß Orest ihr Bruder, nicht aber daß der Gegenwärtige Orest. Ist dargestellt in *Luciani* βιων πρασις [Lucians Versteigerung der Lebensweisen] als Gespräch zwischen dem Chrysipp und dem Käufer.

5) Der ψευδομενος, *mentiens* [der Lügner], auch vom Eubulides. – Wenn Einer sagt: »Ich lüge«. – Lügt er dann oder nicht? – Dieses Sophisma soll den Aristoteles sehr stutzig gemacht haben. – Chrysippos soll sechs Bücher darüber geschrieben haben: Philetas Kous soll sich darüber gar zu Tode studirt haben. – Man kann es ebenfalls zurückführen auf die *fallacia a dicto secundum quid.* »Ich lüge« kann eigentlich nicht *simpliciter* gesagt werden, sondern nur *secundum quid*, in Beziehung auf eine andre Aussage: und ist dann in dieser Beziehung wahr wenn die Aussage falsch, und falsch wenn die Aussage wahr ist. – *Cicero De Devin. II, 4.* [Gemeint sind Ciceros Academica priora] – *Quaest. Acad. II, 30. Diog. Laërt. VII, 119* [Kap. I Zenon]. –

Man wendet es aber auch so: Epimenides sagt: »Alle Kreter sind Lügner.« Er selbst aber war ein Kreter. Sagt er wahr, so ist eben darum sein Ausspruch eine Lüge: lügt er, so ist sein Ausspruch wahr, er also kein Lügner; sein Ausspruch aber eine Lüge und so *in infinitum*. – Denkt man sich unter Lügner, einen Menschen der immer lügt, so ist es nur dadurch zu lösen, daß wir behaupten ein solcher könne den Ausspruch der ihn selbst mit zu den Lügnern rechnet, gar nicht thun, weil es eben der Annahme daß er immer lüge widerspricht, indem er daran die Wahrheit sagen würde.

Dasselbe Sophisma läßt sich übertragen auf den Satz: »Keine Regel ohne Ausnahme«: dieser Satz ist selbst eine Regel; folglich gilt er auch nicht ohne Ausnahme; folglich hat er Ausnahmen; folglich giebt es eine Regel ohne Ausnahmen: dies ist aber grade die Ausnahme zu *dieser* Regel selbst: folglich ist der Satz durchgängig wahr; folglich hat er keine Ausnahme; folglich ist was er behauptet falsch und so *in infinitum*. Oder kürzer so: folglich hat auch dieser Satz Ausnahmen, folglich giebt es Regeln ohne Ausnahmen; folglich ist der Satz falsch: sollte aber er selbst seine eigne Ausnahme seyn; so ist er wahr; aber eben deshalb wieder falsch.

6) Der *Crocodilinus*. Das Krokodil hat ein Kind geraubt: verspricht es zurückzugeben, wenn die Mutter über das was es damit thun werde die Wahrheit sagt. Sie sagt: Du wirst es *nicht* zurückgeben. *Crocodil:* Du hast entweder die Wahrheit gesagt oder nicht: soll es die Wahrheit seyn; so erhältst du es nicht zurück: ist es nicht die Wahrheit, so behalte ich es nach dem Kontrakt. *Frau:* Habe ich die Wahrheit gesagt, so erhalte ich es nach dem Kontrakt wieder: soll es nicht die Wahrheit seyn, so mußt du es erst zurückgeben.

Man giebt dies für ein Dilemma aus: eigentlich sind es zwei Hypothesen aus denen jeder Theil eine andre Folgerung zieht. »Habe ich die Wahrheit gesagt; so erhalte ich es wieder.« »Hast du die Wahrheit gesagt, so muß ich es behalten.« – Es liegt daran daß hier die *Wahrheit der Aussage* eine *Bedingung* und eine *Folge* hat, die sich kontradiktorisch entgegengesetzt sind. Tritt die *Folge* ein, so hebt solche die *Bedingung* auf: tritt die *Bedingung* ein, so macht sie die *Folge* unmöglich. –

Ganz ähnlich ist die Anekdote vom Protagoras: *Gellii noctes Atticae: Lib. V, c. 10.* – Ein junger Euathlus nimmt Unterricht in der Beredsamkeit beim Protagoras, dem er dafür eine sehr große Summe verspricht. Die Hälfte zahlt er gleich: die andre

Hälfte soll er zahlen, wenn er den ersten Prozeß den er führt gewinnt; verliert er ihn, so zahlt er nichts. Nach beendigtem Unterricht nimmt er keine Prozesse an; bis endlich Protagoras auf Zahlung klagt.

Euathlus: Werde ich zur Zahlung verurtheilt; so habe ich den ersten Prozeß verloren und bin Dir nichts schuldig. Werde ich losgesprochen, so sprechen mich die Richter von der Verbindlichkeit zu zahlen frei.

Protagoras: Wenn Du verlierst, so verbindet Dich der Richter Spruch zur Zahlung. Gewinnst Du, so verbindet Dich der Kontrakt zur Zahlung.

Die Richter haben, um kein Urtheil zu sprechen, das sich selbst aufhöbe, den Prozeß immerfort unentschieden gelassen.

7) *Achilles.* Dies Sophisma wird dem Zenon Eleaticus zugeschrieben. Achilles, der schnellfüßige, kann die Schnecke nicht einholen, sobald sie irgend einen Vorsprung hat. Achill laufe noch ein Mal so schnell als die Schnecke. Diese habe eine Meile voraus. Kommt Achill ans Ende dieser Meile, so ist die Schnecke ½ Meile weiter. Kommt er ans Ende der halben Meile; so ist sie ¼ Meile weiter: kommt er ans Ende dieser, so ist sie ⅛ Meile weiter: kommt er ans Ende dieser, so ist sie ¹⁄₁₆ Meile weiter: so *in infinitum:* sie behält immer halb so viel Vorsprung als er zuletzt durchlaufen. – Dies Sophisma beruht auf der unendlichen Theilbarkeit des Raumes und darauf daß man immer nur frägt wann Achill den Fleck erreicht, den die Schnecke *schon verlassen hat:* und um diesen Punkt zu bestimmen theilt man die Meile in unendliche Theile: da ist das Ende einer unendlichen Reihe freilich nicht zu finden. Sagt man hingegen so: Achill läuft 2 Meilen in der Zeit daß die Schnecke *eine:* sie hat eine voraus, aber wenn sie am Ende der zweiten ist, ist Achill auch da. Aber eben um nicht zu diesem Ende der zweiten Meile zu kommen, theilt man sie in unendliche Brüche. – Eben so kann Einer an einer Flasche Wein Zeitlebens genug haben, wenn er immer Morgen nur halb so viel trinkt als heute.

Diese Sophismen sind ein uraltes Erbstück von den ersten Ahnherrn der europäischen Philosophen-Familie, sie werden von Geschlecht zu Geschlecht weiter überliefert. Sie dienen zu zeigen, wie die sekundäre abstrakte Erkenntnißweise zu Irrthümern und Misleitungen die Hand bietet, Gelegenheit giebt.

Bemerkungen über die Logik überhaupt.

[Die ursprünglich kürzere, mit Bleistift durchgestrichene Fassung des Kapitelanfangs lautet: Wir sind nunmehr alle wesentlichen Verhältnisse durchgegangen, die Begriffe und Urtheile zu einander haben können und haben eben darin alles das aufgestellt was den Inhalt jener alten und berühmten Wissenschaft ausmacht, welche *Logik* heißt. Inzwischen haben wir solche keineswegs *in extenso* durchgemacht, sondern nur den *Stoff* derselben betrachtet, wobei unsre Absicht bloß war, eine deutlichere Erkenntniß zu erlangen vom Wesen der Vernunft, als dem Vermögen der abstrakten, von den anschaulichen ganz verschiedenen Vorstellungen, und die Gesetzmäßigkeit im Verbinden und Trennen dieser Vorstellungen, d. h. eben im *Denken*, kennen zu lernen. Die eigentliche Logik, wie sie von Aristoteles ausgearbeitet und seitdem noch bereichert worden ist, hat diesen Stoff, welcher der Gegenstand unsrer Betrachtungen war, auf das Ausführlichste bearbeitet: sie giebt daher unzählige Regeln, nach denen man Urtheile bilden, umkehren, besonders aber zu Schlüssen gebrauchen soll: alle die Eigenschaften welche die Qualität und Quantität der Urtheile in einem Schluß ausmachen sind durch bestimmte Vokale bezeichnet, und die Art der Umkehrung der Prämissen, durch welche Schlüsse der 2ten, 3ten und 4ten Figur auf die 1ste zurückgeführt werden können, durch Konsonanten; diese sind dann dem jedesmaligen Vorhaben gemäß zu barbarischen Worten zusammengesetzt, die selbst und im Ganzen gar keine Bedeutung haben, während jeder ihrer Buchstaben etwas bedeutet. *Fresison, Bamalip, Dimatis, Calemes.* Im eigentlichen Vortrag der Logik führt man diese Sachen noch vor, wie man in einer Rüstkammer alte aus dem Gebrauch gekommene Waffen zeigt. Es waren Erleichterungsmittel um die Unzähligen Regeln zum Schließen, und zum Umkehren der Urtheile im Gedächtniß zu behalten und sie dann bei seinem Denken und Disputiren anwenden zu können. Denn man beabsichtigte in der That ... [Fortsetzung s. u., S. 376. Die für die »Dianoiologie« erweiterte Textfassung lautet:]]

Wir sind nunmehr alle wesentlichen Verhältnisse durchgegangen, die Begriffe und Urtheile zu einander haben können und haben eben darin alles das aufgestellt was den Inhalt jener alten und berühmten Wissenschaft ausmacht, welche *Logik* heißt, wobei unsre Absicht bloß war, eine deutlichere Erkenntniß zu erlangen vom Wesen der Vernunft, als dem Vermögen der abstrakten, von den anschaulichen ganz verschiedenen Vorstellungen, und die Gesetzmäßigkeit im Verbinden und Trennen dieser Vorstellungen, d. h. eben im *Denken*, kennen zu lernen.

Bekanntlich war Aristoteles der Begründer einer wissenschaftlichen Logik. Vor ihm hatte man nur einzelne abgerißne logische Regeln, bei Anlässen, sich deutlich gemacht und sie sehr unvollkommen ausgesprochen: so sehn wir in manchen Platonischen Gesprächen, einzelne logische Wahrheiten mühsam, weitschweifig und doch unvollständig ans Licht bringen: so stritten die Megarischen Dialektiker lange hin und her über die leichtesten und einfachsten logischen Grundsätze *(Sext. Emp. adv. Math. L. 8, p 112 seqq.).* Die Griechische Bildung jener Zeit hatte allerdings das Bedürfniß der Logik veranlaßt und sie durch aufgeworfne Probleme vorbereitet: aber Aristoteles war der erste der eigentliche Logik aufstellte, erfand und zugleich mit solcher Vollkommenheit sie darstellte, daß alle folgende Zeiten nur weniges hinzufügen konnten. (Die Indier, Kallisthenes *p 71* [Schopenhauer meint offenbar Pseudo-Callisthenes, Historia fabulosa, Lib. III, c. IV–XVI]. – *Asiat. researches Vol. 4. p 164.)*

Die Zusätze und Verbesserungen die allmälig zur Logik hinzukamen sind hauptsächlich: 1) Die Aufstellung der allgemeinen Denkgesetze als Anfangspunkt; erst spät: – 2) Die Erfindung der Bezeichnung der Quantität und Qualität durch Buchstaben, und demnach der *modi* der Schluß-Figuren durch Wörter deren Consonanten die Regeln der Zurückführung auf die erste Figur durch Umkehrung angeben. – 3) Die Betrachtung der hypothetischen und disjunktiven Schlüsse, während Aristoteles sich auf die kategorischen beschränkte: 4) Meine scharfe Sonderung der Begriffe von den anschaulichen Vorstellungen, d. h. den Dingen. (5) Die 4te Figur. Galenus.) Dagegen hat man manches als ganz unnütz fallen lassen was Aristoteles weitläuftig behandelt, besonders die Regeln für Schlüsse mit Prämissen deren Modalität *problematisch* ist. Die logischen Schriften des Aristoteles begreift man unter dem gemeinschaftlichen Titel Organon. Heut zu Tage werden sie höchst selten gelesen, da es ein wenig lohnendes und sehr schwieriges Studium ist, was sehr viel Zeit erfordert: denn sein Vortrag ist sehr dunkel, durch die lakonische Kürze seines Stils, dadurch daß er die Regeln *in abstracto* giebt, die Begriffe bloß durch *A B C* bezeichnet und nicht durch Beispiele, höchstens giebt er drei Begriffe an und sagt: »man setze sie zu einem Beispiel nach der Regel zusammen«: dies alles zusammen setzt den Leser in solche Verlegenheit; daß ihm ist, als lese er ein Räthsel-Buch. Sodann quält Aristoteles sich damit alle Regeln der Syllogistik zu *beweisen*, während sie als die Form der Vernunft selbst gar keines Beweises bedürfen, sondern einleuchten sobald sie verstanden sind, daher auch der Beweis eigentlich immer schon die zu beweisenden Regeln voraussetzt, denn er ist ja selbst schon ein Schluß. – Als eine Uebersicht und ausführliche Inhalts-Angabe des Organons empfehle ich *Thomas Reid, Analysis of Aristotles Logic;* sie ist dem ersten Band seiner *essays on the powers of human mind*, 1812, vorgedruckt; auch steht sie schon in *Lord Kames's Sketches of the history of man* 1773; – sie giebt auf 100 Seiten eine sehr gute Berichtserstattung über die einzelnen Bücher des Organons, berücksichtigt zugleich, die seitdem gemachten Zusätze zur Logik.

Man beabsichtigte in der That praktische Zwecke mit der Logik, daher sie nicht sowohl in Form von Theoremen als von Regeln und Vorschriften aufgestellt wird: sie heißt in dieser Beziehung Dialektik. Nämlich sie zerfällt eigentlich in *Analytik* und *Dialektik*. Analytik zerlegt das ganze Denken seiner Form nach in seine Bestandtheile, in Schlüsse, Urtheile, Begriffe, und betrachtet diese Theile selbst für sich und die Gesetze ihres Zusammenhangs im vernünftigen Denken: im Ganzen so wie wir es gethan haben. Die Dialektik aber lehrt zum praktischen Behuf den Gebrauch aller Denkformen, sowohl um die Wahrheit zu finden, als auch sie zu behaupten, sodann den Irrthum zu widerlegen und selbst nöthigenfalls ihn zu vertheidigen um sich durchzuschlagen: sie giebt daher Regeln rechte Schlüsse zu machen, seinem Zweck gemäß zu folgern, zu beweisen, Sophismen zu widerlegen, auch selbst welche zu machen u.s.f. Sie ist daher besonders auf das Disputiren gerichtet. Man kann sie daher mit der Fechtkunst vergleichen: die Analytik mit dem Erlernen der einzelnen Stöße und Paraden, die möglich sind und auf die man alles zurückführt; die Dialektik mit dem eigentlichen Kontrafechten: die Sophismen mit den Finten. Die Analytik oder Logik im engern Sinn trägt Aristoteles vor in den *Analytica priora [et] posteriora*. Die Dialektik in den *Topica, elenchi sophistici*. – Ich halte indessen dafür daß die Logik bloß ein *theoretisches* Interesse hat, um das Wesen, das Gesetzmäßige Verfahren der Vernunft kennen zu lernen: daß sie also bloß Analytik seyn soll und nicht Dialektik. Praktischen Nutzen um richtiger zu denken, um die Wahrheit zu finden, hat sie gar keinen, und selbst zum Disputiren wird die Kenntniß der Dialektik schwerlich helfen können und ein tüchtiger Mutterwiz, durch fleißige Uebung geschmeidig gemacht, wird den der alle dialektischen Regeln erlernt hat, immer schlagen. Wer sich zum Disputiren geschickt machen wollte, würde es viel besser erreichen durch fleißiges Lesen der Platonischen Gespräche, in denen viele die vortrefflichsten Beispiele dialektischer Gewandheit geben, besonders wo Sokrates den Sophisten Schlingen legt, und solche nachher zuzieht; – viel besser, als durch das Studium der dialektischen Schriften des Aristoteles: denn die Regeln dieser liegen vom einzelnen gegebenen Fall immer viel zu weit ab, als daß man sie anwenden könnte; und um sie herbeizuholen und dem Fall anzupassen ist keine Zeit. – Erstlich was die Wahrheit betrifft; so haben wir gesehn, daß die Logik nur auf die Formale Wahrheit, nicht auf die materiale führen kann. Wir stellten vier Arten der Wahrheit auf; darunter war die *Logische* die welche ein Urtheil durch ein andres begründet, jenem also nur eine relative Wahrheit ertheilt: nur metaphysische und empirische Wahrheit sind material und geben dem Wissen den Gehalt: wir werden *suo loco*, bei den Beweisen [davon reden]. Die Logik setzt das Vorhandenseyn der Begriffe voraus und lehrt nun wie man regelrecht damit zu operiren habe: sie bleibt aber immer auf dem Gebiet der Begriffe: ob es aber *in rerum natura* Dinge gebe die diesen Begriffen entsprechen, ob die Begriffe sich auf wirkliche Dinge beziehn, oder bloß willkürlich ersonnen sind: das geht sie nichts an: darum kann auch bei dem schärfsten und regelrechtesten Denken oft gar kein wahrhafter Gehalt seyn, und es sich um lauter Schimären drehen. So die Scholastik: so, viele höchst subtile Räsonnements bei willkürlichen Voraussetzungen: besonders in der Philosophie. – *Urtheile aus Urtheilen ableiten, ist alles was die Logik lehrt und was die Vernunft allein und abgesondert durch sich selbst vermag.* Um aber dieses regelrecht und ohne Fehler zu thun bedarf sie keiner Wissenschaft der Regeln ihres Verfahrens, sondern sie verfährt ganz von selbst regelrecht, sobald sie sich selbst überlassen bleibt. Es wäre eigentlich ganz entsetzlich zu denken, daß die Logik praktischen Nutzen hätte und man durch sie zum richtigen Denken angewiesen würde. Denn da müßte man annehmen, daß der welcher noch nicht Logik gelernt hätte in Gefahr sei Widersprüche zu denken, oder anzunehmen daß zwischen zwei kontradiktorischen Gegensätzen noch ein [Drittes] möglich sei, oder Schlüsse gelten zu lassen wie:

Alle Gänse haben zwei Beine,
Cajus hat zwei Beine,
Cajus ist eine Gans.

Und erst aus der Logik erführe er, daß man so nicht denken und so nicht schließen darf. Da wäre freilich die Logik sehr nützlich; aber das Menschengeschlecht übel daran. Dem ist natürlich nicht so. Es ist daher unpassend wenn man *Logik* sagt wo man *gesunde Vernunft* meynt: man liest bisweilen als Lob von Schriftstellern: »es ist viel Logik in dem Werk«: statt »es enthält richtige Urtheile und Schlüsse«: oder: »er sollte erst Logik studiren«: statt »er soll seine Vernunft gebrauchen und denken ehe er schreibt«. Der gesunde Mensch ist gar nicht in Gefahr falsch zu schließen: aber gar sehr *falsch zu urtheilen*. Falsche Urtheile giebt es in Menge: hingegen falsche Schlüsse im Ernste gemacht sind sehr selten, können bloß aus Uebereilung entspringen und werden berichtigt sobald man sich irgend besinnt. Gesunde Vernunft ist so allgemein, wie richtige scharfe Urtheilskraft selten. Aber die Logik giebt bloß Anweisung wie man zu schließen, d. h. wie man mit bereits fertigen Urtheilen zu verfahren hat; nicht wie man die Urtheile ursprünglich zu schaffen hat: denn dieser Ursprung liegt in der anschaulichen Erkenntniß, die außer dem Gebiet der Logik liegt: die Urtheilskraft ist es, die die anschauliche Erkenntniß in die abstrakte überträgt: und dafür hat die Logik keine Regel zu geben. Im Schließen wird Niemand fehlen: denn es besteht bloß darin, daß wenn ihm die drei *termini* gegeben sind, er ihr Verhältniß richtig erkennt: darin fehlt kein Mensch: aber die Schwierigkeit und die Gefahr zu fehlen liegt im Aufstellen der Prämissen: nicht im Ziehn der Konklusion daraus; dieses erfolgt nothwendig und von selbst. Aber die Prämissen finden, das ist das Schwere: und da verläßt uns die Logik: 1) die *propositio major* zu finden ist Sache der *reflektirenden* Urtheilskraft: z. B. zu sagen: »alle Thiere mit Lungen haben Stimme«: – 2) den *terminus medius* zu finden, ist Sache der *subsumirenden* Urtheilskraft, nämlich die Beziehung zu finden durch welche das in Frage stehende Subjekt unter die Regel zu stehn kommt: also zu sagen: »die Frösche sind Thiere mit Lungen«. – Sind solche Urtheile vorhanden und richtig, so ist das Ziehn der *conclusio* Kinderspiel: und auf dieses beziehn sich die Regeln der Logik: die Richtigkeit der Urtheile überläßt sie der Urtheilskraft: und darin liegt allein alle Schwierigkeit. Also für falsche Schlüsse ist keine Gefahr: aber für falsche Urtheile: wie die Erfahrung bestätigt. Daher: »es fehlt *in secunda Petri*« [es fehlt am zweiten (Teil) des Petrus (Ramus) – s. u., S. 546]. Denn weder um einem falschen Räsonnement nicht beizustimmen, noch um ein richtiges zu machen ruft man die Logik zu Hülfe: jeder Mensch von gesunder Vernunft kann das ohne alle Anweisung, und selbst der gelehrteste Logiker setzt bei seinem wirklichen Denken die Logik ganz bei Seite. Dies erklärt sich aus folgendem: Jede *Wissenschaft* ist Kenntniß des Allgemeinen und durch diese des Besonderen: sie besteht daher aus einem System allgemeiner, folglich abstrakter Wahrheiten, Gesetze und Regeln in Bezug auf irgend eine Art von Gegenständen, z. B. Veränderungen lebloser Körper, wie in der Physik, und Chemie, innre und äußere Beschaffenheit der Thiere, wie in der Zoologie und Zootomie u.s.f. Kommt nun ein einzelner Fall vor, z. B. wird ein *Molch*, *Salamander* gebracht, so sagt die Zoologie daß er zwar im äußern der Familie der *Saurier* (Eidechsen) ähnlich sei, jedoch im innern Bau mit den *Batrachiern* (Fröschen, Kröten) übereinkomme, daher von ihm gilt was von diesen; sodann, daß von den *Batrachiern*, also auch von ihnen, alles gilt, was von den *Reptilien* im Allgemeinen gesagt, von diesen alles was im Allgemeinen von den Thieren mit Rückenwirbeln u.s.w. – Also der einzelne vorkommende Fall wird beurtheilt und entschieden nach jenem allgemeinen Wissen, das ein für allemal dasteht, in Form allgemeingültiger Regeln, welche man nur herbeizuziehn und anzuwenden braucht um auch über den gegebenen Fall allen Aufschluß zu haben, der zu erhalten ist: dies Verfahren ist sehr viel leichter, bequemer, ja sicherer, als wenn man wollte den einzelnen Fall für sich von vorne an untersuchen, z. B. den Molch im lebenden Zustand beobachten, wo er sich aufhält, wovon er lebt, was er thut und treibt, wie er sich fortpflanzt, dann ihn zerlegen, anatomiren und an ihm erst kennen lernen was eben so gut von tausend andern Thieren gilt: also liegt uns hier die Anwendung der ein für alle Mal erlangten allgemeinen Erkenntniß und ihre immer nähere Bestimmung durch andre Erkenntnisse, bis auf den gegebnen Fall herab, viel näher als die empirische Untersuchung des einzelnen Falls für sich. Und was ich hier an einem zoologischen Beispiel gezeigt gilt durchaus von allen Wissenschaften; ihr Zweck und Werth besteht bloß in der Erkenntniß und Bestimmung des Einzelnen und Besondern durch das Allgemeine und Stetsgültige, des Falls durch die Regel. Bloß mit der Logik verhält es sich anders, und grade umgekehrt. Welches daher kommt, daß hier das zu Beurtheilende, zu Bestimmende grade das Urtheilende und Bestimmende selbst ist, nämlich die Vernunft in ihrer eignen Thätigkeit. Die Logik ist das allgemeine, durch Selbstbeobachtung der Vernunft und Abstraktion von allem Inhalt erkannte und in der Form von Regeln ausgedrückte Wissen von der der Vernunft eigenthümlichen Verfahrungsweise. Diese Verfahrungsweise ist aber der Vernunft nothwendig und wesentlich, es ist ihre Natur, ihr Wesen selbst: sie wird also, sich selbst überlassen, in keinem Fall davon abweichen. Daher ist es hier leichter und sicherer sie in jedem besondern Fall ihrem Wesen gemäß verfahren zu lassen, als ihr das aus diesem Verfahren erst mühsam abstrahirte, ihr durch Beobachtung abgelernte Wissen davon in Gestalt von Regeln, als ein fremdes von Außen gegebenes Gesetz vorzuhalten. Es ist leichter: denn, wenn gleich bei allen andern Wissenschaften die allgemeine Regel uns näher liegt und leichter zu haben ist, als die Untersuchung des einzelnen Falls allein und durch sich selbst; so liegt grade umgekehrt, beim Gebrauch der Vernunft, das im vorkommenden Fall nöthige Verfahren derselben uns immer viel näher, als die daraus abstrahirte allgemeine Regel, denn das Denkende in uns, der bleibende Kanon aller jener Regeln, ist ja eben jene Vernunft selbst. Es ist sicherer: denn viel leichter kann ein Irrthum vorfallen in jenem abstrakten Wissen, als ein Verfahren der Vernunft eintreten, das ihrem Wesen, ihrer Natur zuwider liefe. Daher kommt das Sonderbare, daß wenn man in andern Wissenschaften die Wahrheit des einzelnen Falles an der Regel prüft, und falls er nicht einstimmt, einen Fehler in der Beobachtung des einzelnen Falles sucht, in der Logik umgekehrt die Regel immer am einzelnen Fall geprüft werden muß; und auch der geübteste Logiker, wenn er etwa bemerkt daß ein Schluß den er wirklich und ernstlich gemacht einer Regel zuwider läuft, wird immer eher einen Fehler in der Regel suchen, als in dem wirklich von ihm gemachten Schluß; oder wenigstens wird er glauben daß er eine unrechte Regel herbeigezogen, nicht die, welche für den gegebnen Fall gilt. Praktischen Gebrauch von der Logik machen, sein Denken durch ihre Regeln leiten wollen, hieße also das, was uns im Einzelnen unmittelbar und mit der größten Sicherheit bewußt ist, erst mit unsäglicher Mühe aus allgemeinen Regeln ableiten wollen. Es wäre also grade so, wie wenn man bei seinen Bewegungen erst die Mechanik und bei seiner Verdauung die Physiologie zu Rathe ziehn wollte, oder als wenn man einen Bieber zu seinem Bau abrichten wollte.

Von der Ueberredungskunst.

In dem kurzen Inbegrif der Logik, welchen ich Ihnen vorgeführt habe, in der Absicht das Wesen der abstrakten Vorstellung und daher der Vernunft, als des subjektiven Korrelats derselben, Ihnen deutlicher bekannt zu machen, betrachteten wir das richtige, folgerechte Denken und sahen es zu Stande kommen durch die richtige Erkenntniß der Verhältnisse der Begriffssphären zu einander, so daß z. B. wenn eine Sphäre ganz in einer andern lag, eine dritte die ganz oder zum Theil in der ersten liegt, auch wieder eben so in der zweiten: dies ist der Gang des richtigen Denkens bei der eignen Ueberlegung, wie bei der Mittheilung seiner Kenntniß. Nun giebt es aber auch eine *Ueberredungskunst*, welche die Vernunft des Andern von der gehörigen Ueberlegung des vorliegenden Stoffes abhält und unter dem Vorwand das Geschäft für sie zu übernehmen, ihr die Mühe der Ueberlegung erleichtern und sie leiten zu wollen, sie einen nach eigenen Absichten gewählten Weg führt, statt des der Sache angemessenen. So mannigfaltig die Künste der Ueberredung sind, so lassen sie sich doch im Wesentlichen auf folgenden Kunstgriff zurückführen und beruhn zuletzt alle auf demselben. Wir haben gesehn, wie dadurch daß in einem Begriff der Inhalt eines andern ganz oder zum Theil mit gedacht ist, die Begriffssphären vielfache Gemeinschaft haben, und auf die mannigfaltigste Weise in einander greifen. Wenn man nun die hieraus entstehenden Verhältnisse der Begriffe nicht gründlich, sondern nur oberflächlich betrachtet und sieht, daß zwei Begriffe Gemeinschaft haben, allein nicht untersucht, oder vielmehr absichtlich versteckt, daß diese Gemeinschaft nur eine partiale ist, so kann man die Sphäre eines Begriffs *A*, die zum Theil in einer andern *B*, zum Theil aber auch in einer von dieser ganz verschiedenen *C* liegt, nun nach seiner subjektiven Absicht darstellen als ganz in der Sphäre *B*, oder in der *C* liegend, wie man grade für gut findet. Ist z. B. von Leidenschaft die Rede; so kann man diese subsumiren unter dem Begrif der größten Kraft, des mächtigsten Agens auf der Welt; oder umgekehrt unter den Begriff der Unvernunft, diesen unter den des Mangels, dann der Ohnmacht, dann der Schwäche.

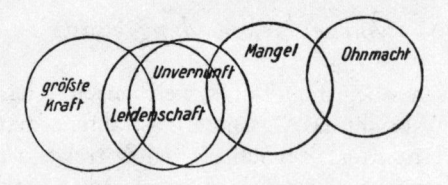

Fast bei jedem Begrif auf den man geräth läßt sich dasselbe Verfahren anwenden und so dasselbe fortsetzen bis man gelangt ist wohin man wollte. Denn fast immer theilen sich in der Sphäre eines Begrifs mehrere andere, davon jede einen Theil des Umfangs des ersteren in sich faßt, selbst aber außerdem noch mehr

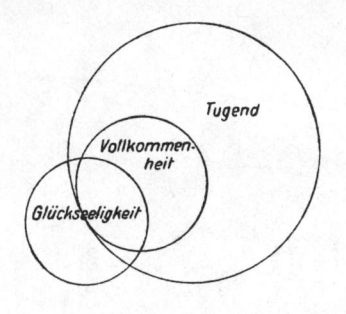

Beweis daß nur Tugend Glückseligkeit verleihe, nach *Aristoteles*.

Gegenstück, nach *Mephistopheles*.

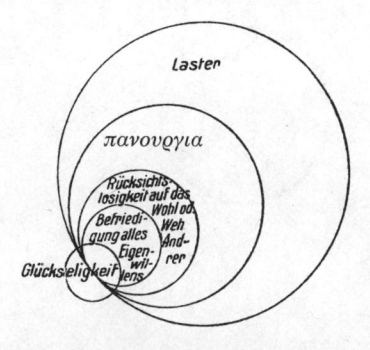

enthält: von diesen verschiednen Sphären welche in die des ersteren greifen, läßt man aber nur die eine beleuchtet werden, unter welche man den erstern Begrif subsumiren will: die übrigen läßt man unbeachtet und verdeckt sie absichtlich. (Beispiel auf der Tafel: »Landleben« [s. S. 384].) Alle Ueberredungskünste und feinere Sophistikation haben den Grund ihrer Möglichkeit in dieser Eigenthümlichen Beschaffenheit der Begriffsphären in einander zu greifen und sich mannigfaltig zu durchkreuzen; dadurch geben sie der Willkühr Spielraum von jedem Begriff auf diesen oder jenen andern überzugehn, bei welchem dieselbe Möglichkeit nochmals eintritt und so immerfort. Dadurch entsteht *Falschheit im eigenen Denken* wenn unsre eigene Willkühr uns unbewußt besticht, unser Räsonnement dahin leitet wohin unsre Neigungen es ziehn, und uns blind macht für die andern Begriffe, welche eben so nah dem gegebenen verknüpft sind, von diesem uns

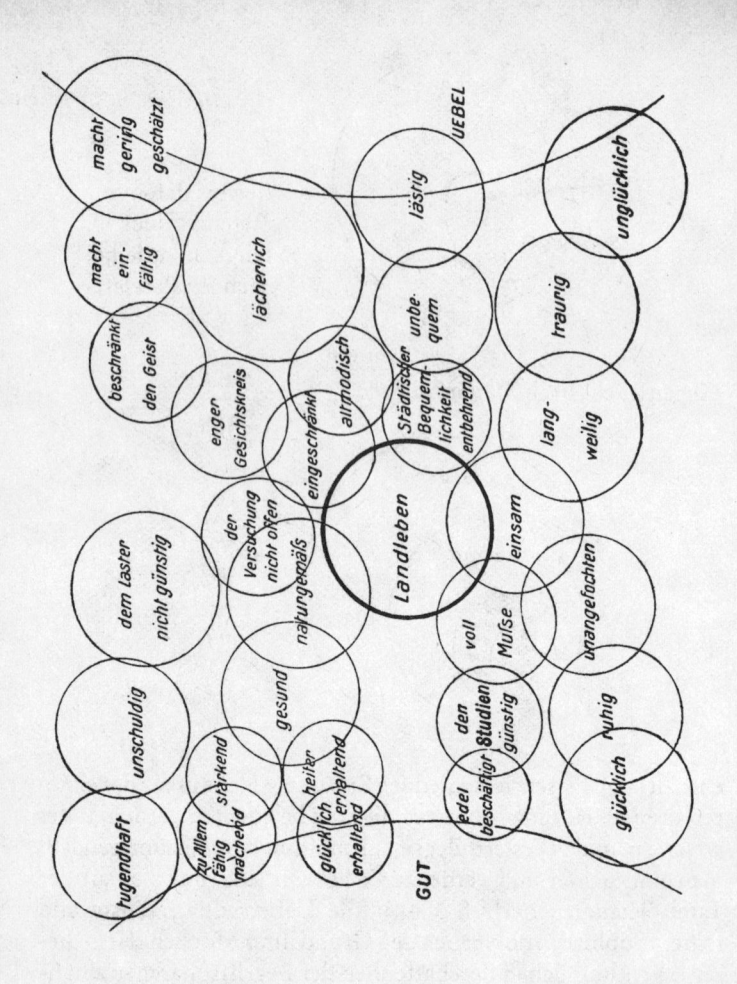

wegleitet, durch einen unsichtbaren Faden die Vernunft ziehend nach dem Ziel der Wünsche oder der Furcht. Es ist daher sehr schwer, bei Ueberlegung einer Sache die unser persönliches Interesse angeht, keinem Grunde mehr oder weniger Gewicht beizulegen, als ihm objektiv zukommt. Eben dadurch auch entsteht die *Falschheit der Ueberredungskunst,* durch welche eine fremde Willkühr auf dieselbe Weise unser Räsonnement fesselt und leitet. *Die Einkleidung* der Sophistikation kann die Form des strengen Beweises, der Schlußketten seyn, oder die fortlaufende Rede; je nachdem die schwache Seite des Hörers es anräth. Im Grunde sind sogar die meisten wissenschaftlichen, besonders philosophischen Beweisführungen auch von dieser Beschaffenheit: wie wäre es sonst auch möglich gewesen, daß zu verschiedenen Zeiten so vieles nicht nur irrig angenommen, sondern auch demonstrirt und bewiesen wäre, was die folgende Zeit als grundfalsch befand: z. B. Leibnitz-Wolfische Philosophie, Ptolemäische Astronomie, Stahlsche Chemie, Newtonische Farbenlehre *etc.*

Rekapitulation über die Vernunft.

Wir haben nunmehr die Natur des Begriffs und seiner Verbindungen, welche Urtheile und Schlüsse sind, im Allgemeinen abgehandelt. Ich hoffe es wird Ihnen deutlich geworden seyn *was* der Begriff ist, wie er sich *toto genere* [der ganzen Gattung nach] unterscheidet von der anschaulichen Vorstellung: wie er unser *Denken* möglich macht. Aus diesem *Denken* nun geht alles das hervor was den Menschen vom Thier unterscheidet und was sich zurückführen läßt auf dreierlei: *planmäßiges, prämeditirtes Handeln*, welches man *vernünftiges Handeln* nennt, möglich dadurch daß nicht bloß anschauliche Motive unser Handeln bestimmen, wie das des Thiers, sondern Motive aus der Klasse der nicht angeschauten sondern bloß *gedachten*, allgemeinen, abstrakten Vorstellungen welches die Begriffe sind. Zweitens *die Sprache;* drittens *die Wissenschaft*. Von der Sprache ist zur genüge geredet: vom überlegten Handeln ebenfalls, doch ist darüber noch einiges hinzuzusetzen, welches geschehn soll indem wir uns deutlich machen, was das *Wissen* sei, im Gegensatz des *Fühlens* und *bloßen Anschauens*. Zuletzt werden wir das Wesen der *Wissenschaft* näher erörtern, doch werden noch mancherlei Betrachtungen vorher gehn müssen, für die ich mir Ihre ganze Aufmerksamkeit erbitte. – Jene drei Vorzüge nun des Menschen vor dem Thier, welche man von je der Vernunft zugeschrieben und eben ihrethalben dem Menschen eine ganz eigene dem Thier mangelnde Erkenntnißkraft Vernunft zuerkannt hat, haben wir abgeleitet aus dieser einen Quelle, den abstrakten, nicht anschaulichen, den allgemeinen, nicht einzelnen Vorstellungen, den *Begriffen*. Das ganze Wesen der Vernunft läßt sich daher zurückführen auf die Fähigkeit zu Begriffen: die Vernunft ist das subjektive Korrelat der Begriffe. – Wie wir vorhin, als wir die *anschaulichen* Vorstellungen betrachteten, diese bedingt fanden durch den *Verstand*, und in diesem nur eine *einzige Funktion* fanden, *Erkenntniß der Kausalität*, des Verhältnisses von Ursach und Wirkung, welche als seine Form ihm *apriori* einwohnt, und wie wir aus dieser einfachen Funktion des Verstandes alle seine mannigfaltigen Aeußerungen in Thieren und Menschen hervorgehn sahn, zuerst die Anschauung der realen, wirklichen Welt, dann alle Sagacität, Klugheit, Erfindungsgabe, die immer nur Erkenntniß jenes Kausalverhältnisses ist; eben so nun hat auch die *Vernunft* nicht mehr als eine einzige Funktion: *Bildung des Begriffs:* und aus dieser einzigen, einfachen Funktion erklären sich sehr leicht, ja ganz und gar von selbst alle jene unter drei Titel gebrachten Erscheinungen die das Leben des Menschen von dem des Thiers so sehr unterscheiden: ferner alles was man überall und jederzeit *vernünftig* und im Gegentheil davon *unvernünftig* genannt hat, deutet schlechterdings nur auf die Anwendung oder Nichtanwendung jener einen Funktion.

Vom Wissen.

Wir wollen nun zuerst das *Wissen* im Allgemeinen etwas erörtern: die Betrachtung des *methodischen* Wissens, d. h. der *Wissenschaft* würde sich zwar sodann sehr passend anschließen; doch setzt was ich darüber zu sagen habe, noch vielerlei andre Betrachtungen voraus, die folglich dazwischen treten müssen, so daß ich von der Wissenschaft erst später das Nöthige werde beibringen können.

Die Vernunft ist *weiblicher* Natur: sie kann nur geben nachdem sie empfangen hat: sie hat nicht in sich selbst eine Quelle der Erkenntnisse. Aus und durch sich selbst hat sie gar nichts als die gehaltlosen Formen ihres Operirens, deren Betrachtung die Logik ausmacht. Vollkommen reine Vernunfterkenntniß, die nirgends anders herstammt als aus der Vernunft, giebt es keine andre als die vier Sätze, denen ich metalogische Wahrheit beigelegt habe, also – – – –. Aus ihnen folgen nachher die verschiedenen Gesetze für das Trennen und Vereinen der Begriffe: aber diese Begriffe selbst setzen schon eine anderweitige, eine anschauliche Erkenntniß voraus, denn sie sind aus dieser abstrahirt, sind der Reflex, die Reflexion aus dieser. Da die Logik jedoch sich nicht um den Gehalt der Begriffe bekümmert; sondern nur überhaupt Begriffe voraussetzt gleichviel welche und dann lehrt wie man und wie man nicht damit operiren dürfe; so kann man die Logik reine Vernunftwissenschaft nennen, und zwar ausschließlich. In allen übrigen Wissenschaften hat die Vernunft den Gehalt aus den anschaulichen Vorstellungen erhalten: in der Mathematik aus den vor aller Erfahrung anschaulich bewußten Verhältnissen des Raumes und der Zeit; in der reinen Naturwissenschaft, d. h. in dem was man in den Kompendien der Physik gewöhnlich voranschickt unter dem Namen allgemeine Naturlehre, und was das enthält was wir vor aller Erfahrung über den Lauf der Natur wissen, z. B. die Nothwendigkeit einer Ursach zu jeder Veränderung, die Kraft der Trägheit, die Beharrlichkeit der Substanz u.s.w. – dies alles geht aus der Erkenntniß des reinen Verstandes hervor, d. h. aus dem Bewußtsein des Gesetzes der Kausalität verbunden mit den auch *apriori* erkannten Gesetzen des Raumes und der Zeit. Alles Andre, was den Gehalt aller übrigen Wissenschaften ausmacht, wissen wir ganz allein aus der Erfahrung. Also die Vernunft, in der und für die allein Wissenschaften dasind, hat (die Logik ausgenommen) nichts davon allein aus sich geschöpft; sondern es von der anschaulichen Erkenntniß, welche der reinen Sinnlichkeit und dem Verstande angehört, erhalten, es mag nun *apriori* oder *aposteriori* angeschaut seyn.

Wissen überhaupt heißt: Urtheile, welche in irgend etwas außer ihnen ihren zureichenden Erkenntnißgrund haben, d. h. *wahr* sind, in der Gewalt seines Geistes zu willkürlicher Reproduktion haben. Die abstrakte Erkenntniß allein ist also ein *Wissen:* dieses ist daher durch die Vernunft bedingt. Daher *wissen* nur Menschen, die Thiere nicht: sie erkennen anschaulich das Gegenwärtige, haben auch für die anschauliche Erkenntniß

Erinnerung, folglich Phantasie, wie ihr Träumen beweist. Ein Thier erinnert sich weiter Wege: es kennt seines Herrn Haus; das Wirthshaus wo es einmal gewesen: den Stock: u. dgl. m. Dies Erinnern ist aber kein Wissen; sondern die Wiederholung des Eindrucks ruft die nämliche Stimmung hervor, bewegt den Willen wieder wie vormals zu Freude oder Abscheu. Wir sagen daher, sie haben *Bewußtsein:* das Wort stammt freilich von Wissen, doch bedeutet es bloß Vorstellungskraft überhaupt, auch wo keine Vernunft, also kein Wissen ist. Den Pflanzen, weil sie nicht vorstellen, sprechen wir das Bewußtsein ab, aber nicht das Leben. – *Wissen* also ist das abstrakte Bewußtseyn, das Fixirthaben in Begriffen der Vernunft des auf andre Weise überhaupt Erkannten.

Vom Gedächtniß.

Die Fähigkeit das was man *weiß* zu behalten, d. h. die gefaßten Gedanken nachher so oft man will in die unmittelbare Gegenwart des Bewußtseyns zu bringen, ist das *Gedächtniß*. [Daneben am Rand, mit Tinte wieder durchgestrichen: Es besteht also in der Willkürlichkeit der Vorstellungen, in der Herrschaft des Willens …] Es ist die *Uebungsfähigkeit* des Bewußtseyns, und erstreckt sich sowohl auf die anschaulichen als die abstrakten Vorstellungen. Die Vergegenwärtigung jedes Gedankens und jedes Bildes wird leichter durch die Wiederholung: durch öftere Wiederholung wird sie so leicht, daß sie auch nach langen Zwischenräumen uns jederzeit zu Gebote steht und die Vorstellungskraft dem Willen augenblicklich gehorcht. Man hat deswegen gemeint, das Gedächtniß bewahrte die Vorstellungen auf und sei gleichsam ein Behältniß derselben, in welchem sie ruhig lägen, bis wir sie hervorholten, ja man sagte deshalb gradezu, wir hätten alle jene Vorstellungen beständig, wären uns ihrer aber nicht bewußt, was doch ganz absurd ist. – Es ist keineswegs immer *dieselbe* Vorstellung, die wir durch das Erinnern erhalten und die gleichsam in jenem Behältniß ruhig gelegen und gewartet hätte: es ist jedesmal *eine andre*, eine neue, die uns aber besonders leicht geworden ist durch die Uebung der öftern Wiederholung: einen Beweis hievon giebt dieses, daß jene Vorstellungen, die wir im Gedächtniß aufzubewahren glauben, sich unvermerkt allmälig ändern: wir werden dies inne, wenn wir einen alten bekannten Gegenstand nach mehreren Jahren wiedersehn und er dem Bilde, das wir von ihm mitbringen nicht mehr völlig entspricht. Gebäude, Plätze, die wir als Knaben gekannt, und in spätern Jahren wiedersehn, erscheinen uns klein und eingeschrumpft. Das könnte nicht seyn, wenn wir ganz fertige Vorstellungen aufbewahrten. Das Gedächtniß ist also nur die *Uebungsfähigkeit der Vorstellungskraft,* vermöge welcher die willkürliche Wiederholung einmal dagewesener Vorstellungen aller Art zuletzt sehr leicht wird, ja so zur Gewohnheit wird, daß sobald von einer Reihe die wir nach einander vorzustellen uns gewöhnt haben, irgend ein Glied uns gegenwärtig geworden, die übrigen gleichsam von selbst, sogar scheinbar gegen unsern Willen, von uns hinzugerufen werden. Dies ist der *nexus* oder *consociatio idearum;* (Vorstellungen die durch innre oder äußere, objektive oder subjektive Beziehungen verwandt sind rufen einander hervor: meistens ist die Beziehung subjektiv, nämlich diese, daß man sich gewöhnt hat sie zusammen zu denken;) bei geistreichen Leuten ist sein Band mehr das in seinem Wesen innerlich und objektiv Aehnliche; bei andern mehr das in Raum und Zeit zusammengehörige, gleichzeitig dagewesene: also das äußerlich und in Beziehung aufs Subjekt verbundene. Sich das Gedächtniß unter dem Bilde eines Kastens zum Aufbewahren denken ist ein sehr schlechtes Bild. Platon wollte es gedacht wissen unter dem Bilde einer weichen Masse, die Eindrücke animmt und bewahrt, desto deutlicher je feiner die Masse ist, desto leichter je weicher, desto schwerer je härter sie ist: die spätern verlöschen die frühern: die Menge derselben verwirrt sie zuletzt und macht die meisten unkenntlich. Später hat man, besonders aufs Kartesius Veranlassung, dies fast nicht mehr bildlich, sondern mehr im eigentlichen Sinn genommen und sich gedacht daß im Gehirn so etwas vorgehe; was ganz unstatthaft ist. Das Gedächtniß ist die durch Uebung erworbne Leichtigkeit gewisse Vorstellungen zu wiederholen: wie der Leib dem Willen durch Uebung zu bestimmten Bewegungen leichter gehorchen lernt, eben so das Vorstellungsvermögen:

ich würde als ein Bild des Gedächtnisses kein besseres wissen, als das eines Tuches, welches die Falten, in die es oft gelegt, nachher sehr leicht und gleichsam von selbst wieder schlägt, und sie so immer mehr annimmt. [Schopenhauer verweist hier auf seine Dissertation »Über die vierfache Wurzel des Satzes von zureichenden Grund«, die er nach Belieben heranzuziehen gedachte. – Vgl. G, § 45, S. 146 f. [175]]

Wenn nun die Vorstellungen welche wir also willkürlich wiederholen anschauliche sind; so fällt hier das Gedächtniß mit der Phantasie zusammen: man kann daher auch die Phantasie das Gedächtniß des Verstandes nennen, und das eigentliche Gedächtniß als die Fähigkeit abstrakte Gedanken zu wiederholen, der Vernunft ausschließlich beilegen. Das Gedächtniß und die Phantasie der *Thiere* sind ganz und gar Eins. Da das Auffassen abstrakter und wahrer Vorstellungen aber allein ein eigentliches *Wissen* ist, so hat das *eigentliche Gedächtniß* hier seine Sphäre: ohne dasselbe, wenn man weiß, aber sogleich vergißt was man weiß, ist das Wissen fruchtlos.

Vom Wahnsinn.

Als die Krankheit des Gedächtnisses sehe ich den Wahnsinn an, daher hier der Ort ist, über diese merkwürdige Erscheinung des menschlichen Geistes zu reden. [Schopenhauers Theorie des Wahnsinns sollte ursprünglich im 3. Teil der Vorlesung stehen, in der »Metaphysik des Schönen«. Vgl. VN III, S. 83]

In den vielen Schriften über den Wahnsinn findet man genug Schilderungen desselben, Bemerkungen, Thatsachen, Eintheilungen: aber nirgends habe ich eine deutliche und befriedigende Erklärung vom eigentlichen Wesen des Wahnsinns überhaupt angetroffen, eine Angabe dessen, was eigentlich den Wahnsinn ausmacht und den Wahnsinnigen vom Gesunden unterscheidet. Daher habe ich nach dieser Kunde in den Irrenhäusern selbst suchen müssen und glaube [einen] im Ganzen befriedigenden Aufschluß gefunden zu haben; aber freilich sind die Phänomene des Wahnsinns sehr mannigfaltig und es hält schwer in ihnen allen das identische Wesen darin der Wahnsinn besteht wiederzuerkennen und noch schwerer jeden, auch wenn er widerstrebt, zu zwingen es zu erkennen.

Den Wahnsinnigen kann weder Vernunft noch Verstand abgesprochen werden, ja nicht einmal ein geringerer Grad dieser Vermögen läßt sich eigentlich nachweisen. Sie reden, sie vernehmen, sie schließen meistens richtig: also Vernunft ist da und ist thätig. – Sie schauen in der Regel das Gegenwärtige richtig an, Visionen gleich Fieberträumen oder Phantasien im Fieber, sind gar kein gewöhnliches Symptom des Wahnsinns: auch sonst sehn die Wahnsinnigen den Zusammenhang von Ursach und Wirkung bei gegenwärtigen Gegenständen richtig ein. Also auch der Verstand ist da und ist thätig. – Wenn Vernunft oder Verstand eigentlich krank wären, würde man bei der ersten Unterredung den Wahnsinn augenblicklich merken: das ist gar nicht der Fall: sie reden so anscheinend vernünftig daß man anfangs nichts merkt, und wenn sie extravagante Dinge sagen, so thun sie es oft mit so vernünftiger Miene und klarem, festem Blick, daß man meynt man würde von ihnen zum Besten gehabt. – Die Wahnsinnigen irren eigentlich gar nicht in der Erkenntniß des unmittelbar Gegenwärtigen, welche sie mit uns gemein haben: sondern der Wahnsinn zeigt sich im *Irrereden:* Ein Wahnsinniger ist ein Mensch der Unwahrheiten redet ohne es zu beabsichtigen oder zu wissen. Dieses aber tritt immer nur ein, wann ihr Gespräch sich auf etwas Vergangenes oder Abwesendes bezieht: weil aber das Vergangne und Abwesende immer wieder näher oder ferner Beziehungen hat zu dem Gegenwärtigen, so erstreckt sich nur dadurch, also nur mittelbar ihr Irrthum auch auf das Gegenwärtige, indem sie nämlich entweder dessen Beziehungen zum Vergangenen verkennen, oder falsche Beziehungen setzen, z. B. die Identität der ihnen gegenwärtigen Person mit einer abwesenden entweder nicht erkennen, oder sie annehmen wo sie nicht ist. – Also weil ihr Irren unmittelbar nur das Abwesende und Vergangne trifft; so bin ich der Meinung, daß ihre Krankheit eigentlich bloß das *Gedächtniß* trifft: aber nicht so daß ihnen das Gedächtniß ganz fehlte, oder auch nur im Ganzen sehr schwach wäre: denn Viele wissen Vieles auswendig und erkennen bisweilen Personen wieder, die sie lange nicht gesehn, verkennen aber wieder andre: sondern die Krankheit des Gedächtnisses besteht darin, daß der Faden des Gedächtnisses zerrissen ist, der fortlaufende Zusammenhang desselben ist aufgehoben und es giebt nicht mehr eine gleichmäßig zusammenhängende Rückerinnerung der Vergangenheit für sie. Jeder Mensch trägt in seinem Gedächtniß eine zwar nur allgemeine, aber doch zusammenhängende Erinnerung seines ganzen frühern Lebenslaufs, der sich bloß am äußersten Ende in die unbewußte Kindheit verliert: Die eigentliche *Gesundheit des Geistes* besteht in der vollkommnen *Rückerinnerung*. Nur die sich ganz gleichen und unzählige Male wiederkehrenden Vorgänge, die man erlebt, dürfen (weil sie wie gleiche Bilder sich decken) in der Erinnerung zusammenlaufen und keine individuelle Spur im Gedächtniß zurücklassen. Jeder irgendwie eigenthümliche Vorgang muß in der Erinnerung wieder aufzufinden seyn: auch wenn er wenig bedeutend ist. Dieser Faden der Erinnerung ist beim Wahnsinnigen zerrissen. Der Wahnsinnige kann nicht die gegenwärtige Scene, die er richtig auffaßt in Verbindung setzen mit dem Abwesenden und Vergangenen und sie so erkennen als einen Theil des Ganzen alles dessen, was er weiß und erlebt hat und so von der Gegenwart aus das Ganze seiner Erfahrung überschauen, worin eben die gewöhnliche vernünftige Besonnenheit besteht. Einzelne Scenen der Vergangenheit stehn richtig da, so wie die einzelne Gegenwart: aber der Zusammenhang der Erinnerung fehlt, in seiner Rückerinnerung sind Lücken: weil die Form des Denkens der Vergangenheit aber doch ein zusammenhängendes Ganzes fordert; so werden nun jene Lücken mit Fiktionen ausgefüllt. Diese nun sind entweder ein für allemal bei ihm festgesetzt, also stets dieselben: dann sind es *fixe Ideen*, und so entsteht der fixe Wahn, den man eigentlich *Melancholie* nennt: oder auch jene Fiktionen zum Behuf der Ergänzung der Erinnerung werden so oft sie nöthig sind von Frischem gemacht, sind also jedesmal andre, augenblickliche Einfälle: das nennt man eigentlich *Narrheit (fatuitas)*. Diese Wahnsinnigen, eigentlich Narren, sind wegen der Thätigkeit des Erdichtungsvermögens meist sehr geschwätzig, so daß sie viele Stunden ununterbrochen reden können: die *melancholici* sind stiller, weil ihnen nicht immer etwas neues einfällt, sondern der bestehende Wahn bleibt. Weil also der Wahnsinn eigentlich im zerrißnen Faden der Erinnerung besteht, ist es so sehr schwer, von einem Wahnsinnigen seinen frühern Lebenslauf zu erfragen und bei der Aufnahme eines wahnsinnig gefundenen umherirrenden Menschen im Irrenhause zu erfahren, wer er eigentlich ist. Man kann sagen der Wahnsinn besteht im unbewußten Lügen. Im Gedächtniß des Wahnsinnigen vermischt sich nun immer mehr das Wahre mit dem Falschen, dem Wahn. Er identifizirt deswegen die gegenwärtigen Personen, ja sogar seine eigne mit andern abwesenden, oder mit solchen die bloß in seinen Fiktionen existiren: hält sich selbst für diesen oder jenen König, oder für den Sohn Gottes u. dgl., erkennt alte Bekannte nicht wieder, andre erkennt er, weil ihr Andenken in dem beibehaltenen Theil der Erinnerung liegt. Dadurch wird ihm nun sogar das Gegenwärtige, das er an sich und unmittelbar richtig erkennt, verfälscht durch die Beziehungen in die er es zu einer erträumten Vergangenheit setzt. Erreicht der Wahnsinn den höchsten Grad, so geht die ganze Rückerinnerung verloren, es entsteht völlige Gedächtnißlosigkeit: ein solcher Mensch ist daher durchaus nicht fähig irgend einer Rücksicht auf etwas Vergangenes oder Abwesendes: ihn treibt ganz allein der Impuls des Augenblicks, die momentane Laune in Verbindung mit den Fiktionen die er im Kopfe trägt: daher ist man bei ihm keinen Augenblick vor Mord oder Mishandlung gesichert, wenn man ihm nicht stets die Uebermacht unmittelbar vor Augen hält. Mehr oder weniger ist dies mit jedem Wahnsinnigen der Fall, daher er ein gefährlicher Mensch ist, den man nicht in Freiheit lassen darf: ihn beherrscht ganz die Laune und der Eindruck des Augenblicks: denn was uns allen ein gleichmäßiges, gesetztes, bedachtes Benehmen giebt, ist die beständige Rücksicht auf unzählige abwesende, vergangne, künftige Dinge: diese ist aber nur durch die Gesundheit und Gleichmäßigkeit des Gedächtnisses möglich, und die eben fehlt dem Wahnsinnigen. – Daher wird uns gleich bange, sobald wir merken, daß wir mit einem Wahnsinnigen uns eingelassen haben. –

Vom Wahnsinn, *melancholia*, *fatuitas*, sehr verschieden ist die Tollheit, Raserei, *furor*, *mania*. Diese Kranken reden eigentlich nicht irre: sie sind meistens ganz vernünftig: bloß periodisch ergreift sie plötzlich die Raserei; die Adern des Halses schwellen an und nun sind sie ihrer gar nicht mehr mächtig, erwürgen alles

Lebende und zerbrechen alles Geräth, reißen sich die Kleider vom Leibe: sie sind ganz von Sinnen. Wenn der Wahnsinn darin besteht daß der Wille die Kausalität über das Erkennen verloren hat, die eben das Gedächtniß ist: so besteht die Tollheit darin daß das Erkennen alle Kausalität, allen Einfluß auf den Willen verloren hat: sie sind ganz erkenntnißlos, von Sinnen: der Wille, von allem Erkennen losgemacht, äußert [sich] als eine überaus gewaltige, heftige, zerstörende Naturkraft: wir können daran sehn was Wille ohne Erkenntniß ist. –

Die Erkenntniß des Wahnsinnigen hat mit der des Thieres dies gemein, daß beide auf *das Gegenwärtige* beschränkt sind: aber was sie unterscheidet ist dies: das Thier ist auf die Gegenwart beschränkt, weil es bloß anschaut und nicht denkt: die Vergangenheit als solche wird aber bloß *in abstracto* erkannt: daher hat das Thier gar keine Vorstellung von der Vergangenheit; obwohl dieselbe durch das Medium der Gewohnheit auf das Thier wirken kann, daher z. B. der Hund seinen frühern Herren auch nach Jahren wiedererkennt, d. h. von dessen Anblick den gewohnten Eindruck empfängt; aber von der seitdem verflossenen Zeit hat er doch keine Rückerinnerung: daher auch die Dressur, vermöge deren ein zahmes Thier nicht furchtbar ist, aber ein wildes: diese Dressur ist zur Gewohnheit gewordne Furcht. Hingegen der Wahnsinnige trägt in seiner Vernunft, die ihm geblieben, auch immer eine Vergangenheit *in abstracto* herum, so gut wie wir, aber es ist eine falsche, d. h. eine Vergangenheit die bloß für ihn existirt, und dies entweder allezeit, oder auch nur eben jetzt. Der Einfluß dieser falschen Vergangenheit verhindert nun auch den Gebrauch der richtig erkannten Gegenwart; den doch das Thier macht, weil ihm wenigstens die Gegenwart nicht verfälscht wird durch den angenommenen Zusammenhang mit einer erträumten Vergangenheit. Eine Bestätigung dieser Theorie ist folgendes. Das Gedächtniß eines Gesunden gewährt eben so unmittelbare Gewißheit, als das Bewußtseyn des gegenwärtigen Objekts. Dies eben ist das Kriterium der Gesundheit oder Verrücktheit des Geistes. Sobald ich zweifle, ob eine Sache, deren ich mich als geschehn erinnere, auch wirklich geschehn ist; so erkläre ich mich für wahnsinnig. Zweifelt ein Andrer an ein von mir erzähltes Faktum ganz und gar, ohne jedoch dabei irgend einen Zweifel an meine Ehrlichkeit zu haben; so hält er mich für wahnsinnig. – Man wird zugeben, daß ein Wahnsinniger allenfalls witzige Einfälle, gescheute Gedanken, ja sogar richtige Urtheile von sich geben könne. Aber sein Zeugniß über ein vergangenes Factum wird nie Gültigkeit haben. Der Eid eines Gesunden dagegen gilt vor Gericht, weil man weiß daß die Erinnerung des Gesunden der angeschauten Gegenwart gleich kommt, so viel Phantasmen und Träume auch neben ihr im Kopfe hausen. Also ist der Wahnsinn der *zerrißne Faden* der gleichmäßig fortlaufenden Erinnerung, welcher hingegen, so lange er *ganz* ist, eben die Gesundheit des Geistes ausmacht. – Diese Theorie des Wahnsinns bestätigt sich auch durch Betrachtung der Art wie der Wahnsinn entsteht. Die Disposition zum Wahnsinn ist gewiß verschieden, und der Grad derselben trägt wohl am meisten zum Ausbruch des Wahnsinns bei: jedoch bedarf es eines Anlasses und vielleicht könnte ein sehr starker Anlaß einen Jeden wahnsinnig machen. Der Anlaß ist in der Regel ein heftiges geistiges Leiden, unerwartet gekränkter Stolz, heftige Liebe die abgewiesen wird, überhaupt unerwartete entsetzliche Begebenheiten jeder Art. Ich erkläre dies folgendermaaßen. – Ein jedes Leiden ist als wirkliche Begebenheit immer in der Gegenwart, die aber ist vorrübergehend, sobald es daher nicht physisch etwa den Leib aufreibt, so ist es als geistiges Leiden noch immer nicht übermäßig schwer, weil es nicht bleibend ist: ein überschwenglich großes Leiden muß bleibend und ohne Ende seyn: das kann es aber nur sofern es ein *in abstracto* ein für allemal und als unabänderlich Erkanntes, also eine Sache des Denkens, des Wissens ist: dann aber liegt es bloß im Gedächtniß, als ein bleibender Kummer, ein schmerzliches Wissen um ein unabänderliches Geschehenes oder Verhältniß, ein unerträglicher Gedanke: wenn nun ein solches Leiden, das im denkenden Bewußtseyn liegt, den Grad erreicht, daß es dem Individuo schlechthin unerträglich fällt, das Individuum sich schlechterdings nicht darüber beruhigen kann, so würde dieser Kummer es aufreiben, das Leben müßte ihm unterliegen: In diesem Fall nun greift die dermaaßen geängstigte Natur zum Wahnsinn, als zum letzten Rettungsmittel des Lebens: sie schüttelt gleichsam den Gedanken ab, der das Daseyn des Individuums untergräbt; reißt ihn aus dem Bewußtseyn heraus, sie greift daher den Sitz des Uebels an, das Gedächtniß, denn da liegt der quälende Gedanke: der Wahnsinn ist der *Lethe* übergroßer Schmerzen; dies geschieht, indem nun der sosehr gepeinigte Geist gleichsam den Faden der Rückerinnerung zerreißt und die Lücke, welche dadurch entsteht, ausfüllt mit den ersten besten Fiktionen: so flüchtet er gleichsam von dem seine Kräfte übersteigenden geistigen Schmerz zum Wahnsinn. Es ist damit so wie man ein vom Brande angegriffenes Bein abnimmt und ein hölzernes an die Stelle einfügt. Sobald der Wahnsinn eingetreten ist, ist der geistige Schmerz verschwunden, ein Beweis daß der Wahnsinn das Heilmittel war. Betrachten Sie als Beispiele dieses Hergangs der Sache den rasenden Ajax des Sophokles; den König Lear; die Ophelia. Ich berufe mich auf poetische Beispiele theils weil nur sie allgemein bekannt sind; theils weil in der Erfahrung den Eintritt des Wahnsinns zu beobachten sehr schwer und selten ist. Aber die Geschöpfe des ächten Dichtergenies gehn aus einer so tiefen und unmittelbaren Erkenntniß des innern Wesens der Menschheit hervor, daß sie an Wahrheit den wirklichen Personen gleich zu setzen sind. Uebrigens hat auch die Erfahrung denselben Hergang der Sache gezeigt. Es giebt ein schwaches Analogon jener Art des Uebergangs vom geistigen Schmerz zum Wahnsinn, in einer Aeußerung welche vielleicht alle lebhafte Menschen an sich wahrnehmen. Wann uns nämlich ein peinigendes, besonders unsern Stolz kränkendes Andenken ganz plötzlich in den Sinn fährt, so suchen wir, wie mechanisch es augenblicklich zu verscheuchen durch irgend ein laut gesprochnes Wort, oder eine Bewegung, um uns davon abzulenken und mit Gewalt zu zerstreuen. Aber es ist bloß der plötzliche Ueberfall eines solchen Gedankens den wir nicht ertragen können: sobald wir uns wieder gefaßt haben und nun bereitet sind dem Gedanken ins Angesicht zu sehn, so können wir ihn ertragen: wäre aber dies nicht, so müßten wir darüber wahnsinnig werden.

Man hat auch bemerken wollen, daß fast jeder Mensch einen kleinen Anstrich von Wahnsinn habe, der nur gelegentlich sich blicken läßt. Das möchte vielleicht seyn. Es läßt sich so erklären. Die vollkommne Gesundheit des Geistes besteht in der deutlichen und ganz gleichmäßig zusammenhangenden Rückerinnerung des eignen Lebenslaufs und seiner Erfahrungen. Nun aber ist unsre Erinnerung des vergangnen Lebenslaufs, überhaupt immer sehr unvollkommen, und auch ungleichmäßig. Die Erinnerung befaßt nur das Allgemeine der durchlebten Vergangenheit und dann sind aus Tausend Lebensscenen einzelne vollständig stehn geblieben: daher kommt es daß das Selbstbewußtseyn überhaupt sehr unvollkommen und von geringer Klarheit ist: und die Ungleichheit der Erinnerung, das hin und wieder Lückenhafte in ihr, mag wohl veranlassen daß jeder Mensch auf eine individuelle Weise einen kleinen Anstrich von Wahnsinn hat: dieser wird am deutlichsten dann hervortreten, wann, in einzelnen Momenten, die Gegenwart einmal überaus klar erkannt wird; weil dann die Vergangenheit desto mehr im Schatten bleibt, durch die Klarheit der Gegenwart verdunkelt wird.

Ich bemerke nur noch daß weil die Thiere das eigentliche Gedächtniß, das Aufbehalten des *Wissens*, des abstrakten, nicht haben, sie auch nicht wahnsinnig werden können. Hundswuth ist bei Menschen und Thieren eine vom Wahnsinn ganz und gar verschiedene Krankheit. Soviel vom Gedächtniß und dessen Krankheit, dem Wahnsinn. – Wir wurden auf die Betrachtung derselben geleitet bei der Erörterung des *Wissens*, welches wir erklärten, als das abstrakte Bewußtsein, das Fixirthaben in *Begriffen der Vernunft*, des ursprünglich auf andre Weise überhaupt Erkannten.

Um das Wesen des eigentlichen *Wissens*, welches nur der Vernunft zukommt, noch deutlicher zu erläutern, ist es zweckmäßig den eigentlichen Gegensatz desselben, im Bewußtseyn, zu betrachten, den das Wort *Gefühl* bezeichnet.

Vom Gefühl.

Wenn man bemerkt von wie Verschiedenen Gemüthszuständen und Eindrücken das Wort *Gefühl* gebraucht wird, so muß man bei einigem Nachdenken in Verwunderung gerathen und zu wissen wünschen was denn *dem Gefühl überhaupt* wesentlich sei und in so verschiedenen Zuständen das Identische sei: denn man spricht vom religiösen Gefühl, Gefühl der Wollust, moralischen Gefühl, körperlichen Gefühl als Getast, als Schmerz, als Gefühl für Farben, für Töne und deren Harmonien und Dissonanzen, dann vom Gefühl des Hasses, Abscheus, Gefühl der Wahrheit, ästhetischen Gefühl, Gefühl von Kraft, Gesundheit, Schwäche, Freundschaft, Gefühl von Ehre, von Liebe u.s.w. – Alle diese heterogenen, zum Theil feindlichen Elemente liegen ruhig neben einander in jenem Begrif *Gefühl*, durch den sie alle gedacht werden. Man kann lange nach dem gemeinschaftlichen Beziehungspunkt so verschiedenartiger Dinge suchen und wird ihn nicht finden solange man ihn in etwas *Positivem* sucht. Ihre Beziehung ist eine bloß *negative* und der Inhalt des Begrifs Gefühl bloß *negativ* (so sehr auch die Zustände welche wir durch den Begriff Gefühl denken positiv sind), nämlich dieser: daß etwas im Bewußtsein gegenwärtig sei, *nicht als Begriff, nicht als abstrakte Erkenntniß der Vernunft:* übrigens mag es nun seyn was es will, es gehört unter den weiten Begriff Gefühl, dessen unmäßige und außer allem Verhältniß gehende Sphäre daher die heterogensten Dinge in sich faßt, durch sich denken läßt, von denen man nie einsieht wie sie zusammenkommen, solange man nicht diesen negativen Standpunkt gewonnen hat und einsieht daß bloß diese negative Rücksicht, des nicht-abstrakter-Begriff-seyns ihr Gemeinsames ist, vermöge dessen man sie alle in einem Begrif denkt. Alles was in uns vorgeht und dessen wir uns ganz *unmittelbar* bewußt sind, nicht in der Reflexion, nicht *in abstracto*, d.h. mittelbar, sondern *in concreto*, das sagt man werde *gefühlt:* das abstrakt erkannte, wird *gewußt*, das ist der Gegensatz. Darum nennt man Gefühl alle Zustände des eignen Leibes, Schmerz, Wollust und die unzähligen Stufen dazwischen; ebenfalls die Bewegungen des eignen Willens, als da sind Begierde, Wunsch, Hoffnung, Furcht, Zorn, Haß, Zuneigung, Abneigung, Liebe; sodann wieder die Freude am Schönen jeder Art, an der Musik, das moralische Bewußtsein des eignen Werthes oder Unwerthes im Handeln, das Gewissen, kurz alles was unmittelbar und nicht erst durch das Medium der Reflexion sich im Bewußtsein kund giebt. Am auffallendsten wird nun dies, wenn man sogar Dinge der reinen Erkenntniß Gefühle nennt, solange diese Erkenntniß bloß anschaulich ist und noch nicht in abstrakte Begriffe gebracht und darin abgesetzt ist; man will *Wahrheiten fühlen*, wenn man sie einsieht und doch nicht *[in] abstracto* sich und Andern davon Rechenschaft geben kann: so steht in einer Einleitung zu einer Uebersetzung des Euklides, man solle die Anfänger in der Geometrie die Figuren erst alle zeichnen lassen, ehe man zum Erklären derselben schreite, weil sie dann schon alle die geometrischen Wahrheiten vorher fühlten ehe die Demonstration ihnen das Wissen beibrächte. Also jede Einsicht die nur noch keine abstrakte ist, heißt Gefühl.

So lange man nun nicht (wie es bisher noch nie geschehn ist) diesen Begriff Gefühl aus dem rechten Gesichtspunkt betrachtet, ihn nicht durch jenes eine negative Merkmal, das ihm allein wesentlich ist, bestimmt, muß er wegen der übermäßigen Weite seiner Sphäre und seinem bloß negativen, ganz einseitig bestimmten und sehr geringen Gehalt, oft Anlaß zu Mißverständnissen und Streitigkeiten geben. Man könnte, da wir im Teutschen und das ziemlich gleichbedeutende Wort *Empfindung* haben, durch dieses bloß die körperlichen Gefühle bezeichnen und dadurch eine ganz bestimmte Unterart aussondern. Unter den mannigfaltigen Zuständen des Bewußtseins, welche durch den negativen Begriff Gefühl gedacht werden, sind diejenigen, welche Bewegungen des Willens sind, wie Furcht, Schreck, Zorn, Freude, Sehnsucht, Gram u. dgl. daran kenntlich daß sie zugleich das innre Getriebe des Leibes affiziren, meistens den Blutumlauf: dies wird uns sehr erklärlich werden, wenn wir in der Folge erkennen werden, wie Wille und Leib eigentlich Eins sind, der Leib der sichtbar gewordne Wille ist. – Es frägt sich *wie dieser Begrif Gefühl*, der durch seine Weite und Unbestimmtheit außer allem Verhältniß mit allen andern steht, die meistens scharf bestimmt und von einander deutlich geschieden sind, *entstanden ist* und sich überall erhält, daher sein Gebrauch der Vernunft dennoch angemessen seyn muß? – Antwort: alle Begriffe, und nur Begriffe sind es, welche Worte bezeichnen, sind bloß Objekte der Vernunft, sind bloß für die Vernunft da, gehn von ihr aus: beim *Denken*, beim Gebrauch der Vernunft, steht man daher schon auf einem einseitigen Standpunkt, nämlich auf dem Standpunkt des abstrakten Erkennens mit Ausschluß alles andern. Von jedem einseitigen Standpunkt aus (und jeder bestimmte Standpunkt ist schon einseitig) erscheint bloß das Nähere deutlich und wird als positiv gesetzt; das ferner Liegende, wird undeutlicher, fließt zusammen, wird bald nur noch negativ berücksichtigt; so nennt jede Nation alle andern *Fremde*, ohne sie sofort näher zu unterscheiden, der Grieche alle andern *Barbaren*, wer sie auch sonst sein mögen, der gläubige Christ alle andern *Heiden*, oder *Ketzer*, der Adel alle andern *roturiers*, Sie selbst, meine Herren, pflegen ja alle übrige Stände unter dem Namen *Philister* zu begreifen: diese selbe Einseitigkeit nun läßt sich sogar die Vernunft selbst zu Schulden kommen, bei dem Begrif *Gefühl*. Indem wir denken sind wir die Vernunft selbst: hier ist nun der Begriff, die abstrakte, deutliche, nicht anschauliche Vorstellung, das *positive*, das bestimmte, das naheliegende, das Einheimische; – sie wirft nun alles andre was sonst noch im Bewußtsein vorkommt zusammen in den Begrif Gefühl, geleitet durch nichts weiter als daß es nicht zu ihrer Erkenntnißweise gehört, und bekümmert sich vorerst nicht um die Verschiedenheiten die es sonst noch haben mag. So entsteht der Begrif Gefühl, als ein großes x für die Vernunft, das sie erst durch fernere Gleichungen für jeden besondern Fall sich näher kenntlich machen kann. – Man hat aber bis jetzt diesen bloß negativen Inhalt jenes Begriffs keineswegs erkannt, sondern gemeint durch den Begrif Gefühl werde etwas ganz Bestimmtes *positiv bezeichnet*, und nun nahm man gar ein besonderes Gefühlsvermögen an, welches man in der Psychologie noch immer neben dem Erkenntnißvermögen, und dem Begehrungsvermögen (so nennen sie es), als das dritte aufstellt: und sich unglaubliche Mühe giebt alles das so buntschäckige was unter den Begriff Gefühl gehört, durch jenes Vermögen für alles Gefühl zu erklären und darein zu ordnen, und so eine Theorie jenes Gefühlsvermögens zu konstruiren.

Ueber die Vortheile und Nachtheile des Erkennens in abstracto *im Gegensatz des anschaulichen.* Oder: *über das Verhältniß der abstrakten Erkenntniß zur anschaulichen.*

Was nun aber nicht mehr bloßes Gefühl ist, sondern eingegangen in die deutliche, d. h. in ihre Bestandtheile zerlegbare abstrakte Erkenntniß und folglich ein Objekt der Vernunft geworden ist, dieses heißt *Wissen:* bloß im Gegensatz desselben ist der Begrif *Gefühl* entstanden. – Da nun aber die Vernunft, wie oben auseinandergesetzt, immer nur das anderweitig Empfangene wieder vor die Erkenntniß bringt; so erweitert sie eigentlich nicht unser Erkennen, sondern giebt ihm bloß eine andre Form. Es wird durch sie zur Reflexion, geht in eine höhere Potenz der Erkenntniß über. Was im Bewußtsein vorkommt als Anschauung, als Empfindung des Leibes, als Bewegung des Willens, also alles was intuitiv, was *in concreto* erkannt wurde, und so immer nur noch Gefühl hieß, das schafft sie um zur abstrakten, deutlichen, allgemeinen Erkenntniß. Wie *erstaunlich wichtig* aber diese Aenderung der bloßen Form der Erkenntniß sei, das lehrt der große Unterschied zwischen dem menschlichen Wandel und Thun und dem thierischen, der ganz allein daherrührt und darauf beruht. Nämlich durch diesen Uebergang der Erkenntniß in die Form des Begriffs wird allein möglich ihre sichere Aufbewahrung, ihr Bereithaben zu jeder Zeit und ihre Mittheilbarkeit und durch diese wieder wird alle sichere und weitreichende Anwendung der Erkenntniß auf das Praktische möglich: zu allem diesen muß die Erkenntniß eine abstrakte, ein Wissen geworden seyn. Die intuitive Erkenntniß giebt immer nur einen einzelnen Fall, ein grade Gegenwärtiges, sie geht auf das nächste und bleibt dabei stehn: denn sie ist unmittelbar an Zeit und Raum als ihre Form gebunden und darum können Verstand und Sinnlichkeit immer nur *ein* Objekt zur Zeit auffassen und dies ist ein einzelnes Ding aus einer Unermeßlichkeit. Der Begriff faßt alles Vorhandene, alles Mögliche, auf einmal: das Wort vertritt ihn und macht die Vernunft, die in so viele Köpfe vertheilt ist, mit sich selbst einhellig und einverstanden, hebt den Unterschied der individuellen Gesichtspunkte auf: Tausende Individuen wirken in

Uebereinstimmung wie Glieder eines Leibes. Daher muß jede zusammengesetzte, planmäßige Thätigkeit, besonders wenn sie durch das Zusammenwirken mehrerer, aber auch wenn sie von Einem vollzogen wird, ausgehn von Grundsätzen, von einem deutlichen abstrakten Wissen; dieses muß sie leiten. (Beispiele: Bau eines Hauses, Angriff des Feindes, Segeln des Schiffs, Fabriken.) Mit bloßer intuitiver Erkenntniß des Verstandes ist so etwas nicht möglich obgleich von dieser die Erkenntniß ausgegangen, entsprungen ist. So z. B. wird Ursach und Wirkung, als Form des Verstandes, eigentlich nur von ihm ganz gefaßt, die Vernunft kennt sie nur aus der zweiten Hand; vom Wesen der Kausalität hat der Verstand eine viel tiefere, vollkommnere, erschöpfendere Erkenntniß, als alles was sich *in abstracto* davon denken läßt: der Verstand allein erkennt, erfaßt anschaulich unmittelbar und vollkommen, das mechanische Wirken der Körper aufeinander, die Art des Wirkens eines Stoßes, eines Hebels, Flaschenzuges, Kammrades, Winde, das Ruhen des Gewölbes in sich selbst u.s.w. Aber weil der Verstand nur auf das unmittelbar gegenwärtige geht, reicht jene seine Erkenntniß doch nicht hin zur Konstruktion von Maschinen und Gebäuden: vielmehr muß hier die Vernunft eintreten, an die Stelle der Anschauungen abstrakte Begriffe setzen, solche zur Richtschnur des Wirkens nehmen, und waren sie richtig, so wird der Erfolg der Absicht entsprechen. –

Eben so erkennen wir in reiner selbst von der Erfahrung unabhängiger Anschauung vollkommen das Wesen und die Gesetzmäßigkeit einer Parabel, Hyperbel, Spirale: aber um von dieser Erkenntniß sichere Anwendung in der Wirklichkeit zu machen, mußte sie zuvor zum abstrakten Wissen geworden seyn, wobei sie freilich die Anschaulichkeit einbüßt, aber dafür die Sicherheit und Bestimmtheit des abstrakten Wissens erhält. Alle Analysis erweitert gar nicht unsre Erkenntniß von den Kurven, die ihr Gegenstand sind, sie enthält nichts mehr, als was schon die bloße reine Anschauung derselben: aber sie ändert die Art, die Form der Erkenntniß, verwandelt die intuitive in eine abstrakte, welches für die Anwendung so höchst folgenreich ist. Es ist eine sehr merkwürdige Eigenthümlichkeit unsers Erkenntnißvermögens, daß die Verhältnisse des bloßen Raumes für sich nicht können unmittelbar in die abstrakte Erkenntniß übertragen werden;

sondern hiezu eignen sich bloß die rein zeitlichen Größen, die Zahlen. Diese allein können wir in ihnen genau entsprechenden abstrakten Begriffen denken, und das so gedachte ausdrücken; nicht die bloß räumlichen Größen. Der Begriff 1000 ist vom Begriff 10 genau so verschieden, wie beide zeitlichen Größen es in der Anschauung, im Zählen, sind: wir denken bei 1000 ein ganz bestimmt vielfaches von 10, in welches wir jenes für die Anschauung in der bloßen Zeit beliebig auflösen, d. h. es zählen können. Aber hingegen zwischen dem abstrakten Begrif einer Meile und dem eines Fußes, ohne alle anschauliche Vorstellung von beiden und ohne die Zahl zur Hülfe zu nehmen ist gar kein genauer und jenen Größen wirklich entsprechender Unterschied: Wir denken bei beiden nur überhaupt zwei räumliche ungleiche Größen; sollen aber beide in unsern Gedanken gehörig und hinlänglich unterschieden werden, so muß entweder die räumliche *Anschauung* zu Hülfe genommen, also das Gebiet der abstrakten Erkenntniß verlassen werden, oder wenn man den Unterschied *denken* will, so muß man ihn in *Zahlen* denken. Von dieser Eigenthümlichkeit unsers Erkenntnißvermögens ist nun die wichtige Folge diese, daß wenn wir von räumlichen Verhältnissen irgend einer Art eine abstrakte Erkenntniß haben wollen, in welcher allein sie weitreichende Anwendbarkeit und Mittheilbarkeit erhalten; so müssen jene räumlichen Verhältnisse erst in zeitliche Größen, d. h. in Zahlen übertragen werden: denn nur diese gehn unmittelbar und genau in den abstrakten Begriff ein. Deswegen ist nur die Arithmetik, nicht die Geometrie allgemeine Größenlehre und die Geometrie muß in Arithmetik übersetzt werden, wenn sie Mittheilbarkeit, genaue Bestimmtheit und Anwendbarkeit auf das Praktische haben soll. Zwar läßt sich ein räumliches Verhältniß auch als solches *in abstracto* denken, z. B. wenn wir sagen: »Der *sinus* wächst nach Maasgabe des Winkels«; aber das ποσον, das wie groß, die Größe des Verhältnisses, bedarf entweder der Anschauung oder der Zahl, im abstrakten Denken also des Begriffs der Zahl. Was die Mathematik so schwierig macht, ist eben nichts anderes, als diese Nothwendigkeit, den Raum, mit seinen drei Dimensionen, aus welchen unzählige Verhältnisse entspringen, in die Zeit, die nur *eine* Dimension hat, zu übersetzen, welches doch geschehn muß, wenn man von jenen Verhältnissen des Raums eine abstrakte Erkenntniß, ein *Wissen*, kein bloßes Anschauen haben will. Um sich dies deutlich zu machen, vergleiche man einmal die Anschauung der Kurven mit der analytischen Berechnung derselben, oder auch nur die Tafeln der Logarithmen der trigonometrischen Funktionen mit der Anschauung der wechselnden Verhältnisse der Theile des Triangels welche durch jene ausgedrückt werden: die Anschauung faßt mit einem Blick, vollkommen und mit äußerster Genauigkeit und Evidenz zugleich, wie der Kosinus abnimmt indem der Sinus wächst, wie der *Cosinus* des einen Winkels der *Sinus* des andern ist, das umgekehrte Verhältniß der Ab- und Zunahme beider Winkel u.s.w.; aber nun um dasselbe *in abstracto*, in bestimmten Begriffen auszudrücken, bedurfte es der Dazwischenkunft der Zahl: und welch ungeheures Gewebe von Zahlen, welche mühselige Rechnung ist nicht dadurch nothwendig geworden! Wie muß nicht, kann man sagen, die Zeit mit ihrer *einen* Dimension sich quälen um die drei Dimensionen des Raumes wiederzugeben! Das ist aber nothwendig, wenn wir, zum Behuf der Anwendung, die Verhältnisse des Raumes in abstrakte Begriffe niedergelegt besitzen wollen: unmittelbar können jene nicht in diese eingehn, sondern nur durch die Vermittlung der rein zeitlichen Größe, der Zahl, welche allein der abstrakten Erkenntniß sich unmittelbar anfügt. – Noch ist bemerkungswerth, daß wie der Raum sich so sehr für die Anschauung eignet und vermittelst seiner drei Dimensionen selbst komplicirte Verhältnisse leicht übersehn läßt, dagegen der abstrakten Erkenntniß sich entzieht; umgekehrt die Zeit zwar leicht in den abstrakten Begriff eingeht, dagegen aber der Anschauung sehr wenig giebt. Unsre anschauliche Erkenntniß der Zahlen, in ihrem eigenthümlichen Element, der bloßen Zeit, ohne Hinzuziehung des Raumes, geht kaum bis 10: darüber hinaus haben wir nur noch abstrakte Begriffe, nicht mehr anschauliche Erkenntniß der Zahlen: hingegen verbinden wir mit jedem Zahlwort und allen algebraischen Zeichen ganz genau bestimmte abstrakte Begriffe.

Wissen, abstrakte Erkenntniß, hat ihren größten Werth in der Mittheilbarkeit und in der Möglichkeit fixirt aufbehalten zu werden, nicht in der Zeit zu verfließen, wie die anschauliche Erkenntniß. Dadurch eben hat sie unschätzbare Wichtigkeit für das Praktische, macht des Menschen Thun so verschieden von dem des Thiers. Es kann Jemand vom kausalen Zusammenhange der Veränderungen und Bewegungen natürlicher Körper eine unmittelbare anschauliche Erkenntniß im bloßen Verstande haben und für sich selbst in derselben völlige Befriedigung finden: aber zur Mittheilung wird sie erst geschickt nachdem er sie in Begriffen abgesetzt und fixirt hat. Eine Erkenntniß der erstern Art ist sogar für das Praktische hinreichend, sobald er ganz allein auch die Ausführung übernimmt, und zwar in einer unabgesetzten Handlung, die ausgeführt wird, während jene anschauliche Erkenntniß noch lebendig ist: aber sie reicht nicht mehr zu, sobald er fremder Hülfe, oder auch nur eines zu verschiedenen Zeiten eintretenden eigenen Handelns und daher eines überlegten, deutlichen Planes bedarf. Z. B. ein geübter Billiardspieler hat eine vollständige Kenntniß der Gesetze des Stoßes elastischer Körper aufeinander; aber dies ist eine bloße Verstandeserkenntniß, sie ist bloß anschaulich, bloß unmittelbar; aber sie reicht für seine Praxis vollkommen aus: aber ein eigentliches Wissen von jenen Gesetzen hat bloß der wissenschaftliche Mechaniker, er ist sich derselben *in abstracto* bewußt, kann diese Erkenntniß auf höchst verschiedne Fälle und Körper anwenden, und kann sie mittheilen. Von der Perspektive, d. h. von den Linien und Winkeln welche die Körper bloß durch die Verschiedenheit der Entfernung auf die Retina zeichnen, haben wir alle eine Kenntniß des Verstandes, eine anschauliche, die wir erlernten als Kinder, beim Sehenlernen, ja selbst die Thiere haben diese Verstandeserkenntniß; aber eine abstrakte Erkenntniß der Vernunft davon hat nur wer die Perspektive wissenschaftlich mathematisch erlernt hat und nun mit Ueberlegung nach allgemeinen Regeln Linien so ziehn kann, daß der Verstand sie als einen vertieften Raum anschaut. – Die bloße intuitive Verstandeserkenntniß reicht sogar hin zur Konstruktion von Maschinen, wenn der Erfinder die Maschine auch selbst macht, wie man oft an talentvollen Handwerkern ohne alle Wissenschaft sieht. Sobald hingegen zur Ausführung einer mechanischen Operation, einer Maschine, eines Baues, mehrere Menschen und eine zusammengesetzte zu verschiedenen Zeiten eintretende Thätigkeit derselben nöthig sind, muß ein *in abstracto* entworfener Plan sie leiten und nur durch Hülfe der Vernunft ist jede Zusammenwirkende Thätigkeit möglich. – Merkwürdig ist es aber, daß bei jener erstern Art von Thätigkeit, die der Verstand allein unmittelbar leitet und wo daher Einer allein in einer ununterbrochenen Handlung etwas ausführen soll, das Wissen *in abstracto*, die Reflexion, das Denken, die Anwendung der Vernunft ihm sogar hinderlich seyn kann, z. B. eben beim Billiardspielen, beim Zielen mit Schießgewehr, beim Fechten, beim Stimmen der Guitarre, beim Singen: hier muß grade die anschauliche Erkenntniß unmittelbar die Thätigkeit leiten; weil die Nüancen für den Begriff zu fein sind, und daher das Durchgehn durch die Reflexion die Thätigkeit unsicher macht, den Menschen verwirrt, die Aufmerksamkeit theilt. Menschen die sehr viel reflektiren und denken, werden zu allen solchen Dingen ungeschickt, wo es auf ein unmittelbares Treffen eines Punktes ankommt; hingegen Wilde, und rohe Menschen die wenig denken, führen manche Leibesübungen, den Kampf mit Thieren, das Treffen mit dem Pfeil, die Geschicklichkeiten der Ostindischen *jongleurs* mit einer Sicherheit und Geschwindigkeit aus, die der reflektirende Europäer nie erreicht, eben weil seine Ueberlegung ihn schwanken und zaudern macht: denn er sucht z. B. die rechte Stelle oder den rechten Zeitpunkt aus dem gleichen Abstand von beiden falschen Extremen zu finden: der Naturmensch trifft sie unmittelbar, ohne auf die Abwege zu reflektiren. Auf gleiche Weise störend ist ferner die Anwendung der Vernunft bei dem Verständniß der Physiognomien: auch dieses muß unmittelbar dem Verstande überlassen bleiben und sich diesseit der Reflexion halten. Jeder versteht unmittelbar den Ausdruck der Gesichter, liest beständig in ihnen sowohl die bleibenden Gemüths- und Geisteseigenschaften, als die vorübergehenden Gemüthsstimmungen, freilich Einer besser als der Andre: allein jener Ausdruck, jene tiefe Bedeutung der Züge, läßt sich, wie man sagt, nur *fühlen*, d. h. eben geht nicht in die abstrakten Begriffe ein. Eine Absetzung jener so allgemeinen Kenntniß in abstrakte Begriffe, die das Material einer Wissenschaft, einer Physiognomik die sich lehren und lernen ließe, abgäbe, ist nicht zu Stande zu bringen: das kommt daher: die Nüancen sind hier so fein daß der Begriff nicht zu ihnen herab kann. Der Begriff ist in dieser Hinsicht wie die Steinchen aus denen man ein Bild in Mosaik zusammensetzt: jeder Stein hat feste bestimmte Gränzen, und nie kann daher die feine Nüancirung der Farben-Töne, die Uebergänge der Tinten, und Schatten, durch die Steine so ausgedrückt werden wie durch den Pinsel in fein ausgemahlten Bildern wie von Denner oder van der Werft. Eben so verhält sich der Begriff zur Anschauung: wo von feinen Nüancen die Rede ist, wo ein kleines mehr oder weniger alles ändert, erreichen die Begriffe, weil sie Sphären von einem gewissen Umfang und sodann scharf bestimmte Gränzen haben, diese Unterschiede nicht, und man mag sie, durch immer nähere Bestimmungen noch so fein spalten, so bleiben sie doch unfähig die feinen Modifikationen zu erreichen, welche der Anschauung überlassen bleiben müssen. Späterhin [»Späterhin« bis »zeigen« ist für »Dianoiologie« mit Bleistift eingeklammert] wann wir vom Schönen und von der Kunst reden werden, wird sich uns zeigen wie und warum auch für die Kunst der Begriff unfruchtbar bleibt, wie was aus ihm entsprungen stets kalt, manirirt und flach bleibt; daher jede Leistung in der Kunst wie man spricht aus dem Gefühl, d. h. eben bloß nur nicht aus dem Begriff entsprungen seyn muß: wenn der Sänger, der Virtuose seinem Vortrag gewissen Begriffen gemäß Ausdruck ertheilen will; so bleibt er zuverlässig kalt und steif: unmittelbar aus dem Gefühl, d. h. aus dem anschaulich, nicht in Begriffen Erkannten muß das alles kommen: und was vom Vortrag gilt, gilt noch viel mehr von der Erfindung: Dichter und Mahler die von Begriffen ausgehn und bloß Begriffen folgen liefern nie ächte, sondern After-Kunstwerke. Alles das wegen der dem Musivbild ähnlichen Beschaffenheit der Begriffe. Das Technische mag der Begriff in jeder Kunst leiten, weiter nichts. Sein Gebiet ist die Wissenschaft.

Sogar auch in Hinsicht auf das persönliche Betragen, die Grazie, die Annehmlichkeit im Umgang, ist der Begriff nur von negativem Gebrauch um die groben Ausbrüche des Egoismus und der Bestialität zurückzuhalten: er kann bloß Höflichkeit hervorbringen; nie aber das positiv Einnehmende, Liebevolle, Gratiose: das ist durch Reflexion nie zu erzwingen; sondern geht aus der Tiefe des Wesens hervor. Hingegen alle Verstellung ist sein Werk; wird aber auf die Dauer erkannt, läßt sich nicht lange aufrechthalten. Ferner im hohen Lebensdrange, in jeder entscheidenden Lage, wo es schneller Entschlüsse, kecken Handelns, raschen und festen Ergreifens bedarf, sei es auf dem Schlachtfelde, im Kabinett bei diplomatischen Verhandlungen, oder bei Privatgeschäften, ist zwar Ueberlegung, und daher Vernunft nothwendig; jedoch wenn durch ihr Medium deutlicher Begriffe alles gesehn werden soll; so kann sehr leicht ein Irrthum vorfallen, ein Fehler begangen werden, noch öfter aber wird, wenn sie alles abwägen will, die Zunge der Waagschaale so langsam herüber und hinüber schwanken, daß Unentschlossenheit und Zaudern entstehn und mittlerweile der Augenblick des Handelns vorübergeht oder schwankende Maasregeln alles verderben: in solchen Lagen muß wirklich, eben wie in der Kunst, die intuitive, unmittelbare, rein verständige Erkenntniß entscheiden, wie man sagt das bloße Gefühl [Daneben am Rand der Bleistiftzusatz: Berührungspunkt des großen Generals oder Staatsmanns mit dem Künstler, d. h. mit dem Genie]; das rechte muß gleich getroffen und ergriffen werden, ohne daß die möglichen Irrwege einem auch nur einfallen. Sehr reflektirte, viel denkende Menschen sind eben darum nicht praktisch: wo der Augenblick so viel gilt, sind sie nicht am Platze; sie werden in allen Dingen fast nie die Gelegenheit ergreifen. Es ist sehr viel leichter die im Leben vorkommenden Dinge nach gewissen Begriffen, darunter sie gehören und nach allgemeinen Regeln die sich darauf beziehn, zu behandeln, als bloß nach der anschaulichen Erkenntniß ihrer individuellen Natur: aber nur mit letzterm kommt man weit: der Begriff geht nie aufs Einzelne herab, läßt also Spielraum für Beziehungen die ihm fremd sind. Nur intuitive Erkenntniß, erkennt das Einzelne vollkommen und giebt die Regel vollkommen zu dessen Behandlung.

Wir werden gegen das Ende unsrer Betrachtungen, wann wir die Ethik vorhaben, sehn, daß auch das eigentlich tugendhafte Handeln nicht aus Begriffen hervorgeht, nicht aus Dogmen, nicht nach abstrakten Maximen, sondern nach unausgesprochenen, die die eigene Vernunft des Handelnden gar nicht faßt, und deren Ausdruck kein andrer als der ganze Mensch selbst ist. [Schopenhauer wollte hier nach Belieben auf WI zurückgreifen. Vgl. WI, § 12, S. 69 [103 f.]] Genau genommen ist ethischer Werth wohl nur den Handlungen beizulegen, die wir aus reinem

Antrieb unsrer eignen Natur thun, die aus unserm innern Wesen unmittelbar entspringen, zu denen wir von selbst greifen und deren Entschluß gleich zuerst vor aller Wahl uns einfällt, so daß wir dabei uns keinen eigentlichen Zwang anthun, obwohl es seyn kann, daß wir schmerzlich empfinden, daß sie gegen unser Interesse laufen, aber der innere Impuls zu ihnen stärker ist als das Interesse: ich sage, eigentlich haben bloß solche Handlungen ethischen Werth: denn sie allein sind Symptome unsers Karakters, der unveränderlichen Basis unsers Wesens: hingegen was wir erst in Folge vieler Ueberlegung und Reflexion beschließen hat keinen festen Grund und Boden in uns, es kann ein ander Mal durch eine andre Reflexion verdrängt werden, es ist nicht recht unser eigen. *Tout ce qui n'est pas naturel est imparfait* [Alles was nicht natürlich ist, ist unvollkommen (nach dem »Manuscrit venu de St. Helène d'une manière inconnue« von Chateauvieux, 1817, p. 52)].

Ich hoffe daß alles was bisher über die Aeußerungen der Vernunft, über ihre Leistungen mittelst der Begriffe, über den großen Nutzen der Anwendung dieser, als auch über den Nachtheil derselben in einigen Stücken, von mir gesagt worden, es Ihnen deutlich gemacht haben wird, wie die dem Menschen allein eigenthümliche Klasse der abstrakten Vorstellungen, das Wissen, die Reflexion, zwar wirklich ein Reflex der anschaulichen Vorstellung ist, eine Wiederholung derselben in einem ganz verschiedenartigen Stoff, daß aber dennoch jene dieser keineswegs so kongruirt daß sie überall die Stelle derselben vertreten könnte; daß vielmehr zwischen dem abstrakten und dem ursprünglichen intuitiven Vorstellen immer eine gewisse Inkongruenz bleibt, daher es kommt daß zwar die meisten der menschlichen Verrichtungen und Leistungen allein durch Hülfe der Vernunft, des überlegten Verfahrens, jedoch auch einige besser ganz daron zu Stande kommen. Diese Inkongruenz haben wir bildlich dadurch ausgedrückt, daß die Begriffe sich zur intuitiven Erkenntniß verhalten wie die Steine der Mosaik zur Mahlerei, d. h. nur bis auf einen gewissen Punkt zu ihr herab können, sich ihr nähern können; nicht sie erreichen. – Der Ausdruck eben dieser Inkongruenz, wenn sie unmittelbar und unerwartet wahrgenommen wird, ist ein sehr merkwürdiges Phänomen, das, wie die Vernunft, bloß der menschlichen Natur eigen ist, ihr ausschließlich angehört: es ist *das Lachen*.

Vom Lachen.

Viel Philosophen haben diese sehr sonderbare Aeußerung zu erklären gesucht: schon *Voltaire* hat darüber nachgedacht und sein Resultat ist, was ein recht herzliches Lachen verursache, im Leben wie auf der Bühne, sei allemal eine *méprise* [Mißverständnis] *(Préface de l'enfant prodigue* [Vorrede zum »Verlorenen Sohn«; Amsterdam 1739]*)*. *Mendelsohn* sagt, das Wesen des Lächerlichen bestehe im *Kontrast;* und zwar setzt er hinzu: zwischen einer Vollkommenheit und Unvollkommenheit: das ist aber bloß die Redensart seiner Zeit; denn in der Periode zwischen Wolf und Kant wurde alles mögliche erklärt, durch Vollkommenheit und Unvollkommenheit, zwei sehr weite Begriffe, die bloß eine Relation ausdrücken (die der Angemessenheit eines Dings zu einem beliebigen Begriff); weiterhin zeigt er aber daß er Kontrast überhaupt meint. Siehe Mendelsohn Philos. Schrift. [Rhapsodie, oder Zusätze zu den Briefen über die Empfindungen, verbesserte Auflage Berlin 1777] 2ter Theil *p* 40. *Sulzer* (Theorie der schönen Künste [neue vermehrte Auflage Leipzig 1786]) setzt den Grund des Lachens allemal in eine Ungereimtheit, einen Widerspruch. Er meint: in dem Augenblick daß wir urtheilen wollen, ein Ding sei so, empfinden wir das Gegentheil davon. So bei Taschenspielerkünsten; so wenn ein Narr klug thut; ein Furchtsamer beherzt; ein junger Mensch alt u. s. w. – Die neuesten und heute gangbarsten Erklärungen sind die von *Kant*, in der Kritik d. Urtheilskraft *p* 225 – 28 [^{2}1793; Anmerkung zu § 53 des 1. Teils]; Jean Paul Vorschule der Aesthetik [Hamburg 1805]. – Ganz neuerlich St. Schütze in einer eigenen Schrift, »Theorie des Komischen« 1817. –

Nach Kant ist es die plötzliche Auflösung einer gespannten Erwartung in Nichts. Nach Jean Paul Betrachtung des Thuns eines andern der einer irrigen Vorstellung folgt, dem aber wir unsre richtige Vorstellung dabei in Gedanken unterschieben. Nach Schütz, der Kontrast zwischen der Freiheit des Menschen und der Nothwendigkeit. –

Ich kann mich auf Kritik dieser Meinungen nicht einlassen. Jedoch die zwei ersten (Voltaire und Sulzer [s. o.]) welche am meisten der Wahrheit nahekommen wollen wir berücksichtigen, nachdem ich Ihnen meine Theorie dargelegt habe.

So oft gelacht wird, werden Sie durch Zerlegung des Gegenstandes darüber gelacht wird, allemal ausfinden, daß das Lachen aus nichts anderm entstanden ist, als *aus der plötzlich wahrgenommenen Inkongruenz zwischen dem Gedachten und dem Angeschauten*, zwischen dem Begriff unter welchen man reale Dinge, d. i. anschauliche Vorstellungen subsumirte und solche durch ihn dachte, und nun der wirklichen Natur dieser Dinge wie sie sich in der Anschauung darstellt.

Es müssen immer mehrere, wenigstens zwei reale Dinge durch *einen* Begriff gedacht seyn und seine Identität auf beide übertragen seyn, sie daher als gleich angesehn und behandelt seyn, bis nun unerwartet eine gänzliche Verschiedenheit beider grade in dem, darüber der Begriff nichts bestimmte, es auffallend macht, daß nur in einer einseitigen Rücksicht beide durch *einen* Begriff zu denken waren. Je richtiger und ungezwungner nun einerseits die Subsumtion jener realen Objekte unter den Begriff ist, und je größer und greller andrerseits ihre Verschiedenheit unter einander und daher in irgend einer Rücksicht ihre Unangemessenheit zum gemeinschaftlichen Begriff, desto stärker ist auch die aus diesem Gegensatz entspringende Wirkung des Lächerlichen. Also, bei Allem dabei gelacht wird, so sehr verschieden es dem Stoff nach auch ist, muß allemal anzutreffen seyn, ein Begriff und ein Einzelnes, ein Fall, der unter diesen Begriff gehört, durch ihn zu denken ist, jedoch dies nur in einer einseitigen Rücksicht, im Uebrigen wird er stets sehr merklich von Allem unterschieden seyn was sonst gewöhnlich durch jenen Begriff gedacht, ihm subsumirt wird. – Z. B. der König von Frankreich fuhr im strengen Winter spazieren und machte seine Begleiter aufmerksam auf einen Gaskogner der in einer ganz leichten seidenen Sommerkleidung gieng. »Wenn Ewr. Majestät dasselbe anhätten was ich; so würden Sie nicht frieren.« – »Wie so?« – »Meine *ganze Garderobe*.« Ganze Garderobe ist der Begriff. Kant führt an [vgl. Kritik der Urteilskraft, § 54, 6 – ungenau referiert]: ein Wilder in Amerika lachte unmäßig, als eine Bierflasche geöffnet wurde und alles Bier als Schaum heraussprudelte: Gefragt, warum? sagt er, nicht darüber wundre ich mich daß es herausläuft, sondern wie ihr es habt hineinbringen können. –

[Daneben am Rand: Alle Münchhausianaden sind sehr gute Beispiele:

> Fragment einer Kapuzinerpredigt v. Pfeffel. [Vgl. G. K. Pfeffel, Poetische Versuche 1802, Bd. 2, S. 33 – ungenaue Wiedergabe]
> O glaubt mir doch, Ihr, meine Lieben Brüder,
> Ein Dunst, ein Traum ist unser Lebenslauf:
> Gesund und frisch legt Ihr Euch Abends nieder,
> Und mausetod steht Ihr am Morgen auf.

Der Redner giebt den Gegensatz des Begriffs, wie es das Abstrakte mit sich bringt, und weil er sich ganz im Abstrakten hält, bemerkt er nicht die Inkongruenz des Anschaulichen, die sich plötzlich hervorthut.

> v. Göcking. [Vgl. L. F. Goeckingk, Gedichte 1782, Bd. 3, S. 271 – ungenaue Wiedergabe]
> Drauf gieng der Prior mit mir weiter,
> Und blieb vor einem Schranke stehn,
> Und zeigte mir ein Stückchen von der Leiter
> Die Jakob einst im Traum gesehn.]

Er geht aus von dem Begriff: was herauskommt, ist auch erst hineingebracht; der im Allgemeinen richtig ist und von jedem andern Objekt gelten würde, hier aber nicht paßt, da das Bier nicht als Schaum hineingebracht ist, sondern erst durch Entwikkelung der fixen Luft (Kohlensäure) die es enthielt diese Gestalt annimmt. Die Anekdote vom betrunkenen Herrn und Diener im Bett. [Vgl. W II, Kap. 8, S. 107 f. [130 f.]]

Diese Theorie des Lächerlichen wird Ihnen noch viel einleuchtender werden, wenn wir jetzt betrachten daß alles Lächerliche in zwei Hauptarten zerfällt, deren Möglichkeit aus unsrer Erklärung *apriori* hervorgeht und sich nachher durch die Erfahrung bestätigt. Wenn zwei heterogene Objekte unter einen Begriff vereiniget werden, so gehn im Bewußtsein entweder die Objekte mit ihrer Heterogeneität vorher, und man thut den Begriff hinzu, unter den man beide zwängt; oder man geht vom Begriff aus und die Objekte kommen mit ihrer Heterogeneität hinterdrein: im ersten Fall überrascht man, im zweiten wird man überrascht. Das erste ist willkürlich, das zweite unwillkürlich. Der erste Fall giebt den *Witz*, der zweite die *Narrheit* [Mit Bleistift darüber geschrieben: Einfalt.]: und unter diese beiden Hauptklassen läßt sich jedes Lächerliche bringen. – Also erstlich beim *Witz* sind mehrere, wenigstens zwei reale Objekte, anschauliche Vorstellungen da: der Witzige stellt aber einen Begriff auf, durch den sie zum Erstaunen andrer, beide zu denken sind. – So war jener Einfall des Gaskogners sehr witzig. – Falstaff sagt von der rothen Nase des Bardolph *(Henry IV.* [I, 3, 3]) vielerlei witziges: z. B. man brauche wenn man Abends mit ihm gienge keine Laterne: der gemeinsame Begriff ist Glühen, Leuchten. Sodann: er habe einmal auf dieser Nase einen Floh gesehn, und das habe ausgesehn, wie eine arme Seele im Fegefeuer. Gemeinsamer Begriff: ein Schwarzes im Glühenden. – Ich glaube es war der nachherige Cardinal Maury, der in der *terreur* der Revolution, in der Volksversammlung eine einsichtsvolle Rede gehalten, die aber dem fanatischen Pöbel mißfiel: sie schrien *à la Lanterne* [an die Laterne!] und schleppten ihn bereits zum Lanternenpfahl, als er auf den wiederholten Schrei *à la lanterne!* ihnen plötzlich erwiederte: *en verrez-vous plus clair?* [Werdet ihr darum deutlicher sehen? – Vgl. L. S. Maury, Vie du Cardinal Jean Sifrein Maury, Paris 1828, S. 47] – Gemeinsamer Begriff: was man an den Laternenpfahl hängt soll andern helfen besser zu sehn. – Sie ließen ihn los.

Nun aber der umgekehrte Fall des Witzes ist der, daß man einen Begriff hat und nun von ihm ausgeht zur Realität, zum Handeln und ihn auf dieses anwenden will: es bieten sich Objekte dar, die allerdings durch den Begriff denkbar sind, aber nur in einer ganz einseitigen Rücksicht; es hat aber an Urtheilskraft gefehlt um dies vorherzusehn; man behandelt die Objekte gemäß dem Begriff und nun tritt zur großen Ueberraschung des Handelnden und zum Lachen der Zuschauer die übrigens völlig heterogene und dem Begriff nicht angemessene Beschaffenheit der Objekte ans Licht. Diese zweite Art des Lächerlichen heißt *Narrheit*. [Mit Bleistift dazu geschrieben: Einfalt.] Sie zeigt sich meistens in Handlungen, da hingegen der Witz sich fast immer in Worten zeigt. Doch kann die Narrheit sich auch in Worten kund geben, wenn sie etwa bloß die Absicht zu handeln ausspricht, oder auch die gegebnen Dinge nicht behandelt, sondern nur beurtheilt: dieser Art ist obiges Beispiel vom Wilden und der Bierflasche. In solchem Fall, wo der Begriff von dem man ausgeht, in fast allen Fällen richtig war, und seine Annahme natürlich; so daß nur genaue Bekanntschaft mit den Dingen, also viel Erfahrung, abhalten kann von dem Begriff auszugehn, ist es mehr *Naivität* als Narrheit. Beispiele: Die zwei Bauerknaben mit der Flinte, in der das große Schrot war. – Gemeinsamer Begriff: wie die Ursach, so die Wirkung, wirkt die Ursach allmälig, so wird auch die Wirkung nur allmälig erfolgen. – Die Schildwache und der *Soufleur à Cherbourg*. Jemand schrieb einen Brief mit ungeheuer großen Buchstaben: gefragt warum? weil der Empfänger sehr harthörig.

> Ein kluges Volk wohnt nah dabei,
> Das immerfort sein bestes wollte;
> Es gab dem niedrigen Kirchthurm Brei:
> Damit er größer werden sollte.
> [Goethe, Sprichwörtlich]

Hieher passen nun alle Geschichten von Abderiten und Schildbürgern, Irrländern.

> »*This way leads to Dublin,*
> *This way leads to such a place,*
> *This way leads nowhere*
> *and if you cannot read, go ask at the cobblers shop.*«
> [Dieser Weg führt nach Dublin,
> Dieser Weg führt zu einem solchen Platz,
> Dieser Weg führt nirgendwohin
> und wenn du nicht lesen kannst, so geh fragen im Schustersladen.]
> (Irländers schriftlicher Auftrag an seinen Bedienten.)

(Der Delinquent der Geld bekommt um sich dafür hängen zu lassen wo er will.)

Auf eine dieser beiden Hauptarten, werden Sie, mit einigem Besinnen, jedes Lächerliche, das Ihnen vorkommt, zurückführen können, und allemal finden, daß sein Wesen besteht in der Inkongruenz und Diskrepanz des Begriffs, zu den Objekten die doch in irgend einer Rücksicht durch ihn denkbar waren. – Nur eine besondre Art des Witzes ist noch zu bemerken. Der Ausgangspunkt des Witzes ist das Anschauliche; von ihm gelangt er zum Begriff; die Narrheit umgekehrt. Nun aber kann der Wiz seinen Ausgangspunkt zum Schein umkehren, den Begriff zu dem er gelangt ist, ausgehend von der Diskrepanz der Objekte, was er aber verheimlicht, scheinbar zu seinem Ausgangspunkt nehmen, also seinen Wiz als Narrheit maskiren: Dies ist die Kunst des Hofnarren, des Hanswurst: ein solcher ist sich der Diversität der Objekte sehr wohl bewußt, vereinigt völlig heterogene Dinge mit heimlichem Witz unter einem Begriff: von diesem geht er nun in seinem Handeln aus und nun erhält er von der sich ihm aufdringenden Diversität der Objekte diejenige Ueberraschung die er selbst sich vorbereitet hatte. Hieher gehören alle Anekdoten von Hofnarren: nach diesem Princip gehn alle die Späße vor sich, wodurch bei Bereitern und Seiltänzern der Pajazzo das Volk lachen macht: ihm wird allemal etwas aufgetragen und er geht dann von dem buchstäblichen Begriff des Auftrags aus, macht es aber so, daß dennoch etwas sehr ungeschicktes zum Vorschein kommt. Hieher gehört eigentlich Kants Anekdote von der graugewordnen Perrücke. [Vgl. Kritik der Urteilskraft, § 54, 6]

Ueber Pedanterei. [Vgl. WI, § 13, S. 71 f. [106 f.]]

Ueber Wortspiel. [Vgl. WI, § 13, S. 72 f. [107 f.]]

Blicken wir jetzt zurück auf die frühern Erklärungen, so finden wir, daß die bessern davon, der Wahrheit nahe kommen, sie jedoch nur theilweise und einseitig gefaßt haben, immer eine Species des Lächerlichen richtig analysiren, aber nicht bis zum *genus* und der alle befassenden Erklärung desselben gelangt sind.

1) *Voltaire:* eine *méprise:* o ja! jede *méprise* besteht darin daß wir von einem falschen Begriff ausgehend das Reale, Anschauliche als inkongruent damit wahrnehmen. So wenn in der Komödie die Leute grade das Gegentheil thun, von dem was sie denken: oder ihnen das Gegentheil begegnet von dem was sie erwarten. Für Voltaire's Erklärung liefert einen ganzen Schatz von Beispielen »Irrthum in allen Ecken«, ein altes Stück aus dem Englischen, es ist eine lange Reihe von lauter Méprisen: ein Landedelmann in seinem Hause wird für den Wirth eines Gasthofs gehalten und danach behandelt. Einer der Fremden entwendet der Dame des Hauses ein Schmuckkästchen, giebt es dem andern zu verwahren, der es nicht sichrer anzubringen weiß als daß er es der vermeinten Wirthin in Verwahrung giebt u.s.w. – Alles das läuft zurück auf Inkongruenz der Begriffe die man gefaßt, mit der Realität die sich anschaulich darstellt. Unsre Erklärung befaßt die des Voltaire, aber nicht umgekehrt: viele Witze, Späße enthalten keine *méprise*.

2) *Mendelssohn.* Der Kontrast hat etwas Wahres, daher diese Erklärung bei Vielen noch gilt. Es ist nämlich wahr, daß alles Lächerliche einen Kontrast enthält: denn eben die Inkongruenz zwischen dem Gedachten und Angeschauten, dem Begriff und dem realen Objekt ist ja allemal ein Kontrast: also Jedes Lächerliche enthält einen Kontrast: aber nicht umgekehrt jeder Kontrast ist lächerlich: darum darf das Lächerliche nicht durch den Kontrast erklärt werden, noch dadurch als sein wesentliches Merkmal bezeichnet werden. Ist der Kontrast lächerlich zwischen dem höhnenden Prunk und Luxus eines Reichen und dem an seiner Thür verhungernden Bettler? – Zwischen der Hochzeitfeier Heinrichs IV. und dem Gemetzel der Bartholomäus-Nacht? – In Bologna *(Galleria Mareschalchi?)* ein Bild einer Schönen am Putztisch vor dem Spiegel: ein Geistlicher steht hinter ihr, hält einen Todtenkopf der im Spiegel neben ihrem Gesicht erscheint. Eben dort, ein Bild mit zwei Seiten; eine ein blühender Mann: auf der Kehrseite derselbe im Zustand der anfangenden Verwesung. Ist Schwarz und Weiß, Cirkel und Triangel lächerlich? Ist Undank lächerlich? Der Kontrast auf jenen Bologneser Bildern ist nicht lächerlich, eben weil beide Kontrastirende anschaulich sind: aber wenn ein Bild einem abstrakten

Gedanken entsprechen soll, also eine Allegorie ist, und das Dargestellte mit dem dabei zu Denkenden kontrastirt, so ists Lächerlich: z. B. der Begriff der weiblichen Eingezogenheit ist von einem Mahler (wie Winkelmann berichtet) dargestellt allegorisch durch eine Schildkröte, die Kopf und Pfoten *einzieht!* – Ein sehr kleiner Mann der eine sehr große Frau hat sind lächerlich: aber nicht weil sie unter einander in der bloßen Anschauung kontrastiren; sondern weil sie mit dem Begriff eines passenden Ehepaars kontrastiren: man lacht erst wenn man hört daß das Mann und Frau ist.

Diese Erklärung ist nicht sowohl falsch als unzulänglich: nicht *jeder* Kontrast ist lächerlich; sondern nur der bestimmte zwischen dem abstrakten Gedanken und dem anschaulichen Realen.

3) *Sulzer:* kommt der Wahrheit sehr nahe, trifft sie nicht. Ein Widerspruch ist an sich nicht lächerlich: er ist in der Regel zwischen zwei abstrakten Vorstellungen, Urtheilen, und da wirkt er nicht lächerlich (ein dreieckiger Cirkel ist nichts, darüber wir lachen; *festina lente* [Eile mit Weile]), selbst wenn er nicht grade sinnlos ist, z. B. »ich bin reich« *(simpliciter* [schlechthin]*)* »und doch arm« *(secundum quid* [beziehungsweise]*,* an Freunden, Genüssen u. dgl.), und ebenso giebt es tausend lächerliche Fälle, an denen gar nichts das ein Widerspruch heißen könnte, aufzufinden. – Das Gedicht auf die Pastete und *vice versa*. Es muß ein Widerstreit seyn zwischen einer abstrakten und einer anschaulichen Vorstellung die doch durch jene zu denken ist. Sulzer kommt nahe daran, wenn er sagt: »Indem wir *urtheilen* wollen, *empfinden* wir das Gegentheil davon.« [Vgl. Sulzer, Theorie der schönen Künste, Artikel »Lächerlich«, 1774, Bd. II, S. 644] Seine Beispiele passen zu unsrer Erklärung. – Taschenspielerkünste: Widerstreit zwischen dem was man denkt und dem was man sieht. Ein Narr der klug, ein Furchtsamer der muthig, ein junger Mensch der alt thut. – Er sagt: jeder Anfänger in der Geometrie lächelt, wenn er den Beweis des Euklidischen Satzes vom vermeinten Winkel der Tangente mit dem Cirkelbogen liest: er sieht einen Winkel und seine Vernunft sagt ihm daß doch keiner sei [Vgl. Sulzer, ebd.]: unsre Erklärung erläutert dies sehr gut.

4) Kants Erklärung ist viel zu eng und gilt nur in wenigen besondern Fällen, die sich aber alle auf unsre Erklärung zurückführen lassen: eine gespannte Erwartung die sich in nichts auflöst, ist eben Inkongruenz des Realen, Angeschauten zum Gedachten.

Jean Paul's Erklärung: gezwungen und ganz schief.

Jetzt nachdem wir die Erkenntnißkräfte kennen gelernt und ihre Gesetze und Phänomene betrachtet haben, will ich nun noch angeben worin die *wesentliche Unvollkommenheit unsers ganzen Intellekts* (Erkenntnißvermögens) liegt. In zwei Dingen. Erstlich daß das Radikale, die Basis unsers Wesens nicht die Erkenntniß ist, sondern der Wille: von diesem ist sie daher theils beherrscht, theils inquinirt, höchst selten rein. Zweitens daß unser Intellekt nur *eine* Dimension hat, wie die Zeit: daher kann er nicht Mehreres zugleich befassen, sondern alles nur successiv und nur Eines zur Zeit: wir können uns irgend eines Gedankens, oder Bildes oder was es sei nur unter der Bedingung bewußt werden, daß wir alles Andre derweilen vergessen, alles Andre aus unserm Bewußtseyn solange gänzlich verschwindet, wie vernichtet ist. Das sind zwei große Unvollkommenheiten.

Ueber die praktische Vernunft.

Nachdem wir nun den Einfluß betrachtet haben, welchen die Vernunft auf unser Erkennen hat, und mancherlei Phänomene welche aus diesem Einfluß hervorgehn und eben das menschliche Erkennen vom thierischen unterscheiden; wollen wir noch näher betrachten, welchen Einfluß die Vernunft zunächst auf unser *Handeln* hat, in welcher Beziehung sie *praktisch* genannt werden könnte. – Zuvörderst muß ich bemerken, daß wie meine ganze Darstellung der Vernunft, sehr abweicht von der Kantischen, und von der seit Kant in Teutschland unter den Philosophen und Gelehrten (nicht unterm Volk) gangbar gewordenen, so auch das was Kant die *praktische Vernunft* genannt hat, in meinen Augen eine Fiktion ist, zu der Kant gegriffen hat, weil er nicht vermochte die ganz unleugbare ethische Bedeutsamkeit des Handelns tiefer zu erforschen, eigentlich zu erklären und deutlicher auszulegen, ihren Ursprung aufzufinden; daher er einen recht eigentlichen *Deus ex machina* [Göttergestalt, die durch eine mechanische Vorrichtung auf der Theaterbühne erschien, um den Konflikt zu lösen] zur Hülfe rief, eine absolut gebietende praktische Vernunft, einen kategorischen Imperativ, ein schlechthin unbedingtes *Soll:* dies letztere implicirt einen Widerspruch: denn im Begriff *Sollen* liegt durchaus und wesentlich die Rücksicht auf angedrohte Strafe oder versprochne Belohnung als nothwendige Bedingung und ist nicht von ihm zu trennen, ohne ihn selbst aufzuheben und ihm alle Bedeutung zu nehmen: daher ist unbedingtes Soll *contradictio in adjecto* [Widerspruch im Beiwort]. [Daneben am Rand mit Bleistift: Vernunft mit Unverstand – Edelmuth mit Unvernunft.] (Hier nun einige Kritik der Kantischen Moralbegründung.) [Vgl. WI, S. 620 [699 f.]]

Die unleugbare tiefe Bedeutsamkeit des ethischen Gehalts der Handlungen muß also auf eine ganz andre Weise erklärt werden: diese [»diese« bis »mehr davon« ist für die »Dianoiologie« mit Bleistift eingeklammert] Erklärung wird sich als das letzte Resultat alles dessen was ich Ihnen vorzutragen habe ergeben. Hier also nicht mehr davon. Kant aber dadurch daß er die menschliche Vernunft zum Sitz eines Orakels machte, das ohne weitern nachweisbaren Zusammenhang mit irgend etwas über das Sollen und Nichtsollen des menschlichen Handelns despotisch entschied, hat nicht nur den Fortschritten der Ethik eine Hemmung in den Weg gelegt [Fußnote: Statt die Ethische Bedeutsamkeit des Handelns zu erforschen, ihrer Quelle nachzuspüren, sie zu analysiren und auszulegen, statt dessen sie als den Ausspruch eines kategorischen Imperativs zum Postulat zu machen: sie aller fernern Erklärung zu entziehn und vielmehr noch Hypothesen darauf zu bauen; das war in der Ethik, deren Problem grade das Gewissen und die gefühlte ethische Bedeutung des eignen Handelns ist, – eben eine Eselsbrücke: aber wenn ein großer Mann eine solche baut; darf man sich dann wundern daß die Esel darüber gehn? –]; sondern auch dadurch Anlaß gegeben zu der wunderlichen Apotheose die seitdem der sogenannten Vernunft wiederfahren ist, da nachdem sie einmal ein absolutes und unerklärliches Orakel für das *Praktische* war, nur noch ein Schritt zu thun war um ihre Orakelkraft auch auf das *Theoretische* auszudehnen; was denn auch richtig geschah: und nun verwandelte sich alles Philosophiren in eine Sprache vom Dreifuß der Pythia. Die Vernunft wurde zum Vermögen der unmittelbaren intellektuellen Anschauung des Absolutums, des Unendlichen, Uebersinnlichen, Uebernatürlichen *etc.* (lauter Negationen). Jedem Professor war die Decke welche bis dahin die Augen der Sterblichen umhüllt hatte von den Augen gefallen: er schaute das Absolutum an, mit langen Geschichten, die sich damit zutrugen: aber auch jeder Professor hatte andre Gesichte: denn seine fixirten Favorit-Ideen waren es die jeder nun intellektuell anschaute. Nachdem Kant in einem unsterblichen Werke ihnen gezeigt hat, daß unsre Erkenntnißkräfte durchaus beschränkt sind auf die Welt der Erfahrung und nie darüber hinauskönnen, obgleich die Erfahrung bloße Erscheinung ist, so entblöden sich diese Herren nicht laut und unverholen zu sagen: »Der Verstand ist das Vermögen für das Natürliche, die Vernunft für das Uebernatürliche«: wo in aller Welt erkennen wir das Uebernatürliche? – Wenn Vernunft darin besteht daß man das Absolutum anschaut, das Uebersinnliche ahnet, das Uebernatürliche erkennt; so haben alle Weisen des Alterthums und alle Philosophen bis auf Fichte, gar keine Vernunft gehabt; denn jene unmittelbaren Wahrnehmungen, Anschauungen, Ahndungen der Vernunft, waren ihnen so fremd geblieben, als uns der sechste Sinn der Fledermäuse.

Wir wollen nun betrachten in welchem Sinn *die Vernunft*, nach dem was wir darunter verstehn, und was mit den Aussprüchen aller Philosophen bis auf Kant, wie auch mit dem Sprachgebrauch aller Völker und Zeiten übereinstimmt, – *praktisch* genannt werden kann, d. h. Einfluß auf das Handeln hat. Wir haben schon vorhin, am Anfang unsrer Betrachtung der Vernunft, unsre Aufmerksamkeit auf die große Verschiedenheit des menschlichen und des thierischen Lebenswandels gerichtet, und sahen wie diese große Verschiedenheit doch nur Folge jenes einzigen ist, Abwesenheit oder Anwesenheit der abstrakten Begriffe. Das Thier ohne diese bleibt der Gegenwart und ihren Eindrücken gänzlich Preis gegeben, muß dem sich darbietenden anschaulichen Motiv folgen, ohne Widerstand. Im Menschen aber ist durch den Hinzutritt der Vernunft, der nichtanschaulichen und von dem Eindruck der nächsten Gegenwart ganz unabhängigen Vorstellungen, die *Besonnenheit* aufgegangen. Diese läßt ihn rückwärts und vorwärts blicken, läßt ihn das Ganze seines Lebens nach allen Seiten frei übersehn, Zukünftiges und Vergangenes bedenken und erwägen und dadurch unabhängig vom Gegenwärtigen, überlegt, bedacht, planmäßig zu Werke gehn, in allem was er vorhat. Der Einfluß dieser durch die Vernunft und ihre abstrakten Begriffe gegebenen Besonnenheit auf unser ganzes Daseyn ist so durchgreifend und bedeutend, daß es uns zu den Thieren gewissermaaßen in das Verhältniß setzt, welches die sehenden Thiere zu den augenlosen (gewisse Würmer und Zoophyten) haben: diese letztern erkennen allein das ihnen im Raum unmittelbar Gegenwärtige, sie Berührende: die Sehenden dagegen einen weiten Kreis von Nahem und Fernem. Eben so nun beschränkt die Abwesenheit der Vernunft die Thiere auf die ihnen in der Zeit unmittelbar gegenwärtigen anschaulichen Vorstellungen, d. i. realen Objekte: wir, hingegen durch die Erkenntniß *in abstracto* umfassen neben der engen, wirklichen Gegenwart, noch die ganze Vergangenheit und Zukunft, nebst dem weiten Reich der Möglichkeit: wir übersehn das ganze Leben frei nach allen Seiten, weit hinaus über die Gegenwart und Wirklichkeit, die das Thier stets befangen halten. Was also im Raum und für die sinnliche Erkenntniß das Auge ist, das ist gewissermaaßen in der Zeit und für die innre Erkenntniß die Vernunft. Wie aber die Sichtbarkeit der Gegenstände ihren Werth und Bedeutung doch nur dadurch hat, daß sie die Fühlbarkeit derselben verkündet, so liegt der ganze Werth der abstrakten Erkenntniß immer in ihrer Beziehung auf die anschauliche. Das darf man nie vergessen, damit man nicht etwa meint überall Erkenntniß zu haben, sobald man nur abstrakte Begriffe hat, ohne zu suchen welches denn die Anschauungen sind die solchen Begriffen Gehalt und Ursprung gaben; sonst kommt man zuletzt dahin, sich schon mit den Zeichen der Begriffe, den Worten, zu begnügen, und [daß man] während man die ganze wirkliche Welt aus den Augen verliert, sich in Worten herumdreht, einen Schaz von Wissenschaften in ihnen zu besitzen glaubt und eigentlich vom wirklichen Wesen der Dinge weniger Kenntniß hat, als der Roheste und Unwissendste der nur seine Augen aufgemacht und seinen natürlichen Verstand gebraucht hat. – Man hat in der Mathematik, in der Moral und in vielen Fächern, den abstrakten Begriffen einen viel zu großen Vorzug eingeräumt vor der Anschaulichkeit und vor dem Unmittelbar Erkannten das so vieles einschließt und von der Vernunft durch den Begriff Gefühl gedacht wird. – Man sollte bei diesen Sachen bedenken daß der abstrakte Begriff sich zum Anschaulich Erkannten ungefähr verhält wie der Wechsel zum baaren Gelde. Jener hat in Hinsicht auf das leichte Handhaben, auf das Versetzen durch die weitesten Räume u.s.w. große Vorzüge; aber immer doch nur weil er das baare Geld vertritt: so verhält sich das Abstrakte zum Anschaulichen.

In Hinsicht auf den Lebenswandel kann die allseitige Uebersicht des Ganzen seines Lebens, die der Mensch vor dem Thiere voraus hat, und eben dadurch Besonnenheit hat, auch verglichen werden mit einem geometrischen, farblosen, abstrakten, verkleinerten Grundriß seines Lebens, den er stets bei sich führt und durch den Rückblick darauf sich stets orientirt und weiß wo er ist; statt daß das Thier immer nur das Nächste vor Augen liegende erkennt. Der Mensch verhält sich damit zum Thiere, wie der Schiffer, welcher, mittelst Seekarte, Kompaß und Quadrant, seine Fahrt und jedesmalige Stelle auf dem Meere genau weiß, sich verhält zum unkundigen Schiffsvolk, das nur die Wellen und den Himmel sieht. Es ist wirklich betrachtungswerth ja wunderbar, wie der Mensch neben seinem Leben *in concreto* zugleich immer noch ein zweites *in abstracto* führt. Im ersten ist er allen Stürmen der Wirklichkeit und dem Einfluß der Gegenwart bloß gestellt, muß streben, leiden, sterben wie das Thier. Dabei aber trägt er zugleich in seinem vernünftigen Besinnen sein Leben *in abstracto* mit sich herum, eine stille Abspiegelung jenes ersten und der Welt darin er lebt, eben jener erwähnte verkleinerte Grundriß. Hier, im Gebiet ruhiger Ueberlegung erscheint ihm kalt, farblos und für den Augenblick fremd, was ihn dort ganz besitzt und heftig bewegt: hier ist er bloßer Zuschauer und Beobachter. In diesem Zurückziehn in die Reflexion gleicht er in der That einem Schauspieler, der seine Scene gespielt hat und bis er wieder auftreten muß, unter den Zuschauern seinen Platz nimmt, von wo aus er was auch vorgeht, vielleicht die Vorbereitung zu seinem Tode, gelassen ansieht, darauf aber wieder hingeht und thut und leidet, wie er muß. – So führen wir eigentlich immer ein doppeltes Leben, eben wie wir ein doppeltes Erkennen haben, ein anschauendes und ein denkendes: daraus geht unser vernünftiger Wandel und unsre menschliche Gelassenheit hervor, die sehr verschieden ist von der thierischen Gedankenlosigkeit; vermöge derselben können wir, nach vorhergegangner Ueberlegung, gefaßtem Entschluß, erkannter Nothwendigkeit, das für uns Wichtigste, oft Schrecklichste kaltblütig untergehn und vollziehn, z. B. Selbstmord, Hinrichtung, Zweikampf, lebensgefährliche Wagestücke jeder Art, und überhaupt Dinge, gegen die unsre ganze thierische Natur sich empört. – Hier zeigt sich der Einfluß der *Vernunft* auf das Handeln, hier also ist *die Vernunft praktisch*, und dies ist überall der Fall, wo die Motive des Handelns abstrakte Begriffe sind, nicht anschauliche, stets einzelne Vorstellungen und der Eindruck der Gegenwart der das Thier leitet. Dies hat jedoch mit der Moralität des Handelns keine wesentliche Verbindung: vernünftig handeln und tugendhaft handeln sind zwei ganz verschiedene Dinge, wie bereits oben gezeigt: praktische Anwendung der Vernunft kann sich sowohl mit großer Bosheit als mit großer Güte im Verein finden und durch die Anwendung der Vernunft werden beide erst große Wirksamkeit erhalten: die Vernunft giebt die Möglichkeit der methodischen konsequenten Ausführung des edeln wie des schlechten Vorsatzes, der klugen wie der dummen Maxime; sie ist zu beiden bereit und bleiben dienstbar; dies bringt ihre weibliche, empfangende, und aufbewahrende, nicht selbsterzeugende Natur mit sich. Vermöge der Besonnenheit die die Vernunft dem Handeln des Menschen giebt, sind in Hinsicht auf ihn selbst seine Handlungen vom vollen Selbstbewußtsein begleitet: was er thut erkennt er für die eigentliche Selbstentscheidung seines Willens: seinem Thun geht eine Wahl vorher: d. h. mehrere Motive die neben einander und zugleich im Bewußtsein gegenwärtig sind, begleitet von der Erkenntniß daß die Wahl des einen die des andern ausschließt, versuchen ihre Kräfte an seinem Willen, bis das Stärkste entscheidet und die Handlung bestimmt: das können nur abstrakte, nicht anschauliche Motive: denn von diesen ist immer nur Eines zur Zeit im Bewußtsein gegenwärtig und erlaubt keinen Rückblick auf andre Motive: bloß abstrakte Motive können die Erkenntniß bei sich führen daß die Wahl des einen die des andern ausschließt; können, unabhängig von der Zeit, zugleich ihre Kräfte an dem Willen versuchen. *Wahlentscheidung* hat bloß der Mensch, nicht das Thier: was er aber erwählt, erkennt er nothwendig für die Entscheidung seines Willens, weiß welche andre Wahl der Sache nach, also von außen, möglich war: sein Wollen, sein Entscheiden ist daher selbstbewußt: er lernt seinen Willen daran kennen, er spiegelt sich an seinen Thaten. *(Suo loco* von der Freiheit.) *Praktisch* also ist die Vernunft sofern ihre Vorstellungen das Handeln leiten, also abstrakte Begriffe: ob vernünftig, ob unvernünftig gehandelt wird, hängt davon ab ob die Motive bloße anschauliche Vorstellungen, also der Eindruck der Gegenwart sind, oder ob die Motive abstrakte Begriffe, überlegte Gedanken sind. Die Vernunft bleibt bloß theoretisch, wenn die Gegenstände ihres Denkens keine Beziehung auf das Handeln des Menschen haben: es ist der Fall wo die Gegenstände des Denkens ein rein theoretisches Interesse haben, dessen die wenigsten Menschen fähig sind. – Was die Alten mit dem Wort *prudentia* [kluge Vorsicht] *(a providentia* [Vorhersehen], *Cicero de Nat. Deor. II* [22, 58]) bezeichnen das ist praktische Vernunft: *ratio* bedeutet eigentlich die Vernunft an sich, vor ihrer Anwendung, also die theoretische. Griechisch ist wohl σωφροσυνη [maßvolles Verhalten] praktische Vernunft und λογος [Rede, Begriff, Vernunft], το λογιμον [das Vernünftige], λογιστικον της ψυχης [der vernünftige Teil der Seele] theoretische.

Der Mensch ist ursprünglich und seinem ganzen Wesen nach, auf das Handeln gerichtet, nicht auf das Denken ohne praktischen Zweck: Auch hat die Vernunft bei fast allen Menschen eine ausschließlich praktische Richtung: sie geben sich die Mühe des Denkens bloß um ihr Handeln einsichtiger und zweckmäßiger zu leiten. Wenn man Einen *unvernünftig* nennt, so wird damit gesagt, nicht daß er keine Vernunft hätte, sondern daß seine Vernunft diese praktische Richtung verlassen hat (die als ihr wesentlicher Zweck stillschweigend vorausgesetzt wird), daß er ohne Ueberlegung handelt, sich fast wie das Thier durch den Eindruck der Gegenwart bestimmen läßt.

[Daneben am Rand verweist Schopenhauer auf Zusätze seines Handexemplars der 1. Auflage der »Welt als Wille und Vorstellung«. Hier kommt folgender, teilweise durchgestrichener Zusatz in Betracht:]
  Wie Mangel an Verstand, d. h. an unmittelbarer Erkenntnis der Kausal- und Motivationsverhältnisse Dummheit ist; so ist Mangel an Anwendung der Vernunft auf das praktische *Thorheit*. Den Thoren bestimmt allein das Anschauliche und Gegenwärtige: ein größeres Gut, das aber nur *in abstracto*, als Begriff, sich ihm darstellt, opfert er um ein kleineres zu erlangen, das gegenwärtig und anschaulich sich ihm darstellt: der Thor oder Unvernünftige verthut die Habe welche ihm eine ruhige, unabhängige Zukunft sicherte, für die Genüsse des Augenblicks: er opfert seine Gesundheit der Wollust u. s. f. – Ein Princip der Unvernunft ist ein Widerspruch: aber ein Andrer kann dem Unvernünftigen dies Princip als Maxime unterlegen: [durchgestrichen:] *scio meliora, proboque, deteriora sequor* [Das Bessere weiß ich und lob ich, aber dem Schlechteren folg ich (Ovid, Met. VII, 20)]. – Die Maxime des Vernünftigen dagegen ist: *si vis tibi omnia subjicere, te subjice rationi* [Willst du dir alles unterwerfen, so unterwirf dich der Vernunft]. – *Seneca, epist.* 37 [,4].

Daß er böse, moralisch schlecht sei, ist gar nicht damit gemeint. Er kann ein recht guter Mensch seyn, wie Mancher dieser Art, der keinen Unglücklichen sehn kann, ohne ihm zu helfen, selbst mit Aufopferungen, der im Stande wäre seinen Mantel abzunehmen, um ihn einem frierenden Bettler zu geben; dagegen aber seine Gläubiger nicht bezahlt. Der Ausübung großer Verbrechen sind solche unvernünftigen Karaktere gar nicht fähig, weil die bei solchen nöthige Planmäßigkeit, Verstellung und Selbstbeherrschung ihnen unmöglich ist. Zu einem sehr hohen Grade von Tugend werden sie es aber auch schwerlich bringen: denn wenn sie von Natur auch noch so sehr zum Guten geneigt wären, so können doch die einzelnen lasterhaften und boshaften Aufwallungen denen jeder Mensch unterworfen ist, nicht ausbleiben und müssen, wo nicht Vernunft, sich praktisch äußernd, ihnen unveränderliche Maximen und feste Vorsätze entgegenhält und sie dadurch bändigt, bisweilen zu Thaten werden.

Den Gegensatz dieser unvernünftigen Karaktere bilden die welche man im gemeinen Leben *praktische Philosophen* nennt, und zwar mit Recht, denn wie der eigentliche, d. i. der theoretische Philosoph, das Leben in den Begriff überträgt, so übertragen sie den Begriff ins Leben: man meint überhaupt damit die recht vernünftigen Karaktere, d. h. die in welchen die Vernunft sich in hohem Grade eigentlich praktisch zeigt: solche zeichnen sich aus durch Gelassenheit, durch einen ungemeinen Gleichmuth bei unangenehmen wie bei erfreulichen Vorfällen, durch stets gleichmäßige Stimmung und festes Beharren bei einmal gefaßten Entschlüssen. In der That waltet bei ihnen durchaus die Vernunft vor, d. h. sie stehn mehr unter dem Einfluß des abstrakten als des intuitiven Erkennens. Sie haften nicht am Einzelnen, am Eindruck, am Gegenwärtigen, sondern übersehn, mittelst der Begriffe, das Leben im Allgemeinen, im Ganzen, im Großen: das [Quidquid agis, prudenter agas et] *respice finem* [(Was du auch treibst, betreibe es klug) und bedenke das Ende. (Lateinischer Spruch)] ist ihnen stets gegenwärtig: sie haben ein für allemal erkannt, wie der momentane Eindruck täuscht, wie uns heute lebhaft bewegt, was in vierzehn Tagen schon vergessen ist, wie oft ein Glück schlimme Folgen, [ein] Unglück gute Folgen nach sich zog, sie kennen den Unbestand aller Dinge, die Kürze des Lebens, die Gaukelei und Leerheit der Genüsse, den Wechsel des Glücks und die großen und kleinen nie endenden Tücken des Zufalls. Ihnen kann daher gar nichts unerwartet kommen: denn was sie *in abstracto* ein für allemal erkannt haben, überrascht sie nicht und bringt sie nicht aus dem Gleichgewicht, wann es nun als Einzelnes in der Wirklichkeit ihnen entgegentritt: dies ist hingegen der Fall bei den weniger vernünftigen Karakteren, welche mehr von der anschaulichen, als von der abstrakten Erkenntniß bestimmt werden; auf diese übt die Gegenwart, das Anschauliche, das Wirkliche solche Gewalt aus, daß die kalten, farblosen Begriffe ganz in den Hintergrund des Bewußtseins zurückgedrängt werden, und sie, Vorsätze und Maximen vergessend, den Affekten und Leidenschaften jeder Art Preis gegeben sind. In Hinsicht auf die Zukunft ist es bei recht unvernünftigen Karakteren, die weder durch fremde noch durch eigne Vernunftvorstellungen sich bändigen lassen, sondern uneingedenk des *respice finem* der Gegenwart die Zukunft opfern, so, daß man sagen möchte, es fehlt ihnen der Glaube an die Vernunft, denn was ihnen diese deutlich vorhält und sie auch einsehn und zugeben müssen, bewegt sie doch nicht: der Glaube daran scheint ihnen zu fehlen: sie warten die Erfahrung, die Wirklichkeit ab, in deren Gefolge die Reue kommt.

Was ich hier als praktisch Vernünftig aber unvernünftig dargestellt habe, und was indem es allein darauf beruht ob der Mensch seine Motive aus den anschaulichen Vorstellungen oder aus der ganz andern Klasse, der nichtanschaulichen abstrakten, allgemeinen Vorstellungen, der Begriffe, nimmt, aus unsrer Erklärung der Vernunft ganz von selbst folgt, – dies stimmt wie mit unsrer Erklärung, auch eben so mit dem Sprachgebrauch aller

Zeiten und aller Völker überein: man würde aber sehr Unrecht haben, diesen Sprachgebrauch für etwas Zufälliges, Beliebiges, zu halten, oder ihn sonst gering zu schätzen: denn er ist hervorgegangen, aus dem Bewußtsein welches jeder Mensch von seinen eignen verschiednen Geisteskräften und von dem Vermögen das ihn vom Thier unterschieden hat: diesem Bewußtsein gemäß bildet er seine Begriffe davon und seine Rede darüber, ist aber freilich nicht im Stande dies zur Deutlichkeit abstrakter Definitionen und Philosophischer Zergliederungen zu bringen. Auch die Aeußerungen und Erklärungen aller Philosophen aus allen Zeiten, bis auf die Neuesten, stimmen mit meiner Erklärung der Vernunft völlig überein, eben wie die unter allen Völkern herrschenden Begriffe von jenem Vorrecht des Menschen. Man lese welchen Philosophen man wolle, er wird von der Vernunft *(το λογιμον, ὁ λογος, ἡ φρονησις, ratio, raison, reason)* im Ganzen in meinem Sinne reden: nur hat keiner das Wesen der Vernunft und des Verstandes recht deutlich zergliedert und in jeder dieser beiden Geisteskräfte eine Grundfunktion anerkannt, aus der allein alles andre fließt und durch sie gegeben ist.

Ueber die Stoische Ethik.

Was ich Ihnen vorhin als die eigentliche praktische Vernunft, d. h. die praktische Anwendung und Richtung der Vernunft schilderte, hat einmal seine größte Vollendung und seine systematische Ausführung erhalten in der *Stoischen Ethik* und im Ideal derselben, dem *Stoischen Weisen;* welches Ideal wirklich den höchsten Gipfel darstellt, zu dem der Mensch durch den bloßen Gebrauch seiner Vernunft gelangen kann, und wo dann sein Unterschied vom Thier am deutlichsten hervortritt. Da diese in der Stoischen Ethik sich darstellende höchste Entwickelung der praktischen Tendenz der Vernunft das Wesen dieser in das hellste Licht stellt, und zugleich dienen kann den Gegensatz zu zeigen zwischen einer bloß vernünftigen Ethik und derjenigen welche ich Ihnen späterhin aufstellen werde; so wollen wir etwas dabei verweilen. Man kann alle Ethiken theilen in Eudämonistische die auf Glück dringen; und in solche, die schlechthin und unmittelbar auf Tugend dringen. Zu jenen gehört nicht etwa nur die Lehre Aristippos' und Epikurs, sondern auch alle die, welche die Tugend mit der Glückseligkeit verbinden entweder nach dem Satz der Identität, indem sie sophistisch darthun, glücklich seyn und tugenhaft seyn, wäre einerlei, oder nach dem Satz vom Grunde, Glückseligkeit wäre Folge der Tugend in dieser Welt oder in jener: zu diesen gehört auch die Stoa, welche beide Wege betritt, besonders den zweiten, indem bei ihr die Tugend nur Mittel zum Zweck ist, und dieser Zweck Glück durch Geistesruhe: dann aber den ersten, *nihil bonum nisi quod honestum* [Nichts ist gut als das Tugendhafte (Cicero, Tuscul., V, 30, 84; vgl. Seneca, ep. 71, 4)]. – Die andern Ethiken welche auf Tugend gradezu dringen, ihrer selbst wegen, sind: die Lehre der Veda's; die Lehre Platons; das Christenthum und Kant. Das wahre Christenthum predigt eine ganz uneigennützige Tugend, die nicht wegen eines Lohns in jener Welt geschieht, sondern ganz unentgeltlich, aus Liebe zu Gott, als unausbleibliches Symptom des Glaubens: *Luther de Libertate Christiana*. Platon in der Republik sagt, man soll gerecht seyn, und wenn man auch nichts als Unglück und Schande davon hätte. – Von diesen unmittelbar auf Tugend bringenden Ethiken, ist die Stoische *toto genere* verschieden: sie gehört in der That den Eudämonistischen Lehren an, aber ist ein Eudämonismus ganz eigener Art. Der Zweck der Stoischen Ethik, wenn man sie von Grund aus faßt und versteht, durch ein tieferes Studium [Daneben am Rand: *Simplicius Arrian Epictet Antonin ...*] eingedrungen, als einzelne Aussprüche; ist ein glückseliges Leben, so gut wie der Zweck der Lehre des Epikurs: ganz in ihrem ursprünglichen Geist sagt noch der späte Stoiker Seneka: *Sapientia ad beatum statum tendit, illo ducit, illo vias aperit* [Die Weisheit strebt nach der Glückseligkeit, führt zu ihr, eröffnet zu ihr die Wege]; *epist. 90, 27. Stobb.* [Stobaios] *Eclogae:* Την μεν ευδαιμονιαν λεγουσι σκοπον εκκεισθαι· τελος δε ειναι το τυχειν της ευδαιμονιας [Nach ihrer Meinung ist die Glückseligkeit als Ziel ausgesteckt; das Höchste aber sei die Erreichung der Glückseligkeit (lib. II, c. 6)]. Aber die Stoa zeigt, daß dieses Glück in nichts anderm bestehe und zu suchen sei, als im innern Frieden, in der unerschütterlichen Ruhe des Geistes: αταραξια [Unerschütterlichkeit des Gemüts]: *Seneca epist. 92: Quid est beata vita? – Securitas et perpetua tranquillitas. Hanc dabit animi magnitudo, dabit constantia bene judicati tenax.* [Worin besteht das glückselige Leben? In der Sicherheit und beständigen Ruhe. Sie wird erreicht durch Seelengröße, wird erreicht durch beharrliches Festhalten am richtig Erkannten *(Seneca, ep. 92, 35)*] Dann aber zeigt sie, daß es zu dieser nur *ein* Mittel gebe: die Tugend: diese ist nur das zweite, das Mittel; tritt *per accidens* [als Nebenbestimmung] ein: aber weil sie das einzige vom Zweck unzertrennliche Mittel ist, thut die Stoa sodann den Ausspruch, die Tugend sei das höchste Gut. Allmälig wird nun der Zweck über das Mittel fast vergessen, dieses zur Hauptsache gemacht und die Tugend auf eine Weise empfohlen, die ein ganz anderes Interesse als das des eignen Glücks verräth, indem es diesem zu deutlich widerspricht. Dies ist eine Erscheinung die in allen unrichtigen Ethiken sich findet: weil jeder Mensch die wahre Ethik als Gefühl in sich trägt, d. h. sie kennt, aber sie nicht in allgemeine und abstrakte Begriffe übertragen kann, wohl aber an jener bloß gefühlten Ethik einen sehr richtigen und genauen Maasstab zur Beurtheilung aller einzelnen Fälle in sich trägt, sowohl in seinem eignen als in Andrer Wandel. In jede falsche Ethik die aufgestellt wird bricht diese wahre, aber bloß gefühlte Ethik (welche eben aus dem Gefühl in den Begriff zu übertragen die Aufgabe des Philosophen ist) mit Gewalt ein, ihr wird mittelst Inkonsequenzen und falschen Schlüssen Plaz verschafft. So z. B. Spinoza leitet aus seinem egoistischen Grundprincip *debet unusquisque suum utile quaerere* [Es muß jeder einzelne seinen eigenen Nutzen suchen (vgl. Spinoza, Ethik, IV, prop. 20)] durch die handgreiflichsten Sophismen reine Tugendlehre ab. So macht denn auch die Stoa die Tugend zum höchsten Gut, obgleich sie eigentlich und ursprünglich nur Glückseligkeit sucht und als das Mittel die Tugend erkennt.

Wer im Stande ist, nicht bloß einzelne Sätze, sondern ein großes Ganzes zu fassen und dem gemäß die Stoiker liest, besonders die Griechischen Schriften, wird finden daß der Geist und Ursprung der Stoischen Ethik in dem Gedanken liegt, ob das große Vorrecht des Menschen, die Vernunft, welche ihm ja mittelbar, durch planmäßiges Handeln und was aus diesem hervorgeht, das

Leben und seine Lasten so sehr erleichtert, wie wir es eben an der Zivilisation, der *vita exculta* [dem verfeinerten Leben] und allen Vortheilen und Bequemlichkeiten ersehn, welche alle mittelbar das Werk der Vernunft sind, – ob dieselbe Vernunft nicht auch fähig wäre, ganz unmittelbar, durch sich selbst, durch bloße Erkenntniß, ihn den Leiden und Quaalen aller Art, welche sein Leben füllen, auf ein Mal zu entziehen, ihn darüber hinaus zu heben, entweder ganz, oder doch beinahe ganz. Man hielt es dem Vorzug der Vernunft nicht angemessen, daß das mit ihr begabte Wesen, welches durch dieselbe eine Unendlichkeit von Dingen und Zuständen umfaßt und übersieht, dennoch durch die Gegenwart und durch die Vorfälle, welche die wenigen Jahre eines so kurzen, flüchtigen, ungewissen Lebens enthalten können, so heftigen Schmerzen, so großer Angst und Leiden preisgegeben seyn sollte, die offenbar alle nur aus dem ungestümen Drang des Begehrens und Fliehens hervorgehn: man meinte vielmehr die gehörige Anwendung der Vernunft, der Reflexion, müßte den Menschen über das alles hinwegheben, ihn unverwundbar machen können. Zu diesem Zweck müßte er ein für alle Mal eine Einsicht wie etwa folgende gewinnen und festhalten. Das Entbehren, und das Leiden durch dasselbe, geht nicht sofort und unmittelbar hervor aus dem *Nichthaben;* sondern erst aus dem *Habenwollen* und dann doch nicht haben: dies Habenwollen ist also die nothwendige Bedingung unter der allein das Nichthaben zur Entbehrung wird und den Schmerz erzeugt. [Daneben am Rand: *Nam solum habere velle, summa dementia est* [Denn etwas bloß haben zu *wollen*, ist die größte Torheit]. Cicero Tuscul. IV, 26. *Nihil interest, utrum non desideres, an habeas. Summa rei in utroque est eadem: non torqueberis.* [Es läuft auf dasselbe hinaus, ob man etwas nicht begehrt, oder ob man es hat. Die Hauptsache ist in beidem die gleiche: nämlich nicht zu leiden.] Seneca, epist. 119.] Die Erfahrung und die Reflexion über dieselbe lehrt, daß was den Wunsch, der so viel Schmerzen erzeugt, gebiert und nährt, bloß die Hoffnung, der *Anspruch* ist: daher kommt es, daß weder die vielen Allen gemeinsamen *Uebel* (Alter, Tod) noch auch die ganz unerreichbaren *Güter* uns beunruhigen und plagen; sondern allein das unbedeutende Mehr und Weniger des dem Menschen Erreichbaren und Ausweichbaren: Dies geht so weit daß nicht nur das absolut, sondern auch schon das relativ Unerreichbare oder Unvermeidliche uns ganz ruhig läßt: so z. B. sind relativ Unvermeidlich die Uebel welche unsrer Individualität anhängen, Krüppelhaftigkeit, Häßlichkeit, Mangel an Anmuth jeder Art, kränkliche Konstitution, noch relativer die welche der Lage anhängen in der wir geboren sind, niedrer Stand, gewohnte Armuth, widriger Wohnort, rauhes Klima; relativ unerreichbar sind die Güter welche der Individualität nicht zugänglich sind, z. B. großer und dauernder Ruhm bei angeborner Mittelmäßigkeit der Kräfte, Weibergunst bei krüppelhaftem, schwächlichem, kränklichem Körper, noch relativer was bloß durch die äußre Lage uns versagt ist, königliches Blut, Geburtsadel, großer Reichthum dessen Genüsse man gar nicht kennt u. dgl. m. Alle solche Dinge werden von unzähligen Menschen getragen wenn es Uebel, entbehrt und mit völliger Gleichgültigkeit täglich an Andern gesehn, wenn es Güter sind, ohne daß sie den mindesten Schmerz davon spürten, bloß weil es ihnen gar nicht einfällt daß auch sie dergleichen haben könnten, sondern entweder die Natur oder die äußre Lage ihnen diese Entsagung sogleich aufdringt, und sie folglich ihre Ansprüche gar nie dahin ausdehnen. Jeder Wunsch sogar der sich schon regt, stirbt ab und kann gleich einer vernarbten Wunde keinen Schmerz mehr erzeugen, sobald nur keine *Hoffnung* ihm Nahrung giebt. Aus allem diesen ergiebt sich, daß alles Glück oder Unglück nur auf dem Verhältniß beruht zwischen unseren Ansprüchen und dem was wir erhalten: es ist also eine bloße Verhältnißzahl: wie groß oder klein die beiden Größen dieses Verhältnisses sind ist ganz einerlei: und das Verhältniß kann hergestellt werden, sowohl durch die Verkleinerung der ersten Größe (der Ansprüche) als durch die Vergrößerung der zweiten (des Besitzes): diejenigen Güter, auf welche Anspruch zu machen einem Menschen gar nicht in den Sinn kommt, entbehrt er durchaus nicht: während ein Andrer, der hundert Mal mehr besitzt als jener, verzweifeln will, weil ihm Eines abgeht, darauf er Anspruch macht. Darum ist jede Vermehrung unsrer Ansprüche sehr gefährlich: und doch vermehren wir sie von Tag zu Tage, so lange es uns wohlgeht. – Ein Unglück das uns mit einem Male weit rückwärts bringt und mit einem Schlage recht viele Ansprüche gänzlich vernichtet, wirkt für unser nachheriges Glück wenigstens eben so viel als ein plötzlicher Glücksfall, der uns mit einem Male mehr giebt als wir je hofften, aber zugleich recht viele neue Hoffnungen eröffnet, d. h. Ansprüche in uns erregt. – Eben so ist alles Leiden nur das Misverhältniß zwischen dem was wir fordern und erwarten und dem was uns wird: dies Misverhältniß liegt aber nur in der Erkenntniß und kann daher durch richtigere Einsicht völlig gehoben werden. Also unsre Einsicht ist der Sitz des Uebels: daher *Cicero Tusculan.* 4, 7: *Omnes perturbationes judicio censent fieri et opinione* [Alle Verstimmungen beruhen, wie sie lehren, auf Beurteilung und Meinung]. – *Judico, malum illud, opinionis esse, non naturae: si enim in re essent, cur fierent provisa leviora* [Nach meiner Ansicht liegt jenes Übel in der Meinung, nicht in der Sache; denn wenn es im Objekt läge, wie könnte dann leichter zu tragen sein, was man vorhersieht? (Seneca?)]. – *Epictet* [Manuale] *c. V*, ταρασσει τους ανϑρωπους ου τα πραγματα, αλλα τα περι των πραγματων δογματα [Nicht die Dinge sind es, welche die Menschen beunruhigen, sondern die Meinungen über die Dinge].

Es ist in der That nicht zu leugnen, daß so oft ein Mensch aus der Fassung kommt, durch ein Unglück zu Boden geschlagen wird, durch ein Unrecht zu heftigem Zorn bewegt wird, durch [eine] Drohung von Menschen oder Schicksal verzagt; – er eben dadurch an den Tag legt, daß er die Dinge anders findet, als er sie erwartete, folglich daß er im Irrthum befangen war, keine richtige Kenntniß von der Welt und dem Leben hatte, nicht wußte wie die Leblose Natur durch Zufall, die lebenden Wesen durch den unsrigen entgegengesetzte Zwecke, auch durch Bosheit, den Willen des Einzelnen bei jedem Schritt durchkreuzt und hemmt: – denn wer das alles weiß, und stets gegenwärtig hat, wird immer in derselben Stimmung bleiben und in keinen Affekt gerathen: jener also der in die besagten Affekte gerieth hatte fehlerhafte Erkenntniß und da lag sein Uebel: er hatte entweder seine Vernunft nicht gebraucht um zu einem allgemeinen Wissen dieser Beschaffenheit des Lebens zu kommen; oder auch es fehlt ihm an Urtheilskraft, wenn, was er im Allgemeinen weiß, er doch im Einzelnen nicht wieder erkennt und deshalb davon überrascht und aus der Fassung gebracht wird. Die Tendenz der Stoischen Ethik ist hauptsächlich diese, daß man von der Beschaffenheit der Welt und des Lebens sich eine richtige allgemeine Kenntniß erwerbe, durch welche man gegen jeden einzelnen Fall im Leben gerüstet und gewaffnet ist, indem man sodann in demselben nichts Neues findet, sondern nur die Bestätigung im Einzelnen von dem, was man schon im Allgemeinen wußte, wodurch man folglich die unerschütterliche Fassung bei allen Vorfällen behält; denn jeder Schmerz ist das Verschwinden eines Wahns, der der Jubel war. Jede Betrübniß, worüber sie auch empfunden werde, ist nichts andres als das Verschwinden eines angenehmen Wahnes, und je länger wir diesen gehegt haben, desto größer ist der Schmerz. Ist uns ein Verwandter, ein Freund gestorben, so liegt dem Schmerz der Wahn zum Grunde er wäre unsterblich. Darum sagte Anaxagoras dem man den Tod seines Sohnes berichtete: *Sciebam me genuisse mortalem* [Ich war mir bewußt, einen Sterblichen gezeugt zu haben] *(Cic. Tusc. III, 14)*. Hat man sein Vermögen plötzlich verloren; so liegt der Wahn zum Grunde, daß unser Besitz nicht dem Zufall unterworfen sei, da doch vielmehr alles was wir haben uns nur vom Glück *geliehen* ist, daß sein Darlehn jeden Augenblick zurückfordern kann. Ist uns eine unverdiente Beleidigung oder Schimpf widerfahren; so liegt dem Schmerz der Wahn zum Grunde, die Menschen wären gerecht und gut und geduldig: da sie doch meistens das alles nicht sind. Hieher gehört auch die Stelle des *Seneca, epist.* 91: *Nihil nobis improvisum esse debet: in omnia praemittendus est animus: cogitandumque non quidquid* solet, *sed quidquid* potest *fieri* [Nichts sollte uns unerwartet kommen: der Geist soll auf alles gefaßt sein: und nicht, was zu geschehen *pflegt*, sondern, was geschehen *kann*, ist zu bedenken *(Seneca, ep.91, 4)*]. Seneka im Anfang der 98sten Epistel, schildet die Fassung die man haben soll gegen das Schicksal und seine Streiche, und sagt dann: *Sic composito nihil accidet: sic autem componetur, si, quid humanarum rerum varietas possit,* cogitaverit, *antequam* senserit [Wer so gefaßt ist, dem kann nichts begegnen: gefaßt aber ist er dann, wenn er, was die Wandelbarkeit der menschlichen Dinge vermag, bedacht hat, ehe er es fühlen muß *(Seneca, ep. 98, 5)*]. – *Seneca epist.* 107 sect. 4: *Nemo non fortius ad id, cui se diu com-*

posuerat, *accessit, et duris quoque, si* praemeditata *erant, obstitit. At contra,* imparatus *etiam levissima expavit. Id agendum est, ne quid nobis* inopinatum *sit: et, quia omnia* novitate graviora *sunt, haec* cogitatio assidua *praestabit, ut nullis sis malo tiro* [Jeder tritt tapferer dem entgegen, worauf er sich lange vorher gefaßt gemacht hat, und hält auch in schwerer Lage stand, wenn er sie voraus bedacht hat. Der Unvorbereitete hingegen erschrickt schon vor Geringfügigem. Wir müssen dafür sorgen, daß nichts uns unerwartet trifft: und, weil alles sich schwerer trägt, was neu ist, so wird beharrliches Denken dieses leisten, daß man in keinem Übel ein Neuling ist (*Seneca, ep.* 107, 4)]. Man soll also beständig die Uebel des Lebens mediiren, um sie wohlgefaßt zu empfangen. Er führt dies durch und fährt dann fort: *Nihil miremur eorum, ad quae nati sumus: quae ideo nulli querenda sunt, quia paria sunt omnibus* [Nichts darf uns aus der Fassung bringen, zu dem wir geboren sind: und über das wir uns nicht beklagen dürfen, weil es alle gleichmäßig trifft (*Seneca, ep.* 107, 6)].
– – Weiter: *Hanc rerum conditionem mutare non possumus: id possumus, magnum sumere animum, et viro bono dignum, quo fortiter fortuita patiamur, et naturae consentiamus* [Diese Lage der Sache können wir nicht ändern: nur eines können wir, eine große und eines wackren Mannes würdige Gesinnung uns aneignen, vermöge deren wir die Schickungen tapfer ertragen und in Übereinstimmung mit der Natur leben (*Seneca, ep.* 107, 7)]. – *Cicero Tusculan.* [III, 14], empfiehlt die *praemeditatio futurorum malorum, quippe quae lenit eorum adventum* [das Vorherdenken künftiger Übel, als welches ihr Eintreffen lindert]. *Epiktet* spricht den Geist der Stoa recht naiv dadurch aus, daß er am Schluß seines Encheiridions die Worte des Euripides anführt:

Ὅστις δ'ἀναγκῃ συγκεχωρηκεν καλως,
Σοφος παρ' ἡμιν, και τα θει' επισταται.
[Wer edel der Notwendigkeit gewichen ist,
Als weise gilt er uns und weiß das Göttliche.
(Euripides in *Epictet, Manuale*, 52)]

Denn in der That sich in das nun einmal Nothwendige, die Uebel des Lebens, recht gut zu schicken und zu finden, ist am Ende das Ziel der Stoa: es ist nur durch recht vernünftige Ueberlegung möglich: giebt aber dem der es gelernt hat, die Geistesruhe, welche die Stoiker als das Glück und als das höchste Gut suchen. Um sich durch richtige Erkenntniß gegen den Schmerz zu waffnen muß man sich auch gegen den Jubel, die zu große *Freude, exsultatio* waffnen: denn die beiden stehn im engsten Zusammenhang als *correlata* und wie dem übermäßigen Schmerz so liegt auch dem übermäßigen Jubel immer ein *Irrthum* zum Grunde, ein *Wahn* im Leben gefunden zu haben was gar nicht darin anzutreffen ist, nämlich etwas das für immer beglückte, was *von außen unmöglich ist*, weil kein Besitz so sicher ist daß er nicht entrissen werden könnte *(accepimus peritura, perituri* [als Vergängliche haben wir Vergängliches erlangt]: *Seneca), von innen unmöglich*, weil nichts auf die Dauer befriedigt und unsere Wünsche für immer stillte. Von jedem einzelnen Wahn dieser Art, der sich durch Jubel ausspricht, muß man aber später immer wieder zurückgebracht werden, wenn er verschwindet, und muß ihn dann durch eben so bittre Schmerzen bezahlen; er gleicht daher einer Höhe von der man nur durch Fall wieder herab kann, die man also besser nicht besteigt. Man soll also um Schmerz und Jubel da sie sich gegenseitig bedingen zu vermeiden, seine Erkenntniß berichtigen, sich von keinem angenehmen Wahn beschleichen lassen, die Dinge stets im Ganzen und im Zusammenhange völlig klar übersehn, und sich standhaft hüten ihnen die Farbe zu leihen die man wünschte, daß sie hätten. Dem Weisen also, der seine Erkenntniß berichtigt hat, bleiben Schmerz und Jubel gleich fern: keine Begebenheit stört jemals seine αταραξια [Unerschütterlichkeit des Gemüts]. Hieher gehört Horazens Vers:

Aequam memento rebus in arduis
Servare Mentem, non secus in bonis
Ab insolenti temperatam
Laetitia. –
[Gleichmut zu wahren, wenn es dir schlimm ergeht,
Gedenke allzeit, aber nicht weniger

Enthalte übermüt'ger Freude
Dich, wenn im Glück.
(Horaz, Od. II, 3)]

Lebhafte Freude und heftiger Schmerz finden sich immer nur in derselben Person, eben weil diese Zustände sich wechselseitig bedingen und beiden dies zum Grunde liegt daß man sich einem angenehmen oder traurigen Wahn leicht hingiebt: dazu kommt daß große Lebhaftigkeit die Bedingung zu beiden ist. Jenem Wahn arbeitet die Stoa entgegen.

Dies, was ich Ihnen dargestellt, ist der *Geist* der Stoischen Ethik, der nun aber, da die Sekte mehrere Jahrhunderte bestand und lebte, in mancherlei Formen sich ausspracht. Er läßt sich jedoch in allen diesen Formen nachweisen, auch zeigen wie man, vom moralischen Gefühl geleitet, nachher immer den Zweck der ganzen Weisheit, Glückseligkeit durch Geistesruhe, aus den Augen verlor, und die Tugend die eigentlich nur das Mittel dazu seyn sollte, so pries daß sie die Hauptsache und Selbst-Zweck zu seyn schien, ja wurde. Wir wollen beispielsweise einige der noch vorhandenen Stoischen Schriftsteller ansehn. Epiktet, der sehr spät lebte, wo die Lehre schon viel Veränderungen durchgangen war, bleibt doch noch dem ursprünglichen Geist der Stoa ganz getreu, indem er damit anfängt als dem Hauptsaz und auch immer darauf, als den Kern der Weisheit zurückkommt, daß man nur immer ja wohl bedenken und unterscheiden solle, was von uns selbst abhängt und was nicht, τα μεν εφ' ημιν και τα δε ουκ εφ' ημιν [das, was in unserer Macht steht und das, was nicht in unserer Macht steht]: auf letzteres solle man durchaus nie rechnen: dann würde man zuverlässig frei bleiben von allem Schmerz, Leiden und Angst. Ueber unser Schicksal haben Zufall, Irrthum, fremde Bosheit eine unwiderstehliche Macht: das ist also ουκ εφ' ημιν. Dagegen aber findet sich daß was von uns abhängt, ganz allein unser eignes Wollen ist: das allein ist εφ' ημιν; und hier geschieht nun der allmälige Uebergang zur Tugendlehre: es wird gezeigt daß Glück und Unglück freilich von der Außenwelt abhänge, aber die innre Zufriedenheit und Unzufriedenheit hervorgehe aus der Erkenntniß des eignen Wollens: auf dem Bewußtsein des reinen tugendhaften Wollens beruhe die innre Zufriedenheit, der innre Friede, Geistesruhe, das wahre Glück. Hieran knüpfen sich die Streitigkeiten zwischen Stoikern, Epikuräern und Akademikern, die Seneka und Cicero uns aufbehalten, über das *summum bonum* [höchste Gut], ob dies das *honestum* [das Edle] ganz allein sey, oder auch noch äußere Güter von Nöthen, oder die Wollust, wie Epikur wollte. Man gieng auf beiden Seiten zu Extremen: der Weise sollte unter den größten Quaalen im ehernen glühenden Stier des Tyrannen Phalaris doch glücklich seyn durch das Bewußtsein seiner Tugend. Denn das *bonum* und *malum* sollte entweder in Tugend und Laster ganz allein liegen, oder im äußern Besitz oder Mangel. Eigentlich war dies Alles ein Vergleichen zweier völlig inkommensurabler Größen, nämlich des physischen Guts und Uebels mit dem moralischen Gut und Böse, und der ganze Streit drehte sich darum nach welcher von beiden Größen die Namen *bonum et malum* angewandt werden sollten; was eigentlich ganz beliebig war und nichts zur Sache that: aber so groß ist von jeher die Anhänglichkeit an Worte gewesen. Man belustigte sich damit sich gegenseitig Paradoxe Aussprüche zuzuwerfen und den grellsten Kontrast hervorzubringen.

Der ursprüngliche Stifter Zeno [Darüber mit Bleistift geschrieben: (Epictet).], hatte dieselbe Grundansicht ursprünglich anders dargestellt. Er gieng hievon aus: um das höchste Gut, Glückseligkeit durch Geistesruhe, zu erlangen, lebe man nur ganz übereinstimmend mit sich selbst: (το ὁμολογουμενως ζην τουτο εστι καθ' ἑνα λογον και συμφωνον ζην [Übereinstimmend leben, das ist nach einem einheitlichen Grundsatz und im Einklang mit sich selbst leben (Stobaios)]: – *Stob. ecl. eth. p.* 172. [In der von Schopenhauer anderweitig zitierten Heerenschen Ausgabe 1801, S. 132] Das kann man aber nur wenn man durchaus *vernünftig*, nach Begriffen, nicht nach wechselnden Eindrücken oder Launen sich bestimmt. Aber was in unsrer Gewalt steht, daher von uns stets gleich gehalten werden kann, sind bloß die Maximen unsers eigenen Handelns, nicht der Erfolg und die äußeren Umstände: also um stets konsequent und sich selbst gleich zu bleiben muß man bloß jene, nicht diese sich zum Zwecke machen; wodurch denn abermals die Tugendlehre eingeleitet wird.

Aber schon den unmittelbaren Nachfolgern des Zenon schien

sein Moralprincip – übereinstimmend zu leben – zu formal und inhaltsleer. Sie gaben ihm materialen Gehalt: *Kleanthes* setzte hinzu ὁμολογουμένως τῇ ψύσει ζῆν *(Stob.* 1. c.), »übereinstimmend mit der Natur leben«. – Das schob die Sache sehr ins Weite, weil der Begriff Natur sehr weit, ja der Ausdruck unbestimmt ist. *Kleanthes* hatte damit die Natur der Dinge überhaupt gemeint. Nun kam *Chrysippos* und bestimmte es auf die *menschliche* Natur insbesondre *(Diog. Laërt. 7, 89* [Buch VII, 1, Zenon]). Da sollte nun das dieser ganz eigentlich Angemeßne die Tugend seyn, wie den thierischen Naturen die Befriedigung thierischer Triebe: und man war wieder bei der Tugendlehre.

Diese Stoische Ehtik ist ihrem Geiste nach betrachtet ein sehr schätzbarer und achtungswerther Versuch, das Ausgezeichnete des Menschen, sein großes Vorrecht, die Vernunft, unmittelbar zum *größtmöglichsten Vortheil* zu benutzen, ihn über die Leiden und Schmerzen denen jedes Lebende als solches anheim gefallen ist, und die er mit dem Thier gemein hat, ja sie in höherm Grade empfinden muß, mit einem Male durch bloße Erkenntniß herauszuheben, wodurch ein edler, heilbringender Zweck erreicht würde, und der Mensch in vollem Maas der Würde theilhaft würde, die er im Vergleich mit dem Thiere hat. Wie hoch den Menschen die bloße *Vernunft* als solche unmittelbar stellen kann, das hat die Stoa vortrefflich gezeigt. [Hier folgte ursprünglich, nachträglich mit Tinte wieder durchgestrichen: (man kann sie daher [eine] theoretische Ethik nennen, weil sie alles erreichen will durch bloße Verbesserung der Einsicht).] Ich mußte daher von dieser Stoischen Ethik, da sie die höchste Entwicklung der auf das Praktische angewandten Vernunft darstellt, hier reden bei der Auseinandersetzung dessen was die Vernunft sei und was sie leisten könne. Dieser Geist der Stoa lebte im Alterthum in den vorzüglichsten Geistern: auf Horaz hatte er sehr vielen Einfluß, den unzählige Stellen seiner Schriften aussprechen: z. B. in der 18ten Epistel des 1sten Buchs:

> *Inter cuncta leges et percontabere doctos,*
> *Qua ratione queas traducere leniter aevum;*
> *Ne te semper inops agitet vexetque cupido,*
> *Ne pavor, et rerum mediocriter utilium spes.*

[Über dem allen betreibe das Lesen und frage die Weisen,
Wie du das Leben gelinde dahinzubringen vermögest;
Daß die Begierde dich nicht, die ewig bedürftige, quäle,
Nicht die Angst und die Hoffnung auf Dinge von mäßigem Nutzen.
(Horaz, 18. Epistel, Vers 96 ff.)]

Auch gehört dahin sein *Nil admirari* [vgl. Horaz, Epist., I, 6, 1]: man muß das nicht übersetzen »Nichts bewundern«; denn es ist nicht in Bezug auf das Theoretische, sondern auf das Praktische gesagt: man kann es etwa so paraphrasiren: »schätze keinen Gegenstand unbedingt; vergaffe dich in nichts; glaube nicht daß der Besitz dieser oder jener Sache Glückseligkeit verleihen könne: jede unsägliche Begierde auf einen Gegenstand ist jedesmal nur eine neckende Schimäre; die man eben so gut, aber viel leichter, durch verdeutlichte Erkenntniß, als durch errungenen Besitz los werden kann.«

Wenn man nun endlich frägt ob der Zweck der Stoischen rein vernünftigen Ethik erreicht, ihr Problem gelöst sei, ob man wirklich durch die vollkommenste Vernünftigkeit der Lebensansicht und Lebensweise sich unmittelbar den Leiden des Lebens entziehn, sich gegen die Schläge des Schicksals unverwundbar machen und als ein Weiser in ungestörter Geistesruhe ein glückseliges Leben führen könne? so ist die Antwort, daß das alles nur sehr vergleichungsweise zu erreichen sei, daß zwar der Gebrauch der Vernunft in der Art wie ich die Grundansicht der Stoa geschildert habe, also die allervernünftigste Lebensansicht, die allgemeinen, nicht einzelnen Vorstellungen folgt, zwar um vieles die Lasten des Lebens erleichtern, uns freier und gelassener machen kann; wie man das an den rein vernünftigen Karakteren, den praktischen Philosophen sieht. Indessen läuft alles was sich dadurch erreichen läßt wohl nur auf eine gewisse *aequabilitas vitae* [Gleichmäßigkeit des Lebens], einen *aequabilis tenor vitae* [gleichmäßigen Verlauf des Lebens] zurück; die Stimmung wird gleichmäßiger und Freude und Schmerz, die sonst abwechselnd in grellem Kontrast, jedes zu seiner Zeit wirkten, werden nun beide ausgelöst im *menstruum* [Lösungs- und Extraktionsmittel] der abstrakten Ansicht des Lebens im Allgemeinen, neutralisiren sich darin zu einer mittlern Stimmung: statt sonst Wasser allein und Wein allein, trinkt man jetzt das Gemisch beider: was gewiß auch in jeder Hinsicht wünschenswerth ist. Daß aber, nach dem Stoischen Plan, etwas Vollkommnes zu Stande komme, wirklich die richtig gebrauchte Vernunft uns aller Leiden enthöbe und zu glückseligen Weisen mache; daran fehlt sehr viel. Es liegt vielmehr [ein] vollkommner Widerspruch darin, *Leben* zu wollen ohne zu *leiden*, den auch das oft gebrauchte Wort »seeliges Leben« an sich trägt. *(Suo loco.)* Dieser Widerspruch tritt schon hervor an dem aufgestellten Ideal des Weisen, der in ihrer Darstellung niemals Leben oder innere poetische Wahrheit gewinnen konnte; sondern oft zum leblosen Stein wird, immer aber ein hölzerner steifer Gliedermann bleibt, mit dem nichts anzufangen ist, der selbst nicht weiß wohin mit seiner Weisheit, dessen vollkommne Ruhe, Zufriedenheit und Glückseligkeit dem Wesen der Menschheit gradezu widerspricht und uns zu keiner anschaulichen Vorstellung davon kommen läßt. Derselbe Widerspruch offenbart sich auch schon in der Stoischen Ethik auf eine sehr seltsame und frappante Weise, nämlich durch die dieser Philosophie ganz allein eigenthümliche Empfehlung des *Selbstmords*. Wie nämlich unter dem prächtigen Schmuck und Geräth Orientalischer Despoten sich auch ein kostbares Fläschchen mit Gift zu finden pflegt; so findet sich in jener Anweisung zum glückseligen Leben, denn das bleibt die Stoik immer, auch für gewisse Fälle die Empfehlung des Selbstmordes mit eingeflochten: nämlich wenn Krankheit und Zerrüttung des Körpers Schmerzen schafft die keinen Sätzen und Sentenzen weichen wollen, oder wenn etwa ein Tyrann uns gefangen hält, um uns einem schmerzlichen oder schimpflichen Tode zu überliefern und in allen ähnlichen desperaten Fällen, wo der alleinige Zweck der Stoik, Glückseligkeit, doch vereitelt ist, soll der Tod uns diesen Leiden entreißen, und sodann gleichgültig, wie jede andre Arznei, zu nehmen seyn. [Daneben am Rand: Seneca empfiehlt den Selbstmord. *De vita beata* c. 20, 4. – *De providentia* c. 6, 2 und 6. – *De Ira* II, 28; III, 15. – *Epist.* 12, 10. – 26, 9. – 69, 6. – 70. – 77. – 117. – Cicero empfiehlt ihn: *Quaest. Tusculan.* II, 27, 67.–V, 40, 117. – *De finibus* III, 18.] Diesem gemäß finden wir an sehr vielen Stellen des Seneca den Selbstmord als eine Aeußerung vollkommner Seelenstärke gepriesen, und als eine des Weisen würde That empfohlen. – Hier wird ein starker Gegensatz offenbar zwischen der Stoischen Ethik und jenen andern, vorhin erwähnten, denen keineswegs die Glückseligkeit, sondern die Tugend unmittelbar Zweck, nicht Mittel ist, welcher man daher unbedingt nachstreben soll, auch unter den schwersten Leiden, und die nicht wollen, daß man um dem Leiden zu entgehn das Leben ende: sie alle verwerfen den Selbstmord; aber wissen doch keinen rechten Grund anzugeben warum, sondern suchen mühsam allerlei Scheingründe zusammen deren Sophistisches leicht aufzudecken. *(Suo loco.)* Aber dieser Gegensaz offenbart deutlich die Grundverschiedenheit zwischen den besagten Lehren und der Stoa, die eigentlich doch nur ein besondrer Eudämonismus ist: obgleich sie sonst in den Resultaten oft zusammentreffen daher man sie auch im Geist für ähnlich gehalten, und die ganz verschiedene Tendenz nicht erkannt hat.

[CAP. 4.]
Ueber den Satz vom Grunde und seine vier Gestalten.

Wir haben nunmehr eine im Allgemeinen vollständige Uebersicht gewonnen von dem Wesen der Vernunft, oder objektiv ausgedrückt der abstrakten Vorstellungen, welche abzuhandeln waren, nachdem wir vorher von der anschaulichen Vorstellung geredet: in abstrakte und anschauliche Vorstellungen zerfallen aber alle Objekte des Subjekts. Wir haben die Natur der Begriffe, die Gesetze ihrer Verbindungen, die dem Menschen durch die Vernunft möglichen Leistungen und ihm eignen Vorzüge erörtert, die Sprache, das besonnene Handeln, das Wissen: über die eigentliche Wissenschaft und die Begründung alles Wissens behalte ich mir noch vor ausführlicher zu reden. Nachdem wir nun eine Uebersicht vom Ganzen aller Vorstellungen gewonnen, sowohl von den anschaulichen als den abstrakten, wird es nicht schwer halten Ihnen die gemeinsame Form aller Vorstellungen deutlich zu machen, deren allgemeiner Ausdruck *der Saz vom Grunde* ist. Form der Vorstellung überhaupt ist, was der Vorstellung als solcher zukommt, ohne welches sie gar nicht Vorstellung seyn kann. Die Allgemeine Form aller Vorstellungen, gleichviel welcher Art sie seyn mögen, ist das Zerfallen in Objekt und Subjekt, Vorstellung und Vorstellendes. Diese [»Diese« bis »Ihnen gegenwärtig sei« ist für die »Dianoiologie« mit Bleistift eingeklammert] haben wir gleich am Eingang unsrer Betrachtung erläutert und uns überzeugt, daß Objekt und Subjekt unzertrennliche Korrelate sind, welche zusammen die Welt als Vorstellung ausmachen; daß daher kein Objekt ohne Subjekt nur irgendwie zu denken möglich, also alles Objekt durch das Subjekt bedingt ist, als dessen Vorstellung, die nichts ist ohne das Vorstellende. Eben so wäre ein Subjekt ohne Objekt gar nichts, gar kein Gedanke. Ich wünsche daß Sie alles im Anfang hierüber

Gesagte, wohl gefaßt und behalten haben, und es Ihnen gegenwärtig sei. – Das Objekt oder die Vorstellung zerfiel in die anschauliche Vorstellung, von der zuerst, und in die Nichtanschauliche Abstrakte, von der zuletzt geredet. Wir fanden ferner daß uns das Allgemeinste beider Hauptarten, vor aller Erfahrung im Einzelnen, also *apriori* bewußt war, als die allein denkbare Möglichkeit solcher Vorstellungen, als die Art und Weise wie sie sich uns darstellen mußten. Diese Formen, da sie andre für die abstrakten, andre für die intuitiven waren, sind also nicht beiden gemeinsam, wie die von Objekt und Subjekt: sie sind also dieser ganz allgemeinen schon untergeordnet: sind schon mehr besondre Formen. Für die Abstrakte Vorstellung waren es die Arten der Möglichkeit der Vereinigung und Trennung von Begriffssphären. Ihr Hauptausdruck sind die vier Denkgesetze von metalogischer Wahrheit. – Für die anschaulichen Vorstellungen fanden wir als allgemeine Form Zeit, Raum und Kausalität: Raum und Zeit ihrer ganzen Gesetzmäßigkeit nach uns *a priori* bewußt, für welches Bewußtsein wir das subjektive Korrelat, nach Kant, reine Sinnlichkeit nannten; die Kenntniß *apriori* dieser Formen, ist so reichhaltig, daß die ganze reine Mathematik einzig und allein aus ihr entspringt. Kausalität fanden wir als die einzige Form des reinen Verstandes, uns gleichfalls *apriori* bewußt, durch welche die Anschauung der ganzen wirklichen Welt, die Grundgesetze der Möglichkeit alles in ihr Vorgehenden und die Erkenntniß hievon gegeben ist, durch welche also Erfahrung möglich ist.

Alle diese verschiedenen *Formen* der Vorstellung, sowohl der intuitiven als der abstrakten, haben nun aber *eine gemeinschaftliche Eigenschaft*, die wir nachher als die *Grundform* erkennen werden, *deren verschiedene Darstellungen* alle jene Formen der Vorstellung wieder sind, welche Grundform daher ihnen eben so allgemein ist, als die von Objekt und Subjekt. Diese Grundform ist das was man durch den *Satz vom Grunde* ausdrückt, welcher so lautet: Alles was ist, hat einen Grund warum es ist. Die Bedeutung hievon ist diese: jedes Objekt des Subjekts, es sei welcher Art es wolle, abstrakte oder intuitive Vorstellung, steht zu einem andern Objekt, also einer andern Vorstellung, im Verhältniß der Abhängigkeit, d. h. es könnte nicht seyn, wie es ist, wenn nicht ein gewisses anderes wäre wie es ist: dieses andre heißt der Grund, jenes die Folge: also kann kein Objekt des Subjekts jemals etwas schlechthin für sich bestehendes, Unabhängiges, oder auch etwas Einzelnes, Abgerissenes seyn; ein dergleichen Wesen kann uns schlechterdings nie vorkommen: sondern alle Objekte stehn wesentlich als solche in einer gesetzmäßigen und ihrer Form nach *apriori* bestimmbaren Verbindung unter einander. – Diese Verbindung also ist diejenige Relation welche der *Saz vom Grund* allgemein genommen ausdrückt. Das eben ausgesprochene über alle unsre Vorstellungen, also über alle Objekte des Subjekts sich erstreckende Gesetz nenne ich *die Wurzel des Satzes vom Grunde*. Ich werde nachweisen daß dieser Satz in vier ganz verschiedenen Gestalten auftritt, welche sich bestimmen nach vier wesentlich verschiedenen Klassen in die sich alle Vorstellungen vertheilen lassen; daß diese vier Gestalten zwar wesentlich verschieden sind, jedoch darin übereinstimmen daß der Satz vom Grund sie alle ausdrückt und das angegebene Grundgesetz sich in ihnen allen, nur verschieden, darstellt. Auf dem Satz vom Grund in irgend einer seiner Gestalten beruht dreierlei:

1) Die Befugniß *Warum* zu fragen: welche bei jedem erkannten Objekt, welcher Art es auch sei, da ist. –
2) Die Hypothetische Urtheilsform, »wenn; – so«: – welche immer irgend ein Verhältniß von Grund und Folge ausdrückt.
3) Alle Nothwendigkeit.

Die Verbindung zwischen Grund und Folge selbst, läßt sich überall nur nachweisen und zwar als etwas *apriori* erkennbares: sie läßt sich aber schlechterdings nie näher erklären, eben weil sie die Form aller Vorstellung und das Princip aller Erklärung ist: denn etwas erklären heißt immer nur es auf diese Form einer nothwendigen Verbindung mit einem andern zurückführen, es als Folge eines Grundes darstellen: diese Verbindung selbst ist als die Form des Erkennens stets unerklärbar: nur durch die Form unsres Erkenntnißvermögens ist es uns faßlich wie dadurch daß Eines ist ein Andres davon ganz Verschiedenes auch seyn muß: verlassen wir die Anschauung und denken es bloß *in abstracto*, so klingt es sehr räthselhaft: in der Anschauung aber erkennen wir es als nothwendig. – *(Illustratio.)* Den Satz vom Grund selbst erkannt und allgemein ausgesprochen, hat man von jeher: aber erst Leibniz entdeckte zwei verschiedne Bedeutungen desselben, die man bis dahin durchaus nicht unterschieden hatte, sondern stets konfundirte: nämlich Leibniz stellte auf Erkenntnißgrund, und Ursach und Wirkung. – (Erläuterung.) – Ich aber habe noch zwei, ja gewissermaaßen drei, andre Gestalten des Satzes vom Grund hinzugefügt. Zur Aufstellung und Nachweisung aller vier Gestalten, theile ich alle Vorstellungen, also alle Objekte des Subjekts in vier Klassen, in deren jeder der Saz vom Grund in einer ganz andern Gestalt auftritt, sich jedoch immer als derselbe bewährt dadurch daß er den angegebenen Ausdruck zuläßt. Die Wurzel desselben ist überall die unsern Objekten wesentliche Dependenz, Instabilität, Relativität und Endlichkeit. Diese eben ist es welche bei jeder verschiednen Klasse unserer Vorstellungen in einer ganz andern Gestalt auftritt: an sich stets dasselbe. Die vier Klassen sind: 1ste Klasse: die anschaulichen vollständigen das Ganze der Erfahrung ausmachenden Vorstellungen, also was man reale Objekte nennt. 2te Klasse: die abstrakten Vorstellungen. 3te Klasse: der formale Theil der ersten Klasse: also Raum und Zeit in reiner Anschauung *apriori*, getrennt von allem ihrem Inhalt. 4te Klasse: die unmittelbare Erkenntniß des eignen Willens jedes Individuums. Da in den beiden letzten Klassen der Saz vom Grund in den beiden Gestalten auftritt, die man bis dahin noch nicht als verschieden erkannt hatte, so handle ich diese beiden zuletzt ab.

Was nun die 1ste Klasse betrifft, die vollständigen, das Ganze der Erfahrung ausmachenden Vorstellungen; so ist sie eigentlich das was wir am Anfang ausführlich betrachtet haben, als die anschauliche Vorstellung überhaupt, die realen Objekte, über welche das Gesetz der Kausalität herrscht. Dies ist also die erste Gestaltung des Satzes vom Grunde: (ich nenne dieselbe den Satz vom Grunde des Werdens, *principium rationis sufficientis fiendi*, weil er hier stets ein Werden, eine Veränderung, ein Entstehn eines neuen Zustandes bestimmt). Ich habe Ihnen ausführlich gezeigt, wie dasselbe uns *apriori* bekannt ist, wie erst hiedurch die Anschauung und folglich die Erfahrung möglich wird, wie die Kenntniß *apriori* dieses Gesetzes und deren Anwendung ganz allein das ausmacht, was man den Verstand nennt, wie alle

Aeußerungen des Verstandes sich darauf zurückführen lassen. Ich zeigte Ihnen auch, wie die Materie, welche eigentlich das ist was wir in dieser Klasse anschauen, wie sie die Wahrnehmbarkeit von Zeit und Raum im Verein ist, angesehn werden kann als das Produkt der Vereinigung von Zeit und Raum, und dann wie ihr ganzes Daseyn und Wesen einzig und allein besteht in ihrem *Wirken*, die Materie ist daher durch und durch Kausalität. Beachten Sie wohl, daß also die Gestaltung des Satzes vom Grund in dieser Klasse, die Kausalität, ganz zusammenfällt mit dem Gehalt der Klasse, der Materie. Wir werden dies in jeder der vier aufzustellenden Klassen so finden; nämlich daß wer die Gestalt des Satzes vom Grund in einer Klasse erkannt hat, eben damit auch das ganze Wesen der Klasse erkannt hat. Kausalität ist in dieser Klasse die Gestaltung des Satzes vom Grund; Kausalität ist das ganze Wesen der Materie die den Gehalt dieser Klasse von Vorstellungen ausmacht.

Die 2te Klasse der Vorstellungen sind die *Begriffe*, die abstrakten Vorstellungen, die Objekte der Vernunft. Auch von diesen ist alles Nöthige schon beigebracht. Der Satz vom Grund herrscht hier als Saz vom Grund des Erkennens, demzufolge jedes Urtheil erst dadurch *wahr* ist, d. h. zur Erkenntniß wird, daß es zu etwas außer ihm in derjenigen Beziehung steht die hier der Saz vom Grund fordert, also einen Grund hat: ich nenne daher diese Gestaltung des Satzes, Saz vom Grund des Erkennens, *principium rationis sufficientis cognoscendi:* ich habe Ihnen gezeigt daß solcher Erkenntniß-Grund logisch, empirisch, metaphysisch und metalogisch seyn kann, demgemäß dann auch die Wahrheit des Urtheils eine solche ist.

Ich bitte Sie also nur noch zu bemerken, daß auch hier wie in jeder Klasse, die Gestalt des Satzes vom Grunde in ihr, auch ihr ganzes Wesen, ihren ganzen Gehalt ausmacht. Beziehung des Urtheils auf den Erkenntnißgrund ist hier die Gestaltung des Satzes vom Grunde: aber das ganze Wesen der Objekte dieser Klasse, der Begriffe, besteht nur in ihrer Beziehung auf den Erkenntnißgrund: der ganze Begriff ist nur Vorstellung einer Vorstellung, er ist immer nur in Bezug zu einer andern Vorstellung die sein Erkenntnißgrund ist. Diese kann zunächst wieder ein Begriff seyn; doch zuletzt leiten alle Begriffe auf anschauliche

Vorstellungen, als ihren Erkenntnißgrund. Ich zeigte Ihnen wie die ganze Welt der Reflexion auf der anschaulichen ruht, als auf ihrem Erkenntnißgrund.

Die 3te Klasse der Vorstellungen oder Objekte für das Subjekt bildet der formale Theil der vollständigen anschaulichen Vorstellungen, Raum und Zeit: da sie unabhängig von der Erfahrung, d. i. von dem in ihnen sich Darstellenden, ganz und gar erkannt, und ihrer ganzen Gesetzmäßigkeit nach konstruirt werden können, müssen sie auch an und für sich und ohne allen Gehalt dem Bewußtsein gegenwärtig seyn können, d. h. eine eigne Klasse von Vorstellungen ausmachen. (Was diese Klasse von der 1sten Klasse unterscheidet ist die Materie, welche ihre *Wahrnehmbarkeit* ausmacht, und bloß für den Verstand da ist.) Die Gegenwart dieser Klasse von Vorstellungen im Bewußtsein, ist die Grundlage der Arithmetik und Geometrie: weder die Zahl an sich ist Gegenstand der Erfahrung, sondern nur die gezählten Objekte, noch auch sind Punkte ohne Ausdehnung, Linien ohne Breite, Flächen ohne Körper, unendliche Ausdehnung und unendliche Theilbarkeit des Raumes und der Zeit Objekte der empirischen Anschauung und doch redet die Mathematik von diesen allen als von Gegenständen einer sehr realen und unbezweifelten Anschauung. Sie gehören also einer eignen Klasse von Vorstellungen an, und dem gemäß werden wir auch den Saz vom Grund in einer eignen Gestalt hier auftreten sehn. Da man bisher diese Gestaltung des Satzes vom Grund nicht erkannt hat, sondern vermeinte, die durch sie gegebnen Verhältnisse müßten auf den Erkenntnißgrund oder auf Ursach und Wirkung zurückzuführen seyn; so will ich Ihnen vorläufig an [einem] einfachen Beispiel zeigen, daß die durch diese Gestaltung gesetzten Verhältnisse von jenen beiden gänzlich verschieden sind. Wenn im Triangel die drei Seiten gleich sind; so sind es auch die drei Winkel: also durch das Gleichseyn der Seiten ist das Gleichseyn der Winkel nothwendig gesetzt: ist nun jenes die Ursache von diesem? Nein: denn hier ist von keiner Veränderung, keinem Werden, also von keiner Wirkung die [eine] Ursache haben könnte die Rede: auch läßt sich das Verhältniß umkehren und sagen, weil die Winkel gleich sind, so müssen es auch die Seiten seyn, was beim Verhältniß der Ursach und Wirkung durchaus nie der

Fall seyn kann: denn nimmermehr kann, wenn *A* Ursach und *B* Wirkung ist; zugleich auch *B* Ursach und *A* Wirkung seyn. – Ist das Gleichseyn der Seiten vielleicht nur Erkenntnißgrund des Gleichseyns der Winkel? – Nein; denn die Gleichheit der Seiten ist nicht bloß Bestätigung der Gleichheit der Winkel, ist nicht bloß der Grund eines Urtheils das die Gleichheit der Winkel aussagte: denn im Begriff »gleiche Seiten« liegt keineswegs der Begriff »gleiche Winkel«; »die Seiten sind gleich« ist kein Urtheil welches der logische Erkenntnißgrund des Urtheils »die Winkel sind gleich« wäre: logisch, aus Begriffen ist schlechterdings nicht einzusehn, daß weil die Seiten gleich, es auch die Winkel seyn müssen. Auch ist hier gar nicht die Rede von einer nothwendigen Verbindung zwischen Urtheilen oder Begriffen; sondern zwischen Seiten und Winkeln: die Gleichheit der Winkel ist nicht *unmittelbar* Grund zur *Erkenntniß* der Gleichheit der Seiten; sondern nur *mittelbar*, indem sie Grund des *Soseyns*, hier des Gleichseyns der Seiten ist. Darum daß die Winkel gleich sind, müssen die Seiten gleich seyn. Die nothwendige Verbindung liegt zwischen Winkeln und Seiten; nicht unmittelbar zwischen zwei Urtheilen. Sie sehn daß hier wirklich der Satz vom Grund in einer Gestalt auftritt, die ganz *sui generis* [von eigener Art] und völlig verschieden ist, von der, die er als Satz [vom] Grund des Werdens oder des Erkennens hat.

Raum und Zeit also haben die Beschaffenheit, daß alle ihre Theile in einem Verhältniß zu einander stehn, in Hinsicht auf welches jeder Theil durch einen anderen bestimmt und bedingt ist. Im Raum heißt dies Verhältniß *Lage*, in der Zeit *Folge*. Diese Verhältnisse sind eigenthümlich von allen andern Verhältnissen unsrer Vorstellungen verschieden: weder Vernunft noch Verstand erfassen sie, sondern nur die Anschauung der reinen Sinnlichkeit, die aller Erfahrung vorhergeht: denn was oben, unten, hinten, vorn, rechts, links, sei, ist nie durch Begriffe einzusehn, sondern nur unmittelbar anschaulich zu erkennen. – Das Gesetz nun, nach welchem die Theile des Raumes und der Zeit, in Absicht auf jene Verhältnisse einander bestimmen, nenne ich den Satz vom zureichenden Grund des *Seyns, principium rationis sufficientis essendi*. – Es versteht sich von selbst daß die Einsicht in einen solchen *Seynsgrund* Erkenntnißgrund seiner Folge werden kann; wie Einsicht in eine Ursach Erkenntnißgrund ihrer Wirkung seyn kann: deswegen ist aber der Seynsgrund so wenig mit dem Erkenntnißgrund einerlei, als das Gesez der Ursach und Wirkung es ist. –

Der Seynsgrund erscheint zwiefach in der Zeit und im Raum. Die Regel für den Seynsgrund *in der Zeit* ist diese: »jeder Augenblick ist bedingt durch den vorigen und führt den folgenden nothwendig herbei«. So einfach ist hier der Grund des Seyns, als Gesez der Folge, weil die Zeit nur *eine* Dimension hat, daher in ihr keine Mannigfaltigkeit der Beziehungen seyn kann. Jeder Augenblick ist bedingt durch den vorigen; nur durch jenen kann man zu diesem gelangen; nur sofern jener *war*, verflossen ist, *ist* dieser. Er führt den folgenden nothwendig heran; er kann nicht beharren und so gewiß er jetzt ist, muß gleich darauf ein andrer seyn. Auf diesem Nexus der Zeitmomente beruht alles *Zählen*, folglich die ganze *Arithmetik*. Dies habe ich Ihnen oben, bei Betrachtung der Zeit ausführlich auseinandergesetzt. Jede Zahl setzt die vorhergehenden als die Gründe ihres *Seyns* voraus: zur 10 kann ich allein gelangen durch alle vorhergehenden, und bloß vermöge dieser Einsicht in den Seynsgrund weiß ich, daß, wo 10 sind, auch 8, 6, 4 sind. Bei der Lösung jedes Exempels berufe ich mich zuletzt auf das Zählen, d.h. auf die reine Anschauung der Zeit in der Folge ihrer Momente. Auch hier finden wir wieder die Gestalt des Satzes vom Grund in einer Klasse von Vorstellungen ganz identisch mit dem Wesen der Klasse selbst. Succession ist die Gestalt des Satzes vom Grund in der bloßen Zeit. Succession ist das ganze Wesen der Zeit.

Vom Seynsgrund im Raum ist sehr viel mehr zu sagen, weil die drei Dimensionen des Raumes unzählige Verhältnisse begründen. Uebrigens beruht der Seynsgrund im Raum auf folgendem: Im Raum ist durch die Lage jedes Theils desselben, wir wollen sagen einer gegebenen Linie, gegen irgend eine andre Linie, auch ihre von der ersten ganz verschiedene Lage gegen jede mögliche andre durchaus bestimmt; so daß die letztere zur ersteren im Verhältniß der Folge zum Grunde steht. Da die Lage der Linie gegen irgend eine der möglichen andern eben so ihre Lage gegen alle andern bestimmt, also auch die vorhin als bestimmt angenommene Lage gegen die erste; so ist es einerlei, welche man zuerst als bestimmt und die andern bestimmend, d. h. als Grund und die andern als Folgen betrachten will. Also stehn alle Theile des Raumes wechselseitig im Verhältniß des Grundes und der Folge zu einander: es giebt kein relativ erstes und zweites: dies daher, weil im Raum keine Succession ist, sondern alles zugleich ist. Alle möglichen relativen Räume sind Figuren, weil sie begränzt sind, und alle diese Figuren haben, wegen der gemeinschaftlichen Grenze, ihren Seynsgrund eine in der andern. –

Ueber die Geometrie.

Auf diesem Nexus aller Theile des Raumes beruht nun die ganze *Geometrie*. Sie ist die unmittelbare Einsicht in diesen Nexus, erhoben zum Wissen, d. h. zur abstrakten, zur mittelbaren Erkenntniß. Diese Einsicht ist ursprünglich und ihrem Wesen nach anschaulich, nicht abstrakt, nicht durch Begriffe faßlich, sondern nur durch Anschauung, wie Sie an dem oben gegebnen Beispiel sehn können, da ich sagte die Gleichheit der drei Winkel im Triangel machte die Gleichheit der drei Seiten nothwendig, und wäre daher der Seynsgrund derselben. Demzufolge müßte die ganze Geometrie nichts anderes geben, als Nachweisungen solcher räumlicher Verhältnisse deren eines der Seynsgrund des anderen ist, und nachdem die Nothwendigkeit solcher Verbindung anschaulich und unmittelbar nachgewiesen, erkannt wäre, worin eben der Beweis bestände, würde nachher das Resultat *in abstracto* ausgesprochen als Lehrsatz. Allein wir finden die Behandlung der Geometrie ganz anders, nämlich wie sie seit 2000 Jahren, nach Eukleides' Anleitung gelehrt wird. Auf der Anschauung läßt man eigentlich nur die 12 Axiome beruhen, welche sogar sich zum Theil aufeinander zurückführen und dadurch ihre Zahl sehr vermindern ließe. Doch das gehört nicht nothwendig hieher. Die 12 Axiome allein also, ließ Eukleides unmittelbar auf Anschauung beruhen; alle folgenden geometrischen Wahrheiten aber werden logisch bewiesen, nämlich unter Voraussetzung jener Axiome, aus der Uebereinstimmung mit den im Lehrsaz gemachten Annahmen oder mit einem früheren Lehrsatz oder auch aus dem Widerspruch des Gegentheils des Lehrsatzes mit einem von jenen. [Hier folgte ursprünglich, nachträglich mit Bleistift wieder ausgestrichen: oder mit sich selbst.] Ueberhaupt also wird ein *logischer* Erkenntnißgrund der Wahrheit des *Lehrsatzes* gegeben, welcher, kraft des Satzes vom Widerspruch, einen Jeden zwingt das im Lehrsatz Ausgesprochene für wahr anzunehmen. Man giebt also den *logischen* Grund des *Urtheils*, nicht den *metaphysischen Seyns*grund der *räumlichen Verhältnisse*, welcher, seiner Natur nach, nie anders als anschaulich zu erkennen ist. Davon ist nun die Folge, daß man, nach so einer mathematischen Demonstration zwar die feste Ueberzeugung hat, daß was der Lehrsaz sagt wahr sei, warum es sich aber so verhalte, das erfährt man keineswegs, d. h. man erkennt den *Seynsgrund* nicht, sondern erhält bloß einen *Erkenntnißgrund:* der Beweis wirkt bloße Ueberführung, *convictio*, nicht Einsicht, *cognitio:* er wäre daher richtiger *elenchus*, als *demonstratio* zu nennen. Er hinterläßt deshalb meistens ein unangenehmes Gefühl, wie das der bemerkte Mangel an Einsicht überall giebt: man hat eingestehn müssen, *daß* es so ist, wie der Lehrsaz sagt, und dadurch eben wird, bei denkenden Menschen, erst der Wunsch rege *warum* es denn so *ist;* nicht warum man es zugeben muß, welches bei der Mathematik so gut *zweierlei* ist, als bei der Physik: z. B. ich kann zeigen daß geriebenes Glas Körper anzieht und dann abstößt, indem ich durch das Experiment den Erkenntnißgrund gebe; aber eine ganz andre Sache ist zu zeigen aus welcher Ursache dies erfolgt, d. h. den Grund des Werdens nachzuweisen: eben so ist es *zweierlei* die Wahrheit der Aussage eines geometrischen Verhältnisses logisch darthun, und aber zeigen worauf dies Verhältniß beruht, warum es so seyn muß, die anschauliche Nothwendigkeit des Verhältnisses. Dieses letztere *Warum* kann nur die anschauliche Erkenntniß des Seynsgrundes geben, welche wie jede gewonnene Erkenntniß befriedigt und erfreut. Hat man sie; so stützt sich nachher die Erkenntniß von der Wahrheit des geometrischen Lehrsatzes ganz allein auf sie, keineswegs mehr auf den durch die Demonstration logisch gegebnen Erkenntnißgrund, der eigentlich der Sache immer ganz fremd ist, meistens auch bald vergessen wird, ohne Nachtheil der Ueberzeugung, und eigentlich ganz wegfallen könnte, ohne daß die mathematische Evidenz etwas dabei einbüßte: denn diese beruht keineswegs auf den logischen Demonstrationen, die ja auch auf viele andre Dinge angewandt werden, die deshalb doch nicht jene unumstößlich und auf immer wahre und sichere Gewißheit haben welche der Mathematik eigen ist: diese berühmte Gewißheit und Sicherheit der Mathematik beruht einzig und allein darauf, daß die Quelle derselben reine, von Erfahrung unabhängige und deshalb keinem Scheine oder Truge ausgesetzte Anschauung *apriori* ist: in dieser anschaulichen und *apriori* zugleich erkannten Nothwendigkeit der räumlichen Verhältnisse liegt die Unfehlbarkeit und Evidenz der Mathematik und auf derselben beruht im Bewußtsein eines Jeden die Ueberzeugung von ihren Lehrsätzen. Ich will dies an einigen Beispielen erläutern: hier das Euklidische Exempel: [Fußnote: Abhandlung p. 99 [Vgl. G, § 39]] des 1sten Buchs 6ter Saz.

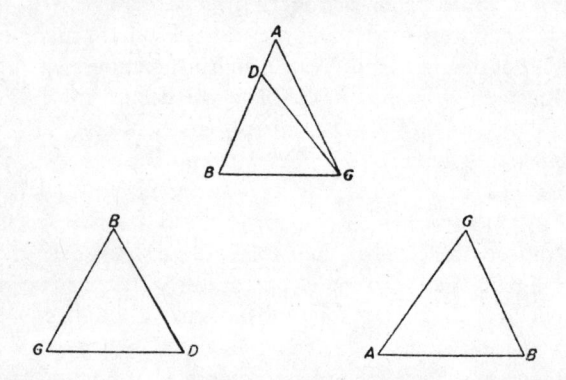

»Wenn in einem Dreieck zwei Winkel gleich sind; so sind auch die ihnen gegenüber liegenden Seiten einander gleich.«

Beweis: »Das Dreieck sei *A, B, G:* der < *G* = *B:* ich behaupte daß auch Seite *AB* = *AG*. Denn ist Seite *AG* der *AB* ungleich; so ist eine größer: *AB* sei größer: – Man schneide von der größern das Stück *DB* ab, das der kleinern *AG* gleich ist: und ziehe *DG*. – Weil nun (in den △△ *DBG, ABG*) *DB* (laut Annahme) = *AG;* und *BG* (als erste Grundlinie); beiden gemein:
 so ist Seite *BD* = *AG*
 und Seite *BG* = *GB*,
 der < *DBG* = < *AGB*.

Deshalb auch die Grundlinie *GD* gleich der Grundlinie *AB* (weil laut einem frühern Saz, wenn in zwei Dreiecken zwei Seiten und der Winkel dazwischen gleich ist, es auch die dritte Seite ist); also $\triangle ABG = \triangle DGB;$ das größere dem kleineren; welches ungereimt: daher kann *AB* nicht ungleich seyn *AG;* folglich gleich.«

Hier haben wir nun einen Erkenntnißgrund von der Wahrheit des Lehrsatzes: einen logischen Beweis. – Wer aber gründet wohl seine Ueberzeugung von jener geometrischen Wahrheit auf diesem Beweis? und nicht vielmehr auf dem durch Anschauung erkannten Seynsgrund, vermöge welches (durch eine Nothwendigkeit die sich nicht weiter beweisen, sondern nur unmittelbar anschaulich erkennen läßt) wenn von den beiden Endpunkten einer Linie sich zwei andre gleich tief gegen einander neigen, sie nur in einem Punkt, der von beiden jenen Endpunkten gleich weit entfernt ist, zusammentreffen können, indem die so entstehenden zwei Winkel eigentlich nur Einer sind, der bloß durch die entgegengesetzte Lage sich zweifach darstellt, weshalb kein Grund vorhanden ist, aus dem die Linien näher dem einen als dem andern Punkte sich begegnen sollten.

Durch die Erkenntniß des Seynsgrundes sieht man die nothwendige Folge des Bedingten aus seiner Bedingung, hier der Gleichheit der Seiten aus der Gleichheit der Winkel, ein, ihre Verbindung; durch den Erkenntnißgrund aber bloß das Zusammendaseyn beider, nicht die Nothwendigkeit davon: ja man wird durch die gewöhnlichen Beweise bloß überführt, daß beides in der zum Beispiel hingestellten Figur zusammen da ist, keineswegs aber daß es immer zusammen dasei, da die nothwendige *Verknüpfung*, der Zusammenhang *zwischen den im Lehrsaz aufgestellten Bedingungen* und den dabei gefundenen Verhältnissen gar nicht sichtbar wird; sondern nur daß diesmal beides zusammen angetroffen sei, wobei man darauf provocirt, daß es sich jedesmal so finden werde. –

Freilich ist nur bei so einfachen Lehrsätzen als jener 6te des Euklid der Seynsgrund so leicht in die Augen fallend: aber er muß überall aufzuweisen und auch die verwickeltesten Lehrsätze auf so eine einfache Anschauung zurückzuführen seyn, schon deshalb, weil die Auffindung jeder geometrischen Wahrheit allemal von einer solchen angeschauten Nothwendigkeit ausgegangen seyn muß und der Beweis erst hinterher dazu ersonnen ward. Auch ist sich Jeder der Nothwendigkeit eines solchen Seynsgrundes für jedes räumliche Verhältniß eben so gut *apriori* bewußt als der Nothwendigkeit einer Ursache für jede Veränderung. Ich will noch ein Paar Beispiele geben.

Der 16te Saz des 1sten Buchs.

»In jedem Dreieck dessen eine Seite verlängert wird, ist der äußere Winkel größer als jeder der beiden gegenüberstehenden innern.«

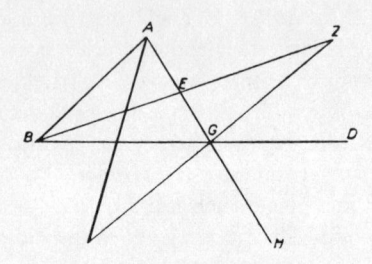

Beweis: »Das Dreieck sei *ABG;* man verlängere *BG* nach *D;* so ist der äußere Winkel *AGD* größer als jeder der beiden innern gegenüberliegenden. – Man halbire die Seite *AG* bei *E*, verlängere sie bis *Z* und mache *EZ* = *BE*, verbinde *ZG* und verlängere *AG* bis *H*. – Da nun *AE* = *EG* und *BE* = *EZ* und <*AEB* = <*ZEG* als Scheitelwinkel; so ist △*ABE* = △*ZEG*. Daher auch <*BAE* = <*EGZ:* aber <*EGD* ist größer als *EGZ*; folglich auch <*AGD* größer als <*BAG*.« – Nun kann man auch *BG* halbiren und eben so beweisen daß <*BGH* d. i. sein Scheitelwinkel *AGD* größer als *ABG*. Dadurch sieht man doch warlich nicht im Mindesten die Nothwendigkeit der allgemeinen Wahrheit des Lehrsatzes ein. Die läßt sich so zeigen:

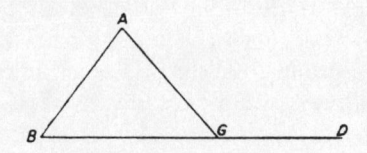

454

Damit <BAG nur gleichkomme, geschweige übertreffe <AGD, müßte (denn das eben heißt Gleichheit der Winkel) BA auf GA in derselben Richtung liegen, wie BD, d. h. mit BD parallel seyn, d. h. nie mit BD zusammentreffen; aber um ein Dreieck zu bilden, muß sie auf BD treffen, also das Gegentheil thun, von dem was erfordert wäre, damit <BAG, nur die Größe von AGD erreichte. – Eben so von <ABG.

Eben so ist es mit jedem Eukleidischen Beweise beschaffen: man erhält keine Einsicht in die Nothwendigkeit der ausgesprochnen Wahrheit; sondern wird nur überführt *daß* es so sei, ohne zu erfahren *warum* es so sei: man lernt die Eigenschaften der Figuren als eine wahre *Qualitas occulta* [verborgene Eigenschaft] kennen: so z. B. ist es auch mit dem berühmten Pythagorischen Lehrsatz: er lehrt uns eine *Qualitas occulta* des rechtwinklichten Dreiecks kennen, aber nicht [die] Nothwendigkeit einsehn *warum* wenn das Dreieck rechtwinklicht ist, das Quadrat der Hypotenuse gleich den beiden Quadraten der Katheten; d. h. er giebt uns auch nur den Erkenntnißgrund, nicht den Seynsgrund. – Jenen Eukleidischen stelzbeinigen, ja hinterlistigen Beweis hier zu wiederholen wäre zu weitläufig: er wird Ihnen genugsam bekannt seyn: Den Seynsgrund jener Wahrheit zeigt folgende Figur.

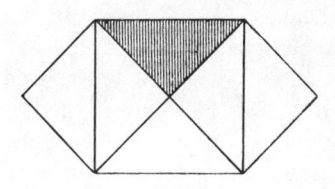

Sie giebt, was jener Eukleidische Beweis nie geben kann, Einsicht in die Sache, innere feste Ueberzeugung von jener Nothwendigkeit und von der Abhängigkeit jener Eigenschaft vom rechten Winkel. Auch bei ungleichen Katheten müßte sich die Sache anschaulich machen lassen. Wie hier eine *qualitas occulta* des rechtwinklichten Dreiecks giebt der 35. Saz des 3. Buchs eine *qualitas occulta* des Cirkels, daß nämlich aus jeden zwei Sehnen die sich schneiden die beiden Stücke gleiche Rektangel bilden:

die *convictio daß* es so sei giebt freilich sein Beweis, d. h. den Erkenntnißgrund, aber nicht die *cognitio*, das *warum*, den Seynsgrund. Begnügt man sich doch in der Physik nicht mit dem Erkenntnißgrund, sondern fordert den Grund des Werdens, die Ursache: z. B. daß in der Torricellianischen Röhre das Quecksilber 28 Zoll hoch stehn bleibt, ist nur ein schlechtes Wissen; wenn nicht auch gezeigt wird, daß die Ursache das Gegengewicht der Luft ist. – Warum soll man in der Geometrie sich mit dem Wissen *daß* etwas sei begnügen und nicht einsehn wollen *warum*? Aber dies ist eben das Eigenthümliche und Fehlerhafte der Eukleidischen Methode, daß sie bloß jenes giebt ohne sich um dieses zu bekümmern. Das zeigt sich gleich von vorne herein.

Eukleides sollte gleich Anfangs, wo er es mit dem Dreieck zu thun hat, ein für allemal zeigen, wie, vermöge der im Raum geltenden Nothwendigkeit, d. h. der im Raum geltenden Gestaltung des Satzes vom Grund, Winkel und Seiten sich gegenseitig bestimmen, so daß sie Grund und Folge wechselseitig von einander sind, und dabei sollte er die Fälle, ihrer Möglichkeit nach, angeben und eintheilen; dann erhielte man eine gründliche und lebendige Einsicht in das Wesen des Dreiecks: statt dessen aber stellt er einige abgerissene, beliebig gewählte Sätze über das Dreieck auf und giebt für deren Wahrheit einen mühseligen, logischen, kraft des Satzes vom Widerspruch geltenden Beweis. Dadurch erhält man nun statt einer erschöpfenden, vollständigen, vom Wesen ausgehenden Kenntniß jener Verhältnisse, bloß einige beliebig gewählte Resultate aus denselben und ist in dem Fall, wie Jemand, dem die verschiedenen Wirkungen einer künstlichen Maschine gezeigt werden, ihr innerer Zusammenhang und Getriebe aber vorenthalten wird. Daß, was er demonstrirt, so sei, muß man zugeben, warum es so sei erfährt man nicht. Man hat daher fast die unangenehme Empfindung wie nach einem Taschenspielerstreich: wirklich haben die meisten Eukleidischen Beweise eine Aehnlichkeit mit einem solchen. Die Wahrheit kommt fast immer zur Hinterthür herein, indem sie sich *per accidens* aus einem Nebenumstand ergiebt, sodann wird sie als allgemeingültig ausgesprochen, obwohl die Berechtigung hiezu noch gar nicht hervorgeht, wie schon oben bemerkt. Sehr viele Beweise sind indirekt und apagogisch, d. h. sie beweisen nicht den Satz selbst, sondern nur die Unmöglichkeit des Gegentheils, dadurch *überführen sie, ohne zu belehren.* Oft werden Linien gezogen, ohne daß man weiß warum; hinterher zeigt sich, daß es Schlingen waren, die sich unerwartet zuziehn und den *assensus* des Lernenden gefangen nehmen, der nun verwundert zugeben muß, was ihm seinem innern Zusammenhang nach, völlig unbegreiflich bleibt: dies ist z. B. der Fall im Beweis des Pythagorischen Lehrsazes, den ich deshalb oben einen hinterlistigen nannte. Daher kann Einer den ganzen Euklid durchstudieren, ohne eigentliche Einsicht in die Geseze des räumlichen Zusammenhangs zu erhalten, sondern statt deren bloß einige Resultate aus jenem Zusammenhang. Dies ist eigentlich eine bloß empirische und unwissenschaftliche Erkenntniß, gleich der des Arztes, welcher Krankheit und Mittel dagegen, aber nicht den Zusammenhang zwischen beiden kennt. Eigentlich kommt dies alles daher daß Euklid die der Erkenntniß der Verhältnisse des reinen Raumes eigenthümliche Begründungsart, nämlich durch eine Nothwendigkeit die rein angeschaut wird, grillenhaft abwies und statt ihrer nur die logische Begründungsart gelten lassen wollte, die er ihr gewaltsam aufzwang. Uebrigens verdient die Art wie er diese schwierige Aufgabe durchführte alle Bewunderung die ihm so viele Jahrhunderte hindurch geworden ist. Diese gieng ja so weit, daß man seine Behandlungsart der Mathematik für das Muster aller wissenschaftlichen Darstellung erklärte und sogar sich bemühte alle andern Wissenschaften danach zu modeln, nachher hievon zurückkam, ohne recht zu wissen warum. Bei der Art wie nun aber *wir*, nach Kants Vorgang den Raum betrachten, erscheint uns die Eukleidische Methode als eine Verkehrtheit, wenn auch als eine sehr glänzende. Nun aber läßt sich wohl immer, von jeder großen, absichtlich und methodisch betriebenen, dazu vom allgemeinen Beifall begleiteten Verirrung, sie möge das Leben oder die Wissenschaft betreffen, der Grund nachweisen in der zu ihrer Zeit herrschenden Philosophie. – Schon die Eleatiker hatten den Unterschied aufgestellt, zwischen dem Angeschauten, φαινομενον, und dem bloß Gedachten, dem Begriff, νοουμενον, und indem ihre Philosophie dieses letztere für die wahre Erkenntnißquelle erklärte, war sie Rationalismus geworden, im Gegensatz des Empirismus. Die Betrachtung jenes Unterschiedes und seiner Folgen wurde fortgesetzt von den Megarikern, Dialektikern, Sophisten, Neu-Akademikern und Skeptikern: man fand daß das Angeschaute und das Gedachte oft in Widerspruch standen, und daß letzteres meistens Recht behielt: besonders wurde hiezu der Schein, die Täuschung der Sinne (eigentlich des Verstandes der ihre Data zur Anschauung umwandelt) geltend gemacht, der uns oft Dinge sehn läßt denen die Vernunft die Realität abspricht, z. B. den Stab der im Wasser gebrochen erscheint: die scheinbare Nähe und Größe der Weltkörper; u. s. f. So hatte schon Anaxagoras behauptet der Schnee wäre schwarz, weil er aus Wasser bestände, welches schwarz wäre, und man nie den Sinnen sondern der Vernunft trauen sollte [Hier folgte ursprünglich, nachträglich mit Tinte wieder durchgestrichen: die scheinbare und wirkliche Größe der Weltkörper wurde angeführt …]; u. s. f. So bildete sich also der Rationalismus im Gegensaz des Empirismus aus, nur im $Νοουμενον$, d. h. in dem was die Vernunft durch Denken als wahr erkennt, sollte die Wahrheit liegen, nicht im $φαινομενον$, in dem Angeschauten, welches so häufig täuschte und daher keine Erkenntniß begründen könnte. Diese philosophische Ansicht war es denn auch, die den Euklid bei Bearbeitung der Mathematik leitete: auch hier sollte die anschauliche Evidenz bloßes $φαινομενον$ seyn, dem daher nicht zu trauen; aber die Schlüsse, das logische Beweisen nach dem Satz vom Widerspruch war das $νοουμενον$, die Quelle ächter Wahrheit. Wenn die Anschauung des Raumes, wie man bis auf Kant allgemein annahm, eine empirische, gleich der der Objekte *im* Raum, wäre; so wäre Eukleids Ansicht und Methode die richtige; denn alsdann könnte was durch die Anschauung der Figur sich ergiebt, etwas ganz zufälliges, Unwesentliches, bloß der gegenwärtigen Zeichnung angehöriges, also auch wohl ein bloßer Sinnestrug seyn; die Verhältnisse, die sich so der Anschauung ankündigten, könnten keine Nothwendigkeit und Allgemeingültigkeit haben; sondern allein das durch Schlüsse, dem Saz vom Widerspruch gemäß, logisch erkannte, bliebe rein von allem Empirischen, und daher nothwendig und allgemeingültig. Weil also bis auf Kant der Unterschied zwischen empirischer Anschauung und reiner Anschauung *apriori* nicht bemerkt wurde; so mußte die Eukleidische Methode, obwohl das Ungenügende und Verkehrte derselben gewiß häufig *gefühlt* wurde, dennoch sich erhalten und erhielt sich 2000 Jahre und erhält sich im Ganzen noch. Allein jetzt, nachdem wir von Kant gelernt haben, daß die Anschauungen des Raumes und der Zeit von der empirischen ganz verschieden, ihr als Bedingung im Bewußtseyn vorhergehend, die erste Grundform des Erkenntnißvermögens sind, daher von allem Eindruck auf die Sinne ganz unabhängig, ihn bedingend, nicht durch ihn bedingt, d. h. *apriori* sind, daß sie daher dem Sinnentruge gar nicht offen stehn; jetzt erst können wir mit Sicherheit behaupten, daß, was bei der Anschauung einer Figur sich uns als nothwendig ankündigt, nicht aus der auf dem Papier vielleicht sehr mangelhaft gezeichneten Figur kommt, auch nicht aus dem abstrakten Begriff, den wir hinzu denken, sondern aus einer Anschauung welche rein, *apriori*, als Bedingung der Erfahrung für diese allgemeingültig und nothwendig ist: jetzt erst konnte auch ich ausfinden, daß im Raum der Satz vom Grund (welcher der Ausdruck der allgemeinen Form alles Objekts ist) in einer eigenthümlichen Gestalt auftritt die von den bisher bekannten (dem Gesetz der Kausalität und dem Erkenntnißgrunde) eben so verschieden ist als diese beiden von einander. Dieser Satz vom Grund des Seyns in Raum und Zeit hat eben so unmittelbare und feste Evidenz und Gültigkeit als der Satz vom Erkenntnißgrunde d. h. als die logische Gewißheit: was er uns als nothwendig anschauen läßt, das ist nothwendig. Jetzt also brauchen wir nicht mehr um die mathematischen Wahrheiten zu beglaubigen, das der Mathematik eigenthümliche Gebiet der Anschauung zu verlassen und die hier geltende Gestaltung des Satzes vom Grunde zu ignoriren; um jene Wahrheit auf dem der Mathematik ganz fremden Gebiet der Begriffe logisch zu begründen. Dadurch daß wir in der Mathematik den anschaulich erkannten Seynsgrund zum Leitfaden nehmen, statt des logischen Erkenntnißgrundes, erlangen wir den Vortheil daß in der Mathematik das Wissen *daß* etwas so sei, auch zugleich das Wissen wird, *warum* es so sei, da die Eukleidische Methode beides trennte; und nun werden wir nicht bloß von den mathematischen Sätzen überführt, erhalten nicht bloße *convictio;* sondern erhalten Einsicht in ihren Zusammenhang, *cognitio.*

Man hat in diesen letzten zehn Jahren in Teutschland sich in etwas bestrebt die Methode der Mathematik zu verbessern und mehr durch die Anschauung zu begründen, was ohne Zweifel dem Einfluß der Kantischen Philosophie zuzuschreiben ist. Besonders haben Thibaut in Göttingen und Schweins in Heidelberg in ihren Lehrbüchern der reinen Mathematik ein solches Bestreben gezeigt. Es fehlt aber sehr viel daß dieses den Anforderungen entspräche die nach meinen Ihnen dargelegten Ansichten über die Mathematik zu machen sind. Es wäre zu wünschen daß ein mal ein ausgezeichneter Kopf die Geometrie in dem Geist bearbeitete in welchem wir sie hier betrachtet haben. Aber dazu gehörte ein ganz entschiedenes angebornes Talent.

Damit überhaupt die Methode der Mathematik verbessert werden könne, ist vorzüglich erfordert, daß das Vorurtheil verschwinde, die bewiesene Wahrheit habe irgend einen Vorzug vor der anschaulich erkannten, oder die *logische,* auf dem Saz vom Widerspruch beruhende vor der *metaphysischen,* die unmittelbar evident ist: Sie erinnern sich, daß wir darunter verstanden die Wahrheit welche eingesehn wird aus den *apriori* uns bewußten Formen aller Möglichkeit der Erfahrung; diese waren Zeit, Raum und Kausalität: also gehört zur metaphysischen Wahrheit auch die Kenntniß *apriori* der Gesetze des Raums, oder die Geometrie. Das Gewisseste und überall schlechthin Unerklärbare ist der Satz vom Grunde: denn er ist selbst das Princip aller Erklärung: und seine verschiedenen Gestalten sind die allgemeine Form aller unsrer Vorstellungen und Erkenntnisse. Er ist, sage ich, das Princip aller Erklärung, das, was dieser die Bedeutung allererst ertheilt: denn sie ist immer nur die Anwendung einer seiner Gestalten auf einen einzelnen Fall, die Nachweisung im einzelnen Fall, des durch irgend eine der vier Gestaltungen des Sazes vom Grund ausgedrückten nothwendigen Zusammenhangs unsrer Vorstellungen. Das Princip aller Erklärung aber kann nicht selbst einer Erklärung bedürfen, noch derselben fähig seyn, da es ja selbst schon bei jeder Erklärung vorausgesetzt wird und ihr erst Bedeutung ertheilt. Von den vier Gestalten des Satzes vom Grund hat aber keine einen Vorzug vor der andern: jede ist gleich unmittelbar, gleich gewiß und gleich unbeweisbar, in jeder von ihnen ist das Verhältniß des Grundes zur Folge ein unmittelbar nothwendiges, ja es ist, wie ich weiterhin ausführen werde, der Ursprung des Begriffs der Nothwendigkeit und dasjenige welches allein ihm Bedeutung und Gehalt giebt. Es giebt überhaupt gar keine andre Nothwendigkeit, als die der Folge, wenn der Grund da ist, und es giebt keinen Grund der nicht Nothwendigkeit der Folge setzte. Dies gilt von einer Gestaltung des Satzes vom Grunde eben so sehr als von der andern: So sicher also, Kraft des Satzes vom Grund des Erkennens, aus dem in den Prämissen gegebenen Erkenntnißgrund die im Schlußsatze ausgesprochene Folge fließt; eben so sicher bedingt der Seynsgrund im Raum seine Folge im Raum: habe ich daher das Verhältniß dieser beiden anschaulich erkannt; so ist diese Gewißheit so gut als irgend eine logische. Ausdruck eines solchen Verhältnisses ist aber jeder geometrische Lehrsaz, eben so gut als eines der zwölf Axiome: diese Axiome haben keineswegs mehr unmittelbare Evidenz als jeder andre geometrische Lehrsaz; sondern bloß mehr Einfachheit durch geringeren Gehalt. Jeder geometrische Lehrsaz ist eine metaphysische Wahrheit und als solche eben so unmittelbar gewiß wie der Saz vom Widerspruch selbst, der eine metalogische Wahrheit ist und der die allgemeine Grundlage aller logischen Beweisführung ist, d. h. aller Beweisführung die mittelst Begriffen und deren Uebereinstimmung und Widerspruch fortschreitet. Wer die anschaulich dargelegte Nothwendigkeit der in irgend einem Lehrsaze ausgesprochenen räumlichen Verhältnisse leugnen wollte; der könnte mit eben so vielem Rechte die Axiome leugnen, und mit eben so vielem Rechte die Folge des Schlusses aus den Prämissen, ja den Saz vom Widerspruch selbst: denn alles dieses sind gleich unbeweisbare, unmittelbar evidente und *apriori* erkennbare Verhältnisse. Wenn man daher die anschaulich unmittelbar erkennbare Nothwendigkeit räumlicher Verhältnisse erst durch eine logische Beweisführung aus dem Saz vom Widerspruch ableiten will; so ist es nicht anders als wenn dem unmittelbaren Herrn eines Landes ein andrer dasselbe erst zu Lehn ertheilen wollte. Das aber ist es was Eukleides gethan hat; wie gezeigt.

Wenn man einen Delinquenten vernimmt; so nimmt man alle

seine Aussagen zu Protokoll, um aus ihrer Uebereinstimmung ihre Wahrheit zu beurtheilen: dies ist aber ein bloßer Nothbehelf, bei dem man es nicht bewenden läßt, wenn man unmittelbar die Wahrheit jeder seiner Aussagen für sich erforschen kann: zumal da er von Anfang an konsequent lügen konnte. Jene Methode aber ist es, nach der Eukleides den Raum erforscht hat. Allerdings gieng er dabei von der richtigen Voraussetzung aus, daß die Natur überall, also auch in ihrer Grundform, dem Raum, konsequent seyn muß, und daher, weil die Theile des Raumes im Verhältniß von Grund und Folge zu einander stehn, keine einzige räumliche Bestimmung anders seyn kann, als sie ist, ohne mit allen andern im Widerspruch zu stehn. Aber dies ist ein sehr beschwerlicher und unbefriedigender Umweg, der die mittelbare Erkenntniß der eben so sichern unmittelbaren vorzieht, der ferner die Erkenntniß *daß* etwas ist, von der *warum* es so ist, zum großen Nachtheil der Wissenschaft trennt und dem Lernenden die Einsicht in die Gesetzmäßigkeit des Raumes ganz vorenthält, ja ihn entwöhnt vom eigentlichen Erforschen des Grundes, vom Eindringen in den innern Zusammenhang der Dinge, statt dessen ihn anleitet sich an einem historischen Wissen *daß* es so sei genügen zu lassen.

Uebrigens ist es sehr bemerkenswerth, daß diese Beweismethode bloß auf die *Geometrie* angewandt worden und nicht auch auf die *Arithmetik:* vielmehr läßt man in dieser wirklich die Wahrheit allein durch Anschauung einleuchten, welche hier im bloßen Zählen besteht. Daß man dies thut hat folgenden Grund: da die Anschauung der Zahlen in der bloßen reinen Zeit ist und daher durch kein sinnliches Schema, wie die geometrische Figur, dargestellt werden kann; so fiel hier der Verdacht weg, daß die Anschauung nur empirisch und daher dem Schein unterworfen wäre, welcher Verdacht allein die logische Beweisart hat in die Geometrie bringen können. Zählen ist, wie gesagt, die einzige Arithmetische Operation: auf sie sind alle andern zurückzuführen: und dies Zählen ist doch nichts andres als reine Anschauung *apriori*, auf welche sich zu berufen man hier keinen Anstand nimmt und durch welche allein alles Uebrige, jede Rechnung, jede Gleichung zuletzt bewährt wird. Man giebt für die Wahrheit eines Rechnungsexempels weiter keinen Beweis, sondern beruft sich auf die reine Anschauung in der Zeit, das Zählen, macht also jeden einzelnen Satz zum Axiom. Statt der Beweise welche die Geometrie füllen, ist daher der ganze Inhalt der Arithmetik und Algebra eine bloße Methode zum Abkürzen des Zählens. Unsre unmittelbare Anschauung der Zahlen in der bloßen Zeit, reicht zwar, wie oben schon gesagt, kaum bis 10. Darüber hinaus muß schon ein abstrakter Begriff der Zahl, durch ein Wort fixirt und repräsentirt, die Stelle der Anschauung vertreten, die daher nicht mehr wirklich vollzogen, sondern nur ganz bestimmt bezeichnet wird: jedoch ist selbst so, durch das wichtige Hülfsmittel der Zahlenordnung, welche größere Zahlen immer durch dieselben kleinen repräsentiren läßt, eine Anschauliche Evidenz jeder Rechnung möglich gemacht: auf eine solche läßt sich zuletzt die Rechnung zurückführen, selbst da, wo man in der Abstraktion so weit gegangen ist, daß nicht nur die Zahlen bloß *in abstracto* gedacht werden, sondern sogar völlig unbestimmte Größen und ganze Operationen, die man dann bloß durch die algebraischen Zeichen andeutet und sie nicht einmal *in abstracto* eigentlich vollzieht: $\sqrt{z^{-c}}$.

Was man also in der Arithmetik thut, nämlich die Wahrheit allein durch die reine Anschauung begründet werden lassen, ohne andern Beweis; das könnte man mit demselben Recht in der Geometrie. Ja wir haben gesehn daß, trotz allen logischen Beweisen, die anschauliche Evidenz es doch eigentlich ist, auf der im Bewußtsein eines Jeden die Ueberzeugung von der Wahrheit der geometrischen Sätze beruht. –

Es wird Ihnen durch das Bisherige hinlänglich deutlich geworden seyn, welche ganz eigenthümliche Gestalt der Satz vom Grund in der reinen Zeit und dem reinen Raum hat, wo wir ihn Satz vom Grund des Seyns nannten. Ich habe hiebei etwas länger verweilen müssen um zu zeigen, welche Veränderung durch die Kantische Philosophie auch in der Mathematik möglich geworden ist.

Wir haben also drei Gestalten des Satzes vom Grunde kennen gelernt welche jede in einer besondern Klasse von Vorstellungen herrschen. In den anschaulichen vollständigen das Ganze der Erfahrung ausmachenden Vorstellungen oder den realen Objekten, den Satz vom Grund des Werdens; – in den abstrakten nicht anschaulichen Vorstellungen, den Begriffen, den Saz vom Grund des Erkennens; in den *apriori* erkennbaren Formen der anschaulichen Vorstellungen Raum und Zeit den Satz vom Grund des Seyns.

Die 4te und letzte noch zu betrachtende Klasse der Vorstellungen oder Objekte des Subjekts, begreift im Bewußtseyn jedes einzelnen erkennenden Wesens nur ein einziges Objekt, nämlich das unmittelbare Objekt des innern Sinnes, das *Subjekt des Wollens*, welches für das erkennende Subjekt Objekt ist, welches Objekt aber nur in der Zeit, nicht im Raum erkannt wird, daher man nach dem einmal eingeführten etwas seltsamen Ausdruck sagen mag, daß es bloß Objekt des innern, nicht des äußern Sinnes sei.

Den eigenen *Leib* eines jeden, das *unmittelbare Objekt*, haben wir schon als zu den Objekten der 1sten Klasse, den anschaulichen Vorstellungen in Raum, Zeit und Kausalität, gerechnet und dort genugsam betrachtet. Von ihm sehn wir also hier ab. Außerdem aber bleibt für die Erkenntniß eines Jeden schlechterdings nichts übrig als sein eignes *Wollen*. Das Subjekt erkennt sich nur als ein *Wollendes*, nicht als ein *Erkennendes*. Denn das vorstellende Ich, das Subjekt des Erkennens kann nie selbst wieder *erkannt*, selbst wieder sein *Objekt* werden; weil es das nothwendige Korrelat und daher die Bedingung alles Erkennens ist. Daher ist *das Erkennen des Erkennens* unmöglich. Das Erkennen ist die erste und unzertrennliche Grundbestimmung des Bewußtseins, von der es sich nicht los machen kann, um solche nun erst als etwas hinzukommendes ihm fremdes zu erkennen. Das Subjekt des Erkennens als solches kann nicht auch zugleich sein eigenes Objekt seyn. Daher läßt sich das Erkennen nicht weiter erkennen, das eigene Vorstellen nicht wieder vorstellen. »Ich erkenne« ist ein analytischer Satz: denn vom Ich ist das Erkennen unzertrennlich, ist sein einziges wesentliches Prädikat.

Wenn wir von verschiedenen Erkenntnißkräften (Verstand, Vernunft, reine Sinnlichkeit) reden; so kommt das nicht daher, daß wir das Subjekt des Erkennens erkannt haben; sonst würden über jene Kräfte nicht so verschiedene und so falsche Meinungen im Umlauf seyn: sondern jene Kräfte sind abstrahirt und erschlossen: sie sind eigentlich aufgestellt, als subjektive Korrelate der verschiedenen Klassen von Vorstellungen die man zu jeder Zeit, eben in jenen Erkenntnißkräften mehr oder weniger bestimmt unterschied: sie verhalten sich zu jenen besondern Klassen von Vorstellungen grade so, wie das Subjekt überhaupt zum Objekt überhaupt. Wie mit dem Objekt sofort auch das Subjekt da ist, da sie unzertrennliche Korrelate sind, und Subjektseyn grade so viel bedeutet als ein Objekt haben, und Objektseyn so viel als vom Subjekt erkannt werden; genau eben so ist mit dem *auf eine gewisse Weise bestimmten* Objekt, sofort auch das Subjekt *auf eben solche Weise* erkennend gesetzt. Haben wir nun nach gewissen allgemeinen und durchgängigen Bestimmungen, d. h. Formen die Objekte in Klassen getheilt, so haben wir eben damit dem Subjekt eben so viele verschiedenartige Formen des Erkennens beigelegt, d. h. eben Erkenntißkräfte: so ist das subjektive Korrelat der 1sten Klasse der Verstand; der 2ten Klasse die Vernunft; der 3ten Klasse die reine Sinnlichkeit: – diese Korrelate stehn und fallen mit einander weil das Objekt nicht ohne Subjekt seyn kann: – ob man nun sagt: »Sinnlichkeit und Verstand sind nicht mehr«; oder: »die Welt hat ein Ende« – ist Eins. Ob man sagt: »Es giebt gar keine Begriffe«: Oder: »Die Vernunft ist weg und es giebt nur noch Thiere«: – ist Eins.

Also: das Erkennen wird nicht wieder erkannt: folglich erkennen wir uns nicht selbst insofern wir das Erkennende sind. Wir erkennen unsern Leib: von dem, als dem unmittelbaren Objekt ist geredet. Es bleibt also für die Selbsterkenntniß durch den innern Sinn nichts übrig als das Wollen. Man könnte einwenden, daß wir doch auch unsre Gemüthsstimmung und -bewegung, unsre Affekte, geistigen Gefühle, Leidenschaften u. s. w. erkennen. Diese alle aber gehören eben schon zum *Wollen:* nämlich Begierde, Furcht, Haß, Zorn, Betrübniß, Freude und alle ähnlichen sind immer ein heftiges Wollen, daß etwas geschehe oder nicht geschehe, welches Wollen entweder durch äußere Hindernisse oder durch ein entgegengesetztes Wollen desselben Subjekts gehemmt ist, welche Hemmung das Wollen eben zu einem so hohen Grade steigert. Freude ist ein nach so einer Hemmung plötzlich frei gelassenes und befriedigtes Wollen. Trauer ist das fortgesetzte Wollen von etwas nach anerkanntem Unvermögen es zu bewirken. Eben weil alle solche Affektionen schon Willensakte sind, wird die Zumuthung gemacht, sie durch ein entgegengesetztes Wollen zu unterdrücken. Gelingt dies aber nicht, vermag ein entgegengesetztes Wollen nicht dagegen aufzukommen, so daß der Mensch in diesem Punkt durch eine Suspension des Gebrauchs seiner Vernunft, dem Thier, das nicht weiß was es thut, gleichgesetzt zu seyn scheint, so nennt man sie, wenn sie als dauernde Stimmung herrschen, *Leidenschaften*, wenn aber nur als vorübergehende, *Affekte*. Also: alle diese geistigen Gefühle, Affekte u. s. w. gehören dem Wollen an, sind Bewegungen des Willens: die körperlichen Gefühle gehören dem Leib, den wir als unmittelbares Objekt betrachtet haben, an: das Erkennen wird nicht erkannt: also für die Erkenntniß unsres Selbst, für unsre nach Innen gerichtete Erkenntniß, bleibt nichts als das Wollen, das Ich als Subjekt des Wollens.

Ich sagte oben: »Ich erkenne« wäre ein analytischer Satz: Nun aber »Ich will« ist ein synthetischer Satz: denn das erkennende Ich ist wesentlich bloß Erkennend und nichts weiter: daß es zugleich ein Wollendes, ein Subjekt des Wollens sei, ist eine für die innere Erfahrung hinzukommende Bestimmung, es findet sich als wollend: also »ich will« ist ein synthetischer Saz *a posteriori*, aber in jedem Bewußtsein der erste und älteste, das, womit das Erkennen anhebt. –

Ich zeigte Ihnen vorhin, daß jeder Klasse von Objekten eine besondre Erkenntnißkraft als wesentliches Korrelat entspricht, der 1sten Klasse der Verstand; der 2ten die Vernunft; der 3ten die reine Sinnlichkeit: aber in dieser 4ten Klasse der Vorstellungen, die das Subjekt des Wollens ausmacht, ist dies nicht der Fall: es giebt keine besondre Geisteskraft die der Erkenntniß des eignen Willens gegenüberstände: sondern auf eine weiter nicht zu erklärende Weise, ist hier das erkennende Ich mit dem als wollend erkannten, dasselbe; Objekt und Subjekt fallen hier in Eins zusammen. Diese Identität des Subjekts des Wollens mit dem erkennenden Subjekt, vermöge welcher (und zwar nothwendig) das Wort Ich beide bezeichnet und einschließt, ist schlechthin unbegreiflich: denn was sonst überall unmöglich ist, daß zwei Eins sind, ist uns hier unmittelbar gegeben, in einer unauflösbaren Identität des Erkennenden mit dem Erkannten, seinem Willen. Ich möchte diese Identität, auf die wir später zurückkommen werden, hier dadurch bezeichnen, daß ich sie das Unbegreifliche κατ' εξοχην [im höchsten Sinne] nenne: und Sie nachmals daran erinnern zu können.

Eben weil nun das *Wollen* ganz unmittelbar und von allen Dingen zuerst erkannt wird, läßt sich nicht weiter beschreiben oder definiren was Wollen sei. Es durch Kausalität, Veränderung, Streben, Neigen u. dgl. erklären zu wollen, wäre sehr verkehrt: denn wir würden das uns unmittelbar und sehr genau bekannte, durch Dinge erklären wollen, die uns nur mittelbar und lange nicht so genau bekannt sind, durch Abstraktion aus der Erscheinung, der äußern Erfahrung; zudem kommt das eigentlich Wesentliche des Wollens in allen jenen Dingen uns doch nicht wieder vor und läßt sich nicht unter jene Begriffe subsumiren. Ich kann daher und muß sogar als Ihnen völlig bekannt voraussetzen was Wollen sei: denn das eigene Bewußtsein lehrt dieses ganz allein. Bloß einige Unterscheidungen füge ich bei: *Handeln* ist die äußere Sichtbarkeit des Wollens, wodurch es in der Außenwelt Kausalität hat. Die äußern Bedingungen dieser Kausalität heißen das *Können*. So lange das Wollen nicht Kausalität nach Außen erhalten hat, heißt es *Wunsch*, ορεξις; – wenn aber dem Wunsch die Kausalität nach Außen ertheilt ist [Hier folgte ursprünglich, später wieder mit Bleistift eingeklammert und durchgestrichen: wenn auch nicht sofort κατ' εντελεχειαν [der Wirklichkeit nach], doch κατα δυναμιν [der Möglichkeit nach], ...], so heißt es dann *Wollen* im engern Sinn, βουλησις: der Uebergang vom bloßen Wunsch zum eigentlichen Wollen heißt der *Entschluß*.

Daß das Wollen *a parte posteriori*, d. h. seinen *Folgen* nach, unter dem Gesez der Kausalität stehe, indem es alsdann zum Handeln wird, welches der Leib ausführt, der als reales Objekt ursächlich auf andre Objekte wirkt, demselben Gesetze als sie unterworfen, – das ist Thatsache. Aber es frägt sich, unter welchem Gesetze steht das Wollen *a parte priori*, d. h. seinen *Gründen* nach? Folgt es gleich den Veränderungen andrer Objekte aus einem vorhergehenden Zustande, nach einer Regel, nothwendig? oder ist es etwa ein Vermögen eine Reihe von Zuständen von selbst anzufangen?

Um diese Frage gründlich zu beantworten müßte ich mich

hier auf die Erörterung der Freiheit oder Nothwendigkeit des Willens einlassen, wozu hier aber noch nicht der Ort ist, da [»da« bis »sich offenbaren« ist für die »Dianoiologie« mit Bleistift eingeklammert] solches erst geschehn kann, wenn ich eigentlich den *Willen* zum Gegenstand unsrer Betrachtung machen werde, wo wir dann ausführlich betrachten werden, was der Karakter sei, und den empirischen vom intelligibeln Karakter unterscheiden werde, zeigen werde wie in jeder Erscheinung Nothwendigkeit und Freiheit zugleich sich offenbaren. Hier haben wir es aber überhaupt noch nicht mit dem *Willen* zu thun, sondern mit der *Vorstellung*, und an gegenwärtiger Stelle unsrer Betrachtung mit der Vorstellung unsers eigenen individuellen Willens, wie er in unsre Erkenntniß tritt. Da ist zuvörderst zu bemerken, daß wir von unserm eignen Willen, vom eignen Subjekt des Wollens, gar keine erschöpfende, ein für alle Mal gegebene Erkenntniß haben, aus der wir seine Beschaffenheit und was wir in jedem Fall wollen werden zum voraus wissen könnten. Sondern wir erkennen von unserm eignen Willen gar nichts als die einzelnen Willens-*akte*, wie sie in der Zeit einer nach dem andern hervortreten. Daher kennen wir uns selbst so wenig zum voraus, als Andre, sondern müssen eben auch uns selbst, wie Andre, aus der Erfahrung kennen lernen. Wir sehn aber diese Erfahrung unsres eignen Selbst, nicht regellos und ohne den Leitfaden eines Gesetzes in die Vorstellung treten: vielmehr ist uns sowohl *a priori* bewußt als durch innre Erfahrung jeden Augenblick bestätigt, daß ganz und gar kein Willensakt, keine Bewegung des Willens hervortreten, aus dem innern Dunkel unsres Wesens in das Licht der Vorstellung, Erkenntniß treten kann, ohne daß der Wille durch etwas Aeußeres angeregt worden. Unser eigener Wille schlummert in uns und regt sich nicht, so lange nicht etwas Aeußeres ihn anregt; eben wie in einem unorganischen Naturkörper sehr viele mechanische, physische, chemische Kräfte schlummern, jedoch nie in die Erscheinung treten, bis die ihnen angemessene Einwirkung von Außen sie hervorlockt. Daher wissen wir uns berechtigt bei jeder Handlung oder Entschluß Andrer zu fragen Warum? und haben die festeste Gewißheit daß sie durchaus keine Handlung beschließen konnten, wenn nicht irgend ein Aeußerer Anlaß da war. Eben so ist es mit uns selbst: bei wichtigen Beschlüssen, wo mehrere Bewegungsgründe uns hin und her ziehn und oft entsetzlich quälen, merken wir ihre Einwirkung sehr wohl und fühlen deutlich, daß auf unsern Willen eben so eingewirkt wird, wie auf einen Körper den zwei oder drei Kräfte nach verschiedenen Richtungen ziehn und ihre Macht gegen einander an ihm messen: bei unbedeutenden Handlungen aber werden wir uns der Motive weniger bewußt, weil kein Widerstand ihre Kräfte erhöht: aber wir wissen es *apriori* und die stündliche Erfahrung muß es ohne Ausnahme bestätigen, daß auch die unbedeutendeste Handlung nicht ohne Motiv vor sich gehn kann: keiner kann vom Stuhl aufstehn oder einen Arm heben, ohne daß eine Vorstellung ihn dazu bewöge, und wäre es nur die Vorstellung ein Exempel vom Wirken des Willens ohne Motiv zu haben; die hier dann grade das Motiv ist. – Diesen Betrachtungen zufolge wäre unser Wollen, gleich den Veränderungen aller realen Objekte dem Gesetz der Kausalität unterworfen. Jedoch ist dabei folgender Unterschied zu merken. Die Veränderungen der realen Objekte haben zur Ursache allemal einen neu eingetretenen Zustand ähnlicher Objekte, in welchem sie implicirt sind, und ihm gemäß nach physischen, chemischen, organischen Gesetzen eintreten müssen. Was aber den Eintritt eines Willensaktes in unser eigenes Bewußtsein bestimmt, ist allemal eine *Vorstellung* in eben diesem Bewußtsein; und eben so sehn wir daß Thiere und Menschen durch *Vorstellungen* bewegt werden, nicht durch jene Art von eigentlichen Ursachen welche die bewußtlosen Dinge in Bewegung setzen. Dies ist aber auch in der That der einzige Unterschied zwischen dem was man Handlung und dem was man bloß Veränderung nennt: und wenn wir nun nach den bisherigen Betrachtungen für die als Willensakte wahrgenommenen Veränderungen eine vierte Gestaltung des Satzes vom Grund, als das Gesetz derselben, aufstellen, und solche den Satz vom Grunde des Handelns, *principium rationis sufficientis agendi*, nennen, kürzer *Gesetz der Motivation;* so können wir doch dasselbe für nichts anderes erklären, als für das durch die Vorstellung hindurchgegangene Gesez der Kausalität, das mittelst der Vorstellung in Kraft tretende Gesetz der Kausalität. Bloß durch diese Bestimmung, daß das Medium in welchem es sich äußert, die Erkenntniß ist, unterscheidet sich das Gesetz der Motivation von dem der Kausalität, und deswegen habe ich es von jenem getrennt und vier Gestaltungen des Satzes vom Grund aufgestellt. In wiefern aber grade das durch die Vorstellung hindurch gehende Gesetz der Kausalität d. i. das Gesetz der Motivation dienen kann uns Aufschluß zu geben über die blindwirkende d. h. eigentliche Kausalität, ihrem innern Wesen nach, und eben damit auch über das innere Wesen aller ihr unterworfener Körper, inwiefern also die aufgestellte 4te Klasse unsrer Vorstellungen (der eigene individuelle Wille des Erkennenden) Aufschluß geben kann über das innere Wesen der 1sten Klasse d. i. der realen Objekte, das werden wir im zweiten Theil unsrer gesammten Betrachtung erkennen.

Nunmehr also habe ich Ihnen vorgeführt vier Klassen von Vorstellungen oder Objekten unsrer möglichen Erkenntniß und Ihnen gezeigt, wie in jeder von diesen Klassen der Saz vom Grund in einer andern Gestalt auftritt. *(Recapitulatio.)* Sie sehn daß es vier ganz verschiedene Verhältnisse sind, jedoch auch daß ihre Verschiedenheit aus dem Stoff entspringt von dem sie gelten, aus der Verschiedenheit der Objekte jeder Klasse: daher bei aller ihrer Verschiedenheit doch das Wesentliche in ihnen immer dasselbe ist, wovon der Satz vom Grund der gemeinschaftliche Ausdruck ist: und seine ihm wesentlichen Eigenschaften gelten in allen seinen Gestaltungen; z. B. [Fußnote: in jeder Gestalt ist vermöge desselben Eines so wie es ist, weil ein ganz anderes so ist wie es ist; und so unbegreiflich dies klingt, so wird doch im einzelnen Fall die Nothwendigkeit davon vollkommen von uns eingesehn, befriedigt uns gänzlich, aber läßt sich nicht ferner erklären, eben weil sie eine Form unsers Erkenntnißvermögens ist, *apriori uns bewußt*.] er macht in jeder Gestalt die Frage *Warum* möglich und nothwendig. Er giebt in jeder Gestalt Stoff zum hypothetischen Urtheil und Schluß, und überall gelten die Gesetze dieser auf gleiche Weise, nämlich »von dem Seyn des Grundes auf das Seyn der Folge –«. Ueberall aber sehn wir die Objekte durch den Saz vom Grund aller absoluten und Selbstständigen Existenz beraubt: kein Objekt kann durch sich, für sich, unabhängig seyn; sondern es ist immer nur durch ein andres, wegen eines andern, dies wieder auch nur eben so, und das geht *in infinitum:* vermöge des Satzes vom Grund sind also alle irgend möglichen Objekte der Dependenz, Relativität, Instabilität und Endlichkeit anheim gefallen: ihr Seyn ist bedingt, relativ, und daher sobald man die Bedingung wegnimmt ein Nichtseyn. Dies drückt sich am deutlichsten aus in der allereinfachsten Gestaltung des Satzes vom Grund, der *Zeit*, welche wegen ihrer Einfachheit das Schema und der Urtypus aller übrigen Gestaltungen ist: sie ist wesentlich nichts als ein steter Uebergang aus dem Nichtsseyn, durch ein Seyn ohne Ausdehnung in ein andres Nichtseyn. Jeder Moment ist nur sofern und weil der vorhergehende nicht mehr ist, und muß eben so nothwendig den folgenden herbeiführen vermöge dessen er selbst nicht mehr ist. Dieselbe Abhängigkeit und bloß erborgte Existenz zeigt sich auch in allen andern Gestaltungen des Satzes vom Grund, wenn gleich weniger augenfällig, sofern sie nicht so einfach sind. [Hier folgte ursprünglich, später mit Bleistift wieder durchgestrichen: *Illustratio* Raum, Kausalität, Grund des Erkennens. [Dahinter mit Bleistift:] *mox.*]

Sehn wir nun den Saz vom Grund in allen seinen Gestalten denselben Karakter zeigen, und finden wir alle Objekte des Subjekts an ihn vertheilt so daß wie die Art der Objekte eine andre wird, auch sogleich der Saz vom Grund in einer andern Gestalt auftritt; so dürfen wir annehmen daß die dargestellten vier Geseze unsers Erkenntnißvermögens nicht zufällig denselben Ausdruck für sie alle zulassen, welches eben der Saz vom Grund ist; sondern daß sie auch innerlich zusammenhangen, ja im Grunde nur ein einziges Grundgesetz es ist, das in ihnen allen sich ausdrückt, und nur nach der Verschiedenheit der der Erkenntniß sich darbietenden Objekte in jenen verschiedenen Gestalten auftritt; so daß sogar wenn wir uns denken es könnte eine neue 5te Klasse möglicher Vorstellungen entstehn oder entdeckt werden, dann sogleich auch in ihr der Saz vom Grund in einer neuen Gestalt sich zeigen müßte und denselben Karakter wieder auf eine neue Weise offenbaren: Demnach entsprängen alle jene Gesetze die der Saz vom Grund ausdrückt, aus einer einzigen innerlichen Urbeschaffenheit unsers Erkenntnißvermögens, welche ich *die Wurzel des Satzes vom Grund* nenne: ihr Wesen bestände darin, daß schlechthin nichts für sich bestehendes und Unabhängiges Objekt für uns seyn kann, sondern jedes Objekt nothwendige Beziehungen auf andre hat und nur in und durch diese Beziehungen ist: diese Wurzel des Sazes vom Grund, wäre also anzusehn als der innerste Keim jener wesentlichen Dependenz, Relativität, Instabilität und Endlichkeit aller Objekte unsers in Sinnlichkeit, Verstand und Vernunft, Objekt und Subjekt befangenen Bewußtseyns. Wenn nun aber auch dieses so ist, und die vier Gestalten des Sazes vom Grund, so wie einen gemeinschaftlichen Ausdruck auch einen gemeinschaftlichen Ursprung haben; so hebt dies doch nicht die Verschiedenheit seiner Gestaltungen auf, und in jedem einzelnen Fall stellt er sich immer in einer bestimmten aus jenen vier Gestalten dar: daher darf man nicht von einem *Grund überhaupt* reden, ohne angeben zu können welche Art von Grund man meine: *Grund überhaupt* ist bloß ein abstrakter Begriff abgezogen aus jenen vier Gestaltungen; im einzelnen Fall giebt es so wenig einen Grund überhaupt als einen Triangel überhaupt: sondern wie jeder Triangel ein spitz-, recht- oder stumpfwinklichter, ferner [ein] gleichseitiger, gleichschenklichter oder ungleichseitiger ist; so ist auch in jedem besondern Fall, der Grund aus einer einzigen der vier angegebenen Arten von Gründen und gilt daher bloß in einer einzigen der vier Klassen von Objekten, bloß innerhalb derselben, setzt also diese Klasse voraus, also schon das Objekt, folglich auch das Subjekt, mithin schon die ganze erscheinende Welt, die Welt als Vorstellung: denn der Saz vom Grund mit seinen Gestalten ist nur die Art und Weise wie die Welt als Vorstellung erscheint, wie für ein Subjekt welches Individuum ist, Objekte dasind: und diese Art und Weise liegt schon *apriori* in unserm Bewußtsein. Folglich geht der Gebrauch des Satzes vom Grund nie über die erscheinende Welt hinaus, etwa zu einem Grunde der Welt außer derselben. Wir werden dies ausführlicher betrachten, nachdem wir noch einige Betrachtungen über den Saz vom Grund werden angestellt haben.

Erinnern Sie sich, wie ich vorhin Ihnen zeigte, wie alle Gestalten des Sazes vom Grund den Objekten alles Selbstständige Daseyn benehmen, wie demnach der Saz vom Grund das Princip der Endlichkeit, der Relativität alles Daseyns ist, in allen seinen Gestalten sich auf verschiedene Art zeigend, am einfachsten und darum am Deutlichsten in der bloßen Zeit. – Nun erinnern Sie sich aber auch, wie ich schon öfter gelegentlich Sie darauf aufmerksam machte, daß die Gestalt des Satzes vom Grund in einer Klasse von Objekten eigentlich auch schon das ganze Wesen dieser Klasse ausmacht und erschöpft, daher man dasselbe [Hier sollte ursprünglich der später mit Tinte wieder ausgestrichene Zusatz folgen: im Allgemeinen, wiewohl nicht im Einzelnen ...] vollständig erkennt, sobald man die Gestalt des Satzes vom Grund in der Klasse erkennt.

In der reinen Zeit ist die Gestalt des Satzes vom Grund, Grund des Seyns als Succession [Hier folgte ursprünglich, später mit Bleistift wieder durchgestrichen: worauf alles Zählen und die Arithmetik beruht ...]: aber die ganze Zeit ist eben auch nichts als Succession; wer daher die Gestalt des Satzes vom Grund in ihr erkannt hat, hat das ganze Wesen der Zeit erkannt. – Im Raum ist die Gestalt des Sazes vom Grund, als Grund des Seyns, *Lage*, die Möglichkeit der wechselseitigen Bestimmungen der Theile des Raumes durch einander [Hier folgte ebenso: die Gesetze dieser betrachtet die Geometrie ...]: wer nun aber diese Gestalt des Sazes vom Grund im Raum erkannt hat; der hat auch das ganze Wesen des Raumes erkannt: denn der Raum ist weiter nichts als durch und durch Lage, jene in ihm herrschende Gestaltung des Satzes vom Grund.

Den Inhalt jener leeren Formen Raum und Zeit, welcher aus der Vereinigung beider entsprang, fanden wir in der *Materie* welche der Gehalt, die Basis der Klasse der vollständigen zur Totalvorstellung der Erfahrung vereinten Vorstellung ist: in dieser Klasse herrscht das Gesez der Kausalität: dasselbe macht aber, wie wir sahen, allein das ganze Wesen der Materie aus, da sie durch und durch nichts als Kausalität und ihr *Seyn* ihr *Wirken* ist: also wieder fällt das ganze Wesen der Klasse zusammen mit der Gestaltung in welcher der Saz vom Grund erscheint. – Endlich die Begriffe, die Klasse der abstrakten Vorstellungen haben ihr ganzes Wesen einzig und allein in der Relation die der Saz vom Grund des Erkennens bestimmt: jede abstrakte Vorstellung, jeder Begriff, ist weiter gar nichts als die Beziehung auf seinen Erkenntnißgrund, denn er ist Vorstellung einer Vorstellung, er ist nur durch und in der Beziehung auf seinen Erkenntnißgrund, der selbst wieder ein Begriff oder eine anschauliche

Vorstellung ist. Vom [Der Abschnitt von »Vom« bis »reden werden« ist mit Bleistift fein umrändert, was vermutlich bedeutet, daß er für die »Dianoiologie« fortfallen oder verändert werden sollte] Wollen und dem Gesetz der Motivation spreche ich hier absichtlich nicht, weil es sich da wirklich anders verhält, indem bei allen andern Klassen von Vorstellungen die Erkenntniß durchaus nur bei der Erscheinung stehn bleibt; die Erkenntniß des eignen Willens aber allerdings zum Ding an sich führt, worüber wir im zweiten Theil unsrer Hauptbetrachtung reden werden.

Also die Erkenntniß der Gestaltung des Satzes vom Grund in einer Klasse von Vorstellungen erschöpft das ganze Wesen jener Klasse, d. h. enthält die ganze Art und Weise der Vorstellungen die sie ausmachen; im Allgemeinen, nicht die besondre Bestimmung der einzelnen Fälle.

Ueber die Endlichkeit und Nichtigkeit der Erscheinungen.

Ist nun also, wie bereits gezeigt, der Saz vom Grund in allen seinen Gestaltungen das Princip der Dependenz, Relativität, Endlichkeit in allen Objekten für das Subjekt; und läßt sich, wie wir eben sahen, das ganze eigentliche Wesen jeder Klasse zurückführen auf die Relation, die der Saz vom Grund in derselben bestimmt, so daß die Erkenntniß jener Art der Relation auch die des Wesens der Klasse von Vorstellungen ist; so folgt daß vermöge des Satzes vom Grund, als der allgemeinen Form aller Objekte des Subjekts, diese Objekte selbst durch und durch nur in der Relation zu einander bestehn, nur ein relatives, bedingtes Daseyn haben, nicht ein absolutes, bestehendes, Daseyn an und für sich. Jene Instabilität, die der Saz vom Grund den Objekten ertheilt, ist am auffallendesten und sichtbarsten in seiner einfachsten Gestaltung, der Zeit: in ihr ist jeder Augenblick nur, sofern er den vorhergehenden, seinen Vater, vertilgt hat, um selbst wieder eben so schnell vertilgt zu werden: Vergangenheit und Zukunft sind so nichtig als irgend [ein] Traum, die Gegenwart allein ist wirklich da; aber sie ist nur die ausdehnungslose Grenze zwischen jenen beiden: was eben gegenwärtig war, ist schon vergangen. Dieselbe Nichtigkeit, die uns hier augenfällig entgegentritt, ist aber dem Saz vom Grund in jeder Gestalt eigen und auch jeder Klasse der Objekte die er beherrscht, da, wie gezeigt, ihr Wesen eben nur in der Relation besteht die er in ihr setzt, daher was von der Relation gilt, auch auf die ganze Art der Vorstellungen zu übertragen ist.

Im Raum ist der Ort immer nur relativ, ist durch ein andres bestimmt. Wir erkennen nie unsern absoluten Ort; sondern nur den relativen. Wo sind wir? – Da und da; die Gränzen die uns zunächst umgeben kennen wir; diese haben andre Grenzen, und so ins Unendliche: denn der Raum ist unendlich: die Verhältnisse unsers Ortes zum nächsten Raum kennen wir; aber so weit wir unsre Kenntniß auch erstrecken, so ist dieser ganze Theil des Raumes endlich und begränzt, der Raum selbst aber unendlich und unbegränzt, so daß gegen ihn Ort und Lage die wir einnehmen alle Bedeutung verlieren, gänzlich verschwinden, ein unendlich kleines werden, und unser irgendwoseyn nicht viel mehr ist als nirgends seyn.

In der Klasse der anschaulichen vollständigen Vorstellungen, oder realen Objekte, bringt das darin herrschende Gesetz der Kausalität dieselbe Nichtigkeit hervor, welche die Grundform derselben, die Zeit hat: so wenig als diese je stillsteht, beharrt irgend etwas in ihr, die Materie als solche ausgenommen, welches wir aus dem Antheil des Raums an ihr abgeleitet haben; Materie als solche ist nicht anschaubar, sondern nur mit der Form: aber alle Zustände der Materie, alle Formen, sind in stetem Enstehn und Vergehn begriffen; sie werden durch Ursachen und vergehn durch Ursachen, hängen stets von Ursachen ab, und das ganze Wesen der Welt ist ein beständiger Wandel und Wechsel: wie die Zeit und der Raum selbst so hat alles was in ihnen ist nur ein relatives Daseyn, ist nur durch und für ein Anderes, ihm gleichartiges, d.h. selbst nur wieder eben so bestehendes: daher ist nichts durch sich selbst; daher hat nichts Bestand; unter unsern Händen schwindet Alles; wir selbst nicht ausgenommen. Wir sehn also daß eben weil der Saz vom Grund in seinen verschiednen Gestalten die Form alles Objekts ist; auch alles Objekt jener Endlichkeit, Zeitlichkeit, Dependenz, Instabilität, Relativität anheim gefallen ist, deren eigentliches Princip jener Satz ist; daher nur ein relatives Seyn hat; ist und wieder nicht ist. Das Wesentliche dieser Ansicht ist sehr alt, ja ein lebhaftes und beständiges Bewußtsein derselben, scheint zur Eigenthümlichkeit philosophischer Geister zu gehören, und hauptsächlich sie stets zum Nachdenken aufzufordern. Daher sehn wir schon den Herakleitos den *ewigen Fluß der Dinge* bejammern.

Ρειν τα όλα ποταμον δικην [Alles ströme nach Art eines Flusses]. *Diog. Laert.* [IX, 1, 6].

Λεγει που ‛Ηρακλειτος, ότι παντα ρει, και ουδεν μενει· και ποταμου ροη απεικαζων τα οντα, λεγει, ὡς δις εις τον αυτον ποταμον ουκ αν εμβαιης [Es sagt irgendwo Heraklit, daß alles fließt und nichts bleibt, und, indem er die Dinge der Strömung eines Flusses vergleicht, sagt er, daß man nicht zweimal in denselben Fluß hineinsteigen könne]. *Platon Cratyl* [402 a].

Die Eleatiker reden von einer beharrenden Substanz, die immer ist und immer sich gleich ist, ohne Bewegung und Veränderung, αμεταβλητον [unwandelbar]; dem was sich bewegt und verändert sprechen sie alles Seyn ab, erklären es für bloßen Schein. – Platon nennt alle Dinge dieser Welt das immerdar Werdende, aber nie Seiende; das daher auch gar nie Gegenstand eines *Wissens* seyn könne, sondern nur einer auf Empfindung gestützten Meinung; und er redet als Gegensaz von dem immerdar Seienden, nie Gewordenen, nie Vergehenden, den ewigen Ideen: von denen allein es ein rechtes Erkennen und Wissen gäbe. *(Suo loco.)* – Das Christenthum nennt diese Welt die *Zeitlichkeit*, sehr treffend, nach der einfachsten Gestaltung des Sazes vom Grund, dem Urtypus aller andern, der Zeit, und redet dagegen von der Ewigkeit. – Spinoza lehrte das allein Seiende wäre die ewige Substanz, das ganze der Welt auf ewige nicht auf zeitliche Weise erkannt, sie wäre durch sich selbst und bedürfte keines andern als ihrer Ursache, sie bliebe sich immer gleich: aber das in der Zeit entstehende, vergehende, bewegliche, vielfältige, – das wären die bloßen Accidenzien jener einen beharrenden Substanz; – der große *Kant* erklärt alles was in Zeit und Raum und als Ursach und Wirkung sich darstellt, für bloße *Erscheinung*, die er entgegensetzt dem *Dinge an sich*, dem alle jene Formen fremd wären: diese Ansicht ist es eben auch, welche, weiter durchgeführt und genauer erklärt, allen unsern fernern Betrachtungen zum Grunde liegen wird. – Eben dieselbe Ansicht finden wir auch im Orient, bei dem weisesten und ältesten aller Völker, den Hindus: sie drücken in ihrer Mythologie, oder Volksreligion die Sache etwa so aus: diese ganze wahrnehmbare Welt ist das Gewebe des Maja (Maja ist eine Gottheit, wird erklärt als Illusion, aber auch als Liebe, *amor*) [Statt obiger Lesart stand ursprünglich in der Klammer: (des Gottes des Truges, aber auch der Liebe, *amor*).] welches wie ein Schleier über die Augen aller Sterblichen geworfen ist und sie nun eine Welt seyn läßt, von der man weder sagen kann, daß sie sei, noch auch daß sie nicht sei: denn sie ist, wie ein Traum ist: ihre Erscheinung gleicht dem Wiederschein der Sonne in der Sandwüste, welchen der durstige Wandrer von ferne für ein Wasser ansieht; oder auch dem hingeworfenen Strick, den er für eine Schlange hält: – (in den Vedas und Puranas sehr häufig).

In allen diesen so verschiednen Ausdrücken, philosophirender Geister, erkennen Sie dieselbe Grundansicht wieder, das Bewußtsein der Instabilität, Relativität und dadurch der Nichtigkeit aller Dinge, denen eben deshalb das eigentliche Seyn abgesprochen und nur ein scheinbares zuerkannt wird. – Wir aber haben diese Beschaffenheit aller erscheinenden Dinge, d. h. aller Objekte des Subjekts zurückgeführt auf ihre innere und gemeinschaftliche Wurzel. Sie sind erstlich, nur Vorstellungen, und als solche bedingt durch das Subjekt: also schon deshalb nur relativ da: nur Erscheinung, nicht Ding an sich. Zweitens, ist ihre gemeinschaftliche Form der Saz vom Grund, der in verschiednen Gestaltungen sich darstellt, im Wesentlichen aber nur einer: er erscheint als Zeit, als Raum, als Kausalität, als Motivation, als Begründung der Erkenntniß. Das Gemeinschaftliche aller dieser Formen, wie ihr Unterscheidendes haben wir gesehn, und haben erkannt, daß so wie sie in einem gemeinschaftlichen Ausdruck welcher der Saz vom Grund ist, zusammentreffen, sie auch aus einer Urbeschaffenheit unsers Erkenntnißvermögens stammen müssen; die Wurzel des Sazes vom Grund.

Auf den Saz vom Grund läßt sich auch alles zurückführen, was wir *apriori* wissen. Nämlich [»Nämlich« bis »Objekt ausgehend« ist für die »Dianoiologie« mit Bleistift eingeklammert] Sie erinnern sich, wie wir, im Anfang unsrer Betrachtung, uns deutlich machten, daß die Allgemeinsten Formen alles Objekts, als die untheilbare Grenze zwischen Subjekt und Objekt sowohl bloß und rein vom Subjekt ausgehend gefunden werden mußten als vom Objekt ausgehend: dann fanden wir daß diese Formen seien Zeit, Raum und Kausalität und daß diese ihrer Nothwendigkeit und Gesezmäßigkeit nach *apriori* erkannt werden, d. h. eher im allgemeinen als im besondern, d. h. unabhängig von der Erfahrung, da sie die Bedingung der Möglichkeit der Erfahrung sind: das *apriori* Erkennbare war also Zeit, Raum und Kausalität, sodann die Grundgesetze des Denkens, welche eigentlich die nähere Bestimmung des Sazes vom Grund des Erkennens sind: diese alle sind aber nur die vier Besondern Gestaltungen des Sazes vom Grund: also unsre ganze Erkenntniß *apriori* läßt sich zurückführen auf den Saz vom Grund: er ist der allgemeine, gemeinschaftliche Ausdruck derselben.

An die Ihnen nunmehr gegebene Darstellung des Satzes vom Grund und aller seiner Gestalten, werden wir die Untersuchung knüpfen, über den Gebrauch, der vom Saz vom Grund bei philosophischen Spekulationen gemacht werden darf: ob er nämlich, da er, in allen seinen Gestalten, unabhängig von der Erfahrung, *apriori*, erkannt wird und gewiß ist; auch wohl könne über alle Erfahrung hinaus angewandt werden und uns so einen Leitfaden gäbe, welchem nachgehend, wir mittelst Schlüssen, das erkennen könnten, was nie als Erfahrung gegeben werden kann, aber doch zur Welt der Erfahrung ein dem Satz vom Grund gemäßes Verhältniß hat und demnach jene zu erklären dienen könnte: oder ob umgekehrt, der Saz vom Grund, obwohl er *vor* aller Erfahrung und unabhängig von ihr in unserm Bewußtsein liegt, ja eigentlich die Form unsers erkennenden Bewußtseins ausmacht, dennoch nur in Beziehung auf die Möglichkeit der Erfahrung gilt, nicht weiter, als wohin auch *mögliche* Erfahrung reicht, gültig ist, und uns nicht über diese hinaus leiten kann: in welchem Fall sodann, da alle Erfahrung nur *Erscheinung*, nicht Ding an sich ist, seine Gültigkeit sich bloß auf die Erscheinung erstreckte, er immer nur von einer Erscheinung zur andern leiten könnte, nie aber von ihr weg ins Gebiet des Dinges an sich.

Ueber Nothwendigkeit, Zufälligkeit, Möglichkeit.

Bevor wir nun aber zur Untersuchung dieses sehr wichtigen Problems schreiten, wird noch eine Erörterung zweckdienlich seyn: diese: daß alle *Nothwendigkeit*, und deshalb auch alle *Zufälligkeit* und *Möglichkeit*, ihre Bedeutung einzig und allein habe in Beziehung auf den Saz vom Grunde; so daß wenn von nothwendig seyn, möglich seyn, zufällig seyn geredet wird, dies allein durch den Saz vom Grund verständlich ist.

Nothwendig seyn und *Folge* aus einem gegebenen *Grunde* seyn, heißt schlechthin dasselbe, es sind durchaus Wechselbegriffe, in denen eigentlich ganz dasselbe gedacht wird. Wir können nimmermehr etwas als nothwendig erkennen, ja nur denken, als sofern wir es betrachten als Folge eines gegebenen Grundes: und im Begriff der Nothwendigkeit ist weiter nichts enthalten, als diese Abhängigkeit, dieses Gesetztseyn durch ein Anderes und unausbleibliches Folgen aus ihm. Die gewöhnliche Erklärung »nothwendig ist, dessen Gegentheil unmöglich« ist eine bloße Worterklärung und Tautologie: *(illustr.):* eigentlich auch falsch denn das Gegentheil von »unmöglich« ist [gleich] »möglich«. Wir sehn also den Begriff der Nothwendigkeit ganz allein durch Anwendung des Sazes vom Grund entstehn und bestehn. Stellen Sie sich irgend etwas als nothwendig vor; so werden Sie finden, daß Sie eine Folge denken, deren Grund Sie gesetzt haben. Diesem gemäß giebt es eben so viele Arten der Nothwendigkeit als es Gestaltungen des Satzes vom Grunde giebt: also: ein physisch-nothwendiges (Wirkung aus Ursache), logisch-nothwendiges (durch den Erkenntnißgrund; jedes Urtheil dessen Grund dargelegt, jedes analytische Urtheil, jeder Schluß), ein mathematisch nothwendiges (jedes in reiner Anschauung *apriori* erkannte räumliche oder Zahlenverhältniß, nach dem Saz des Grundes des Seyns in Raum und Zeit), endlich ein praktisch nothwendiges, d. h. eine bei gegebenem empirischen Karakter eines Thieres oder Menschen, und gegebenem auf diesen einwirkenden Motiv, – nothwendig eintretende Handlung. *(Suo loco.)* Alles Nothwendige ist daher immer nur *relativ*, nämlich in Beziehung auf den Grund aus dem es folgt, also unter Voraussetzung desselben, ist es nothwendig: nichts aber ist so ohne alle weitere Voraussetzung nothwendig, also nichts *absolut nothwendig:* folglich, da im Begriff der Nothwendigkeit schon eine Relation gedacht ist, die der Folge zum Grunde; so ist absolute Nothwendigkeit ein Widerspruch.

Das kontradiktorische Gegentheil, d. h. die Verneinung der Nothwendigkeit ist die *Zufälligkeit*. Der Inhalt dieses Begriffs ist daher negativ, nämlich bloß dieser: Mangel jener durch den Saz vom Grund, in irgend einer seiner Gestalten ausgedrückten Verbindung. Folglich ist auch das Zufällige immer nur relativ: nämlich es ist zufällig nur sofern es betrachtet wird in Beziehung auf etwas, das *nicht* sein Grund ist. Diesem zufolge ist nun jedes Objekt unsrer Erkenntniß, von welcher Art es auch sei, allemal nothwendig und zufällig zugleich, nur in verschiedner Beziehung: z. B. jede Begebenheit in der wirklichen Welt, ist *nothwendig* in Beziehung auf das Eine, was ihre Ursach ist; in Beziehung auf alles Uebrige ist sie *zufällig*. Denn aus jenem einen folgt sie, gemäß dem Saz vom Grund; sobald es ist, ist unausbleiblich auch sie: hingegen ihre Berührung in Zeit und Raum mit allem Uebrigen ist ein bloßes *Zusammentreffen*, ohne nothwendige Verbindung: eben dieses Zusammentreffen in Raum und Zeit von Begebenheiten die nicht durch Kausalität verknüpft sind, dies bloße Zusammenfallen bezeichnen die Worte *Zufall, accidens, casus, συμπτωμα, το συμβεβηκος*. So wenig als ein Absolut-Nothwendiges ist ein Absolut-Zufälliges gedenkbar. Denn dieses letztere wäre eben ein Objekt, welches zu *keinem* andern im Verhältniß der Folge zu ihrem Grunde stände. Die Unvorstellbarkeit hievon ist aber eben der Inhalt des Satzes vom Grund negativ ausgedrückt: also müßte dieser Satz erst umgestoßen werden, um ein absolut Zufälliges denken zu können: dieses selbst hätte alsdann aber auch wieder alle Bedeutung verloren, da der Begriff des Zufälligen eben nur in Beziehung auf jenen Saz Bedeutung hat, nämlich diese, daß zwei Objekte *nicht* im Verhältnis von Grund und Folge zu einander stehen.

In der Natur, sofern sie anschauliche Vorstellung ist, ist alles was geschieht *nothwendig*: denn es geht aus seiner Ursach hervor. Betrachten wir aber dieses Einzelne in Beziehung auf das was nicht seine Ursach ist; so erkennen wir es als zufällig: welches aber schon eine abstrakte Reflexion ist. Abstrahiren wir nun ferner bei einem Objekt der Natur ganz von seinem *Kausal*verhältniß zu allen übrigen, sehn also ab von seiner Nothwendigkeit und Zufälligkeit, sondern bleiben eben stehn bei seinem Daseyn, ohne auf dessen Ursach zurückzugehn; – so haben wir die Art von Erkenntniß, welche im Begriff des *Wirklichen* gedacht wird, bei welchem man nur die *Wirkung* betrachtet, ohne zu fragen welche Dinge im Verhältniß der Ursach und welche nicht in diesem Verhältniß zu jener vorhandnen Wirkung stehn; welche Wirkung man sonst im Verhältniß zu ihrer Ursach als nothwendig, im Verhältniß zu allem Uebrigen als Zufällig erkennen würde. Da aber in der Natur jedes aus einer Ursach hervorgeht; so ist jedes *Wirkliche* auch *Nothwendig;* aber wieder auch nur sofern es zu *dieser* Zeit an *diesem* Ort ist: denn bloß auf seinen Eintritt in Zeit und Raum erstreckt sich das Gesetz der Kausalität. Verlassen wir nun aber die anschauliche Vorstellung, und gehn über zum Abstrakten Denken; so können wir, in der Reflexion, alle Naturgesetze, sowohl die welche uns schon *apriori*, als die welche uns bloß aus der Erfahrung bekannt sind, uns vorstellen, und diese allgemeine, abstrakte Vorstellung umfaßt alles, was in der Natur, zu *irgend* einer Zeit, an *irgend* einem Ort ist, aber mit Abstraktion von jedem bestimmten Ort und Zeit: und damit eben, durch solche Reflexion, sind wir ins weite Reich der *Möglichkeit* getreten. Was aber sogar auch hier keine Stelle findet, ist das *Unmögliche*. Es ist offenbar daß Möglichkeit und Unmöglichkeit nur für die abstrakte Erkenntniß der Vernunft, nicht für die anschauliche Erkenntniß dasind; obgleich die reinen Formen dieser es sind, welche der Vernunft die reinen Bestimmungen des Möglichen und Unmöglichen an die Hand geben. Je nachdem die Naturgesetze, von denen wir beim Denken des Unmöglichen oder Möglichen ausgehn, *apriori* oder *aposteriori* bekannt sind, ist die Möglichkeit oder Unmöglichkeit eine metaphysische oder nur physische: *(exemplis illustrandum)*.

Nunmehr kehren wir zur Erörterung der oben aufgeworfenen Frage zurück: es war diese: ob [der Satz vom Grund], da er, in allen seinen Gestalten, unabhängig von der Erfahrung, *apriori*, erkannt wird und gewiß ist; auch wohl könne über alle Erfahrung hinaus angewandt werden und uns so einen Leitfaden gäbe, welchem nachgehend, wir mittelst Schlüssen, das erkennen könnten, was nie als Erfahrung gegeben werden kann, aber doch zur Welt der Erfahrung ein dem Satz vom Grund gemäßes Verhältniß hat und demnach jene zu erklären dienen könnte: oder ob umgekehrt, der Saz vom Grund, obwohl er *vor* aller Erfahrung und unabhängig von ihr in unserm Bewußtsein liegt, ja eigentlich die Form unsers erkennenden Bewußtseins ausmacht, dennoch nur in Beziehung auf die Möglichkeit der Erfahrung gilt, nicht weiter, als wohin auch *mögliche* Erfahrung reicht, gültig ist, und uns nicht über diese hinaus leiten kann: in welchem Fall sodann, da alle Erfahrung nur *Erscheinung*, nicht Ding an sich ist, seine Gültigkeit sich bloß auf die Erscheinung erstreckte, er immer nur von einer Erscheinung zur andern leiten könnte, nie aber von ihr weg ins Gebiet des Dinges an sich.

Wir haben den Satz vom Grund erkannt als den gemeinschaftlichen Ausdruck für alle uns *apriori* bewußten Formen unsrer Vorstellungen, welche eben darum bloß ihre Form schon *apriori* dem Subjekt bekannt ist, und sodann auch schon weil sie Vorstellungen sind, *Erscheinungen* sind, nicht Dinge an sich. Ueber diesen Gegensaz zwischen Erscheinungen und Dingen an sich habe ich zwar schon oben bei Erörterung der Apriorität des Raumes und der Zeit Einiges beigebracht: doch will ich hier diesen wichtigen und schwierigen Gegenstand noch einmal und ausführlicher erörtern, einen andern Ausgangspunkt wählend, und zugleich die allmälige Entstehung jenes Gegensatzes andeutend.

Was eigentlich Erscheinung heiße.

Wir wollen zuerst ganz deutlich erörtern, was wir unter *Erscheinung* verstehn im Gegensaz von *Ding an sich*. – Man nennt, im gemeinen Leben, *Erscheinung* die Art wie eine Sache wahrgenommen wird, bloß von einem bestimmten Standpunkt aus, oder mittelst eines bestimmten Mediums; im Gegensaz der Art wie sie außerdem überall wahrgenommen wird und folglich *an sich ist*. So z. B. sagt man, der Regenbogen ist eine bloße Erscheinung: an sich ist weiter nichts da als Regentropfen und Sonnenschein. – Eben so lehrt der Astronom: die Bewegung der Sonne, bloße Erscheinung; daß die Planeten am Himmel bald vor bald rückwärts gehn, bald schnell bald langsam, ist eine bloße Erscheinung, welche entsteht durch die Kombination ihrer Bewegung mit der unsers Standpunkts, der Erde: an sich gehn sie, in festen Bahnen, stets gleichmäßig vorwärts. –

Der philosophisch rohe Mensch, der noch nicht sich auf den Standpunkt philosophischer Reflexion, von dem wir anhuben, gestellt hat, hält nothwendig dafür, daß die Dinge, wie sie ihm in der Erfahrung vorkommen, eben so sie auch *an und für sich sind*, ganz unabhängig von dieser seiner Erfahrung, obwohl diese immer nur ein Vorgang in der Erkenntniß eines erkennenden Wesens ist: z. B. denken wir es stände hier vor uns ein Baum, mit Stamm, Aesten, grünen Blättern, rothen Früchten: der noch philosophisch rohe Mensch, hält diesen Baum (abgesehn von der Art wir solcher ins Daseyn kam) für ein unabhängiges für sich bestehendes Wesen, das auch an und für sich grade das ist, als welches es wahrgenommen wird.

Von dieser Ansicht gieng man zuerst ab durch eine Reflexion die Locke zuerst vollständig ausführte, obgleich sie schon früher theilweise, auch durch Cartesius, angeregt war [hinter »Cartesius« folgte ursprünglich der mit Tinte wieder ausgestrichene Zusatz: und auch Newton …]: ja sogar Demokritos und Epikur schon diese Ansicht hatten. Es ist diese: Die sinnlich wahrnehmbaren Eigenschaften dieses Baumes (oder jedes Dinges) kommen ihm nicht *an sich* zu, sondern nur in Beziehung auf unsre Sinne, und deren specifische Empfänglichkeit: der Geruch seiner Blüthen, ist eine bloße Affektion unsers Geruchnervens, keine Eigenschaft in ihm: der Geschmack seiner Früchte eine bloße Affektion unsers Gaumens; die Farben der Blätter, Blüthen, Früchte, ist eine bloße Empfindung in unserm Auge; eben so ist Härte, Weiche, Glätte, Rauheit nur Affektion unsers Getasts: von allen diesen Eigenschaften, die zusammen unsre Vorstellung des Baums ausmachen, ist, wenn wir die Beziehung des Baumes auf unsre Sinne wegnehmen, in ihm selbst, wie er an sich ist, gar nichts anzutreffen: sie sind gar nichts mehr, sobald die Sinne des sie erkennenden Wesens weggedacht werden: jedoch müssen in ihm die Ursachen liegen, welche jene Affektionen in unsern Sinnen hervorbringen, und diese Ursachen müssen in den Eigenschaften zu finden seyn, welche dem Baum an und für sich zukommen, auch außer seiner Beziehung auf uns, auch wenn es gar keine sinnlich erkennenden Wesen gäbe. Welche wären aber wohl die Eigenschaften des Baums, die er hat, ohne irgend eine Beziehung auf die Empfindung unsrer Sinne die er bewirkt? – Diese nun können keine andern seyn als: Ausdehnung, Solidität oder Undurchdringlichkeit, Gestalt, Ruhe und Bewegung; denn diese Eigenschaften sind in keinem Fall bloße Sinnesempfindungen in uns, vielmehr sind sie rein objektiv. Durch die Verschiedenen Kombinationen dieser Eigenschaften müssen nun alle jene verschiedenen Wirkungen auf unsre Sinne, die wir Farbe, Geruch, Geschmack, Härte, Weiche, Glätte Rauheit u. s. f. nennen, hervorgebracht werden: die genannten Grundeigenschaften nennt Locke deshalb *primäre Qualitäten;* alle übrigen aber, weil sie nur der Effekt jener auf unsre Sinnlichkeit sind, *abgeleitete* oder *sekundäre Eigenschaften*. Diese letzteren sind gar nichts mehr, wenn wir die sinnlich erkennenden Wesen wegdenken: die *primären* hingegen sind an und für sich, es mag erkennende Wesen geben oder nicht. Bei dieser Eintheilung folgt Locke bloß seinem Gefühl: denn er giebt nie deutlich an den Unterscheidungsgrund, woran er eine primäre Eigenschaft als solche erkennt, warum er folglich grade diese und keine andern primären Qualitäten annimmt. Doch hat die Unterscheidung ihren guten Grund: die primären Qualitäten sind Sache der *reinen* Sinnlichkeit und des Verstandes, die sekundären Sache der empirisch afficirten Sinnlichkeit, der durch Empfindung vermittelten Anschauung. Jene primären Eigenschaften waren zum Theil dieselben welche schon die Scholastik die *transcendentalen* Eigenschaften der Dinge genannt hatte. Die Scholastiker erklärten *Transscendental* so, daß darunter verstanden seien diejenigen Eigenschaften der Dinge welche noch allgemeiner seien, als die zehn Kategorien des Aristoteles [Dazu die Notiz: (Die Kategorien des Aristoteles sind zehn: *Substantia, Quantitas, Qualitas, Relatio, ubi, quando, situs, habere, agere* [et] *pati.*)]: also das dessen Allgemeinheit, auch die der Kategorien übersteige. (Nach Bayle.) Nach Locke's Eintheilung trat also schon *Erscheinung* und *Ding an sich* auseinander: das *Ding an sich* bestand aus jenen *primären Qualitäten*, Ausdehnung, Solidität, Gestalt, Ruhe und Bewegung: der *Erscheinung* allein blieben alle noch *übrigen Qualitäten*, die sekundären. Diese Entgegenstellung von Erscheinung und Ding an sich läuft beinahe eben da hinaus, wie manchmal beide auch im gemeinen Leben unterschieden werden: welches ich oben angegeben. – Viel mehr bedeutet jene Lockische Unterscheidung von Ding an sich und Erscheinung auch nicht. Sie beruht bloß darauf, daß unsre Erkenntniß der Dinge durch die Empfindung der Sinne vermittelt ist: was dieser angehört rechnet er zur Erscheinung: dem Ding an sich läßt er alles übrige, führt es aber zurück auf jene *fünf primären Qualitäten: Ausdehnung, Solidität, Figur, Ruhe, Bewegung;* weiter soll im Ding an sich nichts angetroffen werden können. Bemerken Sie nun aber, daß diese *fünf primären Qualitäten* ganz und gar zurücklaufen auf *Raum, Zeit und Kausalität.* (*Illustratio:* Solidität ist Kausalität der Materie auf Materie.) Das Einwirken der Dinge auf uns, durch Kausalität, wurde stillschweigend auch als primäre Eigenschaft des Dinges an sich gesetzt, indem alle Wahrnehmung darauf beruht: was Locke nicht einmal weiter erläutert. – An jener Unterscheidung nun ließ man sich hundert Jahre genügen und philosophirte ihr gemäß. –

Da kam nun der große Kant und zeigte, im Zusammenhang mit jener Betrachtungsweise, zu aller Welt Verwunderung, daß auch jene *primären Eigenschaften* keineswegs dem *Ding an sich* zukommen konnten. Denn er zeigte eben auf die Art, wie ich es Ihnen deutlich gemacht habe, daß Zeit, Raum und Kausalität eben auch nur *unsrer Erkenntnißweise* angehören, daß nämlich wie die Sinnesempfindung das Sinnesorgan voraussetzt, nur in diesem ihr Daseyn hat und außerdem gar nichts ist; eben so Zeit, Raum und Kausalität eine Anlage in uns voraussetzen, durch welche sie allein dasind und außerdem gar nichts sind: er zeigte nämlich daß Zeit, Raum und Kausalität keineswegs vom Ding an sich ausgehend in uns kommen und aufgenommen werden, sondern vor aller Erkenntniß des Dinges als die Bedingung dieser schon in uns liegen, indem wir sie unabhängig von der Erfahrung, ihrer ganzen Gesetzmäßigkeit nach, erkennen und konstruiren können, jede einzelne Erfahrung aber immer solcher Erkenntniß und Konstruktion *apriori* gemäß ausfallen muß; daher sich die Erscheinung der Dinge nach jener unsrer Vorstellungsweise richtet, nicht unsre Vorstellung nach der *Beschaffenheit der Dinge*, welche sie daher nicht, *wie solche an sich seyn mag,* ausdrückt. Daraus folgerte er nun mit Recht, daß auch was an den Dingen der Zeit, dem Raum, der Kausalität angehört, folglich alle jene primären Eigenschaften Lockes, Ausdehnung, Solidität, Gestalt, Ruhe, Bewegung, gar nicht dem *Dinge an sich* zukomme, sondern auch noch bloß *Erscheinung* sei: z. B. am Regenbogen, wäre nach Lockes Betrachtungsart die Farbe und der Bogen Erscheinung, aber die Tropfen und das Licht der Sonne Ding an sich: aber nach Kant, gehört nun auch alles dieses, die runde Gestalt der Tropfen, ja der ganze Raum in dem sie fallen, zur bloßen Erscheinung, auch alles was dabei auf Kausalität zurückläuft, folglich ihre Solidität, Flüssigkeit, das Einwirken des Lichts: u. s. w. – Hatte Locke seine Sekundären Eigenschaften der Sinnlichkeit, also den *körperlichen* Organen zugeschrieben: so nannte nun Kant, die Form unsers Erkenntnißvermögens vermöge welcher Raum und Zeit völlig *apriori* [von] uns konstruirt werden und *apriori* die Nothwendigkeit erkennen lassen, daß alles was uns erscheint in Raum und Zeit erscheinen muß; – die *reine Sinnlichkeit*, weil sie ihren Sitz nicht hat in der Empfindung des Leibes die das Erkennen vermittelt, sondern schon im Erkennen selbst, wie wir dessen allein fähig sind; nicht in der physischen Beschaffenheit unsers Leibes, sondern in der transcendentalen Beschaffenheit unsers Erkenntnißvermögens, dessen Form sie ist. Legte Locke die Art *wie* die Körper auf unsre Sinne wirken der bloßen Erscheinung bei; so zeigte Kant daß sogar das *Wirken* selbst nur der Erscheinung angehöre: indem die Kausalität eine Vorstellungsweise ist, die ursprünglich aus uns selbst hervorgeht, indem sie die Form des Verstandes ist. – So wurde nun alles an den Dingen zur Erscheinung und Kant schloß mit Recht, daß in unsrer gesammten Erfahrung nichts als Erscheinungen vorkommen können, und wir die Dinge, nach dem was sie an sich seyn mögen, gar nicht erkennen. Jedoch ließ er noch überhaupt ein *Ding an sich* als *Objekt* stehn: dessen Einwirkung auf uns im Ganzen die Erscheinung veranlaßte und ihr alle die specifischen Eigenthümlichkeiten gab, die wir nicht *apriori* sondern bloß aus Erfahrung erkennen; er nahm also ein reales *Objekt an sich* außer uns an: dessen nähere Beschaffenheit an sich aber völlig unerkennbar wäre. Er begieng hiebei den Fehler; *daß er dem Dinge an sich,* da es doch überhaupt, wenn auch durch die ihm fremden und nur unsrer Sinnlichkeit eignen Medien von Raum und Zeit, auf uns einwirkte, *doch Kausalität beilegte:* diese aber konnte ihm nicht zukommen da ja *Kausalität* so gut wie Raum und Zeit nur Form unsers Erkennens seyn soll, also nicht schon unabhängig vom Erkennen vorhanden seyn kann, da auch sie *apriori* [wie] Raum und Zeit in uns liegt, und subjektiven Ursprungs ist, also auch nur Eigenschaft der Erscheinung, nicht des Dinges an sich: dieser Fehler wurde bald entdeckt und zog seiner Philosophie heftige Angriffe zu. Kant hätte also nicht sollen das Einwirken dem Ding an sich beilegen, da er das ganze Kausalverhältniß nur der Erscheinung als solcher zuerkannte, dann wäre aber auch das Ding an sich nicht mehr *Objekt* geblieben, und überhaupt hätte sich dann seine Existenz nicht mehr *erschließen* lassen: und in der That ist von dieser Seite aus, nämlich am Leitfaden der Kausalität, die ganz und gar noch zur Erscheinung gehört, gar nicht zu erkennen ob die Erscheinung auch noch sonst etwas an sich ist, oder ob bloße Vorstellung; folglich ob es überhaupt ein Ding an sich gebe oder nicht. Für bloße Vorstellung erklärten wir von Anfang an die gesammte Erscheinung und folglich alle Erfahrung und lassen, auf unserm jetzigen Standpunkt, es ganz dahin gestellt, ob es überhaupt ein Ding an sich gebe. Ich bin nämlich noch einen Schritt weiter gegangen als Kant, indem ich auch schon das bloße Objektseyn, das Vorgestelltwerden, der Erscheinung zuerkenne und dem Ding an sich abspreche. Diesen Schritt hatte aber schon zu Lokkes Zeiten Berkeley gethan, jedoch kein Gehör gefunden. [Dazu am Rand: (*NB*. Dies muß in der Dianoiologie anders modifizirt werden und hier das Wesentliche kommen von dem Anfang der Philosophie überhaupt) [S.o., Cap. 1, »Vom Objekt und Subjekt«]] Es war der Ausgangspunkt unsrer ganzen Betrachtung, daß alle Objekte, jeder Art, ihre Existenz bloß in Beziehung auf das Subjekt haben, daß sie, als Objekte, schlechthin und durch und durch bloße Vorstellungen sind und als solche bedingt durch das Vorstellende, folglich verschwinden und nichts mehr sind, sobald man das Vorstellende wegnimmt, ihr Daseyn also nothwendig bedingt ist, durch das Subjekt in dessen Vorstellung ihre ganze Existenz liegt. Uns sind also die empirisch gegebenen Objekte in dreifachem Sinn zur Erscheinung geworden: 1. in Lokke's Sinn sofern die physischen Qualitäten der Körper, bloß beziehungsweise auf die Sinnesorgane existiren, durch diese bedingt; 2. in Kants Sinn sofern die metaphysischen Eigenschaften, Raum, Zeit, Kausalität und was davon abhängt bloß beziehungsweise auf die Formen des Erkenntnißvermögens, dasind, durch diese bedingt; 3. in Berkeley's Sinn sofern das ganze Objekt schon als solches bloß beziehungsweise auf das Subjekt existirt, d. h. bloße Vorstellung des Vorstellenden ist. Giebt es etwa ein Ding an sich; d. h. ist die Erscheinung, außer dem daß sie Erscheinung d. i. Vorstellung ist, noch etwas Anderes; so ist folglich dieses Andre 1. frei von allen den physischen Qualitäten der Dinge, welche unsre Sinne empfinden und die Locke für bloße Erscheinung erkannte: 2. ferner frei von Raum und Zeit und Kausalität nebst allem was durch diese allein Bestand hat, da Kant dieses als bloß der Erscheinung angehörig nachgewiesen hat: – 3. auch frei vom Objektseyn, vom Vorgestelltwerden, vom Existiren in der Vorstellung eines Andern, des Subjekts, welches seine Existenz bedingt und zur bloß relativen macht, die zu nichts wird sobald das Korrelat wegfällt, welches Berkeley zuerst nachwies und nicht zu widerlegen ist. Alle Erfahrung *also liegt gänzlich in der Erscheinung*. Die oberste, d. h. allgemeinste Form aller Erscheinung ist das Vorstellungseyn, das Auseinandertreten in Objekt und Subjekt, die sich gegenseitig bedingen: dieser obersten Form untergeordnet sind die allgemeinen Formen des Objekts oder Erkenntnißweisen des Subjekts (welches Eins), welche als Grundgewebe aller Erfahrung oder Erscheinung, daher als Bedingung ihrer Möglichkeit die reine Gränze zwischen Objekt und Subjekt machend, sowohl vom Subjekt allein als vom Objekt ausgehend erkannt und völlig konstruirt werden können: sie sind objektiv ausgedrückt, Raum, Zeit und Kausalität, subjektiv ausgedrückt, reine Sinnlichkeit und Verstand. Drittens, ist endlich unsre Erkenntniß bedingt durch das unmittelbare Objekt dessen Affektionen die Data geben zur Anschauung ihrer Ursachen als Objekte im Raum: unmittelbar sind uns also nur diese Affektionen als specifische Empfindungen des Leibes gegeben. So betrachtet, auf dem Standpunkt der anschaulichen Erkenntnis allein, ist uns also auch der eigene Leib eine bloße Vorstellung. Nun fanden wir außerdem, daß jene *a priori* erkennbaren Formen des anschaulichen Objekts, Raum, Zeit, Kausalität, zusammt der allgemeinen Form des abstrakten bloß gedachten Objekts, des Begriffs, einen gemeinschaftlichen Ausdruck haben im *Saz vom Grund*, welcher eben auch nur besagt, daß alles was in diesen Formen erscheint, nur ein Relatives Daseyn hat, in nothwendiger Dependenz steht von einem Andern Objekt, welches selbst auch nur eben so da ist und das ins Unendliche: dies Gesez der Dependenz fanden wir durchgehend durch Raum und Zeit und Kausalität und abstrakte Erkenntniß in Begriffen. Daher ist der Saz vom Grund der allgemeine Ausdruck der Form aller Erscheinung oder alles Objekts für das Subjekt. Er geht, in seinen verschiedenen Gestalten, durch die verschiedenen Klassen der Objekte durch, als ein Faden an dem sich die Erscheinungen reihen und der sie verbindet.

Ueber den transscendenten Gebrauch des Satzes vom Grunde.

Nun entsteht aber unsre obige Frage, ob dieser Leitfaden wohl je die Erscheinung mit dem verbinden könne was nicht mehr Erscheinung sondern Ding an sich ist, und somit über alle Erfahrung hinaus in das Gebiet der Dinge an sich leiten könne? Wenn Sie mich in dem bisherigen wohl gefaßt haben, wird es Ihnen leicht seyn einzusehn, daß diese Frage sehr bestimmt zu verneinen ist. Diese Verneinung aber unterscheidet die Kantische und jede im Kantischen Geiste gedachte Philosophie von aller frühern (mit Untersuchung ob es Ausnahmen gebe, will ich mich nicht aufhalten); alle Vor-Kantische Philosophie gieng nämlich dem Saz vom Grunde nach, ja definirte sich als die Wissenschaft der letzten Gründe der Dinge: d. h. der Gründe, welche nicht wieder Folgen wären, eine Annahme die der Satz vom Grund gar nicht zuläßt: was ihm einerseits unterworfen ist, als Grund; muß es auch andrerseits seyn als Folge. Letzte Gründe sind eine unzulässige Annahme. –

Der Satz vom Grund ist, wie ich nun als hinlänglich erwiesen annehmen darf, nichts weiter als die von uns anticipirte Form aller Erscheinung: oder anticipirte Möglichkeit der Erfahrung: wir wissen ihm zu Folge, daß jedes Objekt zu einem andern eine bestimmte Relation haben muß, welche anders in [der] Zeit, anders im Raum, anders an der Materie als Kausalität erscheinend, immer im Saz vom Grund allgemein ausgedrückt wird. Immer aber ist solche *apriori* erkannte und daher *aposteriori* stets unfehlbar bestätigte *Verbindung* nur zwischen *Objekten*, d. h. zwischen Erscheinungen: Objekte als solche sind überhaupt etwas nur unter Voraussetzung des Subjekts: welche Voraussetzung also die *Form* jener Objekte so gut trifft als die Objekte selbst, ja um so mehr, als das Subjekt diese Form schon vor allen Objekten als die Bedingung ihrer Möglichkeit erkennt. [Hier sollte ein Zusatz sich anschließen, der aber nicht vollendet, vielmehr sogleich mit Tinte wieder ausgestrichen wurde: und die Erkenntniß der Form unabhängig und gesondert von der Erkenntniß der Objekte eintritt, dennoch aber alle Bedeutung nur in Beziehung auf d …] Wie sollte nun je aus diesem Leitfaden, der das Band der Objekte unter einander ist ein Uebergang sich machen lassen zu dem was nicht Erscheinung, also auch nicht Objekt, sondern ein Ding an sich ist? Also, vermöge der Apriorität unsers Bewußtseins aller Gestalten des Sazes des Grundes, kennen wir zwar vor aller Erfahrung die Form derselben, die nothwendige Verbindung ihrer Bestandtheile; ja wir können sogar das Bewußtsein der Form, als des *apriori* Erkannten, sondern vom Bewußtsein der Objekte als des *aposteriori* Erkannten; dennoch aber hat diese Form ihre Bedeutung ganz allein in und an den *Objekten*, tritt auch ursprünglich mit diesen zugleich ein, und hat Sinn nur in Beziehung auf mögliche Objekte. Körper sind zwar nur in Raum und Zeit denkbar; aber auch Raum und Zeit nur als Formen in denen Körper erscheinen sollen, die Form ihrer Möglichkeit: Materie ist nur als Kausalität vorstellbar, ist selbst nichts anderes; aber eben darum ist auch Kausalität nur als Materie denkbar. Daher kann die ganze Kenntniß *apriori* bloß dienen die Möglichkeit der Erfahrung d. i. der Erscheinungen *anticipirend* zu beurtheilen, nicht aber die Erfahrung zu verlassen und an jenem Leitfaden zu dem zu gelangen, was gar nicht zur Erfahrung gehört, also nicht zur Welt gehört, sondern ein Ding an sich wäre. Ferner gilt unsre apodiktische und apriorische Erkenntniß des Satzes vom Grund von jedem möglichen Objekt sowohl *a parte ante* als *a parte post* [sowohl von seiten des Vorher als auch von seiten des Nachher]; d. h. sofern es selbst Folge ist, eben so gut als sofern es Grund ist: folglich, wenn uns der Satz vom Grund auf irgend ein Objekt sofern es *Grund* eines gegebenen ist hinleitet; so leidet dann dieser nämliche Saz wieder auch nicht daß wir bei jenem Objekte sofern es *Grund* ist, stehn bleiben, sondern zwingt uns es auch selbst wieder als *Folge* eines andern zu betrachten und nach seinem *Grunde* zu fragen, also im Regressus weiter aufwärts zu gehn, und nirgends wird uns ein Stillstand vergönnt, sondern die Reihen sind endlos. Dies ist offenbar in Zeit und Raum: jeder Zeitpunkt giebt nothwendig Anweisung auf einen frühern, seinen Seynsgrund, keiner darf der erste gewesen seyn, und das geht schlechthin ins Unendliche. Die Zeit hat keinen Anfang, sondern aller Anfang ist in ihr. Eben so hat der Raum keine Grenze, sondern alle Grenzen sind in ihm. Jeder genommene Theil des Raumes ist durch einen andern begränzt, und so ins Unendliche, der Raum muß nach allen Seiten unendlich seyn, das Gegentheil ist schlechthin unvorstellbar: und soll nun die Welt nicht als eine endliche Größe in einer unendlichen, dem Raum, unendlich klein gegen diese gedacht werden; so können wir auch keine Gränzen der Welt im Raum annehmen. Endlich die Reihe der Ursachen füllt Zeit und Raum: an ihrem Leitfaden können wir einen Regressus vornehmen, der aber eben so unendlich seyn muß, als Zeit und Raum selbst: kein Anfang kann der erste gewesen seyn, sondern seinen Eintritt in einem gewissen Zeitpunkt muß etwas andres bestimmt haben; so immerfort; nimmer mehr dürfen wir bei einer ersten Ursache stehn bleiben: sie ist so undenkbar, als die Gränzen des Raumes oder der Zeit selbst. Jeder Veränderung muß eine andre vorhergegangen seyn, die sie herbeiführte, sonst hätte es zur ersten nie kommen können: einer mit Erscheinungen erfüllten Zeit, kann keine leere vorangegangen seyn: das Entstehn der Materie zu denken, ist unserm Erkenntnißvermögen, dessen Form der Saz vom Grund ist, *so unmöglich als einen Widerspruch zu denken:* denn die Form der Kausalität, welche sich nur auf Zustände der Materie, gar nicht auf die Materie selbst bezieht, hilft uns hiezu nicht im mindesten, ist hier nicht anwendbar: wir können daher so wenig das Entstehn als das Vergehn der Materie denken: daher setzten alle alten Philosophen die Materie als von jeher dagewesen, und als anfangslos, so gut als Raum und Zeit; denn das alles zwingt der Saz vom Grunde, der die Form alles Erkennens ist. Also vor einer erfüllten Zeit kann nie eine leere Zeit gedacht werden. Einen ersten Zustand aber der Materie zu denken, ist eben so unmöglich: denn wie hätte dieser sich je verändern können um [einen] zweiten herbeizuführen? war er von je, so mußte er auf immer bleiben, und es konnte zu keiner Veränderung und Bewegung in der Welt kommen: denn jede Veränderung kann nur eintreten als Folge einer andern, folglich kann auch keine Veränderung die erste seyn, und ebendeswegen kann auch kein Zustand der Materie der erste gewesen seyn. Also ist die Reihe von Veränderungen aufwärts schlechthin unendlich: daß sie *in* einen absoluten Stillstand ende, ist wenigstens denkbar, da zwei entgegengesetzte Bewegungen sich aufheben: daß sie aber *von* einem absoluten Stillstand ausgegangen, ist ganz undenkbar.

Also *innerhalb der Welt*, oder innerhalb der überhaupt möglichen Erfahrung dürfen wir keinen ersten Anfang statuiren; sondern die Welt ist in jeder Beziehung unendlich. –

1) Die bloße Zeit unendlich.
2) Der bloße Raum [unendlich].
3) Die Materie *der Zeit* nach unendlich, wie gezeigt.
4) Die Materie dem Raum nach unendlich, weil sonst die Welt gegen den unendlichen Raum unendlich klein wird.
5) Keine erste Ursache in der Welt, und kein erster Zustand der Materie.

Kein erster Zustand der Materie: denn wäre er der erste; so wäre sein Uebergang in den zweiten die erste Veränderung: die ist aber unmöglich: denn sie muß eine Ursache haben, die nicht immer dagewesen, sondern erst eingetreten. Dieser Eintritt zu bestimmter Zeit muß aber eine Ursache haben; und diese muß irgend eine vorhergängige Veränderung seyn: diese wäre dann die erste Veränderung; und dasselbe läßt sich von Neuem sagen, und so immerfort. Also kein erster Zustand der Materie und kein Anfang der Kausalreihe in der Welt.

Wir müssen also am Leitfaden des Satzes vom Grund eine nach allen Seiten und in allen Beziehungen unendliche Welt annehmen. Unsrer Vernunft ist freilich ein solcher unendlicher Regressus sehr beschwerlich: eben weil sie einem Individuo angehört, einem Wesen, das Anfang und Ende hat, möchte sie immer behaupten daß auch die Welt Anfang und Ende haben müßte: allein wir können dies nicht einmal *denken:* wo wir eine Grenze der Welt setzen möchten werden wir weiter gewiesen. Endlichkeit der Welt ist eine Annahme, welche unsrer Einsicht *apriori* gradezu widerspricht. Das Gegentheil aber, die Unendlichkeit der Welt ist nicht auf diese Weise der Vernunft widersprechend, sondern bloß die Ausführung davon übersteigt ihre Kräfte: es muß angenommen werden.

Wir müssen dabei uns beruhigen mit der Einsicht, daß eben die erkennbare Welt *bloße Erscheinung* ist, nicht Ding an sich. Daß sie ihr Daseyn, als solche, bloß hat in unsrer Erkenntniß, und in Beziehung auf unsre Erkenntnißkräfte, gar nicht außer denselben: bloß eine *Vorstellung* des Dinges an sich ist, wie solche möglich ist in den Formen die unserm Erkenntnißvermögen eigen sind.

Um diese Unendlichkeit einer bloßen Erscheinungswelt in Beziehung auf unser eignes Daseyn und dessen Endlichkeit uns faßlich zu machen, können wir uns an den *Traum* erinnern. Wenn wir träumen finden wir uns begriffen in einer Verkettung von Begebenheiten, die nach dem Kausalgesetze mit einander zusammenhängen, sonach jede derselben sichere Anweisung giebt auf eine ihr vorhergegangne; grade wie in der Wirklichkeit. Daher wären wir, grade wie in der Wirklichkeit, auch im Traum berechtigt zurückzuschließen von Ursach zu Ursach auf einen ersten Anfang der Reihe der Traumbegebenheiten. Dennoch ist gewiß, daß ein solcher nie anzutreffen wäre: der Traum hat *ex abrupto* [unvermittelt] angefangen und uns gleich *in medias res* [mitten in die Dinge hinein] versetzt; er zeigt aber auch nach allen Seiten Zusammenhang mit unendlichen Reihen. – Eben so ist es mit der Welt der Wirklichkeit: die unendlichen Reihen die sie nach allen Seiten zeigt sind da, aber nur sofern man sie wirklich durchmißt: nicht vor dem Regressus, sondern im Regressus. Und der ganze Regressus durch diese Reihen am Leitfaden des Satzes vom Grund gehört mit *zur Erscheinung*.

Dies alles wissen wir unfehlbar und *apriori* vermöge des Satzes vom Grund, welcher uns die Möglichkeit der Erfahrung anticipiren läßt, da er die Form dieser ist: eben darum aber kann er nicht die Erfahrung überfliegen und von Dingen an sich gelten. Denn alles hier Gesagte gilt von bloßen Erscheinungen, d. h. von *Vorstellungen*, und zwar in jenen Formen, deren Ausdruck der Satz vom Grund ist, welche allein aber auch das ganze Gebiet der Erfahrung ausmachen: sie sind bloß relativ da, für ein Subjekt, und zwar noch überdies für eines dessen Erkenntniß an diese bestimmten Formen gebunden ist, die eben sein Erkenntnißvermögen, seine reine Sinnlichkeit, seinen Verstand ausmachen. So wenig als wir *in der Welt* Grenzen, erste Anfänge, und erste Ursachen annehmen dürfen; so wenig dürfen wir [daher] der *Welt eine Ursach beilegen die nicht mit zur Welt gehörte*, eine *außenweltliche Ursache* der Welt. Denn nie dürfen wir die Bestimmungen, die jener Saz, etwa als Gesetz der Kausalität, an die Hand giebt, nehmen, um damit die Erfahrung und ihre Möglichkeit in deren Gebiet er allein gilt, zu überspringen und von Dingen an sich zu reden, die nicht mehr Vorstellungen, Objekte für ein Subjekt, sind, und nun etwa nach einem Grunde der gesammten Erfahrung zu fragen, nach einem Grunde der Welt überhaupt, außer der Welt. Erstlich ist *Grund* überhaupt, ein bloßer abstrakter Begriff, abgezogen von den allein möglichen vier Arten von Gründen, die jeder die Form einer Klasse von Vorstellungen, Objekten des Subjekts, ausmachen: Grund überhaupt ist also [ein] unbestimmtes *abstractum*, bloß [ein] Begriff der Vernunft, an sich sonst nichts: also müßte man eine bestimmte Art von Gründen nehmen: also etwa Ursache: aber Ursachen giebt es bloß in der Klasse von Anschaulichen vollständigen Vorstellungen, Objekten der Erfahrung: Ursachen setzen also diese, mithin reale Objekte, mithin Raum, und Zeit, mithin das Subjekt dessen Vorstellung das alles ist, und dessen Vorstellungsform das Gesez der Kausalität so gut als jede Gestalt des Sazes vom Grund ist, voraus; setzen also schon die ganze Welt voraus, gehören mit zu dieser Welt, indem sie ja nur die Form der Vorstellungen sind, die eben die Welt als Vorstellung ist: folglich verliert die Frage nach einer Ursach der Welt allen Sinn und Bedeutung: denn sie setzt schon voraus was sie erst folgern will, eben die Welt. Hierauf beruht Kants Kritik aller spekulativen Theologie: nachdem er die Unmöglichkeit derselben dargethan, und ihr Hauptargument, das kosmologische, umgestoßen, sogut als das physikotheologische und ontologische. (Allenfalls kurze Darstellung des ontologischen und physikotheologischen Arguments.) Aber das kosmologische hat sich *incognito* eingeschlichen als intellektuelle Anschauung des Absolutums. In der Welt geschieht alles nach Ursachen, aber eine Ursache der Welt kann nicht gedacht werden, weil das Ursachseyn schon mit zur Welt gehört. Jedoch kommt die Vernunft sehr leicht zu diesem Paralogismus einer Ursache der Welt überhaupt, die, wenn persönlich gedacht, Weltschöpfer heißt. Dies geschieht durch das Operiren mit abstrakten Begriffen, bei gänzlichem Verlassen der anschaulichen Erkenntniß daraus sie entsprungen. Ist einmal aus dem, was *in* der Welt geschieht, der Begriff der Ursach abstrahirt; so wird er nachher auf das Ganze der Welt angewandt. Man macht den berühmten Schluß der Wolfischen Schule: »Wenn etwas existirt, so muß auch ein schlechthin nothwendiges Wesen (als letzte Ursache) existiren: Nun existirt die Welt, oder wenigstens Ich selbst: Also – –«. Dies ist der kosmologische Beweis des Daseyns Gottes: den Kant vernichtet hat. Das Falsche desselben beruht nach Kant auf folgenden Punkten (alles immer in Kant's Namen): 1) Es wird von Wirkung auf Ursach geschlossen. Dies Verhältniß gehört aber bloß zu der Art und Weise wie die Welt als unsre Vorstellung da ist. Es liegt in der Form unsers Vorstellens. Es gilt daher bloß von der Erscheinung, nicht vom Wesen der Dinge an sich. Dies Verhältniß verliert Sinn und Bedeutung sobald wir das Gebiet der Erfahrung, d. h. die Erscheinung verlassen. Es kann nicht dienen uns über die Erfahrung und ihre Möglichkeit hinauszuleiten. 2) Die Kette der Ursachen wird fortgeleitet bis zu einer allerersten Ursache; deren Unmöglichkeit eben das Gesetz der Kausalität unwiderruflich darthut, dessen man sich eben hier bedient. Die Annahme einer allerersten Ursache die selbst keine Ursache weiter hätte, ist nicht einmal im Gebiet der Erfahrung zulässig, viel weniger über dasselbe hinaus, als wohin das Gesetz der Kausalität überhaupt gar nicht reicht. 3) Es wird ein schlechthin Nothwendiges Wesen angenommen: welcher Begriff sich widerspricht. Denn Nothwendigkeit ist eben nur die Unausbleiblichkeit der Folge bei gesetztem Grunde. Wir können etwas als Nothwendig nur denken, sofern wir es als durch seinen Grund unausbleiblich herbeigeführt denken: nun soll aber das nothwendige Wesen grade gar keinen Grund oder Ursach haben; wodurch der Begriff desselben sich aufhebt: Nothwendigkeit wird postulirt; und zugleich wird die einzige Art, wie Nothwendigkeit denkbar ist, aufgehoben. – Daher, sagt Kant, kommt es, daß wenn die Vernunft durch ihre Schlüsse zu diesem Gedanken vom nothwendigen Wesen, das Ursache der Welt ist, gelangt ist, sie vor einem Abgrund steht, vor dem sie schwindelt, indem sie, sagt Kant, den Gedanken nicht ertragen kann, es wäre ein Wesen da, das zu sich selber sagte: Ich bin von Ewigkeit zu Ewigkeit und außer mir ist nichts als was ich bewirkt habe: aber woher bin ich denn? – Dieselbe Form der Kausalität durch welche die Vernunft zu diesem Gedanken gelangt ist, zwingt sie ihn wieder aufzugeben: sie muß ihr eignes Gebäude zertrümmern. Das ist Kritik der Vernunft! das ist der Alleszermalmer!

Unter allen Gestalten des Satzes vom Grund ist zwar eine deren Reihen nicht, wie die aller andern, *in infinitum* gehn; es ist die Reihe der Erkenntnißgründe. Wenn auch Begriffe und Urtheile ihren Erkenntnißgrund wieder in andern haben; so endigt solche Reihe doch immer zuletzt in einer anschaulichen Vorstellung. Diese fordert nun zwar nicht wieder [einen] Grund des Erkennens, ist aber damit doch nicht der Gewalt des Satzes vom Grund überhaupt entzogen, sondern bloß in andrer Gestalt setzt er seine Forderung fort: vom anschaulich erkannten Objekt wird nun, wenn es bloß ein Theil der Zeit und des Raumes ist, ein Grund des Seyns, oder wenn es [ein] reales Objekt ist eine Ursache gefragt: also die Kette der Gründe des Erkennens geht über in die Kette der Gründe des Seyns oder des Werdens. Diese nun ist, wie gezeigt, allemal schlechthin unendlich. – An dieser Kette selbst aber, die ich Ihnen schon vorgeführt, gelangen wir nie über die Möglichkeit der Erfahrung hinaus, nie über die Erscheinung, die Vorstellung, d. h. über das erstlich durch das Subjekt und zweitens durch die Formen seiner möglichen Erkenntniß Bedingte, hinaus. Dieser Regressus von Folge zu Grund und von diesem stets zum neuen Grund gehört selbst schon mit zu den Erscheinungen, führt also nur zur empirischen Erkenntniß, d. h. zur Erkenntniß der Erscheinungen, stets von einer zu einer andern, wodurch man dem innern Wesen der Dinge, dem Ding an sich, das nicht durch das Subjekt und die Formen der Erkenntniß desselben bedingt ist, sondern unbedingt existirt, um keinen Schritt näher kommt. Die Philosophie also, die am Leitfaden des Satzes vom Grund fortschreitet, und hofft so zuletzt zum innern Wesen der Dinge, zum Kern der Welt, zum Ding an sich, zu gelangen, gleicht dem Eichhörnchen im Rade, das immer vorwärts schreitet und doch an derselben Stelle bleibt: dahin gehört aber alle Philosophie, die statt die Welt selbst zu erforschen, statt zu fragen Was die Welt sei; nach dem Grunde der Welt forscht und frägt Wie sie geworden oder wozu sie dasei: welche Fragen, unsrer ganzen bisherigen Auseinandersetzung zufolge, zwar von allen Dingen *in* der Welt gültig sind, aber auf das ganze der Welt übertragen, keine Bedeutung mehr haben: eben weil sie sich auf Erkenntnißformen stützen, die schon die Welt voraussetzen, oder vielmehr die Welt ausmachen. Zuletzt: *summa summarum*. Der Satz vom Grund in allen seinen Gestalten ist zu immanentem, nicht zu transscendentem Gebrauch: d. h. er hat völlige unbedingte Gültigkeit für alle Erfahrung, und alles bei richtigem Verfahren, als ihm gemäß in der Erfahrung anzutreffen Erschlossene ist gewiß wirklich: aber über die Erfahrung hinaus verliert er alle Bedeutung und Sinn, und da er die Erfahrung überhaupt voraussetzt, darf man nicht die gesammte Erfahrung zusammengefaßt als ein Glied seiner Verbindung, die Folge, gebrauchen, und dann auf das andre Glied, den Grund, schließen. –

Eben so wenig als der Saz vom Grund, da er nur die Form der Erscheinung ist, dienen kann, um den Uebergang von der Erscheinung zum Ding an sich zu bewerkstelligen oder das Ganze der Erscheinung zu erklären: eben so wenig kann er dienen die ihm vorhergängige, ihm übergeordnete, ihn bedingende Form aller Erscheinung zu erklären oder zu erläutern, die Form des Zerfallens aller Vorstellung in Subjekt und Objekt: also das Verhältniß zwischen Subjekt und Objekt zu bestimmen.

Vom Verhältniß zwischen Subjekt und Objekt: demnach über Idealismus, Realismus, Materialismus.

Wenn Sie das Ganze meines Vortrags über den Saz vom Grund gefaßt haben; so wird es Ihnen klar geworden seyn, daß das, was der Saz vom Grund bezeichnet, die wesentliche Form alles Objekts als solchen, welcher Art es auch immer seyn mag, ist, d. h. die allgemeine Art und Weise des Objektseyns überhaupt, das also, was dem Objekt als solchem zukommt. Nun aber unterliegt das Objekt als solches schon einer frühern und noch nähern Voraussetzung, der des Subjekts, dessen Vorstellung es immer und in alle Ewigkeit bleibt, welches daher sein unumgängliches Korrelat ist: auf dieses Korrelat kann sich daher der Saz vom Grund, die Form des Objekts als solchen nicht erstrecken, kann es nicht mit einschließen und ein Verhältniß von Grund und Folge zwischen Objekt und Subjekt setzen: denn jene Form des Objekts, der Saz vom Grund, setzt ja schon das Subjekt voraus. Der Saz vom Grund kann, als bloße Form des Objekts, nicht ohne das Objekt, vor und außer demselben daseyn, und so etwa das Objekt als Folge des Subjekts erst entstehn lassen (welches, wie wir gleich sehn werden, der Idealismus ist), noch auch kann das Objekt ohne Subjekt daseyn und erst mittelst seiner Form, dem Saz vom Grund, das Subjekt herbeiführen (Realismus): denn ein Objekt ohne Subjekt ist nicht nur unmöglich, sondern auch undenkbar. Andrerseits erinnern Sie sich daß das was der Saz vom Grund ausdrückt und bezeichnet, obzwar es die Form des Objekts ist, doch auch *apriori* erkannt, d. h. im Bewußtseyn des Subjekts gefunden wird, ja die Form seines Erkennens ausmacht eben indem es sich auf alles Objekt bezieht: wie sollte nun aber das Subjekt erst Subjekt seyn, d. h. ein Objekt haben, gemäß einem Verhältniß, das bloß vermöge seiner eignen Erkenntnißform da ist, bloß in seiner Erkenntnißform existirt und daher nur von Erscheinungen gilt? Also ist zwischen Subjekt und Objekt eben so wenig [ein] Verhältniß von Grund und Folge, als solches ist zwischen der Erscheinung und dem Ding an sich, falls etwa ein solches anzunehmen wäre. Ich will dies alles noch durch Betrachtung des Idealismus und Realismus ausführlich erläutern.

Das Erste wovon unsre ganze Betrachtung ausgieng war eben die nothwendige Beziehung zwischen Objekt und Subjekt, vermöge welcher alles Objekt stets Vorstellung eines Subjekts ist und bleibt; und umgekehrt alles Subjekt es nur ist dadurch daß es Objekte hat, d. h. vorstellt. Diese Relation zwischen Objekt und Subjekt ist eine so nothwendige, daß wenn man sie aufhebt man auch beide Korrelata aufgehoben hat, da sie nur durch und in dieser Beziehung etwas sind, und außer ihr gar nicht einmal denkbar sind. Aber ein Gesetz erkennen, durch welches diese Beziehung entstände und dem zufolge sie erst da wäre, das ist ganz unmöglich, weil alle Erkenntniß doch immer auf Objekte, auf ein Erkanntes geht; dieses aber immer schon das Subjekt, also auch jene Beziehung voraussetzt, daher sie nicht weiter erklärt werden kann, ja *Erklärung* in Bezug auf sie gar keine Bedeutung mehr hat: denn, wie oben gesagt, erklären heißt etwas auf das durch den Saz vom Grund in einer seiner Gestalten gesetzte Verhältniß zurückführen. – Daher kann nichts Verkehrter seyn, als das Verhältniß zwischen Objekt und Subjekt gemäß dem Saz vom Grund erklären zu wollen, da der Saz vom Grund das Objekt, dies aber das Subjekt schon voraussetzt. Und dennoch ist dies eigentlich der Fehler aller bisherigen Philosophen gewesen. Statt den Saz vom Grund für die wesentliche Form des Objekts, die deshalb auch vom Korrelat desselben, dem Subjekt anticipirt, d. h. *apriori* erkannt wird, zu erkennen; hielten sie ihn für eine *aeterna veritas* [ewige Wahrheit], die vor allen Dingen wäre, und derzufolge erst alles was da ist, seyn kann, als ein Folgesaz, ein Corrolarium aus ihm, also sowohl Gott als die Welt, also auch Subjekt und Objekt. – Sie setzten demgemäß entweder das Objekt als Ursach der Vorstellung im Subjekt: Realismus; oder umgekehrt das Subjekt als Ursach seines Objekts: Idealismus:

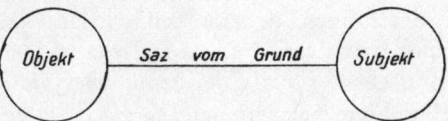

(*Objekt*) —— Saz vom Grund —— (*Subjekt*)

Der Streit twischen Idealismus und Realismus, ist also bloß über den Ausgangspunkt: aber beide haben Unrecht; denn das Verhältniß ist so darzustellen:

```
        Saz    vom    Grund
              Objekt
             Subjekt
```

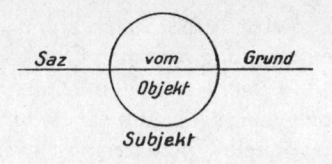

Als ich bei der Darstellung der Art wie durch und für den Verstand die Anschauung entsteht, Ihnen auseinandersetzte, wie von der Wirkung die der Leib erfährt der Verstand übergeht auf die Ursache die eben dadurch zum angeschauten Objekt wird; da erinnerte ich Sie zugleich, nicht dieses Kausalverhältniß zu denken zwischen Objekt und Subjekt, sondern zwischen lauter Objekten, von denen aber die belebten thierischen Leiber unmittelbare Objekte sind, deren unmittelbar wahrgenommene, d. h. unter der Form von Vorstellungen des Subjekts entstehende Affektionen, die Ausgangspunkte der verständigen Anschauung werden, die Data aus denen der Verstand die Anschauung schafft. Darum ist uns, auf dem Standpunkt auf dem wir bis jetzt stehn, wie die Welt überhaupt, so auch der eigne Leib eines Jeden bloße *Vorstellung*, und weiter nichts, gleich allen andern Vorstellungen, Objekt unter Objekten und den Gesetzen der Objekte, also dem Wirken und Leiden unterworfen. Der Satz vom Grund und also auch seine Gestalt als Gesetz der Kausalität gilt immer nur von Objekten, und Objekte sind bloße Vorstellungen des Subjekts, welches sie daher schon voraussetzen: daher es immer außerhalb jener Form des Objekts, dem Saz vom Grund liegt, als das rein Erkennende nie Erkannte, das nicht wirkt und auf welches auch nicht gewirkt wird.

Jene falsche Voraussetzung [Daneben am Rand mit Bleistift: Hier zu benutzen Kants [Kritik der reinen Vernunft] Erstes Hauptstück des 2. Buchs der transcendentalen Dialektik, erste Ausgabe] eines Kausalverhältnisses zwischen Objekt und Subjekt ist es nun eben, auf der der *Streit über die Realität der Außenwelt* beruht, in welchem sich *Dogmatismus* und *Skeptizismus* gegenüberstehn, und der Dogmatismus bald als *Realismus* bald als *Idealismus* auftritt. Zuerst muß ich bemerken, daß nach einer sehr alten, schon von Sextus Empiricus aufgestellten und ganz passenden Unterscheidung alle Philosophie in Dogmatismus und Skepticismus sich eintheilen läßt.

Alle Philosophie nämlich die über das Ding an sich, oder das eigentliche Wesen der Welt, wie es außer aller Relation (etwa zum Erkennenden) ist, etwas zu wissen behauptet, ist *Dogmatismus*. *Skeptizismus* aber ist ihre Gegnerin, welche behauptet, daß jenes vermeinte Wissen falsch und überhaupt ein Wissen der Art unmöglich sei. Nun war der bisherige *Dogmatismus* entweder *Realismus* oder *Idealismus*. Der *Realismus* setzt ein Objekt als Ursach der Vorstellung, welche seine Wirkung ist und im Subjekt liegt, von der also auf eine Ursach geschlossen wird (welche Ursach das Objekt ist), die zwar von ihrer Wirkung, der Vorstellung verschieden, aber ihr ganz entsprechend, ein reales Ding an sich, ist, welches eben das Objekt selbst ist. – Dagegen der *Idealismus* macht umgekehrt das Subjekt zur Ursache des Objekts, welches seine von ihm hervorgebrachte Wirkung ist. Davon noch weiterhin. Weil nun aber, wie gezeigt, zwischen Objekt und Subjekt gar kein Verhältniß gemäß dem Satz vom Grund ist; so konnte auch weder die realistische noch die idealistische Behauptung je erwiesen werden; und der Skeptizismus machte auf beide siegreiche Angriffe. Auf diesem Gegensatz zwischen Realismus und Idealismus beruhte nun eben der *Streit über die Realität der Außenwelt*, und weil er geführt wurde unter der von beiden Theilen gemachten *falschen Voraussetzung* daß der Satz vom Grund sich auch auf das Subjekt und sein Verhältniß zum Objekt erstreckt; so konnte er, von einem Misverständniß ausgehend, nie entschieden werden, ja sogar nie sich selbst recht verstehn: Einerseits nämlich will der realistische Dogmatismus, die Vorstellung als Wirkung des Objekts betrachtend, diese beiden, Vorstellung und Objekt, die eben Eins sind, trennen und eine von der Vorstellung ganz verschiedene Ursache derselben erkennen, ein *Objekt an sich*, unabhängig vom Subjekt, etwas völlig Undenkbares: denn eben schon als Objekt setzt es immer wieder das Subjekt voraus und bleibt daher immer nur dessen Vorstellung. Ihm stellt nun der Skeptizismus, unter derselben falschen Voraussetzung entgegen, daß man in der Vorstellung immer nur die Wirkung habe, nie die Ursache, also nie das *Seyn*, immer nur das *Wirken* der Objekte erkenne: dieses Seyn aber mit dem Wirken vielleicht gar keine Aehnlichkeit haben möchte, ja wohl gar überhaupt ganz fälschlich angenommen würde, da das Gesez der Kausalität erst aus der Erfahrung angenommen sei, deren Realität nun wieder darauf beruhen soll. Daher der Skeptizismus bald die Uebereinstimmung des Objekts mit der Vorstellung, bald das Gesetz der Kausalität leugnet und damit dann zugleich auch die ganze Realität des Objekts. – Hier müssen nun beide, Realistischer Dogmatismus und Skeptizismus, dadurch zurecht gewiesen werden, daß man ihnen zeigt, *erstlich* daß Objekt und Vorstellung durchaus nicht verschieden, sondern dasselbe sind; *zweitens*, daß das *Seyn* der anschaulichen Objekte als solcher eben ihr *Wirken* ist, daß eben in diesem, und sonst in nichts, des Dinges Wirklichkeit besteht: und die Forderung eines Daseyns des Objekts außer aller Vorstellung des Subjekts und auch die Forderung eines Seyns des wirklichen Dinges verschieden von seinem Wirken, gar keinen Sinn hat und ein Widerspruch ist: daß daher die Erkenntniß der Wirkungsart eines angeschauten Objekts eben auch es selbst erschöpft, sofern es Objekt, d. h. Vorstellung ist, da außerdem, für die *Erkenntniß*, nichts an ihm übrig bleibt. Insofern ist also die angeschaute Welt in Raum und Zeit, welche sich als lauter Kausalität, lauter Wirken, kund giebt, vollkommen real und ist durchaus das, wofür sie sich giebt, und sie giebt sich ganz und ohne Rückhalt, als Vorstellung zusammenhängend nach dem Gesez der Kausalität. Andrerseits aber ist alle Kausalität nur im Verstande und für den Verstand: jene ganze wirkliche, d. i. wirkende Welt ist also immer durch den Verstand bedingt und ohne ihn nichts. Aber nicht nur dieserhalb, sondern schon weil überhaupt kein Objekt ohne Subjekt sich ohne Widerspruch denken läßt, müssen wir dem Dogmatiker, der die Realität der Außenwelt als ihre Unabhängigkeit vom Subjekt erklärt, eine solche *Realität* derselben schlechthin *ableugnen*. Die ganze Welt der Objekte ist und bleibt Vorstellung und eben deswegen durchaus und in alle Ewigkeit durch das Subjekt bedingt. Sie ist aber dieserwegen nicht Lüge noch Schein: sie giebt sich als das, was sie ist, als Vorstellung, und zwar als eine Reihe von Vorstellungen, deren gemeinschaftliches Band der Satz vom Grund, in seinen verschiedenen Gestalten, ist. Sie ist als solche dem gesunden Verstande, selbst ihrer innersten Bedeutung nach, verständlich, und redet eine ihm vollkommen deutliche Sprache. Bloß dem durch Vernünfteln verschrobenen Geiste kann es einfallen, über ihre Realität zu streiten, welches allemal durch unrichtige Anwendung des Satzes vom Grunde geschieht, der zwar alle Vorstellungen, welcher Art sie auch seien, unter einander verbindet, keineswegs aber diese mit dem Subjekt, oder mit etwas, das weder Subjekt noch Objekt wäre, sondern bloß *Grund des Objekts:* ein Unbegriff, weil nur Objekte Grund seyn können und zwar immer wieder von Objekten. – Wenn man dem Ursprung dieser Frage nach der Realität der Außenwelt noch genauer nachforscht, so findet man, daß, außer jener *falschen Anwendung* des Satzes vom Grunde auf das, was außer seinem Gebiet liegt, noch eine besondre *Verwechselung seiner Gestalten* hinzukommt. Nämlich diejenige Gestalt, die er bloß in Hinsicht auf die Begriffe, die abstrakten Vorstellungen hat, wird übertragen auf die anschaulichen Vorstellungen, die realen Objekte, und demnach ein Grund des Erkennens gefordert von Objekten die keinen andern, als einen Grund des Werdens haben können. Ueber die abstrakten Vorstellungen, die zu Urtheilen verknüpften Begriffe, herrscht der Saz vom Grund allerdings in der Art, daß jedes derselben seinen Werth, seine Gültigkeit, seine ganze Existenz, hier *Wahrheit* genannt, einzig und allein hat durch die Beziehung des Urtheils auf etwas außer ihm, seinen Erkenntnißgrund, auf welchen also immer zurückgegangen werden muß. Hingegen über die realen Objekte, die anschaulichen Vorstellungen, herrscht der Satz vom Grund nicht als Satz vom Grund des *Erkennens*, sondern des *Werdens*, als Gesez der Kausalität: jedes dieser anschaulichen Objekte, hat ihm seine Schuld schon abgetragen dadurch, daß es *geworden* ist, d. h. als Wirkung aus einer Ursache hervorgegangen ist: Die Forderung eines Erkenntnißgrundes geschieht hier also ganz am unrechten Ort, hat hier also keine Gültigkeit und keinen Sinn, sondern gehört einer ganz andern Klasse von Objekten an. Daher auch erregt die anschauliche Welt, solange man bei ihr stehn bleibt, im Betrachter weder Skrupel noch Zweifel: es giebt hier weder Irrthum, noch Wahrheit: diese sind ins Gebiet des Abstrakten, der Reflexion, gebannt. Hier aber liegt, für Sinne und Verstand, die Welt offen da, giebt sich mit naiver Wahrheit, für das was sie ist, für anschauliche Vorstellung, welche gesetzmäßig am Bande der Kausalität sich entwickelt.

So wie wir die Frage nach der *Realität der Außenwelt* bis hieher betrachtet haben, war sie immer hervorgegangen aus einer bis zum Misverstehn ihrer selbst gehenden Verirrung der Vernunft, und insofern war die Frage nur durch Aufklärung ihres Inhalts zu beantworten. Sie mußte nach Erforschung des ganzen Wesens des Satzes vom Grunde, der Relation zwischen Objekt und Subjekt, und der eigentlichen Beschaffenheit der sinnlichen Anschauung, sich selbst aufheben, weil ihr eben gar keine Bedeutung mehr blieb. Nun aber hat jene Frage noch einen andern Ursprung, der von dem bisher angegebenen, rein spekulativen, gänzlich verschieden ist, einen eigentlich empirischen Ursprung, obwohl sie auch so noch immer in rein spekulativer Absicht aufgeworfen wird, und sie hat in dieser Bedeutung einen viel verständlicheren Sinn als in jener ersteren, nämlich folgenden: Wir haben Phantasie; wir haben Träume: ist nicht etwa das ganze Leben ein Traum? – oder bestimmter: giebt es ein sicheres Kriterium zwischen Traum und Wirklichkeit? zwischen Phantasmen und realen Objekten? Wir haben nun diesen Punkt schon oben [S. 247 ff.] untersucht: Sie werden sich erinnern daß wir besonders zwei vorgebliche Kriterien kritisirten, eines die Deutlichkeit, und dann das Kantische, den Kausalzusammenhang, und ersteres falsch sogar einfältig, letzteres unzulänglich fanden; daß wir dagegen als das einzige Kriterium zwischen Traum und Wirklichkeit, fanden etwas ganz Empirisches, den Augenblick des Erwachens, den Wiedereintritt des die empirische Anschauung vermittelnden unmittelbaren Objekts ins Bewußtseyn: daß wir aber auch selbst dieses Kriterium in einigen Fällen für unzulänglich erklärten, nämlich da wo der Augenblick des Erwachens fast so wenig als der des Einschlafens bemerkt wird, wenn man im Drang von Arbeit und Geschäften, noch dazu stets mit einem Gegenstande seines Denkens und Strebens beschäftigt, angekleidet einschläft, das was man wachend beständig in Gedanken trug nun auch den Stoff des Traums abgiebt: da können wirklich Traum und Wirklichkeit sich so vermischen, daß nicht mehr herauszufinden ist; und wenn nun nicht etwa nachher das an sich nicht hinlängliche Kantische Kriterium, das Nachforschen des

Kausalzusammenhangs [Daneben am Rand: (etwa das von Hobbes im Leviathan *c.* 2 [des 1. Teils] angeführte Beispiele der Erscheinung eines Geistes die Brutus vor der Schlacht bei Philippi hatte, beizubringen.)] zwischen dem Geträumten und der jetzigen Wirklichkeit, Anwendung findet, sondern über solchen Zusammenhang oder dessen Abwesenheit keine Entscheidende Spuren da sind; – so muß es auf immer unentschieden bleiben, ob eine Begebenheit geträumt oder wirklich gewesen sei: – Hier tritt nun allerdings die enge Verwandschaft zwischen Leben und Traum sehr nahe an uns heran, und wir wollen uns nicht schämen sie einzugestehn. In der That, der Unterschied zwischen Leben und Traum ist nicht so *specifisch*, als man gemeinhin annimmt. Die größten Dichter und Philosophen aller Zeiten haben häufig und aufs kräftigste den Ausspruch gethan, daß das Leben einem Traume gar sehr ähnlich, ja ganz und gar eine Art Traum sei: während die kleinen Philosophen jeder Zeit recht ängstlich bemüht waren, einen unermeßlichen Unterschied zwischen beiden darzuthun, wodurch sie dem Leben und der Wirklichkeit diejenige Art von Realität zu sichern vermeinten, die ihrer Empfindungsweise besonders zusagte und welche die Basis ihrer Philosophie werden sollte. – Die Vedas werden nicht müde, die bloß scheinbare, traumartige Existenz des Lebens darzustellen, und nennen das Ganze der Erscheinung deshalb das Gewebe des Maja. Auch Platon sagt mehrmals, daß die Menschen nur im Traume lebten, der Philosoph allein sich zu wachen bestrebe.

Σκιας οναρ ανϑρωποι.
[Der Mensch ist der Traum eines Schattens.]
Pindaros. [Pythia, VIII, 135]

*Ὁρω γαρ ἡμας ουδεν οντας αλλο, πλην
Ειδωλ᾽, ὁσοιπερ ζωμεν, η κουφην σκιαν.*
[Ich sehe, daß wir Lebenden nichts andres sind
Als Truggestalten und ein flüchtig Schattenbild.]
[Soph.,] *Ajax.* 125.

*We are such stuff,
As dreams are made of, and our little life*

Is rounded with a sleep.
[Wir sind solches Zeug, wie das, woraus die Träume
gemacht sind, und unser kurzes Leben ist von einem Schlaf
umschlossen.]
[Shakespeare] *Tempest* A. 4, sc. 1. [Dazu die Notiz:
Calderone.]

Wir also, unsern Theils, geben recht gerne zu, daß das Leben jedes Individuums nur eine Art langer Traum sei, der am Anfang und am Ende von einem bewußtlosen Schlaf begränzt ist: und da das Ganze der objektiven realen Welt doch nur in den Vorstellungen aller Individuen besteht, die ja eben das Subjekt des Objekts sind; so gilt vom Ganzen der Erscheinung, von der objektiven Welt, was vom Bewußtseyn jedes Einzelnen gilt: – das Daseyn dieser erscheinenden Welt ist ein traumartiges; und daher will auch unsre Philosophie es sich allenfalls gefallen lassen, weiter nichts zu leisten, als die Bedeutung jenes Traumes auszulegen, die Deutung jenes Traumes zu seyn.

Was die eigentlichen sogenannten Träume vom wirklichen Leben (so traumartig als dieses auch ist) unterscheidet, ist allerdings jener Zusammenhang dessen Form die verschiedenen Gestalten des Sazes vom Grund sind, und der alles was in der objektiven Welt eine Stelle hat zu einem Ganzen der Erfahrung vereinigt, in dessen Zusammenhang die einzelnen eigentlichen Träume nicht mit eingreifen, sondern jener Zusammenhang bricht bei ihnen ab und der Augenblick des Erwachens ist der Punkt der jenen Unterschied bezeichnet. Jedoch jener Zusammenhang der Erfahrung gehört selbst schon zur Wirklichkeit des Lebens, indem er seine Form ist, und jeder Traum hat auch wieder in sich einen ganz ähnlichen Zusammenhang gemäß denselben Formen: nimmt man nun den Standpunkt der Beurtheilung außerhalb beider; so findet sich in ihrem Wesen kein specifischer, bestimmter Unterschied, und man muß zugeben daß dem Leben kein Unrecht geschieht, wenn es ein langer Traum genannt wird.

Zu dieser Erörterung führte uns die Frage nach der Realität der Außenwelt, sofern ihr Ursprung ein empirischer ist und nicht der vorhin abgehandelte rein spekulative. Was aber jenen spekulativen betraf, so fanden wir als seinen Ursprung einen doppelten Irrthum; erstlich die falsche Anwendung des Satzes vom Grund auch zwischen Objekt und Subjekt deren Verhältniß nicht ihm unterworfen ist; zweitens die Verwechselung seiner Gestalten, da nämlich der Saz vom Grund des Erkennens auf das Gebiet übertragen wird, wo nur der Satz vom Grund des Werdens Gültigkeit hat. Bei allem diesem aber hätte jene Frage nach der Realität der Außenwelt doch wohl nicht so anhaltend von den ältesten zu den neuesten Zeiten die Philosophen beschäftigen können, wenn die Frage ganz ohne wahren Gehalt wäre, und nicht in ihrem Innersten doch irgend ein richtiger Gedanke und Sinn läge, der ihr eigentlichster Ursprung wäre und von welchem man demnach anzunehmen hätte, daß allererst indem er in die Reflexion trat und seinen Ausdruck suchte, er in jene verkehrten und sich selbst nicht verstehenden Formen und Fragen eingegangen wäre. Dies ist, meiner Meinung nach, allerdings der Fall, und als den reinen Ausdruck jenes innersten Sinnes der Frage, den sie nicht zu treffen wußte, setze ich diesen: – »Was ist diese anschauliche Welt noch außerdem, daß sie meine Vorstellung ist? ist sie, deren ich mir nur einmal und zwar als Vorstellung bewußt bin, eben wie mein eigener Leib, dessen ich mir zwiefach bewußt bin, einerseits *Vorstellung*, andrerseits *Wille?*« – Das Ganze meiner Lehre geht nur darauf hinaus diese Frage zu erläutern und zu bejahen; sodann abzuleiten, was daraus folgt.

Ich zeigte Ihnen vorhin wie alle bisherige Dogmatische Philosophie in Realismus und Idealismus zu theilen war, indem sie unter der Voraussetzung, daß das Verhältniß, dessen Ausdruck der Saz vom Grunde ist, auch zwischen Subjekt und Objekt stattfinde, bald das Objekt als Grund und seine Folge ins Subjekt setzt, bald umgekehrt das Subjekt als Grund des Objekts. Dies unterscheidet nun die Lehre welche ich Ihnen vortrage, von allen bisherigen. Wir nämlich sind weder vom Objekt noch vom Subjekt als vom Ersten und ursprünglichen ausgegangen; sondern von der *Vorstellung*, als dem Ersten im Bewußtseyn, dem uns Allen Gegebenen: als die erste und wesentlichste, von ihr unzertrennliche Form der *Vorstellung*, fanden wir das Zerfallen in Subjekt und Objekt welche daher bei der *Vorstellung* allemal schon vorausgesetzt und in ihr enthalten sind. Das Erste was wir vornahmen, war also eben die Betrachtung jener Grundform aller Vorstellung, das nothwendige wechselseitige sich Bedingen von Subjekt und Objekt. Sodann kam unsre Betrachtung auf die jener Form untergeordneten, sie voraussetzenden, welche sowohl Erscheinungsformen alles Objekts als Erkenntnißformen alles Subjekts zu nennen sind; dies waren Zeit, Raum, Kausalität; wo Vernunft eintritt auch die Form des Erkenntnißgrundes: diese alle erscheinen zwar unmittelbar als Formen des Objekts; jedoch sind sie diesem als *solchem* wesentlich, das Subjekt aber ist dem Objekt wieder *als solchem* wesentlich: daher konnten sie sowohl vom Subjekt ausgehend als vom Objekt ausgehend gefunden, d. h. sowohl *apriori* als *aposteriori* erkannt werden und sind daher als die gemeinschaftliche Grenze von Subjekt und Objekt anzusehen. Wir fanden ferner daß sie sich alle zurückführen lassen auf einen gemeinschaftlichen Ausdruck, den Saz vom Grund.

Ich sagte, daß alle bisherigen dogmatischen Systeme, statt wie wir von der Vorstellung, von einem ihrer Bestandtheile ausgehn, entweder vom Subjekt, oder vom Objekt. – Es ist der Mühe werth ihr Verfahren dabei etwas näher zu betrachten, auch durch Beispiele zu erläutern.

Die vom Objekt ausgehenden Systeme [Daneben am Rand: kann alles weg bleiben.] giengen zwar meistens von der Materie aus, als der Basis der anschaulichen Vorstellungen: jedoch auch von ganz andern Objekten; so daß man sie nach den vier Klassen von Objekten die wir aufgestellt eintheilen kann: von der 1sten Klasse, der realen Welt, oder der Materie Thales und alle Jonier bis Anaxagoras, Demokrit, Epikur; Jord. Bruno; die französischen Materialisten; – von der 2ten Klasse, dem abstrakten Begriff Spinoza: (nämlich vom abstrakten und allein in seiner Definition existirenden Begriff Substanz, *causa sui* [Ursache seiner selbst (Ethik, I, def. 1)]): und früher die Eleaten. Von der 3ten Klasse, Zeit, Zahlen, Pythagoreer, Yking. Von der 4ten Klasse, dem durch Erkenntniß motivirten Willensakt, die Scholastiker, welche eine Schöpfung aus Nichts, durch den Willensakt eines außerweltlichen persönlichen Wesens lehren. Am konsequentesten und am weitesten durchzuführen ist das objektive Verfahren aber wenn es als eigentlicher *Materialismus* auftritt. Dieser setzt die Materie und Zeit und Raum mit ihr als schlechthin bestehend und überspringt die Beziehung auf das Subjekt in der allein doch dies alles da ist. Sodann ergreift er als Leitfaden, daran fortzuschreiten, das Gesetz der Kausalität, es nehmend als an sich bestehende Ordnung der Dinge, *veritas aeterna* [ewige Wahrheit]; er überspringt also den Verstand in welchem und für welchen allein Kausalität da ist. Nun sucht er den ersten einfachsten Zustand der Materie zu finden und dann aus ihm alle andern zu entwickeln, aufsteigend von bloßem Mechanismus zum Chemismus, zur Polarität, Vegetation, Animalität; – und gesetzt, das gelänge; so wäre das letzte Glied der Kette die thierische Sensibilität, das Erkennen, welches dann folglich als eine bloße *Modifikation der Materie*, ein durch Kausalität herbeigeführter Zustand derselben aufträte. Wären wir nun dem Materialismus auf seinem Wege gefolgt, alle jene Veränderungen der Materie mit ihm im *détail* durchgegangen und endlich bis zum *Entstehn des Erkennens an der Materie* mit ihm angelangt; so würden wir, da wir seinen Gipfel mit ihm erreicht hätten, dann wie aus einem Traum erwachend mit einem Male inne werden, daß sein letztes, so mühsam herbeigeführtes Resultat, das Erkennen, eigentlich ja schon bei seinem allerersten Ausgangspunkt, der bloßen rohen Materie, als unumgängliche Bedingung im Stillen schon vorausgesetzt war, indem wir dort zwar mit ihm uns eingebildet hatten, bloß die *Materie* zu denken; in Wahrheit aber nichts anderes als schon das die Materie vorstellende Subjekt, das sehende Auge, und den in Raum und Zeit die Materie anschauenden Verstand gedacht hatten. So erschiene also bei jener Konstruktion plötzlich das letzte Glied als der Anhaltspunkt an welchem schon das erste hieng und die Kette als Kreis. Denn das Verhältniß zwischen Objekt und Subjekt ist so nothwendig, daß es ganz unmöglich ist, sich [ein] Objekt ohne Subjekt zu denken. Der Behauptung, daß das Erkennen eine bloße Modifikation der Materie ist, stellt sich also immer, mit gleichem Rechte, die umgekehrte entgegen, daß alle Materie nur Modifikation des erkennenden Subjekts, ein in der *Vorstellung* desselben allein Existirendes ist. –

Indessen ist im Grunde das Ziel und das Ideal aller *Naturwissenschaft* ein völlig durchgeführter Materialismus. Daß dieser unmöglich, haben wir eingesehn: und dies bestätigt eben eine andre Wahrheit, die ich weiterhin auseinandersetzen werde, daß nämlich alle Wissenschaft, im eigentlichen Sinn, worunter ich die systematische Erkenntniß am Leitfaden des Satzes vom Grunde verstehe, nie ein letztes Ziel erreichen, noch eine völlig genügende Erklärung geben kann: weil sie nie das innerste Wesen der Dinge trifft, nie über die Vorstellung hinauskann, vielmehr im Grunde nichts weiter kennen lehrt, als das Verhältniß einer Vorstellung zur andern.

Warum die Naturwissenschaft Materialismus? – Jede Wissenschaft geht immer von zwei Haupt-datis (zwei Voraussetzungen) aus. Deren Eines, ist allemal der Saz vom Grund in irgend einer Gestalt, als *Organon;* das andre ihr besondres Objekt als *Problem.* So z. B. hat die *Geometrie* den Raum als Problem, den Saz vom Grund des Seyns im Raum, als Organon; – die *Logik* hat die Verbindungsarten der Begriffe zum Problem; den Saz vom Grund des Erkennens als Organon; – die *Geschichte* hat die geschehenen Thaten der Menschen im Großen und in Masse zum Problem; das Gesetz der Motivation als Organon; – die *Naturwissenschaft* hat die Materie und ihr Wirken zum Problem, – das Gesetz der Kausalität als Organon; – ihr Ziel und Zweck demnach ist, am Leitfaden der Kausalität alle möglichen Zustände der Materie auf einander und zuletzt auf *einen* zurückzuführen, und wieder auch aus einander und zuletzt aus *einem* abzuleiten. In ihr stehn daher zwei Zustände sich als Extreme entgegen: der Zustand der Materie wo sie am wenigsten, und der wo sie am meisten unmittelbares Objekt des Subjekts ist: also die todteste, roheste Materie, der erste Urstoff; und dann der menschliche Organismus. Den ersten sucht die Naturwissenschaft als *Chemie,* den zweiten als *Physiologie.* Aber bis jetzt sind beide Extreme unerreicht und bloß zwischen beiden ist Einiges gewonnen. Auch ist die Aussicht ziemlich hoffnungslos. Die Chemiker, unter der Voraussetzung, daß die qualitative Theilung der Materie nicht wie die quantitative ins Unendliche gehn wird, suchen die Zahl ihrer Grundstoffe, jetzt noch 50 – – –, immer mehr zu verringern: und wären sie bis auf 2 gekommen; so würden sie diese auf einen zurückführen wollen. Denn das Denkgesez der Homogeneität leitet auf die Voraussetzung eines ersten chemischen Zustandes der Materie, der allen andern, als welche nicht der Materie als solcher wesentlich, sondern nur accidentelle Formen, Qualitäten, sind, vorhergegangen und allein der Materie als solcher zukommt. Dies war es eben was schon die Jonier suchten, Thales im Wasser, Anaximenes [Schopenhauer schrieb: Anaximander] in der Luft, Anaxagoras in der Materie als solcher gefunden haben wollte. Nun aber ist andrerseits gar nie einzusehn, wie ein solcher erster Zustand je eine chemische Veränderung und dadurch Vervielfachung erfahren gekonnt, da ja kein zweiter da ist um auf ihn chemisch zu operiren; und hier begegnet der Naturwissenschaft auf dem Wege chemischer Konstruktion, eine Schwierigkeit der ganz analog welche auf ihrem Wege mechanischer Konstruktion dem Epikuros aufstieß, als er bei gleicher Bewegung aller Atomen, doch endlich einmal eine von der graden Richtung abgehn und eine andre treffen lassen sollte, wozu die Ursach nicht da war. Dies könnte man eine *chemische Antinomie* nennen; da es ein Widerspruch ist den man weder vermeiden noch auflösen kann. Eine eben solche Antinomie werden wir am andern Extrem der Naturwissenschaft finden, am physiologischen.

Dies andre eben so unerreichte Extrem war nämlich das Steigern der Materie am Bande der Kausalität, nach den bekannten Qualitäten derselben bis zur Sensibilität, dem Erkennen. Es ist eben so wenig Hoffnung zur Erreichung desselben: denn immer mehr wird offenbar: daß die chemischen Wirkungen nie auf mechanische; die organischen nie auf chemische, elektrische zurückgeführt werden können. *(Suo loco.)* Diese Schwierigkeiten, diese unerreichbaren Ziele suchen zu müssen, stehn der Naturwissenschaft auf ihrem eignen Gebiete entgegen. Als Philosophie genommen, wäre sie überdies Materialismus, und dieser trägt wie wir gesehn, schon bei seiner Geburt den Tod im Herzen, weil er das Subjekt und die Formen des Erkennens überspringt, welche doch auch bei der rohesten Materie von der er ausgehn möchte, schon eben so sehr vorausgesetzt sind, als beim Organismus, zu dem er gelangen will. Denn »kein Objekt ohne Subjekt« ist der Satz, welcher allen Materialismus auf immer unmöglich macht. Sonnen und Planeten, ohne ein Auge, das sie sieht und einen Verstand, der sie erkennt, lassen sich zwar mit Worten sagen; sind aber näher betrachtet etwas undenkbares: was man dabei denkt ist und bleibt immer die verständige Apperception in der das alles da ist. – Also hier steht eine philosophische Wahrheit, der physikalischen Methode entgegen, unbesiegbar.

Nun aber andrerseits steht folgende Annahme welche die Naturwissenschaft als nothwendig zeigt der philosophischen Wahrheit entgegen; nämlich es leitet uns die Verknüpfung von Ursachen und Wirkungen und die dieser nachgehende Betrachtung und Forschung der Natur nothwendig zu der sichern Annahme, daß, in der Zeit, jeder höher organisirte Zustand der Materie erst auf einen rohern gefolgt ist; daß nämlich der Mensch das jüngste Kind der Natur, Thiere früher als Menschen, die unvollkommnern Thiere früher als die vollkommnern, Fische früher als Landthiere, Würmer und Insekten früher als Vögel und Quadrupeden, Pflanzen früher als Thiere da waren, das Unorganische vor allem Organischen da gewesen ist: daß folglich die ursprüngliche Masse eine lange Reihe von Veränderungen durchzugehn gehabt, bevor das erste Auge sich öffnen konnte. Und dennoch bleibt immer von diesem ersten Auge, das sich öffnete, und habe es einem Insekt angehört, das Daseyn jener ganzen Welt abhängig, als von dem nothwendig Vermittelnden der Erkenntniß, für die und in der die Welt allein da ist, und ohne die sie nicht einmal zu denken ist: denn sie ist schlechthin Vorstellung und bedarf als solche des erkennenden Subjekts, als Träger ihres Daseyns. Ja, jene lange Zeitreihe selbst, von unzähligen Veränderungen gefüllt, durch welche die Materie sich steigerte von Form zu Form, bis endlich das erste erkennende Thier ward; diese ganze Zeit selbst ist ja allein denkbar als vorhanden in der Identität eines Bewußtseins, dessen Folge von Vorstellungen, dessen Form des Erkennens sie ist, und außer der sie durchaus alle Bedeutung verliert und gar nichts ist. Hier sehn wir zwei nothwendige Annahmen im Widerstreit. Einerseits ist nothwendig das Vorhandenseyn der ganzen Welt abhängig vom ersten erkennenden Wesen; ein so unvollkommnes dieses auch seyn mag: andrerseits aber ist eben so nothwendig dieses erste erkennende Thier völlig abhängig und bedingt durch eine lange ihm vorhergegangene Kette von Ursachen und Wirkungen, in die es selbst zuletzt, als ein kleines Glied eintritt. Diese zwei widersprechenden Ansichten, auf jede von welchen wir in der That mit gleicher Nothwendigkeit geführt werden, könnte man allerdings wieder eine *Antinomie* in unserm Erkenntnißvermögen nennen und sie aufstellen als Gegenstück der in jenem ersten Extrem der Naturwissenschaft gefundenen. Kant hatte vier Antinomien der Vernunft aufgestellt: ich habe aber in meiner Kritik [»Kritik der Kantischen Philosophie«, Anhang zu WI] gezeigt, daß ihre Annahme ganz grundlos ist. Dieser zuletzt sich uns hier nothwendig ergebende Widerspruch findet nun aber seine Auflösung in der Unterscheidung zwischen Erscheinung und Ding an sich: ich habe Ihnen gezeigt, wie Zeit, Raum, Kausalität nur Formen unsrer Erkenntniß sind, und daher nicht dem Ding an sich, sondern nur der Erscheinung zukommen: die gesammte Welt als Vorstellung, die wir hier ausschließlich betrachten, ist nur Erscheinung: in ihr besteht nicht das wahre und innre Wesen der Welt, das Ding an sich: sondern sie ist nur die eine, gleichsam die äußere Seite der Welt: diese hat noch eine ganz andre Seite, welche ihr inneres Wesen, ihr Kern, das Ding an sich ist: diese wird der Gegenstand unsrer Betrachtung seyn, wann wir die der Welt als Vorstellung, oder der Erscheinung, die uns jetzt allein beschäftigt, beendet haben werden: und [»und« bis »nennen« ist für die »Dianoiologie« mit Bleistift durchgestrichen] da werden wir das innere Wesen der Welt, nach der entwickeltesten seiner Objektivationen *Wille* nennen. Die Welt als Vorstellung aber, welche wir hier allein betrachten, und zwar als Vorstellung unterworfen den Gestaltungen des Satzes vom Grund, d. h. die *Erscheinung*, hebt allerdings erst an mit dem Aufschlagen des ersten Auges, ohne welches Medium der Erkenntniß ihr Daseyn ein Widerspruch wäre, nicht mehr denkbar ist. Aber ohne jenes Auge, d. h. ohne ein Erkennendes, in dessen Vorstellung die Welt ist, gab es auch kein Vorher, keine Zeit. Dennoch hat deswegen nicht die Zeit einen Anfang, sondern aller Anfang ist in ihr. Da sie aber die allgemeinste und wesentlichste Form aller Erkennbarkeit ist, der sich alle Erscheinungen mittelst des Bandes der Kausalität einfügen; so steht mit dem ersten Erkennen auch sie, die Zeit da, mit ihrer ganzen Unendlichkeit nach beiden Seiten, und die Erscheinung, welche diese *erste Gegenwart* füllt, muß zugleich erkannt werden, als ursächlich verknüpft und abhängig von einer Reihe von Erscheinungen, die sich unendlich in die Vergangenheit erstreckt, welche Vergangenheit jedoch selbst wieder eben so wohl *durch diese erste Gegenwart bedingt ist, als umgekehrt diese durch jene:* so daß, wie die erste Gegenwart selbst, so auch die Vergangenheit von der sie stammt und die sie nothwendig voraussetzt, abhängig ist vom erkennenden Subjekt und gar nichts ohne dasselbe: diese unumgänglich vorauszusetzende Vergangenheit führt jedoch die Nothwendigkeit herbei, daß die erste Gegenwart sich nicht als eine solche, d. h. als keine Vergangenheit zur Mutter habend und als *Anfang der Zeit* darstellen kann; sondern obgleich die erste, dennoch sich darstellt als Folge der Vergangenheit, nach dem Seynsgrunde in der Zeit, und so auch die sie füllenden Erscheinungen alle, als Wirkungen früherer, jene Vergangenheit füllender Zustände, nach dem Gesez der Kausalität.

Wir sind auf diese Darstellung gekommen, indem wir dem konsequentesten der vom Objekt ausgehenden Systeme, dem Materialismus, nachgiengen: aber eben diese Darstellung kann Ihnen recht anschaulich machen, wie zwischen Objekt und Subjekt zwar der größte Gegensatz besteht, dennoch aber die unzertrennlichste gegenseitige Abhängigkeit; und diese Erkenntniß wieder kann Sie darauf hinleiten, daß das innerste Wesen der Welt, das eigentliche Ding an sich, nicht, wie bisher immer geschehn, zu suchen ist, in einem jener beiden Elemente der Vorstellung (Subjekt und Objekt), sondern vielmehr in einem von der Vorstellung gänzlich Verschiedenem, welches nicht mit einem solchen ursprünglichen, wesentlichen und dabei unauflöslichen Gegensatz behaftet ist.

Das geschilderte *Ausgehn vom Objekt* bietet sich der noch nicht durch Kriticismus geläuterten Spekulation so natürlich dar, daß wir uns nicht wundern dürfen, daß es in der Reihe der Jahrhunderte stets von Neuem versucht ist. Sein Gegensaz ist das Ausgehn vom andern der beiden Elemente der Vorstellung, dem Subjekt: das Darstellen des Entstehns des Objekts aus dem Subjekt, der vorgestellten Welt, aus uns, dem Vorstellenden. Dieses ist der gesunden Vernunft so offenbar entgegen, daß es erst sich zeigen konnte, nachdem die Kantische Kritik des Dogmatismus, ihm jenen ersten Weg, vom Objekt, gänzlich versperrt und verleidet hatte; so daß er gleichsam aus Desperation den zweiten versuchte. Da erst konnte der *eigentliche Idealismus* entstehn, der volle Gegensaz des geschilderten Materialismus: in dieser Hinsicht muß ich also eines Systems erwähnen, das ich sonst durchaus nicht für beachtenswerth halte; die sogenannte Wissenschaftslehre von J. G. Fichte. Ich werde jedoch keine Zeit mit einer Kritik derselben verderben. Wer die Geduld hat, lese die Grundlage der gesammten Wissenschafts-Lehre in welcher ausführlich gezeigt wird wie und nach welchen Gesetzen das Objekt aus dem Subjekt hervorgeht, von ihm producirt wird. Das Verständniß des Ganzen setzt jedoch intellektuelle Anschauung voraus, vor deren Augen alle jene Operationen sich zutragen. Wem nun aber, wie mir, diese intellektuelle Anschauung abgeht, dem muß das Buch ganz sinnlos und daher über alle menschliche Vorstellung langweilig erscheinen. – Man hatte früher idealistische Systeme; sie liefern aber nicht wie dieses den reinen Gegensaz des Materialismus.

Ich sagte oben, daß alle bisherigen Systeme entweder vom Objekt oder vom Subjekt ausgegangen wären. Wer etwa die in unsern Tagen sehr bekannt gewordene Schellingische Philosophie kennen gelernt hat, der möchte vielleicht glauben, sie sei von jenem Gegensaz auszunehmen, indem sie sich ja auch deshalb Identitäts-Philosophie nennt, weil sie eine Identität des Objekts und Subjekts zum Ersten macht, welche das Absolutum ist, das nicht durch Denken, sondern durch absolute, intellektuale Anschauung, die zugleich ein Einswerden mit jenem Absolutum ist, erkannt wird. Aus gänzlichem Mangel solcher Anschauung kann ich zwar von den Mysterien dieser Philosophie gar nicht mitreden. Aber indem ich mich auf die Protokolle jener Vernunft-Anschauer berufe, die auch uns Profanen offen liegen, gebe ich zu bemerken, daß jene Schellingische Philosophie, trotz dem Versenken in die intellektual angeschaute Identität von Objekt und Subjekt, jene angeführten entgegengesetzten Fehler keineswegs vermeidet, sondern vielmehr beide in sich vereinigt. Denn sie zerfällt in zwei Disciplinen, in den transscendentalen Idealismus, der eben die Fichtesche Ich-Lehre ist, d. h. zeigt wie nach den Formen des Satzes vom Grunde das Objekt aus dem Subjekt hervorgeht, aus ihm herausgesponnen wird, sein Produkt ist. Zweitens in die Natur-Philosophie, welche nach einer ganz besondern Methode, die Konstruktion genannt wird, aber auch allein unter Voraussetzung der intellektualen Anschauung verständlich ist, zeigt wie allmälig das Objekt zum Subjekt wird.

Von den beiden dargestellten [Vgl. WI, § 7, S. 40 f. [71]] und erläuterten entgegengesetzten Misgriffen, dem Ausgehn von einem der beiden Elemente der Vorstellung, dem Objekt oder dem Subjekt, unterscheidet sich nun unser Verfahren *toto genere* [der ganzen Gattung nach]; indem wir weder vom Objekt noch vom Subjekt ausgehn, sondern von der *Vorstellung*, als erster Thatsache des Bewußtseyns, deren erste, wesentliche Grundform das Zerfallen in Objekt und Subjekt ist, die Form des Objekts wieder der Satz vom Grund in seinen verschiedenen Gestalten, deren jede eine eigene Klasse von Vorstellungen beherrscht und zwar so sehr, daß, wie gezeigt, mit der Erkenntniß jener Gestaltung auch sogleich das Wesen der ganzen Klasse erkannt ist, indem diese, sofern sie nämlich Vorstellung ist, eben auch nichts anderes ist als die Gestaltung des Satzes vom Grund in ihr, auf diese zurückläuft: so ist die Zeit nichts anderes als die Gestaltung des Sazes vom Grund in ihr, Succession; der Raum nichts anderes als der Grund des Seyns in ihm: Lage; die Materie nichts als Kausalität; der Begriff nichts anderes als Beziehung auf den Erkenntnißgrund. Diese gänzliche und durchgängige Relativität der Welt als Vorstellung, sowohl nach ihrer allgemeinsten Form (Subjekt und Objekt), als nach der dieser untergeordneten (Satz vom Grund) weist uns wie gesagt darauf hin, das innerste Wesen der Welt in einer ganz anderen *von der Vorstellung durchaus verschiedenen* Seite derselben zu suchen, welche wir nun bald betrachten werden und sie finden werden in einer jedem lebenden Wesen eben so unmittelbar gewissen Thatsache als die Vorstellung ist.

Unsre Betrachtung der Welt als Vorstellung ist jetzt vollendet. Wir [»Wir« bis »Gestalten darstellt« ist mit Bleistift fein durchgestrichen] haben zuerst die Abhängigkeit alles Objekts vom Subjekt kennen gelernt; sodann die anschauliche und darauf die abstrakte Vorstellung untersucht und erkannt wie sie zu Stande kommen, und endlich haben wir den Saz vom Grund dargestellt als die allgemeine Form alles Objekts, in dessen verschiedenen Klassen er sich in verschiedenen Gestalten darstellt. Ehe wir aber jetzt zur Betrachtung der Welt von ihrer andern Seite schreiten, haben wir noch eine Untersuchung vor uns, nämlich die was eigentlich die *Wissenschaft* sei; die zwar eigentlich der Betrachtung der abstrakten Vorstellung und der Vernunft angehört, aber dort von mir hinausgesetzt wurde, weil ich vorher die Betrachtung der Mathematischen Erkenntniß wollte abgehandelt haben, diese aber die ausführliche Darstellung des Satzes vom Grunde voraussetzte.

CAP. 5.
Von der Wissenschaft überhaupt.

Wir erkannten der Vernunft drei Vorzüge zu, die den Menschen vom Thiere unterscheiden. Sprache, Besonnenheit und Ueberlegenheit des Handelns, und Wissenschaft. Diese letztere also bleibt uns noch zu betrachten übrig weil ihre Erörterung das Bisherige mehr voraussetzte als sie von demselben vorausgesetzt wurde. – Unsre allgemeine Betrachtung der *Wissenschaft* wird betreffen: 1) ihre Form; 2) die Begründung ihrer Urtheile; 3) ihren Gehalt. [Schopenhauer verweist hier auf WI, § 14, S. 73–82 [108–118]; WI, § 15, S. 91–99 [128–136]; G, § 51, 157 [185 f.]]

Von der Form der Wissenschaft. [s. o., S. 387 f.]

Das *Wissen* verlangt Urtheile die völlig zureichende Gründe haben. Sind aber die Gründe nicht zureichend, jedoch überwiegend; so ist es kein Wissen, sondern ein *Meinen*. Ferner verlangt das Wissen deutliche und mittheilbare Erkenntniß der Gründe. Ist man sich aber der Gründe gar nicht deutlich bewußt und kann sie nicht angeben, sondern hat sie größtentheils bloß als Gefühl, findet jedoch dieses Bewußtsein der Gründe zureichend; so ist dies *Glauben*. Beim *Wissen* sind die Gründe deutlich, folglich mittheilbar, folglich objektiv, d. h. als Objekt für Jedermann vorhanden. Beim *Glauben* sind sie als *bloß gefühlt* nicht mittheilbar, folglich bloß subjektiv, für das Subjekt des Individuums, da; für dieses mögen sie stark seyn, für Andre gelten sie nicht. So glaube ich einem Freunde dem ich borge, oder einem andern glaube ich seine Unschuld, obgleich der ganze Schein gegen ihn ist, also die objektiven Gründe fast einstimmig gegen ihn sprechen. Zureichend darf man bloß gefühlte Gründe nie nennen: denn das fordert deutliche Erkenntniß: aber sie können für das Individuum so gut als zureichende seyn, d. h. sein Handeln bestimmen, als hätte er ein Wissen. Ueberhaupt hat man im Leben selten Wissen und Gewißheit, d. h. selten objektive zureichende Gründe: meistens sind die Gründe nur unvollständig und es muß doch gehandelt werden: man wählt dann das Urtheil dessen Gründe überwiegend sind und handelt nach ihm: also nach einem bloßen *Meinen:* so macht der Kaufmann [eine] Spekulation weil er meynt, sie wird gelingen: man macht eine Reise in der Meinung ohne Unglück wieder heimzukehren u. s. w.

Alles *Wissen* ist zwar allein durch Vernunft, ist allein *in* der Vernunft; aber da diese, wie Sie sich erinnern, weiblicher Natur ist, nur geben kann, was sie empfangen hat, so ist der Ursprung alles Wissens nicht in der *Vernunft*, in der abstrakten Erkenntniß, sondern in der *anschaulichen* Erkenntniß zu suchen. Auszunehmen hievon ist allein die *Logik*, d. i. die Lehre von der [»der« bis »porro« ist fein mit Bleistift durchgestrichen] Gesetzmäßigkeit, oder der wesentlichen Form des Operirens der Vernunft selbst: dieses wird sich die Vernunft ganz allein aus sich selbst bewußt, obwohl nicht unmittelbar sondern mittelbar, durch Selbstuntersuchung und *sic porro* [und so weiter]. Alles andre Wissen aber hat seinen Ursprung in der anschaulichen Erkenntnißweise, und ist nur in die von dieser ganz verschiedene abstrakte übergegangen, in ihr niedergelegt worden, d. h. eben zum *Wissen* geworden.

Jedes *Wissen* ist aber noch keine *Wissenschaft:* sondern es verhält sich zu dieser, wie ein Bruchstück zum Ganzen. Wenige Menschen besitzen Wissenschaft; aber ein Wissen um mancherlei Dinge hat durchaus jeder, indem er das Anschauliche, die Erfahrung, das sich darbietende Einzelne in sein abstraktes Denken aufnahm und seinem Gedächtniß einübte.

Aber nur wenn Einer sich die Aufgabe macht, über irgend eine Art von Gegenständen eine ganz vollständige und erschöpfende Erkenntniß *in abstracto* zu erlangen, strebt er nach *Wissenschaft*. Er muß zuvörderst diese Art von Gegenständen bestimmt aussondern; dies geschieht indem er sie unter *einen* Begriff bringt. Daher steht an der Spitze jeder Wissenschaft ein Begriff, der aus dem Ganzen aller möglichen Dinge die Gattung aussondert, von welcher sie eine vollständige Erkenntniß *in abstracto* verspricht. Z. E. der Begriff der räumlichen Verhältnisse, – oder des Wirkens unorganischer Körper auf einander; – oder der Beschaffenheit der Pflanzen, – oder der Thiere, – oder der Steine – oder der Veränderungen des Erdballs sofern er nicht organisch ist – oder der Veränderungen des Menschengeschlechts im Ganzen und Großen – oder des Baues einer Sprache u. s. f. – Wollte nun die Wissenschaft die bezweckte vollständige Erkenntniß von ihrem Gegenstande dadurch erlangen, daß sie alle durch den Begriff gedachten einzelnen Dinge auch einzeln erforschte bis sie so allmälig das Ganze erkannt hätte; – so würde theils kein menschliches Gedächtniß dazu hinreichen; theils würde auch keine Gewißheit der Vollständigkeit zu erlangen seyn. Sie verfährt also anders. Wir haben oben gesehn wie die Begriffssphären einander einschließen, und durch den weitern, d. i. allgemeinern, alle in ihm liegenden engern mit gedacht werden und daher was vom Weitern gilt, auch von allen in ihm enthaltenen gilt. Die Wissenschaft sucht daher zuvörderst die in ihrem alleroberstem Begriff gedachten weitesten Begriffssphären bestimmt zu sondern und geht hauptsächlich auf diese, sucht ihre Verhältnisse zu einander festzusetzen und zu bestimmen; denn eben dadurch hat sie dann auch alle engeren, in jenen gedachten Begriffe im Allgemeinen bestimmt und kann nun, mittelst Aussonderung immer engerer Begriffssphären, auch das mehr Besondere genauer und genauer bestimmen. Dies ist der eigentliche Weg der Wissenschaft, durch den es möglich wird, daß sie ihren Gegenstand ganz umfasse und von allem ihm Angehörigen Rechenschaft gebe. Grade dieser Gang vom Allgemeinsten, zum weniger Allgemeinen, zum näher Bestimmten, zum Besonderen, ist es, der die Wissenschaft unterscheidet vom bloßen gemeinen Wissen: daher eben ist die Systematische Form, das planmäßige und geregelte Unterordnen der Lehrsätze, das wesentliche und karakteristische Merkmal der Wissenschaft als solcher. Die Kenntniß der Verhältnisse der oberen und allgemeinsten Begriffssphären jeder Wissenschaft giebt ihre obersten Sätze, und ist daher unumgängliche Bedingung ihrer Erlernung: hingegen wie weit man nun von jenen allgemeinsten Sätzen herabgehn will auf die näher bestimmten und sich auf das mehr besondere einlassen will, das ist insofern beliebig, als man dadurch nicht die Gründlichkeit seiner Kenntniß, sondern nur den Umfang seiner Gelehrsamkeit vermehrt. (Etwa ein Beispiel an der Chemie.) Die Zahl der obern Sätze, welche unmittelbar unter dem Hauptbegriff stehen, und von denen unmittelbar ausgegangen wird, ohne sie auf andere zurückzuführen, diese Zahl ist in den verschiedenen Wissenschaften sehr verschieden: sind solcher obern Sätze wenige, und werden unter diese wenigen die ganze große Zahl der die Wissenschaft überhaupt ausmachenden Sätze untergeordnet, so daß sie stufenweise von einander abhängen, so ist viel *Subordination* in der Wissenschaft; – sind hingegen der unmittelbaren und nicht weiter abzuleitenden Obersätze, deren jeder für sich anhebt, sehr viele; so ist viel *Koordination* in der Wissenschaft: in dieser Hinsicht nehmen jene der erstern Art mehr die *Urtheilskraft;* diese der zweiten Art mehr das *Gedächtniß* in Anspruch. – Schon den Scholastikern war es bekannt, daß nimmermehr eine Wissenschaft von einem einzigen Obersatz ausgehn kann, aus welchem nachher alles andre folgte; sondern daß sie mehrere, wenigstens zwei unmittelbare Sätze haben muß; aus diesem Grunde, daß zum Schlusse zwei Prämissen gehören, die *propositio major* und die *minor*, welche beide zuvörderst gegeben seyn müssen, und dann sich erst aus ihrer Zusammenstellung der Schluß zu Stande bringen läßt.

Die meiste Subordination der Sätze finden wir in den eigentlich klassifizirenden Wissenschaften, z. B. in der Zoologie: die Klassifikation aller Thiere, gemäß der Bestimmung einiger wesentlicher Haupttheile derselben, ist, in der neuesten Zeit, von den Franzosen, bewundernswürdig weit gebracht, so daß wir z. B. in Dumérils Handbuch der Zoologie *[Zoologie analytique ou méthode naturelle de classification des animaux, par A. M. Constant Duméril, Paris* 1806; übersetzt Weimar 1806] die ganze Thierwelt in gewisse Tabellen gebracht sehn, welchen gemäß jeder von den vielen tausenden Thierspecies ihre bestimmte Stelle anzuweisen ist. Eben an diesen zoologischen Tabellen sieht man ganz eigentlich wie von wenigen einfachen Hauptsätzen ausgehend, durch immer nähere Bestimmungen, mehr und mehr zum Einzelnen fortgeschritten und zuletzt Alles im

Hauptbegriff der Wissenschaft nur allgemein Gedachte durchgängig bestimmt wird: daher hat auch die Zoologie eben nur in der neusten Zeit durch die Franzosen vollkommen wissenschaftliche Gestalt erhalten. – Ebenfalls ist sehr viel Subordination in der *Botanik*, wie sie sich Linnée zurechtgelegt hat. Auch in der Physik und Chemie findet sich viel Subordination sofern eine bestimmte und nicht große Zahl von Grundkräften und Grundeigenschaften der Körper und von Naturgesetzen oben an stehn und auf diese nun alles unorganische Wirken zurückgeführt wird. –

Hingegen ist eigentlich gar keine Subordination in der *Geschichte:* denn das Allgemeine in ihr besteht bloß in der Uebersicht der Hauptperioden, aus denen aber die besonderen Begebenheiten sich nicht ableiten lassen und ihnen nur der Zeit nach subordinirt, dem Begriff nach koordinirt sind. Daher ist, genau genommen, die Geschichte zwar ein *Wissen*, aber keine *Wissenschaft*. Alle Wissenschaften haben das Allgemeine zum Gegenstand, und wenn sie auch vom Besondern ausgehn, so ist es ihnen doch nur der Weg zum Allgemeinen: sie erheben sich immer zur *Gattung*, zur *Regel:* diese sind ihr Gegenstand, nie sind es Individuen. Aber der Gegenstand der Geschichte sind und bleiben Individuen: das Thun menschlicher Individuen und wären deren noch so viele. Dies sondert die Geschichte von allen andern Wissenschaften. Auch giebt sie nicht, was wir oben als Merkmal der Wissenschaft aufstellten, ein Ganzes und Vollständiges der Erkenntniß über irgend eine Art von Gegenständen; sondern sie ist stets unvollendet und wächst ins Unendliche durch jeden neuen Tag den die Welt erlebt. Die Geschichte ist in gewissem Sinn der Gegensatz der Philosophie: denn diese trachtet nach einem höchst allgemeinen Wissen vom Wesen der Welt, in welchem, wenn es erlangt ist, alles Einzelne und Besondre schon mit gedacht und mitbestimmt ist, es mag nun in der Erscheinung sich so oder anders gestalten: die Philosophie ist ein geschlossenes Wissen: die Thatsachen können nichts hinzuthun. Hingegen ist die Geschichte durchaus nie geschlossen noch vollständig: sie ist ein unaufhörliches Anhäufen von Thatsachen, die alle einzeln und für sich betrachtet werden, so identisch auch das innre Wesen derselben seyn mag. Wegen dieses Gegensatzes zwischen

Philosophie und Geschichte haben Philosophen und Historiker nie einander sehr hoch geschätzt. Schon Plato persifflirt oft das Historische Wissen, das er Archäologie nennt, und worin besonders die Sophisten sich hervorthaten. Inzwischen war Hume Historiker und Philosoph – auch Leibnitz machte historische Forschungen. Wenn ein Historiker sein Studium für das Mittel zur Erlangung der Weisheit oder der Kenntniß des wahren Wesens der Dinge ausgeben wollte, so könnte man ihn fragen: »und wenn ich nun gelebt hätte, *ehe* alle diese Dinge sich zutrugen, hätte ich dann nothwendig weniger weise werden müssen?« – In der *Mathematik* kommt man zwar durch bloße Begriffe nicht weit, und das Wesentliche dieser Wissenschaft läßt sich nicht in wenigen Obersätzen allgemein ausdrücken; sondern bei ihr bedarf es durchgängig der Anschauung im Raum und des Zählens und Rechnens mittelst der Zeit. Inzwischen sind, bei der Eukleidischen d. h. der allgemein geltenden Behandlung derselben die Axiome oben an gestellt, als allein indemonstrable Obersätze: die folgenden Lehrsätze sind zwar nicht aus ihnen abgeleitet, werden aber doch unter Voraussetzung derselben bewiesen, dann wieder die spätern unter Voraussetzung der frühern; so daß das Ganze doch ein wissenschaftliches System bildet. Der Wahrheit nach hebt freilich jeder Lehrsaz wieder eine neue räumliche Konstruktion an, die von der vorigen unabhängig ist und eigentlich auch völlig unabhängig von ihr erkannt werden kann, aus sich selbst, in der reinen Anschauung des Raumes, in welcher auch die verwickeltste Konstruktion eigentlich so unmittelbar evident ist, wie das Axiom, wie ich oben bei Erörterung des Grundes des Seyns ausführlich gezeigt. Inzwischen bleibt jeder mathematische Lehrsatz doch eine allgemeine Wahrheit, welche auf unzählige Fälle anwendbar ist; sodann ist auch bei jener Methode, ein stufenweiser Gang von den einfachen Sätzen zu den komplicirten beobachtet worden, und ist bei jeder Methode der Mathematik wesentlich: überhaupt also ist die Mathematik in jeder Hinsicht Wissenschaft.

Also wir haben gesehn, daß bei einigen Wissenschaften weit mehr Subordination der Sätze ist als bei andern, wo mehr Koordination ist. Aber die Vollkommenheit einer Wissenschaft als solcher, d. h. der Form nach, besteht eben darin, daß so viel als möglich Subordination der Sätze sei, und wenig Korrdination: löst sich hingegen alles in Koordination auf, wie bei der Geschichte, so fällt die Wissenschaftlichkeit ganz weg weil diese eigentlich in der Form liegt: es bleibt dann ein geregeltes, aneinander gereihtes Wissen übrig.

Das allgemein wissenschaftliche Talent ist demnach die Fähigkeit, eine Masse gegebener Erkenntnisse in Begriffssphären zu bringen und diese so zu ordnen daß sie nach ihren verschiedenen Bestimmungen subordinirt sind; so daß eine Uebersicht des Ganzen in den Verhältnissen der weitesten Begriffssphären zu einander dargelegt ist, und diesen immer andere Begriffe subordinirt sind, so daß man auf immer nähere Bestimmungen herabgehn kann, unter stetem Zuwachs des Umfangs der Erkenntniß, und steter Bestätigung, aber zugleich speciellerer Erkenntniß der obersten Sätze. Durch ein solches eigentlich wissenschaftliches Verfahren und Ordnen, wird dann erfüllt was *Platon* wiederholt anempfiehlt und einschärft (besonders [in] *Philebo pp* 219–223, *ed. Bip.* [16c–18d]), daß nämlich, wenn man eine gründliche wissenschaftliche Erkenntniß haben wolle, es nicht hinreichend sei *ein Allgemeines* zu erkennen und dann gleich unmittelbar unter diesem eine unübersehbare *Mannigfaltigkeit* des unter jenem Allgemeinen zu denkenden *Besondern* zusammenzustellen; sondern daß die Erkenntniß allmälig und stufenweise herabschreiten müsse vom Allgemeinsten zum Besondern, durch Mittelbegriffe und (nach immer näheren Bestimmungen gemachte) Eintheilungen.

Kant empfiehlt eigentlich dasselbe, wiewohl in ganz anderen Ausdrücken. Er stellt nämlich zwei entgegengesetzte Gesetze der wissenschaftlichen Untersuchung und Erkenntniß auf; nämlich das Gesetz der *Homogeneität* und das der *Specifikation:* und will daß beide schon ursprünglich unsrer Vernunft anhängen und [»und« bis »entsprechen müssen« ist mit Bleistift durchgestrichen] sogar in ihnen die Beschaffenheit der Dinge anticipirt werde, d. h. daß sie transscendentale Regeln seyn, denen die Dinge der Natur allezeit entsprechen müssen. Das Gesetz der *Homogeneität* besteht, nach Kant darin, daß ungeachtet der Mannigfaltigkeit und unendlichen Verschiedenheit der Dinge, wir dennoch in ihnen eine Einheit ihrer Grundeigenschaften und

Bestimmungen *voraussetzen* sollen, von welcher Einheit sodann alle jene Mannigfaltigkeit sich durch immer nähere Bestimmungen ableiten läßt: daß wir also nicht, indem wir große Verschiedenheiten der Dinge bemerken, sie sogleich auch als ursprüngliche und grundverschiedene Wesen ansehn und setzen sollen; sondern, daß wir durch Aufmerken auf die Aehnlichkeiten und Uebereinstimmungen der Dinge, Arten erfassen, diese eben so zu Gattungen, diese zu Geschlechtern vereinigen sollen, bis wir zu den obersten Einheiten, zu den weitesten Alle befassenden Begriffen gelangen. Als Ausdruck dieses *Gesetzes der Homogeneität*, nimmt Kant die alte philosophische Regel: *entia praeter necessitatem non esse multiplicanda* [Man darf die Anzahl der seienden Wesenheiten nicht ohne Not vergrößern]. (Erläuterung.) Diesem Gesetz der Homogeneität, stellt nun Kant ein anderes entgegen, das Gesetz der *Specifikation*. Jenes gebot zu den Gattungen heraufzusteigen und das Identische im Verschiedenen zu erkennen: dieses, umgekehrt gebietet zu den Arten herabzusteigen, über das Identische in den Dingen ihre Verschiedenheiten nicht zu übersehn, sondern sie diesen gemäß wohl zu unterscheiden und zu sondern. Als Ausdruck dieses Gesetzes giebt Kant an: *entium varietates non temere esse minuendas* [Man darf die Varietäten der seienden Wesenheiten nicht unnötig vermindern (Kritik der reinen Vernunft, B 684)]. Wir sollen demnach nicht Alles gleich identifiziren, sondern die unter einen viel umfassenden Geschlechtsbegriff vereinigten Gattungen und wiederum die unter diesen begriffenen höhern und niedern Arten wohl unterscheiden, auch nicht irgend einen Sprung machen und etwa gar die niederen Arten unmittelbar unter den obersten Geschlechtsbegriff subsumiren; sondern stets bedenken, daß jeder Begriff immer noch, durch Hinzufügung von Merkmalen, einer Eintheilung in Unterarten fähig ist; und sogar nie ein Begriff unmittelbar auf die Anschauung herabgeht. (Kant Kritik der reinen Vernunft *p* 673–687 [A 645– 659].) Beispiele solcher immer näheren Bestimmungen und dadurch Sonderungen der Begriffe in Unterabtheilungen hat Platon sehr oft in seinen Dialogen gegeben, besonders im Sophista, auch im Politicus. Kant bemerkt sehr richtig daß die Individualität oft mehr das eine als das andre Gesez befolgen macht: besonders spekulative Köpfe, gern die

Arten identifiziren, der Ungleichartigkeit feind, gern zur Einheit der Gattungen gehn: das ist, sobald es nicht gemäßigt wird, sehr gefährlich, wie an manchen Philosophen aus der Schellingschen Schule zu beobachten. Wenn man aber gar dahin kommt, daß man Alles in Allem sieht, dann hat man schon einen Schritt zum Wahnsinn gethan. – Umgekehrt sind die empirischen Köpfe dem Gesetz der Spezifikation sehr geneigt, sie gehn unermüdet der Mannigfaltigkeit der Erscheinungen nach, sondern und unterscheiden unaufhörlich, häufen den Stoff und das Beobachtete, und kommen nicht zu Resultaten. Die meisten Menschen sind empirische Köpfe, haben daher eigentlich nur für das ganz Einzelne Sinn und Empfänglichkeit. Allgemeine Wahrheiten, Grundsätze, Ansichten im Großen und Ganzen sind ihnen ganz unverständlich. Indem man nun also nach Kants Anweisung diesen beiden Gesetzen, der Homogeneität und der Specifikation auf gleiche Weise Genüge leistet, wird man seinen Erkenntnissen die wissenschaftliche Form geben, also eigentliche Wissenschaft aufstellen können.

Eben daraus nun daß dieses die eigentlich wissenschaftliche Vollkommenheit ausmacht, ergiebt sich, daß der *Zweck der Wissenschaft* nicht größere *Gewißheit* ist: denn diese kann auch die abgerissenste einzelne Erkenntnis eben so sehr haben; – sondern *Erleichterung* des Wissens durch die Form desselben und dadurch gegebene Möglichkeit der *Vollständigkeit* des Wissens. Wissenschaftlich ist unsre Erkenntniß dann, wann sie vom Allgemeinen auf das Besondere herabgeht, wann wir den vorliegenden Fall durch Anwendung einer Regel entscheiden, und daher, durch Anwendung derselben Regel tausend ähnliche Fälle entscheiden können: da hingegen die bloße empirische Erkenntniß zwar vom einzelnen Fall eben so viel weiß und eben so gut gilt; aber auch nur auf diesen einzelnen Fall sich erstreckt und auf keinen andern anzuwenden ist, auch bei irgend einer Modifikation des Falls uns ganz verläßt oder falsch wird. Z. B. Es kann Einer empirisch wissen daß bei der Vergiftung durch Blausäure Salmiakgeist augenblicklich angewandt helfen kann: aber wer der Chemie kundig ist, weiß daß Salmiakgeist, Ammonium ist, *alcali volatile*, daß es unter allen Alkalien die stärkste Verwandschaft zur Blausäure hat, und daher sie neutralisirt, d. h. ihre Existenz als Säure aufhebt und sie nun nur noch als blausaures Ammonium, folglich als Salz fortbesteht und dann nicht tödtet: er weiß auch daß in Ermangelung derselben ein andres Alkali wohl ähnliche Dienste leisten könnte, daher mit gehöriger Vorsicht angewandt werden mag. (Ein andres Beispiel etwa aus der Zoologie.)

Es kann einer gelernt haben, nach der Formel eine Quadratwurzel auszuziehn; aber er versteht die Formel selbst nicht, weiß sie nicht abzuleiten, zu konstruiren, und kann daher, falls er sie vergessen hat, sie nicht von Neuem zusammensetzen, kann auch nicht nach Analogie derselben die Formel zur Ausziehung der Kubikwurzel konstruiren: wer hingegen die Arithmetik wissenschaftlich inne hat, kann dieses alles. – Das Wesen und Eigenthümliche der *Wissenschaft*, was sie von allem andern *Wissen* unterscheidet, ist also nicht etwa eine größere Gewißheit (denn die kann wie gesagt *et cetera);* sondern es ist die *Form*, bestehend in der *Systematischen Einheit* des Wissens, der zufolge alle Erkenntnisse einer Art im Allgemeinen gefaßt sind und nun aus diesem Allgemeinen alles Einzelne als darunter begriffen erkannt wird. Das *Wesen* der Wissenschaft als solcher ist also eben ihre *Form*. Von dieser haben wir bisher geredet und kommen jetzt zur Betrachtung der *Begründung der* in den *Wissenschaften* enthaltenen Erkenntnisse, haben also überhaupt die Art der Begründung der Urtheile zu betrachten. Oben nämlich bei Betrachtung der vier Bedeutungen des Satzes vom Grund, fanden wir, als wir die logische Bedeutung jenes Satzes vornahmen, wo er vom Erkenntnißgrund gilt, daß die *Wahrheit* sei die Beziehung eines Urtheils auf etwas außer ihm: wir fanden zudem, daß diese Begründung der Urtheile, viererlei Art seyn könne, und daß es demnach gebe logische, empirische, metaphysische und metalogische Wahrheit.

*Von der Begründung des Wissens
und den Quellen der Evidenz.*

Jetzt also von der *Begründung* der den Stoff der Wissenschaften ausmachenden Urtheile.

Der den Wissenschaften, wie gezeigt, eigenthümliche Weg der

Erkenntniß, vom Allgemeinen zum Besondern, bringt es mit sich, daß in ihnen Vieles durch Ableitung aus vorhergegangenen Sätzen, also durch *Beweise* begründet wird: Wir wollen daher zuvörderst das Wesen des *Beweises* und die Erfordernisse desselben untersuchen. Weil aber der Beweis von Begriffen ausgeht und zu Begriffen führt, so ist *vor* dem Beweise erforderlich daß man die Begriffe kenne, auf die er sich bezieht, damit man wisse, wovon die Rede sei. Die genaue Bekanntschaft mit den Begriffen, auf die sich der Beweis bezieht, macht man durch die *Definition*. Daher wir zuvörderst die *Definition* und dann den *Beweis* betrachten wollen.

Eine *Definition* ist die Angabe, was in einem Begriff gedacht wird. Da sie in Worten mitgetheilt wird, Worte aber immer Begriffe bezeichnen; so besteht jene Angabe auch nur in Hinweisung auf andre Begriffe, die bekannt seyn müssen. Da was *in* einem Begriff gedacht wird in unsrer bildlichen Darstellung der Begriffe, ausgedrückt wird durch die weitere Sphäre die einen Begriff umfaßt; so fängt die Definition damit an, daß sie eine weitere Sphäre angiebt, in welcher der Begriff liegt: d. h. sie giebt das *genus* an, aber das nächste *genus*, weil [sie] ihrem Gegenstande so nah als möglich kommen muß. Das *definiendum* [das zu Definierende] sei »Pferd«, so giebt sie als *genus* »vierfüßiges Säugethier«. Also versetzt den Begriff in diese Sphäre. Sodann bestimmt sie ihm seinen eigenen Ort in dieser Sphäre indem sie angiebt was ihm allein zukomme unter den zu diesem *genus* gehörigen Begriffen; d. h. sie giebt die *differentia specifica*. Die wäre hier »mit ungespaltnem Hufe und kurzen Ohren.« Also das Haupterforderniß jeder Definition ist *genus et differentia*. Von der Definition verschieden ist die *Beschreibung*, welche durch eine Menge von Begriffen (die dann *Attribute* heißen) eine specielle Kenntniß des zu Beschreibenden giebt [Daneben am Rand: (ein Pferd beschreiben, dem der keins kennt; und es definiren ist zweierlei).], die der Anschauung so nahe wie möglich zu kommen sucht: doch kann sie solche nie erreichen, und vollständige Erkenntniß giebt immer nur die Anschauung. Die Definition ist eine bloße Grenzbestimmung des Begriffs: sie giebt seinen Ort unter den andern Begriffen genau an. Es ist unrichtig Definition durch *Erklärung* zu übersetzen: dies ist ein viel zu allgemeiner Ausdruck, unter dem ganz andre Dinge verstanden werden, davon *suo loco*. Jede Mittheilung von Kenntniß über einen gegebenen Gegenstand ist Erklärung.

Jede *Definition* muß ein allgemeines, vollständiges analytisches Urtheil seyn; also ein identisches Urtheil, wo das Prädikat alles Wesentliche angiebt was im Subjekt gedacht ist. Daher muß die Definition sich rein konvertiren und rein kontraponiren lassen. Also: Alle vierfüßigen warmblütigen Thiere mit ungespaltnem Hufe und kurzen Ohren sind Pferde; und: Kein nicht vierfüßiges warmblütiges *et cetera* ist ein Pferd. Die Fähigkeit auf Verlangen von jedem Begriff eine Definition zu geben, erfordert nicht so sehr Scharfsinn als Uebung: durch diese erlangt man allmälig die Fertigkeit von einem gegebnen Begriff aus den zunächst weiteren zu finden, dessen Sphäre den zu definirenden umschließt, und sodann das Merkmal welches ihn innerhalb dieser Sphäre von andern unterscheidet, die eben dort liegen. Ohne Uebung und Fertigkeit hierin kann selbst der Gescheuteste durch die plötzliche Forderung einer Definition, in augenblickliche Verlegenheit gerathen (oft in Disputationen): er kennt den Begriff vollkommen, aber weiß nicht den weiteren zu finden, innerhalb dessen Sphäre er liegt und ihn dort abzustechen. Z. B. Die Definition des *Scherzes*?? Scherz ist eine absichtlich veranstaltete, nichts andres als Lachen bezweckende kurze Täuschung. – Die Fähigkeit zu definiren ist also Fertigkeit jeden Begriff in einen weitern schieben zu können: fordert bloß Uebung.

Die Erfordernisse zu einer richtigen Definition sind:
1) Sie soll adäquant seyn: d. h. grade das Definiendum enthalten und weder mehr noch weniger, sonst ist sie entweder *zu weit* (*latior suo definito* [weiter als das Definirte]) oder *zu eng* (*angustior s. d.* [enger als das Definirte]). Ist sie *zu weit*, so entfällt sie mehr als das *definitum;* dann läßt sie sich nicht rein konvertiren: »Pferd ist ein warmblütiges vierfüßiges Thier mit ungespaltnem Hufe«. – Enthält die Esel mit. – Ist sie zu eng; so enthält sie weniger als das *definitum* und läßt sich nicht rein kontraponiren: Z. B. »Pferd ist ein warmblütiges vierfüßiges Thier mit ungespaltenem Hufe, kurzen Ohren und dunkler Farbe«. Die Schimmel sind ausgeschlossen.
2) Die Definition darf *keinen Cirkel* machen. Das *defi-*

niendum darf nicht in der Definition wieder vorkommen, gleichviel ob es mit demselben Worte, [oder] mit einem andern bezeichnet wird. Z. B. »Menschlich ist, was zu den eigenthümlichen Beschaffenheiten des Menschen gehört.« »Botanischer Garten ist ein dem Zweck der Botanik gewidmeter Plaz.« Es ist ein Cirkel wenn ich den Raum definire »als die Ordnung der Dinge die zugleich existiren und außereinander sind«. Denn im *außereinander* liegt eben schon die Kenntniß des Raums, und das *außereinander* ließe sich nicht definiren ohne eben den Raum unter diesem oder einem andern Namen hineinzubringen.

3) Sie muß den Begriff durch *wesentliche Merkmale* bestimmen, eben durch sein *genus [et] differentia*, nicht durch zufällige, wenn auch diese zur Unterscheidung hinreichen: z. B. »Pferd ist, was die Europäische Kavallerie trägt«.

4) Sie darf *kein negatives Urtheil* seyn: d. h. nicht den Begriff durch lauter negative Bestimmungen erklären. Denn sonst setzt sie ihn nicht in eine bestimmte Sphäre, als sein *genus*, hinein; sondern bloß aus andern heraus. Oft aber macht die Beschränkung unsrer Erkenntniß es nöthig zum Theil negative Bestimmungen zu gebrauchen, wenigstens in der Angabe der *differentia*. (Hier könnte noch von der Eintheilung der Begriffe geredet werden: ein unfruchtbares Kapitel.)

Jetzt vom *Beweise (probatio, αποδειξις)*. Im allgemeinen nennt man jede Nachweisung des Grundes zu einem Urtheil so: sie sei anschaulich oder abstrakt, rein oder empirisch. Aber im engern Sinn ist Beweis die Begründung eines Urtheils durch ein andres, und zwar die mittelbare, wo das andre Urtheil nicht ganz nahe liegt, sondern noch mehrere dazwischen treten müssen. Also: die Ableitung einer Wahrheit aus einer andern schon zugestandenen oder bekannten. Diese Ableitung kann offenbar nur durch Schlüsse geschehen. Jeder Beweis ist also eine Verkettung von Schlüssen.

Bei den Beweisen kommen also zwei Stücke in Betracht:
1) Jene Wahrheit *aus der* abgeleitet wird, *fundamentum probationis*, Beweisgrund: und 2) die Ableitung selbst, die Beweisführung, *argumentatio*. In erster Hinsicht ist der Beweis entweder κατ' ανϑρωπον [nur persönlich gültig], oder κατ' αληϑειαν [der objektiven Wahrheit nach gültig]. In zweiter Hinsicht ent-

weder *ostensiv* oder *apagogisch*. Dies ist nun auseinanderzusetzen.

1) Die Wahrheit aus der ich im Beweise ableite, ist entweder eine objektive, allgemeingültige Wahrheit: dann ist mein Beweis κατ' αληθειαν, *secundum veritatem*. Nur ein solcher Beweis hat eigentlich Werth und wahre Gültigkeit. – Oder aber die Wahrheit aus der ich ableite gilt bloß für den *dem* ich beweisen will, mit dem ich etwa disputire: er hat nämlich irgend einen Satz entweder als Vorurtheil ein für allemal angenommen, oder auch im Disputiren voreilig ihn zugegeben und auf diesen Satz gründe ich meinen Beweis: dann beweise ich bloß κατ' ανθρωπον, *ad hominem:* ich zwinge meinen Gegner mir meinen Satz zuzugeben, aber ich begründe keine allgemein gültige Wahrheit: mein Beweis gilt für den Gegner, aber sonst für Niemand. Ist z. B. der Gegner ein strenger Kantianer und ich gründe meinen Beweis auf einen Ausspruch Kants, so ist er an sich nur *ad hominem*. Ist er ein Mahomedaner, so kann ich meinen Beweis auf eine Stelle des Korans gründen und das ist für ihn genug; aber immer nur *ad hominem*. Ein Beispiel eines *argumentum ad hominem* aus der alten Philosophie findet sich im Briefe des Epikurs an den Menoeceus, der aufbewahrt ist im 10. Buch des Diogenes Laertius: – Epikur polemisirt gegen des Theognis berühmtes Epigramm:

> *Αρχην μεν μη φυναι επιχθονιοισιν αριστον,*
> *Μηδ' εσιδειν αυγας οξεος ήελιου·*
> *Φυντα δ' όπως ωκιστα πυλας Αϊδαο περησαι*
> *Και κεισθαι πολλην γαιαν εφεσσαμενον*
> [Gar nicht geboren zu sein, für Irdische wär' es das Beste,
> Und niemals in den Strahl brennender Sonne zu schau'n;
> Doch geboren, geschwind in die Pforten des Hades zu dringen
> Und im lastenden Kleid unter der Erde zu ruh'n.
> (Theognis, Vers 425 fg.)]

und sagt nun: *ει μεν γαρ πεποιθως τουτο φησι, πως ουκ απερχεται εκ του ζην; εν έτοιμω γαρ αντω τουτο εστιν, ειπερ ην βεβουλευμενον αυτω βεβαιως· ει δε μωκωμενος (irridens), ματαιος, εν τοις ουκ επιδεχομενοις* [Denn wenn er das aus Überzeugung sagt, warum scheidet er nicht aus dem Leben? Denn das steht ihm ja frei, wenn anders er dazu fest entschlossen wäre; wenn es ihm aber nicht damit ernst ist, so ist er bedeutungslos und kommt nicht in Betracht]. –

2) In Hinsicht auf die Beweisführung ist er *ostensiv*, oder *apagogisch:*

1. *Ostensiv, direkt*, wenn ich die zu beweisende Wahrheit gradezu aus einer andern ableite. Dies ist die natürlichste und einfachste Art des Beweises, welche auch die unmittelbarste Evidenz giebt.

2. *Apagogisch* [Daneben am Rand: *Apagoge* ist das Gegentheil der *Epagoge* (Induktion). Diese begründet einen allgemeinen Satz durch Aufzählung vieler Fälle die ihn bestätigen: jene stößt ihn um durch Nachweisung *eines* Falles wo er nicht gilt.] ist der Beweis wenn er eine Wahrheit bloß dadurch begründet, daß er die Falschheit ihres Gegentheils zeigt. Man stellt also zuvörderst ein der zu beweisenden Wahrheit kontradiktorisch entgegengesetztes Urtheil auf: dann beweist man dessen Falschheit, was schon geschehn kann dadurch daß man irgend eine Folge daraus ableitet, die aber anerkannt falsch ist: denn sind die Folgen nicht wahr, so ist es auch der Grund nicht. Dann endlich schließt man, nach dem Satz des ausgeschlossenen Dritten, von der Falschheit dieser Behauptung auf die Wahrheit der ihr kontradiktorisch entgegengesetzten, welche eben die zu beweisende war. Der Beweis heißt apagogisch, weil er abführt von der falschen Behauptung und dadurch, also indirekt, auf die wahre hin. Diese Beweisart steht vielen Fehlern offen. Denn erstlich muß die kontradiktorische Opposition beider Urtheile völlig gewiß seyn, und ausgemacht daß *non datur tertium* [eine dritte Möglichkeit besteht nicht]: was oft nicht so leicht ist, und da kann eine bloß konträre Entgegensetzung schon für eine kontradiktorische genommen werden. Wie z. B. »Die Welt ist entweder durch Gott oder durch Zufall da«; – und auf der reinen Kontradiktion beider Sätze ruht die ganze Beweiskraft. Sodann ist die Falschheit des opponirten Urtheils darzuthun: Endlich habe ich so nur eine negative Wahrheit, die an sich viel weniger auf die Erkenntnis wirkt als eine positive; und von dieser schließe ich nun erst auf die positive. – Man hat daher apagogische Beweise möglichst zu ver-

meiden und ostensive, direkte zu suchen. Die Euklidische Geometrie ist voll von apagogischen Beweisen, was eben keine Empfehlung für sie ist.

Die *Anforderungen* an die Beweise sind folgende:

1) In Hinsicht auf das *fundamentum probationis* [Grundlage des Beweises]: es muß eine wirklich ausgemachte Wahrheit seyn, und keine die man fälschlich dafür ausgiebt: der Fehler hierin ist eben die *petitio principii* [Erschleichung des Beweisgrundes] von der oben bei den Sophistikationen geredet. Der falsche Satz, den man zum Grunde legt, heißt πρωτον ψευδος, *error radicalis* [Grundirrtum].

2) Der Beweis muß abhängen vom *fundamentum probationis*, aber nicht auch umgekehrt dieses wieder von jenem: der Fehler hiegegen ist der *Cirkel im Beweise*: auch *Diallele* genannt. Da wird z. B. *A* bewiesen durch *B*, *B* durch *C*, *C* durch *D*, *D* durch *E*, und nun *E* wieder durch *A*. Also das was eben zu beweisen war, soll zuletzt wieder der Beweisgrund des ganzen Beweises seyn. So beweist man die Wahrheit der Bibel aus ihrer Göttlichkeit, diese aus den Wundern und diese wieder aus der Bibel. Cartesius bewies die Wahrheit aller *deutlichen Vorstellungen* (also auch die Realität der angeschauten Welt) aus der Wahrhaftigkeit Gottes, welcher der Urheber unsrer Vorstellungskräfte und unsrer Vorstellungen sei. Aber das Dasein Gottes bewies er aus der *deutlichen Vorstellung* von ihm als dem *ens realissimum* [das allerrealste Wesen], die wir von Natur hätten. Es giebt viele Wahrheiten die so zusammenhangen, daß jede derselben zum Beweis der andern dienen kann. Das ist aber kein Cirkel im Beweisen. Es ist nur gleichviel welcher von beiden Wahrheiten man sich zum voraus versichert habe. Aber eine von beiden muß schon ausgemacht seyn. So kann man, daß die Erde eine Kugel sei, daraus beweisen, daß sie einen runden Schatten wirft. Und auch umgekehrt hieraus, daß sie eine Kugel sei. [Offenbar eine Flüchtigkeit Schopenhauers; er wollte wohl schreiben: Und umgekehrt dies hieraus, daß sie eine Kugel ist.] In der Mathematik sind solche Fälle häufig. Ein andrer Verstoß gegen diese Anforderung ist das ὑστερον προτερον [Verwechslung des Früheren mit dem Späteren], es besteht darin daß man den zu beweisenden Satz zum *fundamentum probationis* macht, und gegentheils die-

ses aus jenem beweist; also den Satz beweist, aus dem, was aus ihm hätte bewiesen werden sollen.

3) Es muß wirklich das bewiesen seyn, was zu beweisen war, nicht etwas anderes und ähnliches, das ist *heterozetesis;* sodann nicht mehr und nicht weniger. Bei der *heterozetesis* wird das *punctum quaestionis* [der fragliche Punkt] misverstanden, entweder absichtlich oder zufällig; man nennt solche Verdrehung des Streitpunkts auch *fallacia ignorationis elenchi* [Täuschung durch Unkenntnis der Widerlegungsgesetze]; wiewohl Aristoteles darunter etwas andres verstand, wie oben gezeigt. – *Zu viel* ist bewiesen, wenn aus dem Beweise zwar die behauptete Wahrheit folgt, aber zugleich auch noch andre offenbar falsche Sätze. Z. B. die Sündlichkeit des Selbstmordes daraus: »was ich mir nicht gegeben habe, darf ich mir auch nicht nehmen«: – daraus folgt, daß ich mir kein Glied amputiren, keinen Zahn ausziehn lassen kein geerbtes Gut veräußern darf. *Qui nimium probat, nihil probat* [Wer zuviel beweist, beweist nichts]. *Zu wenig* ist bewiesen, wenn der Beweis unzulänglich ist und nur ein Theil der Behauptung folgt. Z. B. Wer beweist daß die drei Winkel im Triangel nicht mehr als zwei rechte betragen, hat noch nicht bewiesen daß sie gleich zwei rechten sind: er muß noch beweisen daß sie nicht weniger betragen.

4) Die Form der Beweisführung allein betreffend, so muß in den Schlüssen richtige Konsequenz und in der Kette derselben keine Lücke seyn (kein Sprung, *saltus in probando* [Sprung in der Beweisführung]), ausgenommen wenn es eine solche ist, die die gesunde Vernunft eines Jeden und selbst ergänzt. Außerdem ist das durch einen Sprung gewonnene eine *Erschleichung*.

Dieses eben hat den alten Irrthum veranlaßt, daß nur das Bewiesene vollkommen wahr sei und jede Wahrheit eines Beweises bedürfe: welcher Irrthum eben zusammenhängt mit jenem schon erwähnten, daß die wissenschaftliche Erkenntniß sich vor andern durch größere Wahrheit auszeichne, weil sie nämlich auf Beweisen, d. h. auf Ableitungen aus andern Sätzen beruhe.

(Rekapitulation des Vordersatzes, über den ersten Irrthum.)

Nun ist es aber grade umgekehrt: nicht jede Wahrheit bedarf eines Beweises; sondern im Gegentheil, jeder Beweis bedarf einer unbewiesenen Wahrheit, auf die er sich stützt, entweder unmittelbar oder mittelst andrer Beweise, deren letzter auf einer unbewiesenen Wahrheit ruht. Daher ist eine *unmittelbar* begründete Wahrheit der durch einen Beweis begründeten so vorzuziehn, wie Wasser aus der Quelle dem aus dem Aquädukt. *Unmittelbar* begründet kann eine Wahrheit aber allein werden durch Anschauung, indem nämlich alsdann, da die Wahrheit stets Eigenschaft eines *Urtheils*, also abstrakte Erkenntniß ist, die ursprüngliche Uebertragung der anschaulichen Erkenntniß in die abstrakte geschieht, welches das Werk der Urtheilskraft ist. Auszunehmen ist hier ganz allein die ursprüngliche Erkenntniß der Denkgesetze, welche den Stoff der Logik ausmacht, denn diese schöpft die Vernunft unmittelbar aus sich selbst, also unmittelbar aus der abstrakten Erkenntniß, nicht aus der anschaulichen. – Außerdem aber ist die Quelle aller Wahrheit, folglich auch die letzte Grundlage aller Wissenschaft *Anschauung*: diese ist, wie wir wissen, theils reine, *apriori*, wie sie die Mathematik begründet; theils empirische, *aposteriori* wie sie alle andern Wissenschaften begründet. Der Quell der Wahrheit und der Ursprung aller Erkenntniß in den Wissenschaften sind also nicht die bewiesenen Sätze, noch ihre Beweise; sondern es sind jene aus der Anschauung unmittelbar geschöpften und auf ihr, statt alles Beweises gegründeten Urtheile: diese sind in den Wissenschaften das, was im Weltgebäude die Sonne ist: denn von ihnen geht alles Licht aus, von welchem erleuchtet die andern wieder leuchten. Diese erste unmittelbare Uebertragung der anschaulichen Erkenntniß in die abstrakte zu vollziehn; – unmittelbar aus der Anschauung die Wahrheit solcher ersten Urtheile zu begründen, solche Grundvesten der Wissenschaft aus der unübersehbaren Menge realer Dinge herauszuheben; – das ist das Werk der *Urtheilskraft*.

Ueber die Urtheilskraft.

Diese nämlich ist eben das Vermögen, das anschaulich Erkannte, das Jedem offen steht, richtig und genau ins abstrakte Bewußtsein zu übertragen, es in wahre, der Anschaulichen Erkenntniß genau adäquate, sie richtig treffende *Urtheile* abzusetzen: die

Urtheilskraft ist demnach das *vermittelnde Vermögen* zwischen Verstand und Vernunft. Sie setzt das anschaulich Erkannte in angemessene Begriffe für die Reflexion ab und fixirt es in ihnen, dergestalt, daß nun das Gemeinsame vieler realen Objekte durch *einen* Begriff gedacht wird; andrerseits das Verschiedene in allen jenen Objekten wieder durch andre jenem untergeordnete Begriffe; so daß also das Verschiedene, trotz einer theilweisen Uebereinstimmung, doch als verschieden; dann aber wieder das in ihnen allen Identische, trotz einer theilweisen Verschiedenheit, doch als Identisch erkannt und gedacht wird, alles gemäß dem Zweck und den Rücksichten die jedesmal obwalten. Ueberhaupt liegt der Urtheilskraft ob, den *Vergleich* anzustellen zwischen der anschaulichen und abstrakten Erkenntniß, nicht bloß beim Bilden eigner Urtheile, oder beim Anwenden derselben auf das Einzelne, das Anschauliche, die Erfahrung; sondern auch beim *Prüfen* fremder gegebner Urtheile, wo sie diese mit dem Anschaulichen, darauf sie sich beziehn, vergleicht: wer bei solchem Vergleich die Richtigkeit oder Falschheit gegebner Urtheile treffend zu erkennen fähig ist, von dem sagt man, er habe *ein gesundes Urtheil*, ein *richtiges Urtheil*.

Machiavelli sagt *Il principe* c. 22, es giebt drei Arten von Köpfen: 1) die selbst etwas ausfinden, erfinden, erdenken: die haben schöpferische Denkkraft, sie sind aber so selten, daß sie bloß als Ausnahme vorkommen: 2) solche, die zwar ersteres nicht vermögen; aber die, wenn man ihnen Wahres und Falsches vorlegt, das Richtige erkennen und ergreifen: die haben Urtheilskraft: sind selten genug: 3) solche, die weder das eine noch das Andre können, sondern bloß Tappen und Nachbeten: es sind die meisten. Merkwürdig, daß Hesiodus ganz dasselbe sagt: εργα και ημεραι [Werke und Tage], V. 293, *seqq.*

Kant hat sehr richtig die Urtheilskraft eingetheilt in *reflektirende* und *subsumirende*. Die Urtheilskraft ist *reflektirend*, wenn sie, auf die eben gezeigte Weise, von den anschaulichen Objekten ausgeht, die Begriffe findet durch die sie alle zu denken sind, und diese zu richtigen Urtheilen verbindet; also vom anschaulichen den Uebergang macht zum Abstrakten: aus den gegebenen Fällen die Regel findet. Sie ist *subsumirend*, wenn die Begriffe und Urtheile ihr schon anderweitig gegeben sind, und sie nur unter den anschaulichen Objekten auszufinden hat, was unter jene Begriffe gehört und was nicht: also *den Fall unter die Regel* zu bringen, zu subsumiren hat, zur Regel die Fälle findet: statt daß die *reflektirende* Urtheilskraft aus den gegebenen Fällen die Regel, die allgemeine Wahrheit, die Fundamentalwahrheit, zu erfinden hat.

Offenbar ist das Geschäft der reflektirenden Urtheilskraft ungleich schwerer. Aus unzähligen einzelnen Thatsachen allgemeine Regeln abstrahiren, die in jedem Fall richtig sind und zutreffen, ist etwas, dazu wenige fähig sind, es setzt schon eine philosophische Anlage voraus. Daher auch ist es eine ganz andre Sache über einen vorkommenden einzelnen Fall ein richtiges Urtheil zu fällen, oder aber die Wahrheit dieses Urtheils zu begründen, dadurch daß man es ableitet aus *allgemeinen* Regeln oder Wahrheiten, die Gründe *apriori* dazu aufstellt. Daher wieder kann es geschehn, daß Einer einen richtigen Satz aufstellt, aber fehlgreift in den Gründen aus denen er wahr ist und also eine ganz falsche Argumentation giebt: die Widerlegung dieser ist dann ein bloßer Gegenbeweis κατ' ανθρωπον, *ad hominem* [nur persönlich gültig], nicht *ad rem* [der Sache nach]: der Satz kann doch wahr seyn aus andern Gründen. Daher ferner stimmen Alle ziemlich genau überein in den speciellern Sätzen der Moral und des Naturrechts; aber die allgemeinen Grundsätze, aus denen diese folgen, sind bei Jedem andre: die wahren zu finden ist Sache des ächten Philosophen. Eben so weiß jeder Mensch bei welchen Gelegenheiten er sein Lachen anzubringen hat, auch sein Weinen: aber die allgemeinen Regeln aufzustellen, nach denen jedesmal gelacht und geweint wird, ist ein Problem, dessen Lösung noch bis heute von jedem originellen Philosophen aufs Neue versucht wird. – Jeder ist sich der Regeln als Gefühl bewußt, oder auf eine anschauende Weise, aber hat nicht die reflektirende Urtheilskraft die sie in abstrakte Sätze zu bringen vermag. – Eben daher endlich sehn wir kluge und gewandte Geschäftsleute einzelne Fälle höchst richtig, fein und treffend entscheiden und behandeln; aber die Gründe ihrer Entscheidung anzugeben, und aus ihnen die Entscheidung abzuleiten, vermögen sie nicht: der Arzt und der Professor. Die Klugheit der Weltleute hat immer nur einzelne Fälle zum Stoff: will man sie zu allgemeinen Sätzen bringen, so sind sie verloren: denn das erfordert reflektirende Urtheilskraft. Hume erzählt von Oliver Cromwell, daß dieser Mann, der die bewundrungswürdigste Klugheit und Feinheit in Geschäften und Thaten zeigte, ein ganz erbärmlicher Redner war, nur undeutliches, konfuses und langweiliges Gewäsche vorbrachte: im Handeln war er zu Hause: alles nämlich blieb Sache des Verstandes der unmittelbar das Einzelne in allen seinen Beziehungen erkennt, und es fehlte an reflektirender Urtheilskraft, die jene Klugheit in die abstrakten Begriffe der Vernunft absetzte. Diese dagegen hatte Rochefoucauld: daher seine treffenden Maximen und Reflexionen über das Weltleben: eben so Machiavelli. [Fußnote: Die meisten Menschen haben für allgemeine Sätze keine Empfänglichkeit. Sie kleben ganz am Besondern. Alle ihre Urtheile sind partikular. Sie erheben sich nicht zu allgemeinen Wahrheiten.] Stärke derselben aber ist es ganz allein, welche das menschliche Wissen wirklich fördern und erweitern kann: nur durch die Kraft dieser reflektirenden Urtheilskraft, wird aus der Menge der Gegenstände in der Natur, aus dem Haufen der Thatsachen, aus der Komplikation der einzelnen Fälle, das in ihnen allen Gemeinsame, die Regel, das Naturgesetz, die in allen Fällen sich äußernde Naturkraft erkannt: und dies geschieht allemal nur durch Einzelne, seltene Individuen, die mit einer das gewöhnliche Maas weit überschreitenden Stärke der Urtheilskraft versehn sind: sie allein werden Entdecker neuer, wichtiger Wahrheiten: hingegen Thatsachen sammeln, auffallende Phänomene entdecken, kann Jeder der gesunde Sinne und gesunden Verstand hat; und Sätze aus Sätzen folgern, Schließen, Beweisen kann Jeder der gesunde Vernunft hat. Allein jene Stärke der reflektirenden Urtheilskraft der wir alle großen Entdeckungen und wichtigen Wahrheiten danken, erscheint nur als Ausnahme in Einzelnen und kommt dem Menschen, wie er in der Regel ist, gar nicht zu: der gewöhnliche Mensch [Hier folgte ursprünglich, später mit Tinte wieder ausgestrichen: die Fabrikwaare der Natur, wie ihn jeder Tag zu Tausenden hervorbringt...] kann zwar zufällig [eine] wichtige Thatsache entdecken, kann aber nie eine neue Einsicht unmittelbar erfassen und offenbaren. [Hier folgte ursprünglich, später mit Tinte wieder ausgestrichen: so wenig als ein Kastrat ein Kind zeugen kann.]

Ja selbst die bloß *subsumirende Urtheilskraft*, der die Regel, der Begriff, das Abstrakte gegeben wird; und der zugleich die Anschauung die Fälle in Menge darbietet: und der nun bloß obliegt zu sehn ob diese Fälle unter die Regel gehören, ob im Begriff-das in der Anschauung sich darstellende, wirklich und richtig gedacht ist, und wirklich unter ihn gehört: – selbst diese subsumirende Urtheilskraft, ist kaum dem gewöhnlichen Menschen zuzuerkennen: wenigstens ist sie bei den meisten höchst schwach. Denn wir sehn ja ihr Urtheil, selbst da wo nicht wie meistens ihr Interesse es gänzlich besticht; bloß durch Autorität geleitet: sie treten in die Fußstapfen Anderer, sagen noch was sie von Andern sagen hören, geben ihren Beifall, ihren Tadel durchaus nur nach fremdem Beispiel: wird geklatscht, so klatschen sie mit; wird gepfiffen, so pfeifen sie auch; sehn sie daß Einem nachgelaufen wird, so fragen sie weiter nicht warum, sondern laufen mit nach: sehn sie Einen verlassen, so hüten sie sich zu ihm zu treten. Vielleicht kommt im Leben der allermeisten Menschen gar kein Fall vor, von dem sich sagen ließe, sie hätten einmal bloß nach Gebrauch ihrer eignen Urtheilskraft sich bestimmt und entschieden. *(Ad libitum.)* [Bezieht sich auf den folgenden, mit Bleistift durchgestrichenen Satz, der nach Belieben weggelassen werden sollte] Sie sind wirklich den Schaafen ähnlich, die dem Leithammel nachgehn: ist der über eine Hecke oder Graben gesprungen, so springen sie alle drüber: ist er aber umgekehrt, so kehren sie alle um. Die vorlautesten Schreier sind die Leithammel. Darum können Literarische Zeitungen bestehn, wo die Leute von Ungenannten und Unbekannten, die unverschämt genug sind, sich unberufen zu Richtern aufzuwerfen, und feige genug, nicht anonym geschriebne Bücher anonym anzugreifen, sich vorurtheilen lassen, was sie nachurtheilen sollen: und so kommt es daß die Kränze des Ruhms bei der Mitwelt die Journalisten vertheilen, nämlich Kränze die etwa so lange grün bleiben als der Jahrgang des Journals circulirt: aber die immergrünen Kränze, die nicht mit Schaumgold wie die Weihnachtsbäume geziert sind, sondern mit ächtem Golde, und die unversehrt ein Jahrhundert nach dem andern kommen sehn und nicht verwelken: diese Kränze werden nicht von Journalisten ausgetheilt, – sondern vom eigenen innern Werth und Verdienst. Wenn das nicht so wäre, wie wäre es denn zu begreifen, daß jede neue von ihrem eignen Glanze erhellte und mit ewiger Kraft ausgerüstete Wahrheit, trotz dem allen jedesmal einen so kräftigen Widerstand erleiden mußte vom alten hergebrachten Irrthum? – Studieren Sie die Geschichte der Wissenschaften, da werden Sie sehn, wie jede neue, wichtige Wahrheit, einen Riesenkampf zu bestehn hatte bei ihrem Auftritt: Erstlich findet sie ganz taube Ohren, wird gar nicht beachtet: dann wird ihr im Triumph das Idol des alten Irrthums entgegengehalten, daß sie davor versteinern soll, wie vor dem Gorgonenhaupt: weil sie das nicht thut, so erhebt sich nun das allgemeine Geschrei wider sie, sie wird geleugnet und verdammt. Wie kommt sie dennoch zuletzt durch? – Dadurch daß im Fortgang der Zeit Einzelne mit Urtheilskraft begabte Männer, sie, dem Haufen zum Trotz, anerkennen, selbst sich anderweitig Autorität erwerben, und nun endlich ihr Urtheil, ihre Autorität die Menge bestimmt. Das geht aber sehr langsam, und gewöhnlich kommt es dahin erst dann, wann der Urheber sein Märtyrerthum vollendet hat und von seinem sauren Tagewerk ruht. Wollen Sie Beispiele: rufen Sie sich die Geschichte von Galiläi, von Kopernikus zurück. Lesen Sie die Geschichte der Entdeckung des Blutumlaufs von Harvey, und der Anerkennung derselben 30 Jahre nachher. Die ganze Litterargeschichte zeigt ja überall dasselbe, und zeigt wie viel Urtheilskraft der gewöhnliche Mensch hat. Oder wollen Sie ein ganz frisches Beispiel, dessen allmäligen Fortgang und Entwikkelung Sie wohl hoffentlich alle noch erleben werden, da Sie noch viel Zeit vor sich haben. Es ist die Göthische Farbenlehre. In ihr hat der größte Mann den unser Jahrhundert in ganz Europa; und der größte den Teutschland durch alle Jahrhunderte hervorbrachte; in ihr hat Göthe den alten Irrthum der Newton'schen Farbentheorie, auf das klärste, bündigste, faßlichste widerlegt. Sein Buch liegt seit zehn Jahren da: ich, und seitdem noch einige Wenige, habe dessen Wahrheit anerkannt und öffentlich bezeugt. Die übrige gelehrte Welt hat einmüthig jener Lehre den Stab gebrochen und hält fest am alten Newton'schen *Credo*. Durch ihr Benehmen in dieser Sache bereitet sie der

Nachwelt herrliche Anekdoten. – So wenig Urtheilskraft ist wesentliches Eigenthum des Menschen als solchen. Wenn nun aber ihr Mangel meistens durch die Krücke fremder Autorität ersetzt wird; so hat sie außerdem noch einen positiven Feind im Innern, *am eigenen Willen*, an der Neigung. Es ist der Mühe werth zu betrachten, *wie sehr die Neigung, das Urtheil besticht*, selbst in den einfachsten Fällen, denn es ist unglaublich. Lassen Sie uns diese Betrachtung anknüpfen an einen sehr schönen Ausspruch des Bako von Verulam. Baco sagt *Novum organum Lib.* I, [49]: *intellectus luminis sicci non est; sed recipit infusionem a voluntate et affectibus: id quod generat ad quod vult scientas: quod enim mavult homo, id potius credit. Innumeris modis, iisque interdum imperceptibilibus affectus intellectum imbuit et inficit.* [Der Intellekt ist kein Licht, welches trocken (ohne Öl) brennte, sondern er empfängt Zufluß vom Willen und von den Leidenschaften: und dieses erzeugt die Erkenntnisse, je nachdem man sie zu haben wünscht: denn, was der Mensch gerne möchte, das glaubt er am liebsten. Auf unzählige und bisweilen unmerkliche Arten beeinflußt die Leidenschaft den Intellekt und infizirt ihn.] Das ist eine große Wahrheit. Unsre Neigung macht uns oft ganz unfähig etwas einzusehn, das ihr zuwider läuft. Dieses [»Dieses« bis »u. s. w.« ist fein mit Bleistift durchgestrichen] hat eben auch sich in dem Empfang der Göthe'schen Farbenlehre sehr bestätigt: denn – u. s. w. Der Wille ist der beständige Störer des Intellekts: 1) er hindert ihn und lähmt ihn wann er selbst lebhaft erregt ist, im Affekt oder Leidenschaft: 2) er zieht ihn ab vom vorgesetzten Thema zu seinem einstweiligen Lieblingsthema: – 3) er besticht ihn unvermerkt, bald gemäß einem Willensinteresse, bald nur gemäß einem theoretischen Interesse. Ersteres ist der Fall bei Partheien denen man anhängt, Entschlüssen die man gefaßt hat: da ergreifen wir zum voraus die Parthei oder den Entschluß, welcher sich mit unserm Vortheil oder Ansehn am besten verträgt und suchen hinterher Gründe auf, selbige Parthei andern und uns selbst als die richtige darzustellen: und nun stellt sich uns alles falsch dar, unser Verstand ist nur fähig die Gründe zu erkennen die unserm gefaßten Entschluß zusagen, für die andern ist er blind. Eben so im Theoretischen: haben wir eine Hypothese oder ein Vorurtheil ergriffen, so haben wir nur Augen für das was es bestätigt und sind fürs Gegentheil blind. Wir werden von diesem allen am deutlichsten überführt wenn durch zufällige Umstände ein Mal unser Interesse das Entgegengesetzte wird: dann sehn wir plötzlich alles im entgegengesetzten Lichte und wundern uns über unsre frühere Blindheit. So ist immer der Wille der heimliche Gegner des Intellekts: daher heißt reiner Verstand (reine Vernunft), ein solcher der frei ist von allem Einfluß des Willens, d. i. der Neigung, und daher bloß seinen eignen Gesetzen folgt: da spricht er richtig an. –

So sehr der Grad der intellektuellen Kraft in Jedem eine Gabe der Natur ist und dies den größten Unterschied konstituirt; so hängt doch vieles ab von der Leitung und Disciplin des Intellekts: darüber ist sehr lesenswerth *J. Locke, of the conduct of the understanding* im 3ten Band, seiner Werke 11te Ausg. London 1812: – wohl zu unterscheiden vom berühmten *essay on human understanding*.

Dieserwegen nun will ich Ihnen zuvörderst eine Regel geben, wie Sie es zu machen haben, wenn Sie Einen von einer Wahrheit überzeugen wollen, die in gradem Widerspruch steht mit einem Irrthum den er lebhaft festhält, und folglich mit seinem Interesse, welches entweder *material* ist, d. h. der Inhalt des Irrthums ist sein Vortheil, z. B. wenn er viele Leibeigene hat und Sie wollen ihm die Barbarei der Leibeigenschaft demonstriren; oder bloß *formal:* d. h. er haftet an der irrigen Meinung, bloß weil er einmal diese Meinung angenommen, und es läßt keiner sich gern seine Meinungen als falsch beweisen. Für solche Fälle nun ist die Regel leicht und natürlich, wird aber doch nicht beobachtet. Es ist diese: »*man soll die Prämissen vorhergehn lassen und die Konklusio folgen lassen*«. Meistens verfährt man grade umgekehrt. Aus Eifer, Hastigkeit und Rechthaberei schreien wir die Konklusion laut und gellend dem entgegen, der am entgegengesetzten Irrthum haftet. Hiedurch wird er nun gleich kopfscheu und stemmt nun seinen Willen gegen alle Gründe und Prämissen, die wir nachher beibringen und von denen er nun schon weiß, zu welcher ihm verhaßten Konklusion sie führen sollen. Damit ist denn alles verdorben. Unsrer Regel aber zufolge, sollen wir statt dessen die Konklusio ganz *in petto* behalten, sie zudecken und bloß die Prämissen geben, diese aber vollständig, deutlich, allseitig: die Konklusion aber spreche man gar nicht aus, sondern überlasse dem zu Ueberzeugenden selbst sie zu ziehn. Er wird dies nun nachher heimlich für sich thun, und desto aufrichtiger. Er giebt sodann leichter der Wahrheit Eingang, weil er nicht die Beschämung hat überzeugt worden zu seyn, sondern den Stolz sich selbst überzeugt zu haben. So leise muß die Wahrheit unter den Menschen auftreten. Ja noch mehr in hohen und gefährlichen Fällen, wo es nämlich gefährlich ist einem sanktionirten Irrthum zu widersprechen, ist es nicht genug die Konklusion nicht auszusprechen und sie zuzudecken: sondern man kann auch noch, nachdem man die Prämissen völlig gegeben, eine ganz falsche Konklusion ziehn, grade die dem sanktionirten Irrthum gemäß ist.

> Antony: *Yet Brutus says he was ambitious;*
> *And Brutus is an honourable man.*
> [Antonius: Doch Brutus sagt, daß er voll Herrschsucht war;
> Und Brutus ist ein ehrenwerter Mann.
> (Shakespeare, Jul. Caesar, III, 2)]

So handgreiflich der Betrug ist, wird er doch nicht sogleich bemerkt, eben weil die Leute so fest von dem Irrthum eingenommen sind; erst allmälig ziehn sie selbst die richtige Konklusion und die Wahrheit kommt an den Tag; denn der Grund des Erkennens zieht wie jeder Grund seine Folge nothwendig nach sich. (So hat es Kant gemacht.) Solche Schleichwege muß auf dieser Welt die Wahrheit gehn.

Selbst unsre Leiden entstehn großen Theils daraus, daß wir so leicht und so fest glauben was wir wünschen, und uns dann grämen wenn es doch, wie in der That leicht vorherzusehn war, nicht eintrifft; und daß wir umgekehrt, so schwer glauben, was wir zu fürchten haben, so schwer vorhersehn, was uns bedroht; in guten Tagen keine Vorkehrungen treffen gegen mögliches Uebel; – und nachher wenn es da ist, Himmel und Erde anklagen. – Diese wunderbare Herrschaft der Neigung, des Wollens über die Erkenntniß, das Urtheil, muß man an selbst gesehenen Beispielen der verstocktesten Verblendung Andrer kennen lernen, um sie ganz zu erfassen: sie wäre unerklärlich, wenn nicht, wie wir nun bald im 2ten Theil unsrer Betrachtungen sehn werden, der Wille das eigentlich Radikale des Menschen wäre, und die Erkenntniß bloß hinzugekommen, als das zweite. Man muß leider sagen: Ein Gran Wille wiegt mehr als 1000 Gran Erkenntniß. Was seinem Willen zuwider läuft, das ist Jedem meistens unmöglich einzusehn; und was seinem Willen gemäß ist, daran hält er fest. Weiterhin werden Sie einsehn, wie im Menschen der Wille das Radikale ist; die Erkenntniß nur wie der Schaum, von ihm aufgetrieben, leicht auf der Oberfläche ruht. Den Menschen durch die Erkenntniß beizukommen, hält entsetzlich schwer; darum hat die Wahrheit einen so schlimmen Stand in der Welt: daher ist es eine Riesenarbeit durch die Erkenntniß den Menschen beikommen zu wollen. Der bequeme Weg hingegen ist, sich an ihren Willen zu wenden: man besteche nur den Willen; dann ist die Erkenntniß überzeugt und alles gewonnen. Wer bei den Menschen Gunst erlangen will, der sage ihnen nicht, was wahr ist, sondern, was sie gern hören. –

Auch in Hinsicht auf *die eigne Lebensklugheit* ist es von sehr großem Nutzen, sich dieses große Uebergewicht des Willens über die Erkenntnis deutlich gemacht und fest eingeprägt zu haben. – Z. B. Wenn Sie bei einer Angelegenheit Jemand um Rath fragen; so müssen Sie nicht bloß überlegen, ob er wohl *Einsicht* über die Sache hat; sondern vor Allem, ob er wohl irgend eine *Absicht*, ein Interesse, und sei es noch so klein, dabei möglicherweise haben kann: denn dann ist 100 gegen 1 zu wetten, daß seinen Rath nicht seine *Einsicht* bestimmen wird, sondern seine *Absicht*. Dies geschieht sogar ohne daß er selbst sich dessen deutlich bewußt ist. So wie Sie ihn fragen, was Sie zu thun haben, tritt augenbliklich in sein Bewußtsein, was dabei *seinem* Vortheil gemäß ist, darüber kommt seine eigentliche unparteiische Erkenntniß über das was *Ihrem* Vortheil gemäß zu thun wäre, gar nicht zur Sprache: er sucht nun augenbliklich Sie zu dem zu überreden, was seinen Wünschen entsprechend ist: dabei bildet er sich vielleicht selbst ein, bloß nach seiner Einsicht zu rathen, und doch ist es bloß seine Absicht, sein Wille, der seine Rede lenkt und seinen Rath besticht. Darum nun, wenn er auch hierin irrt, und nicht merkt welchen Ursprungs sein Rathschlag sei; so ist es gut, daß *Sie* es merken:

sein eignes Zeugniß darüber, ob er nach Einsicht oder nach Absicht rede, ist inkompetent [und] ungültig: aber das Zeugniß seines objektiven Interesses ist gültig: dies, sein Verhältniß, müssen Sie darüber befragen, d. h. nachsinnen ob er irgendwie ein Interesse bei der Sache haben kann; und ist es der Fall, so müssen Sie annehmen, daß er aus Absicht, nicht aus Einsicht rede: denn so groß ist das Uebergewicht des Willens über die Erkenntniß. Dieses ist so groß, daß einer offenbare Lügen sagen kann, ohne im Augenblick sich dessen eigentlich bewußt zu seyn: Sie müssen nicht meynen, daß wer lügt, es stets mit deutlicher Absicht und Ueberlegung thue: nein: fragen Sie einen über etwas davon er Rechenschaft schuldig ist oder so etwas, so ist die Antwort welche ihm zuerst in die Gedanken kommt, nicht die welche der Wahrheit gemäß ist; sondern die welche seinem Willen gemäß ist; diese nicht nach der Wahrheit, sondern nach seinem Interesse abgefaßte Antwort fährt nun gleich heraus, ohne daß er einmal sich selbst gefragt habe ob sie wahr sei: der Wille bestimmt unmittelbar die Antwort, unmittelbar das Interesse bestimmt die Antwort, ohne daß bei der reinen Erkenntniß auch nur angefragt worden wäre: das ist die Entstehungsart der meisten Lügen, die eben deshalb mit so ehrlicher und natürlicher Miene gesagt werden. –

Auf dieser Uebergewalt des Willens über die Erkenntniß beruht nun wieder andrerseits, in Hinsicht auf Ihr eignes Reden folgende Regel: wenn Sie ein irgend paradoxes Urtheil aussprechen und Glauben finden wollen; so müssen Sie es ja nicht mit Heftigkeit aussprechen, sondern ganz kalt und ohne alle Leidenschaftlichkeit: denn alle Heftigkeit entspringt aus dem Willen, und dies fühlt Jeder: darum wird man ein heftig ausgesprochenes Urtheil Ihrem Willen zuschreiben und nicht Ihrer Erkenntniß: dann verliert es aber als Urtheil sogleich alles Gewicht, und steht nicht da als ein *datum* zur Erkenntniß der Beschaffenheit der Sache, sondern zur Erkenntniß Ihrer Absicht, Ihres Wollens. Denn eben weil das Radikale des Menschen der Wille ist und nicht die Erkenntniß; so wird man, wenn man Ihren Willen erregt sieht, viel eher glauben daß das Urtheil aus dem erregten Willen entsprungen sei, als umgekehrt daß die Erregung des Willens bloß aus dem Urtheil entsprungen sei. Also, wie gesagt.

Das Maas der Urtheilskraft eines Jeden ist durch die Natur

bestimmt: sie kann geübt werden und dadurch geschärft werden: aber sie kann nicht durch Regeln und Vorschriften beigebracht werden: denn sie ist ja eben die Fähigkeit entweder den Fall zur Regel, subsumirend; oder gar die Regel zum Fall, reflektirend, zu erkennen. Wenn man also auch für die Anwendung einer Regel, wieder eine Regel geben wollte, um die unmittelbare Urtheilskraft dadurch zu ersetzen; so bedürfte ja diese zweite Regel wieder eine Regel ihrer Anwendung und so *in infinitum*. Urtheilskraft ist also durch nichts Erlerntes zu ersetzen. – Weil der berühmte Logiker Petrus Ramus (im 16ten Jahrhundert) dem ersten Theil seiner Logik der die Regeln des Denkens angiebt; einen zweiten Theil der von der Urtheilskraft handelt beigefügt hat; so sagt man bisweilen, um anzudeuten daß es Jemandem bei aller Gelehrsamkeit am Urtheil fehle solcher Anwendung zu verschaffen: es fehlt *in secunda parte Petri* [es fehlt am zweiten Teil des Petrus (Ramus)]. –

Obwohl [»Obwohl« bis »ausgezeichneter Mangel« ist mit Bleistift durchgestrichen] nun eigentlich reflektirende Urtheilskraft das Eigenthum sehr Weniger ist; und auch die subsumirende Urtheilskraft sehr karg unter den Sterblichen ausgetheilt ist; so findet sich doch mitunter ein ganz ausgezeichneter *Mangel* derselben, und diesen bezeichnet das Wort *Einfalt*. Der Einfältige hat etwa einen Begriff oder eine Regel gefaßt, von der er ausgeht, und *verkennt* nun die theilweise oder relative *Verschiedenheit* der Dinge, sieht daher ganz verschiedene Dinge oder Fälle als identisch und will sie alle auf *eine* Weise behandeln: das ist eben einfältig. Oder umgekehrt, einige äußere, theilweise, relative *Verschiedenheit* der Dinge oder Fälle, macht ihn stutzig, so daß er nicht den Begriff finden kann unter den er sie alle zu denken hat, folglich auch nicht die Regel, nach der er sie alle zu behandeln hat: da steht dann wieder die Einfalt verlegen da: statt daß ein Bischen Urtheilskraft sich zurecht zu finden und aus der Sache zu ziehn weiß. *Witz* und *Scharfsinn* sind eben die Aeußerungen der Urtheilskraft und bezeichnen die Stärke derselben. Im Witz zeigt sich die reflektirende, im Scharfsinn die subsumirende Urtheilskraft.

Die *Urtheilskraft* ist also die *Vermittlerin* zwischen *Verstand und Vernunft*, d. h. zwischen der anschaulichen und der abstrakten Erkenntniß. [Schopenhauer verweist hier auf eine Seite weiter oben (S. 536) und notiert am Rand außerdem: Hier endigt die Episode von der Urtheilskraft.]

Wissenschaft ist immer Sache der abstrakten Erkenntniß; aber weil alles abstrakte Erkennen auf dem anschaulichen als seiner Basis ruht, jedes Urtheil sich, wenn auch nur durch die Vermittelung vieler andrer Urtheile, zuletzt auf einen Erkenntnißgrund der anschaulich und nicht mehr bloß gedacht ist, beziehn muß; so ist auch die letzte Quelle der Wahrheit in allen Wissenschaften nicht etwa ein Beweis; sondern eine nicht weiter beweisbare, unmittelbar anschauliche Erkenntniß. Die letzte *Begründung* der Urtheile einer Wissenschaft ist allemal etwas anschauliches: und die Begründung durch den Beweis ist immer nur mittelbar, stellvertretend. Beruhte die Wahrheit in der *Philosophie* auf Beweisen, so müßte sie eine Wissenschaft aus bloßen Begriffen seyn: so hat man sie auch ehemals definirt; selbst noch Kant. Allein alle Begriffe müssen doch zuletzt auf Anschauungen beruhen, aus denen sie abstrahirt sind: folglich muß auch die Quelle der Wahrheit [in] der Philosophie zuletzt Anschauung seyn: denn wo hätten wir Begriffe die rein *apriori* wären, d. h. aus gar keiner Anschauung abstrahirt wären, sondern ursprünglich als Begriffe im Bewußtsein daständen? – Ein Denken was sich durchaus auf keine Anschauung bezöge, wäre auch gar kein Denken mehr.

Beweise sind immer Schlüsse, sind die Ableitung eines bezweifelten Urtheils als Schlußsatz, aus schon zugestandenen Urtheilen, als seinen Prämissen. – Es kann aber keine Wahrheit geben, die unbedingt allein durch Schlüsse herauszubringen wäre; sondern so oft es etwa nothwendig ist, eine Wahrheit einzig und allein durch Schlüsse zu begründen; so liegt diese Nothwendigkeit nicht im Wesen der Sache, sondern ist nur relativ, ja bloß subjektiv. Daher ist für eine neue Wahrheit die man aufstellen will, oder die ein Andrer aufstellt, nicht zuerst ein Beweis zu suchen oder zu fordern, sondern unmittelbare Evidenz, Begründung aus der Anschauung; nur falls diese nicht gegeben werden kann, ist einstweilen ein Beweis aufzustellen, oder anzunehmen.

Durch und durch beweisbar kann gar keine Wissenschaft seyn; so wenig als ein Gebäude in der Luft stehn kann: alle ihre

Beweise müssen zuletzt auf etwas Anschauliches und daher nicht ferner Beweisbares zurückführen. Das sagte schon Aristoteles: *Metaph*. III, 6 [1011 a]; wo es heißt: λογον ζητουσι, ὧν ουκ εστι λογος· αποδειξεως γαρ αρχη ουκ αποδειξις εστι. [Sie suchen einen Beweisgrund für das, wofür es keinen Beweisgrund gibt; denn der Ausgangspunkt des Beweises ist nicht selbst ein Beweis.] Denn die ganze Welt der Reflexion ruht und wurzelt auf der anschaulichen Welt. In dieser liegt daher die letzte Quelle aller Wahrheit des Abstrakten. Jeder Begriff hat seinen Werth und sein Daseyn allein in der, wenn auch sehr vermittelten Beziehung auf eine anschauliche Vorstellung: was von den Begriffen gilt, gilt auch von den aus ihnen zusammengesetzten Urtheilen, und von den ganzen Wissenschaften. Daher muß es immer irgendwie möglich seyn, jede Wahrheit, die durch Schlüsse gefunden und durch Beweise mitgetheilt wird, auch ohne Beweise und Schlüsse unmittelbar zu erkennen. Es ist ein bisher sehr allgemein herrschend gewesner Irrthum, daß die Evidenz und Unfehlbarkeit der Mathematik, aus den Beweisen stamme, und auf ihnen beruhe, und daß man die Ueberzeugung von ihren Sätzen allein durch die Beweise erhalten. Ich habe aber oben bei Auseinandersetzung des Unterschiedes zwischen dem Grund des Erkennens und dem des Seyns in Zeit und Raum Ihnen dargethan, daß die wahre Natur der mathematischen Wahrheiten eine anschauliche sei, *apriori* und dadurch unfehlbar; daß daher die Beweise theils überflüssig, theils ein Nothbehelf sind für die Fälle wo durch die zu große Komplikation der Verhältnisse die anschauliche Evidenz, der Grund des Seyns zu versteckt liegt, und man sich daher an [einem] bloß logischen Beweis *daß* es so ist genügen lassen muß, dann aber eigentlich die Nothwendigkeit *warum* es so ist nicht einsieht; daß aber das von Euklid eingeführte Verwerfen aller anschaulichen Evidenz und durchgängiges Substituiren logischer Beweisführung [ein] Irrweg ist, – als ob sich einer die Beine abschnitte um mit Krücken zu gehn. – Es kann durchaus kein Wissen geben, was wesentlich und seiner Natur nach auf bloßen Beweisen beruhte: Die Nothwendigkeit dieser kann nur relativ seyn, und das aus einem Beweise Erkannte muß, wenigstens unter andern Umständen auch unmittelbar erkannt werden können, wo es dann durch bloße Anschauung begründet wird. Offenbar ist dies am schwersten bei manchen mathematischen Wahrheiten und Sätzen, zu denen wir allein an langen Schlußketten gelangen, indem wir sie bloß aus mehreren andern Sätzen erschließen, z. B. die Grundsätze zur Berechnung der Tangenten und Sehnen die jeden möglichen Bogen eines Cirkels einschließen, zu welchen Grundsätzen man gelangt mittels Schlüssen aus dem Pythagorischen Lehrsatze: Allein auch eine solche Wahrheit kann nicht ihrem ganzen Wesen nach bloß auf Begriffen und abstrakten Sätzen beruhen; sondern auch die ihr zum Grunde liegenden räumlichen Verhältnisse müssen für die reine Anschauung *apriori* so hervorgehoben werden können, daß man eine unmittelbare, anschauliche Erkenntniß ihrer Wahrheit erhält. Denn wir haben ja früher uns überzeugt daß die Nothwendigkeit aller mathematischen Wahrheiten ursprünglich eine anschauliche ist und ihrem wahren Wesen nach ganz allein anschaulich erkannt wird, während die logischen Beweise theils ganz überflüssig nebenher laufen, theils ein Nothbehelf sind, weil die anschauliche Erkenntniß in einem komplicirten Fall zu schwer zu erfassen ist. Gewiß bleibt aber daß Schlüsse nicht die ursprüngliche Quelle mathematischer Wahrheiten sind und daß auch hier eine unmittelbare Erkenntniß möglich ist. – Zweitens: ferner sieht man als allein durch Schlüsse gefunden und erreichbar manche *physikalische*, zumal *astronomische Wahrheiten* an. In der That ist die Ueberzeugung von ihnen allein durch Schlüsse mitteilbar. Dennoch ist ihr Ursprung eigentlich *Induktion*, επαγωγη, Aristot. Rhetor. Lib. II, c. 23. (Erklärung was Induktion sei.) *Induktion* ist eigentlich der Schluß von *vielen* Fällen auf die *Regel;* die Regel aber gilt von *allen* Fällen; also schließt die Induktion von *vielen* Fällen auf *alle*. Was zur Induktion berechtigt, ist die *Voraussetzung*, daß was in sehr vielen Fällen an einer Gattung von Dingen oder Naturereignissen gefunden worden; einen unbekannten Grund habe in einer dieser Gattung wesentlichen Eigenschaft, daher wie der Grund auch sämmtliche Folgen als wesentliches Stück der Gattung anzusehn sind. Bei allem was bloß durch Erfahrung erkannt wird, können nie *alle* Fälle bekannt seyn; sondern bloß *viele:* daher beruht alle Erfahrungswissenschaft auf *Induktion*. Da die Induktion zu den Fällen die Regel findet, so ist sie das Werk der *reflektirenden* Urtheilskraft. Beispiele: China heilt das Fieber: alle Metalle schwerer als Wasser: alle Thiere unvernünftig: Glas idioelektrisch: sieben Halswirbel bei allen Säugetieren. Der Induktion ähnlich und verwandt, aber doch von ihr verschieden, ist das Schließen nach *Analogie*. Diese ist das Werk der *subsumirenden* Urtheilskraft: denn sie geht darauf aus, einen einzelnen Fall oder Gegenstand unter eine schon bekannte Regel oder Begriff zu subsumiren und folglich sodann diesem gemäß zu beurtheilen. Wenn alle Bestimmungen des neuen Gegenstandes oder Falls bekannt sind und offenbar der Regel oder dem Begriff entsprechen, so bedarf es keines Schließens aus Analogie: hingegen [Dazu nachträglich: Schnabelthier ist ein Säugethier.] wenn der neue Gegenstand nur einige oder viele Bestimmungen zeigt, darin er übereinstimmt mit den schon bekannten Gegenständen von welchen der Begriff oder die Regel gilt, also mit der Gattung; so wird aus Analogie geschlossen, daß er auch die übrigen Bestimmungen mit ihnen gemein habe, folglich ebenfalls unter den Begriff paßt, zur Gattung gehört. Wie die Induktion so schloß: was *vielen* zukommt wird *allen* zukommen, und sonach die Regel feststellt; so schließt die Analogie so: wo *vieles* sich wie bei einer schon bekannten Gattung oder einem schon bekannten Dinge findet; da wird auch *alles* sich eben so finden, also das Ding zur selben schon bekannten Gattung gehören, ihr zu subsumiren seyn. Die leitende Voraussetzung hiebei ist, daß sämmtliche Bestimmungen die ein Ding unter eine schon bekannte Gattung versetzen einen gemeinsamen Grund haben im Wesen der Dinge dieser Gattung; wo also *viele* dieser Bestimmungen sich finden, schließt man auf das Vorhandenseyn dieses Grundes und daraus wieder auf das Daseyn auch *der übrigen* durch ihn herbeigeführten Bestimmungen. Z. B. daraus daß die Planeten gleich der Erde Rotation um die Axe, Laufbahn um die Sonne, Trabanten, Atmosphäre, Berge und Thäler haben, schließt man nach Analogie daß sie auch lebende Bewohner tragen, bringt sie also unter den Begriff der lebende Bewohner tragenden Weltkörper. *In summa*: die Induktion schließt so: »Wie viele, so alle«; und stellt die Regel auf. – Die Analogie schließt: »wo vieles, da alles«; und bringt den neuen Fall unter die Regel. Beide setzen voraus: Uebereinstimmung in vielen Stücken, ist Folge eines gemeinsamen Grundes. – Also ich sagte: alle Erfahrungswissenschaft beruht auf Induktion, und dies gilt auch von denjenigen physikalischen und astronomischen Wahrheiten, von denen eine Ueberzeugung nur mittelst Schlüssen mittheilbar ist, wie Sie gleich sehn sollen.

Induktion ist wie gesagt das Werk der reflektirenden Urtheilskraft, indem diese die in vielen Anschauungen gegebenen mannigfaltigen Thatsachen zusammenfaßt zu einem richtigen, unmittelbar begründeten Urtheil, folglich zu den vielen gegebenen Fällen die Regel auffindet. Dieses Urtheil, diese aufgefundene Regel wird nunmehr als Hypothese aufgestellt: bestätigt nun die Erfahrung in jedem ferner vorkommenden Fall, diese Hypothese, so giebt dieses einen Beweis für die Wahrheit derselben durch Induktion, der zwar nie ganz vollständig ist, aber der Vollständigkeit immer näher, ja zuletzt unendlich nah kommt. (Dies alles durch ein Beispiel zu erläutern.) Den Zusammenhang des Weltgebäudes, insbesondere unseres Sonnensystems, hat niemand unmittelbar durch Anschauung erkannt; sondern er ist bloß durch Schlüsse allmälig herausgebracht. Man hatte von den ältesten Zeiten her den vom Umlauf des ganzen Himmels abweichenden Gang der Planeten bemerkt: man sah sie vorrücken, zurückgehn, stille stehn: nun machte man viele Hypothesen über den eigentlichen Zusammenhang dieser Erscheinung, über die Bahn der Planeten. Die Erfahrung bestätigte aber diese Hypothesen nicht. Erst nach vielen falschen Zeichnungen ihrer Bahn, vielen falschen Hypothesen, gerieth man auf die richtige, indem man zugleich den ganzen Bau unsers Sonnensystems erkannte, und nun einsah wie die scheinbare Bewegung der Planeten theils von der Bewegung der Erde, theils von ihrem eignen Lauf um die Sonne abhängt: jetzt konnte man die Planetenbahn richtig zeichnen, ihren Lauf berechnen, und die Erfahrung mußte alle Tage die Hypothese bestätigen. Zuletzt erkannte man sogar die bei diesem Lauf wirkende Ursache, die Anziehungskraft der Sonne, die allgemeine Gravitation. Hier ward freilich die Wahrheit zuerst durch Schlüsse gefunden: d. h. Schlüsse dienten zur Auffindung der richtigen Hypothese: aber die Richtigkeit dieser Hypothese, ward darauf wieder durch vielfache Induktion, d. h. durch Anschauung der Thatsachen begründet. Aber auch in diesem Fall liegt die Nothwendigkeit durch bloße

Schlüsse zur Wahrheit zu gelangen nicht in der zu erkennenden Wahrheit selbst; sondern sie liegt bloß an unserm Standpunkt, ist mithin eine relative, ja eine subjektive Nothwendigkeit: denn alle diese astronomischen Wahrheiten, sind an sich einer ganz unmittelbaren Begründung durch empirische Anschauung fähig, welche uns bloß darum unzugänglich ist, weil wir nicht die Welträume durchfliegen können; sondern uns an den *datis* genügen lassen müssen, die wir auf unserm Standpunkt erhalten. Es bestätigt sich also wieder daß keine Wahrheit wesentlich auf bloßen Schlüssen beruhen kann; sondern diese Art der Begründung nur ein Nothbehelf ist, wegen Unzugänglichkeit der unmittelbaren Erkenntnis. –

Ein drittes von den zwei schon aufgestellten wieder ganz heterogenes Beispiel zur Erläuterung dieser Wahrheit mögen uns die eigentlichen metaphysischen Wahrheiten geben. Ich nehme diese Namen hier in Kants Sinne und verstehe darunter bloß dasjenige, was wir über den Lauf der Natur vor aller Erfahrung und *apriori* wissen und als nothwendig erkennen. Diese Erkenntnisse sind zum ersten Mal vollständig zusammengestellt in Kants metaphysischen Anfangsgründen der Naturwissenschaft: früher wurden dieselben in den Lehrbüchern der Physik in der Einleitung oder am Anfang vorgetragen, als ganz allgemeine Naturgesetze. Es sind z. B. diese Lehrsätze: Keine Veränderung geschieht ohne Ursache. – Ein Körper beharrt in dem einmal angenommenen Zustande immerfort, wenn keine Ursache ihn in einen andern versetzt. – Ein Körper den zwei in einem rechten Winkel gegeneinanderlaufende gleiche Kräfte ziehn, geht die Diagonale. – Wirkung und Gegenwirkung sind sich gleich. – Die Substanz d. h. die Materie kann weder entstehn noch vergehn; so daß ihr Quantum in der Welt stets unverändert dasselbe bleibt – u. dgl. m.

Alle diese Wahrheiten werden *apriori* erkannt, einzig und allein aus der Kombination und Verdeutlichung der uns allein *apriori* bewußten Formen der anschaulichen Vorstellung, welche keine andern sind, als Raum, Zeit und Kausalität. Kant, in der genannten Schrift stellt dennoch für einen jeden dieser Sätze einen Beweis auf. Es wäre aber sehr schlimm um uns bestellt; wenn wir nicht die Nothwendigkeit und Unumstößlichkeit dieser Sätze eher erkannt hätten, als Kant mit jenen Beweisen auftrat, die sämmtlich sehr schwierig, spitzfindig und wie auf einem Messerrücken einherschreitend sind, daher sie von wenigen gefaßt werden können, während jedoch keiner an der Wahrheit eines solchen Satzes zweifelt sobald man ihm nur deutlich macht was damit gesagt ist. Denn wenn irgend etwas keines Beweises bedarf, so ist es das *apriori* Gewisse: denn wir erkennen es ganz unmittelbar: es ist als die Form unsers Vorstellens uns mit der größten Nothwendigkeit bewußt. Z. B. [»Z. B.« bis »unmöglich an« ist mit Bleistift durchgestrichen] daß die Materie beharrt, ihr Quantum weder vermehrt noch vermindert werden kann, wissen wir unmittelbar, eigentlich als negative Wahrheit. Denn unsre reine Anschauung von Raum und Zeit giebt die Möglichkeit der Bewegung; unser Verstand giebt im Gesetz der Kausalität die Möglichkeit der Aenderung der Form und Qualität; aber zu einem Entstehn und Verschwinden der Materie gebricht es uns an Formen der Vorstellbarkeit, d. h. wir sehn es als schlechthin unmöglich an. Daher ist jene Wahrheit zu allen Zeiten, überall und Jedem evident gewesen, noch jemals im Ernst bezweifelt worden: was gar nicht seyn könnte, wenn sie keinen andern Erkenntnißgrund hätte als den schwierigen auf Nadelspitzen einherschreitenden Kantischen Beweis. Obendrein [»Obendrein« bis »§ 24« ist mit Bleistift durchgestrichen] aber ist dieser Beweis falsch: Kant leitet darin aus dem Antheil den die Zeit an der Möglichkeit der Erfahrung hat das Beharren der Substanz ab; da es vielmehr dem Antheil den der Raum an der Möglichkeit der Erfahrung hat angehört: wie ich es oben entwickelt habe, bei der Analyse des anschaulichen Vorstellens. Ich will Sie mit dieser Polemik nicht aufhalten; wen sie interessirt mag sie nachlesen in der meinem Hauptwerke angehängten Kritik der Kantischen Philosophie *p* 654 u. ff. [WI, S. 559 ff. [634 ff.]] – Eben so ist der Beweis den Kant giebt über das Gesetz der Kausalität selbst ganz falsch; ich habe ihn schon widerlegt Abhandlung § 24. [Vgl. G, § 23] – Es wäre wirklich schlimm wenn unsre Erkenntnis der Grundwahrheiten die den Lauf der Natur, das Mögliche und Unmögliche betreffen, abhienge von so überaus zugespitzten und schwierigen Beweisen, in denen selbst Kant irren konnte. Aber auch hier sind die Beweise durchaus nicht der

Quell der Wahrheit. Die eigentliche Begründung aller metaphysischen Wahrheiten, d. h. der abstrakten Ausdrücke der nothwendigen und allgemeinen Formen des Erkennens, kann nicht wieder in abstrakten Sätzen liegen, sondern nur unmittelbar in dem Bewußtseyn der Formen des Vorstellens, welches sich kund giebt durch schlechthin apodiktische und keine Widerlegung besorgende Aussprüche *apriori*. Verlangt man dennoch Beweise solcher metaphysischen Wahrheiten; so kann man vernünftigerweise darunter nur verstehn den Beweis daß wir uns jener Wahrheiten vor und unabhängig von aller Erfahrung, d. h. *apriori* bewußt sind. Dieser Beweis wird dann gegeben, indem man nachweist, in irgend einer unbezweifelten Thatsache des Bewußtseyns, oder in irgend einer allgemein anerkannten Wahrheit sei jene zu beweisende Kenntniß *apriori* schon als Theil, oder als Voraussetzung nothwendig enthalten. So bewies ich Ihnen oben, daß wir uns des Gesetzes der Kausalität *apriori* bewußt sind, daraus daß die Thatsache der Anschauung einer objektiven Welt, während die unmittelbare Empfindung nicht weiter reicht als der Umfang des eigenen Leibes, durchaus nur mittelst Anwendung des Gesetzes der Kausalität möglich ist und zu Stande kommt, folglich das Bewußtseyn desselben aller empirischen Anschauung als Bedingung vorhergeht. Also auch hier wird nicht die metaphysische Wahrheit selbst bewiesen, sondern bloß ihre Apriorität; es wird nachgewiesen daß wir sie vor aller Erfahrung schon wissen. – Also auch die Erkenntniß metaphysischer Wahrheiten beruht als solche nicht auf Beweisen. – Ueberhaupt sind Beweise weniger für die welche lernen, als für die welche disputiren wollen. Diese leugnen hartnäckig die unmittelbar und anschaulich begründete Einsicht. Weil nun die Wahrheit allein (eben wie die Natur deren Spiegel sie ist) nach allen Seiten konsequent seyn kann; so muß man Jenen zeigen, daß sie unter einer Gestalt und mittelbar zugeben, was sie unter einer andern Gestalt und unmittelbar leugnen; also den logisch nothwendigen Zusammenhang zwischen dem Geleugneten und dem Zugestandenen. Ein Hauptzweck des Beweisens ist also das *Ueberführen*.

Außerdem aber entspringt das Beweisen oft aus der eigenthümlichen wissenschaftlichen Form. Diese nämlich ist Erkenntniß des Allgemeinen und dadurch alles Besonderen, Unterordnung alles Besonderen unter ein Allgemeines und so immer aufwärts. Weil nun so das Einzelne nicht für sich untersucht, sondern seine Erkenntniß aus den allgemeinen Wahrheiten abgeleitet wird, so kommt es daß man die meisten Sätze nicht anders begründet als durch Nachweisung ihrer Folge und Abhängigkeit aus den allgemeinen Grundsätzen, also durch Schlüsse, welche eben schon Beweise sind. Man soll aber nie vergessen, daß diese ganze wissenschaftliche Form nur ein Erleichterungsmittel der Erkenntniß ist, nicht aber ein Mittel zu größerer Gewißheit. Wenn man die Beschaffenheit eines Thieres wissen will; so ist es leichter solche zu erkennen und anzugeben aus der Beschaffenheit seiner Art, sodann der Gattung, der Familie, des Geschlechts, zu dem es gehört und so aufwärts, als das einzelne Thier für sich von vorne an zu untersuchen und so seine Kenntniß anschaulich zu begründen: das ist eben der Nutzen der Wissenschaft. Aber die Wahrheit aller solcher durch Schlüsse abgeleiteten Sätze ist immer nur bedingt, weist auf eine andre zurück, und ist zuletzt abhängig von irgend einer Erkenntniß die nicht auf Schlüssen, sondern auf Anschauung unmittelbar beruht. Läge diese letztere uns immer so nahe als die Ableitung mittelst Schlüssen, so wäre sie durchaus vorzuziehn. Denn alle Ableitung aus Begriffen ist stets der Täuschung ausgesetzt, wegen des oben gezeigten mannigfaltigen Ineinandergreifens der Begriffssphären, und der oft schwankenden Bestimmung ihres Inhalts und ihrer Gränzen: Belege hiezu geben so viele Beweise falscher Lehren, und Sophismen jeder Art. – *Schlüsse* sind zwar der *Form* nach völlig gewiß: allein sie sind sehr unsicher durch ihre *Materie*, die Begriffe, weil sie immer nur den Zusammenhang zwischen Begriffen untereinander angeben, aber nicht den zwischen den Begriffen und deren Quelle, der Anschauung. Sodann sind auch die Sphären der Begriffe theils nicht scharf genug bestimmt, theils schneiden sie sich so mannigfaltig, daß eine Sphäre theilweise auf dem Gebiet vieler andern liegt, und man also willkürlich seinen Uebergang machen kann auf diese oder jene Sphäre und von da sodann weiter, wie bereits dargestellt. Dies heißt logisch ausgedrückt: der *terminus minor* kann verschiedenen Begriffen untergeordnet werden als seinem *medius;* eben so wieder der *medius* verschiedenen als seinem *major;* wonach denn der Schluß jedesmal ein andrer ist.

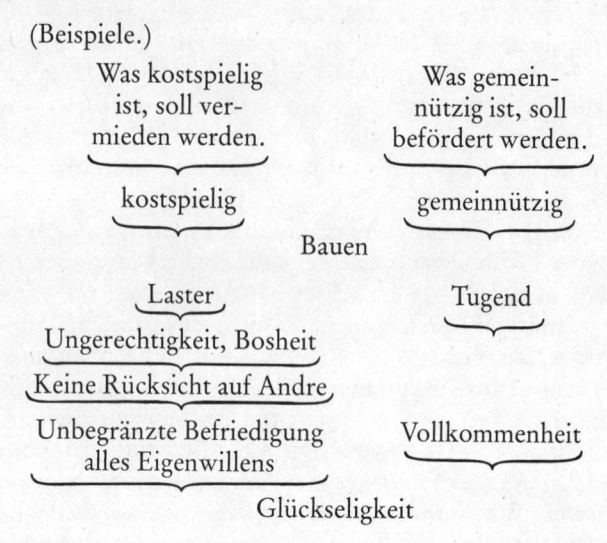

(Beispiele.)

Was kostspielig ist, soll vermieden werden.
︸
kostspielig

Was gemeinnützig ist, soll befördert werden.
︸
gemeinnützig

Bauen

Laster
︸
Ungerechtigkeit, Bosheit
Keine Rücksicht auf Andre
Unbegränzte Befriedigung alles Eigenwillens
︸

Tugend
︸

Vollkommenheit

Glückseligkeit

Aristoteles.

Ueberall folglich ist unmittelbare Evidenz der bewiesenen Wahrheit weit vorzuziehn, und diese nur da anzunehmen, wo jene zu weit herzuholen wäre, nicht aber wo sie eben so nahe oder gar näher liegt als diese. Daher [»Daher« bis »ziehn« ist mit Bleistift durchgestrichen] sahen wir oben, daß in der That bei der *Logik,* wo die unmittelbare Erkenntniß uns in jedem einzelnen Fall näher liegt als die abgeleitete wissenschaftliche, wir unser Denken immer nur nach dem unmittelbaren Bewußtsein seiner Gesetze vor sich gehn lassen, nicht aber die Logik wirklich dabei zu Rathe ziehn.

Von der *Evidenz der Mathematik* habe ich oben sehr ausführlich geredet und gezeigt, daß solche ihrem Wesen nach nicht auf Beweisen, sondern auf unmittelbarer Anschauung beruht, welche also dort, wie überall die Quelle aller Wahrheit ist. Die Anschauung jedoch welche der Mathematik zum Grunde liegt hat dadurch, daß sie keine empirische sondern reine *apriori* ist; einen ganz besonderen, sehr großen Vorzug vor aller übrigen. Ich meine nicht dieses, daß sie keinem Schein unterworfen ist; das ist schon oben erwähnt. Sondern dieses: daß während in der empirischen Anschauung die [in] Zeit und Raum zugleich liegt, alles immer successiv, nacheinander, folglich theilweise gegeben wird; in der mathematischen Anschauung hingegen alles auf einmal gegeben ist, alles gleich nahe ist, und man bei der Betrachtung ausgehn kann von wo man will.

Man kann also vom Grunde auf die Folge oder von der Folge auf den Grund gehn, nach Belieben. Dieses eben giebt der Mathematik eine völlige Untrüglichkeit, dadurch daß in ihr die Folge aus dem Grunde erkannt wird, welche Erkenntniß allein Nothwendigkeit hat: z. B. die Gleichheit der Seiten wird erkannt als begründet durch die Gleichheit der Winkel. Hingegen alle empirische Anschauung und die meiste Erfahrung geht umgekehrt nur von der Folge zum Grunde, welche Erkenntnißart nicht unfehlbar ist, da Nothwendigkeit allein der Folge zukommt, sofern der Grund gegeben ist, nicht aber der Erkenntniß des Grundes aus der Folge; da dieselbe Folge aus verschiedenen Gründen entspringen kann. Diese letztere Art der Erkenntniß ist immer nur Induktion; d. h. aus vielen Folgen, die auf einen Grund deuten, wird der Grund als gewiß angenommen: da die Fälle aber nie vollständig beisammen seyn können, so ist die Wahrheit hier auch nie unbedingt gewiß. Diese Wahrheit allein aber hat alle Erkenntniß durch sinnliche Anschauung und alle reine Erfahrung. Die Affektion eines Sinnes veranlaßt einen Verstandesschluß von der Wirkung auf die Ursache: – weil aber von der Folge auf den Grund kein sicherer Schluß ist; so ist hier der falsche Schein als Sinnentrug möglich und oft wirklich, wie ich oben gezeigt habe. Erst wenn mehrere oder alle fünf Sinne Affektionen erhalten, welche auf dieselbe Ursache deuten, so ist die Möglichkeit des Scheins sehr klein geworden, ist aber doch noch vorhanden, denn in manchen Fällen z. B. durch falsche Münze täuscht man die gesammte sinnliche Erkenntniß. Eigentlich ist alle empirische Erkenntniß, also die ganze Naturwissenschaft (ihren reinen Theil ausgenommen) meistens im selben Fall. Meistens nämlich sind die Wirkungen das Gegebene, von dem man ausgeht um die Ursachen zu finden: daher beruht die ganze Naturwissenschaft ursprünglich auf Hypothesen, die entweder durch Erfahrung und Experimente bestätigt werden, oder auch durch dieselben widerlegt; wo dann neue Hypothesen [an] die Stelle der alten gesetzt werden. Daher also, weil man von Folge auf Grund geht, konnte kein Zweig der Naturwissenschaft, z. B. Physik, Astronomie, Physiologie, auf ein Mal gefunden werden; wie es hingegen Mathematik und Logik konnten, wo man von Grund auf Folge geht; sondern bei jenen bedurfte und bedarf es der gesammelten und verglichenen Erfahrung vieler Jahrhunderte. In aller Erfahrungswissenschaft bringt erst vielfache empirische Bestätigung die Induktion, auf der die Hypothese beruht, der Vollständigkeit so nahe, daß sie zur Gewißheit wird. Alsdann aber ist dieser Gewißheit ihr Ursprung aus Induktion so wenig nachtheilig, als der Anwendung der Geometrie die Inkommensurabilität grader und krummer Linien, aber der Arithmetik die nicht zu erlangende vollkommene Richtigkeit des Logarithmus. Denn wie man die Quadratur des Cirkels und den Logarithmus, durch unendliche Brüche, der Richtigkeit unendlich nahe bringt; so wird auch durch vielfache Erfahrung die Induktion, d. h. die Erkenntniß des Grundes aus den Folgen, der mathematischen Evidenz, d. h. der Erkenntniß der Folge aus dem Grunde, unendlich nahe gebracht, und die Möglichkeit der Täuschung schwindet zu einer unendlich kleinen Größe. – Sinnliche Anschauung und empirische Wissenschaft haben also im Ganzen dieselbe Art der Evidenz. Der Vorzug, den Mathematik, Metaphysik der Natur, und Logik als Erkenntnisse *apriori* vor ihnen haben, beruht hauptsächlich darauf, daß das Formelle der Erkenntnisse, auf welchem alle Apriorität sich gründet, ganz und zugleich gegeben ist, daher hier immer vom Grunde auf die Folge gegangen werden kann, dort aber meistens nur von der Folge auf den Grund. An [»An sich« bis »*apriori* folgen« ist mit Bleistift durchgestrichen] sich ist übrigens das Gesetz der Kausalität, oder der Satz vom Grunde des Werdens, welcher die empirische Erkenntniß leitet, eben so sicher als jene andern Gestaltungen des Sazes vom Grunde, denen obige Wissenschaften *apriori* folgen. *Logische Beweise, aus Begriffen*, oder Schlüsse, haben eben sowohl als die Erkenntnis durch Anschauung *apriori* den Vorzug, *vom Grund auf die Folge* zu gehn; wodurch sie an sich, d. h. ihrer Form nach, unfehlbar sind. Dies hat viel beigetragen, die Beweise überhaupt in so großes Ansehn zu bringen. Allein diese Unfehlbarkeit derselben ist eine relative. Sie subsumiren bloß unter die obern Sätze der Wissenschaft. Diese aber sind es, welche *den ganzen Fond von Wahrheit* einer Wissenschaft enthalten; und sie dürfen nicht wieder bloß bewiesen seyn; sondern müssen sich auf unmittelbare Erkenntniß durch *Anschauung* gründen, welche [»welche« bis »erhoben ist« ist mit Bleistift durchgestrichen] Anschauung in jenen genannten wenigen Wissenschaften *apriori* eine reine, sonst aber immer empirisch und nur durch Induktion zur Allgemeinheit erhoben ist. Wenn also auch in Erfahrungswissenschaften das Einzelne aus dem Allgemeinen bewiesen wird; so hat doch wieder das Allgemeine seine Wahrheit nur vom Einzelnen erhalten, die Regel ist nur aus den Fällen abstrahirt; die allgemeinen Wahrheiten und obersten Sätze der Wissenschaft sind nur ein Speicher gesammelter Vorräthe, kein selbsterzeugender Boden. Die Quelle der Wahrheit liegt wieder nur im Anschaulichen, welches hier immer ein Einzelnes ist. –

Aus unsrer ganzen Untersuchung ist Ihnen deutlich geworden daß der Ursprung alles Wissens, und die Begründung aller Wissenschaft in der unmittelbaren Erkenntniß, also in der Anschauung liegt. Anschauung ist die letzte Quelle aller Wahrheit: alles Abstrakte, alle Begriffe, sind nur stellvertretend und nur ihres anderweitigen Nutzens wegen, sind sie der Stoff unsers Wissens, ihre Wahrheit ist stets eine mittelbare: die Quelle aller Evidenz ist die Anschauung. Alles Wissen, alles Denken, das nicht zuletzt auf irgend eine Anschauung zurückführt, ist leer. Das kann nicht genug eingeschärft werden: denn besonders in der Philosophie ist die Gefahr groß, daß man von Abstraktion zu Abstraktion sich so hoch versteige, daß der Rückweg zum Anschaulichen gar nicht mehr zu finden ist: dann ist das ganze Wissen leer: man operirt mit bloßen Begriffen, die gar nicht mehr auf Anschauung ruhen: solches Wissen gleicht dem Papiergelde das gar nirgends einzulösen ist. Der Fall ist meistens schon da, wenn der Stoff der Spekulationen höchst abstrakte Begriffe sind und immerfort bleiben, ohne daß zur Anschauung zurückgegangen wird: man muß immer fürchten daß die Philosophie sich in diesem Fall befinde, wenn der Stoff ihrer Betrachtungen Abstraktissima sind und man von nichts Anderm hört als von Seyn, So-seyn, Andersseyn, Nichtseyn; – Bestimmen, Bestimmtseyn, Bestimmtheit, Bestimmung; In-sich-seyn –; Einbildung des Unendlichen ins Endliche – u. dgl. m. Da schwebt sie schon meistens in der Luft, getrennt vom Boden des Anschaulichen, der ganz allein ein fester Träger alles Wissens ist: je näher unser Denken diesem Boden bleibt, je unmittelbarer wir unsre Begriffe mit Anschauungen belegen können, desto sicherer hat es Gehalt und Wahrheit. – Jenes Hin- und Herwerfen mit den Zeichen der Abstraktissima ist meistens ein bloßer, leerer Wortkram: *exempla sunt odiosa* [Beispiele sind anstößig].

Ueber den Ursprung des Irrthums.

Nachdem wir nun untersucht haben, welches überhaupt die *Begründung der Wahrheit* sei, worauf die Evidenz in den Wissenschaften beruhe, was die Beweise leisten, wie die unmittelbar durch Anschauung begründete Wahrheit, ihnen vorzuziehn sei; wollen wir noch als Gegensatz den *Ursprung des Irrthums* betrachten. Es ist wirklich ein Problem, wie der Irrthum möglich ist, wie er entsteht. Denn da, wie gezeigt, die Wahrheit die Beziehung eines Urtheils auf seinen Erkenntnißgrund ist, beide aber in dem Vorstellungsvermögen des Urtheilenden sind und ihr Verhältniß Form des Erkenntnißvermögens ist; so ist nicht leicht zu begreifen, wie der Urtheilende, wirklich und ernstlich glauben kann einen Grund zu seinem Urtheil zu haben, zu erkennen, während keiner da ist, und so der Betrüger seiner selbst zu werden. Daher haben fast alle welche über das Erkenntnißvermögen philosophirten, eine Hypothese über die Möglichkeit des Irrthums gemacht.

Platon (*Theaetet.* p 167 *seqq.* [197 c–d]):
Taubenschlag, wo man die unrechte Taube greift.

Kant Krit. d. rein. Vern. *p* 350 [A 293 f.]:
mittelst des Bildes von der Diagonalbewegung. –

Aristoteles.

Locke.

Hume. Lambert.

Leibnitz. Wolf. Cartesius. Neue. –

Ich finde die Möglichkeit und die Entstehungsart des *Irrthums* ganz analog der des *Scheines*, die oben erklärt wurde. (Rekapitulation.) Was beim Schein im Verstande vorgeht; das beim Irrthum in der Vernunft. Meine Meinung nämlich ist, daß *jeder Irrthum ein hypothetischer Schluß von der Folge auf den Grund ist*. Wir wissen daß ein solcher Schluß unmittelbar nicht gilt; sondern erst legitimirt werden muß dadurch, daß man zeigt, daß die gegebene Folge, nur jenen und durchaus keinen andern Grund haben kann. – Der Irrende setzt also entweder der Folge einen Grund den sie gar nicht haben kann: worin er dann wirklichen Mangel an Verstand zeigt, d. h. Mangel an der Fähigkeit unmittelbarer Erkenntniß der Verbindung zwischen Ursach und Wirkung: – oder aber, was häufiger, er bestimmt der Folge einen zwar möglichen Grund, setzt jedoch zum Obersaz seines Schlusses von der Folge auf den Grund noch hinzu, daß die besagte Folge *allemal* nur aus dem von ihm besagten Grunde hervorgehe; wozu ihn nur eine vollständige Induktion berechtigen könnte, die er aber nicht gemacht hat und sie dennoch voraussetzt: jenes *allemal* also ist ein zu weiter Begriff, statt dessen nur gesetzt werden dürfte *meistens* oder *bisweilen*, wodurch der Schlußsaz problematisch ausfiele und als solcher richtig wäre. Daß der Irrende aber auf die angegebene Weise verfährt, ist entweder Uebereilung, oder zu beschränkte Kenntniß von den Möglichkeiten der Dinge, weshalb er die Nothwendigkeit der erst zu machenden Induktion nicht weiß.

Drei Beispiele als drei Repräsentanten verschiedner Arten des Irrthums.

1) Der Sinnenschein (Trug des Verstandes) veranlaßt den Irrthum (Trug der Vernunft) z. B. wenn man eine Malerei für ein *haut-relief* ansieht und wirklich dafür hält; es geschieht durch [einen] Schluß aus folgendem Obersaz: »Wenn dunkelgrau, stellenweise, durch alle Nüancen in weiß übergeht; so ist die Ursache *allemal* das Licht, welches Erhabenheiten und Vertiefungen ungleich beleuchtet« – *ergo* –.

2) »Wenn Geld in meiner Kasse fehlt; so ist die Ursache *allemal*, daß mein Bedienter einen Nachschlüssel hat«; – *ergo* –.

3) »Wenn das durch das Prisma gebrochene, d. h. herauf oder herab gerückte Sonnenbild, statt daß es vorher rund und weiß

erschien, jetzt länglich und gefärbt erscheint; so ist die Ursache einmal und allemal, daß im Licht verschieden gefärbte, und zugleich verschieden brechbare homogene Lichter staken, die bei dieser Brechung auseinander gesplittert, jetzt ein längliches und zugleich verschieden gefärbtes Bild zeigen«; – also Lehrsaz: die Farben sind *qualitates occultae* der Urtheilchen des weißen Lichts, in welche Urtheilchen es zersetzt wird, wenn es durch ein prismatisch geschliffenes Stück Glas geht. Und solche Possen kann man dem Menschengeschlecht aufbinden, wenn man sie nur mit Rechnungen zustutzt, und es trägt sich hundert Jahre lang damit und schreit Zeter wann man es eines bessern belehren will.

Also jeder Irrthum muß zurückzuführen seyn auf einen solchen Schluß aus einem hypothetischen, ohne Berechtigung, generalisirten von der Folge auf den Grund gehenden Obersaz. Nur muß man nicht etwa diese Erklärung auch auf Rechnungsfehler anwenden: denn diese sind eben nicht eigentlich Irrthümer; sondern *Fehler:* die Operation, welche die bloßen Begriffe der Zahlen (durch Wort und Ziffer dargestellt und vertreten) angaben, ist nicht in der reinen Anschauung, dem Zählen, auch wirklich vollzogen worden; sondern eine andre statt ihrer.

Wir haben nun die Wissenschaften überhaupt betrachtet, 1) ihrer wesentlichen Form nach; 2) ihrer Begründung nach; wir haben also nur noch zu reden 3) von ihrem *Inhalt*, d. h. nicht welches die *Gegenstände* sind darüber die Wissenschaften Aufschluß geben, sondern überhaupt welches die *Art* dieses Aufschlusses sei, ihr *Gehalt*.

Ueber den Inhalt der Wissenschaften.

Der *Inhalt* der Wissenschaften überhaupt ist eigentlich immer nichts anderes als die Bestimmung der Verhältnisse, welche die Erscheinungen der als Vorstellung gegebenen Welt zu einander haben, und zwar gemäß dem Satz vom Grund und am Leitfaden des *Warum*, das eben nur durch ihn und in Beziehung auf ihn Bedeutung hat.

So lehrt Mathematik die Verhältnisse welche in Hinsicht auf

Größe, Lage und Zahl die Erscheinungen zu einander haben können. Mechanik, Physik, Chemie, die Verhältnisse welche in Hinsicht auf Kausalität zwischen den Erscheinungen eintreten; wie ein Zustand der Materie den andern bestimme; wann Einer vorhergeht, der andre eintreten muß u. s. w. – Zoologie und Botanik lehren die Verhältnisse der bestimmten Formen und Gestalten zu einander, vergleichen alle organischen Wesen mit einander, klassifiziren sie gemäß dieser Vergleichung, und weisen nach dieser Klassifikation jedem Wesen seine Stelle an. – Geschichte lehrt die Veränderungen des Menschengeschlechts, zeigt die verschiedenen Gestalten der Zeit, ihre Entwickelung auseinander, vergleicht was jemals war mit dem was jetzt ist.

Frägt man irgend eine Wissenschaft nach dem *Warum* ihres Ausspruchs oder Angabe; so zeigt sie eine Nothwendigkeit auf, gemäß dem Satz vom Grunde in der Gestaltung desselben, welche ihren Gegenstand beherrscht, und diese Nachweisung heißt Erklärung. Z. E. frägt man die Mathematik warum Triangel von gleicher Höhe und Grundlinie auch gleiche Flächen haben; so wird sie entweder aus den räumlichen Gesetzen den Grund dieses Verhältnisses nachweisen, gemäß dem Satz vom Grunde des Seyns, oder doch wenigstens einen logischen Beweis geben daß es so ist, gemäß dem Satz vom Grund des Erkennens. Frägt man Chemie warum ein Wassertropfen auf einer [Daneben am Rand: (Flintenschuß warum?)] Glühenden Eisenplatte nicht augenblicklich verdampft? sondern lange beharrt, kreiselnd? – Weil hier ein höherer Proceß eingreift; Zersetzung zu Eisenoxyd und Wasserstoff. – Fragt man die Geschichte *warum* der König von England *Defensor fidei* [Verteidiger des Glaubens] heißt? weil Henry VIII. ein Buch gegen Luther geschrieben. – Fragt man die Mineralogie warum Grauwacke später formirt ist als Gneuß? weil in dieser sich schon Abdrücke von großen Schilfen, also organischen Wesen finden.

Eine solche Antwort auf ein Warum, d. h. eine Nachweisung des Verhältnisses gemäß der den Stoff der Wissenschaft beherrschenden Gestaltung des Sazes vom Grund, – heißt nun *Erklärung*. Sie geht eigentlich nie weiter, als daß sie zwei Vorstellungen zu einander in dem Verhältniß der in der Klasse, zu der sie gehören, herrschenden Gestaltung des Satzes vom Grunde zeigt.

Hat sie ein solches Verhältniß nachgewiesen, so kann nun nicht weiter *Warum* gefragt werden; denn ein solches Verhältniß gemäß dem Satz vom Grund ist stets etwas das gar nicht anders vorgestellt werden kann: denn die Gestaltungen des Satzes vom Grund sind eben die Form aller Erkenntniß. Es läßt sich z. B. nicht weiter fragen warum $2 \times 2 = 4$ ist; oder warum im Triangel die Größe jedes Winkels die der gegenüberliegenden Seite bestimmt; denn die Nothwendigkeit von beidem beruht unmittelbar auf dem Saz vom Grund in seiner hier herrschenden Gestalt; beides ist nicht anders vorstellbar: man frägt daher nicht weiter warum. Erkennt man die Gewalt mit der die Kugel aus der Flinte gestoßen wird, für Wirkung der elastischen Dämpfe in die das Pulver sich schnell verwandelt; so ist nun auch weiter nicht warum zu fragen; denn man sieht eben Ursach und Wirkung; also [ein] Verhältniß gemäß dem Saz vom Grund, der die Form unsers Erkennens ist. Endlich wenn zwei Prämissen gehörig gegeben sind und nun der Schluß gezogen wird; so frägt man nicht weiter; *warum* aus den Prämissen der Schluß folgt: denn auch hier ist Nothwendigkeit d. h. eben ein Verhältniß unmittelbar durch den Satz vom Grund. Also fünf Dinge bleiben für immer unerklärbar. 1) Der Lauf der Zeit. 2) Die Bestimmung der Theile des Raums wechselseitig durch einander. 3) Die Kausalität der Ursach. 4) Die Wahrheit wahrer Urtheile, d. i. die Beziehung des Urtheils auf seinen Grund. 5) Die Gewalt die das Motiv über einen individuellen Willen hat. – Ueberall nun wo ein solches Verhältniß nachgewiesen worden, ist eine wissenschaftliche Erklärung gegeben und man ist dahin gelangt worüber hinaus die Wissenschaften nicht führen. Ueberall aber wo man nicht bis auf ein solches Verhältniß gekommen ist, das nicht weiter erklärt werden kann, weil es eben nicht anders vorstellbar ist; da ist die Erklärung noch nicht zu Ende, man ist bei etwas Unerklärbarem stehen geblieben, bei einer *Qualitas occulta* [verborgenen Eigenschaft]. Nun aber sind es bloß Mathematik, Metaphysik der Natur und Logik, die ihre Erklärungen bis auf das Letzte durchführen können, nämlich bis sie auf etwas kommen, das schlechterdings nicht anders vorstellbar ist; – eben weil diese sich bloß mit den Formen des Vorstellbaren beschäftigen, und daher bis auf das letzte ergründlich und durchsichtig sind: sie sind eigentlich nur die Paraphrasen des Satzes vom Grund selbst. Hingegen alle Wissenschaften die auf ein Reales gehn, also die gesammte Naturwissenschaft und die welche sich mit dem Wesen des Menschen beschäftigen, wie Geschichte, Statistik, Gesetzgebung u. s. w. – alle diese setzen bei ihren Erklärungen etwas voraus, etwas schlechthin gegebenes, nicht weiter zu erklärendes, und das doch nicht durch die bloße Form des Vorstellens nothwendig ist, also eine *qualitas occulta*. Z. B. die *Schwere* ist eine *qualitas occulta*, denn sie läßt sich wegdenken, ist also nicht durch die bloße Form der Vorstellung überhaupt, d. i. durch den Satz vom Grund, nothwendig und gegeben. Hingegen das Gesetz der Trägheit folgt unmittelbar aus dem der Kausalität: dieses gehört zur Form der Vorstellung, zu dem, was sich nicht wegdenken läßt: ein Phänomen also, was auf das bloße Gesetz der Trägheit zurückgeführt ist, ist vollständig erklärt: läßt kein Warum übrig. Eine solche *[qualitas occulta]* ist jede ursprüngliche Naturkraft und die Gestalt jedes organischen Wesens, der Karakter jeder Thierspecies, der Karakter des Menschengeschlechts und jedes menschlichen Individuums. Bei diesen letztern bleibt die Geschichte, bei jenen erstern bleibt alle Naturwissenschaft stehn: sie kann einzelne Wirkungen und Fälle zurückführen auf allgemeine Naturkräfte, die Konstanz der Aeußerungen dieser, die Naturgesetze sind, also auf Schwere, Kohäsion, Wahlverwandschaft, Elektricität u. s. w. – aber diese Kräfte selbst bleiben unerklärt stehn, werden bei jeder Erklärung vorausgesetzt. Also bleibt jede naturwissenschaftliche Erklärung bei etwas völlig Dunkelm stehn. Sie muß das innere Wesen eines Steines so unerklärt lassen als das eines Menschen; kann so wenig Rechenschaft geben von der Schwere, Kohäsion, chemischen, elektrischen Eigenschaften des Steines; als vom Erkennen und Handeln des Menschen. – Denn zwei Dinge sind schlechthin unerklärlich, d. h. nicht auf das Verhältniß zurückzuführen welches der Satz vom Grund ausdrückt. Erstlich nämlich der Satz vom Grund selbst, in allen seinen vier Gestalten, ist unerklärlich, eben weil er das Princip aller Erklärung ist, dasjenige ist in Beziehung worauf alle Erklärung allein Bedeutung hat, indem sie nichts ist als die Nachweisung eines einer seiner Gestaltungen gemäßen Verhältnisses: die bloß formellen Wissenschaften, Mathematik, Logik, reine Metaphysik der Natur, da sie sich bloß mit den nothwendigen Formen des Vorstellens beschäftigen, d. h. eigentlich nur mit den Gestaltungen des Satzes vom Grunde beschäftigen; diese lassen bloß ein Unerklärtes übrig, nämlich diese Gestalten selbst, die Formen des Anschauens und Denkens. Das zweite Unerklärliche kommt nur bei den empirischen Wissenschaften hinzu, es ist das wohin das Princip aller Erklärung, der Saz vom Grund gar nicht reicht, das was alle seine Erklärungen schon voraussetzen, nämlich die ursprünglichen schlechthin gegebenen Eigenschaften der Dinge, die Naturkräfte, das innere Wesen welches erscheint in den Kräften der Natur, in den Eigenschaften der Körper, in den Gestaltungen des Organischen, im Handeln des Menschen. – Hier nun eben, wo die Naturwissenschaft, da jede Wissenschaft die Dinge stehn läßt, indem nicht nur ihre Erklärung derselben, sondern sogar das Princip dieser Erklärung, der Satz vom Grunde, nicht über diesen Punkt hinausführt: da eben nimmt die Philosophie die Dinge wieder auf, und betrachtet sie nach ihrer, von jener ganz verschiedenen Weise: sie fängt also da an wo die andern aufhören. Dies wird bald deutlicher werden. Außer diesen beiden genannten Dingen, muß alles andre erklärbar seyn, wenn es überhaupt als *Objekt* da ist. Denn der Satz vom Grund, Princip aller Erklärung, ist nichts andres, als der *Ausdruck der Art und Weise wie Objekte für das Subjekt sind*. Eben darum nun aber ist es Unsinn, zu reden von einem »Grunde alles Seyns und Erkennens«. Denn *Seyn* heißt *Objektseyn*, Erkanntwerden. Die Art, wie nun Objekte sind, ist uns *apriori* gegeben und der Ausdruck dieser Art und Weise ist der Satz vom Grund. Unsinn aber ist es, dieses, *daß* überhaupt Objekte sind, zurückführen zu wollen auf die Art *wie* sie sind, d. h. auf das Verhältniß von Grund und Folge, und es aus dieser Art wie sie sind erklären zu wollen: so daß aus der Art *wie* sie sind, die Nothwendigkeit *daß* sie überhaupt sind, hervorgehe.

Sehn wir erst einmal näher zu, wie die Wissenschaften dem Satz vom Grunde, dem Princip aller ihrer Erklärungen nachgehn. Man hat von jeher mancherlei *Eintheilungen der Wissenschaften* versucht, nach verschiedenen Principien, doch meistens nach dem Material derselben, ihrem Stoff. Ich aber finde daß der beste Eintheilungsgrund das Formale der Wissenschaften, das leitende Princip ihrer Erklärungen, ihr Organon, also der Satz vom Grunde ist. Wir haben nämlich vier Gestaltungen dieses Satzes kennen gelernt und eben nach diesen lassen sich sehr füglich die Wissenschaften theilen, nach derjenigen Gestaltung die in jeder Wissenschaft vorherrschend das leitende Princip ist. So ist in der Arithmetik der Leitfaden der Satz vom Grund des Seyns in der reinen Zeit. In der reinen Geometrie der Saz vom Grund des Seyns im reinen Raum; obgleich nach der Eukleidischen Methode die Darstellung in den Beweisen nur am Erkenntnißgrunde fortschreitet. In der angewandten Mathematik tritt sogleich das Gesez der Kausalität als Princip der Erklärungen auf: und dieses gewinnt ganz die Oberherrschaft in der Physik, Chemie, Geologie u. a. m. – Der Satz vom Grunde des Erkennens findet durchaus in allen Wissenschaften starke Anwendung, da in allen das Besondere aus dem Allgemeinen abgeleitet und erkannt wird. Hauptleitfaden aber und fast allein herrschend ist er in den eigentlich Klassifizirenden Wissenschaften, in der Botanik, Zoologie, Mineralogie. Endlich die vierte Gestaltung, das Gesez der Motivation, ist, wenn [»wenn« bis »dem man« ist fein mit Bleistift durchgestrichen] man alle Motive und Maximen, welche sie auch seyn mögen, [als] Gegebenes betrachtet, aus dem man das Handeln ableitet und dadurch erklärt, Hauptleitfaden der Geschichte, Politik u. dgl. m. Macht [»Macht« bis »Rechtslehre« ist mit Bleistift durchgestrichen] man aber die Motive und Maximen selbst zum Gegenstande der Untersuchung, ihrem Werth und Ursprung nach, so ist dies der Gegenstand der Ethik und Rechtslehre. – Indem [Daneben am Rand: (Die Erklärungen jeder Wissenschaft sind immer *relativ*, weil sie noch etwas voraussetzen: und eben dies bleibt als Problem der Philosophie.)] nun jede Wissenschaft an einem solchen Leitfaden ihrer Erklärungen fortschreitet setzt sie immer noch etwas voraus das sie unerklärt läßt, daher ihre Erklärungen immer nur *relativ* sind. Mathematik setzt Raum und Zeit voraus die sie weiter nicht erklärt, jedoch sind diese eben schon selbst die Gestaltung des Satzes vom Grund, die hier den Leitfaden der Erklärung giebt: doch bleibt die metaphysische Frage übrig nach dem Wesen des Raumes und der Zeit, auf die sie sich nicht einläßt; dieses also ist hier das der Philosophie übrig Gelassene. – In der Mechanik, Physik, und Chemie, ist das bei allen Erklärungen Vorausgesetzte, die Materie, die Qualitäten, die ursprünglichen Kräfte, die Naturgesetze: – diese bleiben der Philosophie. – In der Botanik und Zoologie ist das Vorausgesetzte die Verschiedenheit der Species, der Gestalten des Lebenden und das Leben selbst: – dies bleibt der Philosophie: – in der Geschichte ist das Vorausgesetzte das Menschengeschlecht selbst mit allen seinen Eigenthümlichkeiten des Denkens und Wollens: – dies bleibt der Philosophie. – Außerdem, wie gesagt, setzt jede den Satz vom Grunde selbst, in der Gestalt, die ihr Leitfaden ist, also das Princip ihrer Erklärungen selbst voraus. – Zwischen diesen Voraussetzungen bewegen sich nun alle Erklärungen der Wissenschaften, welche zuletzt hinauslaufen auf Bestimmung der Verhältnisse der Erscheinungen zu einander.

Ueber die Philosophie.

Was nun die Wissenschaften bei allen ihren Erklärungen voraussetzen und woran sie sich nicht wagen, was sie allen ihren Erklärungen zum Grunde legen und zur Gränze setzen, das eben ist der Gegenstand der Philosophie, die da anfängt wo jene aufhören oder umgekehrt. Also ihr Gegenstand ist das Innere Wesen alles Erscheinenden, das Ding an sich, das was in allen Kräften der Natur, in allen Eigenschaften der Dinge sich äußert; das was in den Gestalten alles Lebenden erscheint, das innere Wesen alles Daseyns. Sodann die Erkenntniß in der dies Alles vorhanden ist, die Formen der Erkenntniß, also der Satz vom Grunde selbst. Die Philosophie hat daher das Eigene, daß sie gar nichts voraussetzt, sondern Alles ihr in gleichem Maaße fremd und ein Problem ist; nicht nur die Verhältnisse der Erscheinungen, die das Problem der andern Wissenschaften sind, sondern die Erscheinungen selbst, ihrem ganzen Vorhandenseyn nach, als Vorstellungen und dann außer dem, also an sich; sodann ist der Satz vom Grunde selbst ihr wieder Problem, nach dessen Leitfaden alles aufeinander zurückzuführen die übrigen Wissenschaften zufrieden sind, durch welche Zurückführung aber für sie nichts gewonnen wäre, weil ihr ein Glied der Reihe so fremd ist, als das andere, ferner ihr auch jene Art des Zusammenhangs selbst, eben so gut ein Problem ist als das durch ihn Verknüpfte, und dieses wieder nach aufgezeigter Verknüpfung so gut als vorher.

Wir haben schon oben gesehn, daß gar keine Wissenschaft ursprünglich und ihrem Wesen nach bloß auf Beweisen beruhn kann; sondern diese immer nur ein Nothbehelf sind, wo uns die unmittelbare Erkenntniß durch Anschauung nicht zugänglich ist. Die Philosophie aber kann noch weniger als irgend eine Wissenschaft zum letzten Fundament bloße Beweise haben. Denn Beweise leiten aus bekannten Sätzen unbekannte ab: aber, wie wir eben sahen, der Philosophie ist von vorn herein alles gleich unbekannt und fremd, sie beruht auf gar keinen Voraussetzungen. Es kann keinen Satz geben in Folge dessen allererst die Welt mit allen ihren Erscheinungen da wäre, gleichsam als ein *Corrolarium* zu jenem Satz: darum war es vergeblich einen obersten Grundsaz der Philosophie zu suchen. Daher auch läßt sich nicht, wie Spinoza wollte, eine Philosophie *ex firmis principiis* [aus festen Grundsätzen] durch lauter Demonstrationen ableiten. Auch ist die Philosophie das allgemeinste Wissen; dessen Hauptsätze können daher nicht Folgerungen seyn aus einem andern noch allgemeinern Wissen. Die allgemeinsten Sätze in unsrer Erkenntniß sind der Satz vom Widerspruch und der vom Grunde. Aber der Satz vom Widerspruch ist ein bloß logisches Princip welches die Uebereinstimmung der Begriffe bestimmt wo welche dasind; nicht aber selbst Begriffe giebt. Der Satz vom Grund ist in vier Gestaltungen das Gesez der nothwendigen Verbindungen der Erscheinungen unter einander; er bestimmt also die Verhältnisse der Erscheinungen unter einander und so weit erklärt er sie: kann aber nicht dienen das Ganze aller Erscheinungen zu erklären, und darüber hinauszuführen zu dem was nicht Erscheinung ist. Daher kann die ächte Philosophie nicht darauf ausgehn die Welt gemäß dem Satz des Grundes zu erklären, etwa eine Ursache, eine *causa efficiens* [bewirkende Ursache] der Welt zu suchen; oder auch eine *causa finalis* [Endursache], einen letzten Zweck der Welt. Denn Ursachen sowohl als Zwecke giebt es nur in der Welt der Erscheinungen; Ursachen und Zwecke sind bloße Verhältnisse von Erscheinungen zu einander. Sobald man von Ursachen [und] Zwecken redet hat man bereits die Welt vorausgesetzt. Wenn man also das ganze aller Erscheinungen als solcher betrachtet, hat man nicht nach dem Warum, dem Woher, dem Wozu der Welt zu fragen: sondern einzig und allein nach dem *Was*. Denn das Warum ist hier dem Was schon untergeordnet: denn es ist ja nur vermöge des Satzes vom Grund, hat nur durch ihn Bedeutung und Gültigkeit, und dieser Satz ist eben die allgemeine Form alles Erscheinens, alles Objekt für ein Subjekt seyns: das warum gehört also schon der Welt an, setzt sie voraus: nicht aber umgekehrt die Welt selbst ein Warum voraus. –

Demnach ist die Philosophie eine bloße Aussage dessen *was die Welt ist*. Nun könnte man meinen, daß dieses ein Jeder ohne weitere Hülfe erkenne; da ja er selbst das Subjekt des Erkennens ist, und dessen Vorstellung die Welt da ist. Das ist auch soweit wahr. Aber ich erinnere an den großen Unterschied zwischen anschaulichem und abstraktem Erkennen. Anschaulich, *in concreto*, im Gefühl, erkennt und versteht zwar jeder das ganze Wesen der Welt, versteht es aber dann auch in jedem Augenblick anders je nach dem die Seite der Welt ist, die eben in seine Apperception fällt: aber das anschaulich und *in concreto* Erkannte und alles das was der weite Begriff Gefühl umfaßt und bloß negativ als nicht abstraktes Wissen bezeichnet, dieses zu einem solchen, zu einem abstrakten, deutlichen, sich stets gleich bleibenden Wissen zu erheben; das eben ist die Aufgabe der Philosophie. – Sie muß demnach seyn, eine Aussage *in abstracto* vom Wesen der gesammten Welt, vom Ganzen, wie von allen Theilen; um aber dennoch nicht sich in eine endlose Menge einzelner Urtheile zu verlieren, muß sie sich der Abstraktion bedienen und alles Einzelne im Allgemeinen denken und ausdrücken; seine Verschiedenheiten aber wieder im Allgemeinen. Daher wird sie theils trennen, theils vereinigen, um alles Mannigfaltige der Welt überhaupt, seinem wahren Wesen nach, in wenige abstrakte Begriffe zusammengefaßt, dem Wissen zu überliefern. Durch jene Begriffe, in welchen sie das Wesen der Welt fixirt, muß jedoch, wie das Allgemeine auch das ganz Einzelne erkannt werden, die Erkenntniß beider also auf das genaueste verbunden seyn: die Fähigkeit zur Philosophie besteht daher eben darin, worein Platon sie setzte, im Erkennen des Einen im Vielen und des Vielen im Einen. [Daneben am Rand, mit Bleistift: ... Identischen im Verschiednen...] Die Philosophie wird demnach seyn eine Summe sehr allgemeiner Urtheile deren Erkenntnißgrund kein Beweis, sondern unmittelbar die Welt selbst ist in ihrer Gesammtheit, ohne etwas auszuschließen, die Welt in der wir sind und die in uns ist. Also wird die Philosophie seyn: *eine vollständige Wiederholung, gleichsam Abspiegelung der Welt, in abstrakten Begriffen*. Eine solche aber ist allein möglich durch Vereinigung des wesentlich Identischen in *einen* Begriff und Aussonderung des Verschiedenen zu einem andern Begriff. Daher hat schon Baco die Aufgabe der Philosophie sehr gut ausgesprochen: *ea demum vera est philosophia, quae mundi ipsius voces fidelissime reddit, et veluti dictante mundo conscripta est, et nihil aliud est, quam ejusdem* simulacrum et reflectio, *neque addit quidquam de proprio; sed tantum iterat et resonat.* [Diejenige nur ist die wahre Philosophie, welche die Aussagen der Natur auf das treuste wiedergibt, und gleichsam nach dem Diktat der Natur niedergeschrieben ist, so daß sie nichts anderes ist als ein Abbild und eine Abspiegelung der Natur und nichts aus dem eigenen zufügt, sondern nur Wiederholung und Widerhall ist.] – *De augm. scient. L.* 2, *c.* 13. Weil nun die Welt ein *Ganzes* ist, im höchsten Sinn des Worts ein Ganzes, und daher alle ihre Theile, völlig mit einander übereinstimmen, sich wechselseitig nothwendig machen: so muß auch im abstrakten Abbild der Welt, in der Philosophie, jene Uebereinstimmung sich wieder finden: nicht bloß Konsequenz, sondern die Harmonie und Zusammenstimmung eines einzigen entfalteten Gedankens muß der Philosophie eigenthümlich seyn und ihre Aechtheit beweisen. Die Summe von Sätzen daraus sie besteht, muß sich durch und durch so sehr entsprechen, daß jeder Satz den andern gleichsam nothwendig macht und das wechselseitig. Die Sätze müßten gewissermaaßen wechselseitig auseinander abgeleitet werden können. Doch müssen sie hiezu vorerst daseyn und also zuvor aufgestellt werden, unmittelbar begründet durch die Erkenntniß *in concreto*, die anschaulich vorhandene Welt: denn die unmittelbare Begründung ist überall der mittelbaren vorzuziehn. Nachher wird die vollkommene Harmonie aller jener Sätze, welche sie in die Einheit *eines* Gedankens zusammenfassen läßt, entsprungen aus der Harmonie und Einheit der anschaulichen Welt selbst, die ihr gemeinschaftlicher Erkenntnißgrund ist, als Bekräftigung ihrer Wahrheit hinzu kommen. – Die ganze Aufgabe der Philosophie wird [aber] erst vollkommen deutlich, durch ihre Auflösung selbst.

Literatur

(Verzeichnis der Siglen s. o., S. 31 f.)

Zu den Vorlesungen

Deussen, Paul und Mockrauer, Franz: Vorrede der Herausgeber (der Vorlesungen). In: Arthur Schopenhauers sämtliche Werke. Hrsg. von Dr. Paul Deussen, Bd. IX. München 1913, S. V–XXXII.
Hasse, Heinrich: Rezension. In: Kant-Studien 19 (1914), S. 270–272.
Hübscher, Arthur: Schopenhauers Declamatio in laudem philosophiae, 32. Jb. 1945–1948, S. 3–14.
Hübscher, Arthur: Schopenhauer als Hochschullehrer, 39. Jb. 1958, S. 172 bis 175.
Levi, Salomon: Das Verhältnis der »Vorlesungen« Schopenhauers zu der »Welt als Wille und Vorstellung« (1. Auflage). Gießen bzw. Ladenburg 1922 (von dieser Dissertation gibt es zwei Fassungen: das mit der Maschine geschriebene Original und die 15seitige gedruckte Kurzfassung).
Mockrauer, Franz: Nachtrag zur Vorrede. In: Arthur Schopenhauers sämtliche Werke. Hrsg. von Dr. Paul Deussen, Bd. X. München 1913, S. 621–646.
Spierling, Volker: Zur Neuausgabe. In: VN II, S. 11–17.

Weiterführende Literatur

Hübscher, Arthur: Schopenhauer-Bibliographie. Stuttgart-Bad Cannstatt 1981.
Spierling, Volker (Hrsg.): Materialien zu Schopenhauers »Die Welt als Wille und Vorstellung«. Frankfurt am Main 1984.

Arthur Schopenhauer

»Die Philosophie Schopenhauers ist der absolute philosophische Ausdruck für
den inneren Zustand des modernen Menschen.« (Georg Simmel).
Schopenhauers große Vorlesung von 1820 ist eine didaktisch aufbereitete
Fassung seines Hauptwerks »Die Welt als Wille und Vorstellung« und damit zugleich
der Königsweg in das Zentrum seiner Philosophie.

Metaphysik der Natur
Philosophische Vorlesungen Teil II. Aus dem handschriftlichen Nachlaß.
Herausgegeben und eingeleitet von Volker Spierling. 1984. 212 Seiten. Serie Piper 362

Mit der »Metaphysik der Natur«, dem zweiten Teil der Vorlesung, beginnt der
Piper Verlag eine Neu-Edition des seit Jahrzehnten vergriffenen Werks, die von dem
Tübinger Philosophen Volker Spierling, einem ausgewiesenen Schopenhauer-Kenner,
herausgegeben und eingeleitet wird.

Metaphysik des Schönen
Philosophische Vorlesungen Teil III. Aus dem handschriftlichen Nachlaß.
Herausgegeben und eingeleitet von Volker Spierling. 1985. 229 Seiten. Serie Piper 415

Schopenhauer überschreitet in seiner Kunstphilosophie die besitzergreifende,
verdinglichende Erkenntnisart und sucht statt dessen im kontemplativen Medium
der Kunst einen Weg der Versöhnung von Mensch und Natur.

Metaphysik der Sitten
Philosophische Vorlesungen Teil IV. Aus dem handschriftlichen Nachlaß.
Herausgegeben und eingeleitet von Volker Spierling. 1985. 273 Seiten. Serie Piper 463

Schopenhauers Ethik des Mitleidens mit allen lebenden Wesen –
in herausfordernd aktueller Weise auch mit allen Tieren und Pflanzen –
läßt eine neuartige Methode des Du-Verstehens erkennen: eine Logik der Zärtlicheit.

PIPER